U0512367

经济学通义

Universal Economics

[美] 阿门·A. 阿尔钦
Armen A. Alchian

[美] 威廉·R. 艾伦
William R. Allen

著

[美] 杰里·L. 乔丹
Jerry L. Jordan

编

李井奎 译

薛兆丰 校

格致出版社　上海人民出版社

ii

简明目录

详细目录

x

推荐序：
一部关于普适的经济规律的论著

摆在你面前的，是一部关于普适的经济规律的论著。它问世即成名，辗转而不息。它能帮你把经济学的基础打正和打牢，值得你细读和查阅。

这部论著有过不同的版本和名字，包括《大学经济学》（*University Economics*，1964，1967，1972）、《交换与生产》（*Exchange and Production*，1969，1977，1983），以及《经济学通义》（*Universal Economics*，2018）。当前版本英文书名中的"universal"一词，本意是"普适的"。起这个名字是因为本书第一作者阿尔钦教授早就拿定主意：经济规律与生物学相通。

在普通读者看来，本书只是在平静地讲述着实实在在的经济学原理；但经济学内行们，却会认出其中一座座阿尔钦原创的学术丰碑。阿尔钦说过，这是一部给孙儿们写的经济学常识；而他还说过，他懂的经济学都在这里了。这样看来，这不是一本教材，而是一部论著。

阿尔钦的重要贡献包括但不限于：他 1950 年的论文《不确定性、演化和经济理论》（Uncertainty, Evolution, and Economic Theory），为经济学理论奠定了与"理性"假设无关的客观基础，而这也是本书起名的立意所在；他 1959 年的论文《成本与产出》（Costs and Outputs），引入了时间概念，从而澄清了生产速率和生产量之间的混淆；他 1963 年的论文《机身生产中进度曲线的可靠性》（Reliability of Progress Curves in Airframe Production），促成了学习曲线概念的诞生；他 1969 年的论文《信息成本、定价与资源闲置》（Information Costs, Pricing and Resource Unemployment），重构了失业的概念；他与德姆塞茨（Harold Demsetz）1972 年的论文《生产、信息成本和经济组织》(Production，Information Costs，and Economic Organization)，解释了企业的本质，而他长期对企业结构的研究，使他成为公认的产权理论的权威。

诺奖得主哈耶克 (F. A. Hayek) 曾经说过，他认为阿尔钦和科斯 (Ronald Coase) 是两位有重要贡献而应该获得诺奖的经济学家。另一位诺奖得主，我的老师布坎南 (James Buchanan)，则在课上告诉大家，诺奖评审委员会曾经和他开会讨论，称要将诺奖颁发给阿尔钦和科斯。科斯后来获奖了，但阿尔钦没有，这让许多学者深感遗憾。

阿尔钦在为经济学做出重要贡献的同时，也始终醉心于课堂教学和教科书写作。他深信，检验一个人是否真的懂了，就是看他能否向外行人讲明白。结果是，他和艾伦教授的这部既深刻又易懂的经济学论著，多年来都是美国重要经济学院系的指定教科书和博士生考试参考书。其原因就在于，职掌考试的导师们都认为，这本书的精神符合他们挑选下一代经济学人的标准。我的大部分经济学老师都是在这种精神的熏陶下培养出来的，这是我个人的幸运。

在阿尔钦众多的学生中，包括两位诺奖得主夏普 (William Sharpe) 和奥斯特罗姆 (Elinor Ostrom)、著名的经济学专栏作家威廉姆斯 (Walter Williams)，以及中文读者熟悉的华人经济学家张五常。在深受阿尔钦启发的学者中，包括与他私交甚笃的诺奖得主阿罗 (Kenneth Arrow) 和法律经济学创始人之一曼尼 (Henry Manne)。

我的导师博祖 (Donald Boudreaux) 为本书英文版写的推荐语是："没有人比阿尔钦更擅长价格理论——也就是说，对于价格、竞争和产权的成因、作用和微妙差别，没有人能超越阿尔钦的讲解能力。而且，只有极少数人——我可以用手指数出来——有资格声称能与阿尔钦的价格理论研究一较高下。"

本书的另外一位作者艾伦，是阿尔钦在加州大学洛杉矶分校 (UCLA) 共事超过半个世纪的同事，专长于国际贸易和货币理论，也是一位深受同行和学生敬重和喜爱的经济学家。艾伦视阿尔钦为兄长。他们是邻居，当艾伦没车的时候，阿尔钦会载他上下班。阿尔钦 93 岁那年，已经不再开车了，但他还是深情地对我说，不论雾有多浓，他也能把车开到艾伦家。

我是在 2000 年初次拜访阿尔钦夫妇的。我到洛杉矶后，阿尔钦和他太太宝琳 (Pauline) 就开车到旅馆接我去吃晚餐。那是一家意大利海鲜餐厅，餐厅提供代客泊车服务。饭后回到阿尔钦家里聊叙，其间我们还重温了阿尔钦采访哈耶克的珍贵影像。

次日，我再到阿尔钦办公室。他带我参观校园，并到他曾经授课的邦奇楼（Bunche Hall）散步。路上他笑嘻嘻地对我说："你看我今天穿得正式，可不是因为你来了，而是今晚有个宴会要参加。"

傍晚，我回到旅馆就睡着了。酒店服务员敲门，问我为什么不接电话，说有人找我。下楼一看，竟是阿尔钦！他又笑嘻嘻地对我说："宝琳说我怠慢你了，逼我推掉晚宴，再来陪陪你。"我们于是一道走进了旅馆对面的一家犹太餐厅。2013 年 2 月 19 日，阿尔钦教授逝世，享年 98 岁。我从北京赶到洛杉矶参加追思会。抵达当晚，我一个人再次走进了那家犹太餐厅。

当前版本的《经济学通义》，早在 2000 年前后就由阿尔钦修订成稿了。但由于此书篇幅较大，书中图表制作和编辑加工涉及大量细节，处理繁难，英文版并未第一时间出版。直到 2018 年，即阿尔钦逝世五年后，艾伦与他们共同的学生乔丹（Jerry Jordan），才凭借非凡的毅力，将全书完缮付梓。艾伦于 2021 年 1 月 15 日逝世，享年 97 岁。

我曾经在 2000 年前后译完了阿尔钦逐章发来的书稿。眼见中英文两版新书即将陆续出版，阿尔钦满心欢喜地提前写好了中文版序言。但直到 2019 年，乔丹教授、格致出版社和我才得以委托经济学家李井奎教授重新翻译全书，而我作审校，以合力将准确的诠释呈现给中文读者。

李井奎教授为这部论著的翻译倾注了全副热情与匠心。对于时间成本极高的年轻教授而言，他的付出只能用他对这部论著的珍视来解释。虽然这是一部力求平实的论著，但中文版中仍然可见井奎教授的功力和文采。我期待中译本发行带来的满足，能部分回馈井奎教授做出的奉献。

我感谢乔丹教授对我就原文提出的若干疑问所给予的清晰和果断的回复。我们对两位大师共同的钦佩和怀念令我深感温暖。我感谢格致出版社的王萌编辑在组织翻译过程中的全力支持。我特别感谢对我 2000 年前后的译稿提供细致指导的辜晓红女士，还有对我 2022 年的校对稿提供细致指导的李勇先生。他们的金睛火眼，让我的错陋无所遁形。

薛兆丰

2024 年 5 月 6 日

中文版序 *

    本书英文版取名"Universal Economics" **，是为了强调经济学原理可以应用于我们在"文明"社会中的一切竞争和合作行为，具有宽广的适用范围。我们所理解的经济学基本原理，已经渗透到生物学和政治学之中，这种渗透有时被指责为"经济学帝国主义"。这些原理适用于所有生命形式，而生命恰是生物学的研究范畴。事实上，经济学与生物学的融合现在已经如此普遍，以至于将这两门学科分开来运用都是一种失误。然而，经济学原理的学习可以相对独立地完成——就像学习算术那样，学了就可以随时随地运用，无论是在开车、做投资、参加体育比赛，还是在为容貌而焦虑的时候。

    经济学分析还取得了一项重要进步，那就是它更好地认识到了人与人之间依赖关系的可靠性，以及可以加强这种可靠性的契约和制度方法。一些在过去往往被错误理解为自相矛盾、"市场失灵"或"经济学分析失败"的现象，比如价格锁定和配给制度，现在从对"人际相互依赖关系"施加保护的视角来看，就显得合情合理了。事实上，这些所谓的"失灵"或者"失败"，都可以解释为相互依赖的买卖双方所偏爱的对策。不过，虽然本书解释了对合同签署后产生的依赖关系的各种保护措施，但在合同签署前的那些议价策略，则会在关于博弈论的论著中得到更透彻地阐释。

    本书对经济学的讲解，主要目标是培养学生运用经济学原理和概念来理解他们

---

* 本序言为阿尔钦在 2000 年特为中文版读者撰写，由薛兆丰翻译为中文。本书英文版实际出版年份为 2018 年(文中称 2001 年)，中译本实际出版年份为 2024 年。——译者注

** 直译为"普适经济学"。——译者注

必然会经历的各种事件的能力。我们既不会把经济事件罗列出来供你"游览",也不会专门用经济学原理来分析政府官员们出于政治考量而做出的经济决策。这些题材最好是在学完了经济学原理之后再加以研究。经济学原理正是开展这类研究的利器,经济学在政治学和法学领域爆发式的运用即是明证。本书讲解经济学原理时所采用的例子,大部分(但并非全部)取自狭义的"市场经济"。

我们所采用的分析方法,就是标准的通过边际均等而达到"约束条件下的最大化"的过程。这个方法先是用来分析消费需求:在价格和财富的约束下,人们谋求在若干商品上获得个人估值的总量的最大化。为了把这个问题解释清楚,我们仔细讲解了"边际"的概念和"边际均等"的含义。接着,我们讨论如何避免浪费、如何通过分工来绝对地提高生产力,以及如何通过团队合作来提高生产力——在讨论这些问题的过程中,我们把注意力转移到"企业"里相互依赖的团队成员之间的契约关系上,包括他们的职责和竞争性报酬。事实上,如果不理解自己对特定他人所产生的依赖及其原因,我们就不可能充分理解社会和经济,因为一般和特殊的人际依赖关系,在生活中确实是随处可见且无所不在。通过这一视角,那些看似"非理性、莫名其妙的"现象,比如即便会导致"有失偏颇"的配给和经济衰退也仍被人们自愿执行的"价格锁定"策略,就能得到合理解释了。

本书略去了关于政府开支和税收的繁冗数据。政府在内政和国防上的作用正在快速变化。对于很容易过时或可以随便查到的数据,我们不多费笔墨。本书旨在解释原理和概念,强调它们的应用,而不是不断变化的当前经济数据的大小。我们深信,无论数据如何变化,经济学的原理和应用方法始终如一。

经济学原理是在岁月的流逝中缓慢地被人们所认识和阐释的。按照一般的说法,它大致发端于 15 世纪,到 18 世纪初具雏形,而到了 20 世纪臻于完善。据说经济学起源于欧洲,但这些原理可能至少在一千年前就出现在早期的中文著作中了。既然已经有了那么多零星的想法,为什么没有形成现代经济学呢?我们不得而知。我们知道的只是,无论经济学最初是如何起步,这门学科近两百年来的发展是迅猛而开阔的,而且是以越来越快的速度在发展。

有哪些中文书籍介绍和讲解过经济学的现代原理,我们并不了解。我们说的是"现代原理",而不是"现代经济学",因为原理听起来似乎应该是永恒的。事实上,这些原理在过去两百年来得到了充分的阐述。这主要是在西欧、俄罗斯和美国完成的。我们推测,这些得到完善的原理,大概还没有被全部翻译成现成的中文版本,汇集在一本可以方便找到的书里。但好消息是：一部经过授权的经济学现代原理的中译本就要问世了，它译自将在 2001 年出版的美国经济学教科书《经济学通义》(*Universal Economics*)，即过去那本备受好评的《大学经济学》(*University Economics*)的修订增补版。

阿门·A. 阿尔钦

英文版序

谋生，是一项重要的活动。在一个充满局限的世界里，由于要面对才智、品格以及铁矿石的稀缺性，谋生也是困难重重的。我们必须权衡选项，分析原委，还不可回避地得作出决策。而人之形形色色，再加上某些社会安排会不合理地提高我们生存的成本、降低我们生存的收益，这些都经常会使我们所处的情境变得更加复杂。

长久以来，各类观察家和自命的导师——神学家、诗人、哲学家——致力于解决一些苦乐参半的人生谜题。幸运的是，今天，我们有了经济学家。

生活在 2 400 多年前的亚里士多德，是古代最著名的沉思者，他曾对经济状况和经济活动的某些方面给予过相当大的关注。生活在 18 世纪的亚当·斯密，是公认的现代经济学早期发展的奠基人。随着近 150 年前边际革命的发生，一些与当前的理论相类的东西开始成形。到了 20 世纪的下半叶，一个名副其实的黄金时代浮出水面——可能之后在某些方面有所衰落。二战之后的这段岁月里，一群数量可观的创新理论家和卓有成效的分析应用者横空出世。在这群精英中，很少有谁的学问能像阿门·A.阿尔钦的那样有用。

有用的经济学（useful economics）显然有赖于形式化分析的工具箱。但是，再好的工具，也需要能工巧匠的操持。这些能工巧匠们，依循着那些极富想象力、灵感四溢而又经验丰富的建筑师所预备的建筑计划，发挥着自己的天分。阿尔钦就是一位大师级的巨匠，并且他还给这个工具箱贡献了新的工具。同时，他也是一位杰出的建筑师。最难得的是，对于个人及其社会的本质，以及一个社会建立其上的经济运行机制，他具有敏锐的感受和直觉，堪称天选之才。而且，与经济学共同体中的其他中坚分子一样，他热爱教书。

米尔顿·弗里德曼*观察到，"有些人天生就有经济学和经济推理的本能"，但"对大多数人来说，经济推理是一种后天习得的技能——和品位"。阿尔钦帮助大批有才华的学生获得了创造性技能——和高妙的智识品位。

对普罗大众而言，技术精湛、华丽恢宏的学术性展示，很少会有什么价值。而阿尔钦一个令人瞩目的特征，就是能用最简单的方式来解释重要的问题。他在解决问题时，匠心独运，只使用最基本的概念和架构。马克·吐温提到，他妻子住在密西西比河沿岸，学会了所有的脏话——但却学不会那种腔调。在经济分析中，阿尔钦对那些语汇谙熟于胸，而且还了不起地哼对了其中的曲调。

有用的经济学家已然认识到，在一个卓有成就的学者、教师和专业人士手中，基本乃至初阶的经济学工具，可以被运用到何等出神入化、极富创造性的程度。在美国国防部最高决策层工作时，阿兰·C.恩托文**报告说："我们［国防部］使用的分析工具是最简单、最基本的经济理论概念，结合以最简单的量化方法。这项工作取得成功的条件，首先是对边际产量和边际成本等概念的重要性，有着透彻的理解或者笃信，其次还需要拥有在复杂情况下发现边际产量和边际成本的能力，同时还要有很好的数量上的判断力。我们所使用的经济理论，就是我们大多数人在大学二年级所学的理论。"（"Economic Analysis in the Department of Defense"，*American Economic Review*，LIII［May 1963］，422）

我和阿尔钦是 1952 年在加州大学洛杉矶分校成为同事的。我们一起合作过多次，主要是在写作《大学经济学》（*University Economics*，Wadsworth Publishing Co.，1964，1967，1972）和《交换与生产》（*Exchange and Production*，Wadsworth Publishing Co.，1969，1977，1983）这两本书上。本书是一部新作，尽管它也与前面两本书有着家族上的相似性。与《交换与生产》一样，本书本质上是对价格与分配现象的分析，还加上了对通货膨胀的思考，以及关于微观经济学对总体经济现象的适用性及其国际含义的各种讨论。最重要的是，基于之前各书的努力，本书继往开来，

---

*　米尔顿·弗里德曼（Milton Friedman，1912—2006），美国著名经济学家、芝加哥经济学派领军人物、货币学派的代表人物，1976 年诺贝尔经济学奖得主。弗里德曼被广泛誉为 20 世纪最具影响力的经济学家及学者之一。——译者注

**　这里应当是指阿兰·C.恩托文（Alain C. Enthoven），现为斯坦福大学商学院荣休教授，拥有斯坦福大学、牛津大学和麻省理工学院的经济学学位。他于 1960 年调任美国国防部工作，曾被约翰逊总统在 1965 年任命为负责系统分析的助理国防部长。——译者注

不遗余力地阐发经济分析，并始终强调经验上的有效性和意义。最初的手稿，阿门准备了长达十年，嗣后他健康恶化，未竟全功。今天，千呼万唤，这部书稿终于得以完成、编辑和更新。

把阿门这最后一部巨著付诸实现，需要付出相当多的努力。如果没有杰里·乔丹（Jerry Jordan），本书实难完成，甚至想都不敢想。杰里是 20 世纪 50 年代到 80 年代受到阿门影响的众多研究生中的一员。和他们中的许多人一样，杰里有着非常杰出和引人瞩目的经济学生涯。除了直接在手稿上做了大量的工作外，他还是首席协调人，负责协调几位参与制作这部巨著的人员的各项活动。

在阿尔钦的时代，世界各地有许多学者，曾经以正式或非正式的身份，来到加州大学洛杉矶分校经济系开展学术活动，他们都关心本书的出版，也为此作出了贡献。琳达·克莱格（Linda Kleiger）是阿尔钦的另一名学生，她既是本书的一名管理者，也对本书内容多有评论。阿琳·阿尔钦（Arline Alchian）和丹尼尔·本杰明（Daniel Benjamin）保存了原稿，并把它提供给了杰里和我。本·齐彻（Ben Zycher）、考特尼·克利福德·斯通（Courtney Clifford Stone）、雷切尔·巴尔巴克（Rachael Balbach）、W.李·霍斯金斯（W. Lee Hoskins）、肯·克拉克森（Ken Clarkson）、薛兆丰（Zhaofeng Xue）和尹锦明（Kam-Ming Wan），都曾给出过指导和鼓励。迈克尔·皮斯通（Michael Pistone）在准备图表方面帮助尤大；茨韦泰林·佐内夫斯基（Tsvetelin Tsonevski ）重新编排了整个手稿。令所有为准备手稿作出贡献的人都感到欣慰的是，自由基金会（Liberty Fund）坚定地投入资源——尤其是高级编辑劳拉·戈茨（Laura Goetz）的时间和才智——与声望，让阿门这最后一部分遗产得以面世。

阿门·阿尔钦——一位同事、导师、合作者，以及我事实上的兄长——于 2013 年 2 月，驾鹤西游，离开了我们，寿九十有八。

威廉·R.艾伦*

---

* 2021 年 1 月 16 日晚，本书英文版编者杰里·乔丹发来信息告知，威廉·R.艾伦（William R. Allen，1924—2021）于前一天去世。——译者注

需求、交换和产权

Demand,
Exchange, and Property Rights

第1章　欢迎来到经济学世界

自从人类偷吃了禁果，被逐出伊甸园之后，我们所生活的这个世界就到处充斥着资源稀缺现象。人世间多少悲剧和罪恶，根源大抵在此。人类的欲望无限，而用来满足欲望的手段却很有限，面对这种情况，人类不得不进行调整和适应。在这个过程中，一些个人和社会就做得比另一些成功得多。

经济学研究的正是这种稀缺性的束缚以及人们为了最小化痛苦、最大化群居的收益而采取的行为模式。这类行为受到那些为我们所采用、并强加给我们自身的社会基础规则和制度的规制和引导。这样的规制与引导有时候是有益和有效的，但常常是有害的，而且会造成浪费。

要在这个凡尘俗世上生存下来（还远远谈不上繁荣兴旺）谈何容易。我们必须拼尽全力，并且不能有丝毫的懈怠。绝大多数经济活动——市场上的出价和要价、当前的生产和消费，以及为未来所作的储蓄和投资——通常既需要我们付出辛劳，也需要我们作出协调性的决策。但是，即便是看似寻常的生产和分配活动，也需要许多人一起作出努力。这些人分散在世界的各个角落，绝大部分从来不会见面，彼此也不会直接沟通。

我们就拿这本书来说吧。除了本书的几位作者之外，还有数以千计的人们为了把这本书送到你的手中，付出了辛勤和汗水。有人制作纸张；有人制作墨水和胶水；有人编辑书稿；有人付印，有人把书运送到仓库，有人去促销，有人做分销。可没有哪一个人对此作出过通盘的计划，并监督所有的人完成这个计划，没有人精通所有这令人眼花缭乱的各项工作。然而，你却拿到了这本书。

即使我们今天已进入电子书、iPad、Kindle 和 Nook＊的时代，虽然我们对书籍

＊　Nook 是 Barnes & Noble 书店推出的电子阅读器产品。——编者注

的定义已经与传统的书籍定义大不一样，但这个故事的本质也没有什么两样。虽然供我们阅读的器材在技术上更加先进，但仍然需要众多生产者们尽心竭力地彼此协作。把来自天涯海角、操着南腔北调的人们组织起来，完成如此复杂而又相互关联的形形色色的活动，这到底是如何做到的呢？我们将向大家表明：以私有产权为主体的个人主义社会里的协调模式，是如何在生产力、增长和自由等方面胜过其他协调模式的。

本书将会帮助你理解经济学最基本和最一般化的概念、原理和方法，助你深入领会并学以致用。不断运用之下，对于什么是好的经济学以及它在真实世界的应用，你就能有所体味和把握。

稀缺

几乎所有人类行为背后的动机，都是无可回避的"稀缺性"——简单来说，我们的需要和欲望超过了实际可得。我们所享用的大部分物品都要通过艰苦努力方能取得，这其中伴随着的是压力、汗水和焦虑之心。然而，无论你艰苦努力取得了多大的成功，你都会想要更多。

限制我们能够拥有更多的，是两个谁都不陌生的"魔鬼"——物品和劳务的数量都有限，以及其他人也想要得到它们这两个现实。重要的是要明白，稀缺之所以存在，并不是由于人们去生产了"错误的"东西（如啤酒、流行爵士乐和电子游戏），而没有去生产"正确的"东西（如博物馆、交响乐和艺术）。稀缺之所以存在，是因为我们对各种各样有限的物品有着无限的欲望。

经济物品还是免费物品

经济学中"物品"（good）这个词，指的是任何多胜于少的东西。"物品"既包括劳务，像医生、画家、木匠和运动员提供的服务，也包括实在的物质。新鲜的鸡蛋比臭鸡蛋多。但新鲜鸡蛋稀缺，臭鸡蛋不稀缺。新鲜鸡蛋是经济物品，也就是我们想要的比所能取得的为多的物品。

如果一种物品无论是否为我们所想要，都非常充裕，以至于无人愿意要更多，那它就是"免费"物品。今后，当我们说到"物品"，就总是指"经济"（稀缺）物品。如果我们所指是"免费物品"，我们就写"免费物品"，以示区别。但免费物品的例子不容易找到。对我们大多数人在大多数时间来说，其经典的例子是空气：我们无时无刻不在呼吸空气，它就在那里，我们不需要牺牲任何其他的东西就可以得到它。但是，对于宇航员和深海潜水员来说，空气是经济物品，对于雾霾天里的城市居民，新鲜空气也是经济物品。

注意："免费物品"不是指收取的价格为零的东西，像"免费教育""不收费的道路""不收费的公园""免费图书馆"和"免费沙滩"等，这些不是免费物品。那些"零价格"商品是稀缺（经济）物品。收取零价格，并不能把经济物品转变成免费物品。你在下文中会看到，"免费"——在零价格意义上——分配物品，还会意想不到地使这些物品的稀缺性变得更加严重。

诚然，"物品"（good）的英文词会给人以心理上的偏差，让人以为"物品"都是好的（"有益的"）。但是，在经济学里，"物品"一词指的是一个人所需要的任何东西，至于为什么需要，并没有什么关系。可能你认为香烟不是"（有益的）物品"，这个世界如果没有香烟，人们可以过得更好。但是，只要有人认为香烟值得拥有，并且想要得到更多，香烟就是"物品"。

自利?

自利（self-interest），是经济学用到的一个概念，这个概念意味着你想获得更多权力来控制资源，而不论你是出于自己的利益，还是为了其他某个人的利益而这么做。由于我们从事市场交易的时候，并没有把帮助他人列作宗旨，所以有些"哲学批评家"被误导，认为经济学原理假定人们都是纯粹而彻底的自私的（selfish）。这是不正确的。你经常会帮助别人。比如在发生紧急情况时，你的表现会宛如一位"好撒玛利亚人"*，

---

* "好撒玛利亚人"（good Samaritan）引自基督教文化中一个著名成语和口头语，意为好心人、见义勇为者。该词源自《圣经·新约·路加福音》中耶稣基督讲的寓言：一个犹太人被强盗打劫，受了重伤，躺在路边。有祭司和利未人路过，但不闻不问。唯有一个撒玛利亚人路过，不顾教派隔阂善意照应他，还自己出钱把犹太人送进旅店。——译者注

即使这样做对你来说成本不菲，你也在所不惜。

更重要的是，经济分析表明，即便我们并没有刻意地想着帮助谁，我们的市场行为也会对其他人有利。交易双方必然都预期能带来好处才会从事交易，否则，市场就不会存在，私有产权的自愿协商交换也不会存在。虽然我们在行动时主要想着的都是我们自己的利益，但是，通过市场交换，其他人也可以从中受益。

18 世纪的苏格兰人亚当·斯密（Adam Smith），写出了第一部系统论述经济学的经典著作《国民财富的性质和原因的研究》（*An Inquiry into the Nature and Causes of the Wealth of Nations*），他这样解释激励及其效果：

> 人几乎随时随地都需要同胞的协助，要想仅仅依赖他人的恩惠，那是一定不行的。他如果能刺激他们的利己心，使有利于他，并告诉他们，给他做事，是对他们自己有利的，他要达到目的就容易多了……请给我以我所要的东西吧，同时，你也可以获得你所要的东西……我们每天所需的食料和饮料，不是出自屠户、酿酒家或烙面师的恩惠，而是出于他们自利的打算。我们不说唤起他们利他心的话，而说唤起他们利己心的话。我们不说自己有需要，而说对他们有利。*

竞争

与稀缺如影随形的，就是与其他也"想要更多"的人进行竞争（competition）。用一位大师级的竞争者、高尔夫球手阿诺德·帕尔默（Arnold Palmer）** 的话说就是："如果你不竞争，你就死掉。"我们还可以加上一句，"如果你还没死掉，那你一定在竞争。"那么，人们又是怎样在竞争呢？我们来看下面这几种竞争的方式。

暴力

暴力是常见的为人崇仰的竞争模式。亚历山大、恺撒、拿破仑、艾森豪威尔等

---

* 这段话的中译文参考了郭大力、王亚南两位先生的相关译文。——译者注
** 即阿诺德·丹尼尔·帕尔默（Arnold Daniel Palmer, 1929—2016），美国职业高尔夫球手。他从 1955 年起赢得过数十个美国职业高尔夫球巡回赛的冠军。自 20 世纪 50 年代电视体育节目得到普及之后，帕尔默是美国第一位广为人知的体育明星，他高超的球技和迷人的风度吸引了大批球迷。——译者注

等，都使用暴力。他们受到了世人高度的崇仰。可以肯定，如果恺撒只是殴打了几个罗马人，他会饱受攻击。

但只要实施暴力的规模足够大（例如在国家层面），那么结果就是成王败寇。实施暴力的权力，是由"政府"（依照我们对政府的定义）严防死守的"准垄断力"（near-monopoly）。之所以说是"准垄断力"，是因为在一国之内，人们也经常在街头示威游行中用暴力来争取政治权力。政府会禁止个人行使暴力——接触性的体育运动是例外。

富裕的国家更容易受到攻击——除非潜在的侵略者知道这种侵略行为会给自己带来严重的损失。1991 年伊拉克政府试图通过入侵科威特，吞没该国的财富，但在其他国家的协同行动之下，这一侵略行径遭到了挫败。在更早的时候，维京人、蒙古人和鞑靼人对那些生产力更高、但防御力较低的社会发动突然袭击。欧洲人入侵南美洲和东南亚地区，从这些防御不够强的地域掠夺财富。历史上类似的事件不胜枚举。

政治权力

政府帮助维护个人和财产安全，使其免遭暴力和偷盗的侵袭。在民主国家，政治领导人的这一权力是由选民投票然后赋予他们的。选民们相互竞争，以使自己支持的候选人执掌政府权力，从而谋求更大的保护以及对财富进行重新分配。当我们抱怨高企的政府税负或支出时，我们一般就是在抱怨那些与我们利益相左的邻居。

歧视：由权威机构制定的配置方案

假如一个大学有 5 000 名学生，但只有 2 000 个停车位。我们还假设大部分学生都希望有一个自己的停车位，那么，这所大学就遇到了定量配给（rationing）问题：谁能取得停车位？最终不可避免的是，得采取某种区别对待或歧视的方式，来决定谁取得停车位。不管是哪些人得到停车位，总有其他一些人得不到。还有许多其他的替代性办法，其结果无非是换了一些人得到停车位。所有的竞争和选择都是歧视性的。选择只是歧视的另一个名号罢了——歧视就是按照某种属性给不同的选择对象排个顺序。该受责难的不是歧视，而是"招人怨恨的"歧视——即那些人们非常不认同的标准——比如按照宗教、国别和性别制定的标准。

先到先得

停车位可以按照先到先得来配置。虽然这种方案里停车位的货币价格为零，但天不亮就起床，只是为了能在校园取得一个车位，这并不是不产生竞争性成本的。成本不必是用货币来支付的。零价格也不会让某些东西免费。

给最应得的人？

为了避免代价高昂的抢夺，可以事先把停车位安排给那些最"应得的"或"最需要的"人。特权分配委员会会问："除了教授之外，谁最应得，谁最需要？"各种分配委员会在定量配置停车位方面可谓妙招迭出，五花八门。这里的标准有：距离学校远近；年龄；健康；是否高级职员；家庭规模；学生专业；年级；等等。但是，一个问题解决了，还会导致另外一个问题产生。例如，对于那些被授予停车位权利的人，是否应该允许他们将这一权利转售给他人？

丛林竞争还是文明竞争

你可能听到过这样的说法：竞争带来了更多反社会的、类似丛林社会中不负责任的行为。这取决于所容许的是哪一类竞争。诚如我们将要看到的那样，一个拥有可靠的私有产权、并为交换这些权利而准备好了市场的社会，已经被证明，较之于那种使用暴力和残忍手段来解决经济资源用途上的意见分歧的社会，要更有益于生产和文明行为的扩大。

通过交换而形成的竞争性合作

经济分析的主要关注点包括：（1）物品和劳务之权利交换上的竞争；（2）在创造财富上的协调合作。交换中的提供者之间的竞争，是一种合作的形式。"如果你为我做那件事，我就为你做这件事——条件还比其他人给的更好。"虽然在竞争，但我们也在合作——在市场中，在家庭里，在企业内，在政府中，我们既竞争又合作。

我们一起合作，把"蛋糕"做得更大；我们彼此竞争，每一个人都力图得到蛋糕更大的份额。必须对竞争的可容忍度进行控制，才能将合作和竞争进行有效的结合，才能不至于阻碍社会的团结和合作。

富人和穷人所拥有的财富量有别，并不仅仅是由于人们对既定的财富总量争相瓜分，赢家成了富人、输家成了穷人所造成的。财富量差异的根源，既在于生产力水平有别，又在于人们为了致富而进行储蓄的意愿有别。但由此而产生的富裕等级结构，有时会让财富过度集中在少数人手里，以致须要刻意作出调整，才能维护更大范围的社会稳定。

我们的意图

我们希望你的经济学学习历程充满乐趣，甚至感到很享受。不过我们还要向你承诺一个意想不到的结果，那就是，你将会被"洗脑"——在清除错误理念这个积极的意义上被"洗脑"。你会开始怀疑，人们对经济事件所持的流行看法中，绝大多数都至少存在误导性，甚至经常是错误的。有关这类常见的错误比比皆是，这里我们罗列几个出来：

- 价格管制使消费者免于支付更高的成本；
- 减少失业必然要求创造更多工作岗位；
- 一些人收入更多会令其他人收入更少；
- 免除学费或者学费较低会降低学生的成本；
- 所有的失业必然都是浪费；
- 股票经纪人和投资顾问的表现，要好过以随便在股票列表上投掷飞镖的方式选股，或利用占星术来选股；
- 征税商品的税负全部由消费者承担；
- 雇主为"雇主提供的保险"付费；
- 最低工资法帮助了无技术工人和少数族裔工人；
- 房地产开发商推高了土地价格；
- 从外国进口商品减少了本国人民的工作岗位数；
- "同工同酬"法使妇女、少数族裔和年轻人受益；

- 经济效率只关乎技术和工程学；

- 农业和其他产业的剩余源于生产力超过了需求；

- 资本主义要求社会"利益和谐"——但资本主义也是竞争和冲突的根源；

- 产权一般会与人权相冲突；

- 商人以自我为中心且贪婪，而政府工作人员富于自我牺牲和利他精神；

- 工会保护天然的同行关系和工人的集体福利，反对他们天然的敌人——雇主；

- 收取一个更高的价格总是会提高卖家的利润；

- 美国经济越来越为垄断者所支配，这些垄断者可以随心所欲，把价格定得多高、把工资定得多低都可以；

- 租金管制会改善住房条件，并扩大住房供应；

- 之所以存在失业，是因为工人人数比工作岗位多；

- 价格波动所造成的不确定性会产生浪费，而不断提高的价格会导致通货膨胀，因此政府应该宣布抬价违法；

- 在大多数其他国家的工资水平低于本国工资水平的世界上，我们无法与人家竞争。

幸运的是，尽管人们几乎普遍对经济学原理比较无知，但社会还是取得了进步。在富于经验的经济分析人员并不充裕的情况下，美国经济在过去超过两百年的时间里总体上表现还是不错的，其增长与繁荣在世界历史上令人瞩目，瞩目得让人感到尴尬。

苏联的解体以及中印两国在世界市场上的兴起，并不是因为人们从对经济学的无知中忽然醒悟了过来。相反，这些国家曾经令人感到失望的经济表现，与其他国家的经济表现形成鲜明的对照——这表明，缺乏对基本经济学原理的理解，最终带来的是国家的积贫积弱，并相应促成了这些国家的社会和市场变革。

本书的讲述顺序以及学习建议

这本教材从最简单的原理开始讲起，并用这些基本原理来解释"贸易产生收益"（the gains from trade）的含义，以及这些收益是如何出现的。去解释像人们从贸易中得益这样显而易见的事情，还要发展一套分析方法，看起来多此一举。但是，对一种简单的行为认真观察，却可以让我们对非常重要的"需求"原理及其意义有一个大道至简的呈现——而不会被更为复杂活动的不必要的细节所干扰。而且，一开始就熟悉了应用这些原理的图表，也可以让我们接下来对更为复杂、又远非我们通常所能理解的事件的研究，变得更加轻松。这些结论往往既让人感到惊奇，也让人感到违反直觉。

简单地做一下前瞻，前 13 章解释和应用"产权""效率""成本""边际量""边际量均等化以防浪费"这些概念，以及个人选择与行为原理，这些原理决定了现有商品的价格及其分配。第 14 章到第 29 章介绍生产、专业化、团队和企业原理。在这一部分，我们还从经济分析的视角来理解组织内的决策制定；而在不同的竞争形势下，不同类型的企业其市场定价策略也得到了探讨。第 30 章到第 38 章，把关于金融资本价值的原理及其调整策略的阐释和应用，扩展到对经济风险和财富积累的分析上去。第 39 章到第 41 章处理的是劳动力市场上出现的问题，包括在寻找最高价值的就业机会上存在的搜寻成本。第 42 章处理的是货币、通胀及其对物价的影响这些主题。

经济学真的很容易——以一种微妙的方式。关键在于，要对其分析原理加以应用。有时候，它们会使物理学的那些规律失效。引力定律说："如果你丢 20 美元的钞票在地上，它就会待在那里。"经济学会说："如果你丢 20 美元的钞票在地上，它会很快消失。"

练习与思考

1. 曾有一本很流行的书说（大意）："我们都掉到经济学这门被人称为是'令人沮丧的科学'（dismal science）*的陷阱里了。这个学科有一种支配性的理念，认为

---

* "dismal science"这个短语国内约定俗成的翻译是"沉闷的科学"。一般都认为，这是英国作家托马斯·卡莱尔（Thomas Carlyle）用来回应 19 世纪的牧师兼学者托马斯·马尔萨斯（Thomas Malthus）的"悲观预测"的，马尔萨斯认为，食物供给的增长率低于人口增长率，将导致大规模饥荒。萨缪尔森（Paul Samuelson）和诺德豪斯（William Nordhaus）的经典教材《经济学》（第十六版）就这样讲。虽然卡莱尔提到马尔萨斯的理论时确实使用了"dismal"这个词，但直到 1849 年才由他第一次使用"dismal science"这个词汇。卡莱尔首先使用这个词语是来表达他自己的种族主义观念。1849 年，卡莱尔出版了一本小册子，名为《奴隶问题偶论》（*An Occasional Discourse on the Negro Question*）。在这本小册子中，卡莱尔认为，重新引入或继续实行奴隶制度在道德上要优于依赖于市场供求的力量，他把与他意见相左的经济学家［最著名的是约翰·斯图亚特·穆勒（John Stuart Mill），这些经济学家们正在声讨奴隶制，认为奴隶制否定了基本的人权］所从事的科学，称为"dismal science"，因为卡莱尔相信，解放奴隶会使他们的境况更加糟糕。——译者注

不可能取得丰裕的状态，经济问题仍然是对稀缺资源的分配。真是一派胡言。丰裕的状态已经到来！美国可以生产的东西是如此之多，以致根本问题变成了这些潜在产出量要如何公正地和平等地得到生产和分配的问题。"你是否认同这种说法？

答：

可以想见，现在你还不能回答这个问题。但等到结束了本课程之后，你应该可以解释上述结论为何是错误的。至于其起首的第一句话，我们的回答是，经济科学没有给我们设陷阱——稀缺才一直给我们设陷阱。

2. "如果人们是合乎理性的，并且按照正义和信义来行事，那就不会存在什么罢工，也没有什么经济问题，也不会出现战争。"你同意这句话吗？

答：

不同意。就是因为人们是合乎理性的，所以，他们会按照他们自己的利益行事，这就有了经济问题的存在和战争的发生。

3. "从社会的角度来看，对财富进行更加公平的分配，要比不那么公平的分配更受偏好。"

解释你为什么同意或不同意这句话。

与"从个人的角度更受偏好"相比，"从社会的角度更受偏好"是什么意思？

答：

得等到你知道"从社会的角度更受偏好"是什么意思，你才能回答得了这道题。我们不知道从社会的角度更受偏好是什么意思。譬如，是大多数人偏好它，还是最重要的人偏好它，或者一国当前的当权者更偏好它，或者"每个人"都偏好它，或者发言者认为每个人都应该偏好它，还是只是发言者偏好它？当你指的是一个群体的偏好时，你应该对你的表达小心谨慎才对。

4. 你认为公平的份额指的是什么意思？你认为其他人会认同你的解释吗？你的解释与学生认为的得到"公平的"分数相比，有什么异同？

答：

公平不意味着平等，即便有些人认为它"应该"，也仍然存在绝对平等和比例平等之间的差别问题。要知晓人们对公平的意旨通常是很困难的。公平的分数意味着应该存在像 C- 这样的最低分数吗？研究表明，那些得到好分数的学生可能会过上更好的生活。但声称强行规定老师的评分下限，就能让学生更有成就，则是很荒谬的。

5. "稀缺、竞争和歧视，彼此之间是如影随形的。其中的一个蕴含着另外两个。而且，离开它们去思考社会，无异于痴人说梦。"这句话你同意吗？

   答：

   作出取舍，是因为存在稀缺。即便在一个想象出来的无货币、无价格、无市场的世界，竞争和歧视也会出现。正如我们将要看到的那样，对商品和劳务的市场价格的压制，会带来非货币形式的竞争和歧视的出现。

6. 请说出三个有名的政治家，他们通过使用暴力进行竞争成功取得了他们的地位，而如果他们失败，他们就会被判处叛国罪或反人类罪。

   答：

   征服者威廉、尤利乌斯·恺撒，以及拿破仑·波拿巴。你还可以举出大量的这类人物。（提示：乔治·华盛顿，以及其他每一位成功革命的领导人。）

7. 被社会容许的竞争：

   哪一类竞争在寻求政界职位时是可以允许的，但在私人商业事务上却不被允许？

   哪一类竞争在寻求上大学时是可以允许的，但在课程分数上却不被允许？

   哪一类竞争在商业上是可以容许的，但在申请加入大学兄弟会时却不能接受？

   答：

   为了使那些投票给你的人受益，可以承诺加税或减税（以影响其他人的财富）。但政治家不能（合法地）像一个商人一样出售服务。

   在这门课程中，推荐信会帮你取得更好的成绩吗？你过去的成绩会影响到这门课的老师给你打多少分吗？你父母的财富可以吗？

   雇员可以主动降薪，以换取在他偏爱的城市追随他心仪的老板工作。在申请兄弟会时，这行得通吗？这位申请人要是有本事让兄弟会多多发财，那行得通吗？

8. "政府垄断了强制性暴力。""政府是解决人际冲突的一个社会机构。"

   这两个命题在事实表述上对不对？彼此相容吗？

   你能为你的回答援引哪些证据？

   答：

   是的。到现在我们还不知道，在任何一个国家，除了政府，还有什么机构拥有占统治地位的强制性暴力。为了解决人际利益冲突，政府是执行某些规则和程序的机构。法律的制定和执行，以及对纠纷的司法解决等行为，都体现了这两个命题。[要注意，第二个表述说政府是一个机构，而不是唯一的机构。例如，许多社会争端乃是通过公序良俗（social ostracism）和协议仲裁的方式得到解决的。]

9. 非法竞争：

   如果你有权力决定，你会宣布哪些形式的竞争为非法？

   通过制定最高限价法、最低工资法、公平雇佣条例、清洁食品和药物标准、私有产权法，以及计划经济的手段，分别会使哪些形式的竞争变为非法？

   答：

   你应该首先想要知道每一种措施对行为的影响。我们现在还无法和盘托出。

   最高限价法所产生的唯一后果，就是把这样一种竞争类型定为非法，即买家付出超出法定限制的金钱，以弥补在竞争商品时自身某些属性上的弱点。公平就业法（禁止根据种族、肤色、宗教教派或年龄挑选雇员）禁止按照个人属性进行竞争。清洁食品和药物法禁止以低价格提供劣质食品，或者提供新型的，可能更好、但却未经（政府）检验的食品和药物的做法。私有产权禁止暴力竞争，禁止非自愿地对被视为私有产权的物品予以剥夺的行为。若未取得政府官员授予的经营许可，计划经济禁止通过提供迎合个人偏好的商品和服务类型来进行竞争。这只是一些被禁止的竞争类型的例子而已——这既不是按时间历数的完整记录，也不涉及对这些竞争类型究竟是否可取所作的评判。

10. 为了争取大学入学，人们会考虑诸多因素，包括思维能力、运动能力、良好的外貌、居住地、支付意愿、父母是不是校友、种族、性别，以及宗教信仰等。为什么？

答:

广泛纳入更多支付意愿之外的要素,是因为大多数学校都不是由私人所有。

11. 平均而言,你认为谁最诚实——政治家、商人,还是教师? 为什么? 你的证据
是什么? 在这些职业中,你认为不诚实的行为将会被更加确切地察觉到,并予
以惩罚的原因是什么? 如果不诚实的行为不会被发觉,那么,不诚实行为在其
中一个职业上获得的好处,会不会比在另一个职业上获得的更大?

答:

对于依赖私有产权和市场决定的价格来分配稀缺资源的社会的长期存续而言,
说真话的品性至关重要。

12. "在计划经济中,合作会取代竞争。"

上述命题正确吗?

你可以引述什么证据来支持你的回答?

合作和竞争之间的差别是什么?

答:

由于在计划经济和在市场经济中稀缺一样存在,那么,为控制资源而进行竞争
就是不可避免的。在计划经济中,政治手段(说服、宠信、个人关系)这种竞
争形式更多些。竞争就是人与人之间的奋力争夺——为了获得更多的稀缺资源,
为了获得梦寐以求的东西——可以通过购买而占有,也可以通过取得政治权利
而占有。而合作是一种联合活动,大家为了一个共同的目的而相互扶助,努力
争取。

13. 食物的整个生产过程是这样:先是生长、收割、甄选、处理、打包,然后是运
输,以适当的小捆扎起来,最后是由那些追求个人利益的人每天送到消费者手
中。没有权威机构负责实现这一过程中的所有职能,并确定生产多少食物才是
合适的。然而,我们每天都可以得到食物。另一方面,对于诸如水、教育和电
力这些东西,有专门指定的机构负责它们如常供应。正是在这些我们有意识地
制定计划并控制其社会产出的领域,我们却经常蒙受这些服务的短缺和供应失
效之厄,这是不是矛盾呢? 教室短缺和水短缺都是很常见的;但谁听说过餐馆、

家具、啤酒、鞋子或纸张短缺过呢？进一步来说，私人拥有的企业，为了所有者私人利益运营，它们为新老顾客提供的服务，与邮局、学校和其他公共所有的企事业单位提供的服务相比，即便不是更好，也至少一样优良，这难道不让人感到惊奇吗？还有，你会不会以为美国的公共机构在种族和宗教信仰上比私人拥有的企业更少歧视？然而，事实却是，它们并不比私人企业更少歧视。你怎么解释这些悖论？

答：

在这门课程的学习过程中，这些都会一一得到解答。这些疑问意在引起你对接下来学习的兴趣。

第 2 章　我们的经济社会

　　无论是人口还是面积，美国都不是世界上最大的国家，但其巨大的经济体量和复杂的经济组织生产出来的年产出量，却大过任何其他国家的经济。不过，列举一大堆的各种经济指标，在分析上并没有太大用处，尤其是这些指标还会随着时间推移而变化。第一次看足球比赛的人，如果只知道一个队伍有多少人、场地有多大、具体的比分是多少，也不会太有帮助。不了解规则，不了解竞争的战术和战略，看球的人会觉得足球赛很无聊，或者完全是一脸的懵懂。在学习"经济"这一竞争性比赛时，你面对着的是同样的问题。理解的第一步，是认识私有财产（private property）这一规则。

权利和财产权利

　　美国的读者生活在基本上以私有财产为主的社会里。我们这里要讨论的，并不是这样的社会是否在哪种意义上属于最优的社会类型。我们只是的确知道，在与其他社会类型的竞争中，这种社会类型不断演化，占据了优势。尽管美国大部分经济资源都为私人所拥有和管理，但还是有一部分作为政府财产而被持有，其中包括大量的土地，以及大规模精良的军事设施。而且，虽然大约 80% 的国民收入是由私人部门赚取，但政府对商品和劳务的采购（例如，消防、警备、国防、司法、教育、公路和卫生系统等）提供了另外非常重要的 20%。

　　在每一个社会，每一个人都有各种不同的"权利"（rights）。"权利"是一个人所拥有的由社会认可和支持的做某些事情的权力（authority）。一般来说，我们的社会保护你免遭他人的妨害。如果人们看到有人打算偷你的车——侵犯了你对它的权利——他们通常会报警或者警示其他路人以预先阻止这种企图。你对你的汽车的财产权利，或者说你对该资源的支配力，依赖于其他人的意愿和能力，而不是仅仅依赖于你自己的能力。但是，虽然你可能对一辆汽车拥有法律上的物权，可你却不能由此拥有对它的固有"权利"。在狮群之中，雄狮纯凭尖牙利爪即可夺得对猎物的先食之权。但这不是我们这里谈论的权利。因为狮子们无法维护其他狮子的权利，所以其实没有权利可言。相反，它们有的，只是对狮王威力的臣服。

政府购买 vs. 政府支出

政府花费了多少呢？国民收入账户（National Income Accounts）衡量的是一个经济体的总产出或总产品。在该账户中，美国政府的支出占整个经济体生产出来的所有产出的大约20%。更确切地说，国内生产总值（GDP）除了家庭的消费支出以及企业的投资支出之外，还包括政府对商品和劳务的购买支出。这些政府支出，包含有军舰以及全体政府雇员的薪水。

另外一个指标，即政府支出——政府预算中包括的内容——它所包含的除了全部这类政府购买之外，还有更多其他的内容。数万亿美元政府债务的利息支出也是政府的费用，但在国民收入账户中这是以债券持有人挣得的利息收入列示的。政府还要对社会保障、医疗保险、公共医疗补助、食品补贴、失业保险以及住房抵用券进行转移支付。这些转移支付并不直接算作经济体的产出，因此不会包含在GDP的政府支出那部分里。相反，从政府那里获得转移支付的人和企业要么花费要么储蓄——正如他们从工资和股息中挣得收入一样——所以，GDP中消费者支出和私人投资这两部分数额，因这些转移支付而增加。

这并不意味着，由于这类转移支付，经济体就变得更加庞大或者人们就变得更加富庶。这些转移支付需要通过从家庭或企业那里征收的税收来获得资金，而这些税收会减少私人消费和投资支出；又或者通过发行新增政府债务来获得资金，而这也会减少家庭和企业的支出。

总的来说，包含转移支付的政府支出，在三十多年前提高到了占GDP的30%，然后在2007年到2009年的大衰退中骤然升到占GDP的35%以上。其结果是，家庭原本用于消费和企业原本用于投资的支出中有很大一部分——而且这个份额还在不断增长——要由纳税人的转移支付或由政府发债来负担。

资料来源：Donald Marron, Musings on Economics, Finance, and Life, July 2012, "Has Government Gotten Bigger or Smaller? Yes," http://dmarron.com/2012/07/。

你的权利决定了你的地位、你的潜在福利，以及你的"自由"——也即这个社会中其他人允许你做的事情的范围。为了理解你所在的经济和社会，你一定要了解它的"博弈规则"。"权利"就是这些规则的一部分。在进行一场博弈时，这些规则就是权利，它们定义了一个行为人可选择的行为范围。如果你不了解这些权利是什么，你就不会理解社会中人的行为。

如果不了解计划经济和市场经济中人们对经济物品所拥有的权利不同，对这两类国家进行比较，会让人以为这两类社会中的人在本性上有什么不一样。就其内在本性而言，哪里的人都一样；但在不同的社会中，他们会在不同的情境、约束和激励下采取行动——问题就在于基础的规则有差别。这就是为什么我们要以讲述私有财产国家——即通常所谓的"资本主义国家"——中占统治地位的一些财产权利来作为开场的原因。

私有产权

私有产权包括三个关键特征：（1）对特定（specified）物品的物理（physical）①条件和使用做决策之权利；（2）将所有权出售给他人之权利；（3）享有因在使用上所做的决策，而获得收入及蒙受损失之权利。这些都是排他权；它们均属于同一个人。这三个要素一起构成了私有产权的实质。如果三者之中任何一个缺失，则私有产权不成立。

私有产权限制了你去干预其他人的权利。其他人所掌握的所有资源的物理属性或收益一定不能受到影响。如果你拥有对某物的私有产权，那么，你，也只有你，可以选择其未来用途和物理条件，或者将该权利转让给有意愿的受让者。其他人均无权改变你拥有私有产权的商品之物理特征或用途。我们所指的是"私有产权"。如果你出售了某物，那么，根据法律，这可以解释为你出售了私有产权，而不是该物自身。即使该物自身无法移动，比如大片的土地，其权利也可以转移给他人。不要被这样的话所误导：私有产权将财产权利置于人的权利之上。私有产权就是人们对他们所拥有物品的用途作决定的权利。

还有一个混淆也需要避免。在经济学里，我们关心的是宪法予以保护的权利（constitutionally protected rights）。这与有些人要求获得教育、健康医疗、住房、良好工作等等权利是不一样的。这类要求意味着其他人要被迫提供我所需要的东西。这些都不是宪法赋予的权利。宪法学者对"消极权利"（negative rights）（该权利限制政府所能做的事情范围）与"积极权利"（positive rights）（该权利要求政府采取行动使某些人受益而以其他人的付出为代价）之间做了区分。

私有产权保护的是财产的物理属性，不是市场价值

私有产权保护你的财产免遭其他人施予的物理②影响。我不可能合法地用我的锤子去敲破你家的窗户。但是，对你的财产的需求下降所导致的市场价值上的影响，却不受保护。如果我建一座公寓楼，提高了对公寓的供给，从而减少了你的公寓租金价格，这是合法的。再比如，如果这本教材减少了某一竞争者的书的销售量，这也是合法的。它没有减少竞争者们可以向潜在消费者给出的供应，也没有减少竞争者们物理上的生产潜力。

要注意私有产权的明晰性和确定性

物理影响和市场价值影响之间的区分，乍看起来似乎是清晰的。但是，我们来看看下面这种情况。从你的土地上，你可以眺望旁人土地上的美景，而他提出来要建一栋楼，这栋楼会挡住你的视线。你的土地的物理属性是否会受到影响？"是"还是"否"——这取决于你的土地的物理属性所指为何。物理特征可能被解释为包含照射到你的土地上的那些"光线"。通常，但也不是总是，它们没有在你的私有产权之内。你的邻居挡住了你的视野，却可能并没有侵犯你的私有产权。这里的寓意是：当你购买某物的私有产权时，首先要辨识清楚这些权利包含哪些内容，哪些内容被排除在外。包含的内容越少，市场价值就越低。

私有产权的可让与性

私有产权的另外一个基本特征是"可转让性"（transferability），通常称为"可让与性"（alienability）。这是出售你的权利之权利。而且也正是它，使你关注你所拥有之物的潜在市场价值。你使用你的汽车或房屋的方式，会影响到它们的

市场价值。如果你有权将你所购买的这本教科书重新出售，你会比没有权利再出售时更加善待它。资源权利的这种可出售性，是私有产权和其他财产权形式之间存在的根本差异。

在英国，直到大约一百年前，那些主要的土地所有权仍然是"不可让与的"。它们可以由父亲传给儿子。"所有者—占有人"（owner-occupant）所能做的一切，就是靠所持有的土地生活，或者租佃给其他人收取租金收入。在许多年前的中国，上市公司发行的"所有权"股票不经政府允许不得转卖。在瑞士，直到二十多年前，除非得到公司董事们的批准，许多上市公司的股份还不能卖给他人。

任何愿意接受私有产权或其中某一份额的人，私有产权都可以转让给他。你拥有这一权利，直到其他人愿意接受它。你无法撤销你的权利，无法放弃其后续情况中的所有未来责任。一旦你取得了某物的私有产权，你要么一定把它转让给其他某个愿意接受它的受让者，要么就保有它到死。在死亡这件最终不可避免的事情到来之时，如果没有愿意接纳它的受让者（继承人），政府就会收回这一权利。

在你的大学，如果它不是一所私人所有的机构，那么，没有人对于该所大学资源的市场化价值拥有私有产权。因为大学管理人员由此而不必关心这些资源的市场价值之变化，所以他们极少按照其所具有最高市场价值的用途去使用那些资源。这并不意味着，私有产权一定总是更好。在某些机构，譬如"非营利性"医院、大学、博物馆、大学兄弟会和大学姐妹会等，不拥有私有产权是有原因的，稍后我们会认识到其中的一些原因。

侵权

我们提到了另外一类"财产权利"。对他人财产的应急使用，被称为"侵权"（tort）。因为这经常发生，所以关于"侵权行为"有专门一部法律。当湖上突发暴风雨，如果你把你的船停泊在我的码头，为的是救你自己一命（未尝事先与我协商并征得我的同意），那么我的"权利"被侵犯了吗？再比如说，要是你本来可以引起我的注意，并请求给你使用我的码头之权利，我能要求你承诺把你的全部财产给我来救你一命吗？关于侵权行为，有一个更常见的例子：你把你的船停泊在我的码头上（经过或未经过我的允许），但由于有一种可以证明的我的疏忽，使你的船受到了损坏或使你受了伤。在这样的情况下，法院会强制要求我赔偿你。

抗一成不变原则

有关私有产权的范围,有一个重要的限制,这一限制包含在抗一成不变原则 (Rule against Perpetuities,又译"禁止永久权规则")之内。该规则限制了你对你现在拥有之物的未来用途的控制权。按照你的意愿,你可能会试图限制你庞大的财富之未来用途,可能想把一宗土地留给一个基金会,作为鹿的永久庇护之所。

但是,之所以对你控制未来的无限权利施加限制,其原因在于,你的这种控制权会降低未来市场价值对未来那个时候资源使用方式的影响力。不允许"死者之手" (dead hand of the past)推开未来几个世代市场价值的"看不见的手"(invisible hand)。抗一成不变原则,只允许在捐赠者死亡时还活着的那些人死去后的大概 21 年内,对资源的用途和可出售与否施加限制。如果不执行这一规则,那么,今天的资源就会仍然在按照几个世代之前的人们使用它们的方式在使用,这样的结果自然是活在当下的我们所不想看到的。

资本主义还是社会主义

各个社会之间的一个主要的差别,不是产权是否存在,而是这些社会运用产权的程度。即便在过去的苏联,私有产权也不是完全不存在。人们可以拥有、买卖家具和汽车,在他们的花园里还可以种蔬菜。但是,几乎所有的生产性资源——那些用来为其他人生产商品和劳务的生产性资源——都是被政府所"掌握的"。

一个对大部分资源具有广泛私有产权的经济,通常被称为"资本主义"经济。由于资源可以买卖,所以,资源当前用途的可预期的未来结果,可以通过"资本化"的方式体现到当前的市场价值中去。我们将会对这一过程进行检视。对那些资本化的市场价值所反映出来的内容进行解释,以及对它们如何影响我们的行为和资源使用进行解释,这是经济分析所取得的基本成就之一。

为了把预期体现到当前价值中去,就需要在人群中建立和保持行为的一致性。在一个经济体中,只有当每个人作选择都无须征得他人同意时,也就是决策和调整都是独立进行的时候，这一点才算是做到了。但与此同时，这些决策又是互相依存的，因为它们取决于对他人行动的预期。市场经济对这一博弈施予私有财产规则的限制。在市场经济中，个人作出风险性决策，并承担其决策的后果。

我们把具体的"体制"（system）与普遍的"经济学原理"分离开，因为这些原理可以运用到任何经济体制上去。这些原理刻画的是个人的偏好特征，以及随处可见的生产能力。我们用"需求"来表示人们在物品种类和数量上所具有的偏好的一般特征。我们用"供给"来表示在所有经济体都普遍存在的商品和服务的生产能力。我们从下一章就开始讨论对各种数量和类型的商品的需求，而先假设这些商品一上来就已经被生产出来了。

注意！ 言论自由不是"免费资源"

"经济自由"和"政治自由"具有不同的含义。你对你的土地的私有产权，阻止了我在未经许可的情况下在它上面搭帐篷、倒垃圾或与人集会的做法。如果我那样做，我就是在侵犯你对你的土地的私有产权。如果没有事先得到允许，我就使用你的扩音器向人们喊话，那么同样，我是在侵犯你对你的扩音器的私有产权。我的确有言论自由之权，但那并不意味着我有权使用你的扩音器或土地与他人交流，即使他们愿意做我的倾听者。

言论自由之权不是"经济免费"权。它使用到了稀缺资源。"言论自由"指的是使用你自己的资源与其他愿意聆听你的人交流——且你所言不受政治上的干预——的权利。我不可能强迫你去听取或阅读我的"言论"，就像我不能强迫你把你的财富给我一样。我不能拿其他人的财产来交流，我也不能把他人的关注看成对我是"免费的"。我必须使用我自己的或者租来的资源进行交流，而且只能与那些愿意聆听我的人交流。下面这两个关键的特征常常被人忽略：（1）言论者需使用其自己的或租用的资源；（2）倾听者须自愿。

把"言论自由权"混淆为"免费使用资源权"，就好像一旦把资源用在言论上它们就变得"免费"了一般。这种混淆甚至令许多法官、法律制定者和大学管理者都变糊涂了。有人发送你不想要的邮件到你的电脑。你不是一个自愿的接受者。这里，言论自由所需要的两个条件就被违反了。你的电脑在未经你允许的情况下被使用了，你也不是这类信息的自愿的接受者。言论自由之权既不是"免费"获准使用他人资源的权利，也不是给那些"无倾听意愿的听众"发布言论的权利。

效率以及"约束下最大值"概念

在私有产权的"博弈规则"内，一个人可以使用他控制下的资源来生产其他资产。某种商品符合效率的生产量，即该商品的"约束下最大值"（constrained maximum）。多生产一些某种特定的商品，就需要少生产一些其他的商品。

这种权衡（trade-off）的必然性，可以由生产可能性边界（production possibility boundary，简称 PPB）来表示，如图 2.1 所示：

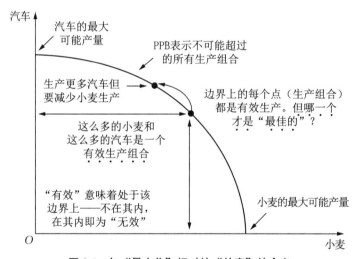

图 2.1　与"最大化"相对的"效率"的含义

注：生产可能性边界（PPB）曲线，也被称为生产可能性曲线（PPC），表达的是"有效"或"效率"的含义。假设只有汽车和小麦这两种彼此可以替代的商品。在垂直方向上，这条边界线表示，给定所生产的一定量的小麦，该经济体能够生产的汽车的最大量，小麦量则由横轴的刻度来表示。PPB 上的每一个点都代表着所生产的汽车的年产量（由纵轴衡量）与所生产的小麦的年产量（由横轴衡量）的生产组合。曲线以下（内部）的所有点都代表着浪费、无效率的情形，因为还可以生产更多的汽车和小麦。所有位于该曲线上的点代表有效率的汽车和小麦的生产组合——意味着你在不减少另外一种商品产量的情况下，无法扩大这一种商品的生产。

两个角点（分别位于纵轴和横轴与 PPB 的交点上）表示的是只生产一种商品的情况下该商品所能被生产的最大量。边界线的负斜率（边界线向下倾斜）代表某一种商品多生产一些，就需要减少另外一种商品的生产。沿着该曲线向左上方滑动，意味着以纵轴衡量的商品产量增加，但需降低另外一种商品的产量。边界线代表的是所有有效率的点——没有浪费——在这些点上，一种商品的最大量伴随着的是另一种商品的最小必要减少量。PPB 上的所有点都被称为是"成本有效的"。

有时候，一件设备，譬如电冰箱，我们说它"在用电上很有效率"，这仅仅意味着这台电冰箱比另外一台电冰箱更节省用电。但"电力节能电冰箱"需要更高成本才能生产。节约的电力与生产电冰箱所增加的成本相比是否值得，这才是那个真正切中肯綮的问题，而不是少用了电这一事实。

再说一下，"效率"概念与无约束的（unconstrained）或"无条件的"（unconditional）最大值概念不是一回事。如果我们对其他的事情毫不关心，只是来盖房子，那房子会盖得更多。房屋是盖到最多了，其他的东西却什么都没有。我们所有人都住在华屋里忍饥挨饿。同样，清洁空气最大化，意味着"污染"空气的任何东西都不能生产。我们是可以呼吸最新鲜的空气了，但我们也要忍饥挨饿。很显然，我们想要的东西并不是一种，我们想要的是多种商品的组合。而且，如果我们是有效率的，那么，其中一种商品多了，就意味着其他的商品要变少。

投资增加，比如新的设备、建筑物以及生产技术的改善，生产可能性边界就会在一个或多个维度上向外扩展，虽然在图 2.1 中只写出了两个，但实际上这样的维度可以很多。不过，生产可能性边界提醒我们，在任何既定的时刻，潜在产量总是有限度的。

效率值得想望吗?

"效率和非效率"的讨论表明，非效率是"坏的"或者"不值得想望的"（undesirable），因为更多的某种商品或值得想望之物，本可以在不减少其他商品目前可以获得的数量的情况下实现。不过，如果其他的物品中有一些在某人看来是"好的"，而在另外一些人看来是"坏的"，争议就出现了。有人会告知你，你在考虑的都是一些错误的选择，因此，你所选的可能商品的集合是否有效率根本不重要。人们在偏好和评价上千差万别。你可能想要更清洁的空气，愿意付出更少开车出门的代价。我却想更多开车出门，愿意付出空气不那么清洁这一代价。我们两个人按照我们各自偏好的组合都想有效率。因此，"效率"不是在诸多备选的"有效"组合中间进行选择的基础。

效率的"组成成分"：一个不完全的清单

一台新冰箱可以说它"在能量使用上符合效率"，它所使用的能源比老的型号更

少，但其代价是发动机更贵，使用的绝缘材料也更贵。效率是不是意味着所使用的
能量最小呢——而不论其他材料的成本几何？如果降低一个组成成分的量值，但却
不得不让其他组成成分的成本提高更多，这就不符合"成本有效"（cost efficient）的
概念。

生产边界曲线上的每一个点都是符合效率的；边界以内的所有点都是"非效率
的"。但边界上所有这些符合效率的点中，哪些更为我们所想望，却不得而知。进而
言之，边界曲线上的位置（更高或更低）取决于法律和契约的可靠性、政府政策、
税收、财产安全性、工作伦理、企业家精神、教育、市场准入、资源流动性等
等——远远不止于人口规模和物质资源的多寡这些因素。那些其他的因素是经济学
原理可以帮助我们理解的主要特征。

现在，我们打算来学习经济学原理，并学习如何使用这些原理可靠地理解经济
中的事件。我们所要解释的这套原理就是"经济理论"。但不要被"理论"这个标签
误导了你，让你以为它都是"理论上的"和"抽象的"，而无关乎实践。"理论上"
（theoretical）和"理论"（theory）之间存在着差别。"理论上"这个词意指所述是存
疑的、假说性的、未经验证的，因而是不可靠的。事实上，形成经济理论的经济学
原理威力强大，而且得到了证明，非常可靠。

"理论"的含义

在对一个事件的科学分析和解释上，理论意味着一套原理或命题，这套原理或
命题经过逻辑地加以运用，可以引导我们正确表述某一初始行为的最终结果——也
就是一套概念和关系，能够让我们推断何种行为将会导致何种结果。

如果人们可以从一些原理出发，推断特定事件从始至终的走向，那么这些原理
就构成了"科学"。如果那些所推导出的后果会如实发生，那么，这套原理就是"科
学"。物理学理论告诉我们，高尔夫球手挥杆动作的哪些特征，确实会使高尔夫球直
线击出。而无论这个球手具体是谁，结果都不会有差别。即便球手的表现不是很让
人信得过，理论却是切实可信的。

经济分析是实证的，而非规范的

经济学原理形成了一个"实证的"（positive）而非"规范的"（normative）集合。它是这样一种分析形式："如果这样，就会那样。"它有助于我们理解或推断结果。对于什么是最终的"好"或"坏"，什么值得赞扬或值得谴责，它并没有提供判断的基础。

化学原理解释了如果你把铁锉屑添加到硫磺酸里去，或者如果你扔一根点着的火柴到一堆纸里，会发生什么结果，但是它却没有告诉你是否应该把铁锉屑添加到硫磺酸里去，或者把点着的火柴扔到纸堆里去。物理学没有告诉我们碳比锂好，或者更重的元素比更轻的元素好。

经济学也没有告诉（或暗示）我们，政府应该更小而不是更大，或者税负应该更低还是更高。经济学可以预言一项法律或一个事件的某些后果，基于此你可以自己来判断事先的行动是不是值得期许。某一事件或后果是好的还是坏的，单凭经济理论是无法告诉我们的，我们不可能从中得到启示，也无法从中加以推断。

概率的提高或降低，以及可反驳的含义

说某些事情"可能""或许"或者"也许会"发生，等于什么都没说。这样说没有用处，不可反驳——而且没有价值。"可能""或许""也许会"这类表述，允许任何事情发生——不是什么会发生或不会发生。这个世上的所有人可能会突然改变他们的行为，像天使一般行动。你可能、或许，或也许会成为这个世界最伟大的小提琴家。

一个有用的陈述需要表明：（1）什么会发生，或什么不会发生；或者（2）某事件发生的概率；或者（3）什么会提高或降低这一概率。经济分析告诉我们，价格管制提高了短缺发生的概率，以及按性别、种族和宗教进行歧视的概率。收集得到的证据，表明了这一点。可能除了死亡和纳税，这个世界没有什么是确定的。有鉴于此，你应该从概率会提高还是降低的角度进行思考。为求简洁，我们通常会说，所表明的结果"将会"发生。但在生活中，事实上一切都只不过是概率大小而已。

传闻的事件 vs.证实的事件

新闻报道了一项研究"结果"。后来，有人重新检验了那些数据，看看数据是如何被搜集的、数据搜集方式有多可靠，以及是不是有哪些重要的特征被忽略了。但到了那个时候，如果发现最初的结果是被错误解释，错误的第一印象也很难得到清除。无论是在医学、物理学、营养学，还是在经济学中，都应该小心谨慎地认真对待初次报告的可靠性。

暂时的侥幸事件 vs.基本差异：普遍存在的回归效应

"回归效应"会加重人们对不寻常事件的怀疑。所谓"回归效应"（regression effect）指的是：好运之后出现"正常"运气的概率，要高于持续的好运气。一百个无差别的售货员中，有些人可能特别幸运，销售量在某一周比其他人要高。但在接下来的一周里，那些在第一周非常幸运的人很可能会得到较低的销售量，更接近他们的长期平均水平。类似地，那些在第一周运气较差的售货员，在接下来一周不会再有那么差的运气，因此在第二周里，他们的销售量得到了提高。第一周的非常幸运和非常不幸倾向于"回归"到他们的长期平均水平。

这种向长期均值回归的普遍趋势，就是回归效应。利用这种效应的一个经典的方式，就是要求人们参加某种成绩测试——比如阅读测验——并告诉那些分数低于均值的人们要去上"阅读提高"课程。在这些课程（可能不过是深呼吸十次或眨眼睛三次这类）上完之后，他们的测试成绩平均来说会有所改善，因为他们在第一次测试中较低的成绩，至少部分是由于（不可重复的）非常不幸所致。

经济学 vs.经济学家

经济学所说的，并不总是经济学家所说的。一个经济学家（即一个能够符合逻辑地应用经济分析的人），可以表达其个人的偏好，给出提议和忠告，比如，"更多投资""降低政府规模""降低关税""购买这只股票"。但他那些规范性的、规定性的意见，与其他人的比起来，未必就更靠谱、更权威。经济学家对待经济分析，所能做的就是，从所给出的行为出发推断出其中的一些结果——在这方面经济学家大概比一个非经济学家要更准确一些。但明确地评定和评价该行动的后果是好是坏，却是经济学家应该回避的禁果。然而，像亚当一样，很多经济学家还是偷吃了它。

何种经济理论？

构成"经济理论"的那些经济学原理，旨在成为理解经济事件的可靠、有用的指南。不要去犯这样的智识错误，即去问该理论（原理的集合）是不是"真理"这样的问题。没有哪个理论完美无缺。相反，我们要问的是："对于我的目的来说，它是否足够有用且可靠？也就是说，它是否能以足够低的成本，得出普遍正确的含义和指导，而不会出现不可容忍的错误？"在任何一门学科中，这个问题都值得一问，无论它是化学、物理学、生物学，还是经济学。

从某些角度去看，任何理论都是错误的，不完全的——这就像地图一样。同样一个地域的地图，使用者的目的不同，地图也不一样。没有哪一张地图在任何细节上都如实反映地域的情况，理论也是一样。对你有用的公路地图不会把所有的地面凸起处、交通信号、立交桥、交通拥堵程度等等所能预想到的东西一一显示。有很多种不同的地图，每一种地图适合于一个不同的目的——有些适合于汽车、飞机或轮船旅行；有些适合于对土地和河流进行测量；而有些则适合于修造公路。虽然种类各不相同，但所有的地图都必然在某些基本的方面相互一致。虽然有用的地图在细节程度上会有所差异，但不会有哪一张有效的美国地图显示，密西西比河流入了旧金山湾。*

不存在一套属于资本主义经济，而另一套属于社会主义经济，还有一套属于其他形式经济体的经济理论。这种情况与生物学相似。无论动物和人类生活在哪里，

---

* 密西西比河由北向南流入墨西哥湾（连入大西洋）。旧金山湾连入太平洋，在美国的西海岸。——编者注

所适用的生物学原理是同一套。在每一个社会，人类行为的基本原理是一样的。

经济学和生物学

经济学是"生物学"的一部分——都是对生命进行研究。"经济学"集中关注那些在所想望的商品和劳务的生产与分配的"市场"上占主导的活动。其他行为，譬如在家庭、社会团体或政府内部的社会活动，由社会学和政治科学来研究——尽管经济学也越来越多地被用于解释这些行为。

分析的基本单位是个人，而非集体

经济学假设，选择是由个人，而非团体、家庭、企业或政府作出的。对于为什么某个"企业"或"工会"或"政府"会做某事，我们并不做研究。做这些事情的总是某个人。这就是为什么我们总是关注个人作出的选择，无论他是孤立作出的选择，还是处于组织内作出的选择。不过，这并不意味着人们做选择就只在脑海里盘算自己那点狭隘的利益。对他人的影响并没有被排除在一个人的利益之外。但我们的关注点集中在个人所选择的行为上。

练习与思考

1. "机会均等"是什么意思？你如何能够判断它是否存在？创造更多的机会和把机会均等化之间的差别是什么？

   答：

   我们不知道。它取决于你的立场，以及你认为"平等"和"公平"是什么。它意味着从同样的数量开始吗？那么，对于人们自然能力或学习能力上的差别，我们又该怎么看？它意味着我们最终都得到相同的数量吗？如果人们对相同数量的评价不同又该怎么办？经济学无法回答主观的问题。这道题的目的就是让你意识到，这类问题中存在着模糊之处。

2. 你在买一辆车时，你真正在买的是什么？

   答：

   你在购买的是这辆车的排他性使用权，条件是你没有侵犯他人使用他们资源的权利。通过"拥有"这辆车，你还可以拥有将排他性使用权转让（出售）给他人的权利——而如果你的车是租用或由社区所拥有的话，你就不能这样做。

3. "自由企业资本主义制度是自由的，因为它不会出现强制和压迫。"你同意吗？请解释你给出的答案。

   答：

   所有的社会都会使用强制和压迫。真正的问题在于，不同的经济、政治和社会制度使用的是什么类型的强制和压迫？资本主义制度使用的是自利的力量；在其市场效应上，它是非人格化的。决策的后果是由资源所有者承担的。如果一个人从事生产而导致了亏损，他就要承担后果，并被迫关门歇业，另谋高就。

   相比于何种制度使用的压迫最少这个问题，有一个更明智的问题，那就是：不同种类的压迫力量（激励、奖励、信号、顺位和惩罚）对个人的经济、文化和政治行为会产生什么影响？例如，经济制度是如何影响言论自由、工作流动性、社会流动性、个人尊严、偶像崇拜、真理探索等问题的呢？对于一个人所有不同目标的影响必须加以考虑。甚至是运用法治还是任由独裁者统治，都不是最终判断的基础。这里也给出一个问题：何种法律和规则会被实施？它会是私有产权规则，还是某种其他的规则呢？

4. "自由企业资本主义制度是好的，因为它比其他制度给了个人更多自由选择的机会。"你同意吗？为什么？

   答：

   经济学无法作价值判断，无法回答什么是"好的"这个问题。在每种制度下提供给个人的不同种类的机会或"自由",是存在差别的。其含义在于,自由企业市场经济,给了个人更大范围的消费模式或可选的商品进行选择。至于个人拥有更大的选择范围是不是"好的",却是一个经济理论无法回答的问题。更大的选择范围可以被看成是更多的诱惑、风险、错误、后悔和异常行为。就像父母限制孩子们的选择是为了孩子好一样,我们也会偏好对成人的选择进行限制,因为每个人都保留着某些孩童般的冲动。你是否希望把一个制度或另外一个制度看成是更加自由的,取决于你对"自由"所赋予的含义。在一种意义上,自由包括了对我们的保护,它让我们免于承担诱惑和错误选择所带来的成本;在另一种意义上,自由包括了我们的权利,它让我们可以承担这些成本,作出那些选择,并探索那些诱人的选项。关于不同制度的实际后果,经济理论推出的含义对于形成判断是有帮助的。

5. "大学的足球队具有目标。"

   (1) 这个目标是该"队伍"的社会目标吗,或者它是该队伍中每个成员共同的个人目标吗?

   (2) 你确定每个成员都仅有这个目标吗?

   (3) 谈论一个目标是否比另一个更受偏好,是否有意义?

   答:

   (1) 每个队伍成员都有目标。在分析问题时,要看个体。是个体在做决策,而不是"团队""企业""政府"这类实体在做决策。

   (2) 我们不确定。有些成员可能有更多的目标。

   (3) 没有意义。真正需要谈论的,是如何部分地实现一个目标,且部分地实现另一个目标。

6. 在试图理解你的大学所实施的某一政策时,去问大学为什么要采纳该政策这样的问题,为什么具有误导性?

   答:

   是个人而非某个被称为"大学"的抽象实体在做决策。

7. 如果你不抽烟,那么烟草是一种经济物品(good)吗?对于某物来说,存在购买与销售，是认为该物是经济物品的必要条件吗？

答：

虽然你不抽烟，但烟草制品在免费时，人们的需求量就大于供应量。他们愿意拿某些其他商品来交易，以取得某一数量的烟草。烟草是一种经济物品，即使你认为抽烟不是好事。

8. "经济理论是建立在关于人的一种理想化之上的：他们有着强大的计算能力，对他们的期许和需要有着详尽的知识，对他们的环境以及因果关系有着透彻的理解，而且不会凭冲动或习惯做事。"解释一下，为什么这句话对经济理论的概括并不正确。

答：

符合逻辑的只是理论及其结构。人们对环境变化的反应，有着可预测的规律性。这一规律性并不要求人是理性的，就像水顺着斜坡往下流，并不要求每个水分子是理性的一样。

9. 有人声称，拒绝为某个演讲者提供大学设施，就是拒绝言论自由权。请表明，这一论点是如何把资源免费和言论自由相混淆的。

答：

言论自由意味着发言者有权与那些愿意倾听发言者发言的人进行交流或谈话，而不受干预或禁止。它不是一项为了某个人自己的交流目的而攫取他人资源的权利。在不经大学当局允许的情况下使用大学的财产，并不是言论自由权。它只是对财产的侵占，好像这些财产是免费取用一样。如果大学，或其他什么人，拒绝了别人为自身目的而使用在前者控制下的资源，这也不是在拒绝言论自由。这并不意味着，大学应该拒绝他人使用其资源来传播流行或非流行的思想的沟通。这只是在澄清言论自由与下面这个命题的区别：对于任何将资源用于传播的人来说，资源是"免费的"。

10. 请评价一下这句话："当产权与人权相冲突时，产权必须让位给人权。"

答：

这句话毫无意义。人权包含了人们使用稀缺资源的权利。财产本身并没有权利可言。

11. "一个良好的经济体制能够最大化最大多数人的福利"，这个命题无意义在何处？

答：

只有在所有其他条件都保持在特定水平上时，才能让一个量达到最大化。只有在保持其他每个人的福利都不变的情况下，你才能让某一个人的福利达到最大化。

12. 什么是理论？为什么理论是有用的？一个理论的逻辑有效性是什么？一个理论的经验有效性是什么？二者相互蕴含吗？

答：

理论为解释和预测世事提供了自洽而便捷的框架。理论有两个层面——逻辑的层面和经验的层面。一个理论根据一个通用的框架，利用被认为正确的原理来解释事件。运用一个理论所赖以建立的逻辑和原理，我们可以得出推论。如果原理和所导出的推论符合逻辑，那么，该理论就是逻辑有效的。其次，有用的推论是那些可以用世事在经验上进行检验的推论，它们可以被证明为错误或"被反驳"。如果这些推论未被经验检验——也即被世界上的事件——所反驳，那么，该理论就是在经验上有效的，或者是有条件地被证实了的。逻辑有效性和经验有效性并不彼此蕴含。简而言之，只有运用理论进行经验检验，才能提高精确预测的概率，降低错误预测的概率。

13. 理论可以被证明为真吗？

答：

不能。从逻辑上讲，是不可能证明一个理论的。一个理论认为，断言或命题 X 逻辑地蕴含某一事件 Y。经验上来说，如果我们观察到事件 X，然后观察到 Y，那么，我们并不能推断 X 导致了 Y 发生，因为可能是其他因素（Z，我们可能意识不到的因素）导致了 Y 的发生。我们可以说，该证据支持了该理论。无论如何，"被证实"（confirmed）或"被确证"（validated）在这里都不意味着"被证明"（proven）。

14. "构成理论的假设或原理过于简单或不现实，所以理论没有用处或起不到作用。"你同意吗？

答：

不同意。一个理论的有用性取决于其简洁性（用起来多容易）和预测力（预测这个世界上的事件有多精准)。拥有复杂的"符合现实的"假设的理论，可能会给出并不为事件所支持或证实的推论（预测力不高）；而一个具有简单假设的理论，也可能会给出基本上被事件所证实的推论（预测力很高）。我们要使用那些预测力最高的理论——即便其假设很简单。一个理论的预测力或经验有效性，并不取决于该理论基本假设、命题或断言的复杂性（或现实性）。

15. "它在理论上表现得比实践上更好。"你认为这句话是什么意思？你同意吗？

答：

"它是一个好理论，但预测力不高。"不同意。如果这个理论预测力不高，那么它就不是一个有用的理论。有用的理论预测得会比较好——即该理论给出的推论会被事件所证实或支持。

16. 一个理论的逻辑有效性是指什么？经验有效性又指的是什么？它们相互蕴含吗？

答：

如果一个理论所有的元素在逻辑上都彼此一致，或者可以和它与之相联系的某一更广泛的理论相一致，我们称该理论为逻辑上有效。如果它关于可观察现象的推论与所观察到的现象一致，我们称该理论经验上有效。二者不能相互蕴含。

注释

① 这里使用的形容词"物理的"（physical），不要与"有形的"（tangible）相混淆，后者是同"无形的"（intangible）相对照。对"无形的私有财产"的使用和控制，可以是物理上可控的——也就是说，可以限制他人未经许可而使用。

② 再重复一遍，这也可以应用于无形财产。不经我的允许，你不能（为了钱而职业性地）演唱我写作并拥有版权的一首歌。

第 3 章　选择与成本

糖果店老板对安妮说："我免费给你一些糖果。你自己选，想要什么样的都可以。"安妮回答称，"谢谢你，老板。但你的糖果可不是免费的！"安妮真聪明！她知道，选择她最喜欢吃的糖果士力架（Snickers）是有成本的。她将不得不放弃那袋她也很喜欢，但不及士力架的 M&M's 巧克力豆——如果没有士力架，那么 M&M's 就是她的最爱。成本的形式有若干种，而有些通常被称为成本的东西，其实并不是成本。

定义：所选择的行为的成本

一项行为的成本就是，除了这项行为之外，你将会选取的最佳选项。成本就是你放弃的东西。当安妮选中了士力架时，她就放弃了本可以选择的其他种类的糖果。根据她的看法，剩下的最佳选项——也就是评价最高的选项——就是 M&M's。因此，对于安妮来说，士力架的成本就是 M&M's。"机会"有时与"成本"合用——"机会成本"，所强调的是一项行为的成本就是所放弃的机会中最佳的那一个。

安妮确实有权选择某种糖果。获得这个权利，并没有花费她一个子儿。只有在她不得不选择这种糖果而不是那一种糖果时，成本才出现。我们一定要认识到下面二者的差别：（1）在各种糖果间选择哪一种作为礼物的权利；（2）在各种糖果间进行选择的行为。虽然选择某种糖果的权利并没有带来什么支出，但选择本身并不免费。

个人估值

之后，安妮被问到她会不会在面对两袋 M&M's 时还是选择士力架，她回答说："我仍然会选择士力架。但如果我面对的是一袋士力架和三袋 M&M's 时，我可能会有一个艰难的决定。我会让你帮我选是该拿一袋士力架，还是该拿三袋 M&M's。"她本来还可以说，"我对士力架的个人估值是，我愿意为取得一袋士力架而放弃M&M's 的最大袋数。成本就是你为了得到某物而必须付出的东西。个人估值（per-sonal worth）是你愿意支付的最高价值。对于任何一项行为，如果你的个人估值超过了你的成本，你就会选择它。如果你的成本超过了你的个人估值，你就不会选择它。"

一些必须避免的混淆

行为的后果 vs.行为的成本

我们要区分以下两者：（1）所选行为的成本；（2）该行为的"不良"后果。选项本身所具有的那些不为我们所喜欢的特征，并不是"成本"。人们常说，打网球的成本是胳膊酸疼，或者学习的成本是眼睛疲劳。眼睛疲劳是学习带来的后果，是学习这种行为的一部分；胳膊酸疼是打网球带来的后果，是打网球这种行为的一部分。不要把所选的行为具有的那些不为我们所喜欢的特征和它的成本混淆起来——成本就是所放弃的备选项中最佳的那一个。"学习和头疼"的成本是由此而放弃的"最佳机会"。这个最佳机会可能是你为了学习而放弃的打两个小时的电子游戏。

购买 vs.使用——显性成本与隐性成本

获得（getting）某一商品所带来的成本，和使用（using）该商品所造成的成本之间，存在另外一种区别。当你购买某个东西时，你交换了权利，放弃了对一个物品的权利，以交换你购买到的权利。你的支付就是获得你所购买之物而付出的成本。但是，当你使用某个你已经拥有之物时，也会产生一种成本——放弃了该物的次优用途。你可以称它为"使用"成本。无论名字怎么叫，成本还是会产生，即便在交换中并没有放弃某一商品。

如果我把我的车库当工作间使用，以这种方式使用车库的成本也是存在的，这个成本就是我的汽车失去了它的停车位。由于没有发生权利的转移或商品的让与，所以，这种成本被称为"隐性"成本。这里的这一隐性成本是我已经拥有的物品所放弃的最佳用途。这样一来，即使是已经为我们所拥有的资源，使用起来也不是没有成本的，因为它们的"这种"用途意味着以"那种方式"使用它们的机会被放弃了。"隐性"这个标签以这样一种方式提醒我们，即放弃的机会就是成本。每一种成本都可以叫作"机会"成本，它强调的是放弃的机会，无论所放弃的是收入，还是某种替代性用途。

行为的严格含义是什么?

我们来看关于一辆汽车的三类相关活动：（1）对其权利即所有权的购买；（2）延续对该汽车的所有权；（3）使用该汽车。这些行为中的每一个都有其成本。假设一辆汽车的售价为 20 000 美元，购买后马上再出售，其售价仅为 19 000 美元。购买这辆车的所有权的成本是多少？是 1 000 美元，还是 20 000 美元？成本是 1 000 美元，因为当你购买该汽车时你的财富仅减少 1 000 美元（1 000 美元 = 20 000 美元减去马上再出售的价值 19 000 美元）。只有 1 000 美元才是一开始就放弃了的。但延续你对该汽车的所有权，就会立刻产生成本。而且，开这辆车也有成本。

价格 vs.全部成本

多数行为的成本中不止包括货币支出。假如你花费了一个小时逛街，寻找某影片的 DVD 光盘，找到后你付出了 10 美元购买了它。你这一个小时的时间本来是可以用在某种其他的活动上的，比如你可以去工作，每小时可得 8 美元。这项购买行为的全部成本是 18 美元，即 10 美元的货币支出再加上 8 美元你本来可以利用这段时间所挣得的收入。相反，假设你雇佣了一个人来帮你逛街寻找该 DVD，然后购买并送到你跟前，那么全部货币价格为 15 美元（10 美元 DVD 价格加上 5 美元的服务成本）。这样会更便宜，虽然货币价格更高——没有雇人时的全部成本 18 美元比雇人时的 15 美元更高。

你的时间价值，使你不会开车横跨全城，寻求以更低的货币价格买东西——那样做付出的整体价格更高。有些顾客的时间价值相对更高，这就解释了便利店何以遍地都是。较富裕的人（其时间具有价值更高的替代性用途）总是愿意支付更高的货币价格，以取得更快捷的服务。他们不会到处逛街，不会像那些时薪较低的人那样为了省上 1 美元而排队等候。富人支付更高的高尔夫球场地费，或为网球场地支付更高的费用，从而少一些等待时间，更快投入运动。富人还会坚持要求服务的提供者（餐馆、发型师、裁缝、律师、医生、汽车修理铺）提供预订和快捷服务。富人为快捷服务支付更高的美元价格，因为节省下来的时间其价值更大，这可以减少这些服务的全部成本。结论来了：不要把货币价格看成全部成本。要考虑成本的所有组成部分。

支出 vs.购买

如果你有义务进行支付，比如当你要还债时，那么这种支出（货币支付）就不是成本。在你分期付款购买了一辆汽车之后，后续的支出并非成本。你在你同意分期付款时就已经产生了这一成本。在那一刻，你放弃了合同约定的那一部分未来收入的权利，这些收入不能再用于其他物品。当你作出分期付款决策时，你是在尽合同规定的义务。合同约定的那些支出并不是成本——有些成本也不是支出，这一点我们稍后就可以看到。

隐性成本的变化

折旧是当前价值的减少，而非初始购买价格的减少。假如你刚购买了一辆二手汽车，花费了 15 000 元，把它用于一家接送旅客的汽车服务公司。你知道，这辆汽车再行驶 100 000 英里之后，最终的价值为零，无法再转卖出去了。因使用这辆汽车而带来的折旧，就是 0.15 美元每英里（＝15 000 美元/100 000 英里）。

购买该车后的某天，你发现它曾由某著名人士所拥有，因此，再出售的价格为

10 万美元！你获得了 85 000 美元的财富。但与此同时，该汽车的折旧率从 0.15 美元每英里上升到了 1 美元每英里（= 100 000 美元/100 000 英里）。你变得更富有了。但你现在每使用一次这辆车，你损失的财富就更大。折旧必然总是根据其当前价值——而不是初始购买价格——按比例进行计算的。

生活中倒霉的事情可以让我们更加清楚地理解这个世界。你为接送旅客的业务而购买了一辆价值为 15 000 美元的二手车，第二天你发现这辆车有一些毛病，这使该车的价值降低到了 5 000 美元。你蒙受了 10 000 美元的财富损失。然而，每多使用该车 1 英里，其折旧就下降到了 0.05 美元每英里（= 5 000 美元/100 000 英里），这里假设该车还能跑 10 万英里。我们又一次看到，一项资产的折旧是其当前价值的减少，而非购买时初始价值上的减少。

"沉没成本"不再是成本

"沉没成本"（sunk costs）这个概念在许多决策中都很重要。你在写学期论文，并且已经花费了 20 个小时在上头。有人告诉你，你可以写一篇不同主题的文章，那样会得到更高的分数。你的决策会取决于你已经在当前这个题目上花费了多少时间和努力吗？我们希望你不要这么想！所花费的时间是沉没了的，过去了的，它不受未来行动的影响。

沉没成本是过去行为的成本。它不是任何当前行为或未来行为的成本。它或许让我们涕泗滂沱，扼腕叹息，痛心疾首。但过去行为的成本已经过去了，它是沉没了的，与当下的行为无关。不过，在初始行动之前的某个更早的时候，在决定是否采取某项行为时，对该行为可以预见（但尚未发生）的沉没成本予以深思熟虑，还是至关重要的。

用掉的时间 vs.时间的使用

无论你做什么，时间都会逝去。时间不可以节约，不可以积累。我们并不能选择让时间延迟或者加速。因此，做某些事情所需要的时间本身，不可能是成本。与此对照，成本是如果没有采取现在这样的行为，在该时间段内本可以完成的其他备选行为——这种行为可能会在之后而不是恰好在当前完成。

外部性：其他人造成的未予补偿的影响

"外部性"（externalities）是既对他人造成了影响，又没有对他们作出足够的——被双方认可的——补偿的现象。如果对另外一个人作出了补偿，这就是一种"购买"行为。盗窃也具有外部影响，但如果你不是偷而是买，那就没有产生外部性。只要对那些受到损害的人们作出了相互认可的补偿，那就不是外部性。

你并不总是承担你的行为的全部成本。你可能给其他人的财产造成了损失。如果你要用的某些资源是你偷来的，这种情况就会出现。还有，你的行为可能会不经意地伤害到某些人。如果我吃汉堡加了洋葱，在和你谈话时又离得很近，这样做虽然合法，但我污染了你所呼吸的空气。

如果我把音响声音调大，打扰到了邻居，或者我在他们的土地上丢垃圾，又或者我在他们的土地旁开摩托车，噪声很大，我都是在滥用——减少——他们从他们的土地产权上所获得的利益。而且，行动者经常滥用明显不属于任何人的资源。如果一家钢铁厂没有对其污染的水承担责任，或者如果一家冶炼厂排出了污染物质，降低了空气质量，那么，这些行为就会改变那些资源的物理特征——那些资源看似无人具有明晰的、可行使的和可转让的财产权。

合法但也会不经意地给他人带来成本或损失的行为，就是"外部性"。这类行为是否合法，通常取决于对所滥用的资源的产权进行界定和保护的成本。如果一种行为被宣布为非法，那么它就会受到政府权力的惩罚。

如果一些对他人财产造成的伤害，属于某些生产活动带来的副作用，而这些伤害只是微不足道，又或者禁止这些生产活动的成本，相对于发起这些活动带来的好处来说过于高昂，那么这些伤害就是被容许的。许多外部效应一般都会被容忍，就是因为法律阻止它们的成本超过了阻止它们所带来的收益。在秋天，邻居家燃起的树叶释放出的烟气可能是合法行为带来的结果，因为邻居有权在自家范围内处置其财产。对于一般的交通噪声，情况也是如此。在很多情况下，社会习俗、礼仪规矩以及公序良俗，都有助于控制我们的行为。

如果你拥有界定明晰且可行使的、在你的土地上呼吸空气的产权，那我如果要获得在你的土地上空释放烟尘之权，就必须对你作出补偿。那么，当我决定是燃烧树叶还是把它们运到垃圾场时，我就必须得把这些成本考虑进去。这些成本将被"内部化"（internalized）（由我来承担）。但由于完备的私有产权并不能在所有资源上都得到充分的行使，人们就不必被逼着去计算和承担全部的成本。还有一个例子，雇员在工作时压力过大，承受苦痛，那么如果雇主不愿意付给雇员足够多的钱，以换取他差遣雇员的权利的话，就可以看作是雇主对雇员施加了外部效应了。

环境污染

所谓"污染"，是指在未经补偿的情况下使用了不为己有的资源。在某些情况下，这些资源可能没有私人所有者，空气就是一例。如果有私人所有者，他们可以要求为允许使用这些资源而获得补偿，这就与普通购买行为没有两样。这样，这些后果就可以被"内部化"到承担责任的个人身上，污染可能就可以得到避免或减少。

完备而详尽无遗的私有产权，很难得到界定和执行。欣赏邻居土地上的风景这一权利，到底属于你还是属于你的邻居？只要有人确实拥有这风景，且该所有权可以出售，就像土地可以被买走或雇主可以购买别人的劳动那样，那么其影响、成本和收益，就都可以"内部化"到行为人身上，资源也就可以得到相应的使用。

产生有益的外部性

你的一些行为也可能会改善其他人的资源或环境，提高他们从其财产中所能取得的利益，虽然你并未因此而得到收入。这样例子包括：更好的卫生状况、更漂亮的花园、彬彬有礼，等等。你没有因此而得到收入，或者说，受益人并没有给你报酬。我们又是怎么样被说服做这样的事情的呢？社会压力、社会赞誉、社会伦理——诸如"睦邻友好"或"关爱邻人"——有时候会产生影响。政府规则和管制政策也会得到运用，比如强制接种疫苗就是其例。

金钱上的外部性

外部性的所有这些例子都是"物理上"（physical）的外部性，附着在资源的物理属性或用途上。还有一种"金钱上"（pecuniary）——市场价值——的外部效应，但却没有任何物理上的影响。一个纯金钱外部性的例子就是拿到你手里的这本书。当这本教科书出版时，它拉低了那些与之竞争的教科书的市场价值。其他的教科书出版商却没有因为他们教科书的市场价值损失而受到补偿。没有人对资源的特定市场价值拥有权利。其市场价值取决于其他人的供应情况。没有人有权利让他人持续购买某物，并在某个指定的价格上这样做。这类"权利"不是私有产权的一部分。只有政府拥有这样的权利——主要是通过征税权力。

行为的成本和影响

分辨成本、损失、权利和外部性等概念，并不是在吹毛求疵。我们来回顾一下其中的一些关键概念。

- 成本的定义：所选择的行为的成本，是放弃的备选行为中最佳的那一个。所选择的行为是所有选项中最受偏好的一个。
- 全部成本：货币加上其他资源成本。
- 隐性成本：已经拥有的资源的其他最佳备选用途的价值。
- 显性成本：一项交换中产权的转让或价值上的减少。
- 外部成本：其他人拥有的资源用途选项的减少，对此又得不到补偿。
- 沉没成本：过去行为的过去成本；不是当前选择或未来选择的成本。

选择反映了个人偏好原理

做选择的是个人

如果你不能进行选择，那么你就不会产生成本！但当你可以自由选择时，你却不是在随意地作选择。你的选择反映的是你的偏好模式。我们总是关注个人的行为和选择。如果你问："政府或通用电气公司（General Electric）或某个工会为什么那么做？"那么你其实应该这样问："决策者为什么那样作决策？"我们的关注点指向个人，并不表示人们只是自利，只关注自己，而不关心他人。我们只是把个人看成是选择的基本单位，而不管一个人的动机或最终目标是什么。

一项具体选择的可能性，取决于其成本和个人估值。在成本相同的情况下，"篮子"越大，越会被选中。"多胜于少。"但我们的选择一般不是像在大篮子和小篮子上进行的这种轻松的选择。相反，我们必须在商品的组合之间进行选择。它们在各种不同商品的相对数量上是不同的。有的"橘子"更多，但"苹果"更少些。一处区域室内生活空间很不错，而另一处区域更适合户外活动。基本的前提是，对于每一个人，在他所能选择的商品或活动的组合中，总有其他几个他同样偏好、成本同样高（或同样支付得起）的组合。如果该组合中任何组成部分的成本变化了，你就会改换到一个新的组合上去，这个新的组合成本相同，但可能更好，也可能更差。换言之，你改换了你的生活方式、行为和你购买的商品。

如果我们掌握了一些关于个人偏好的可靠的规律，那么，我们就可以推断当成本和机会变化时的调整结果，而无论它们属于家庭活动还是企业活动。我们已经确定了所谓的"个人偏好模式"的一些可靠的、具有一致性的特征。这些偏好是关于决策者"与其多要这种商品，不如多要那种商品"的规律。

这些原理所阐述的，并不是关于我们偏好某些商品胜过其他商品的原理。没有人知道这种根据重要性或根据目的性而作出的绝对排序。相反，人们知道的只是一种物品相对于另一种物品在数量上的偏好——一种商品的多大的增减量可以替代另一种商品多大的增减量。这些原理既适用于那些生活在社会主义体制下的人们，也适用于那些生活在资本主义体制下的人们。而且，它们适用于一切生物：人类、动物，乃至植物。

个人偏好原理

原理 1：对于每种商品，我们都希望越多越好

你要这要那，总想要得更多。你还想完成不止一个目标。但是，你却生活在一个充满稀缺和局限的世界。你必须作出选择。

原理 2：你愿意放弃一种商品中的一些，来换取更多其他商品

你不会等到获得了某种商品——比如粮食——的"必要的最低数量"后，才开始想要得到几件衣物；你也不会接着等到衣物达到必要的最低数量后，才开始想起要别的东西。作为"需要"，并不存在商品的等级排序。你偏好的是商品的组合，而不是基本商品的依序满足。这就是在所有商品上的边际替代性（marginal substitutability）原理。这一原理认为，只要你能够得到足够多的其他商品作为回报，你就会愿意放弃一部分（不一定是全部）的任意商品。

原理 3：你拥有某种商品越多，为得到更多一单位的该商品，你愿意放弃的其他商品量就越少

如果你已经消费了很多冰淇淋，那么，为每周获得更多品脱的冰淇淋你愿意支付的价格，就会低于你现在几乎没有消费过冰淇淋时愿意支付的价格。你拥有的冰淇淋越多，那么，多增添一品脱，给你增加的估值就越少。有人称它是，随着某种商品消费量增加的"边际效用递减"。某人拥有或控制某种商品的数量越大，他对该商品的边际个人估值就越低。

我们使用"估值"（worth）而不是"效用"（utility）这个词语，是因为我们不知道如何测量效用，或者说它除了"个人估值"之外还有什么别的意思。这一原理被称为"边际替代率递减"。为了增加某种商品一单位的消费，你愿意付出（放弃）的东西，会随着你拥有的该商品越多而递减。我们指的总是个人估值，因为它反映了每个人自己的个人观点和判断。我们通常只写"估值"，而非"个人估值"。但"估值"总是指一个人的个人估值，而非市场价值。

我们认为以下"观察"是正确的：

观察 1：偏好模式千差万别

偏好因人而异，对于某个人来说，在不同时间和不同环境下，它也是不同的。虽然三个"偏好模式原理"适用于任何人，但是就人们对商品相对数量的权衡而言，每个人具体数字的大小是不尽相同的。

观察 2：人们富于创新精神

为了改善条件，人们勇于创新和实验，甘冒遭遇逆境的风险。这并不意味着人们喜欢风险和不确定性。相反，他们是为了（足够大的）收益前景，才愿意承担亏损的风险。

观察 3：人们是仁慈的，但在市场上可不是这样

人们不是纯然自私的，他们并非对他人的福利无动于衷。慈善事业和慈善活动规模宏大。这与人们偏好掌控更多而非更少的物品和财富的原理并不矛盾：为了帮助他人以及我们自己，我们想要那样的权力。人们并不是在所有行动中都表现得仁慈。市场（在其中，人们交换产权、安排消费、挣取收入以及完成投资之类的行为）可不是我们期许慈善行为的地方。慈善始于市场之外。

观察 4：市场行为中自有伦理规范

信守伦理、诚实可靠而且合乎道德的行为，往往是在市场上保平安的条件和增财富的品德。违反伦理规范的行为，更有可能阻碍市场活动取得成功。而且伦理规范的影响力，在经济的市场里，可以说比在进行政治交换和社会交换的市场里更加强大。试问，到底是一个卖家/供应商还是一个政治家作出的承诺更可靠？如果因为不诚实或不作为而被人逮住，谁损失更大，损失得更快?

观察 5：商品与原理——意义的通用性和范围

这三个个人偏好原理适用于所有商品和生活中一切值得想望之物。生活在洛杉矶或迈阿密，与生活在其他某个地区相比，能更便宜地享有生活条件和生活品质的某种组合。在奥马哈＊，也同样有为人所想望的组合，可能是更多的土地上有一个更大的家舍、公路更宽且社会安定，但那里天气更糟糕，文化也更单一。我们"交易"一定数量的某种生活品质，来换取更多的另一种生活品质。

这样的权衡（在边际上相互替代）也适用于各种理想，乃至诚实的品质之间。

＊ 奥马哈是美国内布拉斯加州最大的工商业城市，是道格拉斯县的县治所在，临密苏里河岸。奥马哈目前人口有 39 万人。——译者注

我们中的每一个人偶尔也会牺牲一点点诚实以及对一种理想或原则的忠诚，或者甘冒失去一定的诚实和忠诚品质的风险，为的是换取收入、安全、名望或权力等足够大的提升。（想象这样一个世界，在其中没有人曾经说过哪怕最轻的"无恶意的小谎"，比如在你无聊透顶时你却说"我度过了非常愉快的时光"，或者当你对某人的新衣服或新发型进行评论时隐藏起最微不足道的真相。）目标和理想，与普通的商品一样，在获取和实现的程度上也一样是竞争性和可替代的，其中的权衡是在多与少之间斟酌，而不是在全有或全无之间选择。

练习与思考

1. 如果被放弃的机会超过一个，哪一个被放弃的机会才是成本？

   机会怎样才可比，从而让我们能够判定哪一个是成本？

   没有成本发生时，会有生产出现吗？

   答：

   那个价值最高的机会才是成本。

   使用共同的标准或价值指标来表达。

   一般来说，不会有生产出现。即便是不少无需费力就可以生产出来的东西——包括闲暇——也不会没有成本。

2. "购买某物所用到的时间不可能被认为是其成本的一部分，因为这一时间总是会流逝。把时间的价值视为任一行为的成本的一部分，是错误的。"请评价：时间的价值（或成本）指的是什么意思？

   答：

   第一句表述是正确的，第二句表述是错误的。一个小时的价值是这一小时原本可以被使用而带来最高价值的用途。因此，一项占用一个小时的行为的成本，就是在这一小时期间所放弃的其他行为中价值最高的那一个。（时间价值的一个常用衡量指标是，在这段时间当中一个人原本可以挣到的收入，当然这个指标并不总是那么精准。）

3. "乔挨着他的房子建造了一个车库。后来，他决定把他的车停在街道上，用车库来存放各种各样的杂物。由于这个车库已经造好并付款结算，所以，把它用作一般的仓库并没有多花分毫。""成本"是什么？把车库用作仓库是"无成本"的吗？

答：

成本是所放弃的选项中最高的价值。乔不可能既把车库用于他的座驾，又把它用作仓库：他必须做一个选择。最终，他认为把车库用作仓库，比悉心照管爱车更有价值，而他的汽车错过的这般待遇，就是车库用作仓库所带来的成本，即便乔现在并没有支出货币。

4. "在一个开放的市场上，要是买者和卖者在达成交易协议上不受限制，那么交易物的货币价格就是整体价格，即明码标价的市场价格不会大于购买者的个人估值。"这句话对吗？或者说，在获取商品上，消费者会以非价格的方式进行竞争吗？对于买者来说，除了直接用于该商品的货币支出外，还有成本存在吗？

答：

几乎在购买所有商品时，都需要花费精力、消耗时间、遇到不确定性和挫折，以及支付货币费用——穿上你的鞋子；开车去商店；停车；与可能笨手笨脚的店员打交道；对产品质量赌上一把；给育儿保姆支付工资。所有这些都是"整体"价格的一部分。

5. 某一行动的成本与其不值得期许的那些后果是同一回事吗？解释一下为什么不是。

答：

成本不是一项行动的那些不值得期许的后果。成本是所放弃机会中具有最高价值的那一个。一项可能的行动，我们预期到其所具有的不好的后果，会在我们决定是否参与这一活动，或者决定在多大程度上参与这一活动时，发挥重要作用，但这些后果并非这项冒险活动真正的"成本"。

6. 私人成本和社会成本相等指的是什么？

   答：

   所有的成本都是私人的。社会成本不过是所有私人成本的总和。如果一个人没有承担其行动的全部成本，那么社会成本就会超其所承担的那部分成本的总和，因为有些成本由他人承担了去。当私人成本与社会成本相等，一项决策的所有成本都由决策者承担。

7. "成本是一个机会概念，只要存在选择，成本就存在。"请解释这句话。

   答：

   选择这一机会存在于两个或更多个选项之间。被选中的选项的成本，就是所放弃的最有价值的选项。

8. 机会成本和工作补偿之间的关系是什么？

   答：

   如果我对我自己和我的劳动的权利受到保护，那么我就不可能被迫去工作。但如果支付给我的工资至少等于我做这项工作的成本，我就可能会被引诱过去工作。这项工作的成本就是我若不去工作原本可以取得的价值。如果不得不被迫去工作而不考虑我的权利，那么那些驱迫我去工作的人的行动所带来的外部性，就由我在承受。但如果通过商定的工资而对我进行了补偿，那么这个"外部性"就被"内部化"了。雇主承担了这一成本。我们可以用"未予补偿的外部性"这个术语来指"未经补偿而拿走"或盗窃，同时保留"补偿后的外部性"或"内部化了的外部性"来指称商品和劳动的正常购买与销售。不过，我们已经有"购买""销售""工资"等标准术语了。后文我们将对现实存在的外部性的一些重要例子进行检视。

附录：无差异曲线

选择和行为的原理可以用所谓的偏好图来描绘。在图 3.1 中，点 A 表示两种商品 X 和 Y 的一个组合。对于纵轴，它位于其右方；对于横轴，它位于其上方。其中

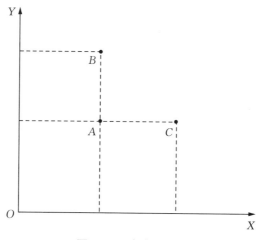

图 3.1 三个商品组合

X 的数量由这一点和纵轴之间的距离来表示；而 Y 的数量由这一点和横轴之间的距离来表示。与点 A 相比，点 B 包含更多的 Y，但 X 没有增加。与点 A 相比，组合 C 包含更多的 X，但 Y 没有增加。

如果点 B 偏好于 A，则 Y 必是经济物品；如果点 C 偏好于 A，则 X 必是经济物品。如果 B 不偏好于 A，那么物品 Y 要么是免费品，要么是一个"坏物品"（而非"好物品"）。但我们已经定义 X 和 Y 是经济物品了，这就意味着它们还没有充裕到即使在零价格上我们对它们也不再有需要的程度。

你怎样来描绘在点 A 处新增（边际）一单位 X 的个人估值？既然对一种商品的"个人估值"做了定义，它只按照某种其他替代性商品所增加的数量（用来补偿一单位 X）来衡量，那么该个人估值就取决于所持有的 X 的数量。初始的 X 数量越大，一个人为增多一个单位所要求提供的 Y 的数量就越少（个人偏好原理3）。

组合 B 有更多的 Y，但 X 和 A 中一样多，因此，如果该人初始是在 B 处，比起他一开始在 A 处，就愿意提供更多的 Y。在 B 处的人为了得到一单位 X，愿意比在 C 处提供更多的 Y，因为所持有的 Y 越多，相对于其他商品，每一单位 Y 的价值就越小。

在图 3.2 中，点 B 和点 C 处于同一条无差异曲线 I_2 上，这说明这两个组合一样受欢迎。点 C 或 B 或该无差异曲线 I_2 上任何一点都偏好于点 A。随着这两条线向右延伸，X 越来越多，它们变得越来越平坦。连接了所有组合（点）的线（这些点

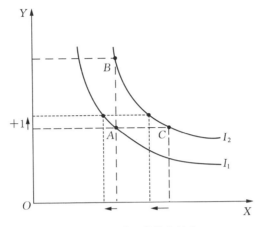

图 3.2 无差异曲线上的点

都具有同等的偏好）的最终形状，是一条曲线，凸向原点。〔在第 2 章，生产可能性边界（PPB）也不是一条直线，但它是向外凸的曲线。〕曲线 I_2 的斜率在 B 处比在 C 处（负向）"更陡峭"；I_2 在 B 处比 I_1 在 A 处"更陡峭"；I_1 在 A 处比 I_2 在 C 处"更陡峭"。例如，在 C 处开始与在 A 处开始相比，为了让 Y 多增加一单位（纵向变动），需要放弃更多的 X（横向向左变动）。

边际"个人估值"的含义与衡量指标

多一单位商品 X 所带来的边际个人估值，是一个人愿意为多得到这一单位 X 而放弃的其他商品（这里标示为 Y）的数量。无差异曲线的曲率反映的是，在某一商品（以其中一个轴衡量）数量增加而另一种商品（以另一个数轴衡量）数量减少情况下的边际个人估值递减。如果无差异线从左上到右下是一条直线，那么，不管两种商品的相对数量如何，它们的相对边际个人估值将保持不变。这与现实情况不一致。X 对 Y 的边际替代率可以表达为：$MRS_{XY} = -\Delta Y/\Delta X$（其中 Δ 表示变化量）。这个比率是负的，因为当我们用多一点这种商品替代少一点的另一种商品时 X 和 Y 变化方向相反。随着我们朝无差异曲线的右边移动，这个比值会下降，因为我们必须要获取更大数量的 X 才能弥补 Y 上的某一减少量。

为了简化，我们使用的是平滑的曲线——虽然一个符合现实的曲线应该还有平直的部分——而且倾斜度持续地变得更加平坦，这意味着一个人拥有的某种商品越少，那么，在该商品上再多减少一个单位，就必须获取越多的其他商品。

第一条原理"对于每种商品，我们都希望越多越好"的含义，可以由在更高的无差异曲线上选择的一个点来表示。更高无差异曲线上任何一个点，都偏好于更低无差异曲线上的任何一个点。在图 3.2 中，更高的无差异曲线总在右上方，它代表一系列的商品篮子：（1）该曲线上的点对于一个人来说价值相同；（2）每一个商品篮子偏好于（优胜于）处于较低曲线上的每一个商品篮子。

更高和更低的无差异曲线

位于一条无差异曲线上的所有点，都代表着同样被偏好的备选商品组合。曲线 I_2 上的组合 A 和 B 同样被偏好，一如处于同一曲线 I_1 上的点 A' 和 B'，而处于更高曲线 I_2 上的任何点都偏好于更低曲线上的任何点。

通过画图，图 3.3 概括了所有三个偏好原理：（1）更高的无差异曲线，代表着偏好于那些更低无差异曲线的商品组合，这描述了第一个命题——多胜于少；（2）负斜率描述了命题 2——边际替代原理；（3）凸向原点，且随着从左向右移动变得越来越平坦，描述了命题 3——沿着一条给定的无差异曲线，随着 X 相对于 Y 的数量越来越大，X 对 Y 的边际替代率递减。

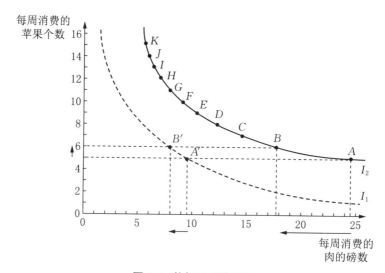

图 3.3　偏好原理的图示

我们可以思考这种商品或行动相对于那种商品或行动的"个人估值",而无需与任何其他人做心理上的比较。这种比较是对同一个人的"之前"和"之后"的比较。个人估值意味着,一个人愿意为某物支付多少,这不是某一行动带来的心理满意度或痛苦度的指标。对于每个人来说,一项行动的个人估值要与他对另一项行动的个人估值进行比较,后者是他所放弃的行动之市场价值。

无差异曲线有时候也被称为"不变效用"曲线。这个说法没有定义"效用"是什么。它只意味着,无论"效用"这个词意味着什么,它的量都不变——在一条无差异曲线上的每一个组合上都一样。

算术

表 3.1 列出了几个同样受亚当偏好的肉与苹果的商品组合——商品篮子。对于这些备选的商品篮子,亚当在偏好上是无差异的。也就是说:"每一个备选项都同样受偏好。"或者说:"亚当在这些商品篮子上无差异——他不关心得到的是哪一个篮子。"又或者这样说:"即便让亚当最坏的敌人给他选商品组合,亚当也不怕!"

如果亚当一开始选了商品篮子 D,表示每周消费比率是 8 个苹果对 13 磅肉。如果转而让亚当拥有商品篮子 E——比 D 少 2 磅肉(13 磅变成 11 磅),多 1 个苹果

表 3.1　同样受亚当偏好的苹果与肉的组合

商品篮子	苹果	肉	为多一个苹果而放弃的肉的磅数
A	5	24.5	
B	6	18.5	6.0
C	7	15.5	3.0
D	8	13.0	2.5
E	9	11.0	2.0
F	10	9.3	1.7
G	11	8.0	1.3
H	12	7.0	1.0
I	13	6.2	0.8
J	14	5.6	0.6
K	15	5.2	0.4

（8个变成9个）——则他既不会有改善，也不会受损害（在亚当自己的评判下）。为了多1个苹果而愿意减少2磅肉，按照亚当自己的看法，这就是令亚当与之前比不好也不坏的苹果与肉之间的"边际替代率"。

形容词"边际的"（marginal）意味着多2磅肉是对多1个苹果的个人估值，不是对所有9个苹果的个人估值。

为什么对 E 和 F 之间多一个苹果的边际个人估值（1.7磅肉），比对 D 和 E 之间多一个苹果的边际个人估值（2磅肉）更低呢？亚当在 E 处拥有的苹果比 D 处多，而肉更少。当拥有的苹果更多时，多一个苹果对他来说就不如原来的价值高了。对一个苹果（或任一商品）的边际个人估值，随着一个人拥有的该商品数量的增多而下降。在商品组合 E 和 F 之间，亚当拥有的苹果更多，所以，多一个苹果他愿意放弃的肉更少（只有1.7磅）。

随着亚当增加苹果的持有而减少肉的持有，为了多增加一个苹果而要放弃的肉的数量不断下降。所拥有的一种商品的数量相对于其他商品数量的比值越大，第一种商品的边际个人估值就越低。在我们的消费模式中，一种商品的数量相对于其他商品越多，为了再增加一单位该商品，我们愿意放弃的其他商品的数量就越少。

如果苹果的数量和肉的量都是初始情况的2倍，那么，我们并不知晓，财富翻倍会如何影响苹果相对于肉的边际个人估值。我们不清楚财富（拥有更多的苹果和更多的肉）是如何影响你在这些商品之间的替代意愿的。但我们可以确定的是，某种商品量增大，该商品与任何其他商品的边际替代率就会下降。而且，根据我们前面的观察1，我们知道，即便两个人都拥有关于全部商品的相同组合，一个人对苹果的边际个人估值也可能与另外一个人不一样。

你沿着表3.1从下往上看，就会发现肉的边际个人估值，而不是苹果的边际个人估值。在商品篮子 I 和 H 之间，边际替代率是1个苹果换取0.8磅肉。因此，1磅肉的边际个人估值就是1.25个苹果（＝1个苹果/0.8磅肉）。在 E 和 D 之间，1磅肉的边际个人估值是0.5个苹果（＝1个苹果/2磅肉），或者说1个苹果的边际个人估值是2磅肉。

第4章　从交换中获益

商品的交换有数千年的历史。很久之前，燧石箭头就被用来换取橄榄油和鱼。今天是用石油来交换鱼。但是，对于我们为什么进行贸易，却仍然存在着诸多误解。有时候，贸易行为被（错误地）视作零和（zero-sum）活动，人们以为一人所得，必为另一人所失——总和上没有净变化。

贸易行为（或交换行为）是正和（positive-sum）活动，因为参与双方最终都改善了处境。在有些交换中，两方贸易者最终可能会以更少的物品结束交易——即使他们都有所获益。为了看清这是如何发生的，我们在一个假想的难民营里来研究交换。

难民营中的交易

飓风造成了不少难民，他们临时搭建起难民营，我们去访察一下。每个人按月可以收到红十字会的包裹，除了别的东西之外，还包括 20 瓶水和 20 支格兰诺拉麦片棒（在表 4.1 和表 4.2 中以商品篮子表示）。有一个新的难民来到难民营，他没有收到礼物包裹。这个足智多谋的新难民承诺给萨姆 10 瓶水，来交换 7 支格兰诺拉麦片棒："如果你给我 7 支格兰诺拉麦片棒，我稍后就给你 10 瓶水。"萨姆愿意为多得 10 瓶水付出 8 支格兰诺拉麦片棒。因此萨姆同意了。

萨姆从商品篮子 A 开始。按照萨姆的偏好，假想的商品篮子 B_1 与商品篮子 A 相等：他在表 4.1 中的商品篮子 A 和 B_1 之间无差异。现在，虽然萨姆和乔彼此之间最终拥有的水和格兰诺拉麦片棒都更少了，因为其中有一些被新来的难民拿去了，

表 4.1　与商品篮子 A 等价以及更受偏好的篮子：萨姆

	水	麦片棒	篮子
商品篮子 A	20	20	初始商品篮子
从 A 变化到 B_1	（＋10）	（－8）	同 A 相比的变化
商品篮子 B_1	30	12	同 A 无差异
从 A 变化到 B_2	（＋10）	（－7）	同 A 相比的变化
商品篮子 B_2	30	13	受偏好于 A

表 4.2　与商品篮子 A 等价以及更受偏好的篮子：乔

	水	麦片棒	篮子
商品篮子 A	20	20	初始商品篮子
从 A 变化到 B_1	（－10）	（＋4）	同 A 相比的变化
商品篮子 B_1	10	24	同 A 无差异
从 A 变化到 B_2	（－10）	（＋5）	同 A 相比的变化
商品篮子 B_2	10	25	受偏好于 A

但我们还是看到所有这三个人之间的交换——萨姆、乔和新来的难民——改善了每个人的处境。

新来的难民给乔画了个饼，提出为换取 10 瓶水愿意提供 5 支格兰诺拉麦片棒。乔对售出 10 瓶水换得 4 支格兰诺拉麦片棒感觉同现在无差别（表 4.2 中的 B_1）。如果给乔 5 支格兰诺拉麦片棒，乔愿意交易。

新来的难民付给乔 5 支格兰诺拉麦片棒，并如约为萨姆提供了 10 瓶水（表 4.1 和表 4.2 中的商品篮子 B_2）。萨姆和乔两个人都因其处境有所改善而感到满意；对于他们每个人来说，商品篮子 B_2 都比商品篮子 B_1 要好。而新来的难民也很开心，他从乔那里只用了 5 支格兰诺拉麦片棒的代价买到水，而后以 7 支格兰诺拉麦片棒的价格把水卖给了萨姆，赚到了 2 支格兰诺拉麦片棒的利润。

少即是多：商品更少，满意度却更大

留给萨姆和乔的商品总量竟然减少了！新来的难民从他们那里拿走了 2 支格兰

诺拉麦片棒。然而，每个人都认为贸易是件好事。足智多谋的新难民迷惑了他们吗，还是利用了他们的非理性？都没有，每个人的处境都变得更好了。新难民这样解释：

你们都没有被骗。事实上，你们的处境都变得更好了。你们都获得了比你们付出的更具价值的东西。萨姆，表 4.1 表明，你接受我用 10 瓶水换 7 支格兰诺拉麦片棒的开价，做了一笔好买卖。你本来是愿意为了 10 瓶水付出 8 支格兰诺拉麦片棒的，但我只让你付出 7 支的代价。这笔交易对你很值，它送给你 1 支格兰诺拉麦片棒作为礼物。而乔，你付出了 10 瓶水，得到了 5 支格兰诺拉麦片棒，这比你认为你的 10 瓶水的价值还多 1 支格兰诺拉麦片棒。你获得的好处，相当于你得到了 1 支格兰诺拉麦片棒作为礼物。

你们两个人都得到了好处。我拿到 2 支格兰诺拉麦片棒，是我的服务所取得的报酬。说实话，我当然不会只是因为喜欢你们才这么干。我也存着帮助自己的心。通过帮助你们，我帮了自己——或者，你愿意换个说法也行，为了帮我自己，我也帮了你们。此外，你们还得承认——你们每个人都认为自己聪明过人，利用了我，因为你们每个人原来打算放弃更多（或者说获得更少）。当然，要是我肯再吃点亏，你们的获利就会更大，而我得到的就会比 2 支格兰诺拉麦片棒少。然而，无可否认的是，你们现在的处境都变得更好了。我们谁都不是傻瓜。

思考这个贸易故事

1. 是什么使贸易变得互利？

当两个人对一件物品具有不同的个人估值时，每个人都可以从贸易中获益。萨姆对 10 瓶水的个人估值是 8 支格兰诺拉麦片棒；乔的个人估值是 4 支。

2. 贸易的流向是什么？也就是说，谁在贸易中放弃了水，谁获得了水？

按照格兰诺拉麦片棒的支数来表示瓶装水的个人估值，萨姆的个人估值更高，所以萨姆会买水，而乔会卖水。

3. 在既不使萨姆又不使乔境遇变得更好或更坏的条件下，对这位足智多谋的新来的难民（中间商）所可能做的最大支付是多少？

这位中间商所能得到的极限状态，是每交易 10 瓶水得到 4 支格兰诺拉麦片棒。

这是萨姆对 10 瓶水的个人估值（8 支格兰诺拉麦片棒）和乔对 10 瓶水的个人估值（4 支格兰诺拉麦片棒）之间的差值。

4. 按照瓶装水所表示的格兰诺拉麦片棒的个人估值，谁的更高？

萨姆对 1 支格兰诺拉麦片棒的个人估值是 1.25 瓶水（10 瓶水/8 支格兰诺拉麦片棒 = 1.25 瓶水每支格兰诺拉麦片棒）。乔对 1 支格兰诺拉麦片棒的个人估值是 2.5 瓶水（10 瓶水/4 支格兰诺拉麦片棒 = 2.5 瓶水每支格兰诺拉麦片棒）。乔对每支格兰诺拉麦片棒的个人价值要大于萨姆的。

5. 有时候贸易的组织成本是很高的。假定这笔围绕 10 瓶水的贸易的组织成本，等于 6 支格兰诺拉麦片棒。这一交易还会发生吗？

贸易的组织成本超过了萨姆和乔对瓶装水的个人估值之差额。这一交易不会发生，因为其成本超过了进行贸易所可能得到的潜在收益。

6. 不断交易下去，直到双方能互相接纳的进一步贸易不再可能发生，最终可以取得的瓶装水和格兰诺拉麦片棒的组合会是什么样的呢？萨姆和乔之间的贸易能到什么程度？

答案取决于对个人估值更为充分的理解，后续章节将会对此进行解释。

关于个人估值再多说几句

中间商或"中间人"没有去问萨姆是否比乔更喜欢瓶装水。他们中有一个可能对格兰诺拉麦片棒和水都不太感兴趣，而另外一个可能对二者都很渴求。相反，之所以发生了这次交换，要点在于每个人的个人估值——一种商品相对于另外一种商品的价值。

并不是因为萨姆或乔有"剩余"，或者有大量的商品需要卖掉。这里关键的特征是，这两个人对瓶装水和格兰诺拉麦片棒拥有不同的个人估值。只要他们对同一种商品的个人估值不同，贸易就可以发生。

个人估值：一个人为了获得一件物品所愿意付出的其他商品的最大数量

当人们进行物物交换，用某些商品去交换其他商品时，"大多数其他商品"一般就用它们的美元价值来衡量。一个人愿意为某种商品支付的最大美元数，是他对该商品个人估值的一个度量指标。如果你至多愿意为一双精美的鞋子支付 100 美元，那么，你对这双鞋子的个人估值就被度量为 100 美元。你更偏好在 100 美元以下得到它们。但如果你不愿意支付 100 美元，那么，根据定义，你的个人估值肯定不足 100 美元。或者，反过来说，一个人的个人估值是他愿意卖出某种商品而换得的其他商品的最小数量。如果你拥有某商品，不愿意在低于 120 美元的条件下出售它，那么，120 美元就是你对它的个人估值的度量。

个人估值指的不是情绪或心理上的概念。单纯的语言、愿望或诉求，根本不能体现一个人对某种商品的个人估值。只有行动才作数——一个人愿意且能够为了获得更多的某种物品而付出多少其他商品。

经济分析并不以任何关于"这种商品为什么会受人欢迎"的猜测为基础。你可能认为，有些人是傻瓜，或者有病，对某些商品赋予了那么高的个人估值，譬如歌剧门票、豆腐，或者一轮高尔夫球赛。我们每个人的个人估值都不一样，因为我们的判断不同，偏好或者想法各异。可以肯定，一个人的观点可能会受到其他人的论辩、恳求以及行为的影响。父母可能会认为孩子对某一商品（例如糖果）的个人估值"过分地且不恰当地"高。这样的父母或许不会给他的孩子买那块糖果，但这并不能改变孩子对它的个人估值。那只是限制了孩子进行交换的权利。

当一个人有权按照他自己的个人估值来进行选择时，他大概就长大成人了。在美国，根据法律，一个人长到 18 岁，他对绝大多数商品和服务就有这种选择权了。虽然是这样，不经医生的允准，你也不能购买某些类药物。这说明，医生在该药物对你来说个人估值应该是多少的问题上具有评判权。不过，本书从这里往后，对于这类限制，我们会略去不提，只处理你可以基于你自己的个人估值进行选择的商品和服务。

要对以下两者进行区分：（1）一个人对某一商品的个人估值（他愿意支付的最大值，或售出该商品他愿意接受的最小值）；（2）该商品的市场价值（其市场价格）。在任一交换中，买者对某一商品的预期个人估值都超过了其市场价值（价格），否则他就不会作出这一购买行为。相反的情况也适用于卖者，他对该商品的个人估值低于市场价值（价格）。

"拥有"的含义

"为了拥有更多的某种商品,一个人愿意付出的最大代价。""拥有"是什么意思? 当购买某块地时,"拥有"这块地——这块地可能位于很远的地方——是什么意思? 我们用"拥有"来表示对该商品私有产权的占有。在任一交换中,总会有人取得对商品的私有产权。如果所指是其他某种交换——诸如租用或贷款,或不拥有所有权而允许使用等——我们也这么说。

回到难民营,看看竞争如何发展

让我们回到那个飓风导致的难民营。现在,有一个竞争者效仿那个新来的难民,从而使利润消散了。她提出,以 6.5 支格兰诺拉麦片棒的价格卖给萨姆 10 瓶水——比之前 7 支的价格还低 0.5 支。萨姆接受了,每买 10 瓶水就可以节省 0.5 支格兰诺拉麦片棒。

这个新交易者转而支付给了乔 5.5 支格兰诺拉麦片棒的价格,比第一个交易者支付的 5 支的价格更高。第一个交易者声称新交易者不可靠,不会如约提供那么多支格兰诺拉麦片棒,或者提供的格兰诺拉麦片棒又干又陈,卖的水也不干净。但乔还是冒了冒险,选择和新交易者进行交易。乔和萨姆都获得了好处。买者喜欢价格更低,卖者喜欢价格更高。乔和萨姆现在都比只有一个中间商时要好(表 4.3)。

两个交易商之间的竞争,缩小了商品的购买价格和出售价格之间的差距,从而降低了交易商的利益。消费者或买家支付给中间商的更少了,而供应商或卖家获得了更高的价格。瓶装水的购买价格和出售价格之间的差距,从 0.2 支格兰诺拉麦片棒(2 支/10 瓶水)缩小到 0.1 支(1 支/10 瓶水)。新交易者的收益是 1 支格兰诺拉麦片棒,而不是第一个交易者先前所取得的 2 支格兰诺拉麦片棒。

现有的和潜在的中间商之间的竞争,会把供求价格差距减小到刚好能弥补提供消费者所需求的该中间服务的成本为止。供求价格差距大,就会吸引新的交易商;

表 4.3 交易商之间竞争后的商品篮子

	水	麦片棒
萨姆		
交易前	20	20
与只有一名交易商进行交易后	30	13
与第二名交易商交易后	30	13.5
收益等价于 0.5 支麦片棒		+ 0.5 支
乔		
交易前	20	20
与只有一名交易商交易后	10	25
与第二名交易商交易后	10	25.5
收益等价于 0.5 支麦片棒		+ 0.5 支

而亏损会迫使一部分人离开这个行当去从事其他行当，做更有用的事。中间商彼此之间的竞争，降低了买者所面对的价格，提高了卖者所面对的价格。中间商不会和消费者或供给者进行竞争，他们只会和其他中间商进行竞争。

经常有人声称，像批发商、零售商、销售代理和广告商这样的中间商，会利用顾客的无知。这种说法就好比是说，教师利用学生的无知，医生利用患者的无知，作者利用读者的无知。中间商得以存在（存续），乃是因为他们降低了交换成本。试想，你若直接从生产商那里购买商品，你会付出怎样的成本。你得去了解，生产者是谁，又身在何方；你得走过去找他们，与这些生产商进行沟通交流；你还得对他们给你的商品进行检查；你不可能对每种商品都了如指掌，也没有能力判断其质量；你还得安排好各个环节，确保正确组装，完美送达。反过来，你可以依靠零售商——那些供应商品的中间商，他们会思考顾客喜欢什么，供应给顾客哪些商品可以使顾客愿意支付的价格大过供应的成本。

承诺与依赖关系

在我们的故事里，中间商是有这样的机会：先答应提供某种商品，在拿到自己想要的商品后，却不提供对方已承诺的商品。但中间商很少让顾客失望。当一个中间商收到 10 瓶水并答应及时回报以若干支格兰诺拉麦片棒时，中间商照做了。即便是面对最软弱可欺的顾客，中间商也会很快照付。这是为什么？为什么不是先承诺 6.5 支格兰诺拉麦片棒，然后付给的更少，从而获得更大的利差，敲顾客的竹杠呢？或者也可能是这样，中间商在麦片棒中掺进锯末，把质量搞差，让自己多得一些麦片棒。顾客当时不会知晓，之后才会发现。

中间商不打算去欺骗消费者，是因为他们爱惜自己的声誉。不公平地对待某个顾客，该顾客不仅将不再光顾这个中间商，而且还会把这家中间商的不诚实行为曝光，让大家都知晓这件事。这个中间商欺骗顾客，可能可以得一时之利，但损失掉的声誉却意味着失去了未来有利可图的生意。不过，那些老迈的中间商，老迈到在两个顾客之间都跑不动道的程度，又会怎么办呢？为什么不在退休之前敲一敲所有顾客的竹杠，最后捞一把呢？这也就是所谓的"善始善终问题"（end problem）。

对此，至少存在两个抑制因素。一是，一个临近退休的中间商通常会做得更好。他可以把生意卖给年轻的学徒，从而为自己分得一份未来的利润，他会为这个徒弟的可靠性向顾客打包票。另外一个对"终结时"的欺骗行为强有力的约束，是个人的羞耻感具有的力量。在第 34 章，我们会更为充分地来讨论这一点。在这里，我们只是略表一二。在事故或紧急情况下，你会为他人提供帮助，这是因为你"想"帮助他人。如果你不去这么做，即便没有其他人知道，你也仍然会从你的不道德行为中备受良心的谴责。在一个和谐、丰产而文明的社会，道德规范一般总是有效的、普遍的，而且为人所称道。

靠得住的普遍依赖关系：一切经济体和社会中的基本要素

一般来说，你只要出得起钱，就会在追求自己福利的过程中，广泛地依靠他人发挥重要的作用。你也依赖于一些特定的人。在"一般的"依赖关系和"特定的"依赖关系之间作出区分，是很重要的。当你要去买东西时，你依赖于这个世界中的其他人来为你供应商品。不过，一旦你决定从某一个具体的卖家那里购买，你就会依赖于那个卖家。

在很多情况下，比如处于婚姻之中或作为企业中的一个雇员，你将持续地依赖于特定的其他人的行为。经济学中的很多内容，都是关于如何让我们能够放心地依赖特定的其他人。

交易使双方均受益，而不是一方得益一方受损

我们已经讨论了：（1）发生你情我愿的交易的前提条件；（2）贸易的流向；（3）贸易所带来的收益的本质；（4）贸易的程度。贸易不是一个人所得必以另一个人所失为条件的事情。相反，它为双方都带来了利益——每一个人都获得了比先前商品组合更为其所偏好的新商品组合。

贸易为每一方都提供了更高的个人估值。许多人以为贸易结果只是从一个人到另一个人的转移支付，这可能是受到围绕贸易条件的"讨价还价"的误导。讨价还价是零和活动，在这种活动中，一个人取得交易得益中的更大份额，必以其他人受损为代价。但贸易本身是一种正和活动，在其中双方都会受益。

下一章，我们会对从贸易中获益的性质和程度进行扩展论述。为了做到这一点，我们将会定义和解释边际个人估值，并表明何以边际量（marginal）是经济学，乃至所有科学中的一个重要概念。例如，你会认识到，基本需求法则是如何建立在边际量的基础之上。

练习与思考

1. 表 4.4 的左半边展示的蔬菜和肉的三种组合。如果有机会给他选，莱纳斯对这三种组合无差异；也就是说，对他来说，所有这三种组合都同等地受偏好。表 4.4 右半边展示的三种组合，查理对它们无差异。

表 4.4 莱纳斯与查理的消费偏好

	莱纳斯			查理	
选项	蔬菜	肉	选项	蔬菜	肉
A	10	14	A	40	16
B	13	13	B	45	15
C	17	12	C	52	14

(1) 如果莱纳斯拥有组合 B，对蔬菜他最高的个人估值和最低的个人估值是什么？对肉他最高的个人估值和最低的个人估值是什么？

(2) 如果查理拥有组合 B，对蔬菜他最高的个人估值和最低的个人估值是什么？对肉他最高的个人估值和最低的个人估值是什么？

(3) 在何种意义上，我们不能说莱纳斯与查理两人中谁更喜欢蔬菜？在何种意义上，我们能这么说？

(4) 如果莱纳斯和查理他们每个人都有一个像 B 那样的组合，是否存在某种交易，能让每个人都得到他们所偏好的组合？

(5) 如果他们通过彼此交易能有所得益，即使在这个过程中他们会损失一部分商品，那么，关于这两个人的个人估值我们可以给出什么样的判断？

答：

(1) 为 1 单位蔬菜而付出 0.25 到 0.33 单位肉。为 1 单位肉而付出 3 到 4 单位蔬菜。

(2) 为 1 单位蔬菜而付出 0.14 到 0.2 单位肉。为 1 单位肉而付出 5 到 7 单位蔬菜。

(3) 我们不知道谁从这两种商品的每一种中，能得到更多心理上的满意度或效用。我们只能按照另外一种商品来度量每种商品的价值——他们的个人估值。莱纳斯对蔬菜的个人估值更高，在这个意义上，莱纳斯对蔬菜的评价更高。而查理对肉的评价比莱纳斯更高，乃是因为他对肉的个人估值更高。

(4) 莱纳斯愿意移到组合 C，为 4 单位蔬菜放弃 1 单位肉；查理为了多得到 1 单位肉，在移到组合 A 上时，愿意放弃 5 单位蔬菜。他们都有激励进行交易，在这一交易中，1 单位肉可以换 4 到 5 单位蔬菜。这场交易可以使他们每个人都变得处境更好。

(5) 如果彼此愿意交换，那么，这两个人的个人估值必定不同。

2. 假设查理和莱纳斯有以下这些初始的个人估值：

查理：7 单位肉＝1 单位水果

莱纳斯：3 单位肉＝1 单位水果

(1) 与莱纳斯相比，查理更喜欢水果还是肉？

(2) 如果政府不允许用水果交换肉，而且我们总是假设法律会被遵守，那么，谁会得益，谁会受到损失？为什么？

(3) 现在，政府终于不再禁止贸易，但只允许以 1 单位肉换 1 单位水果的交换比率进行交易，否则不合法。请解释这一新规所带来的可能后果。

(4) 接下来，假设政府大发慈悲，为了保护水果的消费者，对水果进行最高限价。1 单位水果的最高价格被设定为 4 单位肉。在这一价格管制下，谁可能得益，谁可能会受到损失？请给出解释。

(5) 最后，假设政府取消了对肉类和水果交易的所有限制。在查理和莱纳斯之间引入一个中间人。用肉类来表示，这个中间人所能得到的最大收益是多少？或者，用水果表示，他能得到的最大收益是多少？

答：

(1) 水果。

(2) 两个人都会遭受损失，因为如果允许交易，他们两人的境况都会更好。

(3) 不会有交易发生。仅为了 1 单位肉，没有人愿意放弃 1 单位水果。

(4) 两个人都不如他们在自由贸易下的情况好。不过，还存在贸易机会，因为查理愿意为 1 单位水果放弃 7 单位肉，而莱纳斯只需要 3 单位肉就愿意交换 1 单位水果。

(5) 在自由贸易情况下，中间人可以给莱纳斯提供 3 单位肉来交换 1 单位水果，然后，拿 1 单位水果去交换查理的 7 单位肉，他可以挣得 4 单位肉。

3. 你所在的大学在分配有限的停车位，你得到了在其中一个停车位停车的许可；你的一个朋友在图书馆阅览室分到了一张桌子。我们假设，如果你用你的停车位去交换你朋友的阅读桌，你们两个人的处境都会变得更好。

(1) 这类交易在大学里几乎总是被禁止的。这是为什么？

(2) 如果你是大学校长，你为什么会禁止它？

(3) 你会考虑简单通过把停车位出售给一个人或所有人，就像市中心私人停车场那样，从而解决这一问题吗？

答：

(1) 大学当局不能把出售停车位所得的金钱收入囊中，因为它不是他们的私有财产。不过，决定谁能使用停车位，这样的控制权，也是很有价值的东西。所以，大学当局可以使用非货币的方式来占得这一价值。

(2) 由于校长不能把出售停车位所得的金钱收入囊中，所以，围绕停车位展开非货币形式的竞争就变得更加重要了。他可以以非货币形式来攫取停车位的价值，比如可以获得对大学的捐赠承诺，获得提高大学美誉度的赞赏言论，或者获得私人的关照。

(3) 停车位的价值既可以体现为货币形式，也可以体现为非货币形式。如果决策者不能从停车位中获取金钱，那么非货币的支付形式就会变得更加重要。（作为一名学生，你是偏好车位出售呢，还是偏好让大学管理当局决定如何分配车位呢？）

4. "经济分析意味着允许交易比禁止交易更好。"对吗？

答：

不是的。经济分析并不告诉我们何者好，何者坏，何者更好或更坏。它告诉我们的是，在真实世界什么会被观察到。不过，经济学家个人则常常会断言，在各种不同的环境下，贸易是好还是坏。

5. "当地中海和波罗的海各自生产的商品出现剩余时，二地之间的贸易才得到了发展。"这句从历史教科书中摘抄过来的话，你认为它的意思是什么？你能给出对该贸易的另外一种解释吗？

答：

如果这句话是说，一个地区拥有的某种商品多于其所需要（即多于该地区可能会用到的量），那么，这句话就说错了。但那似乎正是这句话的意思。我们认为，由于两地相对的供给量不同，所以，相对的价值（个人估值）也不一样，这会促成各得其所的交换行为，即在地中海地区和波罗的海地区的人们之间，进行商品的再分配。

6. "中间人与自力更生（do-it-yourself）的原则是不相容的。"请予以解释。

答：

中间人便利了交换和专业化分工，而"自力更生"会减低专业化和交换行为——把那些节省交易费用的中间人统统消灭掉，转而开始自力更生，成本并不一定更加低廉。（这并不意味着"自力更生"从来不能降低成本——相反，在家庭装修这个行业还是"自力更生"成本低。）

7. 基于表 4.1 和表 4.2，以瓶装水来衡量，萨姆和乔两人合计获益多少？以格兰诺拉麦片棒来衡量，萨姆和乔以及新难民三人合计又获益多少？

答：

萨姆多得 10 瓶水，他的个人估值是 8 支格兰诺拉麦片棒，但仅支付了 7 支。因此，对于萨姆来说，获益是 1 支格兰诺拉麦片棒，值 1.25 瓶水。乔支付 10 瓶水，他的个人估值是 4 支格兰诺拉麦片棒，但获得了 5 支。对于乔来说，获益是 1 支格兰诺拉麦片棒，值 2.5 瓶水。因此，萨姆和乔的联合获益为 3.75 瓶水（或 2 支格兰诺拉麦片棒）。

新难民可以从贸易中得到 2 支格兰诺拉麦片棒，因此，该交易对全部三方的联合价值（其社会收益）是：1 支格兰诺拉麦片棒＋1 支格兰诺拉麦片棒＋2 支格兰诺拉麦片棒＝4 支格兰诺拉麦片棒。每一个人都从这一贸易中获益，虽然萨姆和乔两人拥有的格兰诺拉麦片棒总数少了 2 支。

我们也可以根据瓶装水来衡量社会收益吗？不能，因为我们不知道该新难民按照瓶装水计算的对麦片棒的个人估值是多少。

第 5 章　需求与需求定律

我们并不是生活在难民营里。我们生活在市场经济之中。在市场里，我们比较商品和要价，进行购买和售卖。市场的好处广为人知，以至于"原始"部落在开市的日子里也要休战。中世纪有些政治强人通过在他们偏爱的城市培育市场（集市），并邀请外国商人——适当给些报酬——来做生意，而积聚财富。无疑，商人们知道一个普遍的经济定律，那就是"需求第一定律"。

需求第一定律

需求第一定律是说："价格越高，需求量越小。"无论在当前价格上需求的数量是多少，在更高的价格上需求的数量会更低。或者，从另一个方向来说，"价格越低，需求量越大。"我们下面会解释两个需求函数：一个是个人的需求；第二个是在全部人口上加总的需求。

需求函数把需求的数量与价格联系起来："函数"这个词用来表示需求的数量取决于某因素，也即需求的数量是某因素的函数。这个因素就是"价格"。有时候，我们指的是需求曲线或需求表（我们可以把需求函数想象为一张图表）。"需求"意味着整条曲线、整个列表或整个函数——而不只是指在某一个特定价格上的需求量。

简洁乃是美德，而现实的数据太繁琐了。概念和原理可以用简单、看似不现实的数字来解释。不要以为简化会削弱分析的力量。另外，"需求量"（quantity demanded）和"需求的数量"（amount demanded）这两个词，在本书中是同义词。

需求函数的算术举例：表 5.1 表明了需求函数的典型特征。在这里，商品是牛

表 5.1　每周消费的牛奶夸脱数的需求函数（列表）

价格（美元/夸脱）	周需求量（夸脱）	价格（美元/夸脱）	周需求量（夸脱）
1.00	1	0.50	6
0.90	2	0.40	7
0.80	3	0.30	8
0.70	4	0.20	9
0.60	5	0.10	10

奶，数量按周计，以夸脱来表示。需求函数，或者需求表，列出了在每一价格上每周所需的牛奶夸脱数。在表 5.1 中，在 0.7 美元的价格上，需求量是每周 4 夸脱。

"需求量" vs. "需求"

要是混淆了以下两件事，那在分析上就将大错特错：（1）在不同价格上需求量的整个列表，如表 5.1 中所示；以及（2）在某一特定价格上的需求量，譬如在 0.5 美元的价格上需求量为 6 单位。在图 5.1 中，需求表由一幅图表示。该图中的线就是"需求曲线"。"在某一特定价格上的需求量"，由该需求曲线上的一个点表示。

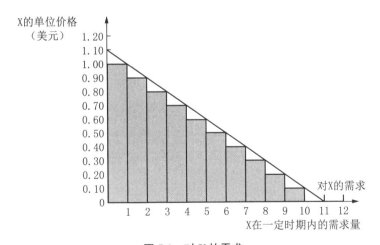

图 5.1　对 X 的需求

注：这是表 5.1 中需求表的柱状图。我们在图中给出了经平滑后的直线或需求曲线，因为简单的直线更易于作图。需求曲线可以这样解读："在任一特定价格上，水平距离表示需求量。"或者这样解读："对于某一给定的需求量，高度表示在该数量上的边际个人估值，表达为价格。"

需求法则的图示——需求曲线

表 5.1 的数据在图 5.1 中描绘了出来，这些点代表的是价格和数量的组合，而这些点被一条平滑的线给连接了起来。按照惯例，我们用纵轴表示价格，用横轴表示数量。

在需求表中，"需求量"是任一价格上被需求的数量。"需求"的提高意味着由列示数量所构成的整个需求表都提高了。一个人的财富增加后，他在每一个价格上都可能会需求更多的数量。

数量：速率还是存量？

对于像网球拍、鞋子或汽车遮阳伞这类可以储藏的商品或耐用品，在某一具体价格上的需求数量意指作为存量持有在手中的该物品的数量。在牛奶的某一价格上，你可能希望总是保留 2 夸脱的储备，等到方便购物时，再补充你的供给，而始终以一个相对稳定的速率进行每日消费。因此，"需求的数量"就有了两个度量标准：一个是持有在手中的牛奶存量，也就是说，通常所保有的 2 夸脱；另外一个是每周牛奶的消费速率或消费的流量。虽然无论何时冰箱里总是只放有 2 夸脱，但是作为消费（或使用）速率来衡量的需求却可能是每周 6 夸脱。

需求函数并不要求需求量必须连续而平滑地对价格上的每一微小变化进行调整。价格稍微高一点，可能对于当下的需求量并无明显可辨的影响；虽然如此，在一个高得足够多的价格上，或者在某个阈值上，需求量就会减少。你在 3.5 美元每加仑的价格上所需求的汽油量可能与 3.4 美元每加仑上一样都是 1 加仑。但在一个更高的价格上，譬如 4 美元，你可能就会买得更少。你会削减汽油消费，以尽量减少其他商品的消费削减。

在一种商品的更高的价格上，需求的数量会更少，而在更低的价格上，需求的数量会更多。这就是需求第一定律。

图 5.2 中给出了需求曲线可能形状的几个例子。这些需求曲线每一条都是"向下倾斜的"。在更低的价格上，需求的数量更多，而在更高的价格上，需求的数量更少。需求量和价格是"负"相关的。

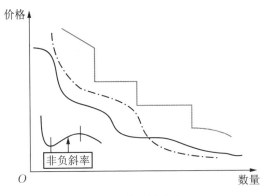

图 5.2　可能的需求曲线

　　注：任何一条线，无论是平滑还是离散，平直还是弯曲，都是边际个人估值、价格和需求量之间关系的一种可以接受的表示。我们通常使用的是一条直线，这是因为直线便于理解。这条线被假设为不具有任何向上倾斜的部分（后文将会讨论一种可能的例外情况）。

负斜率的需求

　　虽然需求曲线可能具有许多形状和斜率，但它不会具有向上倾斜（正斜率）的部分——除非出现不常见的"财富效应"（wealth effect）。需求曲线在某一段价格上可以是垂直的，这表示在该段价格范围内，需求量不会改变。但在足够高的价格上，需求量还是会下降的。需求法则可能是经济学中最可靠、最重要的法则了。

"沿着需求曲线滑动"vs."需求曲线本身的移动"

　　虽然有许多因素会影响需求量——收入、财富、年龄、性别、家庭规模、过去的个人经历、其他商品的价格——但在需求表被用到的那段时间内，这些因素都被假设不变。商品价格以外的因素变化所造成的影响，由需求变化表示——需求曲线本身的移动，这意味着在一个给定的价格上需求量发生了变化。

　　"需求变化"意味着整个需求表都发生变动。"需求量变化"意味着由于价格变化所致的需求数量上发生的变化，需求表并没有改变。在以下两点上我们要总能辨清：（1）由于价格变化所致的需求量上的变化（沿着需求曲线滑动，见图 5.3A）；以

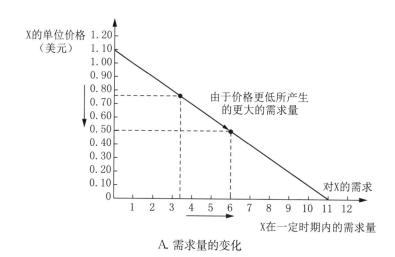

A. 需求量的变化

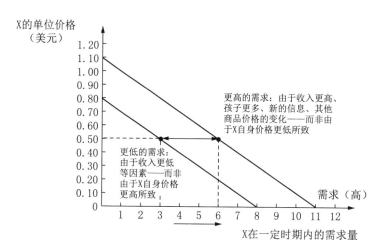

B. 需求曲线的移动

图 5.3　需求量的变化 vs.需求曲线的移动

注：图 5.3A 表示 X 自身价格变化所带来的"需求量"的变化。它表现为沿着既定不变的需求曲线，滑动到新价格下的新数量上。图 5.3B 表明了"需求"的变化，即整条需求曲线随着自身价格以外的某种因素的变化而发生的移动，譬如替代品价格或个人的收入这类因素发生了变化。因此，"需求变化"就意味着需求曲线的移动，譬如在图 5.3B 中从更低的需求曲线跳到更高的需求曲线上去。

及（2）需求的变化（由于价格之外某一因素的变化所导致的整个需求曲线的移动，见图 5.3B）。

需求在很大程度上取决于需求者的收入或财富。在图 5.3B 中，更低的需求是与更低的收入联系在一起的。需求曲线移动，表明存在更高收入所产生的影响。

我们来使用公用的术语，随着收入增加或减少，"正常"（normal）物品的需求量也跟着增加或减少。"需求的收入弹性"——相对于收入比例变化的需求量比例变化——是正的，但并不必然如此。如果收入更高，结果所购买的商品反而更少，这种商品就被称为"劣等"（inferior）物品。我们一般关注的是"正常"物品因应于收入变化的需求反应，也就是说，我们关注的是具有正需求收入弹性的商品。

相对价格

前文探讨的是单一商品的价格，并没有去考虑其他商品的价格。不过，如果鸡蛋的美元价格是 13 美元每打，汽油是 29 美元每加仑，理一次发是 100 美元，一个汉堡是 16 美元，你可能会认为 1 美元的面包价格"很低"——这是相对于其他商品的价格来说很低。单一商品的价格，不足以辨明购买一种商品的真正成本。在判断一种商品是否需要购买或者购买多少上，一种商品的"相对价格"对于确定其"真实的"价格是非常重要的。

在通货膨胀期间，几乎所有价格都上升时，这会造成格外的混乱。一种商品的价格上升，并不意味着它相对于其他商品的价格也上升了。其他的商品价格可能上升得更多。你还要去看看其他的诸多商品的价格，而不能光看不存在通货膨胀时的情形。很多计算和比较错误就是这样给犯下的。这种混淆是通货膨胀会减低经济体"生产力"的一个主要原因。通货膨胀对货币价格的影响，我们在本书第 42 章再作进一步的讨论。

关于行为的假设，而非关于思想过程的假设

我们并不假定人们会按照明确的需求曲线进行有意识的思考。你可能从来没有听说过"需求函数"，然而你的行为表现与需求曲线概念所蕴含的是一致的。原子和石头从来没有听说过物理定律，然而它们的行为却与物理定律相一致——或由物理定律所蕴含。我们使用那些定律和法则是为了推断行为——不是为了推断或概括某种思想过程。

对具有"个人估值"的个人需求函数的解释

如果你每周购买 2 夸脱牛奶，我们会认为，你之所以这样做，是因为这些牛奶对你来说至少值你所支付的价格。你对每周 2 夸脱牛奶的总个人估值，是你为了得到 2 夸脱牛奶而愿意放弃或支付的其他商品总量。我们所使用的"其他商品总量"的度量指标是一个通用的指标——即其他商品用美元衡量的购买成本。如果你愿意为每周 2 夸脱牛奶支付 7 美元，那么，你对每周 2 夸脱牛奶的总个人估值就是 7 美元。我们不必去问你为什么需要牛奶。对于我们的目的而言，你愿意放弃某些东西而得到它，这就已经足够了。人们愿意接受各种选项和交换，是因为对他们来说，对那些商品的个人估值至少等于所付的价格。

在表 5.2 中，我们从"个人估值"的角度解释了需求函数（需求表）。

表 5.2　需求表和个人估值

价格（美元） （1）	数量 （2）	边际个人估值（美元） （3）	总个人估值（美元） （4）
1.00	1	1.00	1.00
0.90	2	0.90	1.90
0.80	3	0.80	2.70
0.70	4	0.70	3.40
0.60	5	0.60	4.00
0.50	6	0.50	4.50
0.40	7	0.40	4.90
0.30	8	0.30	5.20
0.20	9	0.20	5.40
0.10	10	0.10	5.50

总个人估值和边际个人估值

表 5.2 的前两列描述了这个需求函数（需求表）。由于在价格为 1 美元时每天需求的是 1 单位，所以，我们可以把它解释为：每天拥有 1 单位该商品，对于买者来说，其个人估值至少等于 1 美元——否则的话，这位买者就不会购买它。

我们来看 2 个单位的情况，数据显示，如果价格是 0.9 美元，就会有 2 个单位被需求。第 2 个单位一定具有至少为 0.9 美元的新增（边际）个人估值（第 3 列），否则，买者就不会在 0.9 美元的价格处购买第 2 个单位的该商品。对于每天拥有 2 个单位该商品，总个人估值是 1.90 美元（第 4 列）。它是第 1 单位该商品的边际个人估值加上第 2 个单位该商品的边际个人估值之和。它不等于此时的价格（0.9 美元）乘以该价格上的购买量（2）。

"个人估值"给出了为得到一单位该商品，一个人愿意支付的最大价格。我们并未指定说，为了得到该商品，我们要放弃哪种商品或哪几种商品。我们根据一个人为了得到该商品愿意支付的最多美元数目来进行思考和度量。幸运的是，我们几乎总能以更低的价格买到这种商品，从而获得"来自贸易的收益"，无论这一收益是以货币，还是以那些货币可以买到的商品来衡量。

在每单位 0.8 美元的价格上，一个买家每周购买 3 单位。我们推断，第 4 个单位所增加的个人估值必然不足 0.8 美元，否则这第 4 个单位的开价就会达到 0.8 美元。我们推定，如果这一单位商品对买家总个人估值的贡献低于其价格，那么，买家将不会购买这一单位商品。

要分清楚总个人估值和边际个人估值之间的区别。商品数量更大时，总个人估值会增加。一般来说，对于每一种商品和每一个人，这种关系都是成立的。与之相对照，在商品数量更大时，边际个人估值会下降。在商品的更大数量上，边际个人估值递减是所有人对所有商品的一个普遍特征——或者说，我们总是在经济分析中如此假定。

要紧的是关系的方向，而非确切的数据

两个边际量：商品的边际个人估值和边际单位

"边际的"适用于：（1）商品新增的那一单位；（2）与商品那个边际单位相联系的"个人估值"的新增数量。一种商品的一个边际单位带来的"边际个人估值"，是该商品新增（边际）单位所带来的总个人估值的增加量。在表 5.2 中，如果卖家购买了 6 单位而非 5 单位，该买家的总个人估值提高了 0.5 美元。在该商品第 6 个单位

表 5.3　需求函数中的概念

价格 （美元）	数量	总个人估值 （美元）	边际个人估值 （美元）	总市场价值 （美元）	总消费者剩余 （美元）
1.00	1	1.00	1.00	1.00	0.00
0.90	2	1.90	0.90	1.80	0.10
0.80	3	2.70	0.80	2.40	0.30
0.70	4	3.40	0.70	2.80	0.60
0.60	5	4.00	0.60	3.00	1.00
0.50	6	4.50	0.50	3.00	1.50
0.40	7	4.90	0.40	2.80	2.10
0.30	8	5.20	0.30	2.40	2.80
0.20	9	5.40	0.20	1.80	3.60
0.10	10	5.50	0.10	1.00	4.50

　　注：如果价格是 0.5 美元，买家支出 3 美元（0.5 美元×6）可以买到 6 个单位，而对这 6 个单位的总个人估值，他的个人评价等于 4.5 美元，如图 5.4 所示。这位买家获得的消费者剩余，乃是总个人估值超出支出的那部分，即 1.50 美元（＝4.5 美元－3 美元）。

上，边际个人估值是 0.5 美元。表 5.3 与表 5.2 相同，只是增加了两列："总市场价值"和"总消费者剩余"。

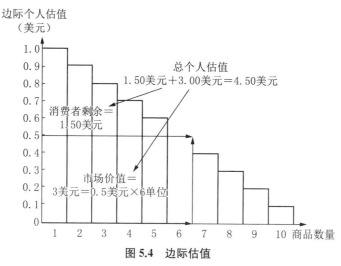

图 5.4　边际估值

　　注：第 1、第 2、第 3、第 4 和第 5 个单位上的边际个人估值加上边际单位（第 6 个单位）的边际估值之和，是 6 个单位的总个人估值。这 6 个单位的"市场价值"由长方形面积表示，该长方形面积由衡量需求量的水平距离（6 单位）乘以衡量价格的垂直距离（0.5 美元）得到。消费者（或买家）剩余，是总个人估值超出为每一单位所付价格的部分——总个人估值超过了市场价值。6 个单位上的总消费者估值是 4.5 美元（＝1 美元＋0.9 美元＋0.8 美元＋0.7 美元＋0.6 美元＋0.5 美元）。总市场价值（总购买成本）是 3 美元（＝0.5 美元×6 单位）。

边际消费者估值、总消费者估值和剩余消费者估值下的边际单位

　　把边际单位从第 1 个到第 5 个的边际估值，再加上第 6 个边际单位的边际个人估值，其和为 4.5 美元（＝1 美元＋0.9 美元＋0.8 美元＋0.7 美元＋0.6 美元＋0.5 美元），这也是 6 个单位的总个人估值。消费者剩余为 1.5 美元（＝4.5 美元－3 美元，即个人估值超出市场价值的部分）。需求量使边际个人估值递减到与价格相等的程度。在该价格上，它最大化了"消费者剩余估值"。

个人估值还是市场价值：哪一个代表福利?

　　可别像那位加利福尼亚州州长，为了给一项旨在降低加利福尼亚州西红柿总收成量的法律进行辩护，吹嘘什么加利福尼亚州西红柿的总市场价值提高了。（他没有提到，庄稼收成越少，总个人估值就越小。）庄稼收成的总市场价值提高，会使种植西红柿的农人变得更富裕，但就社会而言，总个人估值却是下降的。

　　试图只以一种商品某一数量的总市场价值，来给其总个人估值下判断，是错误之举。市场价值和总个人估值如图 5.5 所示。方形区域显示的是市场价值，由新价格和生产出来的更少数量所形成，在更高的价格上可能更大。但需求曲线下的整个区

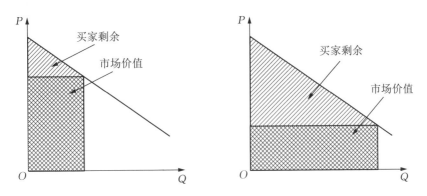

图 5.5　买家的剩余加上市场价值等于总估值

　　注：左图表示，消费者（买家）在该商品的较小数量上的剩余。它还表明，在右图所示价格更低的情况下，左图中总个人估值要比右图中的更小。商品的数量更小总是意味着总估值更小，消费者剩余也更小。消费者或买家剩余估值——得自购买行为的利益——是总个人估值超过总市场价值的部分。

域所显示的总个人估值，在更少数量上则更小。而且，更为关键的是，在更少数量上，消费者剩余也更小。

通常被认为值得予以最大化的指标，是消费者剩余，而非市场价值。总个人估值中，由买家或消费者拿去多少、由卖家拿去多少，取决于卖家的定价策略。其中多少应该归于卖家，是存在争论的，没有普遍的共识。

总体而言，一种商品价格升高，需求量就会下降，因此既会减少总个人估值，也会减少消费者剩余。但更高的价格可能会导致消费者在该商品上的花费（市场价值）提高或下降，因此，产出购买量的市场价值的变化和价格变化，并不能反映消费者总个人估值上的变化。

为什么如此关注"边际量"，而不是总量或平均量？

当购买某些商品时，你表现出来的好像是在做两个决策：（1）要不要买；以及接下来的（2）要买多少。如果你考虑购买的商品只有一个单位，譬如一辆汽车、一栋房屋或一架钢琴，那么这两个决策就化而为一了——至少对于大多数人来说是这样！

可以这样解释你要购买的数量：这是你为了最大化你的净个人估值（你对该商品的总个人估值减去成本）而购买的数量。这个净的总个人估值，就是"消费者剩余"。我们认为，最可靠的推断是：人们会购买令其消费者剩余最大化的商品数量。如果对你来说多增加的个人估值小于多购买一单位商品所带来的成本，那么，你就不会再去多购买这一单位商品了。只要对你来说多增加的个人估值超过了多购买一单位商品所带来的成本，你就会购买更多该商品。多购买一单位商品，其总个人估值的预期增加量要与新增的成本进行比较。这多一单位商品所带来的成本就是"边际成本"。新增一单位商品所多增加的个人估值就是"边际个人估值"。

平均个人估值和平均成本不会告诉我们应该买多少。表 5.2 中，在第 5 个单位上，边际个人估值是 0.6 美元，5 个单位的平均每单位个人估值是 4 美元/5，即 0.8 美元。不过，如果第 5 个单位的花费超过其边际个人估值的 0.6 美元，你就不会再买这第 5 个了。正是这样，只要价格超过 0.6 美元，如果你购买的数量超过 5 个单位，虽然你的平均个人估值更高了，但你的境况还是会变得更差（减去成本后净的总个人估值减少了）。

美元价格和相对价格

在做购买决策时，你会想知道所要购买商品的一般价格水平，或者平均价格水平，这样你就可以看到你要购买的商品其价格是高还是低了。这里的关键是"相对价格"，而不仅仅是"美元价格"。例如，当只有一种商品以美元表示的价格发生了变化，而其他商品的价格都保持不变时，就发生了相对价格变化。

但在真实世界，我们无法有把握地假定其他商品的美元价格就一成不变。如果有些企业生产的产品其美元价格下降了，那么，这家企业的经理所面临的问题是："是所有其他商品的（美元）价格也发生了下降（称为通货紧缩），还是只有我们这一种商品的（美元）价格发生了下降？如果只是我们这一种商品的价格发生了下降，再生产下去我可能就无法盈利了。如果我确定它与所有商品的美元价格下降是联动的，以致我的投入成本也出现了下降，那么，很可能我还是可以继续维持生产的盈利性。不过，如果我不确定情况究竟是哪般，我们就会犹豫要不要把生产和投资维持下去。"

通货膨胀和通货紧缩所导致的混乱，掩盖了相对价格的变化，降低了经济体的生产力，甚至会导致经济衰退。人们谈的往往是"美元价格"，但会按照相对价格来行动。

"价格变化"的含义

当我们说某种商品的价格发生变化时，我们的意思是，只有这种商品的价格发生了变化。这样一来，这种商品的价格就是相对于其他商品的价格发生了变化。而如果每一种其他商品的价格也都按相同的比例变动，那么，这种商品的价格相对于其他商品反倒没有什么变化可言。需求曲线表明，其他价格不变的条件下，在更低的美元价格上，我们对这种商品的消费就会更多。

需求的交叉价格效应：替代品和互补品

对一种商品的需求，还极大地取决于另外一种商品的价格。在这个意义上，这两种商品可能是替代品或者互补品。对人造黄油的需求（曲线）取决于黄油的价格，如图 5.6 所示。黄油价格升高，会提高对人造黄油的整个需求。结果，在某个给定的人造黄油价格上，黄油价格越高，人造黄油就会被需求得越多。

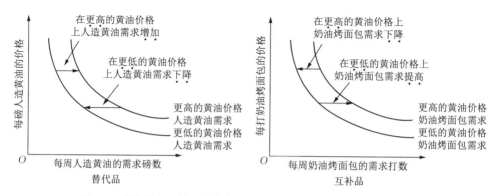

图 5.6 替代品和互补品价格变化所造成的商品需求的交叉价格效应

注：其他商品价格的变化可以对一种商品的需求造成"交叉价格"效应。正如左图所示，黄油这种商品的价格提高（降低），不仅可以导致黄油的需求量下降（上升），还可以导致在所有的价格水平上另一种商品——人造黄油的需求量上升（下降）。商品以这种方式彼此相联，一种商品的价格变化造成另外一种商品的需求在相同的方向上发生变动，这就是互为"替代品"。

由另外一种商品的价格变化造成的一种商品需求曲线的变动，叫做"交叉价格"效应。如果一种商品价格升高提高了另外一种商品的需求曲线，因为人们会减少购买价格相对提高的这种商品，转而去买价格相对下降的那种商品，在这个意义上，这两种商品互为"替代品"（substitutes）。如果一种商品价格升高降低了另外一种商品的需求曲线，那么，这一对商品互为"互补品"（complements）。如果一种商品的价格变化对另外一种商品的需求没有什么可以辨别出来的影响，那么，这两种商品相互"无关"。

正如图 5.6 所示，黄油价格的提高，造成对人造黄油的需求沿着相同方向变动，因为人造黄油和黄油"在需求上互为替代品"。但如果一种商品的价格提高造成另外一种商品需求下降，那么它们就"在需求上互为互补品"。

另一方面，如右图所示，黄油价格的上涨（下跌）会导致奶油烤面包的需求量在所有价格下都下降（上升）。商品相互关联，使得一种商品价格的变化会导致另一种商品需求朝相反的方向变化，这两种商品就被称为"互补品"。当一种商品的价格变化对另一种商品的需求曲线没有引起明显的变化时，这两种商品就被称为是相互"无关"的。

暗示性的标签

"个人估值"只是一个花里胡哨的标签吗？请注意下面两种标签或名称之间的区别：到底是作为（1）"辨识符"（identifiers），还是作为（2）"描述符—定义符"（descriptor-definers）？标签上写着"飘"（*Gone with the Wind*）的电影，与过去哪一场飓风都没有关系。"热狗"（hot-dog）根本不是一条发热的狗。

"个人估值"中的"估值"（worth）这个词很危险，因为它暗示在所需求的商品中有某种内在的"价值"（worth）。经济学家使用"效用"（utility）这个词，它表示一种商品被需要的原因。但对一个人来说是"效用"的东西，对另外一个人来说常常是"负效用"（disutility）。香烟、酒、淫秽文学、打高尔夫球，以及打电脑游戏，它们具有的"效用"都值得商榷。我们使用更为中性的"个人估值"这一表达，可以避免就"好"与"坏"所存在的争议。如果有人愿意为某物进行支付，那么对那个人来说，它就是"值得的"（worth），无论其他人认同还是不认同。

练习与思考

1. 图 5.3A 和图 5.3B 给出了需求变化和需求量变化之间的差别。这一区分非常关键。在图 5.7，请指出哪一种变动代表需求变化以及相应的需求量变化，哪一种变动代表需求量变化而没有发生需求变化。

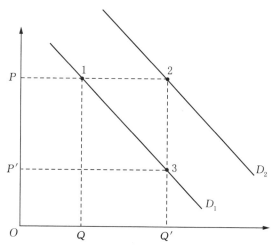

图 5.7 需求变化还是需求量变化

注：在价格 OP 和需求 D_1 上，我们处在点 1 上。如果价格降到 OP'，需求量从 OQ 提高到 OQ'，但需求（D_1）却没有变化。又或者，从点 1 出发，需求从 D_1 提高到 D_2。如果价格不变，那么，需求量从 OQ 提高到 OQ'——因此需求和需求量都提高了。

2. 下面的表 5.4 是 A 先生对铅笔的市场需求的特征。每一价格都与他每年要买的铅笔数目相对应。

在价格为 0.60 美元处，A 先生将拥有 5 个单位。在价格为 0.50 美元处，他将拥有 6 个单位。在这两个价格上，他都会拥有总价为 3 美元的铅笔。这是否意味着第 6 支铅笔对他没有什么价值呢？他赋予了这第 6 支铅笔多少价值？

表 5.4 A 先生对铅笔的需求

价格（美元）	数量	总价格（美元）
1.00	1	1.00
0.90	2	1.80
0.80	3	2.40
0.70	4	2.80
0.60	5	3.00
0.50	6	3.00
0.40	7	2.80
0.30	8	2.40
0.20	9	1.80
0.10	10	1.00

答：

他赋予了第 6 支铅笔 0.50 美元的价值。

3. 前面一题的需求表表明，在价格为 1 美元处，每年的消费量是 1 单位。在价格为 0.9 美元处，每年的消费量是 2 单位。

是不是可以说，此人对这 2 个单位中任何一个的偏好，都超过了年支出为 0.9 美元的其他任何物品？请注意，在价格为 1 美元时，他每年在这种商品上花费 1 美元，而在价格为 0.9 美元时，他花费了 1.8 美元，或者说比先前多花费了 0.8 美元。你是否仍然认为，他认为这多出的一单位的价值大约是 0.9 美元，即便他只多花了 0.8 美元？在解释你前一题的答案时，"价值"到底指的是什么？

答：

不是。只有第 2 个单位。

是的——0.9 美元。

他在价格为 0.9 美元时可以选择多购买 1 单位或 2 单位或更多单位。他选择购买 2 单位，因此，这第 2 个单位一定值得他为之多花的 0.9 美元。价值是我们愿意为得到一种商品而放弃的某种其他商品的数量，商品的价值就是这样定义的。

4. 第 2 题中的表 5.4 是否可以这样解读："一个人看到了价格是 1 美元，因此买了 1 个鸡蛋。接下来的一小时里，他看到了价格跌到 80 美分，因此他冲出门去买了 3 个鸡蛋。几个小时后，价格升高到 90 美分，所以他买 2 个鸡蛋"？如果不能这样来解释——确实不能这样解释——它该如何解释？

答：

一个人的需求表，把他在给定时间内各种可能的价格及其所对应的需求量联系了起来。如果作出了购买的决定后，影响他偏好的环境随之改变，他会有一张新的需求表。

5. "即使所消费的商品可以作为商品存量而持有，消费量仍是一个速率概念。"这句话是正确还是错误的？

答：

正确的。

6. 现在，A先生在时下的价格上每年用水3 650加仑。假设他的需求翻了倍，所以他的用水速率提高到了7 300加仑每年。在更高需求的第一周，他将比过去多消费多少加仑的水？

答：

如果A先生在一年中的每个星期里均匀地分配他的购买行为，那么，他在第一周将多消费70加仑的水，从而总消费量达到140加仑每周。不过，消费量是个速率概念，因此，我们不知道购买的模式是怎么样的——我们不知道在第一周他会消费多少。他可能在头51周内一点都不消费，然后在第52周里消费一开始的3 650加仑以及新增添的3 650加仑（可能是为他现在新造的更大的游泳池重新注满水）。

7. "按照需求定律，度假的价格越低，我应该会度更多的假。然而，我每年只度一次假。需求定律显然错了。"是这样吗？

答：

不是的。我会度更长的假。或者，我度假的长度没有变化，但假期会有更精心的安排，或更具有异国情调。

8. 有三个需求量的概念：（1）消费速率；（2）一个人为了提高他当前的存量而打算购买的量；（3）一个人打算拥有的量。其中每一种概念的例子如下：（1）一个人每天消费鸡蛋 $\frac{6}{7}$ 个（这不一定就意味着他每天会购买并吃掉一个鸡蛋的一定比例）；（2）在周六，他买了半打鸡蛋；（3）他可能在冰箱里平均保有3个鸡蛋。这三个指标哪一个是速率，哪一个是"存量"？

答：

第一个是速率；第二个和第三个是存量。

9. 使用第2题中的需求表数据，假设这些数据是关于每一价格上一个人所愿意拥有的钻戒数量。他现在拥有4枚钻戒。

（1）在每个可能的价格上，他愿意购买或出售多少枚？

（2）如果市场上的均衡价格变为0.30美元，那么，他会打算购买或出售多少枚，以及在那之后他会拥有多少枚——请记住，他一开始拥有 4 枚？

答：

(1) 在 1 美元处出售 3 枚，因为他目前拥有 4 枚，但在 1 美元处只希望拥有 1 枚；在 0.90 美元处出售 2 枚；在 0.80 美元处出售 1 枚；如此等等。在 0.60 美元处购买 1 枚；在 0.50 美元处购买 2 枚；如此等等。

(2) 他愿意多购买 4 枚，从而拥有总量 8 枚。

10. 为什么谈论"紧急需要""迫切需要""关键需要""基本需要""最低需要""社会需要"或"私人需要"没有意义？

答：

没有什么是"基本需要""关键需要"——我们只是"需要"更多的并不免费的东西。重要的是我们愿意支付什么样的价格，是多与少的问题，不是全有或全无的问题。

11. 有一本书名叫《社会需要和个人欲望》（*Social Needs and Private Wants*）。如果把它改为《社会欲望和个人需要》，这个书名是否意味着什么不同的东西？

答：

无论对天真的读者意味着什么，每一个书名都表明，作者在使用分析性的语言时非常草率。

12. 需求（需求表）增加表现为：旧需求曲线向上（向右）移动，或向下（向左）移动。到底是哪一个说法对？

答：

向右或向上移动。

13. 下面哪一种情况会提高对假发的需求？

(1) 人们薪水提高了；

(2) 帽子价格提高了；

(3) 拥有了一个游泳池；

(4) 护发成本提高；

（5）离婚了；

（6）其他戴假发的人数；

（7）假发价格下降。

答：

除了最后一个，其他都是。为什么？（价格下降会导致沿着需求曲线滑动，而不是需求曲线本身的移动。）

14. 请解释通常所谓的"冲动型"购买行为是如何与需求定律相一致的。还请解释为什么习惯性购买行为也符合需求定律。请举出不符合需求定律的行为。

答：

无论是什么导致的冲动，一项商品价格越低，购买它的冲动出现的概率就越大，价格越高，这种冲动得以实现的可能性就越小。从先前购买中了解其价格，并制定好消费计划，在一段时期通常会不断重复，这就是习惯性购买。不过，只要令消费品价格发生变化，这个习惯也会被修正。价格更低时购买得更少，价格更高时购买得更多——只有这样的行为才是不符合需求定律的。

15. 生孩子的需求也遵循需求基本定理吗？移民到美国的需求呢？对离婚的需求呢？对钢琴的需求呢？对取得冠军的大学足球队的需求呢？在本课程的考试中拿"A"的需求呢？对阑尾切除手术的需求呢？

答：

全部遵循。

16. 加利福尼亚州州长曾声称，减少加州的墨西哥劳工（终止外国工人项目的结果）不会造成危害，因为庄稼收成的总价值比以前更大了。请评价这一标准是否合理。

答：

福利变化不是由庄稼全部收成的总市场价值来衡量的。如果需求弹性小于1，那么，更大的供给会降低总市场价值（总市场收入），同时也因更大的供给，总个人估值增加了（增加后的总个人估值由需求曲线相关部分以下的总面积衡量）。不要把总个人估值与总市场交换价值（市场销售收益）相混淆。总个人估值更接近福利标准。

17. 如果 1 双鞋可以交换 4 件衬衫，1 件衬衫可以交换 2 双袜子，又如果 1 双鞋可以
    交换 6 双袜子，什么样的交易序列可以使你稳赚不赔？（这就是不同商品的市场
    之间的"套利"行为。）

    答：

    借来 1 双鞋；把这双鞋卖掉，得到 4 件衬衫；卖掉这 4 件衬衫，得到 8 双袜子；
    然后，卖掉 6 双袜子，得到 1 双鞋——你还多出来 2 双袜子。重复这样的操作，
    每一次你都可以得到 2 双袜子的净收益。

18. 什么是价格？离开金钱也可以有价格吗？

    答：

    商品之间的交换比率就是价格，无论金钱是否相互交换的两种商品中的一种。

第6章 交换的程度

有了需求函数的概念之后，我们就可以回答难民营故事结尾处所问的问题："是什么决定了互利交换的程度?"

交换

我们先从二人交换开始，后面再来解释引入中间商以便利贸易的好处之所在。图 6.1 给出了两条需求曲线，一条是雷的，一条是泰德的。每个人一开始都拥有 20

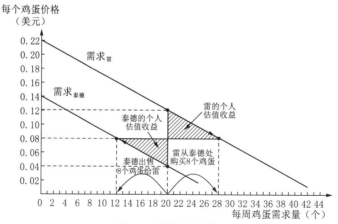

图 6.1 需求和交换

注：雷在低于 0.12 美元的价格上会购买一些鸡蛋，泰德在高于 0.04 美元的价格上会售出一些鸡蛋。在 0.08 美元上购买鸡蛋使雷获益，这一得益由她的边际估值线以下、0.08 美元这个水平的价格线以上部分的阴影面积表示。雷购买 8 个鸡蛋，使她的鸡蛋总数达到 28 个，把她对鸡蛋的边际估值降到了通行价格水平上。作为卖者，泰德的收益由他的价格线（0.08 美元）以下、他所卖的 8 个单位鸡蛋的边际估值线以上部分的面积表示。

个鸡蛋。当拥有 20 个鸡蛋时，雷对一个鸡蛋的边际估值更高，为 0.12 美元；这比泰德的高——泰德拥有 20 个鸡蛋时对鸡蛋的边际估值仅为 0.04 美元。

当人们对同一商品的边际估值不同时，互利贸易的机会就来了。泰德和雷都可以从贸易中获益，其中泰德会在价格高出 0.04 的水平上卖出鸡蛋，雷会在价格低于 0.12 美元的水平上购入鸡蛋。当他们的边际估值相等时，泰德拥有的鸡蛋少了 8 个，从 20 个减少到 12 个，雷拥有的鸡蛋增加了 8 个，最后达到 28 个。此时双方无法进一步进行对双方都有利的贸易了。

雷的收益：消费者剩余

因为他们的边际个人估值一开始是不同的（一个是 0.12 美元，一个是 0.04 美元），所以，在 0.12 美元和 0.04 美元之间的某个价位上，他们两个人可以从贸易中获益。当雷每个月拥有 28 个鸡蛋时，她的边际个人估值就会下降到 0.08 美元，与价格齐平。她的个人估值的总收益，可以由边际估值线以下（即她的需求曲线以下）、支付给泰德的 0.08 美元价格水平线以上部分的面积来表示。这个收益就是"购买者剩余"（buyer's surplus），或者"消费者剩余"（consumer surplus），这是从贸易中得来的。

泰德的收益：售卖者剩余

泰德在每个鸡蛋 0.08 美元的价格上愿意出售 8 个鸡蛋给雷，原因在于他对这卖出去的 8 个鸡蛋的边际估值低于 0.08 美元。他的得益，即"售卖者剩余"（seller's surplus），由其需求曲线以上、所出售的价格水平线以下部分的阴影面积表示。

双方互利的程度：交换使双方的边际估值相等

泰德的总个人估值加上雷的总个人估值之和实现了最大化。当然，泰德和雷都不关心这个两人加总的总个人估值之和。他们每个人之所以参与贸易，乃是因为他们之所得比他们所放弃的更"值得"。只要边际个人估值不相等，双方就都会同意进行交换。

这种交换使得贸易双方均能获益，就好像对于交易双方来说可以让商品数量免费增加。每个人都会达致一种具有更大个人估值的处境，即便商品的总量并未增加。

在贸易中对各种商品的再配置对两方都有利。譬如，我们每个人都有面包和黄油，但我有很多黄油，只有一点面包，你有很多面包，只有一点黄油。用一些黄油换面包，会改善我们每个人的处境。

一个国家市场竞争政策的基础

是需求与需求相竞争，而不是需求与供给相竞争

两个交易者可以被视为"合作性的对手"，"合作性"指的是双方都愿意进行贸易，"对手"指的是买者希望低价买入，卖者希望高价卖出。合作性的较量，是文明的生产性社会的一个基本特性。

在图 6.2 中，该图底边的总宽度衡量的是 40 个鸡蛋的总供给。泰德和雷一开始各拥有 20 个鸡蛋。泰德的需求以右端为原点，越往左表示越大的需求量。我们首先介绍没有贸易成本的情况——也就是说，雷或泰德都没有引发搜寻成本、信息成本或交易费用。

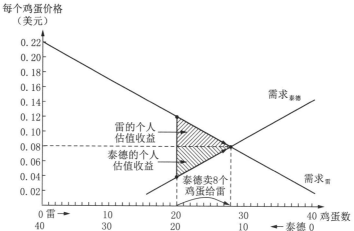

图 6.2　需求和供给：解释为两个需求者围绕一种商品的固定总供给量（存量）展开的竞争

注：把图 6.1 中边际估值曲线中的一条翻转过来，然后再添到图上，就可以根据需求者和供给者来解释交换——相对于具有更高边际估值的需求者，具有较低边际估值的需求者就变成了供给者。一个人的需求与其他人的需求狭路相逢。对一个人的供给，可以由其他人在不同价格上不会有需求的数量来表示。你面对的供给量，就是在给定的价格水平上，从世界上其他人的需求中释放出来的。从根本上说，它不是需求和供给两个概念，而是你的需求曲线与世界上所有其他人的需求曲线之间的对比，只是后者被看成是对你而言的供给曲线而已。

我们希望不仅能够看清楚为什么贸易是互利的，而且还要明白为什么中间商（虽然他们会产生成本）可以降低贸易总成本，并使每一个人都能获得更多的总个人估值。

在初始的配置上，每一方都有 20 个鸡蛋。雷的边际个人估值超过了泰德的边际个人估值。两条无差异曲线高度（边际个人估值）上的差异，意味着具有较低边际估值的个人（泰德）销售鸡蛋给具有较高边际估值的个人（雷），双方都会从贸易中获益。每个人的可能得益由图中阴影部分面积所表示。

对"我"的供给取决于"你"的需求

是否给雷增加鸡蛋供给，取决于泰德的需求；而是否给泰德供给鸡蛋，则取决于雷对鸡蛋的需求。你面对的供给条件取决于其他人的需求。他们的需求越高，从现有鸡蛋供给中分给你的供给量就越小。

向"均衡"收敛

我们可以预期，在达致最终修正后的分配的过程中，将会发生一系列的交易。相互接受的价格会介于贸易双方两个不同的初始边际估值之间。

由于每个人手里持有 20 个鸡蛋，雷愿意为一枚鸡蛋提供的价格上限为 0.12 美元，泰德愿意在 0.04 美元以上的任何价格水平上出售鸡蛋。随着他们两人交易的发展，泰德对鸡蛋的边际估值在提高，雷对鸡蛋的边际估值在下降。它们收敛到的价格水平是 0.08 美元，由两条需求曲线相交点的高度来表示。

交易使人们沿着他们的需求曲线朝向他们边际个人估值均等化的方向滑动。每个人对所得到的商品的估值，都高于他所放弃的商品的估值。无论初始配置如何，最终的价格是"均衡"价格，而且最终使边际估值均等化的配置是一样的。只要你愿意支付的价格比别人的估值高，你就可以诱使他们从你那里少要一点（或多给你一点），这样价格被推高了以后，你就从别人那里获得了商品。

我们已经讨论了贸易的先决条件、方向、得益和程度。但对贸易双方而言，搜寻愿意出卖鸡蛋或购买鸡蛋的人，也需要花费成本。

中间商与交易费用

潜在的贸易可能性得以实现的程度，取决于发现边际估值上的差异以及为购买和销售作出交易安排所需要的费用。为了降低交易费用，大量的辅助手段、程序、活动和安排应运而生。

"交易费用"（transaction costs）是下列费用的总名称：在潜在的交易者之间进行选购所花费的费用，发现商品及其供给品质的费用，寻找和审核不同的可能供给者的费用、装配费用、运输费用、把商品在指定时间送达的费用、提供货物清单以供检查和促进运送的费用、交易记录费用、广告费用、保险费用、售后保障费用、缺陷产品召回费用、对贸易条款的协商和记录费用，以及执行交换和契约性协议的费用，等等。

终端交易方直接进行贸易的情况是罕见的。"自力更生"（do-it-yourself）的交易费用并不小，通常比商品的零售价格和批发价格之间所能观察到的差距还要大。不然的话，人们一般就会直接从生产者那里购买，而不是从零售商那里购买了。对于大部分家庭消费品来说，零售商的买卖差价占到卖给消费者的价格的15%—50%。一些减价出售的房屋，让消费者承担了一些自助服务的成本，所以这一差价要更小一些。但这样的消费者所取得的零售服务更少，贷款额度也少，配送以及区位上的便利性也差一些。对于那些时间相对不那么有价值的顾客来说，为了低价而忍受服务上的不便，可能还是值得的。对于其他人，情况就不是这样了。因此，对于不同的顾客来说，中间商可以腾挪的空间是不一样的。

就像在难民营中的情况一样，中间商降低了以下这些方面的成本：发现贸易机会的成本、评估商品价格特征或质量的成本、进行交换协商以及为售后保障安排法律保护的成本。这些成本上的减少，可以使更多的潜在贸易得以实现。

如果你不得不从农场主那里直接购买你的食品，从制造商或批发商那里购买你的鞋子，从炼油厂购买你的汽油，从牛奶场主那里购买你的牛奶，你会购买多少？如果你拒绝通过经销商出售你使用过的汽车，如果你需要完全靠自己去寻找一个有意愿购买你的车的买主，你会作何感想？成功的中间商，其谋生的手段就在于，相比商品的消费者和生产者达成交易的可行的成本，他们的服务使得这一费用更加低廉。

通过降低交易准备成本，中间商降低了整体价格

中间商降低了交易费用，买卖双方都会受益。

买家的收益——整体价格下降

在表 6.1 中，我们来看鸡蛋的买家。没有中间商的帮助时，现金价格是 0.08 美元，再加上自助交易费用为 0.01 美元，整体价格就是 0.09 美元。有了中间商的现金价格是 8.5 美分，即 0.085 美元，比起自力更生的交易来，虽然中间商从中收取了一笔货币费用，但整体价格反而更低。

表 6.1　有无中间商时的货币价格和整体价格

	货币价格 （美分）	非货币花费 （美分）	整体价格 （美分）	
无中间商				
买家成本	8.0	1.0	9.0（支付）	
卖家成本	−8.0	0.5	−7.5（收取）	
自力更生成本		1.5	1.5	

	货币价格 （美分）	非货币花费 （美分）	整体价格 （美分）	所取得的成本减少额 （美分）
有中间商				
买家成本	8.5	0	8.50（支付）	0.50（＝9.0 − 8.5）
卖家成本	−7.75	0	−7.75（收取）	0.25（＝7.75 − 7.50）
有中间商时成本			0.75	＋0.75 买家和卖家的得益

交易费用减少额	
自力更生成本	1.50
有中间商时成本	0.75
中间商带来的成本减少额	0.75

卖家的收益——净价格更高

没有中间商时，卖家所取得的价格是 0.08 美元，但承担了 0.5 美分的成本，净收益为 7.5 美分。有了中间商，他的收入是 7.75 美分。

对于卖家和买家来说，在自力更生安排中，总的交易费用是 1.0 美分 + 0.5 美分 = 1.5 美分；有了中间商，总的交易费用仅为 0.75 美分。

中间商凭借自己的服务在每个鸡蛋上赚取了 0.75 美分——他为买家节省了 0.5 美分，为卖家节省了 0.25 美分，就是因为有了他的服务，买家和卖家的交易费用总共节省了一半。

交易安排带来成本下降的图示

图 6.3 表示的是没有中间商时的买家和卖家。在贸易发生之前，买家和卖家都在 X_1 上。（回忆一下，泰德的需求曲线是反过来的，因此对于他来说，向右移动是减少需求。）由于贸易的发生，买卖双方都朝向 X_2 移动，在这个点上，他们各自的个人估值等于整体价格。如果买家（雷）"自力更生"进行购买前的搜寻和商品检查，其成本是所购商品每单位 0.01 美元，那么买家的整体价格是 0.09 美元（0.08 美元支付给卖家泰德，此外还要加上雷购买前所花费的费用 0.01 美元）。

卖家也有购买前的搜寻成本，交易中的协商成本，以及交易实施成本，这些成本加起来假如说等于每单位鸡蛋 0.005 美元。这样的话，卖家所得到的净价格仅为

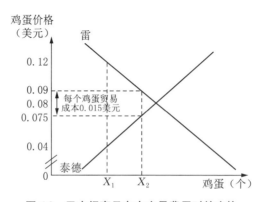

图 6.3 无中间商且存在交易费用时的交换

0.075 美元，而不是 0.08 美元。从贸易中得到的总潜在收益中，部分被购买前的搜寻成本以及交易中的协商成本给消散掉了，部分则因为贸易程度的下降而没有实现——由于交易费用的存在，贸易在到达两条需求曲线交点之前就停止了。

图 6.4 表示的是有中间商的情况，由中间商去完成交易准备工作。当中间商降低了"选购"成本时，消费者（买家）和生产者（卖家）都可以从贸易中获益。买家支付的整体价格降到 0.085 美元，卖家净所得值升至 0.077 5 美元。重要的是，交易的鸡蛋数量提高到了 X_3——更接近于无交易费用世界中所得到的均衡状态。

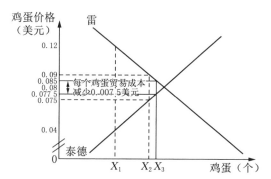

图 6.4 有中间商且有交易费用时的交换

整体价格才是真正重要的价格

中间商降低了卖家的货币收入（从 8 美分降低到仅有 7.75 美分），提高了买家的货币支付（从 8 美分提高到 8.5 美分）。不过，根据"货币价格"和"整体价格"的区别，买家和卖家的境况都得到了改善。就因为引入了中间商的专业化服务，贸易的成本减低了，贸易的程度加深了。

"直接从制造商那里购买，省掉中间人的费用。"事实上，有人认为中间商是加进来了额外的成本，提高了买家的价格，降低了支付给卖家的价格，但这种看法并不正确。成功的中间商降低交换的成本，使最终的买家和卖家都获得收益。

市场：开放准入还是限制准入？

有中间商参与的购买价和出售价之间差距不大（原因是中间人之间的竞争所

致），这是自由进入的市场竞争的结果，或者说是"开放市场"（open markets）的结果。"开放市场"的意思是，市场准入面向所有人开放，而不人为地横设障碍——当然，提供便利交易的服务也不会不发生任何费用。

市场准入受限："封闭市场"

开放市场并不是普遍的。各种限制条件横行于世——经常还是那些已经在从事商业活动的人强烈要求推行的。行内的中间商喜欢限制新人入行，常常抱怨新竞争者"没有必要进入""不懂行规""其低成本的举动会破坏行业生态""逼死其他竞争对手""竞争过度""不遵守公平竞争原则"等等。行内的中间商或供应商可能通过关闭新来者的市场准入之门来保护他们自己。在这个方面，会有几种可能的手段，有些拙劣，有些精巧，但都在使用。

暴力威胁

一个中间商会与未来可能的中间商进行斗争："发展这一贸易曾是我的主意。你凭什么复制我的创新活动，并从中受益？"最开始从事这项贸易的经销商可能会这样警告即将到来的新经销商：你要是敢来，我不但会敲落你的牙齿，还可能会打断你的腿。

共谋

作为一项铤而走险的策略，当前的中间商可能会走近新来者，提出来与它联合，一起维持原有的价格差，一起瓜分利润，这总比看着利润消失殆尽的好。但如果新进入者加入了这项共谋之中，共谋的利润所得又会在更多的供应商之间进行分配，直到对每个人来说这一得益最终趋近于零。

作为限制进入手段的强制许可证制度

共谋者会寻求政治上的帮助。他们企图对立法者的竞选运动进行捐助。他们进行院外游说，要求对市场准入进行限制，或者提高新进入者所面临的进入成本。一般来说，经营许可证和特许权要求企业表现达到某些安全性和可靠性的标准。申请进入者通常被要求承担高昂的事前培训或教育费用。而且在位者（incumbent，或译"当前营业者"）认为，这一行的人已经足够多了。或者他们会说，应该保护消费者免受"不值得信任、不靠谱的江湖骗子一样的"商人所欺骗——或者为了保护本地供应商，要限制对外国人的商品进口。又或者他们找出借口说，新来者不会维持"质量的最高标准"，要对它们进行检查以勘验其是否可靠，对它们拒绝准入。不过，新来者可以向政治家提供比那些在位者提供的还要大的报酬。试图为限制进入作出辩护的在位者，与寻求移除或绕开进入限制的新来者之间的竞争所引发的成本，可以把在位者限制竞争所带来的潜在收益都抵消掉。但这一手段却被广泛使用。

为得到更大份额而缩小蛋糕

为自己所偏好的法律或管制政策而进行竞争，通常被称为"政治寻租"（political rent-seeking）。"租金"（rent）指的是"得益"（gains），之所以被称为"租金"，是因为它们不是通过生产更多价值而获取，而是通过改变竞争条件，由从一个人那里把财富——直接或间接地——转移给另外一个人而获得。通过政治手段来获取优惠的竞争，与市场上为购买和生产商品与服务而进行的竞争是不同的。在市场上，作为消费者，当你对一种商品的边际估值超过其价格时，你会一直购买；作为生产者，你通过更好地进行生产而竞争，不会通过试图阻止其他卖家从事生产或销售来竞争。

相反，当你在政治上或以非交换方式进行竞争时，你是在用生产性资源来提高你获得保护的机会，从而免于市场竞争。虽然卖家之间的市场竞争会让消费者得益，但政治竞争会导致财富的转移。为了打赢政治上的战争，需要雇佣顾问、院外游说人员和律师，获取捐献。这些资源都要从更多的商品和服务生产上转移过去。从政治上对潜在竞争施予的限制，相当于是在改变每个竞争者分到的蛋糕份额，不同的是它把整个蛋糕变小了。

无处不在的市场

市场是便利交换的安排和手段。当我们称"市场"做了某些事情，这不过是以下意思的简化说法：在为互利交换作出安排和予以贯彻的过程中，人们促成了某些结果。不要把"市场"看成是一个地方，它指的是那些做某些事情的人们，这些事情通常是指寻觅、协商并达成互利交换。在这个意义上，"市场"是一个过程，通过这个过程，人们的信念、价值和需求得以比较，从而在使互利交换得以达成的、互相认可的价格或条款上，完成权利的交换。

国会议员在"政治市场"上就议题交易表决权。教授们在"大学市场"上交易办公室、家具和课程分配。在家庭里，孩子们交易责任和义务。人们交换着彼此的关切，而这种交换就发生在市场上。无法想象一个没有交换或贸易的社会，也无法想象一个没有市场的社会——无论这种市场是关于个人好恶、思想、私有产权、政治喜好、家庭义务，还是其他等等。不过，我们也会看到，在那些货币价格受到控制或不被允许的"市场"上，仍然会有交换发生。

经济学关乎市场交换的含义，而不是价值判断

正如第1章所述，对于规范性议题和问题，经济学原理一言未发。经济分析的含义不是对某些事物是好是坏、是否值得想望作出评判——这一点与物理学、化学或生物学的含义一样。经济学仅针对特定环境的某一变化而推断何者将会发生。它表明，如果你从个人偏好的角度进行思考，你就可以把交换解释为互利交换。每个人都在寻求自己偏好的处境，这种偏好随各人的判断而定。如果你认为个人判断和选择是值得期许的行动，你就可以推断市场是"好的"。

总有人按捺不住想得出这样的结论：经济学分析能证明，交易会改善一个人的处境。但一些批评家对个人选择的"可取性"抱有质疑，他们把作出不幸选择的人所承受的后果，看得比"自己作选择的权利"更重要。就作选择的权利而言，无论是批评家还是辩护士，谁都不一定比谁更富于人道主义精神。

生活中的一切都涉及在不同的物品数量和目标的实现程度之间的权衡。接下来的问题是，谁可以为其他人作出更好的判断。你能期待其他人会完全按照你的利益行事吗？或者说，你能合理地认为，就道德责任或合宜性来说，人应该自己作出决策吗？普遍的情况是，有些人并不被认为能真正理解自己决策的后果，因此应该像对待孩子一样，"为了他们自己好"而对他们做决策的权利进行限制或控制。

事实上，在很多情况下——例如，在医药、卫生保健和食品方面——甚至"成熟的"成年人，也被禁止与那些他们满意的人达成某些彼此接受的交换。而且，还有人主张，人们并非总有着适宜的品位：据称，如果人们正确地受到古典音乐、博物馆或教育的熏陶，他们就会在这些方面赋予更高的价值，而在豪车、影视节目或体育运动上少花些钱。如果这些批评者掌了权，那么他们就会试图对"不适宜的快乐"征收重税。适宜与否的这条线，应该划在何处？又该如何来划？由谁来划？

提醒一下：可不要马上跳到这样的推论上来，即据此认为经济分析假设人们不关心道德规范。恰恰相反：我们在后文将会表明，经济分析包含许多伦理行为的议题。这里的关键在于，经济分析不会告诉你什么是"好的"或者什么是"坏的"——它只告诉你"是"什么或者"不是"什么。

契约和可信赖的承诺：社会的聚合力

我们已经检视了使人们通过市场活动受益的交换行为的基本力量和特征。我们假设，一旦达成一项交易，商品即按照承诺进行交换。但真正重要的，是要知道我们忽略了哪些附带的特征。我们稍后会探讨的一个问题是，交易各方履行承诺的可靠性。背信弃义、急功近利，时常是一种诱惑。例如，雇主可能给你承诺，在你工作两周后发给你薪资，或者如果你在那家企业工作一定年头的话你就可以得到一笔退休金。你需要确保这一承诺将来会兑现。

包含有约束力的书面或口头承诺的明文契约，通常是由法院来执行的。但法院执行这些契约可能会过于昂贵。对于所有的未来可能事件以及重要的细节，没有人能够预见无遗。为了帮助缓解这个庞大的任务，这一契约要涵盖已为成例的附带条款，有时候这些条款也被称为"商业法典"（commercial codes），它们是依法规定的合同的补充部分。虽然如此，明文签订的契约还是很难对无法预见的紧急事件进行调整。

在获取某种资源时，若是出现未尝预料到的变化，就可能会阻碍产品如期送达。哪怕是在进入协商之前，为了准备和他人做生意，你也可能会产生成本。为了谈生意，你可能会驱车到一个很远的食品杂货店，只是为了看看你到那里的时候价格是不是有变化，或者那些商品是不是卖了出去。你预期要打交道的那个人，可能会拒绝交易，或者可能不准许你提价。

不过，在大部分时间里，即使在没有法律程序来确保执行的情况下，人们也会说到做到。为了提高言出必行的可靠性，人们发明了各种各样数目惊人的非契约方法——譬如，公开提前预告固定价格、个人信誉、企业商誉、社会压力、公序良俗，以及"道德规范"的力量。我们将对这些随处可见的"非契约"方法逐一考察，它们是靠着市场的自然结果发展出来的，但人们对它们却存在着大量误解。一项"交换"或"贸易"，是非常复杂的，可不是付了钱拿上东西走人那么简单。

练习与思考

1. 下面哪些说法与开放市场（或自由市场）相一致？

   （1）在一名律师进入律师行业之前，他须征得现有行内的律师同意；

   （2）医科大夫在被允许出售医疗服务以前，须通过国家的专门考试；

   （3）禁止在周日卖东西；

   （4）纯净食品与药品法限制"不纯净"食品和药品的销售；

   （5）含酒精饮料的消费、生产或销售受限制；

   （6）证券经销商和经纪人在作为中间人进入证券和债券买卖之前——也即，在他们提供咨询服务或执行交易之前——必须由美国证券交易委员会颁发执业许可证。

   答：

   所有这些都是对开放市场的否定。

2. 你正在竞选你家乡所在市的市长或议员。在你的家乡，出租车服务（或汽车维修服务、垃圾收集、电力、水、天然气，等等）由那些想经营出租车生意或开自己的出租车的人提供。换言之，出租车服务是由一个开放市场所提供的。为确保得到更好的服务质量，你的竞选主张支持对出租车司机施予更大的政府管控。

   （1）如果竞选成功，你会建立一套体制，把提供这种服务的权利仅赋予给一家公司吗？为什么？

(2) 如果你决定把这一权利赋予一家公司，你会如何挑选这一家公司？

(3) 这家公司会是你选战中的捐助者吗？

(4) 在有些州，出售含酒精饮料的权利受到州政府的限制，只允许少数几家商店出售。可以想见，如果没有这样的限制，愿意出售这种饮料的商家会多得多。出售这种饮料的商家是政治上的"院外游说者"，是州政治中的一股"势力"。了解到这一点会不会让你感到惊讶？为什么？

(5) 关于一朝获得的政治权力之使用，你由此能够得到什么一般性的结论？

答：

(1) 会，除非所有的消费者都同意付给我更多钱，超过我把这一垄断权利给予一个卖家时该卖家支付给我的（一般而言，消费者付出的总是比垄断者得到的还要多）。

(2) 对我竞选成功帮助最大的那一家。

(3) 答案在第（2）问中。

(4) 不奇怪。他们的垄断租金，部分用于帮助（支付？）政治家，而且还取决于政治家的政治偏好和他们所承诺的支持力度。

(5) 一旦大权在握，通过禁止支持你的那些人的竞争对手进入市场，可以为支持你的人创设他们所喜欢的垄断特权。诚如我们后文将会学到的那样，消费者的损失要大于垄断者的得益。但垄断者回馈政治家的能力要超过消费者，消费者在安排对政治家进行回馈方面困难更大，因为消费者如此众多，以至每个人所涉份额很少。

3. 有这样一段历史文献："值得时时提醒我们自己的，是我们从自由市场体制当中所得到的利益。这个体系建立在消费者的选择自由、卖家的利润动机，以及对买家手中的钱所作的激烈竞争上。通过依靠这些自发的经济力量，我们确保了以下这些利益：（1）我们的体制自动趋向于生产那些消费者想要的商品种类，其相对数量也是人们想要的数量。（2）这套体制自动地把浪费降到最低。如果一家生产商在低效率地生产一种产品，那么，另外一家就会通过在更低的成本上生产该产品，从而找到一个赚取利润的机会。（3）这套体制鼓励创新和技术变革……我把保护和强化自由市场视为本届政府或任何一届政府政策的首要目标"（约翰·F.肯尼迪总统，1962年9月）。令人沮丧的是，虽然嘴上对开放的竞争经济体系的优点赞不绝口，但是，商人和政治家们为了维护在位的商人及其雇员的更大财富，都限制市场——例如，控制正当的食糖进口，使美国的食糖价格高于开放市场上的水平。竞争的自由和免于竞争的自由，我们需要区分二者之间的差别，以免造成混淆。怎么来解释这种一边称赞私有产权和自由市场体系的优点，一边又试图对它进行打压的现象呢？

答：

对新竞争者施予准入限制，就是在否定开放市场或自由市场。那些在受到限制的行业里的现存企业，在实施这些限制期间，是可以有所得益的，但它们之所得，要小于其他人之所失。

4. 有些折扣商店做广告称，由于他们是直接从制造商那里购买，然后再卖给消费者商品的，这样就消除了许多中间人，所以他们售价更低。这一推理的不当之处在哪里？

答：

它假设，中间人在便利交换上对消费者或生产者没有提供任何服务，因此，消除了中间人，也不需要其他人来承担起中间人所提供的专业化服务。消除中间人，是自力更生原则的一种形式，但并不一定会更加经济节省。

5. 历史课本可能会告诉你，只有在希腊人开始生产出过剩的橄榄油并发现西班牙人生产出了过剩的白银之后，地中海地区的贸易才得到了发展。对于橄榄油换白银的贸易发展，经济学有什么要说的吗？

答：

既不存在橄榄油过剩的情况，也不存在白银过剩的情况。只是希腊人对额外生产的橄榄油的估值，以及西班牙人对额外生产的白银的估值，都随着它们的产量增加而下降了。希腊人因而变得更加愿意用橄榄油换取一定数量的白银，而西班牙人变得更加愿意用白银换取一定数量的橄榄油。雇佣船只和船员来运输橄榄油和白银，变得很合算，而希腊的橄榄油生产者以及西班牙的白银矿主的境况，也要好过没有发展贸易的时候。

6. 在食品杂货店琳琅满目的商品中，你所看到的大部分商品，其价格中包装费用、运输费用和配送费用所占份额，要远大于农场主收到的价格。这种分配公平吗？

答：

经济学无助于回答什么是公平的问题。农场主最直接关心的是——相对于成本——对他的支付是多少，而不关心他之所得在最终售价中所占的份额。对于所有其他那些参与到把食品从农场送到食品杂货店这一过程中的人们来说，同样也是这样想的。当然，有些人喜欢"撇开中间人"，自己去到"农场主市场"上去购买水果和蔬菜，并把它们运回家，不惜由个人来承担这方面的费用。但即使是由个人来承担，也并不能说明这种费用就不存在，或不需要由某些人来承担。

7. 很容易看出，增加总产出，所有人都可以获益——社会总蛋糕变得更大了。不那么显而易见的是，参与一项交易的每一个人都可以改善境况——这看起来只是在重新分配蛋糕。而如果中间人也牵涉到贸易中的话，他们也会拿掉蛋糕的一部分，留给交易各方去分的部分就更少了。"从贸易中获益"指的是什么？

答：

偏好——边际估值——因人而异。对于某一个人来说，边际估值随着其持有的商品量的改变而发生变化。A 拥有奶酪，想要些饼干；B 拥有饼干，想要些奶酪。每一个人都想得到他所期待的东西，犹如求神赐予食物，但在这个艰难的世界，为了换取另外一些商品，他需要放弃一部分他一开始持有的商品。每一个人都对他从交易中得到的东西，赋予了比他给出的东西更高的个人估值，所以，每个人都从这一交易中获益。如果有必要，这一得益中的一部分可以支付给中间人，让他来完成交易。

8. 正文谈到在有无中间商（中间人）涉入一项交易时贸易中的"货币价格"和"整体价格"。请在这些价格指标之间作出区分。

答：

货币价格是不考虑交易费用时买家支付、卖家收到的均衡价格。但无成本的交易几乎是不存在的，那些成本反映在下述事实上：整体需求价格要高于货币价格，而整体供给价格又低于货币价格——还有就是贸易量的下降上。通常，由中间商来安排和执行交换，其成本要低于买卖双方彼此直接交易时所产生的成本——这还会带来比自力更生时更大的贸易量。

第 7 章　关注边际量

经济分析原理要求持续关注边际量（marginals），而不是只关注平均量（averages）。本章就来阐释通过均等化边际量而使总量最大化的原理。

总量、边际量和平均量

假设你在课上参加了两次测验，分别得到了 80 分和 86 分，当前的总分是 166 分，如表 7.1 所示。你的平均分是 83 分（＝166 分/2）。第三次测验，你的得分是 89 分，总分提高到 255 分。你的总分新增的分数，就是你的边际分数。因为在第三次测验中 89 分这个边际分数要比你在前两次测试的平均分数（83 分）高，所以，你新的平均分就从 83 分涨到了 85 分（255 分/3）。平均分数是对过去的历史度量，而"边际分数"则与现在更为相关。现在或未来，才是当前决策的基础。

表 7.1　测试成绩中的边际分数、总分数和平均分数

测验	边际分数	总分数	平均分数
1	80	80	80
2	86	166	83
3	89	255	85

成本

在表 7.2 中，一家生产椅子的企业，每天可以生产一把椅子，总成本为 100 美

表 7.2 边际成本、总成本和平均成本

每天生产的椅子数	边际成本（美元）	总成本（美元）	平均成本（美元）
1	100	100	100
2	80	180	90
3	105	285	95

元。如果它每天生产两把椅子，总成本会升至 180 美元。在作出多生产一把椅子的决策时，总成本这 80 美元的增加量，就是椅子的"边际"成本。

每天生产三把椅子，总成本提高到 285 美元。105 美元的增加量，就是每天生产三把椅子这一生产速率上的边际成本。三把椅子上的平均成本现在是 95 美元（＝285 美元/3）。边际成本 105 美元超过了先前的平均成本（90 美元），添上这个边际成本会把平均值从 90 美元拉高到 95 美元。回头来看，从每天生产一把椅子变化到每天生产两把椅子时，平均成本从 100 美元下降到了 90 美元，因为生产两把椅子时的边际成本 80 美元，要小于之前生产一把椅子时的平均成本（100 美元）。

收益

假设你在卖椅子。销售收益数据如表 7.3 所示。

表 7.3 价格与总收益、边际收益以及平均收益

每日售出的椅子数	价格（美元）	总收益（美元）	边际收益（美元）	平均收益（美元）
1	110	110	110	110
2	100	200	90	100
3	90	270	70	90

你把你的价格设定为每把椅子 150 美元，但你一把也卖不出去。因此，你把价格降到每把 110 美元，这样一天可以卖出一把椅子。为了每天卖出更多椅子，你把价格降到每把 100 美元，这样每天可以卖出两把。你的总收益提高到了 200 美元。边际收益是 90 美元，即总收益的增加额。这 90 美元的边际收益低于第二把椅子所收到的 100 美元的价格，因为为了每天卖出两把椅子，你不得不把价格从两把椅子都是 110 美元降低到都是 100 美元。你在第一把椅子上放弃了 10 美元，而如果你不

是为了卖出这第二把椅子而把价格降低，那么在每天卖出去一把椅子时原本是可以得到这 10 美元的。这 90 美元的边际收益，是当你把两把椅子按每把 100 美元的价格卖出，而不是按照 110 美元的价格只卖一把时，总收益的增加量。每天卖出两把椅子时，每把椅子的平均收益是 100 美元。

如果你把价格降到每把 90 美元，你可以卖出三把椅子。你的总销售收益将会是 270 美元。也就是说，总收益的增加量——边际收益仅为 70 美元。边际收益是在所有单位上，为每天多卖出一单位而降价，所带来的总收益的变化额。为了在每把 90 美元的价格上卖出三把椅子，降价 10 美元意味着原来本可以每把 100 美元出售的那两把椅子也要降价。这 20 美元的减价额（两把椅子中每一把减价 10 美元）抵消了从第三把椅子中取得的 90 美元中的一部分收益，使总收益提高了 70 美元。边际量是总量的变化量，不只是多卖出边际单位所获得的数量。

谁带来的边际收益？

在零售商店，店员人数越多，服务越到位，销售收益越大，如表 7.4 所示。

表 7.4　不同店员人数下的总销售额、边际销售额和平均销售额

店员人数	总销售额（美元）	边际销售额（美元）	平均销售额（美元）
1	1 000	1 000	1 000
2	1 800	800	900

只有一名店员的时候，所产生的销售收益为 1 000 美元。加上第二位店员，收益提高到了 1 800 美元。边际收益是 800 美元，平均收益是 900 美元。事实上，第二位店员没有记录任何销售额，而第一位店员的销售额上升到了 1 800 美元，因为第二位店员在帮助顾客，第一位店员在记录销售额。第二位店员带来的边际收益是 800 美元。这两名店员作为一个团队，为总收益增加了 800 美元。边际量是多增加一个单位投入所带来的总量的变化量。

使用边际量还是平均量？

假设有人告诉你，汽车安全气囊支出所拯救的每条生命的平均成本是 100 万美元，而安全带拯救一条生命的平均成本仅为 50 万美元。为了更加安全，是应该把更多钱花在安全气囊上，还是花在安全带上？如果你不知道由安全气囊拯救生命的边际成本和由安全带拯救生命的边际成本各是多少，你就无法回答这个问题。安全带被用于多拯救一条生命，其边际成本可能会是 200 万美元，安全气囊也许仅为 110 万美元。边际成本的比较，会推翻平均成本所排列的顺序。平均量没有告诉我们，额外的效果或额外的成本会是多少。它仅仅是总结过去的——所积累的——效果，而不是概括接下来的效果。当我们讨论把更多资源置于何处时，真正相关的乃是边际效应，而非到目前为止每单位投入的平均效应。

总量、边际量和平均量之间的关系

总量、边际量和平均量彼此是联系在一起的。在表 7.5 中，第（1）列首先给出了某一生产性行为中劳动投入的数目。第（2）列列出了每一劳动数量上的总产出。第（3）列列出了边际产出，即多增加一单位劳动所带来的总产出量上的变化。第（4）列列出了每一单位劳动的平均产出。

表 7.5　产出与投入

劳动量 （1）	总产出 （2）	边际产出 （3）	每单位劳动的平均产出 （4）
第 1 个	6	6	6
第 2 个	16	10（= 16 − 6）	8（= 16/2）
第 3 个	24	8（= 24 − 16）	8（= 24/3）
第 4 个	30	6（= 30 − 24）	7.5（= 30/4）
第 5 个	34	4（= 34 − 30）	6.8（= 34/5）
第 6 个	36	2（= 36 − 34）	6（= 36/6）
第 7 个	36	0（= 36 − 36）	5.14（= 36/7）
第 8 个	35	− 1（= 35 − 36）	4.375（= 35/8）

它们呈现出以下这些关系：（1）总产出的增加量就是连续每一单位投入的边际产出的量。总产出是直到当时的生产活动水平为止所产生的边际产出的总和，因为边际产出被定义为每一单位新增投入上"总产出"的变化量。（2）在这张表格中，有一个特殊的地方，即持续为正的边际产出一开始是增加的，但在第二个单位的投

入之后就在接下来的规模上开始下降。总产出增加但边际产量开始递减处，是"这类投入的边际产出递减点"。（3）当"边际量"为负时，总量下降。（4）如果边际量小于先前的平均量，则新的平均量会被拉低。这就相当于说，当新增投入拉低了每单位该种投入的平均产出时，边际产出必然小于平均产出。

在表 7.5 中，边际产出首先从 6 增加到 10，然后开始下降，甚至变为负值。当边际量为负时，总量下降，因为根据定义，边际量是总量的变化量。其中总量得到最大化（然后就会开始下降）时，边际量为零（即将由正变为负）。

边际产出一开始上升，但在更大的投入量上，边际产出开始下降（见图 7.1）。一开始当边际产出超过平均产出时，平均产出是上升的。但是当边际产出下降到低于平均产出时，平均产出就被拉低了下来。

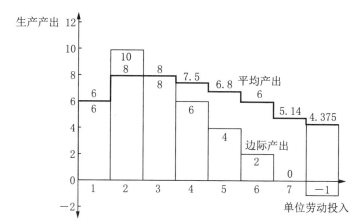

图 7.1　表 7.5 中边际产出和平均产出数据的图示

注：边际产出一开始从 6 上升到 10。但在劳动投入超过 2 个单位时，边际产出开始下降。总产出直到 6 单位投入时一直在增加，但在 2 单位投入后增加量在下降。一开始当边际产出超过平均产出时，平均产出上升；但当边际产出下降到低于平均产出时，平均产出也在下降。当边际产出在 7 单位投入上降至 0 时，总产出最高（最大化）。当边际产出在 8 单位劳动投入上为负时，总产出下降。

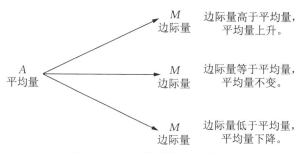

图 7.2　边际量与平均量的关系

基本原理："总收益最大化处边际量均等化"

现在，我们可以这样表述一条贯穿大部分经济学领域的原理："在各种不同的用途上配置资源，要使不同用途上的边际收益相等，或者尽可能地使其接近相等。"也可以这样表述："如果边际产出不相等，从具有较低边际产出的用途上重新配置某些资源，把它们分配给边际产出更高的用途上，就可以进一步获益。"

普遍的任务：在不同用途上分配有限的供给

在这个充满稀缺和挫折的尘世上，我们不断要面对，如何最佳地把有限的供给在不同用途上进行分派的问题。我们每天仅有 24 个小时，要用来工作、玩耍、吃饭和睡觉。我们的收入太少，不足以购买我们所想要的一切，因此选择如何安排消费势所难免。

假设你有 10 枚代币，可以投进两个"货币机器"——A 和 B，从中你可以得到美元。你的目标是最大化你所得到的美元总数。从机器 A 和机器 B 中所能获得的数量如表 7.6 和表 7.7 所示。

表 7.6 从机器 A 中得到的边际美元收益、总收益和平均收益

代币数	边际收益（美元）	总收益（美元）	平均收益（美元）
1	20	20	20
2	18	38	19
3	16	54	18
4	14	68	17
5	12	80	16
6	10	90	15
7	8	98	14
8	6	104	13
9	4	108	12
10	2	110	11

表 7.7　从机器 B 中得到的边际美元收益、总收益和平均收益

代币数	边际收益（美元）	总收益（美元）	平均收益（美元）
1	15	15	15
2	14.5	29.5	14.75
3	14	43.5	14.5
4	13.5	57	14.25
5	13	70	14
6	12.5	82.5	13.75
7	12	94.5	13.5
8	11.5	106	13.25
9	11	117	13
10	10.5	127.5	12.75

多投入一枚代币的边际收益，是从一台机器中所得到的美元输出量。随着代币投入量的增加，边际收益下降。"每枚代币的平均收益"是总收益（直到该点的边际收益之和）除以所投进去的代币数。对于机器 A 来说，投入第一枚代币就得到了 20 美元的最高边际收益，边际收益从这里就开始下降。对于机器 B 来说，边际收益从较低的 15 美元开始，但机器 B 的边际量下降得没有那么快。

为了尽可能得到最多的金钱，你不会把所有代币都投入到机器 A 中。全部投入到机器 A 中你会得到 110 美元。你也不会把所有这 10 枚代币都投入到机器 B 中，即使那样做你可以得到 127.50 美元的总收入。相反，你会理性地在这两台机器之间分配这 10 枚代币，最多可以得到 150.50 美元，最终实现两台机器基本上"边际收益均等"。表 7.8 给出了从这两台机器中最大化总收益的配置序列。

表 7.8　两台机器加总后的边际美元收益和平均美元收益

代币数	机器和在机器中使用的代币	边际收益	总收益	平均收益
1	第 1 枚投给 A	20	20	20
2	第 2 枚投给 A	18	38	19
3	第 3 枚投给 A	16	54	18
4	第 4 枚是投给 B 的第 1 枚	15	69	17.25
5	第 5 枚是投给 B 的第 2 枚	14.5	83.5	16.7
6	第 6 枚是投给 B 的第 3 枚	14	97.5	16.25
7	第 7 枚是投给 A 的第 4 枚	14	111.5	15.93
8	第 8 枚是投给 B 的第 4 枚	13.5	125	15.63
9	第 9 枚是投给 B 的第 5 枚	13	138	15.33
10	第 10 枚是投给 B 的第 6 枚	12.5	150.5	15.05

你会把第 1 枚代币投入到能给你带来最高边际收益的机器里去，这就是机器 A，从而获得 20 美元。第 2 枚和第 3 枚代币也会投入到机器 A 里去，因为它们的边际收益（18 美元和 16 美元）比机器 B 的第 1 枚代币产生的收益（15 美元）多。机器 A 中的第 4 枚代币所产生的边际收益是 14 美元，它低于机器 B 的第 1 枚代币所产生的边际收益，因此第 4 枚代币就是投入 B 的第 1 枚代币。

我们来看看平均量是如何产生误导的。机器 A 中到第 4 枚代币时的平均收益是 17 美元，机器 B 中到第 1 枚代币的平均收益为 15 美元。尽管如此，我们还是把第 4 枚代币投了机器 B，因为真正要紧的是边际量而不是平均量。如果我们错误地使用平均量来引导第 4 枚代币的投向，把它投给了机器 A，那么，我们的总收益仅为 68 美元，而非我们使用边际量来引导代币投向时的 69 美元。接下去的代币，即第 5 枚代币，与投入机器 A 的第 4 枚硬币仅能得到 14 美元的边际收益相比，可以从机器 B 中得到 14.5 美元。第 5 枚代币并没有投入机器 A 中，尽管它可以取得的平均收益更高。

这 10 枚代币 4 枚投给了机器 A，6 枚投给了机器 B。机器 A 中的 4 枚代币取得了：20 美元 + 18 美元 + 16 美元 + 14 美元 = 68 美元。机器 B 中的 6 枚代币取得了：15 美元 + 14.50 美元 + 14 美元 + 13.50 美元 + 13 美元 + 12.50 美元 = 82.50 美元。加总之后的总收益为 150.50 美元。没有比 4 枚投给机器 A、6 枚投给机器 B 这样的配置能够得到更多收益的了。

如果我们把投入看成是完全可分的和连续的（像劳动投入的小时数，它们不像代币），那么，增加投入所带来的边际收益可以由连续线来测量，如图 7.3 所示。在

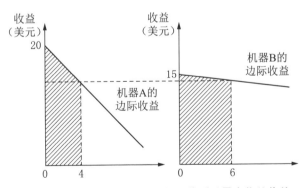

图 7.3　在两台机器之间连续投入代币以最大化总收益

注：机器 A 的边际产出一开始更高，但比机器 B 的边际产出下降得更快。代币一共 10 枚，4 枚投给机器 A，6 枚投给机器 B，可以得到最大的报酬。为了最大化总收益，配置规则是，把下一代币分配给能带来最高边际产出的那台机器。在连续投入情况下，应该投入到使每一台机器的边际产出彼此相等的程度。

那里，全部边际收益的面积代表从一台机器中得到的总收益。对于两台机器，联合边际收益线以下的面积代表总收益。要从两台机器中得到最大的总产出量，机器 A 和机器 B 的投入量应该使它们所取得的边际收益均等化。

成本最小化

让我们把这个原理——边际量均等化——运用到生产的情况上去。如果在共同所有权下的两家工厂里生产同一种商品，那么，我们希望它们每一家都保持在使总成本最小化的生产速率上进行生产。我们不会在一家工厂以高于另外一家的边际成本进行生产。这一思想可以表达为："以两家工厂的边际成本均等为目标，来分配每一家工厂的生产速率。"无论工厂是要使两个生产者的总收益最大化，还是要使它们的总成本最小化，规则都是：调整生产速率，让每个生产者的边际收益（或边际成本）相等。在任何情况下，都采用剩余选项中最好的那一个——即边际收益最高的那一个，或边际成本最低的那一个。

练习与思考

1. 关于下面对替代性基本原理（substitution postulate）所作的陈述和提出的问题，请予以解释或批评：

   "当每一位同学更多地去约会而不是学习时，他是在拿谈恋爱来替代分数。"

   "替代性基本原理说的是，学生不会寻求最高的可能分数。"这一替代性基本原理难道会否认水、食品和衣物，是比音乐、艺术和旅行更为基本的或更为人所需要？"欲望并无等级结构可言。"这句话是什么意思？你能反驳它吗？去欧洲游历是接受正式大学教育的替代品吗？是某些食品的替代品吗？是更大的住房或新衣服或医疗护理的替代品吗？它不是什么的替代品？

"我明天晚上还想和你打扑克，但我想我太太可能不愿意。"这符合替代性基本原理吗？他太太的效用是在和丈夫的效用作比较吗？请解释。

答：

替代性意味着存在权衡。一个人放弃一种商品和劳务中的一些（不一定是全部），来换取更多的其他商品和劳务。这适用于所有值得想望的东西——商品、劳务、目的、目标、理想、道德。人们放弃一种理想的一部分，来换得更多的另外一种理想。所有的目标和理想，在完成程度或实现程度上，都是竞争性的和替代性的。需要强调的重点，在于或多或少的斟酌——而不是全有或全无的选择。

2. 假设当我面对以下三种商品组合之间的选择时（见表7.9），我是无差异的：

表7.9 在牛排与洋蓟之间的偏好

	每年消费磅数		
	牛排		洋蓟
选项 A	100	以及	30
选项 B	105	以及	29
选项 C	111	以及	28

(1) 我对牛排（在选项 A 和选项 B 之间）的边际个人估值是多少？

(2) 我对洋蓟（在选项 B 和选项 C 之间）的边际个人估值是多少？

(3) 如果选项 A 中的牛排数量翻一倍到 200 磅，为了使选项 B 与选项 A 的个人估值相等，对于选项 B 中的牛排数量，你可以作何推断？

答：

(1) 1 磅洋蓟价值 5 磅牛排，或者说，给定选项 A 或选项 B，1 磅牛排的边际个人估值是 0.2 磅洋蓟。

(2) 在选项 B 和选项 C 之间，1 磅洋蓟的边际个人估值是 6 磅牛排，大于选项 A 和选项 B 之间的估值，因为在选项 B 或选项 C 中我拥有的洋蓟磅数，比选项 A 中的更少。

(3) 提高了用牛排磅数表示的洋蓟的边际个人估值，因为我拥有的洋蓟更少了（牛排更多了）。

3. 经济学原理是用来概括人类本性和行为某些方面的特征。

   (1) 你是否认为，其中的一些原理也适用于非人类的动物？例如，哪些原理可以有效地适用于猴子、蚂蚁、蜜蜂、老虎和鸟类的行为？

   (2) 你认为哪些原理——如果有的话——可以把人类行为与非人类行为区分开来？

   (3) 你可以引述哪些证据来支持你的答案？

   (4) 你是否认为，如果人类失去下述原理所描述的属性而动物仍然保留它，人类仍然可以幸存于世："每个人都愿意舍弃某种经济物品中的一部分，以换取更多其他经济物品"？

   答:

   (1) 是的。

   (2) 我们不认为有哪些原理在这种适用性上有差别。

   (3) 蜜蜂、蚂蚁和狒狒的行为。

   (4) 不能。

4. 一对父母给了他们两个孩子一人一些牛奶和肉，数量相同。然后，这两个孩子彼此进行交换，一个喝了更多牛奶，另外一个吃了更多肉。如果这对父母不允许他们进行交换，他们是否拒绝了哪一条原理（如果有的话）？或者说，这一解释是否建立在正文中没有明确表述过的某一新原理之上？

   答:

   它没有否定正文中的任何一个原理。它蕴含的新原理是：可对他人行使的权力，就是一种商品或目的。

5. 如果我对以下这些组合同等偏好，那么哪一条原理就被否定了？

表7.10 X与Y之间的四种商品组合

	商　品		
	X		Y
选项 A	100	以及	70
选项 B	105	以及	69
选项 C	110	以及	68
选项 D	115	以及	67

答：

"一个人拥有某种商品越多，对它的边际个人估值就越低"这一原理被否定了，因为在这张表格中，X 和 Y 之间的边际替代率在所有的选项上都是不变的。

6. 请解释下面这两个陈述之间的差异："人们按照某些基本原理行动"；以及"人们求助于或参考这些原理，以指导他们选择自己的行为"。两种解释都是以"自由意志"或独立于他人的行为或品味为前提假设吗？

答：

第一个陈述并不意味着一定存在必要的思考过程。这种不存在思考过程的情形，也同样适用于遵循引力定律的石头和水。第二个陈述则意味着存在某种共同的或必要的内心权衡和取舍抉择。经济学并不必然要以第二个陈述作为其理论的基石，尽管人们常常以为如此。

7. 在检验一个人于两种已知选项之间的偏好时，有人提出：如果一个人同意让某个未知的一方来为他作出选择，那么他就在这两个选项之间无差异。你认为这与正文中的原理相符吗？

答：

相符。

8. 超过收益的成本要避免，超过成本的利益要寻求，此乃良训。但对于双方互动而言，成本和收益又都是对谁而言的呢？在医院待的时间越长，病人受益越大，但他必须支付更高的总医护成本。如果 5 天下来总的账单是 15 000 美元，那么，对这位病人来说，在医院待一天的成本（和对医院而言的收益）就是 3 000 美元。那么，在医院多待一天的价值，是不是就值病人要额外支付的 3 000 美元呢？

答：

连同患者支付的平均成本，我们也来讨论一下医院的边际成本。主要的成本可能发生在开始护理的头几天里；后面的那些天里的护理虽然重要，但却不那么昂贵——即低于 3 000 美元的平均成本。是否应该让这位患者在医院多待一天呢？医院会说应该：医院收到了 3 000 美元，这等于它的平均成本，而让病人多待一天的边际成本却低于 3 000 美元。但患者则会质疑，可能不应该：对他来说，边际收益可能被认为低于平均（每日）支出。

第 8 章　需求更多的特征

需求第一定律非常关键：价格足够高会降低需求量，价格足够低会提高需求量。但价格不是唯一可以影响需求量的东西。收入更高，在每一价格上的需求量对于大多数产品来说就更大。还有年龄、性别、教育水平和健康状况，诸如此类的因素都影响每一价格上的需求量。当有这么多其他因素影响需求量时，为什么要集中关注价格呢？回答了这个问题之后，本章要解释的是价格变化时需求量反应程度的一些衡量指标，以及为什么这种反应程度是重要的。

为什么如此关注价格？

第一个问题实际上应该是，"为什么如此关注价格调整？"我们之所以如此的主要原因是，价格调整会使得对一种商品的总需求量等于可以取得的总供给量。不幸的是，我们的口味、偏好或总个人估值，并不会将我们欲望改变到我们的收入所能支付的程度。为了调解在可以取得的商品上产生的个人冲突，各种价格会发生变化，它们也由此引导着生产从低需求商品转向高需求商品，它们也影响着你的收入，以及你所从事的工种。

货币价格的变化和相对价格的变化

近几十年来，大学学费上涨的程度远超过其他商品的平均水平，而与此同时，电视、电脑和旅行的价格却下降了。这些相对价格的变化，是那些改变了商品的相对供给或相对需求的事件所引起的。

何种需求？

我们要区分三种需求概念：（1）一个人对某一种商品的需求；（2）所有人对所有供给者提供的某一种商品的加总需求——市场需求；（3）第三种需求，是当一个卖家在向市场——一般人群——提供商品时看到的需求，这是"卖家面对的需求"。

需求弹性：需求量对价格的反应

"关于价格的需求弹性"或"需求的价格弹性"，是某种商品的需求量对其价格变化所作反应的度量指标。一位琢磨过减价的效果的卖家，会预料到顾客的需求量将有所提高。多出来的销售量将带来更高的销售收益。但同时，之前高价时可售卖出去的那些商品单位所带来的销售收益，却因降价而减少。哪个占上风，是（1）在较低的价格上多卖出去的商品单位所带来的新增销售收益，还是（2）在先前较高的价格上产生的销售收益当中的损失？

需求弹性

一种商品的"需求弹性"，是分母为该商品价格的百分比变化、分子为因之而带来的需求量的百分比变化所形成的比率。

$$需求弹性 = \frac{需求量的百分比变化}{价格的百分比变化}$$

一种商品的价格从 10 美元削价 1 美元，比从 100 美元削价 1 美元更加重要。前者是 10％的变化，而后者是 1％的变化。如果需求量从 20 个单位到 25 个单位增加了 5 个单位（增加了 25％），那要比需求量从 100 个单位到 105 个单位增加了 5 个单位更显著，后者只有 5％的增长。

如果削价 10% 导致需求量提高 20%，20% 的需求量变化与 10% 的价格变化之比是 2（＝20%/10%）。

$$弹性 = \frac{需求量\ 20\%\ 的变化}{价格\ 10\%\ 的变化} = 2$$

需求量的提高与分母中价格下降的变化方向相反。因此，这个比率，即弹性，在代数上是"负值"。一般来说，这个负号都会被忽略，直接称弹性为 2 而非－2。

表 8.1 给出了关于需求表中所选各点（单位价格和需求数量的组合）的数据。沿着这张需求表从上往下变动时价格的百分比变化以及相应的需求量变化如表所示，该表连同把相邻的两个位置之间计算出来的弹性一并给了出来。最后，市场价值（卖家的收入，买家的支出）也给了出来，它是价格与需求量的乘积。

表 8.1　需求弹性

价格 （美元）	削价百分比 （%）	需求量 （单位）	需求量的变化 百分比（%）	弹　　性	市场价值 （美元）
10		1			10
	10		100	10 = 100/10	
9		2			18
	11.1		50	4.5 = 50/11.1	
8		3			24
	12.5		33	2.6 = 33/12.5	
7		4			28
	14.3		25	1.7 = 25/14.3	
6		5			30
	16.7		20	1.2 = 20/16.7	
5		6			30
	20		17	0.85 = 17/20	
4		7			28
	25		14	0.56 = 14/25	
3		8			24
	33		12.5	0.38 = 12.5/33	
2		9			18
	50		11.1	0.22 = 11.1/50	
1		10			10

表 8.1 中还有一个小问题值得一提：从 6 美元削价到 5 美元，这里对价格弹性的测度并不是 1，而当在两个价格上总销售收益相同的时候需求的价格弹性本应是 1。这种不一致之所以出现，乃是因为这里的数据所表示的是价格的离散变化，所以，弹性指标的计算取决于用什么水平的价格和数量作为计算百分比的基数。如果我们

用的是平滑连续的需求曲线，而非断然可分的点，这一轻微的模糊性是可以得到消除的。

对弹性的评论

需求弹性是沿着需求曲线滑动时的度量指标，而非需求曲线本身移动时的结果。图 8.1 给出了一条直线型的需求曲线。其初始价格由纵轴上的 OP 表示，初始数量由横轴上的 OM 表示。我们想度量需求在价格 P 或价格 P 附近的"弹性"如何。我们来看 OP 和 OP' 之间需求曲线上较小的一段。也就是说，对于价格从 P 上升到 P' 而言，需求量从 M 到 M' 的相对下降是更大、更小，还是大小相同呢？

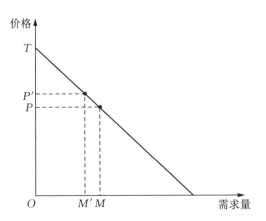

图 8.1　直线需求曲线上的价格弹性

因为弹性是用数量的百分比变化除以价格的百分比变化来度量的，所以：

$$弹性 = \frac{\Delta Q/Q}{\Delta P/P} = \frac{MM'/OM}{PP'/OP} = \frac{MM'}{OM} \times \frac{OP}{PP'} = \frac{MM'}{PP'} \times \frac{OP}{OM} = \frac{OM}{PT} \times \frac{OP}{OM} = \frac{OP}{PT}$$

如果我们位于该曲线的中点，则 $OP = PT$，在该点上的弹性等于 1（单位弹性）。在更高的价格上，$OP > PT$，也就是说，弹性大于 1；在更低的价格上，弹性小于 1。如果我们在该曲线的上半部分，在这部分 $OP > PT$，因而弹性大于 1，此时价格下降会导致数量上的更大百分比增加幅度，因此总收益提高。注意：不要把需求曲线的弹性和它的斜率混淆起来。尤其是，不要认为相对平坦的曲线就更有弹性。

表 8.2　弹性、价格和总收益（总支出）的变化

价格　总收益　弹性	$e>1$	$e=1$	$e<1$
$P\uparrow$	↓	—	↑
$P\downarrow$	↑	—	↓

值得注意的是，随着价格提高或下降，即当我们沿着需求曲线滑动，弹性决定了市场价值是提高、下降，还是保持不变。表 8.2 对这些关系进行了总结。

对于任何价格变化和弹性条件的组合而言，表 8.2 表明了市场价值是会提高、下降，还是保持不变。

我们来比较图 8.2 中的三条需求曲线。曲线 1 和曲线 2 有着共同的价格轴截距；曲线 1 和曲线 3 是平行的，也就是说，它们具有相同的斜率。由于弹性 $=\dfrac{OP}{PT}$，曲线 1 和曲线 2 在价格 OP 上具有相同的弹性。需求 1 在价格 OP 上比需求 3 更富有弹性，尽管它们的斜率是一样的：$\dfrac{OP}{PT}>\dfrac{OP}{PT'}$。

即使有，也很少出现实际需求曲线在它们全部的长度上都是直线这样的情况。线性需求曲线的一个特殊的例外情况是直方双曲线。如图 8.3，任一价格与其相应的需求量相乘，譬如 $OP\times OM$，等于任一其他的价格乘以该曲线的需求量，譬如 $OP'\times$

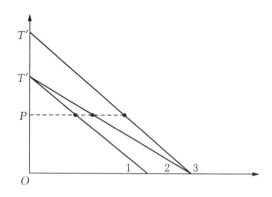

图 8.2　不同斜率与截距的需求曲线

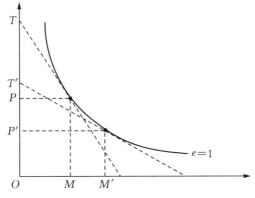

图 8.3　线性需求曲线的一个特例

注：该曲线在价格 OP 处的弹性＝OP/PT，其中 T 是在该价格处与该曲线相切的直线的纵轴截距。类似地，T' 位于更低价格处的切线上。

OM'——随着我们沿着该曲线滑动，市场价值不变——这是因为 $\dfrac{OP}{PT} = \dfrac{OP'}{P'T'} \cdots = 1$，是单位弹性。

为什么要去关心关于价格的需求弹性存在困扰？　总收益的变化

如果卖家改变商品售价，"关于价格的需求弹性"是一种指出卖家总市场收益如何随之变化的方式。

当弹性大于 1，假如价格升高 10％，将会降低需求量超过 10％。总收益将下降，因为需求量降低的比例要大于每单位上价格的提高比例。此外，由于弹性大于 1，如果卖家降低价格，则总销售收益会提高。需求量的百分比增加会比价格的百分比减少更大。

相反，假设弹性小于 1：与数量效应相比，价格效应就占了上风。价格越高，总销售收益越高，降低价格就会减少总销售收益。我们来看表 8.1 中价格从 4 美元降到 3 美元的情况，此时，需求量从 7 个单位增加到 8 个单位。需求量的百分比增加（14％）小于价格的百分比下降（25％），弹性小于 1。总销售收益变低了。原来它是 28 美元（＝4 美元×7 单位），现在它是 24 美元（＝3 美元×8 单位）。如果弹性小于 1，所出售数量的总市场价值会在更低的价格上下降，在更高的价格上上升。

"缺乏弹性"的含义

需求"缺乏弹性"（inelastic），是指处于弹性小于1的价格范围内——其中需求量的百分比变化小于沿着需求曲线的价格百分比变化。"缺乏弹性"并不意味着数量变化为零！那种情况应该是"完全无弹性"或"完美无弹性"，或更一般地说，是"零弹性"。由于弹性一般来说在需求曲线的所有部分上并不处处相同，所以，"弹性"需求这一表述指的是，弹性大于1的价格所在的区域。缺乏弹性指的是弹性小于1。

切记：需求弹性是沿着需求曲线滑动时的一个度量指标，不是需求曲线本身移动的结果

价格变化指的是沿着给定不变的需求曲线的变化。相反，如果价格变化是整个需求曲线移动的结果，那么，我们就不能使用弹性指标来表示总市场价值随之产生的变化。这种差别如图 8.4A 和 8.4B 所示。在图 8.4A 中，因应于可以取得的供给的变化，需求量随着买家沿着不变的需求曲线滑动。在图 8.4B 中，不变的是供给，价格变化是向更高需求曲线移动的结果。

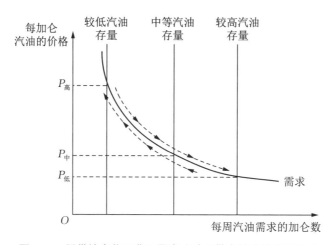

图 8.4A　因供给变化而非因需求移动所带来的价格变化效应

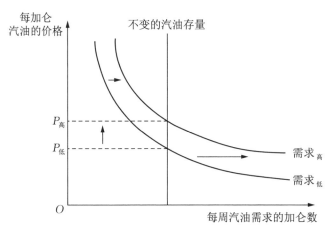

图 8.4B　因需求变化且供给不变所带来的价格变化

既然弹性指标对几乎所有商品都是未知的，为什么还使用这个弹性概念?

没有人能够掌握足够的数据来计算确切的弹性值。但这个概念解释了一些普遍使用的定价和销售策略，它也可以用来识别"垄断"和"正在形成垄断"的市场状况，这种市场状况常常（虽然并不总是）被视为"不可取的"和为法律所禁止的。弹性这个概念，在分析政府税收和补贴的效果上是有帮助的。而且，这里我们还可以用它来表达需求第二定律。

需求第二定律

随着时间的流逝，价格调整会变得不那么代价高昂——因此得到了更为充分的调整——这一事实，就是需求第二定律：价格变化之后的时间越久，对于价格的需求弹性就越大。

中东战争后，当汽油价格显著上涨时，美国的汽油需求量起先几乎没有下降，但过了数月之后，这种下降就更为明显，而几年过去之后，需求量下降得非常厉害。调整越仓促，代价越高昂。使用新的汽车类型、其他交通方式以及组织安排来替代——譬如，集中使用汽车、差事合并、坐公交车和开小摩托、乘坐飞机和火车——这些随着老旧的汽车不能再用都变得更加划算了。在旧价格上购得的现有设备，会及时地被新的设备所取代，这些新的设备在设计上更能有效地利用涨价后的投入要素。因为直接效应常常很小，观察家们倾向于忽视这些广泛而重要的后续调整。

需求第一定律表明，当劳动工资提高时——譬如通过立法提高了最低工资——对劳动力的需求会减少。但通常，要到生产者已经启用更节省劳动力的设备之后的几个月，才会出现就业的下降。到了那个时候，观察家们已经忘记了，这种减少乃是针对劳动力成本高企所作的回应。随着时间的逝去，这些变化变得更难测度，因为许许多多的其他事物也在变化。

人们总是更偏爱更快速、更彻底的调整，但更快调整的成本要比更慢调整的成本来得大。需求第二定律告诉我们，在"长期"内可以完成的调整更充分。

短期和长期

"短期"（short run）和"长期"（long run）这两个术语，大体上把即刻产生的调整同后续产生的调整区分开来。对每一事件的所有反应并非都是即刻发生的。这种节奏上的把握取决于：（1）判定何为适当调整的决策成本，以及提前而非推后作出调整所带来的成本；（2）提前而非推后采取行动所带来的收益。

有时候，"短期"意味着在所有可取的调整完成之前的那段时间长度。这通常可以由下面这句话来概括：在"短期"，有些事物是"固定"的，但随着时间的流逝又是"可变"的。我们称它们是"固定"的，是因为我们认识到更快的调整因成本太高而不值得马上去做。我们只对调整作两个阶段的分类——更快速的"短期"和较延迟的"长期"。这么做既是为了方便，而且通常也足够了。

我们可以认为长期调整是指"完成了的"调整，这种调整会一直持续到影响需求或供给的事件发生其他变化为止。鉴于初始调整和后续调整的效果，我们很容易会认为长期调整就是指"延后的和最终的"调整，而短期调整就是指"迅速的和暂时的"调整。但这样的理解其实没什么依据，因为延后的调整未必会变得长期持续，除非会引起新一轮调整的其他冲击永远不会到来。

需求曲线的扇面

单独一条需求曲线，代表着一段时间后针对价格变化的调整，是没有办法完全

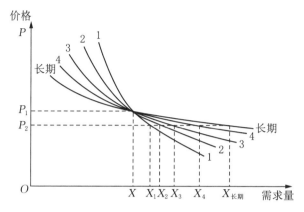

图 8.5　时间对需求价格弹性的影响

注：价格变化之后的时间越久，对需求量的影响越大——这可以由随着价格变化后逝去的时间越长，需求曲线越平坦、越富有弹性而看出来。

表征"需求"的。在后续的每一时刻，这一需求都会变得更加富有弹性或不那么缺乏弹性。单一的需求曲线是一族需求曲线中的一条，而整个需求曲线族就像一个扇面，从初始价格散发开去。图 8.5 给出了这一思想的图解。

需求曲线的扇面表明的是，在价格从 P_1 下降到 P_2 后一系列连续时刻上的不同需求量的一般模式。价格对需求量的影响随时间推移而增加，直到它达到最为平坦的曲线所显示的、最终的"长期"充分调整为止。

收入、财富和需求

很多商品，而且可能是大多数商品，都是如第 5 章所定义的"正常"（normal）商品：较高的收入会提高需求，由需求曲线向上（向右）平移表示，大体与收入增加成比例。对于"优等"（superior）商品，收入或财富的提高所导致的需求平移还会超出收入增加比例。对于"劣等"（inferior）商品，收入的提高所带来的需求增加要小于收入增加比例。一种商品对于有些低收入人群来说可能是"优等品"，但对于富裕人群来说则是"劣等品"。便宜的葡萄酒对低收入者来说是优等品，但财富较多的人士可能会消费更加昂贵的葡萄酒。我们通常研究的是正常商品的情况。

收入弹性

与"需求的价格弹性"相仿，"收入弹性"是需求量的百分比变化除以收入的百分比变化。但是，这又是何种收入？——是短暂临时性的收入，还是预期的长期"永久性"收入水平呢？在不变的价格上，针对"永久性"收入 10％的变化，需求量相应增加 20％，意味着需求的收入弹性在该收入范围上是 2。收入的短暂提升几乎不会产生什么影响。

定义：某种商品需求的收入弹性，是需求量的百分比变化与收入的百分比变化的比率，后者的这种变化使需求表发生了变化。

价格变化的财富效应和收入效应

需求量取决于价格，这一点表示为沿着需求曲线的滑动。不过，一种商品的价格变化，也可能会使该商品的需求曲线发生平移——即不仅会造成沿着需求曲线的滑动。当需求方已经拥有了很大数量的该商品时，这种情况就会发生。该商品的价格提高使他变得更加富裕。增加了的财富可以向上方平移需求曲线，使得在每一价格上需求量更大。

在这种情况下，价格变化既影响需求曲线本身的位置，也影响在需求曲线上的位置。（1）一种影响是沿着需求曲线滑动。"替代"效应指的是，人们在一种商品价格升高时对其需求量减少，转而寻求更多的未涨价商品。（2）另外一个会影响到需求量的效应，是通过商品价格变化进而影响人们的财富。这是一个人拥有相当数量的某种商品的价格变化，所带来的"财富"效应。财富上最终的增加趋于向上平移需求曲线。价格变化的这两种效应——替代效应和财富效应——在方向上是相反的。

当中东石油生产者供给的石油变少而引起石油价格剧烈上涨时，美国的石油矿井所有者就大大地变得富裕起来，财富的增加提高了他们对排量更大的汽车的需求，也提高了对诸如汽油这类石油制品的需求。财富增加所带来的影响向上平移了他们对汽油的需求曲线，这一影响足以弥补高价格所带来的、沿着更高的需求曲线滑动的替代效应。但是，财富效应如此显著，以致可以从个人对价格变化的反应中观察到，这种例子其实是很少见的。①

需求量的确切含义是什么？

对于大多数事物，我们在方便的购物时间批量购买，然而却在单位时间里以某种速率更为平滑地进行消费。通常，"需求量"指的是与某个价格相联系的平均速率（average rate），围绕这个平均率，会出现随机性的暂时偏离。

在任一给定的价格上，对于每一个人来说，他所购买的数量（以及消费的数量）将会围绕与该价格相联系的平均量上下波动。销售上日常的短暂波动通常不要求进行价格或生产调整。不过，当卖家无法切实区分到底只是暂时偏离，还是这样的偏离围绕其而发生的、作为基础的消费速率发生了改变时，这些波动就会造成麻烦。这些围绕均值的波动，对解释一些定价政策（我们下文会作探讨）而言，是很重要的。

需求速率 vs.总需求量

需求"速率"（rate）和需求"量"（volume）之间的差异，类似于移动速度和移动距离之间的区别。"速率"是"速度"，而"量"就像"距离"。对于需求和供给而言，有购买速率（速度）和生产速率（速度），譬如每小时 5 单位。同样还有"每 8 小时工作日消费（生产）40 单位"或"每 5 天工作周消费（生产）200 单位"。这里的每一个表达，都表示相同的、需求（供给）"量"的速率或速度。但它们并不能告诉我们有多少（量）会被需求。

一间杂货店可以有一个在低速率上购买的顾客，但他由于住得近，所以在这个低速率上却可以长期购买。另外一个顾客可能只在两天时间里以很高的速率购买，然后就消失在人海中不再相见。从卖家的立场出发，哪一个买家表现出了更大的需求？是取决于一段时间内总的预期购买量吗？还是取决于那个决定卖家应该作出何种反应的当下的需求速率？抑或是这两者的加权平均值？我们后面再来讨论这个问题。

一段时间内的活动速率和总的加总量之间的区分，不仅在分析需求，而且在讨论生产上，都很重要。如果生产按照每小时 5 个单位的速率仅持续 2 小时，生产量会是 10 个单位。如果生产在每小时 5 个单位的速率上持续 8 个小时，生产量会是 40 个单位。当我们谈生产"量"或者需求"量"时，我们必须明白到底指的是以下哪一个：（1）速率，但没有说明该速率持续多久；还是（2）数量，它不会告诉我们在某个时间段上生产是以何种速率或速度在开展。

我们能怎样比较在速率和时间节奏上有差异的需求？

我们来看，在一个给定的价格上，需求量随着时间变化的一些不同的模式。一个买家每周购买 10 个单位，一共购买了两周（度假胜地的一个游客）。一个当地的居民每周平均购买 1 个单位，一年中每一周都是如此。从卖家的立场来看，哪一个需求"更大"？就对其生产和价格所产生的经济影响而言，哪一个更加重要？

关于顾客"需求的时间长度"这类问题，每一个生产商都会面对。生产商计划或可能的生产、成本与收益模式，会随着时间推移而改变。

有一些变量在较短时间跨度内速率较高，在较长时间跨度内速率较低。就两者对价格、生产和收入的影响而言，哪一个更大或更重要呢？生产商必须先把引起变化和受到改变的"生产成本流"，以及引起变化和受到改变的来自顾客的"收入流"，逐一转化为可比较的单值指标，才能在这些模式之间作出选择。

神奇的是，有一种方法可以做到。这个问题从来就是按"资本价值"的方法进行处理的，它是所有经济学中最重要的程序和原理之一。我们后面将会花上几章的篇幅来探讨它。但眼下，我们将关于"总量"和"时间"的潜在效应的讨论搁置一旁，因为它们并不影响我们下一章对虽然简单、但切合实际的供求关系的分析。

练习与思考

1. 下面的陈述正确还是错误？请就你的答案给出解释。

   （1）"价格 1% 的提高，带来了需求数量 3% 的下降，这说明弹性大于 1。"

   （2）"价格 1% 的下降，带来了购买量 3% 的增加，这表明弹性大于 1。"

   （3）"价格 1% 的提高是否会带来需求 3% 的下降"，这样的问法有什么问题？

答:

(1) 正确。

(2) 正确。

(3) 习惯上，我们称它为需求量的下降，而非需求的下降，后者指的是整个需求关系的平移。

2. "当价格变化 1 美分时，需求的百分比增加，就是对弹性的度量。"这个陈述里有两个错误，它们是什么？

答:

弹性是数量的百分比变化与价格的一个较小的百分比变化的比率。它是"百分比"，不是 1 美分。此外，是"需求量"的变化，不是需求的变化。

3. 在图 8.6 里，这三条需求曲线在价格 P_1 处哪一个具有最大的弹性？在价格 P_2 处呢？随着价格沿着每条需求曲线变化，弹性是否变化？需求曲线的"斜率"是否等于该曲线的"弹性"？

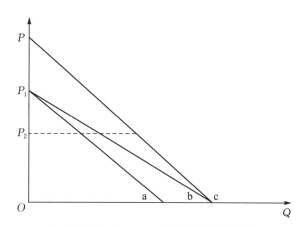

图 8.6　不同斜率与截距的三条需求曲线

答:

需求 a 和需求 b 在任一共同的价格上都具有相同的弹性。但需求 a 和需求 b 的弹性在更低的价格上会下降。记住：由于 O 是原点，P 是价格，T 是需求曲线纵轴上的截距，所以，弹性＝OP/PT。需求 c 在任何一个价格上都比需求 a 或需求 b 具有更低的弹性，而且其弹性在更低的价格上会下降。需求 c 和需求 a 具有相同的斜率，但前者的数量在任何一个价格上都要更大。因此，对于任何较小的价格减少，在需求 c 和需求 a 上需求量的绝对变化是相同的，但对于需求 c 来说，这一增加量占（该价格上）需求量的百分比更小。弹性 $\frac{\Delta Q}{Q} \times \frac{P}{\Delta P} = \frac{\Delta Q}{\Delta P} \times \frac{P}{Q} =$ 1/斜率$\times P/Q$。

4. 关于价格与需求：
   (1) 如果汽油价格上涨 100%，那么汽车制造商会在设计或汽车的运行特征上加以改变。正确还是错误？
   (2) 价格上升会对汽油消费产生什么影响？
   (3) 这种影响在什么时候会更加广泛，是在一年结束时，还是在三年结束时？
   答：
   (1) 正确。经济理论告诉我们，他们会这样做。将那些具有高汽油价格的国家与具有相对较低汽油价格的国家中的汽车进行比较，就可以知道这一点。
   (2) 减少对汽油的使用。
   (3) 三年中的影响要比一年中的影响更加广泛。

5. 关于价格和需求量：
   (1) 因为我们用确切的数字表示需求曲线，所以这意味着人们的脑海里会有这样一些数值列表？
   (2) 需求表数据所阐明的哪一个基本性质可以概括人们的行为？
   答：
   (1) 不是。
   (2) 价格和需求量之间的负向函数关系——价格上升，需求量下降；在相反的方向上，价格下降，需求量上升。

6. 如果糖果的价格从每磅 4 美元升至 5 美元，而冰激凌的价格从每夸脱 2 美元升至 3 美元，在何种意义上，这相当于是糖果的价格出现了下降？
   答：
   以冰激凌为单位表示的糖果价格出现了下降。糖果相对于冰激凌较之于之前变得更加便宜了。糖果价格的百分比增加量小于冰激凌价格的百分比增加量。

7. "如果汽油价格仅上升10%，很多人并不会立即改变他们的消费。"请解释这为什么没有驳倒需求定律？

答：

需求定律并不是说，每个人都会对无论多小的每一个价格变化立即作出反应，且立即作出充分的反应。它说的是，一个足够高的价格将会立刻引起反应，同时它还认为，时间越长，这一反应就越大。就眼下这个例子来看，有些人会快速作出反应，而有些人却不会。即便对于较小的价格上升，所有人的加总需求量也会有所反应，因为有些人会作出反应。迟早所有人都会对一个足够大的价格提升作出反应。

8. 关于收入和需求：

(1) 随着你的财富或收入提高，你对汽油的需求（需求曲线）会出现什么情况？

(2) 如果你拥有一座牛奶场，牛奶价格上升了，你会消费更多还是更少牛奶？

答：

(1) 需求提高。需求曲线向上（向右）平移。

(2) 不好说。牛奶产品是你收入如此重要的来源，当它价格提升时你会消费更多牛奶（虽然价格更高，但你更富有了）。但如果你的财富是因为其他原因而提高，而不是因为牛奶价格的提升，那么，你会消费更少的牛奶。

注释

① 价格变化的"替代"效应是与商品价格以及在相反方向上改变的该商品的需求量联系在一起的。这是我们所强调的效应，并合宜地认定是通行的情况，即具有负斜率的需求曲线。"收入"效应可以具有文中所述的性质，足够大时甚至可以反超替代效应：在一个有限的范围内，导致价格变化引起需求量朝同一方向变化。这种不常见的现象概括了所谓"吉芬商品"（Giffen good）的特征。

第 9 章　需求定律的一些含义

关于需求的一般原理适用于大部分的人类活动——远不止在市场上出售的商品的价格。

"需要"量还是"需求"量?

许多人谈到"需要"(needs)，称呼它们是"重要需要""基本需要""紧急需要""关键需要""迫切需要""最低需要"。这些词汇用在写给圣诞老人的信里很适合，但用在经济学里却不合适。它们都会受到需求函数这个概念的挑战。世上有稀缺这回事。掌控得越多越好，越少越糟。每种物品，我们都认为是多多益善的。"更多"的代价是，为了得到更多的所"需要"的事物，我们必须放弃掉其他一些东西。如果我们"需要"更多的警察安保、更多学校或者更多住房——那么，哪些东西我们就得需要得少一些，哪些东西我们要予以放弃呢?

潜在的产出量是有限的。我们必须作出选择。穷人之所以穷，不是因为他们"需要"更少的东西，或者"满意于"更少的东西，或者"习惯于"更少的东西。有人说那些贫穷的国家劳动力成本比较低，是因为它们的人民"不像我们这样需要得那么多"，这么说可太不像话了。他们只不过是没有那么幸运，未能出生在一个可以和其他人一样挣那么多的经济体里。我们将来会探究，为什么一个人的劳动在一个地方会比在另外一个地方值更多的东西。

需求定律的直接含义

因为在较低的价格上可以卖出更大的量，所以，水果和蔬菜的价格在收获季节会更低一些，此时供给更充足。商人们在低价格上可以清仓销售，在高价格上却做不到。但仍有公共舆论调查报道称，很多人说他们不会只是因为价格升高就减少对汽油的使用——他们只买自己之所需，不会买得比所需要的更多或更少。事实上，汽油价格提高的时候，需求量是出现了下降的——很明显，当价格升高时，他们"需要"的量下降了！这符合需求第一定律。而且，这种减少的幅度在长期还要更大，这符合需求第二定律。

对牛肉的需求

如果牛肉价格因供给减少而提高，那么，人们就会购买更少的牛肉，同时多购买其他类型的肉类或蛋白质来源——如鸡蛋、奶酪、禽类、鱼类、豆腐——这些相对于牛肉现在看来都不再那么昂贵了。当人们认识到使用更廉价商品的新用途时，他们迟早会进行调整，购买更多更为廉价的商品。

对木材的需求

如果木材价格提高，那么，木材的需求量就会下降。我们会使用某种石膏、塑料、钢铁、铝、铜、玻璃、纸制品、煤炭、石油来取代木材。你和我可能不会有意识地对木材价格上升10%作出反应，但工业品的设计者会在不同程度上设法替代木材的使用。

对水的需求

尽管我们的生活不可能没有水，但当水的价格更高时，我们会减少（而不是消除）对水的使用。在干旱地区，水的价格极高，这使人们对水的需求减少了；这不是说他们不"想要"水，或只"需要"更少的水。在水的高价位上，他们减少了用水量，而把更多的钱花在其他地方上了。

每日人均用水量从芝加哥的 230 加仑到纽约和洛杉矶的 150 加仑，再到圣迭戈的 120 加仑和波士顿的 110 加仑*，各有不同。其中的原因是工业用水有差别。芝加哥拥有钢铁和炼油产业，这些产业需要使用大量的水；纽约市的商业——金融、零售、服装——都不是用水大户。而水的成本对于那些产业的选址，也起到了一定作用！在许多城市，工业用水占到了城市用水的大约一半。工业用水需求对价格的弹性，可能比居民用水需求更大。而且，哪怕是在同一产业内部，在水的使用上也存在着巨大的差异。生产中的用水量，因地区价格的不同而不同，这就像消费中的情况一样。

在亚利桑那或内华达——水价很高——人们的花园和草坪都更小，或者只有岩石庭院。人行道和车道都只需打扫即可，而不会洒水。软化水也会被使用，因为当莲蓬头限流时，只用更少的软化水就可以洗得更净。更多的房屋拥有热水循环系统，这样就不会在等待热水流到水龙头那里的时候浪费冷水了。

在纽约市，据估计，总的水消费量中的大约 10% 是渗漏掉的；价格更高时，纽约市政府会支付给水厂安装计表器，以激励人们减少浪费。加利福尼亚的农业使用了该州 70% 的水——农场主支付的水价远低于城市用水户，即使是在经过了调整，计入了纯化和配送的成本后，也仍然如此。如果给农场主的水价与城市用户一样高，那么，农场主就会更恰如其分地承担起他们耕作的成本。加利福尼亚州的耕种程度就会下降。灌溉西瓜、莴苣、稻米、葡萄、苜蓿的水，就会转移到那些更有价值的城市用途上去，而更多的农产品就会由水更便宜的其他州或国家来生产。

不断增长的人口对可用水的供给带来了压力，这就会要求有一些更强硬的分配水用途的手段。其方法是与调节土地、食品、石油和电力用途的办法相似（即通过市场价格），还是通过政治手段来完成呢？

学习如何适应

当水价提高时，人们一开始可能不知道如何调整或调整到何种程度。其中一种学习办法，是从水的替代品或节水装置的卖家那里获取信息。这些卖家销售的商品，包括水再循环设备、水软化器、自动水龙头、化肥、灌溉和喷淋设备、空调机、硬

---

* 1 加仑约为 3.785 升。——编者注

顶露台、减少储液槽蒸发的化学物质，以及节水清洗机等等。水价的上涨，给这些产品带来了市场前景，他们会热情地为那些试图适应水价上涨的人提供指导。

需求定律的间接含义

需求定律的威力可以由间接而不那么显而易见的含义来展示。

好葡萄和坏葡萄：相对优质的加利福尼亚柑橘和葡萄中的更大比例，会被运送到纽约，而不是保留在加利福尼亚本地。难道纽约人更富有或者更有鉴别力？可能是的——但在纽约和整个东海岸的那些比较贫穷的地区，优质的比例也一样是更高。这个问题也同样适用于其他商品：为什么昂贵的外国汽车和其他"奢侈品"的出口量，比起在出口国本地的购买量，要不成比例地更高呢？为什么年轻的父母在晚上出门时，与没有孩子的年轻夫妇相比，有更大比例去看高价的戏剧，而不是低价的电影呢？为什么"次品"（seconds）（稍微有瑕疵的产品）在制造厂所在的地区消费量更大呢？为什么更多较优秀的学生而不是普通的学生会前往更加遥远的大学就读？为什么游客在意大利购买皮革制品比他在别国购买意大利出口皮革制品时更加细心？为什么大部分运送到阿拉斯加的肉类都是"去骨的"呢？

这些问题的答案，来自需求第一定律的含义。在表 9.1 中，假设：（1）加利福尼亚葡萄运送到纽约每磅成本为 50 美分，不管质量如何都是这个价；（2）在加利福尼亚，精选葡萄每磅 1 美元，标准葡萄每磅 50 美分。既然运送到纽约去无论质量如何每单位运费相同，那么，对于两种类型的葡萄来说，纽约的价格都比加利福尼亚高 50 美分。但在纽约，购买 1 磅精选葡萄的顾客仅付出了 1.5 磅标准葡萄的代价；而在加利福尼亚，1 磅精选葡萄值 2 磅标准葡萄。

表 9.1　优质商品被运往外地

纽约的葡萄价格	＝运输成本	＋加利福尼亚的葡萄价格
精选葡萄 1.50 美元	＝0.50 美元	＋1.00 美元
标准葡萄 1.00 美元	＝0.50 美元	＋0.50 美元
在纽约，1 磅精选葡萄的相对价格是 1.5 磅标准葡萄		在加利福尼亚，1 磅精选葡萄的相对价格是 2 磅标准葡萄

相对于标准葡萄，纽约人拥有精选葡萄的成本更低，因此，这与第一需求定律是一致的，纽约人会比加利福尼亚人需求更大比例的精选葡萄。在加利福尼亚，相对于精选葡萄，标准葡萄比纽约更便宜，人们消费标准葡萄的比例就会更高。我们不需要借助于"消费者口味和偏好"的差异来理解这一现象。

给相关产品增加成本所带来的一般效应是：给一个高成本品和一个低成本品同时加上一个不变成本，会降低这两种不同成本商品的最终比率。高品质肉类和低品质肉类的价格可以是 10 美元和 5 美元。现在，两个价格都加上 10 美元，这就变成了 20 美元和 15 美元。虽然两个绝对价格等量提高，但是，高品质肉类相对于低品质肉类变得更便宜了；或者反过来说，低品质肉类相对于高品质肉类变得更昂贵了。原来购买高品质肉类等价于放弃 2 倍的低品质肉类。但现在在每个价格加上 10 美元，高品质的新价格相对于低品质的新价格更低了——只有 1.33 倍那么昂贵，而不再是 2 倍那么贵。

因此，当每一种品质的肉类价格都提高相同绝对量的时候，高品质肉类的需求量相对于低品质肉类的需求量提高了。低品质肉类需求量下降的百分比要大于高品质肉类的需求量下降百分比。现在，肉类的总需求量中比例更大的是高品质肉类。

需求定律的那些所谓的例外

有人说，可以想见，你有可能会对价格完全不敏感，或者当某一商品价格上升时你一样会买那么多该商品，因为你"需要"那样的量。真是这样吗？我们已经阐明，对于像水之类维持生命不可或缺的商品的"需要"，是如何遵守第一需求定律的。证据还显示，像胰岛素这样的商品也不例外。糖尿病患者可以拉长两次注射之间的时间，注射更低的剂量，并调整所摄入的食物。这些都是充满危险、令人不快的风险性活动。但胰岛素的价格足够高时，这些事情就都发生了。而且，这并不意味着，替代品会让我们同样地心满意足。但有能力找到替代，总好过没有调整的可能，或找不到可以用来调整的资源。另外一个所谓的对需求定律的例外是排场商品（prestige good）或"炫耀性消费"（conspicuous consumption），比如 Mumm 香槟、香奈儿包、高仕笔、奔驰汽车、Waterford 水晶，或任何"精英阶层"竞相追逐的商品。对排场商品的想望，向上平移了需求曲线，带来了更高的价格。但这仅仅是说，更高的需求曲线导致更高的价格，而不是说需求曲线向上倾斜。对排场的追求，完全与需求定律相一致。试令排场商品的价格更高，人们就会买得更少，否则其价格怎么会不无限上涨呢？

还有一个所谓的关于需求定律的矛盾，它发生在低价格使潜在的买家犹豫不决的时候，因为他怀疑低价格的商品是否属于正品。价格普遍可以反映品质，鉴于此，这种怀疑可以算得上合情合理。（昂贵的正品劳力士手表，比路边摊仿制品卖得更好。）但是，在对商品质量的信任度不变的情况下，价格越低，买的就越多，而不是越少。高品质商品之所以要高价出售，就是为了把那些对优质商品的更大需求量，限制在可以实现的供给范围之内。

最接近真实的例外情况的事情，是之前解释过的"财富变化"效应，当一个人持有的大量某种商品，其价格发生变化时，就会出现这种情况，石油价格变化就是其例。这种效应是需求曲线的平移，而不是斜率符号的改变。虽然当某种商品的价格上升时，一个人的财富可能会显著地提高，但仍然属实的是，他的需求量虽然比之前的更大了，却还是小于这个人财富虽然增加但价格却并没有提高的情况下的需求量。

有些人可能会反其道而行之，无论行动的代价多么高昂，都依然置若罔闻。这种人只能被视为"没有行为能力"（incompetent）。事实上，根据法律，判断一个人是否具有行为能力的依据之一，就是他的行为与需求定律保持一致的程度。如果有人不关注价格，无论价格多少都会购买，或者丢弃价值高昂的物品，那么，这些行为就与需求定律不相符合，这样的人可能会被视为基本上是头脑不清的。

练习与思考

1. 当一对夫妇出门时，如果他们有婴儿在家，为什么比没有孩子的夫妇观看昂贵戏剧的概率更大？

   答：

   假如雇佣照顾幼儿的专业保姆每小时费用是 10 美元，出门 4 个小时的成本就是 40 美元。再加上两张电影票的成本，一张 10 美元。戏剧座位每个标价 40 美元。因此，看戏剧的成本是 120 美元（＝80 美元＋40 美元），看电影的成本是 60 美元（＝20 美元＋40 美元）。考虑所有的成本，对于必须支付专业保姆费用的父母来说，40 美元一张票的戏剧，是只花费了 10 美元的一张票的电影的 2 倍。但如果一对夫妇没有专业保姆费用需要支出，那么，看戏剧要花 80 美元，看电影要花 20 美元，比例是 4∶1；以实际价格来算，也即按照没有孩子的父母所放弃的其他商品来计算，看戏剧相对更加昂贵了。

2. 令 P_1 为某种商品的高品质型的价格，P_2 为低品质型的价格。两种价格都是美国的价格。令 T_1 和 T_2 为将这些商品运送到"国外"市场的运输费用。请证明：如果 $T_1/T_2 < P_1/P_2$，那么，商品"1"相对更多会被运送到国外；如果不等号变向，商品"2"相对更多会被运送到国外。"相对于"什么而言是这样？

答：

如果 T_1/T_2 小于 P_1/P_2，那么，$(P_1 + T_1) / (P_2 + T_2)$ 将会小于 P_1/P_2。因此，更遥远市场上的商品 1 的价格（包括交通费用），相对于更遥远市场上的商品 2 的价格要更低。相对于国内市场，商品 1 比商品 2 会被需求更多，因为商品 1 的相对价格在更遥远的市场上更低。

3. 请解释何以下面每一项都是对需求定律和经济学基本原理的否定：

(1)"国防部预算仅满足了我们的基本需要而没有包含更多。"

(2)"我们的孩子需要更多好学校。"

(3)"教育这件事，再好也不为过。"

(4)"美国需要更多能源。"

答：

(1) 没有"基本需要"这回事。我们想要更多的安全，但国防预算更少，我们也能过。这是一个我们愿意支付多少价格的问题，是一个多或少的问题，不是全有或全无的问题。

(2) 凡是不免费的东西，我们都"需要"更多。我们选择拥有的任何经济物品的数量是其价格的函数。说我们的孩子"需要"更多的学校，忽略了我们为了得到更多学校而打算放弃的东西。

(3) 教育是否好到值得在当前价格上拥有它，取决于那个价格到底是多少。如果这句话只是说教育多多益善，那还说得过去。否则，它似乎就是在否定备选项的相关性。

(4) 与第（2）问的评论一样。

4. 判断并评价下面这段新闻报道："国家高尔夫基金会提交给城市游憩与公园管理局的报告认为，我们的城市需要更多高尔夫课程。这项调查发现，因为缺乏高尔夫课程，许多人打高尔夫的频率并不像他们所希望的那样频繁。"这与高级牛排、香槟和汽车的情况有差别吗？

答：

差别在于，在判定有多少高尔夫课程会被需求（需要?）时，价格被忽略了。

5. 本书作者的一位竞争者声称，他的课本提供了"无价"的洞察。这番论调听起来与经济分析一致吗？

答：

"无价"是什么意思？这让我们想起了一条新闻："佳丽夫人手中现有一副无价的项链，这是她花了 85 000 美元买下来的。"我们很少能发现如此不协调又赤裸裸的矛盾之语。不过，平心而论，那些经常使用"无价"这个词的人，我们猜测他们指的多半是那东西是不可再生或不可替代的。因此，一件希腊古瓮或一件杜飞＊的真迹，一旦毁坏，无论花多少代价都不可复得。与此同时，我们也要当心，不要随便就认为它在任何有限的价格上都无法买到，或者认为一件不可再生的物件就一定很珍贵。

6. 经济学断言，人们偏好更多而不是更少。然而，想要贫民窟里小房间的人的等候名单一长串，但申请更大、更好的房间的人们寥寥可数。人们想要更小、更简朴的房间，而不是更大的房间，这为什么就不违背我们关于人们想要更多经济物品的原理呢？

答：

如果贫民窟的房间和高品质的宽敞房间价格相等却发生了这样的事情，那我们就被难住了。然而，事实上，我们发现，高品质房间的价格更高，这降低了对高品质房间的需求量。鉴于需求定律，高品质房间的价格只要足够高，人们需要或需求的数量就会下降，使得这个数量不会超过可以获得的房间数量。

＊ 此处应当是指拉乌尔·杜飞（Raoul Dufy, 1877—1953）的绘画作品，他的作品色彩艳丽、装饰性强，是野兽派作品的代表。——译者注

第 10 章　作为社会协调者的市场和价格

　　当一种商品的供给量少于需求量时，我们通常称为"短缺"（shortage）。看起来，似乎供给者应该为供给不充分而受到责备，或者其他需求者因拥有太多而应受到指责。更为合宜的态度应当是好好反省一下，想想为什么这种商品的价格未能提高到足以出清该市场并消除"短缺"的程度。"短缺"和"过剩"，都是市场价格受阻而未能进行有效调整所产生的结果。

"市场出清"价格？

　　"市场出清价格"是让需求量等于供给量的价格。在这个价格上，所有互惠互利的交换都能得到完成。它也被称为是"均衡"价格。这是一个理想化——但非常有用——的概念。

　　对于这个真实世界而言，市场价格是朝市场出清价格变化的——在这个价格上，所有你情我愿的交换都能得到"出清"，也就是说，这样的交换都能达成。这就假设，所有提出交易的人们都值得信赖，他们会说到做到。（对于那些不那么值得信赖的行为，我们推迟到后面几章来分析。）当我们说"价格取决于需求和供给"，这里的分析关注的是，供求上的变化会引起价格上的何种变化。

作为商品给定供给的配置手段的市场出清价格

　　价格变化如何帮助人们向新的互惠互利的状态进行调整呢？这一过程最容易在

下述情形中得到说明，即虽然市场价格发生了变化，但供给量却是固定不变的情形。譬如房屋的供给，至少在几个星期内是固定不变的。能用得上的增加量与总的存量相比简直微不足道，以致我们可以把供给量视为既定不变。许多商品都存在供给固定不变的情形，即使这种情形只维持了较短的时间。对有些事物，譬如土地或米开朗琪罗雕刻出来的雕像，在很长的时间段上，至少就增加量来说，它是不会变化的。土地可以被看成在量上是固定的，虽然平整的土地可以通过艰苦的劳动从山地变过来，但这种情况毕竟不多。把这些改良情况抛开不论，我们首先来看固定供给的情况——这意味着供给量不会对价格变化作出反应。将来或许会生产出更多的供给，但我们还是把对价格调整效应的分析，限定在一开始总供给还没有受到影响的时间段内。这个时间段就是"市场时段"（market period）。

"市场"设定价格

"市场设定价格"这种提法，可能具有误导性。市场是为了对比人们的需求和供给，以及为了进行私有产权的交换而作出的安排和过程。在同意进行交换之前，人们寻找并比较各个选项，而这一竞争使所有交换价格趋向于同一价格——市场价格。市场上所有从事买卖的人，对价格的决定都具有影响力，而只有尚未看清这一点的人，才会肤浅地认为"市场"设定了价格。

市场需求：在每一个可能的价格上个人需求的总和

表 10.1 描述了由 4 个人 A、B、C 和 D 以及 7 辆汽车构成的一个社会。每个人一开始所拥有的汽车数目如最顶上一行所示。每个人在不同的可能价格上的需求量，分别见 A、B、C 和 D 各列。最右边的那一列列出了在不同的价格上这个社会的需求量。它是"市场需求"，即所有个人需求的总和。我们假定，没有人的财富会因贸易的持续而发生显著的变化，因此对汽车的需求表也不会发生显著的改变。

表 10.1 A、B、C 和 D 对汽车所有权的需求

价格	A 拥有 4 辆车	B 拥有 3 辆车	C 拥有 0 辆车	D 拥有 0 辆车	"市场需求"
10 000	1	0	1	1	3
9 000	1	1	1	2	5
9 000	2	1	1	2	6
7 000	2	1	2	2	7 均衡
6 000	2	2	2	2	8
5 000	2	2	2	2	8
4 000	2	2	2	3	9
3 000	3	2	2	3	10
2 000	3	3	2	3	11
1 000	4	4	2	4	14

注：A 起先拥有 4 辆车。在价格 2 000 美元处，他只要拥有 3 辆车就感到满意了，也即是说，他愿意以 2 000 美元的价格出售 1 辆车。B 是从 3 辆开始的，愿意以 3 000 美元的价格出售 1 辆车，把自己拥有的车降到 2 辆。C 愿意为 1 辆车支付 10 000 美元，但他也可以讨价还价，从 A 处以 2 000 美元购入。D 对 1 辆车的估价也是 10 000 美元，而他发现，B 愿意以 3 000 美元的价格出售 1 辆车。随着贸易的推进，未出清的市场上的价格，趋近于 7 000 美元。在 7 000 美元处，这四个人中的每一个都拥有了在那个价格上他们想要的车辆数目，总需求是 7 辆车，等于可以获得的总数目，市场出清。

在市场上，虽然没有谁表现得好像市场价格会受他的商品需求量或供给量影响，但市场价格是通过竞争得以确立的。如果这些汽车能在这个社会的成员之间出售的话，那么，其最终的"均衡"分布和市场价格是怎么样的呢？

就估价最高的使用者的最终配置而言，商品的初始配置无关紧要

从初始配置开始，即从 A 拥有 4、B 拥有 3、C 和 D 均一无所有时开始，很多不同的购买序列都有可能出现。

C 和 D 每个人都愿意为 1 辆车花费 10 000 美元，但他们发现，经过一番挑选，他们能够仅以 2 000 美元的价格从 A 处购买 1 辆车，以 3 000 美元的价格从 B 处购买 1 辆车。这样的话，A 将拥有 3 辆车，B 拥有 2 辆车，C 和 D 各拥有 1 辆车。C 出价

4 000 美元给 A，可以再购买 1 辆车，A 还剩 2 辆车。然后 C 拥有 2 辆车，第二辆车对 C 来说价值 7 000 美元，虽然买它的价格是 4 000 美元。D 愿意为第二辆车付款 9 000 美元，但他从 B 处以 7 000 美元的价格就能买到这辆车。经过这番交易之后，A 拥有 2 辆车，B 拥有 1 辆车，C 和 D 各拥有 2 辆车，总共 7 辆车的配置就是这样。

要是价格低于 7 000 美元就没有人能够再多购买一辆车了，在 7 000 美元处也没有人会再多需求一辆车，因此这就是出清价格。每个人所拥有的数量等于每个人在该价格上的需求量，汽车的需求总量等于其供给总量。在这个贸易序列的每一步上，每一方都在朝着一个个人评价更高的、"更受偏好的"状况变动。

无论汽车拥有量的初始配置在公众之间如何分配，汽车最终都会在需求者之间以相同的配置结束。我们假设这种重新配置对任何人的财富的影响，都不会大到足以改变其需求的程度。哪怕确实改变了他的需求，也仍然会存在某个市场出清价格，让每一个人都拥有他们所需求的那么多数量的汽车。

如果一辆车被毁坏，那么由此产生的交易序列将取决于是谁的车被毁坏了。但是，假设这一损失不会影响这个人的需求的话，汽车所有权的分布状态，与谁最初蒙受了汽车的损失无关。不论在哪种情况下，市场对汽车的竞争都会带来这样一种分配格局和市场价格，即每个人所拥有的数量，就是他在最终的市场出清价格上的需求量。

资源总是被推向其市场价值最高的用途，无论这种产生收入的资源，最初是由谁以私有产权的方式拥有，情况都是如此。这是人人都想增加财富所产生的结果。

短缺不是供给减少的结果

"短缺"不是对市场的供给太少所带来的结果。短缺是对价格进行限制所带来的结果。我们不应把短缺与普遍的、不可避免的、无处不在的"稀缺"相混淆。正如我们稍后会解释的那样，对较高的租金施予"最高限价"的限制，把它作为租金控制计划的一部分，就会造成"短缺"，这是一种会造成浪费的竞争形式。这种短缺经常导致对"需要"得不到满足的抱怨甚嚣尘上。而如果立法或管制政策禁止以低于自由市场的价格水平进行交易，受限制的商品就会出现过剩现象。

消除短缺或过剩，既不需要平移供给曲线，也不需要平移需求曲线。相反，它们是限制价格的法律所带来的结果。然而，"住房消费者"总是会鼓动推行"租金管制"（rental controls），对公寓施加过低的最高租金限价。在另一个方向上，农场主这样的"食品生产者"——几乎在每一个国家都能——成功地游说政府，禁止以低于"最低限价"销售农产品。

市场和"权利"

市场运行的关键，取决于可以交易的权利种类。我们交易的是所有权（titles），或权利（rights）——而不是那些商品本身，这些商品可能坐落在别的某处，不能移动，譬如土地和建筑物。我们一直关注的，是在"资本主义"市场上对私有产权的交换。"政治市场"指的则是政府活动的交易。

根据法律，年幼的人——通常的定义是低于 18 岁——被认为是"法律上无行为能力"（legally incompetent），他们不知道所转让的权利的含义。"未成年人"无权购买或出售许多规定权利——例如，烟草、酒类、枪支、限制级电影、婚姻许可。在他们过了 18 岁或 21 岁的时候，法律体系假设个人具有完全行为能力，并充分理解他们所转让的权利。但交换中的"权利"，并不总是如此清晰可辨的。

"卖家"真的会把你认为你将会得到的权利转让给你吗？为什么他们会要求你签署某些文件？当你支付现金时，你不必签署什么文件——但不要把卖家给你的"销售账单"收据随手扔掉，因为当你步出商店后，你可能需要确立你对这些商品的所有权。

当你为上大学而支付学费时，你是否签了一份合同——合同上规定你和大学各自拥有的权利？可能并没签。你得到的权利，是否和支付票价（学费）来"观看"电影一样简单？令人震惊的是，我们经常在未经仔细察看的情况下仓促购买，却并不了解我们获得了哪些权利，或者对于你未来的行动，卖家拥有什么权利。

市场的创生

有些市场是作为商业冒险事业而得到创生和组织的。从股票、债券和商品"交易所"，到购物中心和周末跳蚤市场以及旧货交换会，无不在"正式市场"的范围之内。然而，并不是所有的市场都一样可靠，市场机构的所有者不止提供了便利的场所或交易信息的方式。他们还提供了担保，确保你得到的东西真的就是卖家告诉你你会得到的东西。你也要对卖家保证，你同意支付的货币他们确实会拿到。

卖家或买家并不关心交换中的中间商是谁。各大证券交易所的所有者，是非常可靠的中间商，他们支付货币给卖家，提供所购买的股票和证券的所有权给买家。这种可靠性因各个联邦管制委员会的监督而得到强化。

在运行良好的市场，卖家对一件商品的要价和买家的还价足够接近，乃至任何人都没有办法通过低买高卖而获取利润。换言之，"套利"确保了在运行良好的市场上不存在确定的牟取利润的机会。

保留需求：想去拥有的数量 vs.想去购买的数量

对于可转让的耐用商品，譬如土地、房屋以及公司股票与债券，我们可以设想这样一个"需求"表，它度量的是一个人想去支配或拥有的商品数量，与商品价格之间的关系。购买量将取决于一个人已经拥有的量，以及他在不同价格上想拥有的量。如果在现有商品价格上，你拥有 3 个单位，但你想在那个价格上拥有 5 个单位，那么所需求的购买量就是 2 个单位。你在那个价格上总的"保留"需求量是 5 个单位，你额外的购买需求量是 2 个单位。对于已经有很大存量的耐用品的价格现象而言，对想要拥有的数量的保留需求，可能比新增或新款商品的生产速率以及购买速率更加重要。

对于此类商品来说，哪怕需求和供给或者生产和消费方面没有什么改变，买卖也可能会出现，股票和债券、现存的房屋、二手汽车以及土地都是常见的例子。当你对某种商品的需求量超过你拥有的量时，你就会购买一些该商品。需求定律仍然在起作用，因为一种商品的市场价格越高，一个人想拥有这种商品的数量就越少。

市场交易程度的变化，可能只反映了对个人需求进行洗牌的一些调整，这类洗牌提高了某些人的需求，降低了另外一些人的需求，但对所有权的总"市场"需求可能并没有变化。如果杰克想要拥有的需求提高的量正好补偿了吉尔想要拥有的需求下降的量，那么，这就造成了从吉尔到杰克的销售行为的产生，但并不一定会带来价格上的变化，因为总的并没有改变。耐用品市场交易的程度，反映的是对人们随着自己对该类商品需求的变化在彼此之间所作的调整，而不必然导致总市场需求的普遍上升或下降。

当你说到"需求"时，你要非常清楚你指的是：（1）一个人在不同价格上想要拥有的量、（2）在不同价格上的购买速率和消费速率；还是（3）在某个时点上买卖的量。更经常的是，我们指的是购买速率需求，譬如当我们思考以相当稳定的速率消费或在生产中使用的商品时，我们就是这样做的。

租金

最后，我们来看"租金"这个词的一些含义。幸运的是，使用这个词的语境会揭示其含义。通常，"租金"意味着"耐用资源提供的服务之价值"。它可以指使用者付给资源所有者的报酬，如付给公寓所有者的"租金"。它也可以指你拥有的某种资源在你自己使用时所得到的服务价值，尽管你并没有支付给自己报酬。

地租——纯粹的剩余？

租金通常意味着使用现有耐用品所带来的服务价值超过当前成本的部分。土地的服务几乎普遍被叫做"租金"，因为土地基本上是"永久性的"，或者可以持续很长时间，且使用的时候几乎不会对土地价值造成损害。耗损和磨损以及重置成本"不显著"，所有这样的报酬都可以称为"租金"——所获得的超过维持现有资源的成本的部分。

一名开始执业的医生所拿到的收入，会包含一定的租金，因为一旦接受教育而成为医生，那么哪怕他的收入低到不足以弥补其受教育的沉没成本，他也仍然会提供一定的医疗服务。一个人在考虑是否要成为医生的时候，不会把预期中的大笔的未来报酬当作租金来考虑。他必须预见了这笔报酬，才会有动力去投资成为医生。不过，一旦接受医疗教育，那些成本就都成了沉没成本，对于现有的医生是否提供服务就是无关的了。

对于绘画、书籍，以及对于一切具有某种耐用性的商品来说，都是如此。当前服务的"成本"，以及价格变化对未来供给的影响，当我们思考这两者之间的关联时，为避免困惑，"租金"这个概念是必不可少的，不然这一关系就神秘难解了。

现有商品或资产的价格变化，具有两个作用：（1）它促使商品或资产被分配到它们最有价值的用途上去；（2）它影响那些可以创生出来的商品或资产的未来供给。

准租金

如果一种现有资源服务的价值，对该资源当前或将来所提供的服务，没有任何影响，那么这项服务（或当这项资源为他人所使用时，所有者所收取的价格）就被称为"纯租金"（pure rent）。土地服务的供给曲线在现有服务速率上是垂直的。如果土地被看成是"永久性的"，那么，其服务价值就被称为"租金"。如果未来的供给量会因资源服务的价值变化而有所调整——虽然不会那么快地影响到它现有的出租或使用价值——那么，它现有服务的租金就称为"准租金"（quasi-rent），以表示它不会持续很久。

更为一般的是，现有房屋或建筑的"租金"，之所以是"准租金"，乃是因为产生这些服务的资源并不是永久耐用的。泰格·伍兹打高尔夫球的收入就包含了"准租金"，该"准租金"对他参与竞争给出了超过必要程度的激励，而这一"准租金"会随时间而减弱。几乎每一个人都曾经获得过或希望自己将会获得一些"准租金"。尽管不会改变当前的供给量，但把现有的供给重新配置到更高价值的用途上去，可以让收入中的"租金"份额达到最大化。只要预期准租金将会提高，该预期就会让朝着更高价值用途的调整加速进行，尽管产生准租金的商品的数量在当下并不会受到影响。

"政治寻租"

"政治寻租"（political rent-seeking）这个词也是从"租金"这个词借用过来的，通常简写为"寻租"（rent-seeking）。它是指为了获取政治影响力以得到政府优待的尝试，这些尝试给社会造成的成本大于"寻租者"获得的利益。

对进口汽车征收关税，降低了消费者的估值，下降的幅度超过政治寻租者——国内汽车生产商——的得益。对政治党派进行捐赠，从而获得那些旨在给竞争者设置障碍的立法或管制政策的保护，就是"政治寻租"的一种方式。政府行政管理人员必然是"政治寻租者"的目标。

概念回顾

市场：一种安排、场所或机制，通过它，出价和还价的信息得以沟通，买卖得以进行。

市场价格：真实市场交易中的买卖双方都认同的价格。

市场出清价格：需求量等于供给量时的价格。与"均衡"价格是一样的。

短缺：在当前的、非市场出清价格上，需求量超过供给量的部分。短缺总是价格管制的结果。

过剩：短缺的反面。在当前的、非市场出清价格上，供给量超过需求量的部分。过剩也总是价格管制的结果。

需求：在各种可能的市场价格上想购买的需求量列表。

需求量：在具体价格上的需求量。

市场需求：在可能的市场价格上，所有需求者从市场上的所有供给者那里所需求的数量列表。

保留需求：已经拥有并且在不同的市场价格上将会被保有而非用于出售的数量列表。

租金：耐用资源的服务价值。

经济租金：既不会影响一种商品的当前数量，也不会影响其未来数量的租金。

准租金：不影响当前可以获得的量，但影响未来的量的报酬或服务价值。

政治寻租：为了获取政治影响力以得到政府优待的尝试，这些尝试给社会造成的成本大于"寻租者"获得的利益。

共有政府所有权（Communal Government Ownership）：在这样的社会中，每一个人都承担所有耐用品价值变化的某些后果；与此对照，在一个私有财产社会中，人们可以每个人选择他们拥有哪些商品，并承担市场价值变化的后果所带来的风险。在后面的章节里，我们将对此进行更为详细的讨论。

练习与思考

1. A 和 B 想要拥有的对商品 X 的需求如表 10.2 所示：

表 10.2　A、B 二人对 X 的需求

价格（美元）	A 的需求	B 的需求	市场需求
10	0	0	—
9	1	0	—
8	2	0	—
7	3	1	—
6	4	2	—
5	5	3	—
4	6	3	—
3	7	4	—
2	8	5	—
1	9	6	—

(1) A 和 B 的市场需求是多少？

(2) 如果可得的 X 为 6 单位，而且使用的是开放市场交换，那么 A 和 B 之间的最终配置是什么样的？

(3) 如果可得的 X 为有 6 单位，又如果法律规定把价格限定在 4 美元，那么，是会出现短缺、过剩，还是交换均衡？

(4) 如果法律规定把价格限定在 9 美元，那么，是会出现短缺、过剩，还是交换均衡？

(5) 在没有任何供给或需求变化的情况下，从短缺到过剩的变化是如何出现的？

答：

(1) 当价格为 10 美元、9 美元、8 美元、7 美元、6 美元、5 美元、4 美元、3 美元、2 美元、1 美元时，市场需求分别为 0 单位、1 单位、2 单位、4 单位、6 单位、8 单位、9 单位、11 单位、13 单位、15 单位。

(2) A 是 4 单位，B 是 2 单位。

(3) 短缺。

（4）过剩。

（5）规定的或强加的（非均衡）价格发生了变化。

2. 在第1题中，B的需求量在每一个价格上统一增加2单位。

（1）新的开放市场价格会是多少？

（2）A和B之间的配置会是多少？

（3）如果按照法律价格被规定在旧有的水平上，那么，是会出现过剩还是短缺？

（4）这种过剩或短缺如何才能消除？

答：

（1）7美元。

（2）每个人3单位。

（3）短缺。

（4）解除价格管制。

3. 需求定律和市场价格定律（这个定律是说，价格将会发生变动，使得供给量等于需求量）之间的区别是什么。哪一个定律更具有一般性？

答：

需求定律把购买速率和价格联系了起来。供求定律表明，价格位于供给与需求的交点处。需求定律更具有一般性。市场价格的供求定律可能会因政府关闭掉开放市场而变得无效。

4. 有石油危机这回事吗？有时候，有人把针对未来时间点上某些商品的所谓需求和供给相匹配，做成图表并发布出来。如果预期的需求（可能对于石油来说）比供给大，据说我们就会面临石油危机；如果供给（可能就工程师而言）大于需求，我们就会认为，这类专业人员供过于求了。为什么说这些图表靠不住，而且显然是错误的？

答：

就其对需求量和供给量的影响而言，价格被忽略了。过去的平衡或相等，反映的是这样一个简单的事实：容许价格进行上下调整，从而使需求量与供给量相等。任何关于需求量的具体预测路径，必然假定每一年有某一个特定的价格。

预期中的更高价格会降低需求量，提高供给量，使它们保持相等。价格在未来的适当路径会影响需求量和供给量，从而使这两者相等。只要某种商品的需求量（可能被称为"需要""要求"或"需求"）与供给量（可能被称为"供应""可得性"或"存货"）预计在未来将出现不平衡，那这种不平衡充其量只能说明，价格的波动受到了阻止，不能再通过它来使需求量和供应量相等了。

5. 当股票市场的价格下跌时，金融版面报道称大家都在抛售股票。然而，这其中每一份股票都是由某个人买去了。为什么这些金融版面不说大家都在抢购股票呢？

   答：

   他们可能会使用"抛售"（heavy selling）这个词来表示供给增加——或者我们希望如此。

6. 下面哪一种策略可以使你更可能以较低的价格买到一辆新车：只找一个交易商，表现得像一个强硬和富有进攻性的讨价还价者，还是找几家交易商，温和地询问他们的售价，让他们知道你真的打算购买一辆汽车，并在四处选购？解释一下为什么。

   答：

   在几个卖家那里进行选购更好，因为有多个卖家就意味着总有卖家会被打败。它是卖家彼此之间的竞争，而不是买家和卖家竞争。

7. "稀缺""供给减少"和"短缺"是同义词吗？如果不是，差别在哪里？

   答：

   "稀缺"是无处不在的，因为我们可以得到的总是比所想望的为少。但人们所称的"短缺"，仅仅是价格被维持在过低的水平上造成的结果。供给减少，是可以获得的量减少了——在图形上就是供给曲线向左平移。

8. "在开放市场、按私有产权的原则给商品定价的条件下，人们可以用任何一种方式来讨好卖家，从而得到他想要的商品。在价格管制下，买家被告知，有一种讨好方式是不能用的——那就是，他不能献上大量的别的商品。"这句话正确还是错误?

答:

正确。"大量的别的商品"指的就是支付高价的出价,这恰恰是价格管制所禁止的。

9. 你在为生活成本调查收集数据。对于下面这每一种情况,你会把哪种"价格"记作价格?为什么?

(1)"标价 125 美元。打折后价格 90 美元!"

(2)"一包 1 美元的面巾纸仅售 29 美分。"

(3)"1 美分甩卖。第一件 1 美元。第二件 1 美分。"

答:

销售价格,只要当时在该价格上有货可售。价格指的是实际的成交价格。

10. "当不能生产更多某种商品时,容许商品价格上升是不道德的,因为价格上升不会带来更大的产出。它们只是给那些有幸拥有该种商品的人带来了不当收益。要么不让价格上升,要么让政府接管所有权,才能阻止不公正的造富运动。"你认同这个分析吗?

答:

你不应该认同这个分析。价格提高会重新配置现有商品——这是一种价格不提高,就不会发生的重新配置活动。更高的价格会发挥配给(rationing)的功能,即使该商品的数量已经是固定的,不可能生产出更多来。高价格确实有一个后果——重新配置——就是把资源从一种用途或使用者那里,转到另外一种用途或使用者那里去。

11. "在一个社会里,想持有房屋的需求可能保持不变,然而想要购买房屋和出售房屋的市场需求可能会发生巨大变化。"请解释(在一个两人社会)当想要购买房屋的需求和想要出售房屋的供给提高时,想要持有房屋的需求如何保持不变?

答:

当有些人想要购买房屋的需求恰好被其他人想要出售房屋的供给所满足时,总需求和总供给就保持不变。想要购买的需求上的平移,恰好被想要出售的供给所满足，这种情况是很少发生的。因此市场价格会变化，从而对误配的需求和供给进行调整。

12. "从其他人的厄运中获利是不对的。"

    (1) 如果照这样来说，我们都会变得更加贫穷，请解释这是为什么。

    (2) 医生是不是从你的疾病中获利？农场主是不是从你的饥饿中获利？制鞋匠是不是从你疼痛的脚上获利？教师是不是从你的无知中获利？

    答：

    (1) 一切自愿交换都使双方获利。

    (2) 是的。

13. 一个开放的市场体系，会假定某些制度或规则得到了实施。这些制度是什么？

    答：

    (1) 开放的市场准入，人们在其中有权进行贸易或交换；（2）对商品和服务行使私有产权；（3）人人都有改善处境的欲望——而这将通过增加利润和降低获取商品的成本来实现。

14. 当你听人说"每个人都在售卖，都在拉低价格"，你应该回应说："对于每一项销售行为，都有一个买家！为什么不是买家拉高了价格？"

    答：

    当然，所售即所购。但在开放市场上，每个交易者最后都会按照为势所迫的市场出清（均衡）价格，取得他所需求的数量。

第 11 章　需求原理的几个示范性应用

价格一般会迅速朝市场出清的方向调整。不过，有几种有助于市场运行得更好的安排和做法，也会拖慢价格调整的步伐，而且会趋于掩盖市场是在如何运行的。在这一章，我们首先探讨这些安排中的两种——库存（inventories）和产能（productive capacity）——是如何延缓价格变化以及掩盖价格变化的根源的。接着，我们将使用供求分析来推断土地税所带来的土地价格调整，并分析谁真正承担了税负，谁又从中获益。最后，我们把土地价值的分析方法，延伸到减少污染行动的后果上，并探察土地所有者在政府中发挥强大作用的原因。

市场行为安排：缓冲性存货、产能储备、稳定价格、等待时间以及价格对需求不确定性的反应

稳定的和可预测的价格

我们来设想有这样一家餐馆。在这家餐馆里，食物和服务的价格可以随时调整，以避免出现任何让顾客等待的情况。在价格不确定的条件下，就餐者就会更难作出计划。而只要愿意为一张餐桌稍作等待，人们就可以根据可预知的价格和成本，作出更顺畅的计划和行动。

一定程度的价格稳定性——为了达到价格的可预测性而采取的一种手段——是可取的，尽管因之而来的是需求量和供给量之间暂时的不平衡。价格稳定性的程度，部分取决于持有库存的成本以及产品配送准时（timing）所具有的价值。当潜在的顾

客会为购买行为做准备时，它还取决于可靠的可预测价格对顾客的价值。

　　维持可预测的价格或稳定的价格的成本，因顾客而异，因服务类型而异，所以，尽管总需求在提高，有些卖家还是会维持稳定的价格，同时将一定量的商品和服务留给某些顾客。其他卖家则会改变价格，不偏不倚地向最高需求者出清市场。我们将看到，这每一种情况的发生，为什么都有着因应于特定环境的"合理"原因。

库存

　　为什么卖家会保有商品的库存？一个原因是，这可以让顾客在决定是否购买前对商品进行检查和比较。另外一个原因是，顾客的购买行为每天都会波动。消费者和供给者都不可能确切地知道，谁将会在特定的那一小时、那一天或那一星期内购买多少。库存所起的是缓冲的作用，它可以应对需求量上瞬时的变化，以及不可预测的波动。

　　我们来看一家报纸摊贩的选择。这个报摊每天平均售出 100 份报纸——但不是每天正好 100 份。这个卖家可以：（1）要求买家提前预定；（2）少进货，进不满 100 份报纸的量，这样很少会有卖不掉的报纸滞留在手上；（3）进货超过 100 份，一般会有剩余的报纸滞留在手上；（4）一次进货 1 份报纸，这份报纸出售后再通过专门供货服务补入库存。

　　这每一个选项虽然都曾用于不同的商品，但就卖报这件事来说，普遍选择的是保有库存这第三个选项。顾客愿意支付稍高一点的价格——这个价格弥补了未售出的报纸的成本——为的是在可预测的价格上马上可以买到报纸。库存成本可能会产生少量的废纸或减少零售经销点，但这也会为消费者带来比其他选项更低的全部成本或整体价格。因此，保有库存的第三个理由是，尽管供给和需求上略有波动，但库存帮助卖家维持了稳定而可靠的可预测价格，由此可以帮助顾客做好采购计划。

产能储备

　　产能储备是库存的一种形式——以生产性资源的形式。它有时候被称为"余力"（excess），因为它几乎从未被完全使用过。在棕榈泉、森瓦利和奥兰多＊，可供出租

＊　这三个城市都是美国著名的旅游胜地。——译者注

的房间并不"太多",这恰恰因为有些房间几乎在任何时候都没有被用上。

如果需求不能得到完美预测,空置的公寓也不一定就是浪费。虽然为了应对不断变化的需求,租金可能更高,以便弥补起缓冲作用的空房间所带来的成本,但空房间使搜寻成本更低,使人们不必提前很久确定自己未来的行程。住房的成本看似可以通过少建房屋、减少房屋的房间来降低,但这会增加提前计划和作出承诺所带来的不便,并会由此提高住房的全部成本。

我们可以设想,如果你试图搬到一个现在没有空房间而必须等到有些人搬出去的社区,那情况将会如何。空置房屋的库存起到了有益的作用。根据估计(我们不知道这个估计有多可靠),公寓居住者支付租金中的5%,要用来弥补提供空房间的成本,以应对需求量和需求节奏的不可预测性。备用的浴室和厕所、饭厅多出来的椅子,以及灭火器,都不会只因为它们没有总是被用上而浪费。

我们转过来分析,一些市场的机制安排,是如何在不同的情况下运作的。通常,因与果之间很容易反转。下一章会导出价格管制的一些(可能令人大跌眼镜的)隐含效果。

探知需求或供给的变化需要时间:成本决定价格的错觉

用作缓冲的存货、库存和产能储备,不仅会使价格看起来反应迟缓或者不够灵活,而且会让人误以为价格是由成本决定的,而不是由消费者(需求者)之间的竞争决定的。假如由于某种原因(可能是收入提高了),人们对肉类的需求增加了。由于销售和消费提升,屠户的库存意外告罄。通常情况下,与任何一个零售商一样,库存量会留得足够大,使生产商可以在不必提高价格的情况下满足暂时增加的销售要求。库存量超过一天的平均销售量,有助于确保按照可预测的价格直接向需求者提供产品。

偶尔一天高于平均销售量,不会马上被视作在该价格上销售量出现了持续增长,也不会被视作须要提价,以防库存被继续增长的长期销售量所耗竭的证据。当销售量的增加反映了更高的平均需求时,没有一个卖家能够即刻探知需求的这种上升。较高的暂时性偏差可能会促使零售商增加进货来补充平时的库存,但如果他们知道长期需求已经提高,他们的进货还会更多。

如果公众的总需求真的增加了（不仅仅是冲着某家屠户而背弃其他屠户），那么，所有屠户恢复库存的需求，将增加肉类批发商（供给者）所面临的需求。随着向零售商的肉类供给量在增加，肉类批发商会看到他们的库存在下降。

为了补充他们告罄的库存，肉类批发商会互相竞争，为的是得到更多的牲畜。但是，在牲畜的供给量不变的情况下，一些肉类批发商所得到的供给量，必然低于在旧有价格上他们要求的需求增加量。他们的相互竞争会抬高牲畜的价格。在这种情况下，肉类批发商是首先看到价格（牲畜的成本）随着消费者需求的增加而上升的人，他们会正确地把它解释为自己的成本的上升。

从生产者到消费者的供应链中各个环节的库存，会拖延消费者需求增加的信号，从零售商向初始生产者的传递。这就让价格的上涨，拖延到了牲畜生产者接收到相关信息的阶段。

谁对高价格负责？　请照照镜子

肉类批发商向零售商提价，说他们的价格升高是因为他们的成本升高了。但我们知道，成本之所以高，是因为消费者需求的增加促使饲养场的牲畜价格更高。正是由于消费需求的增加，消费市场才达到并维持了更高的价格。当消费者抱怨肉价上涨时，屠户会说这不是他们的错，是他们的成本增加了。肉类批发商也可以这么说。想要知道谁真正应该为更高的价格负责，消费者可以照照屠户柜台后面的镜子——他们看到的，是他们自己。

并不是所有的价格，都像在有组织的股票和商品市场中那样，能立即调整到新的均衡价格来出清市场。事实上，从某些需求或供给状况发生变化，到人们最终发现并辨清那是市场环境的变化，而不是当前购买速率或供给条件的随机、短暂、可逆的变化，中间会有一段时间的滞后。

正如前文所强调的那样，需求量可以指一段时间内潜在的平均需求量，在该平均值附近，会发生瞬时的、随机的、互相抵消的偏差。由于平均量附近的短暂变动，该平均量上的变化可能很难被快速探知。销售量的增长可能会被解释为只是随机出现的高销售速率，而不是新的更高的正常销售速率。一旦卖家开始怀疑需求是否已经发生了变化，要确定应该如何对供给作出最佳调整的难题，就摆在他面前了。

如果需求被认为已经下降，那么，供给者是应该转向其他生产活动，还是应该降低价格，以较低的速率继续生产？当销售量下降时，雇主是否应该立即降低雇员的工资？

价格或产出调整的所谓延迟和滞后，是因为无法完美地预见未来，无法了解真实的情况所致。它们并不是价格固有的僵化或无法改变所造成的结果。要想知是否发生了根本的变化，而不是随机的、暂时的偏差，是需要时间的。而发现什么才是最合适的调整所需花费的时间，误导了外部观察者，让他们以为价格是"刚性"的。价格，实际上是即时可变的——只要人们已经确定怎样的价格变化是适当的。

是什么使价格发生了变化？ 首先要问的是这个问题

经济分析的一个普遍法则是：没有需求（曲线）或供给（曲线）的变化，就不会有价格的变化。所以，当价格发生变化，或者去探求价格变化的影响时，首先要问是什么导致了价格的变化。那个最初的事件是改变了需求曲线，还是改变了供给曲线（或者两者都有可能被改变）？

价格上涨是供给的减少导致的，还是需求增加导致的？最初的事件为什么会发生？然后，我们再来研究价格变化的影响。不要把（1）引起价格变动的事件的各种影响，与（2）价格变动所造成的影响混为一谈。

第二个分析法则是：如果供求双方都发生了变化，你得知道它们朝着什么方向变化。因此，在你断言小麦价格的上涨将减少小麦的需求量之前，请确保提高小麦价格的事件不会改变小麦的供给。

土地开发税由谁承担——开发商还是土地所有者？

一个开发商打算购买一些土地，建造公寓楼。作为发放建筑许可证的一个条件，当地政府要求的便利设施（如停车位和绿地），要高于开发商基于居住者对这些便利设施的支付意愿认为有利可图的水平。

如果要求增加的便利设施的租金价值超出了它们的成本，那么，即便没有法律上的要求，这些便利设施开发商也会自愿提供。如果它们的租金价值没有超过其成本，增加便利设施的成本超过其带给居住者的价值的部分，又应该由谁来承担呢？开发商和居住者都不会承担。这些强制成本要由开发商向其购买土地的原土地所有人来承担。

了解到取得建筑许可证所须达到的条件，潜在的开发商为这块土地只会出价更少，因为增加的便利设施成本超过了它们对租客的价值。但是可以想象，这对那些不会成为租客的人来说可能会更有利。增加的停车位可以减少街道上的拥挤，从而使当地的出行更加安全和快捷。所增加的"公共利益"，是否意味着"过多"停车位的"超额"成本或许原本并不是一种浪费呢？如果不是浪费，而是社区的净收益，那么问题就变成这样：是原来的土地所有者应该承担改善街道出行状况的成本，还是街道的使用者应该承担这一成本？上面哪一种做法更"可取"？后面关于财产权利的章节将会来讨论这类问题。

对经济租征税？

有时候，有人主张应该对土地征税，因为土地租金价值是一种社会剩余，因为土地所有者收取的土地租金，对土地的供给或使用没有影响。过去，有人认为单靠这一税收就足以为所有政府行为提供资金，这种对土地的征税被他们称为"单一税"（single tax）。有人认为，土地供给是固定的，无论是由"地主"还是政府收取租金，它都不会减少。土地仍会以其最有价值的方式被使用。唯一的区别是谁得到租金。直到这里，这个分析都没问题。

当然，并不是所有的土地维护或保护其免受侵蚀，都真的是不用花钱的。此外，填海和填埋沼泽，可以创造更多的土地，但如果所得租金价值全部以征税的形式被拿走，那就没有人会这样做。尽管是这样，与对其他任何东西征税相比，土地税对供给的转移效应相对还是要小一些。土地的不动性（immobility），是它被征收重税的一个原因。土地的数量是固定的这一事实，其实并不那么要紧。关于这一点，我们只要把土地与毕加索的画作进行比较就可以看出来。毕加索的画作数量也是固定的，但这些画作可以转移到那些税负较低的地方。

污染和土地价值

作为对固定供给所作的供求分析的另一个应用，我们设想本书作者拥有一个魔法胶囊，如果这个胶囊被碾碎，它将永远且无成本地净化他们所居住的洛杉矶市上空的雾霾。质量改善后的空气，将使现有居民对该地区的土地拥有更高的个人估值。这会增加土地需求，提高土地价格。

那些曾因雾霾而搬离以及因雾霾而拒绝迁往洛杉矶的人，现在将会前来定居，这增加了对洛杉矶土地的需求。需求的增加将导致占用土地的租金上涨，购买土地的价格上升。

更好的空气 vs.更多的其他商品

租客将为土地支付更高的租金，牺牲与更好的空气具有同等市场价值的其他商品。（因此，他们不一定能改善他们的整体状况。）然而，最初的土地所有者毫不含糊地增加了财富（等于租客支付的更高租金所体现的空气改善的价值）。财富或收入从一个群体转移到了另一个群体。为了达到这个效果，去除雾霾（即使不用花钱）又是否值得呢？如果我们是大地主，我们的答案会是"Yes"。而如果我们是租客，我们的答案可能是"No"。

现有居民 vs.新来的人

想想新来的人。他们以前没有搬到洛杉矶，因为原来的空气质量不值他们必须支付的租金。而洛杉矶的现有居民，不认为以前空气质量差到了他们不能生活的地步。与现有居民相比，潜在的新来者对清洁空气的个人估值更高。

在我们碾碎胶囊后，新来的人会抬高现在没有雾霾的土地的租金，这反映了他们对清洁空气更高的边际估值，它高于现有居民先前所获得的边际估值。来自美国中西部和美国东部的新移民，被现在更好的空气所吸引，肯定会成为受益者，土地所有者也会是受益者。面对更高的租金，一些之前居住于此的租客，将面临损失。没有人知道先前的租客是亏了还是赚了。

提高了哪块土地的价值?

本书作者在靠近太平洋没有雾霾的海滨地区拥有一块土地。消除大洛杉矶地区所有的雾霾,会降低我们在海滨地区拥有的土地的价值,因为人们倾向于住得离过去曾经雾霾锁城的洛杉矶市中心更近。我们将会和中西部的土地所有者一样遭受损失——当人们迁移到现在雾霾较少的西海岸时,后者将遭受土地价值的损失。

因此,我们不会为了消除雾霾而碾碎魔法胶囊。尽管其他人会赢,但我们会输。或者说,乍看起来似乎就是这样。然而,如果我们拥有这样一个胶囊,我们会被人引诱去碾碎它,改善空气,而不管我们自己土地价值的损失。为什么呢?这个地区如今雾霾弥漫,如果碾碎胶囊,土地所有者们可以把他们增加的土地价值中相当大一部分转让给我们。他们可以用自己的一部分收益"贿赂"我们,而且仍然比以前过得好。这是一个我们不能拒绝的提议,所以胶囊会被碾碎。

实际上,减少雾霾的方法都很昂贵。考虑到上面我们给出的分析的含义,谁应该来承担减少雾霾的成本?这个问题比大多数人想象的要复杂得多。

改善全国的空气

现在让我们把改善空气的例子从一个地区扩展到整个国家。如果被碾碎的胶囊清除了全国的雾霾,一些地区的土地所有者将比另一些地区的土地所有者受益更多。住在美国中西部腹地的人们之所以住在那里,部分原因是那里的雾霾较少。随着雾霾遁于无形,洛杉矶的吸引力将相对增强。现在雾霾较少,但以前烟雾较多的地方,土地价值上升较大。而且这些地方的土地价值之所以上升,乃是因为美国腹地那些不喜欢雾霾的居民更喜欢没有雾霾的洛杉矶,而不是没有雾霾的中西部地区。

练习与思考

1. "纽约市的土地租金不是生产这片土地所必需的报偿。那是获得土地使用权的必要报偿。从第一个角度看，它是一种经济租金；从后一个角度看，它是一种成本。"你认同这句话吗？

答：

认同。

2. 据估计，在汽车上携带备用轮胎，每年要花费数百万美元。这是闲置资源的一种浪费吗？如果不带任何备胎，把这个数字降到零，成本是多少？

答：

备胎——闲置资源——是一种适应不确定性和不可预见的未来变化或"紧急情况"的方法。如果没有备胎，那么，在爆胎发生时将会发生其他更昂贵的补救。例如，需要调用出租车或紧急道路服务，但这两种服务不仅会涉及服务本身的价格，还会涉及额外的延误成本（譬如错过或推迟原定的会议、预约和交付等）。不确定性是生活中的一个事实，信息成本和适应未预料到的变化的成本，都是高昂的。更快速地获取信息和适应实际变化的成本更高。

3. 你正在建一栋公寓楼。你可以建一栋有很多房间，有时会留有空房的大楼，也可以建一栋更小一些的、几乎在所有时候都不会有空房的公寓楼。假设建造后一种大楼是有利可图的，那么，有没有可能，留有空房间的生产计划有时会更有利可图？

答：

有可能。为了满足不可预测的需求波动，而不是随时改变租金和保持公寓的满负荷，保留一些空房是值得的。维持一些空房时，公寓业主可以为那些希望想搬家时就搬家的租客提供住宿，而不必事先做成本高昂的准备，例如把老租客搬出的日期与新租客搬入的日期配得刚好。保有一些空房，可以节省那些预测未来以及立刻生产出任何一个人想要的东西的高额成本。如果不留空房，我们也可以对人们的活动进行更多的预先规划，拒绝让他们改变主意，来降低住房成本。但这样做将会让住房服务打折扣，降低便利程度，并增加其他调整成本。而且，这还会减少自由。

4. 闲置资源可以针对不确定性创造出缓冲的余裕。考虑一下你持有的现金的数量，药柜里的物品，冰箱、冰柜和罐头里的食物，灭火器，以及通识教育。这些都是闲置的、未被利用的——因此也是浪费性的——资源吗？

答：

当需要使用时，将一些资源保有在备用状态以便随时取用，乃是高效之举。有些备用品——例如灭火器——你会希望永远没有机会使用到。

5. 经济学认为，如果发明了足够便宜的方法来测量每个驾车者使用街道的程度，那么，街道就会更多地通过价格体系进行配给。你知道现在有这种情况的实例吗？

答：

过桥费、停车计时器、收费公路，以及高速过路费都是实例。在一些国家，使用高速公路的汽车必须配备信号应答器（transponders），驾车者得按一周中的不同的和一天中的不同时间段支付其行驶路程的费用。

6. 购物中心通常提供免费停车位，但使用者未必全是顾客。如果向使用者征收了建设和维护费用，那出清市场所需的停车位，可能就会少于免费时所需的停车位。不过，监管"付费"停车位的成本，包括估算费用、收费成本和起诉违规者的费用。考虑到这些成本，是否宁愿提供"过多"的停车位，也好过用价格分配制来提供"合适"数量的停车位呢？

答：

虽然不可能知道哪一种办法一定更好，但像收费停车场那样谨慎的管理，提供停车位的总成本可能反而会更高。免费停车场会将成本强加给那些到提供免费停车场的购物中心购物的顾客身上，但不会强加给那些使用了该停车场但没有到购物中心购物的人身上。

7. （美国总统）经济顾问委员会曾经认为，降低牲畜的价格可以降低消费者购买肉类的价格。美国联邦能源局曾断言，压低原油价格会降低汽油（由原油制成）的价格。请解释为什么经济分析不会接受这些观点。

答：

压低卖给肉类加工商的牲畜批发价格，会扩大加工商的收购价和销售价之间的价差。如果对肉类的需求增加，消费者面对的价格无论如何都会上涨。原本可以给饲养牲畜的人的财富，却转过来交给了加工商。石油的道理与这个道理相似。

8. "高价格导致高成本。"请给出你的解释。

答：

价格上涨似乎往往是由成本上升，而非围绕消费品展开的竞争所致。之所以如此，是因为在从制造商到批发商、再到零售商的分销过程中，库存往往掩盖了价格因需求增加而上涨的过程。当需求增加时，产品在现有价格上的销售量就会增加。零售商通常持有库存以应对消费者购买的不确定性（而不是要求提前订购、提前付款或立即提价）。当他们的库存消耗得比预期的快时，这个信息会传递给他们的批发商，然后再传递给制造商，这些制造商向供应商要求提供更多的原材料。原材料价格被抬高，制造商认为这是成本上升了。这些上升了的成本，将会反映在制造商向批发商收取的更高价格、批发商向零售商收取的更高价格，以及最终反映在向消费者收取的更高价格上。因此，虽然看起来是成本上升导致了价格上升，但实际上是需求的增加，才导致了成本的上升和随后价格的上升。在本章开始的部分，我们讨论了肉类需求的增加是如何推高了牲畜的价格的。而这个过程看上去，却是因为肉类批发商和屠户的成本上升，才最终导致了消费者面对的肉价上升。

9. "供求关系并不仅仅适用于私有财产市场交易。它适用于一切在竞争中分配稀缺资源的问题。在任何给定的可能用途中，资源在该用途中的有用性就是指对它的需求，而资源在所有替代性用途（这种特定用途必须与之竞争）上的有用性就是供给。"你同意吗？

答：

同意，需求反映资源在特定用途中的价值或估价，而供给反映资源在所有其他用途中的价值。通过某种过程或机制来确定由谁来获得什么资源的所有体制，都是歧视性的。在私有财产和开放市场下，对资源的竞争很大程度上受到货币——愿意给予的其他商品的数量——的影响。在非私有财产或非开放市场的制度下，说服力、人际关系、人格、外貌、文化特征等非货币标准，就会变得更加举足轻重。

第 12 章　短缺、过剩与价格

在第 10 章，我们注意到，短缺和过剩并不是由商品供给的变化引起的。它们是由于市场价格未能适应需求或供给的变化而引起的。有时，限制市场价格的法律或管制政策阻止了这种调整。有时，卖家拒绝改变价格。这些对价格调整的限制，提高了非货币竞争形式的权重，非货币竞争包括个人特征以及买家的社会和政治地位等方面的竞争。

短缺与最高限价

要比较住房需求变化前后所拥有的住房面积，我们首先从增加的对住房面积需求入手。假如有些人变得更富有了，从而他们对住房的需求增加，将原来的住房需求曲线——即图 12.1 中的 D_b——转换为 D_b'。收入没有增加的人的需求 D_a 不受影响。

加总之后的需求线（$D_a + D_b$），是这个社会的初始需求。与之相联系的市场出清租金价格 P_1，是总需求（$D_a + D_b$）与供给 S——现有的住房面积——的交点。增加后的总需求曲线（$D_a + D_b'$）与供给曲线 S 交于 P_2。

如果不允许租金上涨，由于 B 组的人们寻求更多的住房，所以，需求量将超过在所有低于 P_2 的租金水平上的供给量。当城市把租金限制在低于市场出清价格的水平时，由此产生的超额需求量 FG，就被错误地称为是"住房短缺"，而不是"在受限价格上的超额需求量"。没有足够的住房来满足需求量——或者按照那种误导性的说法，没有足够的住房来满足"住房需要"。

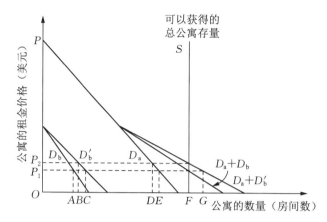

图 12.1　当一部分人收入增加时的租房市场

注：B组人们的需求由 D_b 增加到 D_b'，总需求由（$D_a + D_b$）增加到（$D_a + D_b'$），造成在 P_1 价格处出现 FG 的短缺。如果允许租金上升至市场出清水平 P_2，那么需求量将等于供给量。B组人们的需求量在原来的价格 P_1 上一开始增加 AC（$= FG$），然后随着价格上升到新的均衡处而下降 $AC - BC = AB$。A组人们的需求量，随着价格上升而减少 DE（$= AB$）。这些减少的量——（$BC + DE$）——消除了短缺 FG。

如果没有租金管制，价格会被抬高到 P_2。随着价格的上涨，A组成员和B组成员都沿着各自的需求曲线向上滑动，从而消除前述的"短缺"量，住房市场也随之出清。

几乎所有人都会责怪业主提高了租金，但事实上，是B组成员增加的需求导致了租金上涨。房主只是中介，就像拍卖师一样，不过是让需求强烈的房客彼此竞争房间而已。这样的住房市场被称为"紧俏"（tight）市场或"需求强劲"（strong）市场，又或是"卖方市场"（seller's market）。不过，业主通过更高租金形式的财富转移而获益；那些需求提高的租客也通过提供更高的租金，获得了竞争更大房间的权利；而那些流离失所的租客，其境况变得更加糟糕。业主和需求提高的租客们的收益，可能超过流离失所者的损失。这对流离失所者来说算不上安慰，但这是允许人们在市场上以更高价格相竞争的一个原因。

转向非价格竞争

当任何价格在法律上受到限制，不许超过某一限值（该限值低于需求增加后的新市场出清价格）时，需求量就会超过供给量，此时人们在寻求价格受到控制的商品时就会转向非货币形式的竞争。

　　然后，人们既抱怨"住房短缺"，又抱怨房主"反复无常的歧视性行为"——房主在选择租客时更多地根据性别、婚姻状况、年龄、信仰、肤色、是否养宠物、饮食习惯、性格等因素进行歧视。现在的整体租金（full rent），更多的是非货币方面的内容。为了防止由此产生的歧视而通过的法律，是不可能得到执行的。"短缺"必然导致选择性分配，不管是按收入、按支付意愿，还是按眼睛的颜色进行分配，选择都是"歧视性的"，这意味着用货币来竞争的方式已经不受重视了。

　　租金管制很受那些已经租了房子的人的欢迎，他们希望不要搬家。但新来者将在许可的范围内想尽办法竞争，以求从现在的租客那里夺走更多的空间。四处碰壁的需求者和新来者们，看到别人找到或占着其价值超过了受管制的货币价格的房子，是不会善罢甘休的。他们对房间的边际个人估值超过了所允许的市场价格，超出的部分就是他们愿意在其他形式的竞争中，为了讨好供给者、以取代或减少现有租客的住房，而支付的货币价格之外的成本。新的需求者将推高为更高价值的住房空间支付的整体租金。同时，如果限制房东接受更多的钱，房东就会索取或接受相互竞争的需求者所提供的更多其他形式的价值或报酬。

　　以前，在不受限制的货币竞争中，那些个人素养和文化素质较差的人，可以通过提供更多的金钱来弥补他们的劣势。有了价格管制，非货币的一面必然具有更大的分量。价格管制并不能控制整体价格；它们改变的是竞争性价格的支付形式。

财富转移 vs.昂贵的竞争活动

　　供给者更愿意以换取货币的方式获得报酬，而不愿意让需求方以昂贵的方式进行竞争——譬如排队等候或排在等待名单上——这些方式对供给者没有多大价值。

　　之所以价格管制被人认为是浪费，就是因为它导致了非价格竞争的增加。但时间价值较低的人可能会从价格管制中受益。（警告：不要妄下结论认为，在所有标准下，浪费都必然是"错误的"。）

优惠券配给

配给优惠券，使人有资格购买一个特定的数额。倘若优惠券可以交易，就可以避免一些在价格管制下非价格竞争所造成的浪费。优惠券的交易将使出售优惠券的人受益（与优惠券相比，他们更看重用这些钱所能买到的东西），也将使优惠券的购买者受益。配给优惠券的价值，是优惠券所取得的商品价值，超出该商品限定价格的超额部分。因此，每个消费者的整体价格（货币价格加优惠券价值），将会等于自由市场价格。配给并没有降低商品的整体价格，而是改变了价格的支付方式——从全部用钱支付，变为一部分用钱支付，一部分用如果卖给他人的优惠券价值支付。

供给随时间变化

一般来说，当住房的维护成本和生产成本增加时，比如在通货膨胀时期，往往都会出现对住房的价格管制。管制租金几乎总是低于维持现有住房供给和质量的成本。总的来说，租金管制不仅会导致当时就出现的"短缺"，而且最终会导致住房存量增长放缓，从而造成更大的短缺。最终，住房质量可能会恶化到只值较低的管制租金价格的地步，一如贫民窟。那样倒是会消除"短缺"现象。

能源"危机"

数十年前，主要的原油生产国突然减少了向美国和其他石油进口国供应的石油数量。（当骤然出现作物——比如咖啡——歉收的消息时，在较小的范围内也会发生同样的情况。）

图 12.2 中垂直供给线的左移，表示石油供应减少。垂直供给线表示供给量不会对我们将要查看的时间段上的价格作出反应。随着石油市场价格的上涨，原本允许的合理价格受到政府价格管制，被限制在 P_3 上。这个管制下的最高价格——最高限价——低于新的均衡价格 P_2，结果造成石油"短缺"。

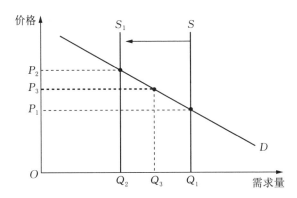

图 12.2　供给减少与低于市场出清水平的最高限价

　　造成这种"短缺"的原因，是价格管制，而不是石油供应的减少。如果允许价格上涨，它原是可以把需求量减少到与减少了的供给量相匹配的地步的。与其他商品一样，那样人们就可以按照新的（更高的）价格购买所需的商品量。

　　初始供给 S 和需求 D 决定了数量 Q_1 处的市场出清价格 P_1。如果供给量降至 S_1，市场活动将在数量 Q_2 处产生 P_2 的价格。但是，如果价格管制在 OP_3，需求量将是 Q_3，大于可以获得的 Q_2。需求量超过管制价格下供给量的部分，即 Q_2Q_3，就是"短缺"量。

　　最高限价的手段，过去常被用在美国国内汽油市场上。当每加仑汽油的货币价格被控制在较低水平时，每个人对再多一加仑汽油的边际估值都比法定价格高。所以，人们开始更多地通过非货币手段进行竞争。在美国，有些人雇佣学生（他们的时间成本很低）把车开到加油站排队等候。每加满一次就搭售高价洗车的现象变得越来越普遍。每个人都不得不参与额外的非货币形式的汽油竞争，就像他们对待价格管制下的住房一样。他们顺从地排队，排队的时间也更长，此外还要容忍更短的服务时间，更差的服务质量，为其他事情（如更换机油或更换轮胎）向卖方支付更多费用，直到整体价格（货币加上这些其他成本）等于汽油量减少后较高的边际个人估值。

　　再重复一次，造成了短缺、改变了竞争的形式和整体价格的构成的，是价格管制，而不是供给减少。人们因从事更多令人厌恶、不太受欢迎的竞争活动而付出代价。那些能够以更少的花费参与到这些非货币形式的竞争中的人，往往会从中受益。对卖家来说，几乎所有为了获得优惠地位而进行的非货币竞争，其价值相对于货币支付，都是微不足道的，而且顾客在排队上浪费的时间原本是可以被用于生产的。竞争并没有被消除。只不过，它的形式和组成部分发生了变化，成为了更高的整体价格的一部分。

对投入品（石油）的价格管制不会降低产出品（汽油）的价格

有时，总统、国会和新闻媒体会错误地认为，因为石油是生产汽油的炼油厂的主要投入，所以可以通过限制石油价格来降低汽油价格。但是，一个较低的石油管制价格不能降低汽油这种产出品的价格，除非它相对于汽油需求曲线提高了汽油的供给曲线。压低投入品价格不仅不会增加、反而可能会减少投入品的数量，以致提高其整体价格。

对一个基本原理的陈述

生产性投入品的价值来自其最终产品的销售价值。投入品的成本或价值并不决定最终的产品价格。给明星运动员发高薪，并不导致球队老板提高票价。这种说法把因果关系弄反了。人们有在比赛中观赏该运动员表现的很大需求。由于预期能在较高的价格上出售门票，球队老板们竞相争取运动员的服务，将价格推高到公众为观看该运动员的表现所赋予的更高的价值上来。

这和明星演员一样，他们吸引了大量观众，因此获得了更高的收入。对他们演出的需求越高，出场费就越高，票房收入越大，对演员的收入就越有影响。演员和运动员的高成本，是对他们表演的更高需求的反应。消费者认为买一件商品所值得承担的成本，反映了——而不是决定了——该商品的价值。

同样，你也听说房地产开发商在竞购房屋用地时，会抬高地价。事实上，是对那块土地上房屋的高需求，导致了建造房屋的土地价值更高。因此，住房价格取决于该土地上住房的供给量。开发商提供更多房屋的效果，是使房价比原来要低。

炼油商从一桶原油中可以提炼出许多产品（汽油、柴油、航空汽油、煤油、燃油、塑料、柏油、化工产品、药物和橡胶等等）。假设从每桶原油中提炼的所有非汽油产品的市场价值是 50 美元，而生产这些产品的成本是 30 美元，那么炼油商就会乐意支付 20 美元来购买那些用来生产非汽油产品的那部分原油。又假如卖给消费者的汽油价格是 2.60 美元/加仑，而每桶原油可以提取 25 加仑的汽油，那么销售汽油的企业的营业收入就是 65 美元。但是，假设从原油中提炼汽油、并把汽油分发到零售商手上的平均成本，加上相应的税费，是 35 美元/桶的话，那么每桶原油中用来提炼汽油的部分，对炼油商而言就只值 30 美元/桶了。加上刚才说的生产非汽油产品的 20 美元/桶的价值，即可得出原油的市场价值就是 50 美元/桶。

对汽油和非汽油产品的需求，将受到短期和长期变化的影响，就像其他消费品一样。其结果将是，为生产这些产品而产生的对石油的派生需求，也将发生变化。原油市场的另一个要考虑的因素是，它是一个世界性市场。供应来自许多地方，而对最终产品的需求则无处不在。过去对消费者抱怨"高油价"的政治回应，导致国内原油价格被设定最高限价。但这只会减少国内原油产量，提高的是对不受限价限制的进口石油的派生需求。

压低任何投入品的价格，都不能增加从投入品供给中获得的消费品供给。事实上，这是在诱导投入品供应商减少生产！因为降低石油价格并不能增加石油的供给量，石油产品——汽油、取暖油、塑料——的供给量也不会增加，因而也不能压低石油产品的价格。最终产品的价格仍将上升到市场出清价格。

石油工业的分裂：一些人攻击石油价格管制，另一些人则要捍卫它

当提出是否取消对石油价格管制的问题时，认为取消对石油（一项投入品）的管制将导致汽油（一种产出品）价格上涨的看法，是大错特错的。首先，甚至连汽油的货币价格，都没有受到石油价格管制的抑制。其次，石油的价格管制倾向于抑制的是从国内油井中开采的石油数量。当取消对国内石油的价格管制后，生产量增加了，结果是汽油的价格非但没有上涨，反而下降了。

所谓的石油工业，既为支持原油价格管制而战，也为反对它而战。"石油工业"不是铁板一块。原油生产商（如钻井公司和碰运气的勘探公司）反对原油价格管制。原油的使用者、炼油商（它们从中以如此之低的价格获得原油和精炼汽油）喜欢价格管制，只是它们也遭受着原油"短缺"的痛苦。在受管制的价格上，它们的需求

超过了供给。因此，它们和汽油消费者一样，以新的方式竞争，以获得石油供给中更大的份额。一些炼油厂辩称，它们规模小，因此更应得到帮助以获得配额（其中一些很快就以更高的原油价格把配额卖给了其他炼油厂）。

炼油厂开始在政治市场上更激烈地竞争，向执掌分配供给大权的联邦政府机构争取配额。由于出现了石油短缺（由价格管制所引起），终究得有人把石油在这些其需求高于供给水平的炼油厂之间进行分配。炼油厂为政治家的竞选活动提供资金，以维持价格管制，并获得更大的配额。原油生产商也为同一群政客们提供献金，目的则是为了消除管制。政治家们知道，通过价格管制，他们将获得宝贵的权力，借此对那些价格受管制的商品进行调配分发。

为什么水价保持得这么低?

由于人口的增加和降雨量的减少，一些地区的供水量与现有水价下的需求量不相匹配。水价上升，人们对水的需求量就会减少，而每个人从各自的目标出发对水作出的估价，消除了在超低价值的用途上用水的现象。较之于按照关于水的最佳用途的政治观点来使用水，以及通过法令控制水的价格和实行水的配给，这种做法要更加有效。

由于降雨量低于正常水平，加利福尼亚州时不时就有供水量减少之虞。但无论何时发生干旱，水价都不会上涨，于是就出现了"短缺"。政治当局立即实施针对用水量的"定量配给"制度，并通过政府法规对水的许可用途作出限制，例如禁止给花园浇水、洗车、使用喷泉等等。然而，在亚利桑那州，那里的水供给要少得多，却不存在短缺，也没有推行配给制度。亚利桑那州反其道而行，那里的水价被容许上升到市场出清水平，在这个水平上，公众可以出于任何目的使用任意多的水。更高的价格有利于自然环境的保护。

过剩与最低限价

通常所谓的"过剩"，是指价格不被允许低到市场出清价格的情况。对价格可以降到多低加以限制，通常被称为"最低限价"（price floor）；与此对照的是"最高限

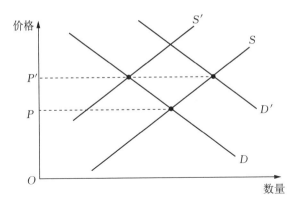

图 12.3　供求发生变化以达到最低限价

注：指定的价格 P'（高于市场均衡价格 P），可以通过把供给减少到 S'（对"超额"生产量征税，或对减少产出的生产者进行补贴）达到，也可以通过把需求膨胀到 D'（政府购买"超额"产出并持有它，或者将它用于福利项目和国外援助上）达到。

价"（price ceiling），它是法律允许的价格上限。如图 12.3 所示，最低限价可能产生于政府实施旨在减少供给或拉高需求的政策。

如图 12.4 所示，过剩是价格管制的结果，而不是实际上"过度"供给的结果。过剩情况下的非均衡，源于低于管制价格即不容许交易的限制。然而，通常情况下，"过剩"会被解释为"供给过大"，大过了"需求"——好像价格与此无关似的。甚至有人认为，生产商是如此"高效"，以至于他们生产"太多"，因此才出现过剩！这种观点还主张，必须对生产商实施生产管控，以消除"过度"生产（而不是让价格下跌）。

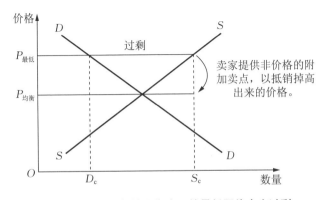

图 12.4　高于竞争性均衡水平的最低限价产生过剩

针对农产品的最低限价也许是最常见的。几乎在每个国家，农场主们都会推动立法，将一些农产品价格管制在高于市场出清的水平上。由此产生的过剩，一般通过限制许可的生产量来解决。

在过剩情况下，存在三个选项：（1）允许价格下降；或（2）必须限制为销售而供给的产出量；或（3）供给量超出需求量的部分，必须销毁或"在其他某个地方"处理掉。第一个选项与维持市场高价的政策目的背道而驰，另外两个才是常受青睐的替代选项。在管制价格［通常称为"支持价格"（support price）］上出现的过剩——（$S_c - D_c$）——通常是由政府购买而得到解决的。

有一种应对措施是迫使生产者减产，通常是对"过剩产量"征税，或向生产者支付减产补贴。对所允许的生产量进行限制，是为了在自由市场上保持足够小的供给量，以维持所期待的高价格（代价是消费者会面对更高价格）。

在牛奶的例子里，过剩的部分被制成奶酪或奶粉储存起来，或作为"援助"分发给贫穷国家，或作为"免费"奶酪分发给老年人和学校午餐计划。成本由市场上销售的高价奶制品的购买者和为购买"多余"奶制品提供资金的纳税人承担。

"过剩"时期的竞争行为

由于价格引起的过剩，供应商的竞争方式不再仅仅是美元价格。限价通常只针对支付的金额，但出售的"产品"可以改进。卖方可以提供更多的附加利益点和便利设施，从而增加"整体产品"的价值，以配得上买方必须支付的高价格。免费送货、免费信贷、更有力的担保，以及免费追加的商品和服务就是其例。

当航空公司与联邦政府勾结，将机票价格管制在较高水平时，几乎每个航班都有"剩余"的空位。每一家航空公司的竞争手段都不再是美元票价。他们增加了服务项目、扩大飞机的规模、提高航班的频率、为同行乘客提供免费名额、提供更好的餐食和免费的饮料。一旦机票价格从最低限价中解放出来，过剩的运力就消失了，"免费"的便利设施也减少了。

在固定价格过高的情况下，如果生产量不受限制，供应商将通过提供"更好"的产品，或通过隐藏或伪装的降价来进行竞争。价格管制的产品可以与其他非价格管制的商品和服务捆绑，作为"搭售"，其中捆绑的商品以低于其竞争价格的水平提供。这样，打包之后的商品组合的价格就很有竞争力了。

含义

上述所有例子的含义在于，实行价格限制：（1）会使在该货币价格下的需求量超过或低于供应量；（2）会限制对商品估值较低的用户与估值较高的用户之间的交换；（3）会降低商品的质量和数量；（4）会通过改变整体价格的构成，诱发浪费财富的竞争形式；（5）会在商品竞争中增加非货币歧视；最后，（6）强加的最高限价并不能使整体价格保持在较低水平——它们只是改变了整体价格的构成，增加了非货币成本，直到整体价格是一个均衡价格时为止，其中更偏向于非货币类型的歧视。

我们可能会注意到，市场似乎不像之前解释的那样在运作。然而，这并不是市场不能好好运作。相反，这是不允许它们好好运作。当对某些商品的私有产权没有很好地界定或执行，因此不能买卖时，这种情况就会发生。这不是市场的"失灵"。对于这些商品，并无市场可言。

有时，界定和强制执行某些商品的私有财产权，例如空气以及就噪音和景观而言的土地的私有财产权，即使不是不可能的，也是代价高昂的。因此，在下一章里，在探讨了私有产权控制下的商品市场之后，我们将研究，使用不受私有产权控制的资源时会产生的一些后果。

练习与思考

1. 你认为许多城市实行的租金管制对以下每一类人是好是坏：（1）不打算搬家的中年夫妇；（2）带着两个孩子、准备搬到一个新城镇去的年轻夫妇；（3）搬到新城镇去的黑人或其他少数族裔；（4）工资升高的年轻人；（5）退休老人；（6）喜欢喝酒和抽烟的人；（7）年轻漂亮的女子；（8）相貌平平的移民；（9）犹太社区的穆斯林；（10）穆斯林社区的犹太人；（11）喜欢在家里工作和照料花园的妇女；（12）一对老夫妇，他们攒了不少钱，投资了一套公寓。

答：

租金管制规定了最高租金，最高租金不能合法地再作提高。当市场出清的租金价格高于法定最高限时，货币价格以外的竞争形式就变得更加重要，如文化、民族特征、政治联系等。拥有更多"理想"特征的人比不具备这些特征的人更容易获得住房。可以思考一下，以上列出的每一个群体，在非货币竞争中的表现会怎么样。

2. 有人认为，政治家往往能从价格管制中获利，因此他们主张实行价格管制。什么样的推理会支持这个论点？

答：

对价格管制商品的分配，会有更多的政治和政府权力与影响力介入其中：政府官员制定价格，推行计划——并且因为据称降低了选民的生活成本而获得好名声。

3. 美国政府征兵，使用的是一种价格管制形式，即军事部门可以支付的最高价格（补偿）由法律规定。因此，所需人员的数量超过了在该价格上的供给量，但买方（军队）没有接纳卖方（年轻人）愿意以该价格提供的数量，而是诉诸强制征募来满足其"超额"需求。在这种价格管制体系中，谁受益谁受损？又得到或失去了什么？

答：

美国军方征募士兵是雇主勾结起来对付雇员，被征召者必须按政府规定的义务和工资工作。总人口中被圈定的那一部分人得到的工资低于市场工资，这使政府预算支出最小化，但新兵要缴纳大量的实物税。为志愿兵（自由市场）提供资金所需的货币税，要低于实际的、分摊方式并不公平的征兵成本。

4. 有这样一则旧闻："（美联社）韩国首尔报道。市政府下令首都1500家餐馆在午餐时间不得出售任何含大米的饭菜。这项措施旨在鼓励顾客多吃其他食物。由于水稻歉收，韩国正面临严重的粮食短缺。"开放市场的价格会达到同样的效果吗？这项措施的效果如何？

答：

价格管制无法纠正水稻歉收。暂时减少的供给，必须通过削减消费来解决。削减消费可以通过允许市场价格上涨来实现，从而有助于作出从总体上把需求量限制在供给量以内的个人决策。

5. "在开放市场定价的情况下，住房单元或稀缺或昂贵，而在租金管制的情况下，住房市场的特点是短缺。"请给出你的解释。

答：

所有的经济物品都是稀缺的；而短缺是由于价格低于市场出清水平造成的。短缺状态下，人们的非货币特征将在分配决策中发挥更大的作用。随着时间的推移，房屋的质量将会恶化，供给的数量将会下降。

6. 在每台电视价格相同的情况下，你选择了一台接入互联网的电视，而不是一台标准平板电视，但当标准平板电视的价格比支持互联网的电视低 50％ 时，你选择了标准平板电视。在哪种情况下，你有进行"歧视"？

答：

两种情况下都有所谓的"歧视"。选择就是一种歧视行为。

7. 一位著名的法学教授曾说过："有些人认为，每一种稀缺的资源都应该由市场来控制。而且，在他们看来，除了免费商品以外的所有资源都是稀缺的，所以所有资源，甚至发射信号的权利都应该受到市场的控制。但肯定有些资源比其他资源更'稀缺'，因此可能值得区别对待。给每件事物都贴上'稀缺'的标签，并不能很好地向前推进论证。"你认为应该让法学教授们学点经济学吗？

答：

应该。经济学的问题——稀缺性——关涉到如何确定谁获得多少商品。用什么形式的竞争来解决这些问题呢？有一种有助于提高论证（或分析？）质量的办法，那就是理解稀缺的含义，并理解经济学并没有提到哪些稀缺商品应该通过市场交换的竞争形式来分配，哪些稀缺商品应该通过其他形式的竞争来分配，比如体力（暴力）、先到先得、排队、托关系、外貌、个性、个人喜好、文化特征等。竞争的形式必将决定稀缺资源如何在替代性的用途和用户之间分配，至于为什么"稀缺程度"会对竞争形式的选择有影响，这个问题就留给你来思考吧。无论如何，稀缺都意味着竞争，而竞争将解决谁得到多少商品的问题。如果货币形式的竞争受到抑制，其他形式的竞争就必然会出现。

第 13 章　市场与产权

> 很明显，人和财产，是政府要发挥作用的两大对象；人的权利和财产权利，是成立政府要保护的两大目标。这两种权利无法截然分开。
>
> ——詹姆斯·麦迪逊 *，在弗吉尼亚制宪会议上的演讲，1829 年

公园里树上的苹果等不到成熟就会被摘走。公共海滩被乱丢的杂物弄得乱七八糟。垃圾倾泻到河流之中。空气污染无处不在。这些现象都被错误地归为"市场失灵"，事实上，它们反映的乃是私有产权的缺失。市场，是指需求者和供给者可以通过交流来买卖私有产权的场所或方法。本章辨明了私有产权的主要特征，阐明了私有产权如何决定资源的使用。我们将看到，无论谁拥有资源，私有产权都有助于遏制"浪费""污染"和"滥用"。

你提议要建造一座大楼，这座楼将挡住我邻近公寓楼的视线。如果我们事先知道谁拥有什么权利，你我之间的"市场交易"就可以不用打官司来解决争端。法官可以通过掷硬币决定产权初始归属。但这一决定只会影响谁会变得更富有，而不会影响拟议中的大楼是否会建成。为了方便解释，我们来看两个备选方案：一个方案先是我拥有看风景的权利；第二个方案是你有权利妨碍我的视野。

如果我的大楼所有权一开始就包括了看风景的权利，那么，我可以阻止你在未经我允许的情况下建造这样一栋大楼。但是，如果你在新大楼上的利润超过了我看风景的价值，你可以向我购买阻挡我看风景的权利。然后，你建造你的大楼，我的

---

*　詹姆斯·麦迪逊（James Madison，1751—1836），美国开国元勋，与约翰·杰伊以及亚历山大·汉密尔顿共同编写《联邦党人文集》，是美国制宪会议代表及《美利坚合众国宪法》起草和签署人之一，被称为"美国宪法之父"，曾于 1809 到 1817 年担任美国第四任总统。——译者注

大楼里的租客将不再能看到风景。因为你必须付给我钱让我放弃我的权利,所以,你会产生额外的支出费用,我在金钱上则会更加富有(但在看风景这件事上就更加贫穷了)。虽然我会失去一些我公寓的租金(我公寓的住户只能看到更少的风景,但更低的租金会对他们有所补偿),但你付给我的钱让我的财务状况更好。所以,你会付钱给我建造你的房子。从这笔交易中,我们俩都获得了好处。

我们来看第二种方案。在这种方案里,你有权建大楼。你可以在不补偿我的情况下开工建楼。但也存在一个可能的(一开始就对双方有益的)交易。如果我对风景的估价高于你预期的利润,我可以付钱给你让你放弃建大楼。你因此而得到我付给你的钱,我则把我的损失降到了最小。

相对偏好如何影响所有者

餐馆在准备食物时会选择所用的配料,这种选择向我们表明,间接的力量是如何把资源引导到市场价值最高的用途上去的。例如,餐馆老板能决定是否可以使用味精等烹饪佐料,或者在欧洲是否提供使用转基因食品。然而,正是顾客通过显示自己的喜好,决定了餐馆以没有使用味精或转基因食品打广告会否取得成功。

如果没有禁止在酒吧或餐馆吸烟的法令或管制政策,不吸烟的顾客与吸烟者的偏好的较量,将决定餐馆老板是否会发现限制吸烟更有利可图。同样是这些市场力量,决定了一家餐馆是否提供酒精饮料、营业时间长短、是否安静、音乐是否太吵、是否有桌布、是否有空调,或服务是否够快。

在拉斯维加斯,虽然大多数的赌场都允许吸烟,但有些则通过宣传自己是"无烟赌场"来吸引顾客。顾客不是通过直接为吸烟或不吸烟支付金钱来进行竞争,他们只是在餐馆、酒吧和赌场中选择。对于抽烟的行为,有些地方约束,有些地方不约束。老板们是裁判员,他们在拥有不同偏好的客户之间作裁决。他们从主顾那里因更高价值的环境而获得更高的收入。对于每一个企业来说,情况都是这样。

政府机构与私有产权

前述的两个例子都说明,购买和出售可实施的私有产权的能力,如何推动资源朝着具有最高市场价值的用途流动，谁最初拥有这些资源并无关紧要。其结果与所有者的富裕程度无关。资金再雄厚，也不能增加对无利可图的企业的投资意愿。

想象一下，假如有一个投资者投资于一个拟建的炼油厂或木材加工厂，这个工厂会散发气味，数里可闻。为了让周围所有的人口都感到满意，要与许多人就其个人权利的买卖进行协商，这个成本高到令人望而却步。随着超大城市人口不断膨胀，再加上人们彼此之间的相互依赖性也更高，以前由个人或私人打理的问题，如水、污水、个人防护以及道路等，如今已成为政府的职责所在，通常要由新出现的监管机构来处理。如果政府职责在范围或价值上改变了私有产权，则根据美国宪法第五修正案，"未经公平补偿，私有财产不得用于公共用途"。

应该在多大程度上限制政府在私有财产之上的权力，一直是法院争论不休和解释各异的话题。这些被征用的权利，到底是真正的私有财产权，还是私人使用的公有财产权？所提出的用途究竟是为了"公共用途"，还是为了私人利益？补偿金额是"公平的"，还是太少了？

空气使用权的市场交换行为可以衡量排污权的价值

当有人提到购买污染空气的权利时，一般马上出现的反应是："你不能对环境定价。你们经济学家断言，一切都可以简化成货币——就好像美和环境也有市场价值一样。"我们且看看经济分析到底是怎么说的。

购买和出售(可让与的)污染空气的权利

"可让与"（alienable）是"可出售"（salable）的法律用语。在美国主要的大都会地区，地方政府的空气质量监管机构监测商业公司的地区污染物排放量，比如硫化物和氧化物的数量。在一个"气泡"定义的空间内，允许的污染物排放量不得超过规定数量。

几年前，洛杉矶市对所有商业公司排放的污染物总量设定了限制。十年后允许的排放量上限，定为第一年排放总量的25％。洛杉矶市的商业公司要么不得不减少商品的生产，要么就必须采用成本更高、污染更少的生产方法。

每个公司排放污染物的许可量（"权利"）都是确定的（通常设定为其以前的排

放量，以此确定了排放的初始上限）。每家公司都被允许向其他公司出售其排放污染物的权利。排污权市场很快发展了起来。顺便说一下，任何人都可以购买权利，即使只是为了在更高的价格上转售。

在这里，我们的兴趣不在于价格是多少，也不在于它们的波动程度，而在于产权的可让与性。一些公司的所有者发现，用污染程度较低的设施替换旧设备是有利可图的，因为他们未使用的排污权可以卖给其他公司，而对于后者这些污染物排放权更有价值。

可让与排污权的效果与泰德和雷之间的鸡蛋交易（第6章）相同，这里的"污染权"取代了那里的"鸡蛋"。污染者是马丁炼油公司和克拉克森油漆公司。我们比较的不再是泰德和雷的"个人估值"，而是产品的"边际市场价值"。

在图13.1中，克拉克森和马丁最初都排放了20单位的污染物。但克拉克森下一步产出的边际价值，大于购买排污权以生产更多产品的成本，而购买排污权的成本大于马丁获得更多产出的价值。因此，克拉克森从马丁那里购买了10个污染单位，每一个单位都将使其边际产出价值与污染价格相等，二人都获得了收益。在给定的所允许的总污染量上，可出售的、私有的排污权带来的是最大的产品价值。排放污染物的权利流到了它们市场价值最高的用途上。与泰德和雷一样，如果这些权利是可出售的，那么最初谁拥有这些权利并不影响最终的分配。

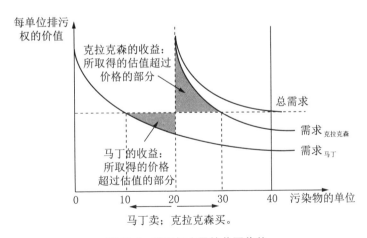

图13.1 排污权交易的共同收益

注：克拉克森和马丁的边际产值不同。克拉克森扩大产量的产值增加大于多购买排污权的成本。他希望从马丁那里购买这一权利，对马丁来说，排污权的价格高于他减少的产值。

改变生产工艺或产量以减少污染

降低使用原来工艺的生产量，可以减少污染。但污染的代价，也会影响生产方法的选择，可能会鼓励发明出减少污染的技术。

生产和污染的场所，将受到居住选择和生产转移的影响。人们可能会选择生活在污染较少的地方，即使生活在那里的成本更高。低收入者为了有更多的食物、家具和医疗保健，而忍受更多的污染和低质量的生活空间。穷人买更便宜的二手车，它们会造成更多的污染。但比起拥有更好的汽车、却只能拥有更少的其他商品，他们更喜欢这样。所有的行为都包含并反映了权衡中的选择。

两个错误的问题

公平和财富?

反对出售和购买排污权的人认为，较富裕的公司将从较贫穷的公司那里获得排污权，这是不公平的。然而，企业的财富与排污权的边际价值并无干系。变富并不意味着一个人会变蠢，也不意味着他本来就应该是蠢的。有些人相信（或声称）贸易只会给一方带来利益，另一方则会蒙受损失。而事实上，卖和买一样，都能使交易者受益。

"经济学与环境针锋相对"的神话

经济学和环境之间没有冲突。每个人都喜欢更清洁和更安全的环境。每个人都喜欢更高的收入。有些人比其他人更看重到山间原野去与大自然交流。经济学强调的是，更多的"这个"，必然意味着更少的"那个"。

关于谁的利益应该占支配地位的争论一直存在。但这不是一个关于支配地位的问题。这是一个关于权衡的问题。塞拉俱乐部（Sierra Club）和奥杜邦协会（Audubon Society）*的成员对保留更多自然资源的期盼更殷切。另一些人则对"原生态自然"

---

* 塞拉俱乐部和奥杜邦协会都是西方环保运动的著名组织。——译者注

兴趣不大，他们更希望开发更多的公共土地作为住宅，更希望能容易地进入大山（山里能通公路而不是只有徒步小径）。经济分析既不偏袒也不反对，也不表明相对而言应该偏好什么。相反，经济学认识到的是在各种备选项之间作出选择的必要性。

私有产权规则

私有产权的可让与性取决于：（1）对资源及其服务的控制；（2）对权利和对象的明确规定。

控制：成本与估值

北极星的私有产权有什么价值？作为方向指南，你无法控制它的状态或它的服务。如果政府宣布你对一头最后一次出现在阿拉斯加太平洋水域的、加有标记的鲸鱼拥有"私有产权"，那祝你好运。

你弹得一手好钢琴。你可以说音乐是你的私人财产，但你必须像对待私人财产一样地控制声音。一旦音乐被弹奏出来，房间里的每个人都能听到。但你可以安排在礼堂里弹钢琴，并把进入礼堂的权利卖给别人。你"捆绑"了两个权利：进入礼堂的权利，以及之后无需额外费用听音乐的权利。你可以这样宣传，对于任何买到礼堂座位的人，音乐是"免费的"。

当某部电影上映时，为了取得坐到影院里的权利，你要付费。体育赛事——不像公园里任何人都可以观看的那一种——通常是在一个封闭的竞技场进行。观众必须付费入场，这是可以有效控制的。

私人实施控制的情况比比皆是。锁、栅栏、防盗警报器、保险箱、带栅栏的窗户、家庭和办公室安全设备，以及安保服务公司提供的对物品的保护，都是其例。如你所料，这种私人实施的控制，取决于成本和收益的考量。几乎没有谁会愿意在价值较低的地块上（如郊区购物区）限制停车时间。对于市中心的停车场，停车要收费，并且监控停车的时间。随着人口的增加，一些以前差不多是免费和无主的资源，可能会变得更有价值。

湖泊、河流、海洋和空气正受到更广泛的控制，要么是通过建立私有财产权，要么是通过政府的直接控制。资源的潜在使用价值越高，为了控制资源就值得投入更多的成本。商业航班的机场降落权和飞行安全空域，航空公司之间会互相买卖。

随着对海洋进行有效监视的成本降低，或者随着海洋控制权价值的提高，距离海岸越来越远的海洋（原来是 3 英里或 12 英里，现在是 200 英里）被各国视作自己国家的"财产"。

目前有争议的地区（例如，深海海底矿物和南极洲），是否会被确立为一个或多个国家的私人或政府财产，仍有待观察。即使是美国的西部各州，也在联邦法庭上为科罗拉多河水权而互相起诉。如果它们是独立的国家，肯定会考虑采取军事行动。

权利界定

无论人们对物品的控制有多有效，对商品的权利都必须得到核实。对这种商品权利的界定，越是完整、清晰和可靠，私有财产权就越是容易让与。

作为买方，你需要保证卖方确实拥有这些权利，并且这些权利是可让与的，没有未知的产权上的妨碍，也没有其他人——如债权人或其他合伙人——认为是他们应得的权利。核实这一点，是"交易成本"的一个主要部分，特别是对土地和耐用资源来说更是如此。房屋、土地、汽车等财产的所有权，由政府档案予以记录。它们通常是最权威、最可靠的记录。在美国几乎所有地区，也有私人公司记录这些信息，其可靠性通常由"所有权保险"公司保证。

对可让与性的保护和保存

几个世纪以来，英国法院一直在精心设计和维护资源私有产权的可让与性（可销售、可出售）。你可能会被告知，有了私有财产权，其他人就不能影响你用自己的财产做什么。但其他人可以、而且确实会影响你拥有之物的市场价值——所有者的财富反映的是它的"资本价值"，我们将在后面的章节中对此进行解释。你拥有的资源（除了钱）的价值（价格），取决于其他人如何看你对你拥有的资源的使用。如果他们不喜欢你的所作所为，他们会惩罚你。他们这样做的方式和做到什么程度，都有待我们解释。你也不会被允许支配你留给后代的资源的所有未来用途。任何"逝去的亡灵"都不被允许独占资源。

可让与性的价值如此之大，法律会以牺牲其他潜在利益为代价来保护它。例如，几个人之间共有的产权，会降低共有资源的随时可销售性。正如我们稍后所展示的那样，法律的制定和解释，通常是为了减少成本和困难，让出售或购买"共有团体"（sharing group）的财产的决定更容易达成。

共有权

尽管私有财产权的共有往往会削弱对共有产权的控制及其明晰性和可让与性，但它仍然普遍存在。共有的一种形式是婚姻和家庭。历史上，已经有各种共有的方式被设计出来，这些方式倾向于保护共有权的目标不受共有者不同利益的影响。

一个家庭可以拥有一家报纸出版公司。为出售报纸发行权所进行的协商，可能会受家庭内部关于该交易是否明智、价格是否合适，以及收益分配是否合理等争论的阻碍。还有一个不确定因素，那就是谁才算是共有成员。对于一个家庭来说，出生在这个家庭的所有的人都是共同所有人吗？家庭成员的后代是否继承其权利？婚姻是否使进入该家庭的新来者也成为家庭的一员？

除非这些问题都得到了妥当的解答，否则买家将无法确定自己购买了哪些权利，或一项销售是否真的是一次完整的销售，还是可能会受到那些声称是其家庭成员的人的挑战。

如何成为共有者的一员？

影响共有团体中的权利和行为的一个主要特征，是如何获得成员资格。你是否可以在不向团体付出任何款项或作出贡献的情况下，在不需要现有成员许可的情况下，随意获得成员资格呢？如果是这样，那就可以称之为"开放"团体。如果必须向另一成员或整个团体支付款项或作出贡献，则该集团将是一个"封闭"团体。加入一个政党是"开放的"，就像加入大多数宗教和城市一样。你没有任何可出售的共有成员资格的权利。要成为一名美国人（公民），不需要从现有成员那里购买，尽管政府会对此有所控制。

"团体拥有物"对成员的意义和价值，取决于该团体的进入和成员资格如何确定，以及成员们的行为。如果进入是开放的，就会出现蜂拥而入的情况。对于"封闭"团体，其中成员资格必须首先从该团体或其他成员处购买，新成员将由其他成员引导加入。

股东拥有现代公司。成为股东，只需要购买股票即可。任何人都可以通过从现有股东手里购买股份（成员资格）成为股东。没有人可以反对，甚至不知道谁是其他股东。法国人称现代公司为"匿名社团"。在美国，人们称它为"有限责任公司"。

许多瑞士公司有两类股东：其中一类，任何股东都可以向其选择的任何人出售股份；另一类股东必须首先获得公司管理者的批准方可出售其股份。每一类股票的一股，通常对公司的股息和资产有相同的要求权，因此它们的差异主要体现在谁是所有者的保密性上。

当团体成员拥有可出售的成员资格时，对成员来说，他们没有那么强烈的动机在开放团体中维持成员资格的优势。封闭团体中成员资格权的市场销售，提高了对成员的激励，有助于保持团体成员的优势。这在不同类型的"乡村俱乐部"中表现很明显。这些会员拥有一些俱乐部，它们都是封闭的团体，只有通过购买会员资格才能进入。有些只授予每日租赁权。

法院往往会对所有权问题进行判决和裁断，从而确保界定明晰的财产权有可靠的可让与性。人们普遍认为，这种保持可让与性的倾向反映出来的是一种社会共识，即通过限制未来谁将被接纳为成员，来保持市场价值作为未来行动指南的影响力。

公司可以有成千上万的股东——股票或"股份"的持有人。但公司这样的团体如何出售或购买该团体共同持有股份的产权呢？一个极端的情况是，可能需要成员一致同意。更常见的情况是，授权某个人或小团体代表公司的共有成员，去出售整个团体所拥有的股份，或为该公司购买股份，并指导对这些资源的使用。正如我们将要进行解释的那样，这种方法显然存在一个困难，那就是"委托—代理的道德风险"，即代理人的行为可能更符合自身利益，而不是更符合承诺给公司的利益。

另一种极端的方式，是允许每个成员单独为团体出售或购买资源。这与家庭的情况很接近，在一个家庭中，丈夫或妻子可以决定出售家庭拥有的何种财物，或为家庭购买哪些东西。它类似于某种形式的商业伙伴关系。我们稍后将探讨，为什么在商业公司中，权利的可让与性发生在股东之间，而不是员工之间。

为什么要故意压制大学的私有产权？

虽然你是一个大学生团体的一员，但你不能把这个成员资格"卖给"任何人。这就是不可让与性。

如果你在退学或毕业时对你的大学拥有"可让与"（可转售）的成员资格，那么你会对学校里发生的事情更加关心。如果你倾向于相信一个可销售权利的体系会毁掉大学的声誉，那么，请回想一下，类似的权利安排适用于惠普、福特、AT&T 和苹果的"所有者"群体，但这些公司并没有被"毁掉"。大学的不同之处在哪里，如果真有什么不同的话？最有可能的答案是，大学所有的资源都不是私有财产。

"大学的资源"意味着什么？没有人拥有这些资源，没有人可以将这些资源视为私有财产。相反，大学由一个管理者管理，他有权控制和买卖大学的资源。当几乎所有其他地方都在努力强化对市场价值的反应时，为什么在大学私有产权和对市场价值的反应还会受到压制？

如果由一个董事会管理大学，个人或团体能做什么呢？董事会可以用捐赠给大学的钱来购买东西，然后把它们变成大学所"拥有"之物。董事会可以购买商品的私有产权，就像他们购买汽车、劳动力或建筑材料一样。但没有人能合法地让任何人把大学的资源当作私有财产来使用。大学购买了这些商品的私有产权，但董事会要受法律约束，根据法律规定，并非所有这些商品私有产权中的组成部分都可以由董事会行使。

为什么有人会建立一所不得不放弃私有产权的大学呢？原因有二：第一，政府给予学校优惠——学校在使用私有财产时可以免交一些必须缴纳的税款，给学校捐赠的人可以避税；第二，也是更重要的是，受托人所受到的激励并不是被导向利润和财富的最大化。人们觉得如果目的是帮助学生接受教育，而学生又不需支付全部成本，那就是一件好事。

大学有点像慈善组织。你可能会感到好奇，为什么成功的以营利为目的的私立学校总是出现在小学阶段。还有一些以营利为目的的私立学校，出现在工程、外语、电工、计算机程序员、发型师、高尔夫球手、汽车驾驶和飞行服务这些教育培训领域。

外部性

关于私有商品如何使用的决策，是由其所有者将要承担的后果所主导的。但尽管如此，社会也仍然容许我们的所作所为对他人造成影响。这些影响被称为"外部性"（externalities）。当你穿上干净、好看的衣服，或者打理一个人见人夸的漂亮花园时，这就产生了"正外部性"。生活在一个每个人都至少受过高中教育的国家，对每个人来说，这都是一个正的外部性收益。

你采取的许多行动有利于其他人，即使这样做你没拿一分钱的报酬，这与明确的交换行为形成了对照。如果所容许的行为不讨人喜欢或对他人有害，那么这些行为就会产生"负外部性"。假如其他人衣着邋遢、脏话连篇、说话粗鲁，那么我们就会受到负外部性的影响。非正式的社会礼仪规则和社会习俗激励正外部性的社会行为，抑制负外部性的社会行为。这有时被称为"外部效应的内部化"。

我们通常不愿意付钱给邻居或朋友，让他们按照某种方式行事，但强迫他们那样去做的法子是有的。公序良俗（social ostracism）和政府力量可能是主要的力量。公序良俗是一种微妙而强大的力量。与习俗相一致的社交礼仪有助于外部性的内部化。如果你不这样做，朋友就会开始冷落你，你的名声开始变得不佳，生活也会变得更加孤独和封闭。"具有开创性的领导精神"和"令人厌恶的不合群"之间的界限，并不是那么清晰可见，但谁又能说它不存在呢。

一个由普遍受过教育的人组成的社会，他们读、写、说同一种语言，这对每个人都有利。这种"外部性"效应如此重要，以至于用法律来规定人们必须掌握这些技能，都成了司空见惯的现象。每个儿童都必须上学，无论是上政府提供和资助的学校，还是上私立学校。法律并不强迫成年人说共同的语言，但经济上和社会上的惩罚往往最能说动他们去这样做。

物理意义上的外部性，如果有害的话，通常会被宣布为非法。然而，对竞争对手造成的金钱（财务）损失（负的金钱外部性），并不一定会使一项行为变成违法之举。我们这本教科书写得更好，会降低竞争对手的收入。但这并不违法，而且还会被认为是好事，因为更受欢迎的商品可以取代不那么受欢迎的商品。前几章的分析用在外部性或公共品上没有什么两样，并不会因为它们而要在分析上另起炉灶。

"公共品"

到目前为止，我们主要讨论的是在一段时间上只对一个人有用的商品。如果我吃一个苹果，我一个人能得到吃苹果的好处。如果其消费或使用限于一人，这样的商品就是"私人"（private）品。但对于"公共"（public）品来说，一个人享用多少都无损于其他人的享用。这种商品一旦生产出来，我用得多，并不意味着你就得用得少。

几乎完全由公共品属性构成的物品，例子有：数学定理、电视和广播节目、美妙的音乐、诗歌、疫苗、基础教育、技术、思想，以及一些公园和原野。一个人获得或了解一个想法，并不会降低其他人从中的获益。电视节目多一个观众不会减少另一个。蚊虫防治区、空气污染防治、防洪、垃圾和污水处理、众人行走的街道和巡逻的警察，都是公共品，或具有公共品的某些特点。同样的道理也适用于某些形式的国防：如果它更多地保护了我，也同样更多地保护了你，除非是区域反导弹防御体系只防御你在的城市，而没有覆盖到我在的城市。

所谓的"公地"（commons），通常指的是社区中每个人都有权进入的区域。有些商品兼有私人用品和公共品的属性。乐队音乐会周围的位置是有限的，我占据了好位置，别人只能得到差位置。我们能想到的世界范围内的公共品，那只有高悬于天空之中的太阳、月亮和星星了。

为什么公共品的使用条件和人们的对待方式有别于普通物品呢？与私人品所具有的经济属性和问题相比照，公共品有哪些经济属性和问题？公共品有一个主要特点，那就是公共品的供给会受到抑制，因为提供和维护公共品成本不菲，而且很难受到补偿。提供这类服务的两个普遍的做法是：（1）由政府通过税收筹资；以及（2）成立私人志愿俱乐部，为会员提供服务（这是它服务的"公众"）。一个被广泛采用的办法，有赖于用户形成的社区自觉遵守公共品的使用和维护规则。对滥用公共品进行的控制，既有非正式的手段，也有正式的办法。这个社区可以建立一支志愿巡逻队保护公共品，也可以通过排斥滥用者来达到保护的目的。稍后，我们会探讨一些控制滥用行为的方法。

政府管制

政府可以使用武力来获得支付，并限制搭便车行为。政府可以使用不能私自使用的武力（例如监禁，或者一旦发现未缴款者即处以罚款）。有时，当政府对获取公共服务的人收费，人们会对收取准入费抱怨不已。但价格可以作为一种配给手段，可以防止因公共品被过度使用而使其好处受到损害。

现在已经成为公共品的东西，可以变成非公共品。公共品（对我来说更多，并不意味着对你来说就更少的物品）可以成为一种共有物品。我们享有平等的准入权，享有平等的份额，但这些份额会随着开放准入而减少。昨天的公共品，明天可能会变成拥挤的物品，进入或准入的管制方法也会随之改变。海洋受到公海自由原则的管理——但所谓的"公海"正在减少，因为各国都声称，它们扩大的国界包含了更大的海洋面积。

公共品或团体物品：俱乐部

无论是什么样的团体，不管人多还是人少，总有人会在"公共之地"搭便车。这样的预期可能会使那些用于公共品的生产和维护的投资缩水。如果潜在的受益者必须承担提供公共品的成本，那么一开始对初始投资的搭便车行为可能就会减少。投资者将成为之后的受益者。

私人游艇俱乐部的设施，或仅向所有者和会员开放的私人高尔夫球场，或仅供成员使用和拥有的兄弟会组织，都只为支付了投资费用和后续服务费用的会员提供公共品服务。

"俱乐部"（club），可以定义为投资者和客户都是其会员的一家"公司"。人们加入俱乐部的目的，为了同那些被允许成为会员的人交往，而不是为了金钱利益——这种交往机会也具有一种公共品的特征。为此，排他性至关重要。

即使在整个国家，居民之间也有俱乐部式的关系，他们往往会排斥"行为怪异者"和没有为获得私人供应的公共品付费的新来者。

私人提供的、以搭售方式融资的公共品

尽管存在搭便车的现象（也可能正是由于存在这种现象），人们发明了一些方法，不仅可以通过私人来提供服务，还能让这些服务盈利。在"没有可能"排除不缴费者的情况下，也会出现私人提供公共品的现象。看似矛盾的是，在某些情况下，搭便车的人越多，对私人供给者来说就越好。

典型的电视和广播节目就是这样的例子。你分文不花，就可以又看又听，但这不是免费的。你要付出代价——你要忍受广告时间。没有收费，也没有排除任何人。正如音乐会上的钢琴家不会强迫听众坐在收取入场费的指定房间内，电视和广播电台以及互联网服务供应商也无法强迫你把部分时间花在观看广告上。不过，只要你想获得它们提供的服务，这种搭售就是准入的代价。

强迫观众观看广告，会占用观众一些时间，这些时间具有其他的使用价值。为了吸引观众的注意力，广告要制作得更加精彩，而不仅仅是发布一下广告商的品牌信息而已。几乎所有的报纸和杂志都采用同样的方式（广告）来为定价过低（或"免费"）的服务买单，这些报纸和杂志的定价相对于生产和提供这些服务的成本都严重偏低。杂志和报纸上的广告费用与"免费"电视上的广告费用在用途上是一样的。有几个欧洲国家，每台电视机都要征税以防止搭便车。在美国，是广告提供了资金，并规避了搭便车行为（即在不付出任何成本的情况下取得这项收益）。在有些国家，对拥有电视机征收广告税和政府税，是很普遍的现象。

慈善

对现有商品进行分配的另一种形式，是通过捐赠或慈善来完成的。你可能在一所由创始人的慈善机构创办的大学里学习或工作。你有时就会使用到由安德鲁·卡内基基金会（Andrew Carnegie Foundation）* 的慈善机构建立和维护的

---

* 美国慈善机构，由美国钢铁大王安德鲁·卡内基于 1911 年设立。——译者注

图书馆，或者政府利用税收资金建立的"免费图书馆"。有些电视台是由慈善机构资助的。医院可能是慈善支持的机构中最突出的例子了。为什么慈善事业主要集中在学校和医院上面呢？谁又从中得到了什么？所得到的效果是否达到了预期的效果？我们将看到，有一些——但仅有一些——市场交换的原理和结果，也适用于慈善事业。

谁从礼物中得到了什么？

无论出于什么动机和意图，从送礼者的角度来看，礼物（而不是可以花的现金，不管你有多喜欢现金）通常都有一些"浪费"。

美国政府向外国政府提供援助，表面上看都有特定的目的。如果一个外国政府得到一亿美元来建造一座大坝，而即使没有这份礼物，它也会建造或购买一座大坝，那么它又得到了什么？接收礼物一方的资源被用在了其他的目的上。因此，这份礼物给了受赠国政府一些财富，让它可以做更多想做的事情。

要在美国经营一家电视台，需要获得联邦通信委员会（FCC）的许可。法律禁止按"先申请先得"的原则分配许可证。成功获得许可者，是那些被认为最合适（基于责任感、对公共服务与教育的奉献等作出的判定）的申请人。为了追求这种合适度所展开的竞争非常昂贵，所有竞争对手在这一竞争中产生的综合成本，甚至可能超过许可证的价值。为了争夺这个大奖，需要在聘请律师、聘用院外游说者和进行政治捐赠方面投入大量资金，因为一旦获得许可证，就可以按市场价值转让。竞争许可证的成本很高，因为赢得它可以获得很多好处。

各国政府已经转向通过出售而不是"授予"的方式，来分配许可证或有价值的权利，例如石油勘探权、部分无线电频谱的使用权，或酒类特许经营商店、出租车、奶牛场和烟草农场的"垄断"权利。所有这些权利一经授予就可以出售。

不可转让援助和"专项"融资

有一些其他礼物，不能合法地重新分配或转售。上大学或医学院、从另一个国家移居美国或加入某些工会、领养孩子、在国家公园露营、坐公共汽车上学，这些权利就是其例。尽管如此，如果礼物是即便没有这些礼物你也会去做的事或去获取的东西，那么取得这样的礼物还是可以让你在其他目的上使用这个礼物原本会占用的资源。

一块钱，不管从哪里来，都是一样的。金钱是可以互换的。那么，"不向父母收费"而把孩子们送到学校，这个时候谁又能得到什么好处呢？父母一旦用不着去购买他们本来要提供的交通工具，他们就可以把他们的这部分支出转移到其他方面上去。但如果父母本来就想让孩子们走路上学，那现在可以搭车的孩子们就赚到了。这个原理很简单：只要受赠人购买了现在由礼物提供的服务，他们就可以将等量的财富用于其他目的。

政府会为特定目的征收特别税。尽管其税收收入是专门用于这一目的的，但市政府官员可以从以前分配给这一目的的其他税源中，取得同等数额的税款。在这一活动上的净增加额，将低于指定的税收收入。加利福尼亚州在彩票上的所得，分配给了公立学校，但以前分配给学校的部分资金则被转用于其他用途。专门分配给学校的加利福尼亚州彩票收入带来的净增加额，小于从这一彩票上得到的资金，中间的差额等于重新分配的资金额。

练习与思考

1. M 住的房子附近正要兴建一批 20 层高的公寓楼，M 拥有他自己所住房子的产权。M 起诉至法院，要求不得建造这些大楼，理由如下：建造这批大楼会造成更为严重的交通危害和拥堵。在法庭上，M 向法官证明，他的指控是正确的。法官该如何裁决？

   答：

   M 正在为不拥堵的街道的产权而起诉。根据当前法律，这种权利似乎得不到承认，估计法官的判决会对他不利。谁拥有街道，从而有权决定街道的使用程度呢？

2. 加利福尼亚州的一座城市，禁止建造任何在上午9点到下午3点之间影子会落在其他人土地上的建筑物。这是对私有产权的限制，还是对私有产权的加强？

答：

如果你把获取阳光定义为土地所有权的一个方面，那么这就是对私有财产权的强化。但它削减了其他房屋建筑的产权。

3. 有一座城市通过了一项分区规划条例，禁止某一大地块的拥有者在其上建造住宅，理由是他们担心附近的市属机场的噪音会对新住户造成干扰，结果导致机场的航班受到缩减。

   (1) 分区规划条例剥夺了谁的权利？

   (2) 根据私有产权的定义，土地所有者的权利是否被剥夺了？

   (3) 你能为这个问题提出别的解决办法吗？

   (4) 如果你是那个城镇的纳税人，而且不住在机场附近，你会投票支持什么解决方案？

答：

   (1) 如果这位拥有者购买土地时的分区规划包括建造房屋的权利，那么，之后的分区规划变更禁止建造房屋，就侵犯了他的权利。如果当前的拥有者购买该土地时并无分区规划，那么新的分区方案或条例就首次澄清、界定并分配了这些权利。

   (2) 如果对土地包括哪些权利有疑问，土地的潜在买家可以在购买土地之前要求对这些权利加以澄清。

   (3) 可以要求向有意建造房屋的人出售土地的合同，承认附近存在机场这一事实。这将使所估算的土地价值降低到知情的买方愿意支付的水平。

   (4) 这个城镇上的纳税人可能会希望建造这些房屋，以便有更多的房主缴纳房产税，帮助支付学校和其他城市服务的费用。对纳税人来说，最好的办法是把机场附近的新房仅限于老年人居住，这样他们就可以在缴纳财产税的同时，又不会有孩子要送去上学。

4. 著名的产品缺陷曝光者拉尔夫·纳德（Ralph Nader）抱怨说，在河里大小便的人会被罚款，但污染同一河流的产业却不会被罚款。抢劫犯会受到惩罚，但制造烟尘夺人性命者却不会受到惩罚。他引用这些例子来说明，我们的社会和经济对大公司的态度是不公平和不合理的。纳德忽略了什么？

答：

他忽视了作为副产品产生烟雾和污染的活动所带来的社会收益。汽车和飞机会带来"死亡风险"；旅行会占用用于修路的土地；制造钢板会减少诸如休闲、安静和休息等其他所需要的东西；油井会在附近产生令人厌恶的气味——因此，所有的生产活动都会伴随一些不受欢迎的副产品。所有这些对环境的污染都是生产成本的一部分，如果我们愿意过一种不那么方便、更简朴的生活，这些污染是可以避免的。我们不应该只看成本，认为那些成本最大的经济活动有问题，因为它们也可能会产生最大的收益。在河里大小便的价值可能低于制造同等污染的工厂的价值，而且可以以更低的成本避免。同样，在这个过程中，制造烟尘夺人性命者也在提供其他服务，而抢劫者则没有提供任何社会服务。

纳德应该去抱怨的是，政府和法院没有引入一种让人们为排污权付费的制度，从而使他们承担其行动的全部成本。如果从产生污染的活动中获得的收益小于污染损害的价值，这样一种制度就会使人们减少污染。由于我们可以通过降低污染来减少石油或纸张的产量，因此，清洁的空气或清洁的水与其他值得想望的产品之间孰多孰少，就存在着一种权衡。纳德可以提出的更有用的建议是：努力披露这种权衡比率，并推动排污权价格体系（通过罚款）迫使厂商考虑污染成本，而不是要么是零价格，要么是绝对禁止（规定无限高的价格）。

5. 几乎所有州立公园和国家公园的露营费都很低，以至于在一年中的某些时候，人们需要的空地超过了用得上的空地。

(1) 为什么露营的价格不在市场出清水平上？

(2) 在市场出清价格下，人们需要多少空地？

答：

(1) 这是因为露营地不为私人所有而导致的。

(2) 更少的人均空地。

6. 在洛杉矶，两个地理位置紧密相连的高尔夫球场，一个是私有的，一个是公有的，都对公众开放。

(1) 你认为哪一个收费更高，哪一个较少需要或不需要提前预订？

(2) 每家高尔夫球场的政策，在哪些方面使谁受益？

(3) 随着土地价值的上涨，你认为哪一个会先转为住房或商业用地？

答：

(1) 私人拥有的高尔夫球场收费更高，较少需要或不需要提前预订，会为那些愿意付钱的人提供更多的便利设施。

(2) 更多的收益归私人高尔夫球场可以辨识出来的所有者。

(3) 私人拥有的高尔夫球场的所有者，将会比较以下两者孰大孰小：出售土地并把收益投资于其他项目所能获得的回报；以及继续经营球场所能收取的费用。由于个人无法通过出售公有球场获得经济利益，政治当局可以将出售土地可能获得的财产和其他税收收入，与高尔夫球场产生的费用进行比较。可能私人拥有的高尔夫球场会先被出售。

7. "加利福尼亚的人疯了。在美丽的加利福尼亚海滩附近，有一家豪华汽车旅馆和一个州所有的露营区。尽管汽车旅馆的设施更为豪华，但每天早晨仍有几十辆汽车排着长队寻找露营地点，而在汽车旅馆里，几乎没有一天房间是客满的。这表明加利福尼亚的人更喜欢户外尘土飞扬的营地，而不是配有游泳池、电视、客房服务和私人浴室的豪华汽车旅馆。"你同意这个看法吗？

答：

公园和公共服务的价格往往低于市场出清价格，这就是原因所在。汽车旅馆的价格高于公园里的设施，它依靠需求法则来保持需求量与设施供给量的平衡。

8. 教会通常是非营利机构。你能想出一个不用价格体系就可以解决的教堂设施分配问题吗？

答：

座位是先到先得的，不是卖给做礼拜者的，除非在某些教堂里，一个人捐了一大笔钱，从而得到了一张特殊的长椅作为感谢。

9. 你现在就读的大学很可能是个非营利机构。它的资源是否是在低于市场出清价格水平上进行分配的呢？（图书馆设施？体育设施？咨询服务？课程准入？校园车位？）谁能从挑选被录取的学生的权力中受益？

答：

在非营利机构中，管理者很少有动力实现利润最大化。另一方面，他们可以通过提供有吸引力的设施并录取合适家庭的子女，来获得个人和机构的声望（可以增加捐款收入和收取更高的学费）。

10. 体育赛事门票：为什么大学运动会的门票需求量要远远大于季后赛和重要比赛的门票需求量？为什么高尔夫大师赛（一项著名的高尔夫赛事）的入场券少于公众需求的数量？

答：

收入和回报并不是全部以售票收入的形式体现。最大化货币收入并不能提高管理人员的工资。管理者及其组织可以通过定低于市场出清水平的门票价格，来获得社会和社区声望。

11. "政府提供的服务与私人提供的服务之间的失衡，可以从以下事实中得到证明：一家人乘坐装有空调、电动刹车、电动方向盘的汽车，却要路经肮脏、铺砌不良、拥挤的街道穿过城市，更不用提街道上的那些大幅广告牌了。当一家人用私营企业提供的优质食物野餐时，他们不得不坐在污染的小溪边，然后在一个对健康和道德构成威胁、到处都是腐烂垃圾的公园过夜。私人的丰裕和公共的贫困，是困扰每一个善于观察之人的事实。私人生产的商品供给充足，公共提供的服务却供给乏力，这是私人和政府提供的服务之间缺乏社会平衡的无可回避的证明。"

为什么这些论点——取自一本流行的书，该书提倡政府应该提供更多服务——不仅是错误的，而且也没有解释清楚政府提供的服务究竟是否过少？（提示：注意"短缺"一词的用法。政府如何提供定量配给服务？）

答：

这段话忽略了政府分配产品所依据的价格。这类商品的价格太低，以致出现短缺和数量不足的现象。

12. 假如你在经营一所大学，教师们要求提高工资，其中一些人的工资只有通过减少可用于建筑房屋和体育运动等活动的资金才能获得提高。现在，一个富有校友的基金会给了你的大学数百万美元的捐助资金，条件是这笔捐赠的资金只能用于支付教师的薪水。这时谁又能得到什么？

答：

建筑房屋以及无关于教师的那些方面会受益。在某种程度上，教师也会受益，因为教师工资的提高超过了没有这笔捐赠时他们原本能提高的。从其他来源获得的、原本用于支付教师工资的资金，现在可以用于其他目的了。

13. 许多大学的教师都有免费停车位。

   (1) 谁又能得到什么？

   (2) 如果教师能把他们的停车位卖给学生，会有什么影响？

   答：

   (1) 那些获得所期待的停车位的教授，收到了一份实物礼物（一份薪水之外的补偿）。但大学正在给出去了一些有价值的东西，并且放弃了原本可以通过出租这些停车位来获得的货币收入。

   (2) 如果允许教师向学生出租停车位，则停车位的分配将更充分地符合这个学者社区所显示的偏好，所得收入将留给教师，而不是学校。对学校来说还有另一种选择，它可以把停车位的空地变成风景优美的草坪。

14. 移民至美国的名额有限的权利，定价为"零"，而不是以市场出清价出售给"可接受"类型的人。谁又能得到什么？为什么这些权利不能以最高价格卖给可接受的人？

   答：

   移民局的管理人员是领薪水的，他们在薪水之外没有其他收入。他们在工作中的动机不是追求利润最大化，而是让他们有机会寻求其他的个人目标和政策目标的实现。

15. "在不削减其他商品生产的情况下，可以生产更多的公共品。"请给出你的评价。

   答：

   错；公共品定义中所指的是对商品的消费。一旦商品生产出来，任何人都可以尽情消费，而不会减少其他人可以消费的数量。

16. 公共品是指（选择正确的陈述）：

　　（1）几个人可以同时享受该商品；

　　（2）不能排除某些顾客；

　　（3）任何消费者都无法通过其消费商品的行为，减少可供他人使用的该商品的数量；

　　（4）不应收取价格；

　　（5）政府应该提供这类商品。

　　答：

　　答案（3）最好。

17. 有一群观众的戏剧表演不是公共品。为什么？

　　答：

　　每一个观众都占用了另一个在外面可能想进去的人的位置——剧院可能无法让每个想去的人都有座位。

18. "经济理论只适用于资本主义社会。"请给出你的评价。

　　答：

　　以私有财产为特征（资本主义）的市场交换制度，是前几章的主要制度背景。但这几章使用的经济理论，也同样适用于任何旨在解决因稀缺性而引起的、人与人之间利益冲突的竞争制度。事实上，对低于市场出清价格的分配进行分析，就是经济学在不使用自由市场价格的计划经济中的应用。如果货币价格低于自由市场价格，那么如何在彼此竞争的需索者（claimant）之间分配商品？在这种情况下，使用非货币的"歧视行为"势在必然。

　　计划经济体制下也有依靠货币价格和私有财产，来对某些消费品已有的存量进行配给的情形。在苏联，许多商品都是按货币出售的，个人从工资和薪水中获得货币收入——而不是从生产性物质资本品和土地的所有权中获得。给定一个人的货币收入，他可以通过管制下（不同于开放市场）的市场价格与其他人自愿交换，在各种消费模式中进行选择。

这些原理不是资本主义制度的专属理论。它们适用于所有已知的社会。无论是否使用私有财产交换体系来交换资源，需求和生产法则同样适用。

请牢记以下两者之间的区别：一方面是经济理论和分析；另一方面是它们所适用的（法律的和政治的）制度环境或条件。

19. 在公园里，有一棵苹果树结出的苹果很好，公众都可以摘。苹果在什么时候会被摘走？如果美洲野牛属于某人所有，你认为这些动物还会濒临灭绝吗？如果某个人或团体能够购买捕鲸和海豹的权利，把它作为私人财产，你认为海豹和鲸鱼还会面临灭绝的命运吗？

答：

苹果未充分成熟就会被采摘，野牛也会早早地就被宰杀，因为，若没有指定和强制的所有权，大家就会按照先到先得的办法行事。如果你现在不拿，其他贪婪的人很可能会把你击败，自己拿走奖品。如果资产是私有的，所有者就会有很大的动力来保护和保存资产，直到最佳收获时间，然后保持在最优的生产速率上持久地享受收成。

20. 作为对盈亏风险进行分配的手段，试对比计划经济与市场经济这两种制度。

答：

计划经济不允许每个人自主地（可选择地）拣选财富。得与失，是与税收、对政府资源的使用权，以及政治职位的权力相一致的。在开放贸易的市场经济制度中，资源、利润和损失的价值变化后果，由所有者承担。通过有选择地购买和销售商品，人们可以调整他们所承担的风险组合。做买卖的权利，有利于或允许消费者根据个人喜好来斟酌损益。

21. 有一名富有的实业家，拥有一座赛马场和一座饲养农场。虽然赛马场和饲养农场都是作为企业来运作的，但每年亏损都超过 50 万美元。然而，这种情况还是年复一年地持续下去，因为这位实业家喜欢这种活动，而不愿把同样多的钱花在旅行或传统类型的消费活动上。

（1）这个所有者是否在营业中实现了财富最大化？

（2）这种行为是不是最大化了个人估值？

(3) 损失的增加是否会导致此类活动的减少？经济学理论对此有何解释？

答：

(1) 可能没有。

(2) 可能是的。

(3) 是的。价格越高，需求量就越少。

22. 有一个大湖里有很多上等的鱼，但没有人拥有这些鱼或这片湖。只有捕到鱼，你才能获得鱼的所有权。

(1) 你认为与私人拥有的湖里的鱼相比，在这个大湖里捕获的鱼的平均年龄是多长？

(2) 哪种制度会引致过度捕捞的现象（过度捕捞是指投入到捕捞中的资源，超过了额外捕获得的鱼的价值）？为什么？

答：

(1) 这个大湖里的鱼的年龄会越来越短，个头也就越来越小，这与苹果不会在公园里长到成熟是一个道理。没有人拥有这些鱼（或公园里的果树），能够获取这些鱼的价值的唯一方法就是捕到它们（在公共土地上砍树取柴，道理也一样）。

(2) 当没有人拥有湖中所有的鱼时，所捕捞的鱼的额外价值，将由每个单独的渔民根据其捕获量而不是湖中的总捕获量来判断。由于这片湖区的产权缺失，导致了人们为取得鱼群的产权而展开的竞争，是以"先捕先得"的形式来实现的。

23. 有人发明了一种新型的船帆来利用风力。这位发明家做了一些帆，并打算把它们租给船主。船主没有接受租用船帆的提议，而是暗自估计，休渔一年，并让船员花一年的时间制作自己的船帆，他和他的船员可以捕获更多的鳕鱼。他还估计，在随后的三年中捕获到的更多鳕鱼的价值，将大于制作船帆时牺牲的鳕鱼加上租用船帆的成本。船主决定，到底是现在租帆，还是在自己造帆的时候休渔一年，由船上所有人投票决定。投票的结果是，休假一年并自己造船的建议被否决了。为什么这个结果并不让人感到意外？

答：

正如讨论资本价值的第 30 章所要解释的那样，非所有者对这些未来效应的考虑，其兴致不如所有者，后者对当前投资的长期收益的现值更感兴趣。一种资源的所有权迫使所有者关注资本价值，资本价值反映了企业的长期整体效应，所有者在可售资本的价值中承担其后果。员工承受的后果较小。"员工所有权"并不赋予员工任何出售部分该"所有权"的权利，不像在股份制公司里员工可以这样处理自己的所有权。员工"拥有"的是，就谁将管理"员工拥有"的企业的决定进行投票的权利，而不是出售"员工拥有"的股份之权利。当股东可以出售自己的股份时，他们对管理层的监管就没那么严密了。

专业化、生产、团队和企业

Specialization, Production, Teams, and Firms

第 14 章 生产力和生产成本

前几章的主要内容，是对既有商品的定价和分配。但是，是什么决定了谁生产哪些商品，以及每种商品又生产多少呢？你不会像鲁滨逊·克鲁索*那样，你所消费的一切都由自己生产。出于某种原因，我们会被说服去生产和销售别人需要的商品，这样做可以使我们比自给自足的（self-sufficient）时候更加富有。我们通过解释以下两项内容来开篇：（1）生产能力与成本的区别；（2）边际成本的含义和典型模式。

生产能力 vs.生产成本，或绝对优势 vs.比较优势

比尔和苏珊两个人都会做蛋糕和果酱。表 14.1 列出了：（1）他们的生产能力；以及（2）他们生产蛋糕和果酱的成本。超卓的生产能力，并不意味着更低的成本。

表 14.1 生产与成本

生产者	每天的生产能力			每天的成本	
	果酱		蛋糕	果酱	蛋糕
比尔	5 罐果酱	或	10 块蛋糕	2.0 块蛋糕	0.50 罐果酱
苏珊	10 罐果酱	或	15 块蛋糕	1.5 块蛋糕	0.67 罐果酱

---

* 鲁滨逊·克鲁索（Robinson Crusoe），是欧洲的"小说之父"丹尼尔·笛福的小说《鲁滨逊漂流记》（1719）中的叙述者和主人公。鲁滨逊·克鲁索乘船离家远洋，途中遭遇海难，独自一人流落荒岛，度过了多年孤独的海岛生活。——译者注

对成本的度量

　　根据定义，成本反映了制作蛋糕相对于制作果酱，或制作果酱相对于制作蛋糕的相对生产能力。比尔的生产能力是这样的，他可以在一天10小时内生产10块蛋糕或5罐果酱。他做1罐果酱的成本是2块蛋糕（＝10块蛋糕/5罐果酱），如果生产1罐果酱，成本就是被放弃的蛋糕块数。未生产的果酱节省出来的时间和资源，可以制作2块蛋糕。比尔做1块蛋糕的成本是0.5罐果酱（＝5罐果酱/10块蛋糕），这是为了做1块蛋糕而放弃生产的果酱罐数。

　　苏珊做蛋糕的成本是0.67罐果酱（10罐果酱/15块蛋糕）。每做一块蛋糕都放弃了那天她能做的0.67罐果酱。她做果酱的效率是比尔的2倍（10罐果酱/5罐果酱），她做蛋糕的效率比比尔高50％（1.5倍）。因此，很容易得出这样的结论：苏珊是一个低成本的生产者。但她在果酱和蛋糕上的成本并不是都更低：她就不能像比尔那样便宜地制作蛋糕。

成本 vs.生产能力

　　绝对生产力并不能告诉我们生产商品的成本。假设某个奇迹导致比尔在两种商品上的生产力都提高了10倍，达到每天生产50罐果酱或100块蛋糕。比尔做1块蛋糕的边际成本和平均成本不变，仍然是0.5罐果酱（＝50罐果酱/100块蛋糕），而果酱的边际成本和平均成本仍然是2块蛋糕（100块蛋糕/50罐果酱）。果酱的成本是对生产果酱时所放弃的其他商品数量的权衡，即必然放弃的其他商品数量。哪怕一个人对任何一种商品都具有超卓的技术生产能力，也不意味着他生产每一种商品的成本都比较低。

任何人都不可能是每种商品的最低或最高成本生产者

　　没有人能在每种商品上都拥有最低的成本。不管你在表14.1中输入了什么数字，苏珊在这两项活动中的成本不可能都更低，尽管她可以在每项活动中生产出比比尔更多的产品。不管一个人能生产多少种不同的产品，或者拿多少人来比较，这一点都是成立的。更强的绝对生产能力，将导致更高的产量和收入（或更高的日工资）。但成本的差异反映的是商品之间比较性的生产能力的差异。

绝对生产能力 vs.更低的成本

绝对优势（absolute advantage）是指更强的绝对生产能力，如苏珊在蛋糕和果酱两种商品上的生产能力。但是，苏珊在蛋糕方面的相对能力，与她做果酱的能力相比，要差于比尔。苏珊是一个成本更低的果酱生产商。她在做果酱方面有比较优势（comparative advantage）；同样，与苏珊的能力相比，比尔在做蛋糕方面也有比较优势。所以，即使比尔做蛋糕的绝对能力比苏珊差，他做蛋糕的相对能力却比苏珊强。

边际成本和平均成本

有一些成本指标应该区分开。一个是蛋糕的平均成本（无论是多少）；另一个是蛋糕的边际成本。制作蛋糕的每日平均成本，是蛋糕的总成本除以蛋糕的数量。对比尔来说，这个平均值是每块蛋糕 0.50 罐果酱（＝5 罐果酱/10 块蛋糕），而无论他每天做多少块蛋糕。同样，苏珊蛋糕的平均成本是每天 0.67 罐果酱。

边际成本

在每种可能的蛋糕每日生产速率上，比尔生产蛋糕的边际成本都是 0.50 罐果酱，因为每增加 1 块蛋糕，成本就会增加 0.5 罐果酱。成本的增加量——边际成本——在这里从数值上碰巧与平均成本相同。不管比尔生产了多少块蛋糕，再加 1 块的成本总是 0.5 罐果酱。当新增成本等于之前的平均成本时，即当边际成本等于平均成本时，平均成本保持不变。

苏珊每天的边际成本是 0.67 罐果酱。每增加 1 块蛋糕都得转移对果酱的生产能力，使得果酱减少了 0.67 罐。这就是每天再多做 1 块蛋糕的总成本的增加量。

暂时作出的简化假设

我们已经做了三个算术上的简化假设，稍后我们将去掉这些假设。第一个简化假设是，没有初始的设备投资，例如，购买烤箱或和面设备。第二个简化假设是，我们感兴趣的商品只有两种——蛋糕和果酱。第三个简化假设是，蛋糕和果酱的边际成本和平均成本，在每一种可能的每日生产速率下是恒定不变的。

李嘉图优越性与李嘉图租金

如果优越性是天生的优越生产能力的结果（既不能通过投资，也不能通过培训实现），那么它通常被称为李嘉图优越性（Ricardian superiority）[这个名字因大卫·李嘉图（David Ricardo）而得名，他是 19 世纪早期著名的经济学家，是他提出了这个概念，而且无疑他还提出了一些其他的概念]。这种天生的优越能力可以区别于通过以下方式取得的能力：（1）在提高生产力方面的投资和训练；或（2）限制或禁止他人参与竞争（人为设置的垄断租金）。穆罕默德·阿里 *、米尔顿·弗里德曼和惠特妮·休斯顿 ** 无疑都拥有李嘉图优越性，并因为李嘉图租金而变得富有和出名；他们没有从垄断租金中获利。

生产速率 vs. 生产量：一个重要区分

在提到成本时，区分以下两者很重要：（1）生产速率，或生产速度；以及（2）

---

* 穆罕默德·阿里（Muhammad Ali，1942—2016），美国著名拳击运动员，人称"拳王"。——译者注

** 惠特妮·休斯顿（Whitney Houston，1963—2012），美国女歌手、演员、电影制作人、模特，在全球拥有超过 1.8 亿张的唱片销量，在世界歌坛享有"美利坚之声"的称号。——译者注

生产量，或总数量。生产成本取决于生产速率和生产量，其方式类似于旅行成本取决于速度和距离。下面是关于一种商品的成本、生产速率和生产量之间关系的指南：

1. 产量越大，总成本越高。

2. 指定产量的生产速率越快，生产该产量的总成本就越高。

通常情况下，产量越大，边际成本越低。（但是，如果所生产的是一些可耗尽的资源，如铁矿石、石油或煤炭，则最便宜的会最先开采。）这意味着单位产量的平均成本下降。而边际成本可能会因"边干边学"（learning by doing）或经验累积而下降。

有两种不同的生产量要考虑。一个是每一个时间段的速率；另一个是不管生产速度如何，要生产的总数量。当福特汽车公司准备推出一款新车型时，所选择的流程不但取决于对其生产数量的估算，也取决于其计划中的生产速度。显然，生产数量会对生产方法和平均成本产生影响。而通常情况下，使用任何给定的生产方法生产汽车的速度越快，每辆车的成本就越高。但随着生产总量的增加，大批量生产的工艺流程将会使单位生产成本降低。

在旅行中，你不会把每小时英里数和总距离混淆起来。因此，当提到更多、更大或更高的产量时，就要学会区分以下两者：（1）以更快的速度生产某个固定产量；以及（2）以某种固定速度生产更大的产量。在本章，我们首先关注的是，在给定的总计划产量下，每天的生产速度（每日速率）如何影响成本。这类似于把注意力集中在行驶指定距离的成本如何取决于车速，以及在更高的车速下所需的汽油量是如何增加的。

边际成本和平均成本，及其在现实中与生产速率的关系

在现实中，生产速率越快，边际成本（总成本的增加量）往往越高。亚当正在做蛋糕，但我们不知道他除了蛋糕还能做什么。在比尔和苏珊的例子中，只有两种可能的商品——果酱和蛋糕。在亚当的世界里，成本意味着在许多可供选择的可能性中被放弃的最高价值。我们称之为价值最高的替代生产项 Y，并以美元价值来衡量，记为 $Y。成本的美元价值是对被放弃的实际商品或服务价值的衡量，而不必知道被放弃的具体商品是什么。我们只需要注意它的美元价值 $Y。表 14.2 给出了所有的数据。

表 14.2 亚当的每日生产成本（以 Y 单位表示）

每日蛋糕 产出量 1	总成本 2	边际成本 3	平均成本 4	替代性产品 Y （美元） 5	蛋糕的 边际估值 6
0	—	—	—	13.50	—
1	0.90	0.90	0.90	12.60	1.15
2	1.90	1.00	0.95	11.60	1.05
3	3.00	1.10	1.00	10.50	0.95
4	4.20	1.20	1.05	9.30	0.85
5	5.50	1.30	1.10	8.00	0.75
6	6.90	1.40	1.15	6.60	0.65
7	8.40	1.50	1.20	5.10	0.55
8	10.00	1.60	1.25	3.50	0.45
9	11.70	1.70	1.30	1.80	0.35
10	13.50	1.80	1.35	0.00	0.25

　　该表第 1 列列出了亚当每天可以生产的蛋糕数量。倒数第二列列出了如果不生产指定的蛋糕数量，亚当可以生产的其他商品的美元价值。如果不生产蛋糕，亚当可以生产 13.5Y；如果他生产 1 块蛋糕，仍然可以生产 12.60Y；他还可以生产 2 块蛋糕和 11.60Y。

　　第 2 列是总成本，列出了必须放弃的每日最大价值。如果 1 块蛋糕生产出来，就不能生产 0.9Y，那么 1 块蛋糕的总成本就是 0.9Y。如果每天生产 2 块蛋糕，就要放弃 1.9Y。这是 2 块蛋糕的每日总成本；在 2 块而不只是 1 块蛋糕上增加的总成本等于 1Y（＝1.9Y－0.9Y）。第 3 列列出了生产第 2 块蛋糕的边际成本。第 4 列列出了平均成本：2 块蛋糕，每块 0.95Y（＝1.90Y/2 块蛋糕）。最后，右边的最后一列列出了亚当对自己消费蛋糕的边际估值。正如第 5 章所解释的那样，一个人对某事物的估值，被定义为一个人为了得到它而愿意放弃的其他物品的数量。

边际成本的计算

　　每日生产速率的边际成本是指，每日生产速率提高一个单位后，成本的增加量。

"边际的"（marginal）这个概念，具有双重边际的意涵——即增加的生产单位和增加的成本。当每天生产 3 块蛋糕时，总成本是 3Y——即本可以生产的其他产品的最大值。如果一单位 Y 的市场价值是 1 美元，那么我们可以用美元而不是 Y 单位来衡量成本。3 块蛋糕的总成本 3Y，就是 3 美元。这比 2 块蛋糕时 1.90Y（1.90 美元）的总成本，高出 1.10 美元（1.10 美元＝3 美元－1.90 美元）。因此，第 3 块蛋糕的边际成本是 1.10 美元。

边际成本之和是总成本

由于我们假设不存在初始设备投资成本，每天 1 块蛋糕的边际成本加上第 2 块蛋糕的边际成本，将会得到每天 2 块蛋糕的总成本。如果把 3 块蛋糕的边际成本加进去，总和就是每天生产 3 块蛋糕的总成本。按照等价的美元计算，就是 3 美元（0.90 美元＋1 美元＋1.10 美元）。

边际量与平均量之间的关系

这里，边际成本和平均成本之间的关系并不是一看即知的。可以看到，第 7 块蛋糕的边际成本超过了第 6 块蛋糕时的平均成本。7 块蛋糕的平均成本也高于 6 块蛋糕的平均成本，因为在制作 7 块蛋糕时的边际成本（1.50 美元）——增加的成本——高于制作 6 块蛋糕时的平均成本（1.15 美元）。

布卢瑟·比尔是足球队的明星后卫。在今天的比赛中，他平均每次带球距离为 5 码。今天第一次带球时，他向前奋力带出了 6 码。他的边际码数比最初 5 码的平均码数要大一些，平均码数虽然没有上升到 6 码，但上升了一点。然后他在 2 码后被拦住，这拉低了他的平均码数。

边际量与平均量的关系可以概括为：低于平均量的边际量将降低平均量；高于平均量的边际量将提高平均量；如果边际量等于平均量，则平均量不变。

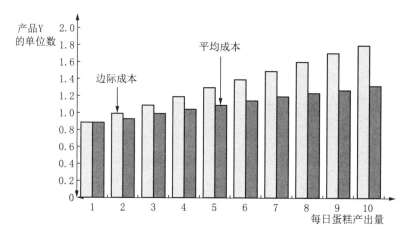

图 14.1 亚当在不同的每日生产速率下的边际成本和平均成本

注：以每天 6 块蛋糕的速率进行生产时的总成本，是前后相继的各边际成本的总和——0.90Y + 1.00Y + 1.10Y + 1.20Y + 1.30Y + 1.40Y = 6.90Y，即边际成本柱到 6 块蛋糕时的总和。每天 6 个单位的生产率的总成本，比每天 5 个单位的总成本多出 1.4Y。

生产速率和生产量

成本上升与生产的速度或速率有关，而不是与产量的增加有关。但也有通过积累经验而带来学习效应的。只要提高固定的产量，不论它是以较慢的速度还是以较快的速度来完成，都能够让人们有更大的机会和积极性在工作进程中摸索和积累经验。人们会采用已发现的成本更低的方法。与较小的产量上使用的最优方法相比，生产更大产量时采用的方法可能更加多样。如果只是钉几颗钉子，手锤比汽锤更经济，但要是钉几千颗钉子，当然汽锤更经济。

无论生产速率如何，所增加单位的边际成本随着产量的增加而下降。无论产量是多少，随着生产速率的提高，边际成本也会增加。在亚当的生产活动的例子中，我们看到的是生产的速度或速率，而不是亚当能生产的蛋糕或 Y 的总量。总计划产量的多少，将强烈影响所选择的生产方法，这点我们稍后讨论。

自给自足者亚当对生产与消费的选择

现在，我们可以确定，作为自给自足者的亚当，选择每天制作以及消费多少蛋糕

的一个原则。这个原则就是个人估值最大化。凡是亚当对蛋糕的边际个人估值超过他
生产蛋糕的边际成本的，他就会一直生产下去。成本是本来可以生产的最有价值的东
西。表 14.2 第 6 列给出了亚当对蛋糕的边际估值，单位为 Y。我们不需要知道数字。
就我们的目的而言，我们知道下面两点就够了：（1）亚当对蛋糕的边际估值，随着每
天蛋糕的增加而减少；（2）第 3 列中的边际成本随着蛋糕生产速率的提高而增加。

　　如表 14.2 和图 14.2 所示，亚当对蛋糕的边际估值从每天 1 块蛋糕的 1.15Y 开
始，递减到每天 2 块蛋糕的 1.05Y，再到第 3 块蛋糕的 0.95Y。亚当的边际成本从每
天 1 块蛋糕的 0.90Y 开始，递增到 2 块蛋糕的 1.0Y，再到 3 块蛋糕的 1.1Y。对于每
天 3 块蛋糕来说，1.10Y 的边际成本超过了 0.95Y 的边际估值。因此，亚当每天会只
生产和消费 2 块蛋糕和 11.6 单位 Y（其他商品）。商品的边际估值将会降到（但不能
低于）其边际成本的水平。

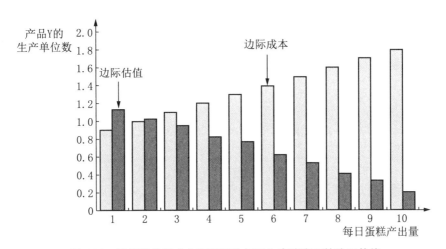

图 14.2　亚当的边际成本和不同的每日生产速率下的边际估值

生产速率越快，边际成本就越高

　　为什么生产速率越快（越大），边际成本就越高呢？主要有两个原因。一个是，
为了每天生产更多的产品，要使用更多的设备，这些设备平常生产效率较低，只有
在非常高的生产速率下才会用到那些备用设备。但另有一个原因，一个远为普遍、
概莫能外的规律——边际收益递减定律。

边际收益递减定律

这个定律是指："在其他投入品的数量固定的情况下，当一种投入品不断增加更多的投入单位，超过一定的数量时，新增单位的边际收益将会开始下降。"此乃定律，概莫能外。

表 14.3 中的数据说明了这一定律。

表 14.3　边际收益（边际产量）递减定律

标准投入单位 （1）	总产量 （2）	边际产量 （3）	平均产量 （4）
0	0	0	0
1	6	6	6
2	16	10	8
3	24	8	8
4	30	6	7.5
5	34	4	6.8
6	36	2	6
7	36	0	5.14
8	32	− 4	4
9	27	− 5	3
10	21	− 6	2.1

如果没有使用任何可变投入，则产出为零。如果有 1 单位的可变投入，则总产出为 6 单位。有 2 单位的可变投入，总产量增加到 16 单位，边际产量为 10 单位（10 = 16 − 6）。每单位投入的平均产出，是平均每单位可变投入 8 单位产出（8 = 16/2）——但平均产出与边际收益递减规律无关。

边际收益递减的那个点，是边际产量随后开始递减之处——即在 2 单位可变投入的地方。超过这个可变投入量，多一单位投入的边际产出就会减少，甚至变成负数并减少总产量（见图 14.3）。

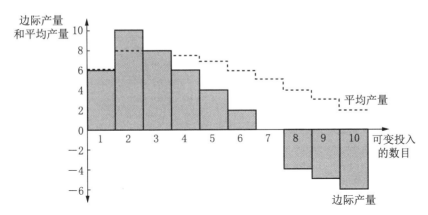

图 14.3　边际收益递减定律

注：在生产某种商品时，当生产该商品所用的一种投入增加更多的单位，同时所有其他投入都固定时，超过某个点——这里是投入数 2 单位——后，产出增加量，也即该产出的"边际产量"，将会减少。边际量和平均量之间的关系继续成立。随着边际产量的减少，它会拉低平均产量。

如果增加一种投入时不存在收益递减，那么，我们可以用一个花盆的土壤种植全世界的小麦。我们会在一个花盆里多种种子，从一小块固定的土壤里得到想要的那么多小麦。或者，我们可以不多播种子，而是不断添加肥料，然后想要多少小麦，就可以长出多少小麦。

边际收益递减定律并不否认，在可变投入的初始量下，边际产量可能会增加。但是，这种投入的数量超出某一个量之后——保持其他投入不变——边际收益（边际产量）就将减少，并且在该投入的所有更大数量上持续减少。

劳动力价格 vs.产出的劳动力成本

人们常说，外国劳工的小时工资更低——因此单位产出的成本低于美国高工资劳工的生产成本。但这里涉及劳动力价格（工资）和单位产品的劳动力成本之间的差异。

这种关系如下：

（1）单位产出的劳动力成本 =（2）小时工资 /（3）每小时产量

一个工人每小时的高工资率，可能反映的是更高的生产力，这种更高的生产力

表 14.4　小时工资和单位产出的劳动力成本

国　　家	小时工资（美元）	小时产出单位数	单位产出的劳动力成本（美元）
美国劳动力	20	10	2
外国劳动力	10	3	3.33

　　注：美国劳动力工资为每小时 20 美元，生产率为每小时 10 个单位，每单位产品的劳动力成本为 2 美元。如果另一个国家的工资相当于每小时 10 美元，但每小时的产出只有 3 个单位，那么每单位产品的外国劳动力成本就会更高。在美国，每小时 100 美元的计算机程序员写一个程序，成本可能比每小时 20 美元的程序员更低，只要后者一小时只能写出不到前者五分之一的程序数量。小时工资更高的工人，单位产出的劳动力成本可能反而更低。

在抵偿一个生产力更低、工资也更低的工人之后，也许还有余。如表 14.4 所示，工资更高的工人也可以是单位产出成本更低的投入。

练习与思考

1. "一个商人的原材料、劳动力和设备的成本，度量的是他购买或租用的这些资源所能生产出来的其他最有价值的产出。"请评价这句话。

   答：

   正确。

2. 为什么不按劳动时间度量成本？

   答：

   劳动时间有不同的用途，对不同的劳动质量和不同的劳动用途，劳动时间有不同的价值。与超市店员的一小时工作时间相比，你认为一个熟练的外科医生一个小时的工作时间价值几何？你会用哪一个作为衡量成本的基础？我们是无法用劳动时间来度量成本的。使用劳动力一个小时的成本，是所放弃的劳动力最佳用途上的价值。

3. 有效生产（efficient production）是什么意思？

   答：

   如果对其他商品的既定数量而言，一种可能的产品产出得到了最大化，那么生产就是有效率的。或者，如果一种产品的产量增加，只能通过减少另一种产品的产量来实现，那么，生产就是有效率的。大致来说，这意味着潜在的产出没有被浪费掉。

4. 与专业化的、相互依存的经济相比，自给自足的生存型经济是什么意思？

   答：

   生存型经济（subsistence economy）是指人们只消费他们自己生产的东西的经济。专业化意味着人们生产的某种商品比他们消费的多，消费的某种商品比他们生产的多。专业化通常还意味着，生产商不生产完整的消费品成品，而是专注于组装任务中的某些组件或部分。

5. 一个新兴国家的首领吹嘘说，他要使自己的国家自给自足，独立于外国人。这一章的原理是否已向你表明，作为一个那个国家土生土长的人，你可能会受到什么样的影响？

   答：

   这种自吹自擂意味着你将会更加贫穷，更多地从事"自己动手"（do-it-yourself）的活动。贸易机会的减少，限制了从贸易中获得收益的程度。

6. 几年前，印度提议修建一座钢铁厂，并请求美国政府为该项目提供资金。一位担任美国驻印度大使的经济学家对此辩解道："毫无疑问，钢铁是需要的。虽然这家工厂的成本很高，但它很快就会用节省下来的进口支出来支付自己的费用。进口 100 万吨钢铁产品，将使印度人损失约 2 亿美元。计划投产的年产 100 万吨的工厂，将耗资 5.13 亿美元建造。因此，三年的运营就可以收回工厂的美元成本，而且还会获益更多。由于印度对钢铁的迫切需求和同样严重的美元短缺，这种经济上的吸引力显而易见。事实上，这座钢铁厂所能供应的钢材，要是改为进口的话，印度是支付不起的。"请你解释一下，除了第三句和第四句之外，其他每一句都有什么问题。

答：

首先考虑，钢材相对于其他可以生产的产品的成本和收益。"需要"多少钢铁，取决于成本和相对收益。很多东西，印度都"需要"更多。成本衡量的是其他产品的价值，这些产品可以拿用于建造钢铁厂的资源来生产。相对于成本而言，那些其他产品是不是更有价值呢？你会建造相对于成本来说不太有价值的钢铁厂吗？接下来，我们还要考虑，印度通过进口来获取钢铁，以及通过建造钢铁厂来获取钢铁，哪一个更经济（更便宜）。如果进口钢铁更便宜，印度可以拥有钢铁以及更多其他有价值的产品（比如更多的住房、学校、道路），这些产品可以利用钢铁厂项目所释放出来的资源进行生产，否则这些资源就会被用于建造更昂贵的钢铁厂。花在进口商品上的支出，并不是成本。

在这个三年期的计算中，被忽略的还有现值（我们稍后会考虑）。"需要钢铁"和美元"短缺"都是花言巧语。印度和其他国家一样，对许多其他产品也有"迫切需要"和"严重短缺"。问题在于，这些"迫切需要"和"严重短缺"的资源，将用于哪些方面，以及在决定生产什么和如何生产时，将会采用什么样的竞争形式。

7. "成本更低的生产商可以比成本更高的生产商，生产更多的产品。"你认同这句话吗？

答：

不知道。成本——边际成本——反映的是多生产一单位产品的成本。但是，更低（边际）成本的生产商可能生产的总量，可以大于也可以小于更高（边际）成本生产商可能生产的总量。

8. "某人总是在生产某种商品时具有比较优势。"对这句话请给出你的解释。

答：

比较优势是指多个商品的不同生产者，其相对生产效率（产出/投入）之比。对于两个生产者来说，除非其中一个在两种商品上具有相同程度的绝对优势，否则每一个生产者都在一种商品上具有相对的优势，而在另一种商品上则具有相对的劣势。

9. 付出成本等于牺牲了一个机会。你同意吗？

答：

根据定义是这样。成本就是为了得到什么而放弃的东西。在生产中，成本是用资源生产的其他产出中最有价值的那一个。

10. "不受限制的世界贸易，往往会无情地将所有工人（和其他资源拥有者）的处境降到世界最低水平。因为一个工资较低的国家——而所有国家的工资都比美国低——会向我们抛售它们的产品，不仅向第三方市场抛售，而且向我们自己的国家抛售。这样，美国的生产商就会破产。或者，为了我们能够卖出去东西，从而生存下去，我们的工资必须降低到竞争对手的最低水平。把我们的高生活水平暴露在世界上其他贫穷国家的毁灭性竞争中，实在荒谬绝伦。"你能怎样对此提出异议呢？

答：

这段话混淆了劳动力的价格（工资）和单位产品的生产成本。成本是生产每单位产品放弃的产出价值。美国每小时 20 美元的工资反映了劳动生产率；成本不由它度量，度量成本牵涉到生产单位产出的劳动生产率。按每小时 10 单位产出计算，每单位产出成本为 2.00 美元。工资为每小时 5 美元的外国劳工，一小时只能生产 1 个单位的产量。在这种情况下，工资高、生产效率高的美国劳动力比工资低、生产效率低的外国劳动力成本更低。

11. 诸如速率和数量这样的不同维度，可以用来描述产品的产量。尽管在本书中我们通常同时提到产出速率和产出量，但在任何实际问题中，产出的不同维度都是相关的。例如，如果你在分析运营一家航空公司的成本，你可以使用什么样的产出衡量指标呢？

答：

你可以像我们在课本中那样使用速率和数量。除其他的因素外，成本将受到业务规模（飞机类型、航站楼住宿、维护设施和人员、服务航线）和每日航班频率的影响。

12. 关于速率和数量：

(1) 如果你以每小时 40 英里的速度行驶 1 英里要花 32 美分，而以每小时 45 英里的速度行驶 1 英里要花 34 美分，那么每小时增加 1 英里的速度，边际成本是多少?

(2) 这是否意味着如果你以每小时 41 英里的稳定速度行驶一小时,你的费用会比你以每小时 40 英里的速度行驶一小时高? 为什么不是这样呢?

(3) "如果所有的投入都好像通过克隆一样地增加,那么只有从别处的生产活动中把它们吸引过来,才能在此处使用。从其他商品的生产中吸引的资源越多,那些商品的价格就越高,因为用于生产那些商品的资源更少了。这意味着这里所需的投入品价格将会上涨,从而导致边际成本的增加。"这是对是错?

答:

(1) 这是一项以每小时 2 美分在增加的成本——不管你旅行了多远或多长时间。如果你的时间值每小时 10 美元,哪种速度对你来说更经济?

(2) 这意味着速度和行驶距离都在增加,意味着 41 英里相比于 40 英里的增加,以及每小时 41 英里相比于每小时 40 英里的增加。

(3) 错了。边际收益递减不是投入品价格上涨的结果,而投入品价格上涨可能发生,也可能不发生。边际收益递减是在没有适当地同时增加所有投入时的客观效应。

提示:在第 2 章中,我们引入了生产可能性边界的概念。下面的几个问题进一步建立在这个概念的基础上。

13. 史密斯的每日生产可能性如表 14.5 所示:

表 14.5 史密斯的每日生产可能性

燕麦(蒲式耳)		大豆(蒲式耳)
10	和	0
9	和	0.2
8	和	0.4
7	和	—
6	和	—
5	和	—
4	和	—
3	和	—
2	和	—
1	和	—
0	和	2

(1) 假设使用线性插值（linear interpolation），请计算缺失值。

(2) 每增加一点燕麦，他就要均匀地牺牲一定量的大豆。这两种变化之间的比率，是燕麦和大豆之间的边际转化率。这个比率也给出了燕麦对他的边际成本（以大豆计）。1 蒲式耳燕麦的边际成本是多少？

(3) 1 蒲式耳大豆呢？

(4) 如果边际成本在所有组合中都是不变的，我们就说生产中包含固定成本。这个例子揭示了固定成本吗？

(5) 画出史密斯的生产可能性边界，燕麦在横轴的刻度上。

(6) 在该图中，把燕麦和大豆的蒲式耳产量相同处标为 I 点。

(7) 每一种商品的蒲式耳数是多少？

(8) 哪一种产量更大——每一种各 1.67 蒲式耳，还是 5 蒲式耳燕麦和 1 蒲式耳大豆？

答：

(2) 1 蒲式耳燕麦的边际成本是 0.2 蒲式耳大豆。

(3) 每 1 蒲式耳大豆的边际成本是 5 蒲式耳燕麦。

(4) 是的。

(7) 各 1.67 蒲式耳。

(8) 问题显得模棱两可。我们要用数字、重量，还是价值单位来衡量呢？

14. 参考表 14.6，在前一题的图表上，绘制贝克的生产可能性边界。

把这条线标示为 BB，并标出燕麦和大豆蒲式耳数相同的（即各 1.5 蒲式耳）那一点。

表 14.6 贝克的每日生产可能性

燕麦（蒲式耳）		大豆（蒲式耳）
3	和	0
2.5	和	0.5
2	和	1
1.5	和	1.5
1	和	2
0.5	和	2.5
0	和	3

(1) 如果史密斯先生和贝克先生只生产燕麦，那么他们共同生产的燕麦的最大数量是多少？

(2) 只生产大豆呢？

(3) 如果每个人生产的燕麦和大豆一样多，他们最多能生产多少大豆和燕麦？

(4) 如果把时间和资源平均分配给燕麦和大豆，每种作物的总产量是多少？

(5) 哪一种产量更大——（i）每人在两种产品中平均分配时间，还是（ii）每人生产一样多蒲式耳的燕麦和大豆？

答：

(1) 13 蒲式耳。

(2) 5 蒲式耳。

(3) 对史密斯来说是每种商品各 1.67 蒲式耳；对贝克来说是每种商品各 1.5 蒲式耳。

(4) 对史密斯来说是 5 蒲式耳燕麦和 1 蒲式耳大豆；对贝克来说是每种商品各 1.5 蒲式耳。

(5) 此问题无意义，这是在比较（i）6.5 蒲式耳燕麦和 2.5 蒲式耳大豆，与（ii）每种商品 3.17 蒲式耳。

15. 为表 14.5、表 14.6 引入商品价格：

(1) 如果 1 蒲式耳大豆的价格是 1 美元，而 1 蒲式耳燕麦的价格是 50 美分，那么，如果史密斯想要最大化他的财富，他应该生产哪种商品？贝克又应该生产哪种商品？

(2) 如果 1 蒲式耳燕麦的价格涨到 1 美元以上，而大豆价格保持在 1 美元，那么，如果贝克想要最大化他的财富，他该怎么办？

(3) 要让史密斯去生产大豆，那价格比率应该是多少？

答：

(1) 史密斯种燕麦，贝克种大豆。

(2) 改种燕麦。

(3) 如果燕麦的价格低于每蒲式耳大豆价格的五分之一，史密斯应该改种大豆。

16. 有效生产是什么意思? 尝试给出两个不同版本的定义。

答:

(1) 对于其他产品的既定数量, 如果一种可能的产品的产出得到了最大化, 那么生产就是有效率的。

(2) 如果一种产品的产量增加, 只能通过减少其他产品的数量来实现, 那么生产就是有效率的。

第 15 章 专业化与交换

你和亚当不一样，你不是自给自足的。你要提供一些服务来赚取收入，你还要依赖他人生产和销售许多商品给你来消费。你会因此变得更富有。这种"专业化"避免了不必要的更高的边际生产成本。这是生产商之间对生产的有效分配。专业化还要求只专注于一项任务，这可以提高个人的生产技能和所使用的技术。

我们从两人经济开始，首先说明专业化生产贸易商品的收益。在我们想象的这个经济中的两个人，正是前一章的亚当和贝克。我们将一如既往地把生产重点放在蛋糕和 Y 上。贝克的生产能力、边际成本和蛋糕的个人边际估值，见表 15.1。贝克个人的蛋糕估值，是以一块蛋糕所能得到的 Y 的最大值来衡量的。我们的注意力将放在边际成本的差异上，边际成本的差异，是通过专业化和交换能带来生产收益的根源。

贝克自给自足，每天生产和消费 2 块蛋糕（和 7.80Y），边际估值（0.80Y）大于边际成本（0.60Y）。在 3 块蛋糕处，贝克的蛋糕边际估值是 0.70Y，低于其边际成本 0.80Y，如图 15.1 所示。

表 15.1 贝克每日的潜在蛋糕产出和成本

每日蛋糕产量 1	总成本 2	边际成本 3	平均成本 4	替代性产品 Y（包） 5	蛋糕的边际估值 6
0	—	—	—	8.80	—
1	0.40	0.40	0.40	8.40	0.90Y
2	1.00	0.60	0.50	7.80	0.80Y
3	1.80	0.80	0.60	7.00	0.70Y
4	2.80	1.00	0.70	6.00	0.60Y
5	4.00	1.20	0.80	4.80	0.50Y
6	5.40	1.40	0.90	3.40	0.40Y
7	7.00	1.60	1.00	1.80	0.30Y
8	8.80	1.80	1.10	0	0.20Y

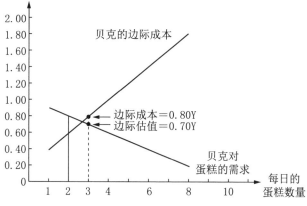

图 15.1 没有贸易或专业化下贝克自给自足

亚当和贝克的生产与成本比较

表 15.2 再现了表 14.2，其中显示的是亚当自给自足的生产成本，和他对蛋糕的个人估值（需求）。

表 15.2 亚当每日生产成本（用 Y 的单位表示）

每日蛋糕产量 1	总成本 2	边际成本 3	平均成本 4	替代性产品 Y（包） 5	蛋糕的边际估值 6
0	—	—	—	13.50	—
1	0.90	0.90	0.90	12.60	1.15
2	1.90	1.00	0.95	11.60	1.05
3	3.00	1.10	1.00	10.50	0.95
4	4.20	1.20	1.05	9.30	0.85
5	5.50	1.30	1.10	8.00	0.75
6	6.90	1.40	1.15	6.60	0.65
7	8.40	1.50	1.20	5.10	0.55
8	10.00	1.60	1.25	3.50	0.45
9	11.70	1.70	1.30	1.80	0.35
10	13.50	1.80	1.35	0.00	0.25

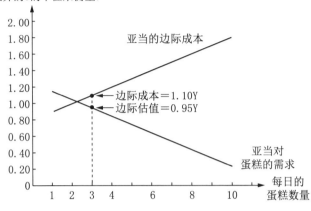

图 15.2　没有贸易或专业化下亚当自给自足

　　用图形来表示，亚当的边际成本和个人估值如图 15.2 所示。像贝克一样，他不会生产第 3 块蛋糕供自己食用，因为边际成本将大于个人估值。

　　贝克在两种商品——蛋糕和 Y——上的"绝对"生产率都较低。他每天只能做 8 块蛋糕（相比亚当的 10 块蛋糕更少），或其他商品 Y 的 8.80 单位（相比亚当的 13.50 单位 Y 要更少）。亚当在这两种商品的生产上都有"绝对优势"。但正如我们在苏珊和比尔的例子中发现的那样，这并不意味着，亚当生产两种商品的边际成本和总成本都更低。绝对生产能力表明的，是一个人有多富有，而不是一个人的生产成本有多低。决定商品的生产成本的，是生产一种商品相对于生产其他商品的差异化能力（differential abilities）。

　　尽管每种产品的绝对生产力都较低，但在每天生产 1—5 块蛋糕的范围内，贝克的蛋糕在边际成本、平均成本和总成本上都要更低。超出这个范围，贝克生产蛋糕的边际成本（对于放弃的其他潜在产品 Y 而言），就会超过亚当的边际成本。

　　在图 15.3 中，贝克在更低的蛋糕生产速率下的边际成本小于亚当的，但贝克的边际成本随着生产速率增加得更快，在每天 6 块蛋糕的速率上，就会上升到与亚当相同的地步。高于这个生产速率，贝克的生产成本比亚当的还要高。当考虑成本时，我们要思考："以什么样的速率在生产？"

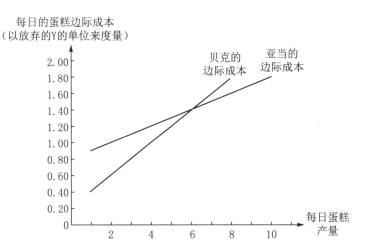

图 15.3　亚当和贝克关于每日蛋糕生产的边际成本曲线

成本和边际估值的差异为贸易创造了机会

亚当和贝克都能自给自足，每人每天生产和消费 2 块蛋糕（他们每天生产的蛋糕都是整块的）。但是，他们可以做得更好。他们在所能生产的蛋糕量上的边际估值的差异，意味着两者可以通过贸易获得收益。贝克不会为自己的消费生产第 3 块蛋糕，因为 0.8Y 的边际成本比他仅仅 0.7Y 的边际估值要高。但要是贝克生产第 3 块蛋糕并卖给亚当，只要这块蛋糕的价格低于亚当的边际估值，并且高于贝克做这块蛋糕的边际成本，这就对双方都有利。

正如表 15.1 和表 15.2 中的数据所显示的那样，亚当生产第 3 块蛋糕要花 1.10Y，但对他来说只值 0.95Y，所以他不会这样做。但是贝克只要卖给亚当一块蛋糕，开价 0.90Y——低于亚当对它的估值——就能让他们两个都受益。

亚当最终获得 3 块蛋糕和 10.7Y（＝11.6Y－0.9Y 的支出），而不是原来的 2 块蛋糕和 11.6Y。在出售自己生产的第 3 块蛋糕后，贝克仍然有 2 块蛋糕和 7.9Y（＝7.8Y－0.8Y 的边际成本＋0.9Y 的销售收入），而不是 2 块蛋糕和 7.8Y。在自给自足的生产条件下，亚当和贝克一共制作并食用了 4 块蛋糕。通过合作和从事交换，他们总共能吃到 5 块蛋糕。我们并排把表 15.1 和表 15.2 中的数据，一起展示在图 15.4 中。

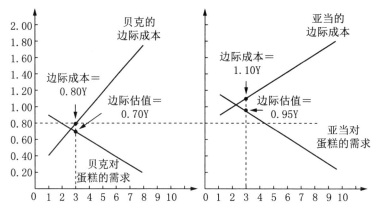

图 15.4　互惠的生产和交换：贝克生产额外的一个单位出售给亚当

二人作伴，三人更好：对新进入者的影响和拒斥

尽管前面的论述是以两人经济生产两种商品的情况为背景的——X 和其他东西，其他东西以 Y 表示——但是，该分析同样适用于真实的经济。在真实的经济里，许多的商品和数以百万计的人口都集中在城市，各类大大小小的公司从事着国际间的贸易。

在两个岛屿构成的经济中，捕鱼成本较低的岛屿可以捕获的鱼多于其人口所需，他们将多余的鱼卖给捕鱼成本较高的岛屿。两个岛屿上的个人财富和综合财富都会增加。只要第一个岛屿生产的边际成本，低于第二个岛屿对更多鱼类的需求或边际估值，那么，第一个岛屿将生产扩大到其自身需求之外，就会有利可图。均衡价格是指，在这一价格上需求总量等于供给总量。

如果一项交易只有两人参与，那么所发生的交易必须是双方都想要的，否则就不会发生。但是当牵涉到两个以上的人时，比如国际贸易的情形，每个国家总有那么一些人可能受到不利影响。"把钱留在国内""买美国货""自给自足"，诸如此类的呼吁不一而足。当然，还有这样的说法："不要从贪婪的公司购买产品，它们出售的是被剥削的、低工资的外国工人生产的产品。"

贸易的反对者们是不是搞错了？可能有些是。但他们的一些反对意见是否有合理的依据呢？

经济上的全面分析

对于在一个经济体中允许更多的人进行买卖这种现象，存在着两个实质性的反对意见。一个涉及国防。进口的可能是一种军事物品，这会使一国的国防依赖于另一个国家。这种反对意见是显而易见的，但是要判断一个零部件（如计算机的零部件）在什么时候可能具有军事应用价值，却并不总是那么显而易见。

另一个反对的理由，也是大多数甚嚣尘上的支持国际贸易壁垒的抗议活动所采用的理由：国内收入受到威胁！这些进口货物，无论是运来的，还是由移民进来的工人生产的，都将作为本地工人生产的货物的替代品而展开竞争。在亚当和贝克经济中，我们再引入卡特这个人，这是一个外国人，他提出要加入这个二人国家（无论是卡特移民过来，还是卡特生活在国外，把他生产的产品出口到亚当和贝克的国家）。卡特的生产数据见表 15.3，如图 15.5 所示。

表 15.3　卡特每日生产成本（以 Y 的单位表示）

每日蛋糕产量 1	总成本 2	边际成本 3	平均成本 4	替代性产品 Y（包）5	蛋糕的边际估值 6
0	—	—	—	3.00	—
1	0.20	0.20	0.20	2.80	0.50
2	0.60	0.40	0.30	2.40	0.40
3	1.20	0.60	0.40	1.80	0.30
4	2.00	0.80	0.50	1.00	0.20
5	3.00	1.00	0.60	0	0.10

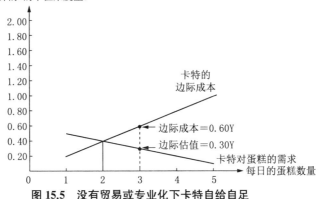

图 15.5　没有贸易或专业化下卡特自给自足

与亚当和贝克一样，卡特也只生产 2 块蛋糕供自己食用。他不生产第 3 块蛋糕，因为边际成本是 0.60Y，而对他来说边际估值只有 0.40Y。卡特随后了解到了亚当和贝克的经济，在这一经济中，贝克以 0.90Y 的价格将蛋糕卖给亚当。卡特意识到，他生产第 3 块蛋糕比贝克更便宜，所以他提出以 0.65Y 的价格卖给亚当 1 块蛋糕，这比贝克生产第 3 块蛋糕的边际成本要低。

亚当是蛋糕的主要消费者，他以较低的价格从卡特那里购买蛋糕。贝克必须把生产量减少到只有 2 块蛋糕，放弃他通过生产和销售第 3 块蛋糕给亚当而获得的额外收入。提供给亚当的第 3 块蛋糕价格下降，反映了当卡特加入并提供更多蛋糕时，贝克失去的部分收入。亚当的收益部分来自贝克，而不是来自社会收入的增加。贝克以前用来做第 3 块蛋糕的一些资源，将不得不转移到生产更多的其他商品 Y 上。这种由释放出来的资源增加的产量，是卡特加入后的社会净收益。贝克释放出的资源将在新的生产活动中生产其他产品。每个购买这部分产品的人，都会分享到前述的社会净收益。

卡特的加入所带来的影响，是降低了蛋糕的价格，这使亚当受益，使贝克受损，使卡特的收入增加。如果贝克所释放的资源是人，而不是物质资源，这些人就会因为不得不去寻找新的工作而产生抵触，不论工资可能会减少还是增加。作为这位新进入者的竞争对手，那些被取代的人力或非人力资源的所有者，会反对卡特的加入。

亚当、贝克和卡特改善经济福祉的机会，与亚特兰大、波士顿和芝加哥相同，也与阿根廷、巴西和智利相同。专业化和贸易使生产性资源能够以最具成本效益的方式加以利用，而贸易伙伴的规模和政治边界都不会改变这些基本的经济原理。

在讨论有关扩大市场准入的争议时，经济学原理会说：净经济收益总是存在的，尽管可能有一些人输了，但他所失去的比其他人得到的要少。通过向次优的替代生产方案释放资源，国家总产值有了净的收益。这就是更自由、更开放的贸易何以有益之所在。

成本下降、利润和利润分配

现在，假设有一个投资者以每单位 10 美元的成本生产一种产品。售价为 12 美元，每单位可获利 2 美元。你看到了一个机会，你可以复制他的技术，以同样每单位 10 美元的成本开始生产。你可以把价格降到接近 10 美元，但仍能赚取少量利润。先前的投资者兼生产者所能作出的反应，是跟上你的价格，而不是失去一切。这样的价格竞争将把价格拉到 10 美元的成本价，你没有利润。当新竞争对手的产量增加了总供给量，通过降低价格进行竞争时，先前的利润流，尽入消费者之手。社会产出有所增加，并且由于竞争对手的进入而将社会产出的增加转移到消费者身上。

提高质量，分散收益

创新可能会是提高质量，而不是降低现有产品的成本。这也会导致同样的一般性后果。假设你已经提高了产品的质量，使它比现有的产品价值高出 1 美元，但你仍然可以以同样的 10 美元成本生产它。最初，你可能会尝试以高出 1 美元——即 13 美元的价格出售你的改进产品，而不是当前的 12 美元价格。然而，你的竞争对手可以通过把价格降到 12 美元以下来保持销售水平。

然后，你可以通过把价格降到 11 美元来反击——这反映了你的商品所具有的价值，产品质量提高了消费者对你的产品给出的估值。你还能得到 1 美元的利润（你的成本是 10 美元）。竞争对手只能得到 10 美元，与他们的成本相当。总结一下：过去消费者支付 12 美元，生产商得到了 2 美元的利润。消费者原会愿意为你改进产品的行为支付 13 美元，但你进入市场使总供应量增加，再加上竞争，这就把原有产品和改进后产品的价格分别降低到了 10 美元和 11 美元。

先前的生产商原可在未来获得的所有利润，就这样以价格降低的方式转移给了消费者。你 1 美元的利润（11 美元的价格减去 10 美元的成本），反映并构成了你对产出的估值和价值提高作出的贡献。

国家发展

这些例子大致勾勒出了一个国家实际经济发展的基本要素。只要追加投资是有利可图的，无论是外国投资还是国内投资，那么围绕产品生产和销售的竞争就能使供给增加，并使产品价格下降。这使得每个人在不变的货币收入上都拥有更多商品。而雇佣员工的竞争将会推高工资。

下面是社会发展的两种基本方式：（1）最初的储蓄者兼投资者获得所有最初的投资收益；（2）随后的竞争进入者（i）降低生活成本，并（ii）抬高（实际）工资。在每一步中，新来者所带来的竞争都是必不可少的。来自外国或当地投资者的竞争增加了产量，降低了产品价格和生活成本，提高了人们的生活水平。最初投资者的利润前景吸引并激发了这两种力量，使全部人口受益。

对其余的公众来说，外国人投资所带来的收益，与本地投资者投资所带来的收益一样真实和巨大，尽管人们经常抱怨外国人的投资，说他们"拿走了所有利润"。你会注意到，这一分析与我们对难民营中第二个中介商（第4章）如何减少费用，并进一步使难民受益的分析，存在相似之处。

把一个国家发展成一个更富裕的社会，需要有利可图的投资。通过提高（实际）收入和降低产品价格，投资竞争将收益分配给了我们的社会。像土地、雨水和阳光一样，自然资源也是值得想望之物，但如果没有劳动力和投资，它们就不能产生收入。

没有劳动力和投资，就没有办法生产更多的产品。没有竞争，收益分配的速度就不会那么快，范围就不会那么广。人们普遍相信，提高国际化的程度可以带来巨大的好处。而这些好处是其他国家一起参与，共同促进竞争带来的结果。在这些国家里，财产的安全和法治是被广泛认可和推崇的。

以外国的雇员（那些受教育程度较低、工资较低的人）受到剥削为由，反对国内公司在国外投资，这是在惩罚那些较贫穷之人，让他们继续贫穷下去。那些可能从外国投资和贸易缩减中受益的，是国内的高收入工人，他们的生产力不足以抵消外国的低工资带来的竞争压力。

限制外国投资或贸易，会让哪些人受损：（1）国内消费者，他们将失去外国工人生产的低价产品；（2）国内工人，他们生产的产品本可以出口给那些生活水平不断提高的外国消费者。

本地居民而不是外国人成为新的生产进入者

现有的国内竞争者由于新的投资而蒙受损失（正如贝克在前面的例子中所经历的那样），而其产品的消费者（亚当）则可从中受益。如果新公司的所有者卡特是美国居民，那么对现有的生产商几乎没有任何保护或补偿。但如果他是一名外国生产商，可能就会有人呼吁保护让自己免受竞争。但无论谁是新的投资者，新公司的利润流随后都会被其他生产商的竞争转移给消费者，直至干涸。

要构成充分有效的竞争，卡特不必亲自搬迁到亚当与贝克的经济中。作为替代，卡特可以是一个外国投资者，他安装了制造设备，雇佣了当地工人在新的面包店工作。新的投资者在国外烤蛋糕，再把它们送到亚当和贝克那里，而不是在他们两人所在的那条街上把蛋糕生产出来，两者的效果并没有什么不同。唯一的区别是，贝克会反对进口，声称投资者在剥削低收入的外国工人——这些外国工人应该受到保护，手段是不购买他们生产的产品。

你不能责怪贝克们支持那些自我保护、不合逻辑的言论。但你可以责怪那些相信这些错误言论的人。外国劳工巴不得他们中的更多人能被外国投资者"剥削"。援助外国工人最可靠的办法，是鼓励购买更多而不是更少的外国供应的商品，并提倡对来自欠发达国家的更多产品，进行更加国际化的投资。

专业化在生产中的两层含义以及几种收益来源

避免不必要的更高边际成本

人们专业化地生产一种或几种用于销售的商品，同时消费买来的形形色色的商品。在现代市场经济中，每个人都专业化地从事生产，因为我们能以低于自己生产的成本购买大多数商品。你可以把这看作是为了避免我们所消费的物品产生不必要的更高的边际成本。

一个允许市场将各种商品的生产导向更低成本生产者的社会，将变得越来越富裕。18 世纪的经济学家——譬如大卫·休谟* 和亚当·斯密——在分析促进国际贸易的原因时，首先强调了这种对更高成本的规避。

提高绝对生产能力，或"边干边学"

专业化的另一种形式或含义，是更有效率地生产一种产品或完成一项任务，不

---

* 大卫·休谟（David Hume, 1711—1776），英国哲学家、经济学家、历史学家，被视为是苏格兰启蒙运动以及西方哲学历史中最重要的人物之一。——译者注

论这一产品是否会在市场上销售。专业化的常见说法是"熟能生巧"和"边干边学",都是指在具体的工作中灵巧度的提升。它常常带来新思想和新方法的发现。

通过练习和重复,可以提高个人的生产技能。由于我们不能一心一意地做每一件事,所以我们一定要在一定程度上有所专攻,并发展在某些任务上相对于其他任务所具有的优势。这一效应提高了我们对其他人的依赖,使我们依赖其他人来生产更多我们消费的东西。从图形上看,这表现为边际成本、总成本和平均生产成本曲线的下移。

几乎每一个生产者,都期望在绝对生产能力和技术方面取得这种进展。它被量化为"学习曲线"或"进步曲线",代表每单位产品成本的下降——生产量每翻一番,每单位产品的成本降幅可能高达 20%。

当然,如果你不去专业化,你也会学着去更好地完成每一项任务。那么,学会在一项任务中做得好很多,而不是在诸多任务中做得稍好一些,有什么好处呢?为什么要只专注于一项任务呢?

避免浪费性投资

人们专业化地学习某些技能——而不是不那么集中地学习做许多件事——的一个原因是,他们避免了在学习任务上的浪费性投资,这些任务在以后即便会有机会,可能也很少会被使用。并非所有可以获得的技能,都会被证明具有非同一般的价值。

城市人口越多,专业化程度和生产力越高

你工作的城市越大,你就越有可能一直使用你的专长。你在一个专业领域的投资和学习会更有利可图。如果一个小镇只有一名医生,这位医生会作为一名多面手提供各种医疗保健服务。如果人口足够多,可以容纳几名医生,每位医生都可以专注于一个更窄的专业领域,这将带来更多的知识和技能。

专家们对一件事了解很多,而不是对许多事都了解一点点。同样,小镇上的餐馆厨师也不能像大城市的厨师那样专注于一种食物——一家特色餐厅。小城镇的红墙小校舍里的老师,每门课都教。修理店、发型师和古董店也是如此。大城市居民的平均收入和财富往往高于小城镇,尽管在边际上大城市和小城镇的收益往往相同。

近几十年来,电子通信降低了彼此分散的人群相互之间的通信成本。这一效应

降低了在城市中更紧密地联系在一起的价值，由此倾向于使专业化在物理上分散的人群中得到进一步的发展。

在更大的市场中，更大的产量可以降低生产的总成本

与更多人口相关的另一个好处，是大批量生产的成本下降。大批量生产的工艺流程，单位成本较低。同一产品的更大产量，可以以更低的平均成本和边际成本生产。你可以想象一下，如果每件衣服都是独一无二的，每种类型生产的批量都很小，那么，衣服的价格会是多少，或者如果每辆汽车都是特别手工制作的，那么，它的价格又将几何。

没有免费的收益：依赖性的提高

工业倾向于区域集聚（专业化）。显而易见的例子，是在某些气候和地形下生长得最好的农产品。美国历史上的例子有：底特律的汽车；洛杉矶的电影；加利福尼亚圣何塞的电子工业；当然，还有主要海港的国际航运。近几十年来，新的汽车装配厂一直设在劳动力自由雇佣的南部各州，这些州的劳动法更加灵活。

生产的集中程度可能取决于一些原材料的所在地，如煤炭、铁矿石、木材、天气、河流汇合处，或石油矿床。但如果对某一产品的需求下降，该地区许多工作岗位的价值就会下降。在特定行业上更为专业化的城市，就业波动的风险更高，但作为补偿性调整，工资也更高。

练习与思考

1. 在资本主义的开放市场体系中，由更有效率的专业化而增加的产出，是通过什么方式分配的?

答:

由开放的产品交换渠道,以及产品和服务的产权来分配。还要假设每个人都希望通过获得额外利润,或降低获得产品的成本,来达致更满意的境况。

2. "最好是向亏损的公司采购物资,而不是向盈利的公司采购物资,因为前者的价格非常低,而后者的价格超过成本。"请给出你的评价。

答:

不一定正确。亏损公司的成本可能比盈利公司高。

3. 这是本章关于贸易保护的讨论的应用,令 C 先生是日本居民,而其他人是美国居民。A 先生是金枪鱼船主和渔夫;B 先生是美国其他行业的工人。用 Y 表示"金枪鱼",用 X 表示"其他产品"。A 先生说服他的国会议员,会诱使其他国会议员与他一起通过一项法律,禁止进口 C 先生生产的日本金枪鱼产品 Y。谁会因对日本金枪鱼征收关税或禁运,而受益或蒙受损失?(这个例子体现了关税和禁运的目的与影响的实质。)

答:

B 受损害,他本可以购买日本的金枪鱼产品,假如 C 可以把渔获卖给 A 的话。与 A 把市场开放给 C 时前者所能得到的进行比较,A 保有了财富。C 生活在大洋彼岸的岛国,而不是生活在美洲大陆上,但这一点并不改变结果。

4. 三人经济的问题也可以解释成这样的一种情况:销售其中一个人生产的 Y 产品的市场,在准入上需要州里颁发许可证,而该许可证的颁发前提是,现在生产出的 Y 产品的当前产量被认为"不足以满足当前的需求"。谁受益而谁又会受损?你能举一些真实的例子说明这种情况吗?

答:

实际上,有成百上千种产品和服务需要执照、证书或许可证才能生产和供应销售。在有些州,甚至连家居装饰咨询,和以某种方式编织头发,都可能需要一个许可证,而这些许可证可能需要花费成百上千的小时数和美元才能获得。

5. 涉及新来者的三人经济问题，是否也可以作为学徒法的影响的一个例子？该法
律规定，一个人只有任满规定的学徒年数，才允许他获取担任木匠、切肉工等
工种的"资格"。请给出你的解释。

答：

可以。这种要求延迟了新人进来。

6. "专业化所带来的新增产出，以利润和更低价格的形式，分配给了消费者。"是
什么决定了二者的比例？

答：

新资源进来的速度，及其与现有资源的相似程度。

7. 有效率的生产是否以完美的知识为前提？请给出你的解释。

答：

不。它以现有的知识能被加以运用并接受业绩检验为前提。它以知识产权的交
换和买卖不受限制为前提。知识是一种宝贵的（经济）资源。认为知识是免费
的，就如同否定教师提供了有用和有意义的服务一样。不要以为无知总是非理
性的、可笑的，或者是效率低下、浪费或撒谎的结果。

8. 你认为专业化在大城市还是在小城市会有更大的发展？为什么？举例说明你认
为的更高的专业化是什么意思。

答：

大城市。人才的种类和培养方式的多样化，使人的相对能力差异更为普遍。此
外，更大的市场使一个人能够以有利可图的价格出售更多的特殊产品。

更高的专业化是指，在相同的重复性的子任务上倾注更多的时间。例如，只为
贵宾犬剪毛；只专业化于某些类型建筑的建筑师；更多的专业商店可以选择，
如医疗专科医师可以细分为足部专家、脚踝专家、膝盖专家等。

9. 阿尔伯特·爱因斯坦（Albert Einstein）的下述断言［《社会主义国际通讯》（So-
cialist International Information）］，证明了知识专业化的程度可以很高，但并非
总是有益的："在我看来，今日资本主义社会的经济无政府状态，是我们罪恶的主

要原因。生产是为了利润，而不是为了使用。"请揭示他在经济分析中犯下的错误。

答：

资本主义社会不限制生产。为了利润而生产即是为了更高价值的用途而生产，而不是为了任何其他的用途而生产。爱因斯坦似乎不明白价值和成本意味着什么，也不明白它们如何影响盈利性。

10. A成功地从B处偷盗。这是"生产"吗？为什么？如果你说"不是，因为有人受到了伤害"，那么对于一项新发明取代了其他一些生产商的情况，你又会作何评论呢？是不是有那么一些"生产"，你认为是不应该允许的？

答：

通常，"生产"只指不违法的活动。我们要是能有更好的答案就好了。这个提问有助于我们看清：一些概念初看起来似乎是客观而没有伦理预设的，但其实它是具有规范性含义的。

11. 如果在生产汽车的州之外销售汽车是违法的，那么在美国，汽车是更便宜还是更贵？给你的回答找出两个理由。

答：

更昂贵，因为我们将失去：（1）数量；以及（2）更高的专业化所带来的收益。

12. 为什么制造商生产的是一些标准化的型号，而不是更多种类的客户定制、客户设计的型号？

答：

公众更喜欢低成本的标准化型号，而不是种类更多、成本更高的定制型号。

13. 当一群苏联官员在参观美国农场时，问道："谁告诉农场主要生产多少才能提供适当数量的商品？"接待他们的农场主说没人告诉他们。但是苏联访客坚信美国农场主隐瞒了一些事情。你会告诉这群苏联访客些什么？

答：

私有产权再加上对各种替代作物市场价格的了解，使得理性的个体决策成为可能。

14. 洛克菲勒基金会前主席在中国之行后说："中国现在能够满足其所有的能源需求，甚至处于出口能源的地位。"这是一个有意义的声明吗？如果是的话，这是否意味着，当能源自给自足时，中国的经济状况比进口能源要好？为什么？

答：

中国"需要"多少能源？中国也"需要"学校、道路、医院和教师。在什么样的价格上需要？煤、天然气、电力、核能等等，到底是哪种能源？价格几何？相对于它们每一种能源的价值，成本又怎样？如果进口能源更便宜，中国在国内生产能源会境况更好（更富有）吗？为什么？如果进口的外国能源更便宜，那么，中国就可以用更少的资源来生产产品，而不是使用更昂贵的国内能源。随着资源（通过使用廉价的进口能源）被释放出来，中国可以生产更多其他有价值的产品。

15. 请评价和比较一位 18 世纪经济学家和一位 19 世纪经济学家关于"贸易利益"的直接来源的如下陈述：

"对外贸易……输出他们所不需要的土地和劳动年产物的剩余部分，换回他们所需要的其他物品。通过以剩余物品换取其他物品，来满足他们的一部分的需要并增加他们的享受，这种贸易使剩余物品有了价值。"[①] *

"对外贸易的唯一直接利益在于进口。一个国家可以通过对外贸易获得本国完全不能生产，或者需要付出更高代价才能生产的物品……亚当·斯密的理论是说……对外贸易为一国的剩余生产物提供销路……剩余生产物一词似乎含有这样的意思，即，一国生产其所出口的谷物或布匹，是迫不得已的；进而，不由本国消费的那部分生产物，如果别国无需求也不消费，则要么生产出来白白浪费掉，要么就不会被生产，相应的那部分资本闲置不用。"[②] **

答：

19 世纪赢了。我们从我们得到的东西中获益，而不是从我们放弃的东西中获益。我们从包括外国资源在内的进口中获益；在世界其他国家都在利用美国生产的情况下，出口对我们的经济来说，是一种成本，是一种消耗。

---

* 此处译文参考了商务印书馆译本郭大力、王亚南两位先生的相关译文。——译者注
** 此处译文参考了商务印书馆译本胡企林、朱泱等先生的相关译文。——译者注

16. 为什么减少对外贸易限制的计划经常遭到抗议？

答：

向那些只是某一类产品的生产商，提出开放一国市场的议案，会激起少数预计将成为输家的人的强烈反对。虽然许多预计会受益的人获得的总收益更大，但摊到每个人身上的收益太小，不足以令他们联合起来形成支配性压力，从而批准这些议案。这似乎就是为什么，减少世界贸易壁垒的努力，往往以涵盖许多商品和许多国家的总体协定的形式出现的原因。

注释

① Adam Smith，An Inquiry into the Nature and Causes of the Wealth of Nations (1776)，ed. E. Cannan (New York: Random House, Inc., 1937)，p.415.

② John Stuart Mill，Principles of Political Economy (1848)，ed. W. J. Ashley (London and New York: Longmans, Green & Co., 1929)，p.578.

第 16 章　市场供给与受价者面对的价格

我们已经看到，市场中的需求者和供给者之间的协商，是如何决定了市场价格，而市场价格又是如何在消费者之间分配既有的商品供给的（第 10 章）。我们在前一章给出了专业化和交换的好处。现在，我们来看看，除了追逐利润的角色之外，市场价格是如何影响生产决策和市场活动，以及利润是如何出人意表地转化为成本的。

沉没投资或建制成本

明智的投资者在作出投资决策时，会区分最初的支出额和将会沉没（sunk）的部分。如果你买了一台价值 10 万美元的机器，你可以很快以 9.5 万美元转售，你的沉没投资将只有 5 000 美元。这是覆水难收的投资，所以它与未来的任何决定都无关。

如果你观看的电影开头很差，那么，沉没成本不应该是你决定去留的条件。如果你已经提前支付了 1 000 美元的不可收回的度假费用，而事实证明度假地是一个很差劲的地方，那么你的沉没成本不应该成为决定是否离开的因素。初始支出的总额，不应该成为进入的壁垒或障碍。只有不可收回的沉没部分，才是进入的成本。

选择什么样的生产速率?

投资完成后，必须选择价格和生产速率，以实现利润最大化。为什么要以利润最大化为目标呢？不管个人目标是什么，竞争都会使那些不能盈利的企业无法生存下去。

对于福特汽车企业来说，竞争对手还不止其他汽车制造商。福特所使用的资源，是在与所有其他产品的制造商的竞争中购买的。竞争既表现在生产成本方面的投入品价格上，也表现在产品销售方面的产品价格上——福特为争夺顾客而与其他所有产品的销售商竞争。竞争无处不在，虽然我们往往认为，我们的竞争对手只是那些销售相同产品的人。

受价者/卖家

将卖家分为以下两类很有用：一类是受价者（price-takers）；另一类是觅价者（price-searchers）。区别在于，生产者/卖家所面临的需求性质不同。在本章中，我们只讨论受价者，他们面对的市场价格，不受任何一个卖家提供的产品数量的影响。

我们可以观察到市场上某一商品或服务通行的价格。如果任何一个受价者（卖家）试图在那个市场上以更高的价格出售，那么所有顾客都会选择其他供应商。而在目前的市场价格下，每个卖家都可以卖出尽可能多的商品，从而实现利润最大化。在这样一个市场中，每个供应商都接受这一价格并选择供应多少。我们想看看价格如何影响生产，又是如何协调生产商之间的生产的。

受价者型市场的例子很多。任何种植玉米、小麦或大豆等作物的人，都不能影响这些作物的价格。养牛场主和养鸡场主也是如此。黄金、白银、煤炭、石油和天然气的价格，都是在国际市场上决定的，而且往往每分钟都在变化。

对于大多数企业股票和债券来说，金融市场决定其价格。股票价格不由企业发布。商业票据和货币市场基金等票据的利率，不由任何一个借款人（或贷款人）设定。任何一家银行从事外汇交易，都不会明显影响到外汇价格。

简言之，受价者的特征是：（1）市场价格不受该产品的任何一个供应商的影响；并且（2）受价者/卖家可以按照该给定市场价格，出售其希望出售的任意数量的产品。很少有工薪阶层的人，能够通过改变其提供的服务数量来影响当前的工资率。大多数工薪阶层人士，都是受价者。

又是什么会使卖家成为受价者呢？顾客认为其他卖家提供的东西基本相同，所以不关心卖家是谁，这才促成了卖家成为受价者。对于容易标准化或容易归类为类似质量等级的商品，如小麦、棉花、大豆，苹果或雪佛龙的普通股，采摘草莓的劳动力、外币单位等，重要的只是价格。任何一个卖家多要价，就会失去所有的销售额；任何一个卖家少要价，就会被订单淹没。

与之形成对比的是另一种情况（见第 19 章），比如在餐馆吃晚餐、购买汽车、观看电影，或买鞋子。对于这些商品来说，价格并不是一切。把价格降到低于竞争对手的价格，不会吸引所有买家，因为在产品质量上存在竞争性差异。竞争发生在价格、质量和顾客偏好的品种上。高于竞争对手的价格不会失去所有顾客，更低的价格也不会吸引所有顾客。

对于由几个销售商提供的同质商品，价格是在市场上确定的，每个生产商别无选择，只能接受这个价格，然后决定生产和销售多少。此外，顾客只根据价格进行选择，不需知道品牌名称，或生产商和销售商是谁。

如果顾客不在乎谁是某件商品的供应商，那么，没有一个卖家能比任何其他卖家收取更高的价格。这并不意味着每时每刻都有很多供应商。想象一下，在一个只有一个女裁缝的村庄，她提高了价格。那么，几天之内，其他几个会缝纫的人就会进入这个市场。价格就会回落。

下面这两个条件都是必要的：（1）供应商服务的同质性；（2）进入足够快，以阻止现有供应商提高价格。重要的是新设备或新卖家进出市场的速度和成本，而不是现有卖家的数量。

受价者/卖家在市场价格上看到的是一条水平需求曲线

受价者/卖家面对的两个市场特征是：（1）每个卖家可以卖出他想卖出的数量；以及（2）无论他的决定是不卖出或大量卖出，市场价格都将保持不变。

尽管市场总需求和个体消费者对产品的需求都呈负斜率，但受价者面临的需求，看起来是在现有市场价格上的水平线。因为卖方打算出售的任何数量，都可以在不影响市场价格的情况下出售，所以，在他看来，在这个价格下，需求是无限的。然而，如果一个受价者试图以稍高的价格出售，那么，所有的顾客都会转向其他已有的卖家，或者可以很快投入生产补充供给的新卖家。一个单独的受价者，不能通过提供更多的商品来导致市场价格下跌，因为卖家在整个市场供给中的供给份额太小。就受价者面临的需求弹性而言，这种需求是无限弹性的（回顾第 8 章关于需求弹性的定义）。

受价者之间无竞争行为

受价者不会把相同产品的生产商视为竞争对手。种麦子的农户不把邻近的农夫视为竞争对手——竞争对手的行动应该是可以影响小麦的价格，或影响按市场价格出售的数量的。他们更像是受到市场力量影响的同行，没有谁一个人就能带来这种影响。他们看到小麦的价格每天甚至每小时都在波动，但却没有人对其有任何影响。他们不像杂货商、加油站经营者、发型师或古董店老板那样，把邻近的卖家当作对手、竞争者来看待。

市场上的总需求和总供给

市场是一个地方或一种安排，在那里，潜在的买家和卖家可以交换有关报价和商品质量的信息。市场有时被称为交易所——如纽约证券交易所。

许多农产品和基本工业产品，都有组织化的市场。芝加哥商品交易所的小麦市场，就是一个高度组织化的市场安排，由作为贸易商的会员拥有。他们负责保证交易如约履行。会员代表别人在这个市场里从事买卖。当为他人代理时，会员是经纪人。会员也可以直接作为交易商从事交易。

在这个市场上，会员之间的竞争（作为他人的代理人或是直接作为交易商）——寻求潜在卖家中的低要价，以及潜在买家中的高出价——往往会把每个参与竞争的交易商的价格拉近到一起。卖家趋之若鹜，争相为出价更高的买家供给更多商品；买家亦趋之若鹜，争相奔往要价更低的卖家。所有交易的价格最后往往收敛在一起，取决于人们可以多快速、多便利地观察到其他人的潜在报价。

受价者市场中的主要力量，可以由市场需求曲线和市场供给曲线来概括，如图 16.1 所示。在市场出清价格下，需求量和供给量相等。这是一个均衡价格。每个

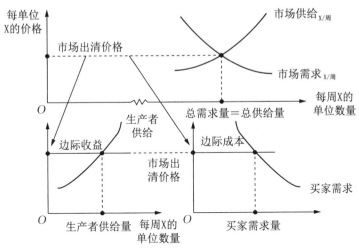

图 16.1　受价者市场的出清

注：尽管市场对每种商品的需求都呈负斜率，但某一特定商品的生产商/卖家所面临的需求，可以描绘为当前市场价格上的水平线。在这个价格下，需求是水平的（而不是向下倾斜的），因为如果卖家试图将价格提高到高于市场价格的水平，所有买家都会转向其他同类商品的卖家。受价者/卖家可以按市场价格出售他想出售的所有商品，而不会对市场价格产生任何明显的影响。同样，受价者/买家只看到市场价格，可以按当前价格购买所需的任何数量。

买家和卖家决定在给定的市场价格下买多少和生产多少。他们不讨价还价，因为他们不能影响价格。

每一个卖家所认为的对其产品的需求，可以用市场价格的水平线来描述，而不是向下倾斜的市场需求曲线。如果市场价格发生变化，每个卖家看到的需求线都会随着市场价格而上下移动。受价者/买家只看到当前价格。任何时候，都只有一个价格。如果卖家要求更高的价格，就卖不出去。而以更低的价格出售是毫无意义之举，因为卖家可以按照市场价格出售生产者愿意生产的所有产品。

消费者/买家所选择的购买一种商品的数量，将会使该商品的消费者边际估值下降，直至与价格相匹配。对消费者来说，再增加购买这种产品，新增部分的估值就会低于成本。在供给方面，假设利润最大化是决定每个生产者行为的关键目标。

边际成本、利润，以及受价者对市场价格的供给反应：
受价者的边际收益等于市场价格

当一种商品多增加的一个单位按照该单位可收取的最佳价格出售时，每一个卖家的边际收益就是总收益的变化量。但受价者不必降价就能卖出更多。因此，受价者/卖家的边际收益总是与市场价格相同。这仅仅是以一种不同的方式来表达这样一个事实：在给定的市场价格下，受价者/卖家愿意销售多少单位就能销售多少单位的产品，而不会使价格降低。如果市场价格是 25 美元，那么，额外的一个单位就可以按这个价格出售，带来 25 美元的收益，所以边际（和平均）收益就是 25 美元。我们在本书后文将会看到，对于大多数生产商/卖家来说，价格并不等于边际收益。

确定生产和供给的速率

边际成本，而不是平均成本，是决定生产速率时要考虑的关键成本。在下面的例子中，我们只关注一些产品的生产速率，而不是最终的产量。

以更快的速率生产会增加边际成本

边际成本最终会随着生产速率的变大（变快）而变得更高。亚当、贝克和卡特的成本数据显示了这一点。我们在表 16.1 中再次表明了这一点。

表 16.1　不同每日生产速率下的成本

生产速率 1	固定成本 2	可变成本 3	总成本 4	边际成本 5	平均固定成本 6	平均可变成本 7	平均总成本 8
0	10	0	10	—	—	—	—
1	10	9	19	9	10.0	9	19.0
2	10	17	27	8	5.0	8.5	13.5
3	10	23	33	6	3.3	7.7	11.0
4	10	28	38	5	2.5	7.0	9.5
5	10	35	45	7	2.0	7.0	9.0
6	10	48	58	13	1.7	8.0	9.7
7	10	70	80	22	1.4	10.0	11.4
8	10	100	110	30	1.25	12.5	13.8
9	10	140	150	40	1.11	15.5	16.7
10	10	191	201	51	1.0	19.1	20.1
11	10	256	266	65	0.91	23.3	24.2
12	10	336	346	80	0.83	28.0	28.8

两种固定成本：（1）与每日生产速率（即使为零）无关的固定每日总成本；（2）每单位产出的固定成本

固定的每日成本

表 16.1 第 2 列中列出的成本，是固定的每日总成本，与每日生产速率无关。例如，为土地或建筑物支付的租金、保险、保管和安保服务，以及行政管理（后勤或其他不易减少或消除的合同费用）等方面的费用。

固定成本不计入边际成本。如果这一固定成本变成 50 美元，而不是 10 美元，边际成本将不受影响。所有计入边际成本的都是可变成本，即随着产出速率变化而变化的成本。提醒：这里列出的固定成本不是归于过去的沉没成本。

每日总成本

每日总成本列在表 16.1 第 4 列。它们是第 2 列中的每日固定成本，与第 3 列中的每日可变成本之和。

第二种固定成本（表 16.1 没有列出），将按每单位产出的一个固定费率累计。每枚徽章 1 美元，那么衬衫上的徽章费用每件衬衫固定为 1 美元。一件有徽章的衬衫的总成本，将比没有徽章的衬衫高出 1 美元。

边际成本

边际成本——总成本的增加量——在更高的生产速率上更大。边际成本（第 5 列）度量的是总成本（第 4 列）的变动值。如前所述，固定成本（第 2 列）不会随着生产速率的变化而变化，因此不会影响边际成本。其余的数据列（第 6、7、8 列），是固定成本、可变成本和总成本的平均值，但它们不会影响生产决策。

利润最大化的计划生产速率

企业的所有者，也就是投资者，估计该企业产品的预期市场价格约为 25 美元。因此，他投资了一座大楼和一台机器，以达到设定的每日生产速率——根据 25 美元的价格计算，该生产速率将是最有利可图的。刚开始生产的时候，很凑巧，价格正好是 25 美元。

短期

以 25 美元的市场价格计算，利润最大化的生产速率是多少呢？根据表 16.1 中的数据，7 个单位是利润最大化的（每日）产出。每天生产 8 个单位，每天将多带来 25 美元的收益。但第 8 个单位的边际成本更高，为 30 美元。每日利润将会减少 5 美元（30 美元的边际成本 - 25 美元的边际收益）。如果产量减少到 6 个单位，增加 1 个单位的产量而增加的收益（MR）是 25 美元，这将大于所增加的 22 美元的成本（MC）。

除每日 7 个单位以外的所有生产速率，都会产生更小的利润或更大的亏损。对于受价者来说，利润最大化就等同于以边际成本与市场价格相匹配的速率生产，因为市场价格就是边际收益——每一新增的单位都按照该价格出售，因此带来了那样多的收益。

用一张图展示受价者对市场价格的反应

图 16.2 是基于我们这家企业的成本数据绘制，市场价格为 25 美元，由一条水平线表示。在这个价格下，企业可以将所有它认为值得生产的产品全部售出。在这个生产速率上，边际成本等于价格——对于受价者来说，这个价格也是边际收益。

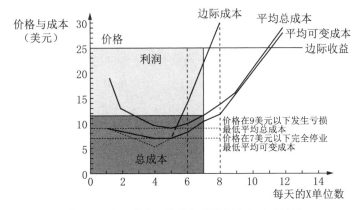

图 16.2　边际成本、价格和利润最大化生产速率

注：总成本用下方的深色矩形表示，以 7 个产出单位为底边，平均总成本为 11.40 美元。7 个单位的总成本为 79.80 美元（＝7×11.40 美元）。利润为 95.20 美元（＝［7×25 美元］－［7×11.4 美元］），即总收益减去总成本，由成本矩形上方的浅色矩形表示，垂直高度为 13.60 美元（＝25 美元－11.40 美元）。只要价格超过 7 美元（最低的平均可变成本），现有设施下的生产将继续进行，直至设施更换为止。在打算设备更新时，除非预期价格至少为 9 美元，即新设施下生产的平均总成本的最低值，否则将停止运营。

其他市场价格下的利润最大化生产速率

对于任何市场中的任何企业，利润最大化的生产率都是边际成本等于边际收益的生产速率。如果市场价格只有 13 美元，利润最大化生产速率将是 6 个单位，而不是 7 个单位，利润只有 20 美元，总收益 78 美元（＝6×13 美元）超过了 58.20 美元（＝6×9.7 美元）的总成本。

为什么要通过边际收益和边际成本来分析利润最大化的生产速率？

当环境发生变化（市场总需求或总供给变化）时，边际成本受到的影响使我们能够推断出生产变化的方向。企业支付的租金增加（第 2 列，固定成本）不会改变边际成本，但会增加平均成本。这在短期内不会影响生产速率，尽管在考虑更换设备时会影响长期（之后的）生产。

在新的环境下可维持的变化和调整，取决于它们对边际成本的影响。如果我们知道初始变化会对边际成本（和边际收益）产生什么样的影响，我们就可以将变化的方向导向最合适的——最能生存下来的——生产速率。任何提高边际成本的措施，都会降低企业利润最大化的生产速率。如果大量企业的边际成本上升（可能是因为燃料成本上升），结果将是市场供给总量减少，市场价格上涨。

生产者不必有意识地理解这些经济学原理。无论是随意而为，还是高明管理，那些最适合新环境的企业都将会更加欣欣向荣。商业和生产中的差异化生存，就像生活中其他方面的差异化生存一样，是对不当调整的企业进行竞争性筛选的结果——而不管其中一些企业如何成为那些更适合新环境的企业的。

平均成本的作用

我们说过，所有生产商的边际成本曲线之和，表明了在每种价格下供应给市场的数量，但我们还得说得更加精确些。从长远来看，只有当价格高于生产者的最低平均成本时，生产者才会继续生产。但有两个最低平均成本：一个指的是长期生产的平均成本；另一个指的是在现有生产设施下开展的短期生产的平均成本。在短期内，只要价格高于可变成本，生产就会继续。

长期平均成本

对于初始投资决策，预期市场价格必须至少与生产的平均总成本的最低值一样高。在表 16.1 中，该值是 9 美元。如果这一价格在很长一段时间内通行，投资和随后的生产就会收支平衡：没有利润，也没有损失。这是企业可以生存下来的最低价格。

短期平均成本

然而，假设对特殊机械、工厂或建筑的投资已经完成，企业现在已经存在。在进行新的重置投资之前，我们就处于短期之内。如果价格降到 9 美元以下，最初的投资将无利可图。但一旦投资完成，只要价格高于 7 美元（即最低的平均可变成本），生产就仍会继续，直到设备磨损殆尽为止。

每天生产 5 个单位，每个单位得到 8 美元（总共 40 美元），这样将超过 7 美元（所有 5 个单位共 35 美元）的短期平均可变成本。每天 5 美元（8 美元的价格减去 7 美元的成本）的额外收入，总好过企业停产后的一无所得。虽然仍有亏损，但在 7 美元以上的价格下，生产损失将小于停产和歇业的情况。

受价者/供应商的市场供给曲线,是边际成本曲线的水平加总

我们假设存在一个市场价格，受价者/供应商对这一市场价格作出反应。那么，是什么决定了这个市场价格呢？当然是供求关系。总供给——市场供给——是所有生产者供给曲线的总和。每个生产商都有一条供给曲线，表示其在不同价格下的供给速率。把每个供应商的供给曲线（水平）相加，可以得出总（或行业）供给曲线。

如边际成本曲线所示，每个供应商在更高的市场价格上会提供更多。供应商倾向于以其边际成本等于市场价格的生产速率进行生产。因为对于每一个生产者来说，较高的市场价格会提高企业利润最大化的生产速率，对于所有生产者的总和来说，较高的市场价格也会促进更大的产出。

因此，受价者选择生产和销售的数量，而无法单独影响价格。受价者接收到的需求变化的指导信号，是既定市场价格上的变化。受价者不会把同一商品的其他生产商视为竞争者或对手。不管他们做什么，每个人都面临着相同的（既定）市场价格。

向上倾斜的市场供给曲线

如图 16.3 所示，对于整个行业或市场而言，所有生产者在各个价格下产出的水平加总，就构成了市场供给曲线。市场价格越高，行业内各生产商的利润最大化生产速率就越大。每个企业的边际成本曲线（高于其最低平均可变成本的部分），就是该企业对市场的供给曲线。

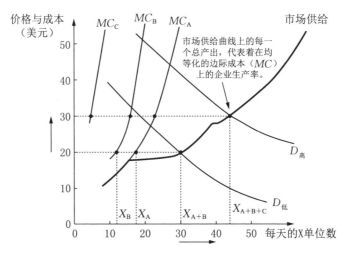

图 16.3 受价者市场上总产出和市场价格的决定

注：市场供给是单个边际成本曲线的水平加总，这些单个的边际成本曲线分别标记为 MC_A、MC_B 和 MC_C。市场出清价格从 20 美元上涨到 30 美元，乃是市场需求从 $D_低$ 增加到 $D_高$ 的结果。它与市场供给的交叉点确定了更高的市场出清价格，从而导致每个生产者的产出更大。这张图表显示 B 在 18 美元的价格上进入市场，C 在价格升至 28 美元时开始生产。

利润最大化产出的全行业成本最小化

追求财富的生产者被引导着产生了一个意外而有益的结果——即全行业产出的成本最小化。单个企业利润最大化，意味着企业将以其自身边际成本等于市场价格的速率进行生产。说边际成本等于市场价格，就是说利润最大化。

由于行业中的每个受价者都看到相同的市场价格，所以，每个企业的生产速率都会使其边际成本趋向于相同的价格。一个行业中所有企业总产出的总成本最小化的一个必要条件，是每一个生产商的边际成本相等。对利润的竞争迫使每家企业都走向这一境地。

由于单个生产商的利润最大化，总产量将在整个市场供给的最低总成本上生产。在没有任何人有意达到或控制这种影响的情况下，实现了产品的所有生产者之间边际成本的均等化（以及由此产生的成本最小化）。这个过程，是亚当·斯密所称的"看不见的手"（invisible hand）的一部分。

获得利润，是生存的条件。消费者没有为生产者留出其他的选择。如果产品不能让消费者满意，生产者就无法支付成本，也无法生存。追求利润的动力，来自消费者对更好或更经济的产品的偏好。随着时间的推移，是竞争替换掉了表现不太令人满意的生产商，即那些没有赚到利润的生产商。

生存的利润检验是"社会所期待的"吗？

经济分析只表明什么会发生和为什么发生，而无关它的可取性。供应商只有在为消费者创造出了至少与其他生产方式相同的价值时，才能继续生产。如果它们不能盈利或避免亏损，它们将无法继续下去。市场竞争，就是创造出比成本更值钱的商品的竞争。

有一种观点认为，在开放市场中，利润最大化的生产速率是一种社会最优的每种商品的生产速率。对于这种观点，论证起来很简单。

1. 如果市场价格超过边际成本，生产更多的商品将增加利润和个人估值。向市场供给的某些商品的边际个人估值至少与为之付出的价格一样高，否则人们就不会在这个价格上需求它。

2. 生产超过利润最大化生产速率的产品，将使总个人估值（以价格衡量）的增加额，少于所放弃的其他商品的个人估值（以边际成本衡量）。

3. 产量低于利润最大化下的数量，意味着生产商没有达成利润最大化产量所对应的、高于现行产量的边际个人估值（市场价格）。

4. 因此，使利润最大化的生产速率——边际成本等于价格——最大化了消费者总个人估值。

个人估值最大化是好的，这一结论建立在这样一个标准之上：一个人愿意为一样东西付出怎样的代价，要比其他人的判断更适合作为衡量什么是好的标准。但由于一个人愿意付出多少（个人估值）在一定程度上取决于他的财富，所以，这一推理把当前的相对收入和财富视为既定。

这种通过将边际成本与价格相等来实现利润最大化的想法，最初是由主张计划经济的经济学家提出的。他们试图——在从社会的角度可取的意义上——确定，判断各种商品适当生产量的标准，"应该"是什么。在他们试图确定这一数量时，隐含着边际成本与市场价格相等的利润最大化具有可取性这层意思。这让那些计划经济支持者颇显尴尬，因为可以看出，这一论证也正是支持市场经济的理由。

利润最大化：是结果，而不必然是目标或指导

没有哪一个管理者，对需求和生产条件了解得足够多，知道什么能使利润最大化。即使管理者知道，也不必假定他们在为最后一美分可能的利润而努力争取。当收入和利润流很高的时候，他们可能会放松下来，并且仍然生存了下来，就像团队中的成员在获得巨大的领先优势时可能会放松下来一样。

但每个人和每家企业都要面对其他所有人和所有企业的竞争。那些不能将资源用于不低于其他地方的价值的用途的人，将会遭受损失。利润将由能者得之。新来的人总在进来。当一家企业改换成员或策略时，其他企业会作出反应，以免失去它们的盈利能力。

对盈利性资源的竞争将利润转化为成本

竞争对手争夺的，是能够赚取利润的资源和管理者。这种竞争提高了赚取利润的资源的价格。曾经的利润，被转换成更有价值的资源的正常未来收益。某一天的利润会变成将来使用这些资源的成本。

当人们看到一家盈利的企业时，他们会寻找它成功的秘诀。他们寻找使其获得成功的资源，并提出购买这些资源。他们的出价将未来利润资本化为该资源更高的现值。这些利润被转换成某人的财富。那个人不一定是企业的所有者。

如果利润的来源是一个已经获得专利的创意，那么，围绕其使用权展开的竞争，将推高其市场价值并抽走利润。如果利润是由于一个管理者的才干比以前预想的要高，那么，围绕这个人所提供的服务展开的竞争，将使其薪酬与利润相匹配，并把利润转移给那个负责人。竞争将利润资本化为该负责人的更高薪酬。

利润消失了，或者更准确地说，利润现在转化成了资源使用成本。对每一家企业来说，围绕其创造利润的资源的所有权展开的竞争——或对产生损失的资源的规避——会使资源的价值和成本达到与其对产品价值的贡献相匹配的水平。

我们以一家企业为例，该企业因其新颖的设备而价值 60 万美元。没有这种特殊

设备，这家企业就没有利润。如果设备在更换前能提供 10 万单位的服务，则使用该设备每单位产出的现值成本为 6 美元（60 万美元/10 万单位）。这将使总成本上升到足以使利润降至零的水平。

所有这些利润，都将计入该设备的价值和使用成本。这也就是说，要把其服务的当前市场价值计入其当前成本。现在较高的价值，是使用该设备时折旧（成本）的正确基础。设备的所有者更富有，但现在利润为零——这正是使用 60 万美元的设备会带来的正常利率。

人，而不是设备，作为利润应归功于其下的资源

许多酒厂之所以成功，仅仅是因为它的酿酒师具有卓越的才能。那个人的价值，是酒厂利润的基础。任何其他的酒厂老板如果想雇佣那个酿酒师，就必须支付与利润相匹配的工资；也就是说，对那个人的服务的竞争，将迫使其工资与之前的利润相匹配。在这个过程中，原本被视为利润的部分，已经成为做生意的成本。

各种工作和产品相对价值的变化，意味着人们将会从现在的低收入工作转向收入更高的工作。随着贸易壁垒的降低，国际贸易大幅度增长。由于制造了出口给美国消费者的商品，其他国家的工人变得更加富裕，他们可以购买更多像粮食这样的美国产品。

其结果是，用于出口的小麦和玉米的生产变得更加有利可图，产量因此就增加了。一部分原本在无法进行国际贸易的行业中就业的劳动力，如理发师、木匠或加油站服务员，就将转而从事小麦和玉米的种植、收割和运输工作。他们先前的工作则再由来自其他行业的劳动力来接手。但要发现出口中国的小麦与理发师岗位空缺之间的关联，是不大可能的。

利润是财富的增加——而不是财富从一个人转移到另一个人

生产者的利润不是从消费者那里转移走的财富，生产者的损失也不是从生产者那里把财富转移到消费者那里。利润是由于对资源更有价值的利用，使得整个经济

的财富增加。

利润是不可预测的，它是被发现的，利润提高了那些利润应归功于其下的资源（responsible resources）的价值。先前更低的价值，低估了该关键资源未来的使用价值。没有人预先知道这些资源的价值是多少，否则它们的市场价值早就是那么高了。早期的价值，或者说使用成本，是之前大家愿意赌它会带来的最高价值。在其他人（甚或可能还包括那个买主）知道资源的最终价值之前，幸运的资源买主能够以较早的价格获得该资源更有价值的服务。

利润由创造价值的创新者获得。但是，一旦最终产品被发现对消费者更有价值，最初这些资源用于任何目的的较低成本，将不会继续保持在低位。资源的价值和使用成本，源自对最终产品和服务的需求，因此，当发现新的或更有价值的用途时，它们将向上修正。然后，所有者将只能获得增加后的财富的正常回报率。利润到底是运气、远见卓识还是先知先觉的结果，都无关紧要。

在市场竞争中获得的这些利润，不应与通过限制竞争对手进入市场而获得的财富收益相混淆。这些收益是通过限制他人进入市场而获得的人为垄断租金。垄断者可以发财，但不能从利润中发财。

将利润转化为成本，不仅仅是一个定义问题。因为经济学中的成本概念指的是资源最有价值的那一个替代性用途，所以，一旦发现一种新的、更好的或更有价值的资源用途，继续以以前的方式使用资源的成本就会增加。当资源被重新估价为更高的资本价值时，我们所观察到的"利润"，对资源所有者来说就变成了更大的财富。

在重新估价之前，曾以低于其后来披露的市场价值的价格获得土地或设备所有权，或承包他人服务的投资者，当然就变得更富有了。然而，对这一资源的竞争提高了其价值，使它那变得更高的价值的回报率降到利率水平——不再有后续利润。在这个过程的最后，我们可以观察到的是更大的财富，在这一财富水平上，只能取得竞争性回报率。

任何管理者或所有者，如果不能对这种成本上升作出反应，继续按以往的方式来使用那些"现在被发现价值已经提高了的资源"，而他们的对手却愿意出高价来争取那些能为消费者创造更多价值的人员、设备或服务的话，就会败给他们的对手。

股市有助于企业管理者了解企业的价值是多少，股市也会向他们发出提醒：他们的设备成本，并不是基于当初购买价格的折旧。只要继续使用这些设备，那就要按新的、提高了的价值来计算折旧。如果不是设备而是某个人，那么，为了争夺这个人"现在已经被认为具有更高价值的服务"，而被抬高了的薪金，就成了购买他的服务的成本了。

关于资源重估、利润和会计折旧指标的一个例子：投资还是不投资？

我们首先决定花 10 000 美元购买和安装一台机器。这台机器一旦安装好，就不再有其他利用价值，也没有任何残值。我们假设，这台机器在耗尽全部生产能力之前，能生产 5 000 个单位。所有其他所需材料和劳动力的成本为每单位 1 美元。另外每单位产品的机器折旧为 2 美元（10 000 美元/5 000 个单位）。生产总成本为每单位 3 美元（2 美元折旧加上 1 美元其他投入成本）。在低于 3 美元的市价上，这笔投资将无利可图。假设预计的产品价格是 4 美元。

表 16.2 成本、价值和折旧举要

（A）	
购买价格	10 000.00 美元
投资的沉没成本	10 000.00 美元
产品价格 4 美元	4.00 美元
相关投入的单位成本	1.00 美元
单位净收入	3.00 美元
机器使用价值	15 000.00 美元 = 3 美元×5 000 单位
机器使用成本	3.00 美元/单位 = 15 000 美元/5 000 单位
决策：投资	利润 = 5 000.00 美元（= 15 000 美元 − 10 000 美元）
投资后的各种可能性	
（B）	
如果产品价格是 3.50 美元	3.50 美元
相关投入的单位成本	1.00 美元
单位净收入	2.50 美元
机器使用价值	12 500.00 美元 = 2.5 美元×5 000 单位
机器使用成本（折旧）	2.50 美元/单位 = 12 500 美元/5 000 单位
决策：生产	利润 = 2 500 美元（= 12 500 美元 − 10 000 美元）
（C）	
如果产品价格是 2.00 美元	2.00 美元
相关投入的单位成本	1.00 美元
单位净收入	1.00 美元
机器使用价值	5 000.00 美元 = 1.00 美元×5 000 单位
机器使用成本（折旧）	1.00 美元/单位 = 5 000 美元/5 000 单位
决策：继续生产	利润 = 0 美元（= 10 000 美元 − 10 000 美元）
（D）	
如果产品价格是 1 美元	
机器价值为零	
决策：停止生产	

规则：如果一项资源的价值跌至零，就停止对它的使用。

A. 如果市场价格＝4 美元。

人们发现，这一产品的价格是 4 美元。这样，可以获得 20 000 美元的总收益（为了计算方便，生产和销售产品期间的利息忽略不计）。4 美元的价格比其他投入的 1 美元的单位成本，多出 3 美元。这使得机器的使用价值为 15 000 美元（3 美元×5 000 单位）。这家企业可以按这个价格出售产品，现在人们已经知道它能赚多少钱了。15 000 美元超过了 10 000 美元的购买价，可获利 5 000 美元。以 4 美元的产品价格计算，这台机器价值 15 000 美元。使用时，折旧成本为每单位 3 美元（15 000 美元/5 000 单位），而不是以前预计的每单位 2 美元（10 000 美元/5 000 单位）。

你可能会争辩说，由于你只需 10 000 美元就可以更换这台机器，那么，它的购买成本，即用完这台机器的成本实际上只有每单位 2 美元（10 000 美元/5 000 单位）。但别忘了"成本"的含义——在资源的替代性用途上放弃的最高的价值——和竞争的存在。使用那台机器的成本，现在是对其 15 000 美元价值的耗损。这也就是机器的价值随每单位产出而下降的程度。折旧是使用某物时其价值（而不是购买成本）的减少。

还有，如果你想着可以按先前的 10 000 美元的价格更新你的设备，那你会大失所望，因为别人仿效你的所作所为，已经把机器的价格哄抬到 15 000 美元了。如果他们不能复制你用这台机器所做的事情，那么，不是机器更值钱，而是你更值钱。使用你的成本会高出 5 000 美元，因为如果你真的有这样的天赋，而不仅仅是运气好的话，人们会争先恐后地为你那已经得到证明的才能——拿 10 000 美元，然后把它变成价值 15 000 美元的东西——而竞争。

B. 如果产品价格下降了会怎么样？

在表 16.2（B）部分，随着投资完成和生产开始，产品价格为 3.50 美元，而不是 4 美元，并预期将会保持在 3.50 美元。对于这 5 000 个可能的服务单位来说，每单位的收益是高于其他投入每单位 1 美元成本的部分，即 2.50 美元（3.50 美元－1 美元）。这台机器的市场价值为 12 500 美元（2.50 美元×5 000 单位）。这项投资将产生 2 500 美元的利润。现在每台机器的使用成本为 2.50 美元（12 500 美元/5 000 单位）——即折旧费。

C. 如果价格碰巧低于预计 2 美元的长期平均成本会怎么样？

在表 16.2（C）部分中，当我们的产品上市时，市场价格仅为 2 美元。在其他投入成本为 1 美元的情况下，这个价格只为这台机器的每单位服务剩下 1 美元，或总共 5 000 美元（1.00 美元×5 000 单位）。成本和收入都是 10 000 美元，所以利润为零。

　　D. 从哪个初始价格下，就会放弃生产？

　　表 16.2（D）部分显示，在任何低于 1 美元的价格下，最好放弃生产，因为 1 美元是所有其他相关投入的最低平均成本。

征收新税后进来的生产资源

　　在税收发生变化或征收了新的生产税之后，那就只有在价格足够高，高到在支付新的税款后，新设备仍然能够盈利的情况下，人们才会对新设备进行投资。

　　这时候的输家是：（1）现在已经变得不那么值钱的设备的所有者；（2）这家企业的雇员，他们在别的地方能赚取的工资，是低于在新税加征前这家企业的工资的。

　　后来的潜在的投资者知道自己所要承担的成本，究竟是由于税负增加、工资上升还是材料成本上升造成的，是没有区别的。只有当新的投资预期能产生至少不低于其他地方可获得的竞争性回报率时，才会进行新的投资。但更高的成本降低了获得显著收益的概率和预期。

折旧 vs.资本价值变动

　　由于机器（或任何生产资源）的使用而引起的价值降低，就是折旧（depreciation）。这一成本，必须与机器的市场价值因其服务价值的意外下降而产生的减值区分开来，后者是一种纯粹和简单的损失。在企业发布的财务状况报告中，这两者通常互相混淆。由于资源服务价值的变化而引起的资源价值的变化，在报告中并没有提及。

　　每一个商家都是根据原始购买价格，而不是当前价值来计算资源的折旧的。企业报告了错误的数据——历史记录——但这通常无害。会计师的任务是记录支出、收入以及累计的借款和贷款，以监控管理者的行为。会计师不试图估计或解释设备或业务的当前价值。他们依赖其他人在资本品市场和股票市场上来做这件事。在这些市场上，股票价格根据不断修正的信息和预期来揭示新的价值和隐含价值。

过时 vs.折旧

折旧是机器由于使用而发生的价值下降。折旧不取决于设备的购买价格。它取决于资源的现值。过时（obsolescence）是指当资源的产品价值因与其使用无关的原因下降时，资源价值的变化。出现了其他更好的资源，或者由于一种资源的相关投入要素的成本增加，导致了对该资源的需求的下降，都可以是过时的原因。在我们的例子中，产品的价格下降了。这种产品价格的下降立即导致了资源价值的变化，即资源过时，而不是折旧。如果事情朝着相反的方向发展，资源的价值上升就叫升值（appreciation）——那就是一笔意想不到的利润。

为什么会计记录显示折旧是对资源初始成本的侵蚀，而不是对现值的侵蚀？

在商业企业的财务报告中，设备的购买成本，并不按其当前的市场价值列出。为什么呢？因为会计师并不知道企业资源的价值。这些资源没有出售，因此没有客观的市场价值。

会计记录不作为有关产出和投入决策的依据。相反，这些数据揭示的是企业的支出和收入。其中包括对其他人的负债和索取权数据。会计数据有助于所有者监督企业的财务活动。会计师不记录资源的当前价值，也不记录其使用成本。

试图估算企业资源的当前市场价值时，会导入个人的主观意见。为了避免这种主观意见，会计师只记录过去已知的支出和收入，以及初始购买成本。折旧或其他费用的计算，根据税收规则进行，而税收规则往往与资源的市场价值无关。

按资本价值计算的利润

展望未来一年，每日产量为 7 个单位，每年工作日 200 天，产品价格为 25 美元。这将带来 35 000 美元的总收益（＝25 美元/单位×7 单位/天×200 天）。假设年总成本为 16 000 美元（＝80 美元/天×200 天）。年利润将是 19 000 美元（＝35 000 美元－16 000 美元），或者每天 95 美元（＝19 000 美元/200 天）。假设年利润率会持续 10 年，那么将年利润 19 000 美元资本化为现值。按每年 10% 的利息计算，即 116 850 美元（＝19 000 美元×6.15），如第 31 章表 31.1 所示。如果这家企业是一家拥有 10 000 股普通股的企业，那么每股的市值为 11.67 美元（＝116 660 美元/10 000 股）。

练习与思考

1. 目前小麦的市场价格是每蒲式耳 2 美元。

   (1) 你有 1 000 蒲式耳。如果其他供应商提供 9 999 000 蒲式耳，你能否通过从市场上截留你的任一供应量来影响市场价格？

   (2) 如果你出价 2.25 美元，而市价是 2 美元，有人会向你买小麦吗？你会愿意卖 1.75 美元吗？

   (3) 从你的角度来看，你的小麦需求曲线是什么样的？

   答：

   (1) 不能。

   (2) 不会。不愿意。

   (3) 水平线。

2. 在受价者的市场中，每个卖家的边际收益实际上等于平均收益（价格），对吗？为什么？

答：

对。任何一个卖家提供更多产品，对价格的影响微不足道。如果平均值不受影响，则平均值等于边际值。

3. 请解释为什么高于最低平均可变成本的边际成本曲线，就是企业在受价者市场上的供给曲线？一个永久价格有多低才会使企业永远停产？如果企业不停产，短期内价格可以有多低？

答：

边际成本曲线高于平均可变成本曲线上最低点的部分，是受价者的供给曲线。（请记住边际量和平均量之间的关系。）当价格高于最低可变成本，但低于单位成本总额时，生产者在亏损，但仍会继续生产，因为他支付当前运营成本是绰绰有余的。然而，当设备磨损报废时，生产商将面临新的购置成本和维修成本。这时，他将停业，因为预期的收入无法弥补新的成本。

4. "边际成本是一个商品生产多少的指南，而平均成本有助于说明是否要生产该商品。"请对此给出你的解释。

答：

边际成本与边际收益一道，刻画了使财富达到最大化时的产出量。而比较平均成本与价格之间的关系，就能看出利润是正是负。

5. 是一个给定的产出计划有一个短期成本和长期成本呢，还是两个在考虑中的不同的产出计划，每个计划都有自己的成本？

答：

两个不同的计划，每个都有不同的成本。

6. 假设生产 X 所用到的资源边际成本为 5 美元，其中成本被解释为所放弃的最高使用价值。假如同样这些资源被用在其他地方，用于生产 Y，那么被放弃掉的最高使用价值就会是 6 美元。是什么使同一资源的这两种不同的"成本"收敛到同一价值上来？

答：

资源将会从 Y 的生产中撤出，沿着其边际成本曲线向下移动。Y 的额外产出的成本将下降。从 Y 中撤出的一些资源，可以增添到 X 的生产中，而生产 X 的边际成本更低，但在上升。生产一个额外的 Y 和一个额外的 X 的成本，将在边际上收敛到一个相同的值——介于 5 美元到 6 美元之间。

7. "自由企业资本主义制度是一种消费者主权制度。消费者的偏好决定了生产什么和生产多少。"请对此给出你的评价。

答：

"个人主权"比"消费者主权"更为准确。个人既作为消费者（买方）也作为生产者（卖方）作出选择。个人表达自己对工作条件和消费品的选择。如果采矿比砍伐木材更令人不快，那么，个人就会更愿意砍伐木材。这样，木材相对于煤炭的数量，将大于生产者个人偏好反过来时的情况。

面对众人，我们每个人通常都无力显著影响产出或市场需求。这并不意味着，我们不能在可供选择的各种购买选项或产品生产中进行选择。然而，由于我们很难改变报给我们的一系列价格，每个开放市场的生产者都认为消费者（市场需求方的人格化）是主权者，而消费者则认为生产者（供给方的人格化）决定了消费者可以拥有什么。

8. 受价者行业的市场供给曲线是由什么构成或决定的？

答：

众多企业中的每一家，都通过将边际收益和边际成本相等来实现利润的最大化。它们在向上倾斜的 MC 曲线与水平的 MR 曲线交点处的产出水平上进行生产。在每一个可行的价格上，该行业的供给量是在这个价格下单个企业产出的总和。

9. 如果一家企业发现自己更大的产量与更低的销售价格有关，这是否意味着它产量更大时成本更低，还是说需求就是这样——只有价格更低，才能卖出更多的产品？

答：

是后者。产出与成本之间的关系如何，与需求定律无关。

10. "新的商业企业可以以低价与老企业竞争，因为新企业可以购买最新的设备，而不必负担陈旧而不太经济的设备，这些陈旧而不太经济的设备，老企业必须在自己能经济合理地接受新设备之前，令它们退出生产舞台。这就是为什么持续的技术进步有助于维持一个竞争性的经济体系。"请解释这两句话中的错误。

答：

老企业的旧设备不是负担。老企业之所以没有简单地关门歇业或转向生产其他产品，意味着老企业是可以通过使用旧设备进行竞争的。这些设备的价值被重新资本化到任何能使其继续被使用的水平——除非其价值降至零，在这种情况下，它肯定会退出生产。第一句话是一个非常常见的错误，一个忽略了市场对现有生产资源的重新估价过程的错误。与生产决策相关的，是设备和资源的当前市场价值，而不是历史价值或初始购买价格。

11. 请评价这一论断："假设每瓶可口可乐多增加 3 美分的成本，可口可乐的质量就可以比百事可乐好。假设这一改进对消费者来说值 5 美分。如果这两种饮料的标价分别都是 1 美元，消费者就会从百事可乐转向可口可乐。这样一来，顾客为了多得 5 美分的价值，就让百事可乐由于丢了生意而蒙受了 1 美元的成本。这是浪费，因为百事可乐的损失远远大于消费者的收益。"这么说对吗？

答：

不对。百事可乐的损失并不是销售收益中损失的 1 美元。利润的损失才是百事可乐的损失。这一损失远不到每瓶 1 美元。当百事可乐生产更少的产品时，百事可乐不使用的资源（价值 1 美元），就会转移到其他产品的生产上。百事可乐的一个损失，是其资源价值的下降，这些资源只有在价值下降之后才能转作他用。这个问题我们后文再来探讨。这里的寓意是，从一个人到另一个人的利益转移（一个人的损失和另一个人的得益），即便不只是资源价值的损失，也并不是社会损失。

第 17 章　调整的时间因素

　　大多数对新事件所作的调整，都需要时间。石油价格在先前的"石油冲击"后暴涨，但要过了几年后，汽车才开始做得更小、更省油。后来油价下跌，又得过上几年，汽车才变回更大。有些反应被拖延太久，以至于人们很难记起原因。

　　经济学家这样对完成调整的时间节奏进行分类——把它分为即期（the immediate）、短期和长期三类。即期的反应，往往是生产发生改变之前的价格调整。短期包括了生产速率的调整，但它发生在耐用性生产资源发生改变之前。长期是指最终调整完成的阶段，包括了生产设施存量的减少或增加。

向它征税：需求与供给

　　在分析税收或成本任一变化的影响时，我们首先要确定对供给曲线和需求曲线的影响。如若外部事件对需求或供给——或两者——都没有影响，价格和数量将不受其左右。

　　假设新的汽油税是每加仑征收 10 美分。这项税收减少了谁的财富？汽油及相关产品的价格、产量、消费量又会作何调整？不管怎样，到底是消费者还是卖家把税交给政府，并无分别，除了可能在情感上和政治上会有所差异。

　　解释汽油税的一种方式是，它给供给商留下的收益变少了，因此，我们可以推断出这项税收对供给的影响。或者，我们也可以将税收解释为买方成本的增加，然后，推断其对需求的影响。看待情况的这些不同角度，对汽油价格和消费量的分析意味着相同的结果，因为对同一事件的解释应当遵循同样的原则。图 17.1A

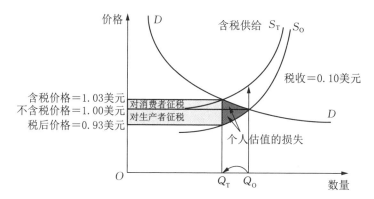

图 17.1A 对汽油征税：用供给成本上升来表示征税

注：在图 17.1A 中，这项税收被解释为，供应给市场的每加仑汽油的成本增加 10 美分。这使得包括该项税收在内的边际成本曲线上升了 10 美分。需求曲线与新的市场供给曲线的交叉点（基于新的边际成本曲线，包括 10 美分的税收）表示新的短期价格为 1.03 美元。含税消费价格提高 3 美分，生产者成本提高 7 美分。初始价格线上方和新价格下方的区域，代表从消费者处征收的总税额。向供应商征收的总税额，为初始价格以下和供应商收到的税后价格以上的区域。

这项税收的实际分配，将取决于需求线和市场供给线的斜率。

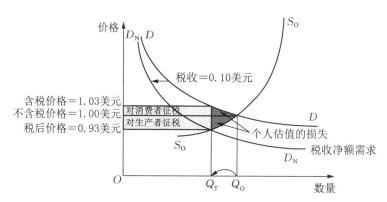

图 17.1B 对汽油征税：用需求下降来表示征税

注：这项税收被解释为卖方所面对的汽油需求减少 10 美分。更低的税净额需求曲线，导致卖方所得到的税后价格更低。由此产生的汽油价格和数量，与图 17.1A 中使用的平移供给曲线的效果相同。

和图 17.1B 各用其中的一种观点来指导分析。

被视为生产者成本增加的税收

若是把这项税收解释为汽油供给成本的增加，则边际成本每加仑提高了 10 美分，因为每生产 1 加仑汽油必须向政府支付 10 美分。总的市场供给曲线也就上升了

10％。供给将会是多少呢？数量当然是更少——在这个数量上，消费者边际估值将高到与抬高了 10 美分的边际成本相等的地步，这个边际成本包含了该项汽油税。随着汽油产量减少，需求曲线不变，市场价格将上升到需求量等于减少后产量的水平。

假定最终所得的含税价格为 1.03 美元。消费者每加仑多付 3 美分，生产商税后每加仑少得 7 美分。也就是说，消费者缴纳了 3 美分的税，而卖方缴纳了 7 美分的税。所生产的汽油量减少到其边际成本比加税前少 7 美分，即减少到 93 美分的程度。

在消费量减少的区间上，需求曲线和供给曲线之间近似三角形的区域，表示的是社会福利损失（social welfare loss）。这是当资源转移到其他产生更低消费者个人估值的商品时，消费者个人估值的降低额。这一降低额是税收的负担。

被视为卖方所面对的需求减少的税收

在图 17.1B 中，较低的净税收曲线与买方有关。基本需求价格的 1.03 美元中，10 美分归政府所有。减去每加仑 10 美分的单位税后，税后部分变得更小了。汽油生产成本和供给曲线不变。税后净额需求曲线与供给曲线相交于价格 93 美分处——比征 10 美分的汽油税之前少了 7 美分。消费者额外支付 3 美分。在供应商拿到的每加仑 93 美分的更低税后价格上，所生产的汽油量将会减少。这与提高图 17.1A 中边际成本曲线所暗含的结果相同。短期内对价格和供给的影响是：（1）供给量和消费量减少；（2）对消费者来说价格更高；（3）对供应商来说净价格（价格减去税收）更低。

无谓福利损失

一些原本用来制造被征税商品的资源被转移，用来生产另外一些商品，而这些商品对消费者的价值，是比不上那些不再产出的汽油的。所放弃的汽油每加仑的价值，在 1.00—1.03 美元之间。另行生产的那些商品的价值比它低，否则那些商品早就已经被生产了。

（1）被放弃的汽油价值，减去（2）现在生产的商品价值，其中的差额就是损失，这一损失就是（3）无谓的社会损失（deadweight social loss），这是该项税收的负担。被征税商品用得少了，就有了个人估值的损失，这个损失由社会每个人来承担。那些购买现在正在生产的其他商品（而不是汽油）的人得到的收益，比放弃的汽油的价值要更低。

可移动资源 vs.不那么具有移动性的资源

完全可移动（mobile）的资源——能够转移到其他地方，赚得和转移前一样多——只承受转移的成本。以前用于提炼汽油的原油，几乎可以立即用于生产其他同等价值的产品，或用于提炼其他税负较低地区的汽油。而炼油设备在其他地方的价值就要低一些，因此其价值将会下降（收益减少在资本价值上的体现）。过去用于建造炼油厂不可移动项目的成本，是沉没成本，与未来有关炼油厂使用的决定或其价值无关。

如果你最好的替代性工作和你现在的一样好，你会被认为具有完美的可移动性。而如果你下一个最好的选择价值要低得多的话，你就非常不具有可移动性了。如果一种资源的最佳替代性用途的价值为零，它将是完全不可移动的。当转移到另一份工作的成本太高，而使移动的成本不值得时，就会发生这种情况。

税收将减少移动性较低的资源的收入，使其承担部分税收。随着时间的推移，更多的资源将被转移或被侵蚀，逐渐被淘汰而不会被更换。汽油供给量会下降到汽油市场价格将覆盖整个炼油厂和炼油成本加上税收的水平。从这个时候开始，消费者将支付所有税款。但在炼油厂长期全面调整完成之前的过渡阶段（短期），财富的减少将部分由生产资源所有者承担，部分由失业工人承担。

政府征收的每加仑 0.10 美元的税收，可分为两部分：（1）对消费者的价格上涨（从 1.00 美元涨到 1.03 美元）；（2）对不可移动的炼油厂资源所有者征收的每加仑 7 美分的损失，这些资源在替代性用途中价值更低。这两项损失以及征收的税款，应以资本价值计量（在本书卷三中讨论），而计量资本价值就需要考虑到完成调整所需的时间长短。当一些资源被转移到下一个最高价值用途时，资本价值的损失是生产损失的一种衡量指标，它与通过税收转移给政府的财富完全不同。价值的损失把资源从提炼汽油转到了次优选择上去。

短期和长期效应的比较

要推导和比较价格和数量对税收的响应的时间变化，请看图 17.2A 和图 17.2B，它们分别描绘了短期和长期的需求和供给情况。

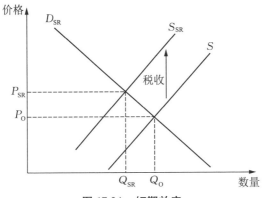

图 17.2A 短期效应

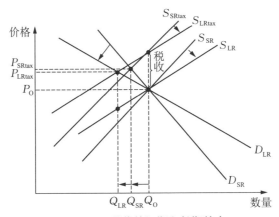

图 17.2B 税收的短期和长期效应

在这里，税收被视为炼油商成本的增加，尽管它也可以被视为扣除税收后需求的减少。关键的区别在于，短期和长期需求弹性以及短期和长期供给弹性之间的比较。短期内需求和供给的弹性较小，因为更快的调整（短期）比更慢的调整（长期）更昂贵。从长期来看，弹性越大，数量效应就越大。除了对土地等供给固定不变的资源进行征税的情况外，税收发生效力的时间越长，税收就越是更多地由消费者而不是供应商来承担。

图 17.2B 显示了需求和供给曲线更具弹性的长期影响。税收对数量的长期负效应大于短期负效应。这幅图说明了税收是如何影响价格的，不论成本和税收的模式或规模如何。但价格和数量的最终变化取决于成本的变化。

生产设施上的长期调整更加充分，减轻了用现有设备以更昂贵的方式生产汽油的压力。对新设施的投资或对废弃设施的淘汰，使汽油的长期供给曲线比短期供给曲线更富有弹性。如图 17.2B 所示，与短期相比，每加仑汽油征税的长期效果是数量减少更多，价格上涨更少。

从长期来看，一些炼油设备将会损耗报废，且不再更换。这将使供给曲线下降（向左移动），并导致价格上涨。这就是为什么对产品所征的税收最初似乎是由生产者支付的，而对生产的影响却不大，但后来，随着更大的供求弹性发挥效力，消费者面对的价格上升，需求和生产的数量下降。但到了那时候，谁又还记得这一切是征税造成的呢？

经过长期的调整，消费者交了所有的税；新的投资者不交税

最终，随着用来从石油提炼汽油的不动资源逐渐损耗殆尽，由于这项税赋的存在（以及价格的上升未能超过这项税赋的事实），在所有炼油设备用坏了以后都再作更新，就变得不值得了。汽油产量会进一步下降，其价格将进一步上涨，直到足以弥补生产的长期成本和税收为止。（我们忽略了需求随时间的增长，以便将注意力集中在税收效应上。）

在长期更高的价格下，汽油消费者将支付所有的税收。此时炼油业的税后利润大到，一旦现有的炼油厂损耗殆尽需要更换，就值得修建新的炼油厂的地步。新炼油厂的投资者，总产能比以前要小，不会承担任何税收负担。

最初由现有不可移动的炼油资源所有者所承担的部分税收，已全部转移到消费者身上，因为价格将被推高到足以支付新建和运营炼油厂的长期平均成本水平上。这就是为什么新炼油厂的所有者将不承担税收负担，而消费者将承担此后的全部税收之原因。

对炼油厂的新投资，只有在预期其回报率与任何其他新投资相同的情况下才会进行。正如后面关于资本价值的章节所解释的那样，竞争往往使回报率趋于相等。消费者向生产者支付的更高的长期价格，将会弥补税收，一如它弥补了所有其他成本。

只有现在和将来的成本才是真正的成本

随着汽油供给量的减少和价格的上涨，如果价格超过了未来的生产成本，那么，炼油厂似乎挣到了利润。但实际上，它只是按继续生产的成本计算才是盈利的，这一成本并不包括资源消耗殆尽后的重置成本。

我们来考虑一个常见的类似情况。假设你拥有一辆你决定用作出租车的汽车，而运营它的收入不必够得上支付汽车的先前购买价格。你已经拥有这辆车了。为了继续使用它，收入必须弥补：（1）随后的剩余运营成本；或（2）你可以从汽车别的用途中得到的收益。但是，当汽车磨损殆尽时，如果你没有积累足够的储蓄来购买新车，你的出租车服务将会终止。

由于炼油厂是不可移动的，除了炼油没有任何用途，所以，只要收入能弥补其运营成本，它就会继续运营。收益可能太小，以至初始投资无法收回。但一旦投资完成，任何超过运营成本的收益都是盈余（surplus）——直到设备磨损殆尽为止。经济学家将准租金（quasi-rent）的标签用在了这种暂时的超额部分上。"准"字强调，对于可以延续、但又仅仅是暂时延续的运营来说（直到更换或转移到其他用途），这是一个超过其目前运营成本的盈余。

准租金：暂时的盈余

即使未来每月的租金流不足以支付修缮或新建房屋的费用，现有房屋也将会得到使用。准租金表示，当前的服务费率不能永远维持该资源的服务。该资产会提供当前服务，但不会永久持续。它只是暂时的盈余。初始成本是沉没的，因此与资源未来的使用决定无关——除非要考虑更新资源，那它倒是未来成本的预测指标。

准租金的概念，也适用于人们的收入。假如你作为一名电气工程师在专业教育上进行投资，如果你每年挣 6 万美元，这些教育投资将会有利可图。但在你的教育获得之后，你的教育的沉没成本就是无关紧要的。假设你一年挣 6 万美元，而你下一个最好的工作只有 4 万美元。你不会要求薪水差额非要达到 2 万美元，才肯继续留任当前的工作，因为这笔差价无论怎么削减，你都不会换到 4 万美元的工作去。那 2 万美元是你目前工作收入的准租金。

稍后，我们通过使用更具包容性的、财富的资本价值概念——未来所有纳税额的现值（而不仅仅是当前的纳税额）——来把对汽油税的分析扩展到未来的情况。用财富而不是当前的流量来思考和衡量，虽然不太常见，但更完整，信息量更大！

无限供给弹性

我们来考虑一个很长的时间段，在这个时期里，长期供给由一条水平直线表示，这是一个弹性无限的供给曲线。如果生产资源足够相似，使得所有炼油厂的平均成本相同，那么，弹性无限的供给曲线就是成立的。税收是成本的一个增加值，如图 17.3 所示，它使供给线向上移动。

汽油的数量将会减少。在一些炼油厂停产，从而使降低的生产速率保持在最初的平均成本水平上之前，价格短期内会一直上涨。在较低的生产速率下，较高的价格将包括不变的平均成本再加上税收。当供给具有完全弹性时，生产下降的幅度比

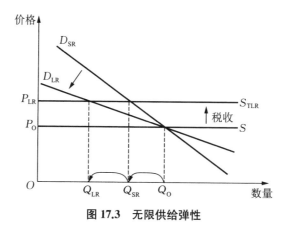

图 17.3　无限供给弹性

供给弹性较小时为大。

　　作为一个练习，请你分析税收降低需求曲线而不是提高供给线的情况，来重复上述分析。（其中的含义是一样的。）

长期的反应和影响

　　如果长期供给具有完全弹性，在我们前面的例子中，它将是位于 1.10 美元处的一条水平线，也就是说，长期价格将为 1.10 美元。所有的税收都将由消费者承担。但炼油厂设备的所有者损失了财富，这些设备的价值下降，因此从生产中被移除。对他们来说，这是一次性的财富损失。在一连串的购买行为中，消费者都得承受更高的价格。这一系列未来更高的支出有一个现值，它衡量的是消费者的财富中有多少被征了税，这些支出是随着时间的推移会不断发生的。

　　在较低的平均成本和边际成本上，实现了较低的生产速率。因降低生产速率而降低了的成本，抵消了部分税收。因此，净效应是长期价格的提高得并没有短期那样多，而且具有一条水平的长期供给曲线。同时，长期均衡生产速率也要更小，因为长期生产比短期生产下降得更多。

税收用在什么上面?

　　我们不能忽略所收税款的用途。它可能会用于建设更多更好的街道。你可能会说，街道的价值大于未生产的那些产品的价值。这将意味着，这是一个社会收益——也就是说，这是一个更大的总个人估值，而不是更小。这是税收的公共政策基础——即为那些本来不可能开展的有价值的活动提供资金。

减少估值为负的外部性

　　有些汽油被转化成有害的烟雾，对社会其他人来说估值为负（negative

worth）——这种负估值通常被使用汽油的人所忽视。这是一种负外部性（negative externality）。汽油的市场价格夸大了汽油的使用价值。

通过提高汽油价格，这项税收将使旅行者至少承担部分的污染负估值。所减少的汽油使用量，将更接近于其旅行的边际估值与边际成本（被放弃的替代产品和更清洁空气的价值）相匹配的水平。

不幸的是，没有人知道，目前的汽油税（或任何税）定得是太高了，还是太低了。也就是说，没有人知道，为了进一步减少空气污染的成本，是否就值得提高旅行成本。但经济分析有助于推断排污权——空气使用权——市场的一些效应，其方式类似于我们购买在垃圾处理场的垃圾倾倒之权。

可预测事件发生前的调整

我们来看一看，针对需求上的一项预期变化，人们作出某些反应的时机和持续性：

1. 在冬季，前往滑雪胜地的交通需求预计会显著增加。反应：特别（季节性）航班得到迅速供应。
2. 在华盛顿、香港、马尼拉和许多其他城市，成百上千有全职工作的人，在高峰时间摇身一变成为出租车司机。
3. 在需求高峰时段，钢铁厂使用成本较高的熔炉，电力供应商也是如此；员工加班加点，工资也更高。
4. 理发店和发廊的椅子，大部分时间是闲置的，但要一直留着，以便在需求出现短暂高峰的时候使用。

这些都不涉及产能过剩。这些所谓的高成本资源，是快速满足可预测的高峰需求最便宜的方法。暂时性的高需求，使得保有这种额外的（非过剩）产能有利可图。这种额外的可用产能，就像家庭中的第二辆车一样，在大多数情况下是闲置着的，但不会总是闲置。应付暂时性高需求的资源，通常被称为边际资源（marginal resources）或边际企业（marginal firms）。就生产速率而言，每家公司都总是处于边界（边际）上，因为它通常都可以多生产，当然肯定也可以少生产。

汽油和原油价格

有时，在需求或供给情况发生任何变化之前或没有发生变化时，价格似乎也会变化。而在其他时候，当需求和供给发生变化时，它们似乎又不发生变化。例如，据说，汽油价格在供给下降时上涨得太快，而在供给增加时下降得太慢。据说，一些现有的生产商会通过提早降价（有时被称为掠夺性定价）来遏制新的竞争对手。不过，竞争性定价和供给状况通常都被曲解了。

当原油价格上涨时，汽油价格上涨得很快，但当原油价格下跌时，汽油价格却没有下降得那么快。冷冻橙汁、咖啡、棉花和肉类也存在同样的不对称性。这是为什么呢？

1. 汽油和其他一些精炼产品，如塑料和燃料油，都是由原油制成的。

2. 与储存原油的成本相比，储存汽油很昂贵。炼油厂的汽油库存非常少，大约只相当于几周的消耗量。

3. 就目前这个关于反应速度的问题而言，最关键的是，未来的货物不能预提到现在，而现有的货物却可以通过储存而留到未来。秋天的苹果不能带回到前一个春天，但可以通过罐装或烘干的方式储存起来过冬。

这些事实——特别是第（3）项——有助于解释，产品价格对投入品供给变化的反应，在时间上的不对称性。中东一个产油国被邻国入侵的消息，让人们对未来石油供给减少产生了预期。以远低于所预期的不远的未来的价格出售目前的石油库存，显得愚不可及。目前地面储存罐中可用的原油可以截留下来，以供将来在预期的更高价格上使用。当前的价格会立即上涨。但反过来就不是这样了。预期未来更大的石油（或任何其他商品）供给量无法挪到当下来用，尽管目前产能过剩的生产商现在可以以更高的速率生产，在新的供给量投向市场并导致价格下降之前，以今天较高的价格销售更多的石油（或任何其他商品）。

随着时间的推移，调整过程得到了缓解。如果价格管制使石油价格保持在较低水平，今天原本会被消耗的一些石油，将被保留到未来，届时石油供给将更加稀缺和更有价值。更高的当前价格降低了现在的消费。更多的原油是为了将来的精炼用途而保留的，待到彼时，它会变得更有价值。这种情况下未来的石油价格，和假设另一种情况下——现在没有将更多石油留待将来——未来的石油价格，两相比照，前者会低于后者。

这种立即的价格上涨，并不反映或假定炼油商之间存在垄断或串通行为。事实上，保存更多的现有库存以备将来使用，有助于抵消未来供给的减少。

同样的情况，也发生在小麦、棉花、燕麦、大豆等的价格和消费上。当未来作物收成开始表现得比以前预期的要差的时候，新预期的更高的未来价格，会立即反映在更高的当前供给价格上。（当然，如果是一些不可储存的商品，那么未来的价格上涨不会反映在现在的大幅上涨上：眼前的草莓不能作为新鲜草莓而被储存起来，以谋求未来更高的价格。）

然而，美国的国会议员有时会抱怨道，由于中东爆发新战争的消息，汽油价格应声上涨，所以，炼油商的这种涨价行为很不地道。不管炼油商的动机如何，节约能源和提高油价都能缓解对供给量减少作出调整的压力。立即上涨的价格是一个传令兵。惩罚传令兵，并不能改变讯息本身，也无助于就所减少的供给进行调整。

如果目前的库存能够被保存并转移到未来，那么，对未来商品价格或供给的当前预期和预测的变化，会影响当前的价格。如果它们不能被保存下来，那么当人们预期未来会出现供给下降时，现有供给的当前价格不会显著上升。

几年前，为了应对环境问题，联邦政府规定汽油必须排放更少的污染物。加利福尼亚州更进一步，颁布了相对更为严格的要求，要求炼油商投资昂贵的技术。每燃烧一加仑汽油，空气要更干净，但每燃烧这样的一加仑汽油，能跑的英里数更少。

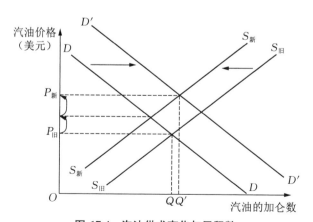

图 17.4 汽油供求变化与里程数

注：更清洁的汽油价格更高，如图 17.4 所示，供给曲线从 $S_{旧}$ 平移到 $S_{新}$。人们需要更多加仑的新汽油来抵消每加仑汽油减少的里程数。由于清洁燃料汽油生产成本上升而导致的供给转移，以及对新汽油需求加仑数的上升，导致汽油的市场出清价格上升，炼油商的利润增加。

加利福尼亚的汽油价格确实如预期一样上涨了。尽管如此，公众还是购买了更多加仑的汽油，以获得他们所想望的行驶里程，炼油厂也从中获了利。这是否违背了需求定律，即价格越高，需求越少呢？没有，因为汽油供给也发生了移动。

油价持续走高，是政府对炼油商施加条件的结果，相当于炼油商之间的有效合谋所产生的效果。在一个私下尝试达成的合谋中，炼油商们必须就减产达成一致意见，或要求每一家都提高价格。但每一方都会试图通过秘密降低价格或提高质量，或两者兼之，以获得利益。在这方面，政府帮助它们达成了这两项要求。任何炼油商都不能无视官方的命令出售成本更低的原来类型的汽油。

对新进入者的竞争性定价：是掠夺性的吗?

掠夺性定价（predatory pricing）暗示这样一层含义：降价的目的是给竞争对手造成损失，以迫使它们退出业务，同时也旨在吓阻潜在的进入者。而且，据称，市场价格是高于这一掠夺性水平的。掠夺性定价在竞争激烈的市场中是否有效还不确定。最初的降价会给掠夺者带来损失，而重复这种行为来阻止所有未来的进入者，代价将十分高昂。更重要的是，看起来像掠夺性定价的东西，实际上可能是经济上有效的手段，而不是出于掠夺的动机。

假设 Old 拥有一个能够同时承载 50 个呼叫——我们称为服务频道——的电话服务线路。当这条预计使用 20 年的铜线，以 100 万美元的价格购买和安装时，所有的初始投资成本都沉没了，而且没有任何其他用途上的残值。运营成本为每个频道每年 200 美元。在 15 年前进行 100 万美元的初始投资时，预计将获得足够的回报，为每个频道每年提供至少 1 200 美元的收入，这相当于每个频道 20 000 美元的初始投资（忽略利率贴现）加上 200 美元的年运营成本。费用汇总见表 17.1。

表 17.1　现有系统的长期和短期成本

每个频道每年的折旧额	= 1 000 美元
（1 000 000 美元/50 个频道等于 20 000 美元/频道，对于 20 年的使用年限来说相当于每年 1 000 美元）	
运营成本［短期成本］	200 美元
每个频道每年的长期成本	1 200 美元

一旦进行了初始投资，收入只要超过每个频道每年 200 美元的运营成本，就足以保证短期内的持续运营，但不足以收回初始投资成本，也不足以保证未来的再投资。我们假设现在的服务价格是每个频道每年 1 200 美元，这就正好可以收回整个初始投资成本加上持续运营成本。（我们本可以假设需求足够高，可以产生 1 500 美元的年收益，这将使最初的投资非常有利可图。但正如我们将看到的那样，这不会改变这里所涉及的问题。）

New——一个潜在的进入者——宣布打算在一个光纤系统上投资 150 万美元，它也可以处理 50 个电话频道，但能持续服务 50 年。一旦建成，所有的投资都将沉没。相关数据汇总在表 17.2 中。

表 17.2　New 提出的投资计划
（我们按惯例假定利率为零）

投资 = 50 个频道 1 500 000 美元，也就是每个频道 30 000 美元（1 500 000 美元/50 个频道），使用 50 年就相当于每个频道每年 600 美元（30 000 美元/50 年）

这导致：

每年 600 美元（= 1 500 000 美元/50 个频道/50 年 = 30 000 美元/50 年，利率为零）

　+75 美元 = 年短期运营成本

　675 美元 = 每个频道的年长期成本

New 必须预期 50 个新频道 50 年内平均每个频道每年的收入最低为 675 美元，否则投资将无法盈利。由于采用了新的低维护技术，每个频道的年运营成本估计为 75 美元，这就足以覆盖持续运营的成本，超过 75 美元的部分将用于弥补每个频道每年 600 美元的初始投资。因此，675 美元将是长期成本，其中 75 美元用于覆盖短期运营——如果这项投资确实作出的话。

当听到 New 提出的投资计划时，Old 警告 New："如果你投资新设备，那我就把价格定到低于你的成本的水平。"虽然新系统的预期收入只需要达到 675 美元，就会被认为是经济的，但是，一旦投资完成（因而沉没），收入哪怕低至 75 美元，也不会迫使新来者停止运营。

假设在 New 投资之前，每个频道每年的收入是 1 000 美元。看起来新的投资可能是有利可图的。然而，如果安装新的光纤系统，将使市场供给总量翻一番，达到 100 个频道，那么，所有这些频道的需求价格都将下降。或许，随着这两个系统争夺客户，价格会从目前的 1 000 美元降到 500 美元。

在更低的价格下，旧系统将继续运行（只要价格不低于 200 美元）。但 New 会感到遗憾，因为它的收入将低于每个频道支付长期成本所需的 675 美元。New 将遭受损失，实际金额取决于 Old 持续经营的时间和 Old 停止经营后的收入。New 将继续运营，因为它的持续成本仅为每个频道每年 75 美元，尽管存在损失——没有收回沉没投资——但是，New 会在超过 75 美元的任何价格上运营下去，来尽量减少损失。

因此，New 的投资是不成熟的，因而是浪费性的。投资于创建和运营更多频道所需的资源在其他地方的价值（这是衡量成本的标准），要高于在这里的价值（这是衡量收入的标准）。

如果 Old 对 New 的警告被看成是一种威胁，那么，New 可能会认为 Old 具有掠夺意图。但是，如果 New 预见到更大的供给量对价格的竞争性影响，以及现有运营商沉没的初始投资成本无关其决策，那么，New 就会避免或推迟他的投资。New 将等到对服务的需求足够大，大到能以平均每个频道至少 675 美元的价格支持 50 个新增的频道（总共 100 个），或者直到旧的铜线系统磨损殆尽时，再来考虑完成新的投资。

练习与思考

1. 对农民种植的每磅花生征收 1 美分的税。

   (1) 这对花生的产量会有什么影响？

   (2) 它是如何引起这种影响的？

   (3) 花生的价格会怎样？

   (4) 鉴于（i）花生是年年播种的农作物，（ii）土地可用于种植其他作物，那么，种植花生的土地是否会贬值？

   (5) 用于花生收获、脱壳、烘烤、包装和碾碎的现有机器的价值将如何？为什么？

(6) 解释为什么这些价值变动不会是永久性的，即使税收是永久性的。

(7)（土地和设备）价值的暂时下降，是否意味着税收的财富减少效应只是暂时的？为什么？

(8) 假如这笔花生税所得到的收入被用来资助购买我们这本书，并把它免费分发给大学生。谁在为此付费？（答案并非，那些因现有资源的估价修正而失去财富的人在为此付费。财富的损失不会作为其他人的收益而被抵消。）

(9) 谁会因这项赋税以及这笔税收收入的支出而获得什么？

答：

(1) 减少产出。

(2) 一开始，如果产量不减少，但税负会得到支付，那么，花生种植者的财富就会减少。更高的边际成本表明，新的达到财富最大化的产出更低。或者，一些以前盈利或盈亏平衡的人现在会有亏损，被诱使放弃种植花生，或减少花生的生产量。

(3) 供给量减少，供给曲线向左移动，意味着价格上涨。

(4) 土地的价值只有当种植花生的价值高于次佳用途的情况下才会下降。

(5) 对花生的产量征税，会降低生产花生的专用设备的价值。

(6) 随着边际花生种植户停止生产，转而选择一些替代作物，剩余的花生种植户将能够通过提高价格恢复盈利能力。市场供给总量将会减少，继续用于生产花生的土地和设备的资源价值将会得到恢复。

(7) 那些为了下一个最好的备选项而退出了花生种植的人，他们的财富损失是真实的和永久的。

(8) 花生消费者。

(9) 我们必须知道政府如何使用由花生税所带来的收入，才能知道谁可能会获得收益。

2. 假设上述问题中的税只对一个花生生产商征收。

(1) 花生的价格会怎样？

(2) 产出呢？

(3) 各种花生生产者的财富呢？

(4) 这个税会影响谁的财富？

答：

（1）没什么明显的变化。

（2）没什么明显的变化，因为一个生产商只是行业供给中的一小部分。

（3）这个被征税的生产者，将失去专门用于在他的农场种植花生的那些资源所带
来的财富。其他花生生产商不会受到影响。

（4）见对（3）的回答。

3. 在上面的第 1 题中，新的花生税引起的全面调整结束后，是否出现了"无谓损
失"？无谓损失是什么意思？

答：

是的，花生总产量的最终下降会导致无谓损失。取代花生种植的替代作物的较
低价值与花生价值之间的差额，是一种社会损失，也是衡量税收负担的一个指
标。在这个答案中，没有足够信息来帮助我们了解这个社会是变得更糟还是更
好了，因为我们不知道这项税收所带来的收入的用途何在。

4. 这项花生税实施后很长一段时间，花生需求增加，现有花生种植户盈利能力增
强。一位投资者正在考虑是否收购一些土地，并进入花生种植的这个行业。如
果他这样做了，他将承担多少花生生产的税收负担？

答：

新进入花生种植业的人，将不会承担花生生产的任何税收负担。他种植花生所
需支付的土地和设备价格，已经反映了这项税收的存在。

5. 匹兹堡对私人商业停车场运营商的总收入征收 20％的税，同时对与之竞争的公
共运营的停车场免税。美国最高法院认为这项税收合乎宪法，尽管该税收的实
施可能会摧毁特定的企业。最高法院还得出结论称，无论如何，匹兹堡的停车
位短缺，将使私人停车场经营者能够向其顾客转嫁这 20％的总收入税。因此，
税收的负担将落在顾客身上。该法院的经济分析是否正确？请给出你的解释。

答：

向消费者"转嫁税收"的能力，将取决于相对弹性——需求曲线和供给曲线的
斜率。最高法院的裁决假定，由于停车位"短缺"，私营停车场的停车价格上涨

幅度可以等于税收的全额。这种观点意味着，私人停车场经营者在征税前收取的价格低于市场出清价格。它还意味着，即便是从长远来看，到匹兹堡来的人也不会因为停车成本较高，而选择从开车转向使用公共汽车或电车。

6. 据了解，咖啡主要种植地区的天气一直非常恶劣，因此咖啡供给量将会减少。其结果是，咖啡价格几乎立即上涨。而另一方面，据了解，明年咖啡种植区有望获得丰收，但尽管供给量有望增加，可目前的咖啡价格却并没有下降。请解释这种不对称性。

答：

在预计未来供给量会减少的情况下，目前的咖啡豆库存可以（以一定成本）储存起来，以期在未来咖啡价格更高时出售。这一调整导致当前的销售供给下降——因此当前价格较高。然而，未来的咖啡豆不能用于当前消费，因此对当前价格的唯一影响将会是，当前咖啡豆持有者是否决定保有较小的库存，从而增加当前的销售供给。

7. "政府决定对商品征税。它可以对商品的卖家征税，从而导致供给下降，也可以对消费者征税，从而减少需求。对企业征税比对个人和家庭征税更好——更公平、破坏性更小。"这是合理的公共财政吗？

答：

如图 17.1A 和 17.1B 所示，如何进行分析并不重要。它可以用减少供给来表述，也可以用减少需求来表述。在这两种情况下，对买卖数量和价格的影响是相同的：数量减少；消费者支付的价格上升（上涨幅度低于单位税），卖家收到的税后价格下降（下降幅度低于单位税）；给社会造成无谓损失，因为从商品减产中释放出来的资源在替代性用途中的价值会降低。

第 18 章　生活中的事实

对前几章中的分析和假设，经验丰富的企业管理者可能有些不同的意见，他们会说：

第一，你忽略了企业家，甘愿冒险的实验先锋，追逐产品创新与改良、技术更新以及生产成本降低的创新者。

第二，几乎没有一个生产者生产出完整的产品，并得到消费者支付的全部价格。收入是在最终产品各组成部分的生产者之间分配的。那种分工被忽略了。

第三，企业管理者不知道边际成本，或不会根据边际成本来记录成本。实际上，他们不计算边际成本和边际收益，而只是选择某个价格而已。他们只能努力地赚些利润，而不能微调以实现利润最大化。

第四，几乎每家企业都有一些设备同时用来生产几种产品。飞机既载客又载货。我们不可能知道机组人员、飞机和燃料的哪一部分费用是由货运引起的，哪一部分费用是由乘客引起的。在几种联合生产的产品上分配成本，这是一个普遍存在的问题。

第五，生产速率和生产量之间有很大差别。生产量对成本的影响被忽略了。当产量较大时，新增产量单位的边际成本下降；与之形成对照的是，在更高的生产速率上，边际成本更高。在更快的速率上生产，并不等于生产更多的产品。汽车更快的速度和更远的行驶距离是两回事。一个人可以在很长的一段距离内缓慢地行驶，也可以在很短的一段距离内快速地行驶。同样，对于产出速率和总产量而言也是如此。

第六，在需求方面，总成交量和每天的消费速率也具有重要的差别。一个顾客今天买三个；另一个顾客今天只买一个，但每天都会买。将来的需求量，与当下的需求速率一样重要。

第七，几乎所有的商业企业，无论大小，都不是必须根据给定的市场价格来决定产量和销量的受价者。相反，他们自行决定价格，然后向顾客打广告，并由顾客来决定买多少。

第八，有些产品的需求越高，它们就越会被其他人广泛使用。使用这种产品的人越多，它对用户的价值就越大，例如电话、互联网、传真机、信用卡、计算机操作系统和应用程序等。这是一种网络效应。它捕获或锁定所有用户进入同一个网络，并限制改良的网络成功进入市场。

第九，在市场上，与其他特定对象——而不是一般人群——的交易会重复发生。如果一个特定的交易对象不按预期去做，其结果可能同交换所带来的互惠大相径庭。这些对另一个特定对象的依赖，以及为确保这种依赖的可靠性以避免因失望而造成的损失所采取的行动，都被忽略了。

第十，通常，当需求增加时，卖家更愿意不涨价，相反，他们宁愿容忍对某些客户的供给出现短缺。然后，再将供给在更具依赖性的客户中间进行配给。你的分析与这个事实不符。

第十一，企业比这本书里的描绘要复杂得多。它们通常是拥有多个所有者的公司（corporations），其中大多数所有者除了投资、希望获得股息和更高的股票价格外几乎什么都不干。它们有长期的员工，这些员工在团队中工作，由一个老板指导和监督，并被支付工资，而不是通过某些市场价格和每日的工资谈判拿到薪水。

最后，渔船上只有人数是重要的，所有雇员都领取相同的工资，而与渔船不同的是，在许多企业，即使不是大多数企业，工资都是因人而异的。个人能力和特质的差异打破了收益递减的规律，只有当所增加的投入在各个方面都相同时，收益递减规律才适用。不仅是工人的数量，而且他们是谁，都会影响产量和工资。在本章中，我们来讨论前六个反对意见，在后面的章节中，我们还会讨论其他反对意见。

缺位的企业家

财富没有提供信息和指导，来帮助我们发现生产和分销更好的产品的改良技术。

这样的技术是通过投资于冒险的探索事业，以及用自己的财富进行试验而获得的。有些试验，也许是大多数，都失败了。这些失败的试验，消失得无声无息，少有人知。

　　企业家不仅仅是投资者。企业家们思考新的想法，在不断试错的研究中进行投资，希望能找到有利可图的产品或生产和销售的方法。企业家虽然试图提高个人财富，但同时也改善了民众的福祉，这不仅是通过商品价格的竞争来实现。他们在各种尝试上进行投资，这些尝试旨在寻找更好的商品以及生产和分销的方法。

　　创新者没有规则可以依赖。但很明显，在私有财产资本主义社会中，企业家精神受到激励和推动，每个人都可以在未经事先批准或许可的情况下进行试验，而成败得失更多地归于试验者一人。

　　企业家成功的想法或产品，通常会取代低劣的产品和方法。企业家精神既是创造性的，也是破坏性的。但如果企业家能创造利润的话，他创造的价值要大于其摧毁的价值。成功的企业家从所获的利润中取得了一些净的收益。如果创造性价值低于破坏性价值，企业家就会蒙受损失。

创造性破坏的影响举例

　　我们在前文看到，如果每瓶可口可乐增加 3 美分的成本，可口可乐就会胜过百事可乐，而这种改进价值 5 美分，那么，当每瓶饮料的价格均为 1 美元时，消费者就会从百事可乐转向可口可乐。百事可乐失去了整整 1 美元的销售额。因此，这位只多得到 5 美分估值的顾客，似乎要给百事可乐加上 1 美元的成本。

　　但百事可乐的损失并不是 1 美元的销售收入损失。百事可乐亏损的其实是它的利润，而且远不到每瓶 1 美元。百事可乐的损失并不是社会损失，而是从百事可乐向消费者的利益转移。

　　当生产更少的百事可乐时，百事可乐未使用的资源，在其他用途上估值可高达 1 美元。百事可乐的损失可能包括资源价值的降低，只有在价值下降之后，这些资源才能转移到其他用途上。可口可乐消费者所获得的收益，超过了专用于生产百事可乐的资源所减少的价值，因为百事可乐生产商本来可以通过降低百事可乐的价格或提高其质量来抵消这一收益。

从一个人到另一个人（一个人的损失和另一个人的得益）的利益转移，是资源价值的损失*，而不是消费者估值的减少。创造性破坏是指所创造的财富超过任何被破坏的财富。伴随着创造性破坏的，是财富的重新分配，但收益大于损失。

一种消费品的众多生产者

第二个反对意见是，在从原材料到成品的一系列生产环节中，有多个人参与了这一过程。为了让小麦在餐桌上变成面食，农民种植小麦；磨坊主把小麦磨成面粉；面食制造商把它做成面食；食品杂货商把它卖给消费者。

从最终的消费价格来看，食品杂货商拿了一些，面食制造商拿了一些，然后磨坊主拿了一部分，农民拿了剩下的部分。或者是相反。最初，磨坊主——买小麦时——付给农民钱；小麦磨成面粉后，面食制造商付钱给磨坊主；食品杂货商付钱给面食制造商；最后消费者付钱给食品杂货商，食品杂货商把面食价格超过面食成本的部分留给了自己。这两种方法承担的风险不同，但基本过程是相同的。

面食的市价是 1 美元。食品杂货商竞争性地得到 0.05 美元，剩下 0.95 美元。竞争性地得到这个收益，并不意味着食品杂货商为了 1 美元的最终产品价值，要与面食制造商、磨坊主和农民竞争。食品杂货商是与其他食品杂货商竞争。愿意向前后相继的各生产阶段中的所有其他生产商，支付 1 美元中的最大金额（0.95 美元）的食品杂货商，将是胜利者——幸存的食品杂货商谋得 0.05 美元，把 0.95 美元支付给了其他生产阶段。

胜出的面包师付给磨坊主的面粉 0.35 美元，只能得到或拿走 0.60 美元。磨坊主只剩下 0.35 美元，他从中竞争性地获得了 0.20 美元，而获胜的农民竞争性地获得了剩余的 0.15 美元。这种竞争性获取，也被称为价值的竞争性归因。它们通常被称为附加值，尽管它们也是从最终产品价值中减去（被获取的、被归因的）的值。

如果每家企业的成本大于竞争性地获取的附加值，那么，企业将无法生存。

---

* 本处论述与第 16 章第 11 道练习题中的答案略有出入。这里所称的"资源价值的损失"应是特指百事可乐的损失。——译者注

如果有些企业之所得超过了足够维持其服务所需的程度，那么，其他企业就会开始进入，竞争性地减少每个阶段所得到的数额。这将在每个阶段产生更大的产出，从而增加供给，降低中间商服务和面食的市场价格。

管理者对成本的了解不如举例中所说的那样准确

第三个反对意见是，几乎没有一个管理者如此了解成本数据或未来市场价格，精确到足以达致利润最大化的生产速率。这是真的，但它并没有陷经济分析于无效，也没有让经济分析变得没有意义。

管理者并非完全无知。他们知道得足够多，多到可以减少价格上涨的投入品的使用，并转向价格较低的投入品。他们知道，产品销售的增加表明增加产量比减少产量要好。他们知道，投入品价格上涨会增加成本——我们把这表示为边际成本的向上移动。这意味着使利润最大化的产出更小了。他们可能不知道最佳的变化量，但他们通常知道方向。而且他们会反复试错，进行试验。如果不经过理性的计算就进行调整，他们就会不可避免地面对竞争的力量和激励——唯有最适者，才能生存。

即使管理者完全是被动的，行为是随机的，或者只是停留在原地，但是，那些偶然作出改变的管理者，或者已经在做最适合当前新情况的事情的管理者，可能也会弥补成本并获得利润。他们将是幸运的幸存者，并会不断发展壮大。那些没有作出正确的调整，或者碰巧没有处于正确的情况下的人，存活的可能性更小。

无论成功者是那些深思熟虑、有意识地了解了正确调整的人，还是被幸运砸中、偶然地作出了最接近这类正确调整的人，其实都无关紧要。不管出于何种原因，当管理者的边际成本接近边际收益时，他们将成为竞争的幸存者。经济分析所能做的只是帮助我们推断，当需求或价格等情况发生变化时，一个更大或更小的产出，或一个更小或更大数量的某些类投入，是否会更加有利可图。

当然，通过收集用来估算成本的数据，有些生产商可能会提高接近财富最大化产出速率的概率。他们知道，当需求上升并维持更高的价格时，扩大产出会变得更加有利可图，即使他们可能不知道产出应该大多少。

我们所有人都关注成功者——幸存者——而非失败者。《财富》(Fortune)* 杂志很受欢迎，但没有人发行所谓的《厄运》(Misfortune) 杂志。有些人相对来说是成功的，因为他们有更好的信息、更好的能力、更好的运气，或者这三者皆具。经济分析不取决于他们的决策、计算和推理方法，也不取决于他们是否考虑边际成本并相应地调整产出。最终重要的是，谁处于或最接近于利润最大化的状况——而不是他们如何达到这样的状况。好运气和富于远见卓识的理性计算，都能起到作用。

将共同成本分配给联合产品

现实中的企业主所给出的第四个抱怨是，有些成本不能在共同生产的产品之间分配，例如生产肉类和畜皮的饲料成本，或飞机运送乘客和货物的燃料成本。

这个反对意见是正确的，但并不重要。在联合生产的产品之间准确分配共同成本，并非必要。要知道给牛多少饲料，所需要的是知道额外花在饲料上的一美元的边际价值是否会带来超过一美元的收入，至于这收入是来自牛皮还是牛肉，无关紧要。

对于飞机来说，真正相关的是一位乘客或一磅货物的边际成本。这一决策，不牵涉对共同成本的精确分配。只要问一下，当以最便宜的方式运送更多的乘客或货物时，所有投入的总成本增加了多少就已经足够，而不需要考虑这些成本是更多地用于共同投入，还是更多地仅用于客运，抑或更多地仅用于货运。

获得数据来估计边际成本会很困难，但要估计的是什么却非常明白，而且真正重要的也是这个。相反，在联合产出之间准确分配共同成本的尝试，必然是武断的。为了有效地管理一个企业，没有必要——也毫无希望——企图找到这些共同成本在许多产品之间的正确分配。

我们来看这样一种情况：在其中，需要估计成本的事件，很难清楚地予以确定。一位面包师向一家名为 A 的零售杂货连锁店供应饼干。后来，零售商 B 也来了，希望从面包师那里得到少量饼干。表 18.1 中的数据表明，混淆是如何产生的——以及又是如何避免的。

---

* "fortune" 一词既有"财富"的意思，也作"幸运"解。——译者注

表 18.1　联合产品的成本?

仅为顾客 A 生产	90 美元
仅为顾客 B 生产	60 美元
为顾客 A 和 B 生产	140 美元
为 B 生产，前提条件是也为 A 生产	50 美元（140 美元－90 美元）
为 A 生产，前提条件是也为 B 生产	80 美元（140 美元－60 美元）

无论是否为 B 烘焙饼干，都必须使用烤箱和其他设备为 A 制作饼干。仅为 A 制作饼干的成本为 90 美元。面包师可以为买家 B 烘焙额外的饼干，A 和 B 的总成本将为 140 美元。

为 B 烘焙饼干的成本是 50 美元（140 美元－90 美元），前提条件是在任何情况下都要为 A 烘焙一些饼干。然而，如果在 60 美元的成本上单为 B 烘焙而签订了合同，那么，为 A 烘焙额外的饼干就要多花 80 美元（140 美元－60 美元）。在一个标准上，B 的成本为 50 美元（A 的饼干也要烘焙）；在另一个标准上，B 的成本是 60 美元（不用为 A 烘焙饼干）。同样，我们也可以得到 A 的两个不同的成本：一个为 B 烘焙饼干；一个没有为 B 烘焙饼干。哪个是正确的呢？答案是都正确。

最后，也许情况是这样："饼干既为 A 烘焙，也为 B 烘焙，否则就不烘焙任何饼干。为他们两个人烘焙的成本是多少呢？"答案是 140 美元，这里并没有隐含着在两人之间分配该成本存在唯一方案这层意思。

更切中要害的问题是，可以对每个人收取什么样的价格。答案是：对 A 索要 90 美元的价格，因为这是以前向 A 收取的价格；而 60 美元是 B 愿意支付的价格。而且答案至少会是 90 美元和 60 美元。最佳的价格取决于我们在下一章研究的那些因素。目前，我们得到的教益是：不要把收取什么价格的问题和成本是多少的问题混为一谈。我们要确保准确地识别出，我们所度量的成本对应于哪一项行为。

按大批量生产的供给，以及产出的数量

产量越大，每单位产出的成本就越低。在更大的产出上，产量上的边际成本和平均成本更低。几乎所有生产的商品都是这样。

（1）生产的速率或速度，以及（2）产量，两者之间有一个重要的区别。到目前为止，我们几乎总是根据生产速率来衡量产出。但以每天60桶的速率生产啤酒，并不能告诉我们总共酿造出了多少桶啤酒，除非你知道这个速率能维持多久。而只知道总产量，并不能说明每天生产多少。

在提到更大的产出时，我们必须至少说明以下三个产出量维度中的两个：（1）生产速率；（2）计划产量；（3）生产将持续的时间长度。知道其中任何两个，都可以推出第三个。

在各种可能的生产速率上，要生产的产量越大，提高速率的边际成本就越低，这也很可能是真的。当总产量为5 000单位时，将生产速率从每天30单位提高到31单位，可能比总产量只有100单位时每天增产1单位的成本更低。生产更大产量的技术，通常也是适用于更快速度——更高生产速率——的技术。

学习、进步、经验曲线

对于更大的产量，平均成本和边际成本更低，这里头至少有两个原因。一是可以从生产经验、试错经验中学习。随着生产单位的增多，人们发现了更好的组件设计和生产方法。在任何给定的速率上，生产一个更大的产量，都需要更长的时间，而时间越长，模仿从而学习其他地方发现的一般性有用知识的可能性就越大。因此，产量越大——从而在获取新知识上花去的时间越长——单位成本和平均成本就越低。

可分割性

大批量生产降低单位成本的另一个原因是，对于更大的计划产量，有更广泛的技术可供选择。使用最佳的小批量技术并重复这一过程，是可以生产出更大的批量，但并非所有的大批量技术用于小批量生产都经济。要给汽车上漆，你可以用大的浸漆缸和加热炉来烘干油漆。这项技术只用于一辆车，成本会很高，但给一千辆车上漆，每辆车的成本则要便宜得多。

生产过程中的学习是如此普遍和有用，以至于许多大企业的成本工程师都会提到学习、经验、进步或20%学习曲线，用夸张的精确度表示生产量每翻一番边际单位成本减少的百分比。它也被称为 80％曲线，意即产量翻番边际成本将会降低到产量更小时的 80％。

成本与产量关系的总结

在本书后文中，我们将会用到以下关于成本如何与生产速率和产量相关的命题。

1. 在短期和长期运营中，对于特定的产量，在更快的产出速率上，总成本更高。
2. 在很低的生产速率上，边际成本和平均生产成本可能会下降；但在更高的生产速率上，边际成本和平均生产成本会上升。短期生产和长期生产，情况都是如此。实际上，对于任何特定的生产量，更快的生产速率都会产生更高的总成本、平均成本和边际成本。
3. 生产更大的产量，平均成本和边际成本都会更低。
4. 当生产速率和生产量都提高时，对平均成本和边际成本的净效应，除了速率效应最终将占主导地位这一点之外，不可能一概而论。

提醒

这些关于成本和产量的命题相当可靠，但它们并非都是基于一些已知的自然界的物理定律得来。在某些情况下，产品及其生产速率或生产量，可能表现出不同于成本、生产速率和生产量之间标准关系的成本模式。

就需求数量而言的需求

一旦认识到生产量和生产速率的重要性，就很容易看出，卖家或生产商必定会受到预期买家或需求方在所知的速率上持续购买的时间长短的影响。这种购买速率预期持续的时间越长，产量就越大。对于一个供应商来说，一个偶尔一天买走 10 个的买家，远不如一个一年每天买 1 个的买家重要。

对商品有两种维度上的需求：

1. 存量作为……的需求，手上持有或拥有的数量；

2. 流量作为……的需求速率，对于当前消费速率而言。

对计算机的需求可以被认为是：（1）公众希望拥有的计算机数量——存量；以及（2）对更多计算机的需求速率——流量——以每天购买的数目来衡量，这些购买量既用于当前用途，也用于建立或维持存量。正如前几章所讨论的那样，经济学家有时会区分商品的使用价值和交换价值。一个人愿意出售其已经拥有和正在使用的东西的价格，很可能不同于同一个人愿意为想要但尚未拥有的东西支付的价格。

商品价格的历史规律

相对富裕的人是新产品的第一批需求者。我们经常观察到，新产品的初始市场价格对普通消费者来说是相当高的。石英手表、手机和高清电视就是近年来的例子。然后，当高估值购买者的需求得到满足后，随着购买速率的下降，价格将会下降，从而满足边际估值更低的需求者。由于学习和新企业进入生产——与新进入者的竞争，使生产成本下降，在这个更低的生产成本上，产出更大。因为这个更大的产出，价格也会下降。

练习与思考

1. 热和光是以 1 000 瓦的功率使用电灯泡的联合产品。一小时的电力成本是 5 美分。

   （1）光的成本多少钱？热的成本多少钱？光和热的成本合起来要多少钱？

   （2）如果你把热卖给别人，你会收他多少钱？同时，如果你把光卖给别人，你会收他多少钱？

答：

(1) 只能说两者加起来每小时要花 5 美分。

(2) 仅用成本数据，无法对买家作出区分。在开放市场的情况下，一揽子产品的价格将竞争性地降低到从联合产品中获得的收入刚好可以支付其生产成本的水平。

2. 肉、毛、皮是绵羊的联合产品。

(1) 你可以给出什么保证，使支付给肉、毛和皮的价格足以弥补它们的生产成本？

(2) 你可以给出什么保证，使吃肉者不会支付超出比例的共同成本份额？

答：

(1) 没有这样的保证。由于是开放市场，所以，支付给肉、毛和皮的价格不会长时间地大大超过其成本。

(2) 没有这样的保证。

3. 有一家电影制片公司曾经做过这样一则广告："一种新的有机化学品的价格，取决于人们对它的需求有多强烈——这恰如经典经济理论所构想的那样；而反过来则不成立。需求越大，价格就越低。每天 1 000 磅的生产工艺，比每月 1 000 磅的生产工艺更有效率，这对你来说显而易见，但对亚当·斯密来说不是。老亚当对基础化学工程和先进的广告完全无知，却在这样的情况下就制定了我们的游戏规则。"请解释一下：为这家电影制片公司工作的广告文案写手，为什么在需求和供给两方面都搞错了。

答：

这位广告文案写手把价格和数量对成本的影响混为一谈。更大的供给量意味着更低的单位成本，也意味着更低的价格。更大的需求量产生了更低的价格，因为它唤起了更大的供给量（在总量的意义上）。但从生产速率（或生产速度）的角度来看，更高的需求会产生更高的价格。当需求量及需求速度同时增加时，价格可能会下降（对数量效应的反应），但它会比需求量和需求速度都没有同时增加时更高，这样才能刺激生产速率的提高。广告能做的是影响需求量，但如果也提高了商品的需求速率，它就会导致价格上涨。

4. 有一家企业计划在未来6个月内生产200万台摄像机。产出量是多少？产出速率又是多少？

答：

产出量是200万台。产出速率是每年400万台。

5. 如果上一道题中的产出速率持续一年，产量会是多少？

答：

一年生产400万台，而生产速率保持不变。

6. 在产量不变的情况下，对于更大的产出速率，每一单位的边际成本和平均成本会发生什么变化？

答：

它们开始提高。

7. 在产出速率不变的情况下，对于更大的计划产量，边际成本和平均成本会发生什么变化？

答：

它们会下降。

第 19 章　觅价者

尽管受价者模型解释了经济的重要特征和运作方式，但几乎没有一家企业是纯粹的受价者。分析链条的下一步，是解释觅价者，通常称为具有市场影响力（market power，又译"市场势力"）或垄断势力的卖家。

受价者与觅价者

受价者不必把价格降到当前价格以下，就可以想卖多少就卖多少；而觅价者在他们所宣布的销售价格上，是不能想卖多少就卖多少的。即使每个觅价者提供相同的实物产品，但便利程度、服务和卖家个性上的差别，都可能导致有些顾客会偏爱一个卖家胜过所有其他卖家。卖家彼此之间并不是完美的复制品。

顾客在具有细微差异的不同产品之间的偏好可能足够强烈，以至于许多顾客会继续以稍高的价格从某个卖家处购买。有些竞争者提供的服务更好，或者比其他竞争者更可靠，至少在有些买家看来是这样。有些酒店离消费者较近，有些更舒适怡人。在相互竞争的卖家之间，卖家和所提供的商品都不相同。稍微高一点的价格，不会把所有的顾客都推到竞争对手那一边。稍微低一点的价格，也不会吸引走竞争对手的所有顾客。

对于一个降低价格以吸引更多买家的卖家而言，其边际收益小于其价格。与不必降价就能卖出更多商品的受价者不同，觅价者知道他无法做到这一点，因此，他把注意力集中在边际收益上——即降价时所增加的销售价值上。在售出的每一单位上的价格下降，部分抵消了新增的售出单位销售价值。边际收益是以下两个因素的净效应：（1）出售的新增单位的额外收益，减去（2）在不降价情况下可出售的那些单位因降价而损失的收益。

尽管我们称他们为觅价者，但这些卖家寻觅的东西，包括了商品和服务的每一个方面，以及为买家提供便利的各种方法。觅价者不仅通过降价，而且通过营销策略（譬如食品折扣券、老年人折扣、特价销售、免费停车、免费送货、无理由退货、满额返现、数量折扣和减免大学学费的奖学金等）努力销售更多产品和服务。觅价者做广告，并拥有品牌名称，这使买家更容易识别所偏好的卖家，但受价者不需要做广告，也没有自己的品牌。

由于相互竞争的卖家之间的差异而给顾客带来的差异

顾客的行为存在差异，这是因为觅价者出售的商品，在顾客们看来，在彼此竞争的卖家之间实际上是不一样的。而竞争对手的价格和产品，也会影响觅价者/卖家面临的需求。这就与那些以相同价格销售相同产品的受价者形成了鲜明对比。

觅价者/卖家对顾客在现有报价上需求量的变化作出响应。这就给觅价者带来了一个额外的问题——即要在以下两者之间进行区分：（1）围绕不变平均量的每日随机变化；以及（2）每日销售量围绕其随机波动的那个平均量的变化。

在一个中央市场上，卖家的商品没有已经公布的价格可以遵循，所以觅价者必须自己设定价格，在这个价格上，由潜在顾客来选择购买多少（如果要购买的话）。需求第一定律仍然有效：在觅价者确定的更低价格下，将会出售更多的商品。边际收益是指：卖家降低所有单位的价格，使其低到足以再多卖出一个单位时，总收益的变化量。

觅价者寻找最佳价格，以实现利润最大化

觅价者公布的价格，反映了卖家对其商品需求的估计。有些顾客愿意从他们相

中的、但售价更高的卖家处购物，因为这些卖家或者提供更多的服务，或者更容易被找到，或者因为消费者更有信心从这些卖家那里找到他们想要的东西。他们不会因为价格的一点点上涨就离开，但会因为价格的上涨而减少需求。一些（但不是全部）顾客的这种坚持，正是为什么卖家面对的需求曲线是一条负斜率线，而不是市场价格水平线的原因。

觅价者面临的需求是负斜率的，这导致边际收益小于价格——这一点解释了觅价者和受价者的销售策略之间的几乎所有差异。一种影响是：觅价者收取的价格不会对所有顾客都一样，因为觅价者的顾客在需求量上不同，对该卖家的商品的需求弹性也不同。

即使一众卖家提供完全相同的商品和服务，也不是所有的潜在顾客都知道它们是相同的，因为获取信息的成本很高。为了降低顾客获取各种卖家信息的成本，觅价者会发布广告并使用品牌名称（而受价者/卖家则不会这样做）。

在觅价者/卖家之间，仅凭价格的差异，并不总能决定买家的选择。汽车在它们能载你出行这方面的功能是一样的。但并不是每个人都从最低价的卖家那里购买汽车。买家对相互竞争的卖家很挑剔，而且他们在卖家的哪些特征更重要方面看法不尽相同。有些顾客会从他们喜欢的卖家那里购买，尽管那个卖家的价格更高。这种行为与觅价者面对的是对其产品的负斜率需求，两者是不矛盾。

觅价者还必须参与市场搜索，以确定要设定的最佳价格，同时权衡以下两种效应：（1）更高的价格对每一售出单位的影响；以及（2）以更高价格售出的产品数量的减少。由这两种相互冲突的效应所引起的总收益的变化，就是边际收益。

觅价者必须为他们的产品定价

受价者，譬如农民，面对着一个价格，在这个价格上，他们每个人决定生产和销售多少。但是，对于觅价者来说，顾客是按照觅价者设定的价格来选择购买多少的。

想来，觅价者应该公布的价格，就是使该卖家利润最大化的价格。但是，要确定这个价格，谈何容易。相互竞争的生产商提供类似的产品，并为其产品做广告，以帮助顾客搜索市场。虽然不同卖家的产品大体上是相同的，但并不是全然无异。

价格上的差异，并不是顾客在卖家中间进行选择的唯一因素。但潜在买家在购物前并不知道相互竞争的卖家其商品和服务质量的差异，甚至在购买时也无法完全确定。

购物者会捏面包、闻奶酪、掂量橙子、嗅香水、摇核桃、挑鞋子、用力关车门、在床垫上弹跳、试衣服的合身性和外观，等等。购物者被售后保证和特殊服务所吸引。他们依靠卖家的声誉和品牌进行判断。每个觅价者/卖家都不会面对给定的市场价格。

虽然一个产品的各种属性可能不是为每一个顾客量身定制，但是，价格却可以是量身定制的，所以，并非同一产品的所有购买者都支付相同的价格。谈判、讨价还价和虚张声势，是许多觅价者业务的一部分。

给觅价者的信号

与受价者——他们不把类似商品的其他生产商视为竞争对手——不同，觅价者把其他卖家视作竞争对手。觅价者受到竞争对手价格的影响，并将其考虑在决策之内。由于觅价者没有给定的市场价格，因此，与需求条件切实相关的证据，可以在该卖家当前报价下的需求量变化中找寻。但需求量的变化每天不同，随机而动，这使得对市场和其他卖家活动的评估变得异常复杂。

以统一价格向全体公众定价

一个卖家面对的、全体公众需求曲线的负斜率：（1）给某些定价和销售策略留出了空间；（2）引导觅价者根据需求量的变化调整价格和生产。受价者只根据给定的市场价格变化调整产量，然而，觅价者则需对在所发布的任何价格上出现的需求量变化作出响应。

负斜率需求曲线的一个重要影响，是边际收益低于相关的价格，如表 19.1 所示。

表 19.1 需求函数和相关的边际收益

价格 （美元） （1）	每日数量 （瓶） （2）	个人估值 （美元） （3）	边际个人估值 （美元） （4）	总收益 （美元） （5）	边际收益 （美元） （6）
1.00	1	1.00	1.00	1.00	1.00
0.90	2	1.90	0.90	1.80	0.80
0.80	3	2.70	0.80	2.40	0.60
0.70	4	3.40	0.70	2.80	0.40
0.60	5	4.00	0.60	3.00	0.20
0.50	6	4.50	0.50	3.00	0
0.40	7	4.90	0.40	2.80	− 0.20
0.30	8	5.20	0.30	2.40	− 0.40
0.20	9	5.40	0.20	1.80	− 0.60
0.10	10	5.50	0.10	1.00	− 0.80

价格 vs. 边际收益

尽管在更低的价格上，需求量和销售量更大，但对总销售收益（交易量的总市场价值）来说，情况并非总是如此，如第（5）列所示。边际收益是指，当所有产品单位上的价格都降低到足以每天多卖一瓶时，总销售收益的变化量。

当价格从 0.90 美元降到 0.80 美元，以便销售 3 瓶而不仅仅是 2 瓶时，请注意总收益的变化。总收益只增加了 0.60 美元，而不是第三瓶的 0.80 美元的售价，因为售出的每一瓶的价格都降低了。只要是通过降低所有商品单位上的价格来出售更多的单位，边际收益就会低于所出售的新增单位上的价格。

如果降价幅度足够卖出 4 瓶，而不是只卖出 3 瓶，那么价格势必降到 0.70 美元。按这个价格计算，总收益将为 2.80 美元（＝ 4 × 0.70 美元），只比 3 个单位以每单位 0.80 美元的价格出售时的 2.40 美元（＝ 3 × 0.80 美元）高出 0.40 美元而已。

如果每天 5 瓶的售价是每瓶 0.60 美元，而要卖出 6 瓶，价格将会降低到 0.50 美元，那么此时总收益（6×0.50 美元＝3.00 美元）不变。0.50 美元这个价格，是收益最大化的价格，在这个价格上，边际收益降为零。如果要卖到 7 瓶，价格势必进一步走低到 0.40 美元，总收益将减少 0.20 美元，从 3 美元降至 2.80 美元，这意味着边际收益为负。边际以内 6 个单位中的每一个的价格都降低了 0.10 美元，抵消该边际单位所取得的 0.40 美元的价格还有余。

平均收益（需求）和边际收益之间的关系，如图 19.1 所示。

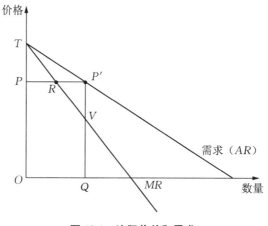

图 19.1 边际收益和需求

注：总收益（价格×数量）是 $OPP'Q$ 的面积，它也可以作为 MR 曲线下的面积来度量。$OPP'Q＝OTVQ$，因此，三角形 PTR 和 $RP'V$ 相等，面积相等，对应角也相等。因此，$PR＝RP'$；MR 曲线把纵轴到 AR 曲线的任一水平线平分。

利润最大化价格与数量：边际收益等于边际成本

接下来，我们确定价格和相关的需求量，以最大化觅价者的利润，而不是总销售收益。不管企业所有者的目标和策略是什么，幸存下来的企业更有可能是那些以某种方式选择了更接近利润最大化价格和产出的企业。只要企业扩张可以使增加的收益（MR）大于成本（MC），那么，利润就可以通过扩大产出和销售来获得提升。利润最大化的产品数量和价格，取决于边际收益与边际成本相等之处。这在图 19.2 中有一般性的说明，其中边际成本以直线表示。

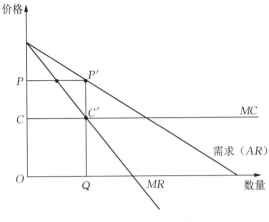

图 19.2 需求、收益和成本

注：销售数量 OQ 是在边际收益与边际成本线相交的 C' 点确定的。从该数量往上找到平均收益（需求）曲线，就给出了利润最大化价格 P。该价格和数量下的总收益为矩形 $OPP'Q$；总成本为矩形 $OCC'Q$。这个差额，即利润，就是较小的矩形 $CPP'C'$。

边际成本递增的觅价者

对大多数生产商来说，新增生产单位的边际成本上升，而新增销售单位的边际收益下降。在表 19.2 中，假设在任何生产水平上，固定成本为 0.20 美元。通过比较

表 19.2 卖水者的需求、收益和成本

价格（美元）	每日数量（瓶）	边际估值（美元）	边际个人估值（美元）	总市场收益（美元）	边际收益（美元）	边际成本（美元）	总成本（美元）	总利润（美元）
1.00	1	1.00	1.00	1.00	1.00	0.10	0.30	0.70
0.90	2	1.90	0.90	1.80	0.80	0.20	0.50	1.30
0.80	3	2.70	0.80	2.40	0.60	0.30	0.80	1.60
0.70	4	3.40	0.70	2.80	0.40	0.40	1.20	1.60
0.60	5	4.00	0.60	3.00	0.20	0.50	1.70	1.30
0.50	6	4.50	0.50	3.00	0.00	0.60	2.30	0.70
0.40	7	4.90	0.40	2.80	−0.20	0.70	3.00	−0.20
0.30	8	5.20	0.30	2.40	−0.40	0.80	3.80	−1.40
0.20	9	5.40	0.20	1.80	−0.60	0.90	4.70	−2.90
0.10	10	5.50	0.10	1.00	−0.80	1.00	5.70	−4.70

边际收益和边际成本，可以揭示出利润最大化产出和相关价格：只要增加的收益大于增加的成本，就扩大产出。

最优产量为 3 瓶，价格为 0.80 美元。总收益是 2.40 美元，总成本是 0.80 美元，所以利润是 1.60 美元。增加到第 4 瓶，将毫无意义地使成本和收入均增加 0.40 美元，利润不变。产量变成 5 瓶，实际上还会减少利润。平均成本在这里不起作用。它不会告诉你要定怎样的价格，也不会告诉你是盈利还是亏损。（注意，连续的各个产出速率的边际成本之和，给出了该产出下的总成本。而边际成本的上升意味着，在更高的生产速率上平均成本会提高。）

边际成本递增与利润最大化的产出

在更快的产出速率上，边际成本更高。在利润最大化的产出量和价格上，边际成本与边际收益相等，并在更快的生产速率上超过边际收益。在图 19.3 中，边际收益曲线和向上倾斜的边际成本曲线的交点，表达了利润最大化的产出速率。

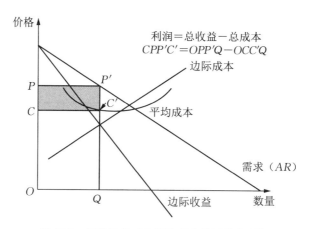

图 19.3　平均收益减去平均成本等于单位利润

注：图 19.3 将总成本、总收益和总利润显示为三个矩形。与表 19.2 中的离散数据相比，图中的平滑线反映了产出上无穷小变化的连续函数。总收益是一个长方形，底衡量了产出速率，高等于利润最大化产出时的价格，总收益即 $OPP'Q$，等于价格乘以产出。总成本是具有相同的底的矩形，高由在该产出处的平均成本曲线给出，总成本即 $OCC'Q$。利润是总收入矩形超过总成本矩形的部分，即 $CPP'C'$。单位利润由在该利润最大化产出速率上价格高于平均成本的距离表示。

了解边际成本和边际收益的模式

即使有，也很少有卖家知道准确确定的利润最大化价格所需的数据。相反，有的价格，通常是接近某个竞争对手的价格，会被认定是最优的。所选定的价格越接近利润最大化价格，获得利润和生存下来的概率就越大。

卖家并不傻

我们说过，对于觅价者来说，利润最大化生产速率就是边际成本与边际收益相等的生产速率。但是，另外一种定价策略却可以获得比降低所有单位的价格时更高的边际收益。如果卖家能够只降低所售新增单位的价格，那么，边际收益会更大，利润可能也会更大。

有一家航空企业打出广告，"半价带你的另一半一起飞"，这只降低了第二个单位的价格。给孩子的价格更低，可以避免降低给父母的价格。理发店和剧院对老客户的折扣，只降低了给有些顾客的价格。像"5 美元一个，10 美元 3 个"这样的报价，只是降低了第二和第三个单位的价格，而不是第一个单位的价格，因为一个单位的价格是 5 美元，而接下来两个单位的价格是 2.50 美元一个。

折扣优惠券只是对一位顾客购买的一些单位优惠，而不是在全部单位上优惠；而且也只是给一些顾客优惠，而不是给全部顾客优惠。从机场到酒店的"免费"班车是一种降低酒店价格的方法，但不针对酒店的所有顾客。对于电影来说，票价并不是一成不变的，当新电影上映时，票价就从高票价开始，几个月后就会降下来。在一些额外的单位上给予这样的价格优惠，总收益比所有单位都降价时还要高。顾客获得了更多的消费者剩余估值，尽管在所有这些定价策略中，卖家关心的只是他的利润。

人们往往会认为这样的定价肯定是邪恶的。在接下来的两章中，当讨论国家反垄断法时，我们将探讨一些与此特别相关的例子。国家反垄断法影响到什么是商业企业可以合法去做的事。

封闭市场、受限制的市场和开放市场

除了受价者和觅价者之间的区别之外，我们还根据市场对所有人不加限制开放的程度，对市场进行分类。限制是指人为的、非自然的、昂贵的障碍，约束了与消费者进行交易的权利，或提高了与消费者进行交易的成本。它们可能是较轻的商业税和清洁标准，在并不必然会降低可实现的总的个人消费者估值这一意义上，这些限制并不总被认为是不可取的或效率低下的。

人为的限制可轻可重。限制可以是只允许指定的卖家拥有排他性的销售权这样彻底。市场对那些不支付额外成本或满足更昂贵的进入条件的人紧闭大门。如果我们将限制定义为所施加的任何成本或实际的贸易壁垒，那么，对商品征收的所有税收和对从外国进口的商品征收的关税就是其例。

专利权、版权、独家公用事业，以及你家附近的有线电视企业，就是限制潜在竞争对手的例子。同样，对烟草种植面积的限制、对奶牛群规模的限制，以及对地方公共汽车运输的限制，也都是这样的例子。并不是所有这些限制都不可取，但它们都是人为的限制。

垄断租金

早期封闭市场的经典案例，是英国王室授予他们偏爱的人在英国进口和销售葡萄酒、制造扑克牌、印刷书籍或王室决定授予的任何特权的专有权，这给消费者带来了更高的价格。经济学家将受到保护的卖家所取得的这些收益称为垄断租金。

"垄断"强调这个卖家是唯一被允许的卖家，而"租金"则表明其价格高于提供服务所必需收取的价格。因而"垄断租金"是指，由于政府关闭或限制竞争对手进入市场的通道，而获得的超过成本的支付。即使允许不止一个卖家，关税、配额和其他进口限制等人为设置的壁垒，也会为受益方带来某些垄断租金。

对卖家的限制又限制了谁?

通常, 市场限制表现为对卖家的限制, 或对他们收取的费用, 或施加在他们身上的更高的成本。然而, 有些情况下, 这些限制的用意所在, 乃是为了约束产品或服务的潜在购买者。这里的区别通常在于: 如果一项交易达成, 到底是买家还是卖家将会受到惩罚。如果你未成年而买啤酒, 谁会受到法律的惩罚? 如果你从黄牛党那里买了一张音乐会的票, 谁会受到禁止倒卖门票的法律惩罚? 虽然用意在于阻止购买, 但受到交易惩罚的将会是卖家。

卖家的种类

我们已经看到, 卖家是被归类为受价者还是觅价者, 乃是基于边际收益低于相关价格的程度而定。如果边际收益等于价格, 卖家就是受价者。如果边际收益小于相关价格, 那么卖家就是觅价者。

在庞大的市场经济中, 商业组织的形式和表现多种多样。从街头小贩到大型机构, 它们的规模差别很大。它们既生产个人服务, 也生产实物, 有的专业范围很窄, 有的种类繁多。有些卖给最终消费者, 另一些则卖给其他企业和政府。传统上, 大多数企业都是私有的, 但是也有大量的政府企业, 还有一些是私人和政府联合控制的机构, 而政府的管制遍布于整个经济之中。当然, 有些企业盛极一时, 而其他企业则遭受失败, 消失不见。

在分析如此复杂的商业世界时, 我们如何才能有效地进行归类和概括呢? 一种方法是给出一个市场结构的连续体:

垄断　双寡头　寡头垄断　垄断竞争	竞　争
觅价者	受价者

按照通常的定义, "垄断者" 是一种商品的单一卖家, 而 "竞争" 则需要如此多的卖家, 以至于没有一个卖家能够明显地影响市场。"双寡头" (duopoly) 是指由两

个卖家组成的市场。"寡头垄断"（oligopoly）包括两个以上，但仍只有"少数"的卖家。不过，这种分法并不仅仅是卖家数量的函数。特别是在"垄断竞争"与"竞争"的对比中，就考虑了产品的差异化：我们所谓的垄断竞争，就是许多卖家提供的产品被消费者认为具有一定的差异这种情况。

还有一些更深的含义在。双寡头被认定是只有两家企业的产业。但在大多数产品之间，可替代性很高。我们是否可以把与前两家企业足够相似的第三家企业加进来，看成是一起构成了一个有三家企业的"产业"呢？

寡头垄断中的"少数"，到底是多"少"？当只有三家企业主导产品群时，是否存在寡头垄断？还是应该包括四家或五家占主导地位的企业？什么样的情况构成"主导地位"？如果按照某个指标计算，到底占20％，还是占30％、40％、50％算主导地位呢？这类指标是什么——销售收入、利润、资产、顾客，还是员工？

在大多数细分市场，相互依赖以及关注其他企业的战术和策略，都是很重要的。如果其他卖家不降价，那么你降价是有利可图的；如果竞争对手真的也降价，那就是一场灾难。即使是垄断者也会留意广告、创新、投资，以及政府在其他地方的征税、监管和补贴——否则，它可能就不再能够维持垄断地位。

试图理解事物的本质，并非没有希望。经济概念和分析技术为我们的思想提供了很好的体系和秩序。但我们期望复杂的分类完全清晰和明确，这并不现实。

谁是垄断者？

有一对被广泛使用的标签，那就是具有市场影响力的卖家和具有垄断势力的卖家。一个有市场影响力的卖家，可能只是一个觅价者，一个必须选择价格的人。拥有垄断势力的卖家，可能意味着对其产品的需求是如此广泛和强烈（比如苹果的iPad），以至于这个卖家的价格和供给会显著影响其他卖家的需求，进而影响其他卖家的价格。

美国国会一直无法明确界定，"垄断或试图垄断或成为垄断者，是违法的"这一立法的含义。由此产生的律师、立法者、法官及一般公众之间的混乱，几乎必定可见诸于任何指控垄断行为的诉讼中。我们的探究应该超越情绪化的名称，应该去看看（例如）：人为的限制（如专利或版权）是否正在影响竞争对手进入市场；卖家是只能影响他自己的价格，还是也影响其他卖家的需求和价格。

对于受价者，我们可以选择"竞争者"这一标签。同样，我们可以不用"觅价者"这个称呼，而说他们是"垄断者""具有垄断势力的卖家""垄断竞争者""不完全竞争者""定价者"或"具有市场影响力的卖家"。无论如何，卖家必须努力找到最佳价格，不管这卖家是你当地的杂货店、加油站、服装店、水管工、修鞋工、餐馆，还是你所在的大学。

卡特尔

一个卡特尔是一群卖家，他们通过某种安排，像一个觅价者那样采取联合行动，就像他们是一个大企业一样。在有些国家，政府允许或促进原本独立的相互竞争的企业协调行动。（如果这样的行动是秘密的和非法的话，这些企业就是在"共谋"。）

在美国，卡特尔很常见。牛奶、烟草、葡萄干、小麦、棉花和花生的生产者，是政府允许和鼓励共同决定总产量的一些人，就像他们是某个农场支持计划中的一个单一企业一样。

多一个供应商的进入，就对所有其他供应商的市场价格和利润施加了一个非常小且未被注意到的下行压力。联邦政府禁止"过度"生产。这就必须得防止每个人私下和秘密地扩张。这个群体希望将注意力集中在该群体的边际收益，而不仅仅是价格上。

个人服务?

对于个体提供的个人服务来说，对受价者/觅价者进行区分是否有必要，并不清楚。几乎每个人都可以以不同的收入水平得到某份工作。每个人都是独一无二的，甚至双胞胎也不例外。我们必须在以下两种认识中作出选择：是把人们视为觅价者，他们选择带来不同收入的工作（从而为他们的服务挑选价格），还是把个体看作受价者，他们对收入没有影响力。我们把这种分类专门用于商业企业，尽管它也适用于工会，这些工会有一些是封闭的，有一些是开放的。

经济学语言和诉讼语言的目标

诉讼中的程序和目标，催生了一种适于争议、情绪诉求和混乱的语言。在科学中，语言的目的是客观地解释和检验证据，而不考虑受到偏爱的目的、结果或受益人。

在一场声名狼藉的针对微软的反垄断诉讼中，当比尔·盖茨被问及"微软是垄断企业吗?"，一个好的答案应该是:"是的，从某种意义上说，微软的产品面临着一条负斜率的需求曲线。而几乎经济中的所有其他商人都是这样。如果你的意思是说微软受到了保护，使其免于有些竞争者的竞争，那是因为它拥有专利权和版权，而这两者都是合法的。如果你说的垄断是别的意思，那请告诉我你的意思。"

联邦法律只说垄断或试图垄断是违法的，但法律没有说垄断是什么意思。想必，垄断并不意味着需求曲线呈负斜率。一种含义可能是:"你的竞争方式并没有使总消费者估值最大化，尽管你的优质产品增加了消费者估值。把给消费者创造的总个人估值，压低到你本来可以创造的水平以下，这种竞争方式是违法的。"但是法律从来没有使用过这最后一种检验，因为这样一来，每一个卖家和买家都将是违法者，除非他们是没有议价力的受价者。

我们现在来看那些对觅价者行为的反对和对受价者的赞美——这通常被误导性地描述为反对垄断和赞美竞争。我们从最简单、最有力的情形开始，那就是封闭市场的垄断者。

分别针对（1）封闭市场觅价者和（2）开放市场觅价者的反对意见

我们注意到，封闭市场之所以被认为很糟糕，有三个原因。首先，他们限制潜在的竞争对手开发利用其生产能力。这降低了潜在的总生产力，正如亚当—贝克经济对卡特开放时总产出的增长所表明的那样（见第 15 章）。

第二，人力物力，过去用在生产性用途上，现在则转到了获取和维持政治扶持的努力上，其目的就是为了对竞争对手施加市场准入的限制。竞争不可避免地从市场和价格竞争走向政治舞台，而竞争受到的这种改变和限制，是一种浪费。

　　受人为限制保护的卖家，为了维护这一限制而付出了极大的关注和努力。一旦获得保护，又必须继续以代价高昂的政治吁求维持封闭性。争夺政府恩惠，就是政治寻租。这种寻租被认为是对民主进程的颠覆，其结果是政府腐败。

　　第三是市场竞争的效力下降。竞争对手会激发你的天赋——在求偶、组队打球或争取好成绩方面的聪明才智。同样，生产商也会更加警觉地发现并抓住机会降低成本、改进产品，更好地为顾客服务。

法律的规范标准：开放市场和放弃的消费者估值?

　　我们来看看，这样一个（规范的）关于觅价者和对市场准入的限制是好是坏的命题。要对关于什么是可以接受的（即，不是非法的）竞争行为的政策给出指导，我们必须得有一个关于什么是好的影响、什么是坏的影响的标准。只有在负责监督市场和组织行为的那些政府机构的行动达成一致的情况下，我们才可以较好地确定这一标准。这两个机构，就是美国司法部和联邦贸易委员会的反托拉斯部门（双方都在事后进行审查）。它们的目标似乎是最大化消费者估值，也表达为消费者主权或开放市场。但真正的问题是，我们得要知道哪些行为会产生不可取的影响。

　　罪魁祸首是，觅价者关注的是边际收益，而不是价格。觅价者的利润最大化生产速率，是边际成本与边际收益相等的生产速率。由于边际收益小于价格，在利润最大化的生产速率上，边际成本小于消费者对产品的边际估值。也就是说，使销售者利润最大化的生产速率，比边际成本等于价格时的生产速率小，而价格衡量的是消费者的边际估值。

"垄断"扭曲：低效产出比率

　　由于边际成本低于价格（买家的边际估值）而产生的个人估值的减少，有时被称为"垄断浪费"。避免这种损失，被认为是国家反垄断政策的主要目标之一，这体现在联邦和州的法律之中，其中尤其是 1890 年的联邦《谢尔曼法案》（Sherman Act，在后文第 26 章讨论）。

因此，有人认为，觅价者生产得太少。由于垄断者这个标签贴在了面临负斜率需求曲线的每一个卖家身上，这通常被称为"垄断低效"。

在图 19.4 中，利润最大化的觅价者的产出，满足边际成本等于边际收益，而边际收益又小于价格。新增单位对消费者的价值是价格，而不是更低的对卖家来说的边际收益。但是卖家关注的正是这个更小的边际收益，因为那是他以新的价格卖出一个额外的单位（和他全部的产出）时，他收益的增加量。

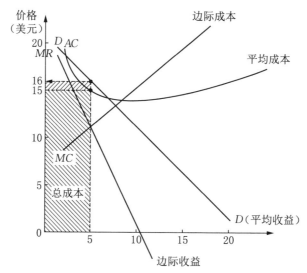

图 19.4 觅价者的利润最大化产出和价格

注：觅价者的边际收益小于价格，在边际收益等于边际成本处实现利润最大化产出，产出为 5 单位。价格是 16 美元，比每件 15 美元的成本净赚 1 美元。

额外一个单位产品的消费者估值是 16 美元；生产它所需的资源被用在其他地方进行生产，而其产出品的价值对消费者来说只有 12 美元，此即 6 单位处的边际成本。这就是边际成本的衡量标准。从而，资源在其他地方被用来生产价值仅为 12 美元的产品，而它们本可以在这里生产价值 16 美元的产品给消费者，这是对潜在社会收益的牺牲。这种失去的价值常常被误导性地称为是垄断扭曲的结果，尽管它不是"封闭"或受限市场的结果。扭曲之所以出现，是因为卖家理性地关注边际收益，而不是生产的最后一单位产品的销售价格。由于生产者的额外收益将不等于价格，而是等于更低的边际收益（因为他必须降低所有出售的单位上的价格，以便卖出更多），他就会拒绝生产更多产品。如果他们可以向消费者售出更多消费者认为值得的东西——以那部分产出的价格为判断依据——而又不需要同时降低所有以前产出速率上的价格，那么额外的收益就等于这些额外的单位的价格，而不是所有销售单位的价格均被削减时的边际收益。

根据最大化消费者估值这一标准，产出速率应该是边际成本上升到等于价格时的那一个，而不是在更小的生产速率下与更低的边际收益相等时的那一个。但是，力图生存下来的觅价者/生产者必须最大化利润，而不是消费者估值。

到底是浪费还是低效？

尽管先前对某些资源的错误引导被称为"浪费"，但请再深思一番。只有那些能以低于浪费的成本加以避免的东西，才称得上浪费或低效。如果要避免一些看似的浪费，其成本大于浪费本身，那这种浪费就不是真正的浪费。

在一个假想的理想世界中，我们可以消除觅价者的情形吗？那样的话，我们就会消除使一个卖家的商品和服务不同于其他卖家的产品具有的多样性和其他一切。所有的汽车、衣服、鞋子和餐馆，都必须如出一辙。但是，正如我们将在下一章看到的那样，觅价者富于创造性，他们使用的定价策略实际上倾向于增加产出，使之趋向消费者估值最大化的水平。这些行动中的一些被认为是反竞争的，因为它们在受价者市场中通常是看不到的。这些策略之所以受到挑战，还有另外一个原因，这个原因似乎是由关于消费者估值之意义的一些理解上的混乱和模糊所造成。

长期反应：产能与成本对需求变化作出的回应

到目前为止，我们的分析集中于现有企业对需求变化的反应：现有的企业随着需求的增加而扩张生产。但现有企业所增加的财富不可能被长期隐匿起来。企业的销售人员知道谁做得好。通过不同的方式，消息不胫而走。其他企业会模仿这家企业。它的雇员们会组建自己的企业，把企业的一部分诀窍也带走。成百上千的企业是由老的电子计算机企业的前雇员创建的。如果电子琴、钢琴、可口可乐或 Arrow 牌衬衫的生产变得更有利可图，其他人就会生产出相近的替代品，并在一些顾客转向这些替代品时，耗散第一个生产者的利润。

　　随着相竞争的生产者进入这个市场，并抬高下面这些人员的工资——装配者、监督员、设计师、生产工程师、销售人员、经理和研究人员——创新企业和走运的企业的利润流就会减少。当这些员工对竞争对手的报价作出反应时，他们的工资会上升，因此他们现在的雇主的成本就会上升。人们会付更高的价钱购买以前被低估的投入要素，利润被吸收为成本，资源不再被低估。这些资源的所有者变得更富有了。对于土地、建筑物和劳动力——无论他们是水管工、经理还是教师——来说，都是如此；对于企业拥有的资源来说，也是如此。即使是所有者在自己企业中的服务成本，也必须以更高的数字来衡量：他在自己企业中能挣的钱越多，其他人就越愿意为他高超的管理技能付出高价。那些牺牲掉的、在其他工作中薪水更高的选择，是他继续在自己企业中干的成本。图 19.5 是一个零利润长期均衡的样本，其中价格等于平均总成本。

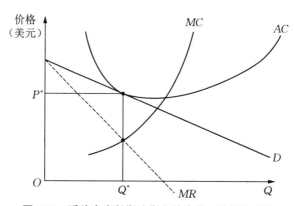

图 19.5　觅价者在长期均衡上的产出、价格和利润

注：除了 P^* 及其产出 Q^* 之外，没有其他价格能避免损失。模仿性的竞争，供给类似的产品，会推动需求朝这种状况变动。创新活动可以将市场状况从该结果中推离，然后又会启动那些倾向于恢复该结果的力量。

　　如果需求下降，情况就会逆转。目前使用的资源价值就会下降。这些资源将转移到令其服务价值不再那么低的其他活动上去。企业主和所有其他其价值受到影响的人力资源所有者，都将会变得更加贫穷，因为消费者对其先前服务的需求更低了。为了让他们保持在原来的工作岗位和收入上，就得迫使消费者继续购买他们不再那么看重的东西。这在自由企业组成的开放市场体系中是不可能完成的。但是，如果政府能够行使足够的权力，通过特殊税收来补贴这些生产者，那就是可以做到的——我们稍后将探讨这个主题。

　　图 19.5 所示的零利润解假定，并未给一些顾客提供特殊服务，以实现边际成本等于价格时的产出。

消费者估值的含义及其归属

消费者估值是买家愿意为商品付出的最大代价。如果消费者以低于其估值的价格得到一个商品，那么，这个消费者就得到了一个收益，这就是消费者剩余。"消费者剩余"或许暗示了它属于消费者。如果你对提供给你的某物的个人消费者估值为 100 美元，而它对我来说成本仅为 60 美元，那么，你应该得到 40 美元的差价吗？有没有理由认为，如果我收取 75 美元，而不仅仅是 60 美元，我是在不恰当地拿走了你的一些消费者剩余呢？

你可能会说，这是你的消费者估值。你坚持认为市场价格应该仅仅覆盖掉成本，因为消费者的估值属于消费者。卖家会这样回应：

> 我生产了那个商品。我创造了消费者估值，为了得到它，你愿意付出全部估值作为报价，这就是明证。如果我是唯一的生产者，价格可能会很高，高到让我得到全部收益。

> 没有哪个经济学原理告诉我们，谁应该获得产品估值中的多少。你想要更多我创造的东西，你认为我不应该得到任何好处，或者只要给我能让我继续工作的收益就够了，所有的好处都应该归消费者。消费者只是被动的机会主义者。生产者才是福利的真正贡献者。

不管你怎么看，关于什么是对一件商品总个人估值最佳、最适当或最公平的分配方式，经济分析无可置评。

本章介绍了几个区别、范畴和概念。第一个是卖家面临的需求。在第 16 章中我们看到，对于受价者来说，每个卖家的边际收益总是与给定的市场价格相同。但是，当卖家面对的不是给定的市场价格时，我们必须关注相关的边际收益。

受价者和觅价者之间的第二个迥异的特征，是引导生产决策的市场信号。（1）对于受价者来说，价格由有组织的商品现货和期货市场中的所有需求者决定。对于每一个受价者来说，商品市场价格的变化指导了生产者的生产决策。价格上涨激发了更大的产出。（2）对于觅价者来说，就不存在这样的市场，可能的例外是某些专门生产具有中央市场的商品的生产者，譬如铜、天然气和石油产品（取暖用油和汽油）等。

对于觅价者来说，生产速率变化的向导不是价格的变化。相反，生产速率变化的向导是产品需求速率的变化。在一个不变的价格上需求量的意外提高，会激发更大的产量，因为更大的产量有利可图。只有当需求的增加似乎比暂时的增加持续更久时，价格才会在之后发生变化。

练习与思考

1. 产品差异：

   (1) 你能给出一些不同品牌之间差别不大的商品吗？（提示：糖、面粉、阿司匹林、白面包、牛奶、肥皂、玉米片、桃罐头。）

   (2) 你认为微不足道的差别是什么意思？

   (3) 是什么使你在相同的价格上更喜欢一个品牌，而不是另外一个品牌？

   (4) 你能说出这样一种商品以及这种商品的两个品牌吗，对于这两个品牌，你认为"头脑正常的人"都没有理由偏爱其中一个胜过另一个？

2. 回答有关下列需求表（表19.3）的问题。完成总收益、边际收益和平均收益数据的填写。

表 19.3 某商品的需求表

价格 （美元）	数量	总收益 （美元）	边际收益 （美元）	平均收益 （美元）
20	2			
19	3			
18	4			
17	5			
16	6			
15	7			
14	8			
13	9			
12	10			
11	11			
10	12			

(1) 销售价格和边际收益之间的差异是什么?

(2) 如果你能在平均每单位 8 美元的成本上想生产多少就生产多少,而且如果你还想最大化你的净收入(收益减去成本),那么,你打算生产和销售多少单位?

(3) 你要价几何?

(4) 只要你想,你就能要价 18 美元吗? 那会有什么后果?

答:

(1) 差异在于,边际以内的那些购买者付出的价格也更低。例如,在 18 美元和 19 美元的价格之间,对应销售量分别为 4 和 3 个单位,边际收益 15 美元,比平均收益 18 美元低 3 美元。按照比以前低 1 美元的价格,这一数额分配给前 3 个单位的买主。

(2) 7 个单位。

(3) 15 美元。

(4) 是的。但利润会低于定价 15 美元时。

3. 搜寻价格:

(1) 一个觅价者如何要搜寻价格呢? 事实上,有无限多种价格可供选择——他可以收取这其中任何一个价格。

(2) 如果他不善于找到他要找的价格,会怎么样?

答:

(1) 他寻找的是财富最大化的价格。

(2) 当其他人进入这个行业并降低价格与成本之间的价差时,他很可能会发现自己在亏钱。

4. 有一位戏剧制片人,他的戏票在四个月内一举售罄,他对此表示很高兴。请解释为什么他可能本应该伤心,而不是高兴。

答:

价格越高,需求量越小。如果价格低于市场出清水平,那么很简单,价格的上涨将会降低座位的“短缺”,而且剧院的所有座位仍然可以出售完。如果票价提高到足够高的水平,有了一些空位,但如果需求缺乏弹性,那么,售票总收益还是会增加。

5. 零成本生产者的财富最大化产出是多少？按该产出所收取的价格计算，需求（平均收益）的弹性是多少？

   答：

   如果成本为零，那么边际成本为零，在边际收益曲线与水平轴相交的产出水平处，边际收益将等于边际成本。在这种产出下，收益最大化，因此需求弹性等于1。

6. 受价者市场和觅价者市场之间（定价和产出行为上）的差异，可以用每个卖家面临的需求曲线的差异来概括。请描述需求曲线上的差异。

   答：

   受价者的需求曲线，是在卖家可以卖出其产品任意产量的最高价格上的水平线；而在觅价者的市场中，他的需求曲线是负斜率函数。

7. 对于某些产品，如果两者有着相同的价格，你更喜欢其中一个品牌，但是如果两者之间有价格差异，你则将购买价格更低的那一个。

   (1) 你会说你歧视有的品牌吗？

   (2) 这是合理的、理性的歧视吗？

   答：

   (1) 是的，尽管你的偏好所具有的力量有时可能很小。

   (2) 当我这样做时，我就是在合理、理性地进行歧视。

8. 比较和评价以下两种断言：

   > 做广告和打品牌，给人一种相互竞争的品牌之间存在差异的印象，其实其间并不真正存在显著的差异。由于消费者的无知，卖家面临弹性较小的需求，并且能够提高价格却不会把所有的销售市场拱手让给竞争对手。通过做广告制造产品显著差异化的印象，是一种社会浪费。

   以及

   > 做广告和打品牌，是为消费者提供识别上的便利，而不是创造产品之间的差异。它们使顾客能够更确切、更便宜、更充分地了解各种产品之间的差异。否则，顾客会盲目地选择，让价格差异成为他们进行选择的唯一

理由，就像人们在看起来相同的商品之间纯粹根据价格来选择一样。通过在购买之前更充分地识别产品及其制造商，打品牌和做广告允许顾客更多而不是更少地对质量进行歧视，同时以更经济的方式对产品细节进行考察。因此，做广告和打品牌使需求弹性降低，因为它们更充分地将产品和质量保证上的差异视为一种社会效益。

答：

毫无疑问，每一种表述都有正确的成分。广告行为大多具有虚构和夸张成分。但在几乎不存在公开做广告的地方，消费者又得不到很多有用的信息。

9. "索尼宣布，一款新的 55 英寸平板电视售价 1 000 美元。" "苹果的 iPad 公布的售价是 495 美元。" "Sunbeam 电器的零售价是由制造商设定的。" 如果价格是由卖家宣布的话，为什么这些价格定成现在的三倍高呢？

答：

最大化卖家财富的价格取决于需求，而不仅仅是卖家对更多财富的渴望。在卖家的判断中，价格高出三倍，只会带来更少的财富或利润。

10. 假设政府对你的企业征收 5 美元的税——不管你生产多少产量，每年的营业执照税是 5 美元。

(1) 这会对你的价格和产量产生什么影响？

(2) 它对利润会有什么影响？

答：

(1) 什么影响也没有。虽然统一税率不会影响当前的产出和价格，但它的确会影响利润。如果这项税收（通过提高平均固定成本）提高总成本超过了边际收益，觅价者就不会再投资，而是会退出这个行业，不再经营下去。

(2) 减少了 5 美元。

11. 作为一名优秀的学生，你可以为其他学生提供学习辅导服务。你决定收取的价格越高，你的工作时间就越少。

(1) 你是受价者还是觅价者？

(2) 对你的学习辅导服务的每日需求，围绕平均每日需求速率"随机"变化，平

均每日需求速率则取决于你所收取的价格。如果按照你现在收取的价格，你
发现你可以提供的全部时间都被占用了，而且因为你的服务时间已经被预订
一空，你还要偶尔拒绝一些申请者。你认为你正在收取的是财富最大化的价
格吗？请给出你的解释。

(3) 如果在你收取的价格上你偶尔还会有闲置时间，那么，你是否会收取更低的
价格？

(4) 考虑到需求的波动，你怎么能确定你收取的价格是对的？

答：

(1) 觅价者。

(2) 如果你能以更高的价格为同样多或几乎同样多的顾客服务，那么，你的收费
就是不够高的。

(3) 如果提价明显减少了顾客的数量，我们就有一个涉及需求弹性的问题。如果
需求缺乏弹性，提高价格将会增加收入。

(4) 你无法确定。你可以通过观察、实验、估计和茶叶占卜（tea leaves）＊来
试试。

12. 在什么情况下，觅价者的边际成本曲线可以被认为是供给曲线？

答：

当觅价者的边际成本曲线所表明的，是生产资源愿意通过中间商供给的产品
数量时。但觅价者的边际成本曲线并不代表在该商品的每一个潜在的出售价
格上，实际上将会出现的供给数量的列表，因为中间商关注边际收益而不是
价格（平均收益）。只有当边际收益基本上等于价格，或者与价格非常接近
时，边际成本列表才近似于供给列表，价格与边际成本之间才不会存在显著
差异。

13. 假设你生活在一个商标不受法律保护的社会里，任何人都可以模仿他人的商标。

(1) 作为一个消费者，你更喜欢生活在这样的世界里，还是更愿意生活在一个把

＊ 西方人有用茶叶占卜的习惯。把茶喝下，将杯子反转放在杯碟上，再把杯子正过来，看看究竟杯中的
茶叶呈现的形状，根据茶渣的形状预测未来。《哈利·波特》中的占卜课就有相关的内容。——译者注

特定制造商的品牌视为他的一部分专有财产的地方呢？为什么？

(2) 作为生产者，你更喜欢哪一个？

答：

(1) 作为一个消费者，对于能帮助我识别和记住我所发现的有吸引力的可靠生产商——以及那些我希望在未来避开的生产商——的所有办法，我都表示欢迎。

(2) 如果你致力于开发和生产一种可靠的产品，你是否希望以某种方式让顾客能够将你的产品与竞争对手的产品区分开来？如果消费者不能很容易地识别出你生产的是哪种产品，这会对你生产高质量产品的动机产生什么影响？

14. 根据你目前的信息，你可以尝试着将以下行为人分为这样几类：(1) 受价者；(2) 封闭式垄断者；或 (3) 开放式垄断者。(记住，市场封闭并不一定会把受价者市场变为觅价者市场。)

电力企业

城市公交线路

航空企业

通用汽车公司

街角药店

处方药剂师

微软

生菜种植者

电工

流行歌星

答：

我们要把开放市场的觅价者，与封闭市场或限制准入市场的觅价者区分开来。也就是说，我们要问：如果在位者要么获利异常丰厚，要么以高成本低效率经营，那么，潜在竞争对手要进入市场有多困难或成本有多高昂？封闭市场意味着更高的代价。此外，政府认可的垄断企业，缺乏以最低成本高效率运营下去的动机。

15. "零售杂货店是垄断者。"在何种意义上，这句话是正确的？又在何种意义上是错误的？"医疗行业是垄断行业。"这句话在何种意义上是正确的？又在何种意义上是错误的？哪种垄断意味着更高的价格？

答:

如果杂货店提高价格，它的销售量就会减少，价格越低，销售量就越大。在一个特定的地点上，杂货店拥有向顾客提供产品的专有权，但没有限制进入，因此潜在的竞争者如果能够获利，就会进入市场。医疗行业通过许可证限制进入，这意味着比没有进入壁垒的情况下价格更高。

16. 较高的成本促使企业减产提价。

(1) 这是否可以解释为觅价者具有提价权力的一个例子？

(2) 如果你的回答是否定的，那么，你如何将你的回答与美国总统经济顾问委员会的下述观点相协调：后者若干年前认为，美国铝业公司（Alcoa）试图提高铝价，是在"不合理"使用定价权？

答:

产品的最终需求越大，对生产该产品的资源的需求就越大。任何一个生产者都会看到自己的生产成本上升，并将自己"提价的需要"解释为是生产成本上升的反映。如果美国铝业公司认为其更高的价格反映的是铝土矿或生产铝的天然气的成本上升，那么，也可能是对这些投入的需求增加了。

17. "每一种利润，都代表着把资源转移到更高价值的用途上的收益。"你同意吗？

答:

不同意。不过，幸运的是，这通常是成立的，但这种说法忽略了垄断租金和政府限制进入的情况。

第 20 章　觅价者定价

注意到价格和边际收益之间的差别，就能解释一些常见，却经常被误解的定价策略。其中一些策略的效果被认为不可取，颇受诟病，而另外一些策略，尽管做法是一模一样的，却又饱受赞扬。

大致上来说，其中有一些策略试图让边际收益等于边际成本，以使正常利润最大化。但少数策略还会在此基础上进一步将更多的消费者剩余的价值转给卖家，尽管产出可能不会增加。暗含于整个价格搜寻策略中的是这样一个预设假定，即对卖家商品的需求非常高，足以使价格覆盖成本——但事实上，大多数企业开张营业，不到三年就会关门歇业。

在顾客之间收取不同的价格以使边际收益相等

虽然有些卖家对其商品的所有顾客都可以收取相同的价格，但来自每个顾客的边际收益几乎肯定是不相同的。可能就有两个顾客，对产品有不同的需求曲线。尽管双方都付出了同样的价格，但从出售给他们商品所得到的边际收益来看，两者的差异显而易见。

边际收益出现差异，意味着卖家没有通过调节销售量来达到收益的最大化。卖家应减少出售给低边际收益顾客的商品量，增加出售给边际收益较高的顾客的商品量——即使这可能需要设定不同的价格。表 20.1 所示的情况，就说明了对两个顾客的需求以及由此产生的价格和数量。

表 20.1 "价格歧视"：通过给每位顾客制定不同价格，在顾客之间使边际收益均等化

价格 （美元）	顾客 A			顾客 B		
	顾客 A 数量	来自 A 的总收益 （美元）	边际收益 （美元）	顾客 B 数量	来自 B 的总收益 （美元）	边际收益 （美元）
12	1	12	12	0	0	0
11	2	22	10	0	0	0
10	3	30	8	0	0	0
9	4	36	6	0	0	0
8	5	40	4	1	8	8
7	6	42	2	2	14	6
6	7	42	0	3	18	4
5	8	40	− 2	4	20	2
4	9	36	− 4	5	20	0
3	10	30	− 6	6	18	− 2
2	11	22	− 8	7	14	− 4
1	12	12	− 10	8	8	− 6

假设卖家有 8 个单位商品可供出售。卖家能获得的最大总收益是多少呢？（在这里我们忽略生产成本）在 7 美元时，顾客 A 需要 6 个单位，顾客 B 会购买 2 个单位，8 个单位全部售出。这将给卖家带来总共 56 美元（＝7 美元×8）的收益，从 A 那里得到 42 美元，从 B 那里得到 14 美元。

按 7 美元的价格计算，边际收益是不同的。A 所需求的第 6 个单位的边际收益为 2 美元，而 B 所购买的第 2 个单位的边际收益为 6 美元。这表明，通过将一些单位从较低的边际收益顾客那里，转移到更高的边际收益顾客那里，这位卖家可以获得更多的收益。

如果把给顾客 A 的要价提高到 8 美元，在这个价格上，该顾客仅购买 5 个单位，那么，从 A 处所得到的收益将从 42 美元（＝7 美元×6）变为 40 美元（＝8 美元×5），降幅为 2 美元。相反，这一单位可以通过把给 B 的要价从 7 美元降到 6 美元的方式出售给 B，B 将购买 3 个单位。从 B 处所得的收益将从 14 美元（＝7 美元×2）上升到 18 美元（＝6 美元×3），边际收益为 4 美元。从 B 处所得的这 4 美元的边际收益，超过了从 A 处所损失的 2 美元边际收益，而现在这两个人的边际收益均等化

了。这样一来，总收益是 58 美元（40 美元＋18 美元），增加了 2 美元（58 美元－56 美元）。为了使从既定数量供给单位的销售中获得的总收益最大化，价格必须使他们的边际收益相等。

这种为了使收益最大化的边际收益均等化，被称为价格歧视（price discrimination），因为价格对 A 和 B 两个顾客各不相同。这个策略如果要获得成功，那么，被索要低价的买家，就不能通过削减其他人所面对的高价，来把商品转售给那些被索要了高价的顾客。

生产速率是多少？

在超出预定的销售量情况下，又是什么在决定产量呢？假设边际成本是每单位 2 美元。针对每个顾客，使 MC 与 MR 相等，表 20.1 中的数据显示，产量将为 10 个单位，其中 6 个单位以 7 美元卖给 A，4 个单位以 5 美元卖给 B。

对于 A，以 7 美元的价格计算，边际收益为 2 美元，得自该顾客的总收益为 42 美元。这是对 A 的利润最大化价格。对于 B，以 5 美元的价格计算，边际收益为 2 美元，总收益为 20 美元。

这里有两个条件需要满足：（1）边际收益在两个顾客之间均等化；并且（2）边际收益等于边际成本。总利润最大化在 10 个单位处实现。生产更多的单位，会导致边际成本超过可能的边际收益。

边际收益均等化：价格歧视？

这种差别定价就是价格歧视，因为价格对于所有顾客来说收取得不一样。"歧视"往往让人有贬义的感觉，所以，我们把它叫做"边际收益均等化"。这一边际收益均等化原理的应用，很容易说明。在图 20.1 中，向买家 A 和 B 收取的同等价格 P_0 将产生 Q_a 和 Q_b 的销售量。但是，通过把对 A 的价格提高到 P_A，将对 B 的价格降低到 P_B，在更高的超过成本的收益水平上，出售给 B 的商品单位会更多；而出售给 A 的商品单位则会更少。

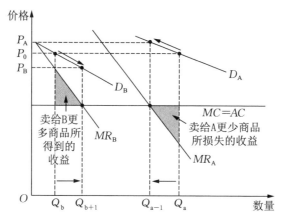

图 20.1　让价格等于每家顾客的边际收益

注：那些由于向不同购买者收取的价格，而使得不同购买者带来的边际收益不相等的卖家，都可以通过改变价格以均等化边际收益来提高利润。这显示为图中的阴影面积，即卖家的收益（或避免的损失）。这种价格差异被称为价格歧视。如果要想定价成功，低价买家就不能把所买的商品转售给高价买家。

表 20.1 中的数据可以用顾客 A 代表日本，顾客 B 代表美国。所销售的商品是中国制造的汽车。在日本，买家面对的价格是 8 美元——比出售给美国买家的同款汽车的 6 美元价格要高。这样的一对价格使两个市场的边际收益相等。任何总额在 2 美元以内的运输成本，在这个过程中都是值得付出的。在这种情况下，把商品以一定的成本运往远方的市场，并以比国内或附近市场更低的价格出售，这是值得的，因为在远方的市场上，汽车制造商可以获得的边际收益比得自本地顾客的边际收益更高，尽管在远方的市场上的价格较低。美国顾客所接受的价格，涵盖了中国制造商生产的边际成本。

倾销不是低于成本销售，只不过关乎边际收益而已

当出口到美国的商品价格低于其本国的价格时，外国有时就被说成是在把产品倾销（dumping）到美国来。也有人说，外国生产商以低于成本的价格出售，以此补贴美国的消费者。但这些生产商并不是在做慈善。每一单位都能收回生产成本，而且边际收益超过其相关的边际成本。价格虽然不同，但边际收益却得到均等化。

美国消费者很高兴。在美国，反对者是那些其资源和收入来源专门从事生产和销售与进口产品竞争的国内产品的人。某些国会议员要求联邦机构宣布："倾销"正

在发生，并伤害着美国生产商，因此，要将其产品拒之于国门之外，或者对它们进行征税，从而禁止进口这些商品。但是，限制对此类商品的进口，会适得其反。这种情况，类似于第 15 章中贝克限制卡特的进入。

大学学费奖学金?

当一所大学把学费奖学金授予给有才华却又不那么富有的申请者时，大学在做什么呢? 有更高需求的申请人（较富裕的父母）不享受折扣。对低收入者的折扣，有时被称为"只收取你能负担得起的费用"。

一个富裕的学生可能愿意支付 30 000 美元的学费，而一个不富裕的学生只愿意支付 8 000 美元。如果将学费定为 8 000 美元，以吸引这两个学生，这所大学将获得 16 000 美元的学费。但是大学可以收取更多的费用，比如说每人 30 000 美元，同时奖励低收入学生 22 000 美元的学费奖学金。这样，大学就能收得 38 000 美元。

折扣优惠券

折扣优惠券（discount coupon）是一种只对部分顾客而不是全部顾客降价的办法。在首次推出购买特定商品的优惠券之前，价格可能会事先提高一点。尽管在收集、整理优惠券并把优惠券带到商店会产生一些成本，但是使用优惠券的人得到的价格，还是会比原来的价格低一点。

推出折扣优惠券的商店把顾客分为两类:（1）对价格变化敏感的顾客; 以及（2）不太敏感的顾客。因价格上涨而在弹性较差的顾客那里产生的任何销售损失，由弹性较高的顾客增加的销售收益抵消后都还有余。

免费的特别服务：免费搭售

有一些免费的特别服务，只提供给部分顾客。这是降价的一种手段，可以以此获得更多的顾客，而不需要对所有顾客购买的所有单位商品都降价。免费停车、免费送货、免费退货优惠经常由零售商提供。这些服务所费不菲。

一家酒店一个房间收费 100 美元，但它还把部分——并非所有的——顾客从机场免费接到酒店。接送服务的费用是 15 美元，由酒店支付。顾客支付酒店 100 美元，其中 15 美元用于运输费用，留下 85 美元用于支付房间费用。酒店已经将房价下调给了这名（乘坐机场交通工具的）乘客，但对其他开着自己的车前往的乘客却没有下调。这使得从接受补贴的顾客身上获得的边际收益为 85 美元，高于将房价向所有顾客下调时所得到的边际收益。

卖家试图针对每个顾客，提供使顾客估值超过边际成本的尽可能多单位的商品。在这方面，他们手法繁多。在所有单位上对全部顾客降价，会对边际收益带来的影响，每一个觅价者都心知肚明。卖家使出浑身解数，只对额外的单位降价，或者只针对某些不会按较高价格购买的顾客降价，而其他人却要支付较高的价格。

边际收益均等化真的是价格歧视吗？

如果一个医生对两个产妇收取不同的分娩费用，或者，如果一个律师对一个富人收取的准备遗嘱的费用比他对一个穷人收取的费用高，这是价格歧视吗？可能不是。对富有的产妇收取更高的医疗费，可能是因为对富有的产妇提供了更好、更昂贵的服务。我们使用"价格歧视"一词，只是指产品或服务在各个方面都相同，但对不同顾客收取了不同价格的情况。

夜间电话费比白天低，虽然提供服务的成本相同——是这样的吗？不是。因为白天的需求较大，电话公司必须获取并维持更大的产能——电话带宽——来满足更大的日间需求。这使得白天的通话成本更高。夜间通话比同一服务的日间通话便宜，并不应被视为价格歧视。

与纽约和布法罗之间的较短距离相比，纽约和洛杉矶市这类大量乘客往来的城市之间的每英里机票费用通常更低。一个原因是，在大型飞机上，它的人均英里成本更低，如果乘客众多，就可以收取更低的机票价格。批量生产的产品单位成本更低，这不应被视为价格歧视。

过去，机票和其他航空旅行的相关服务都是受到高度管制的。长途、大众服务市场的费用，维持在高于竞争性价格的水平。在这种航线上的竞争，导致另外一些从其他航空公司吸引乘客的方式出现——更大的航班频率、座位之间的更大间隔、更多更好的食品和饮料，以及在目的地提供更低的旅馆价格——而这些方式，都不表现为价格。

但由于管制放松，随着价格的下降，非价格竞争中的那些"额外服务"消失了。对顾客来说，这些额外服务不值得航空公司花这个成本——否则这些航空公司会继续这样做下去的。航空公司通过将普通座位的基本价格，与其他相关服务（如托运行李、食品、更多伸腿空间，以及娱乐）的收费金额分开，对旅行服务进行了分类。顾客从一个城市到另一个城市支付不同的费用，因为他们对这些不加捆绑的服务的估价不同。

觅价者买家——买方垄断者

买家和卖家一样，也可以成为觅价者。也就是说，单个买家可能面临正斜率的供给曲线，这意味着买家的购买行为会影响价格。当买家的购买行为推高价格时，这些买家就是买方垄断者（monopsonists）。与之相类，觅价者卖家就是卖方垄断者（monopolists）。

当你购买食物和衣服时，你是一个受价者/买家，因为价格不受你的需求量的影响。相比之下，一个觅价者/买家，一个买方垄断者，可能是一个在一个相对较小的城镇有很多雇员的雇主。他想雇用的雇员越多，必须付给所有工人的工资可能就越高。新雇来的员工可能有更好的选择，而不必在较低的工资水平上工作。有些人住在更远的地方，扣除交通费用后的收入会更少。有些人有孩子或年迈的父母需要照顾。

给新进员工发更高的工资，会导致两种不同的情况。如果一名新进员工的工资更高，比如说每天 90 美元，而其他员工的工资仍然维持在 80 美元而不受影响，那么，新增的这名员工带来的边际成本就是 90 美元。但是，这里头存在着所有雇员的工资可能都需要提高的理由。

为什么要提高所有员工的工资率？

对所有从事同样工作的员工来说，相同的工资并不仅是出于对平等或"公平"的渴望。相反，是竞争的力量将工资推向了平等。一个雇主，拥有 30 名雇员时工资为每天 80 美元，在工资为每天 81 美元的水平上雇佣第 31 个雇员。那么，其他 30 名获得较低工资的雇员中的任何一人都可能会辞职。作为买方垄断者的雇主面对着的，是向上倾斜（正斜率）的劳动力供给曲线。表 20.2 给出了一个例子。

表 20.2　边际工资成本

之前：30 名雇员时的工资率，@ 80 美元/天：	总工资	2 400 美元
之后：31 名雇员时的工资率，@ 81 美元/天：	总工资	2 511 美元
总工资成本的增加量：边际工资成本		111 美元

最初的工资标准是 30 名工人每人每天 80 美元，总人工成本为 2 400 美元。如果只能在每天 81 美元的工资水平上才能雇佣到新的雇员，而如果又必须向所有雇员支付更高的工资，那么，雇主雇用新工人的成本将超过 81 美元。这 30 名雇员每人多付 1 美元，加上新雇员的 81 美元，是 111 美元。只有当新工人预期带来的总产品价值（"边际价值产品"）增加至少 111 美元时，雇主才会雇佣一名新工人。虽然增加雇员的边际价值产品（marginal value product）可能超过一个工人的 81 美元工资，但除非边际价值产品超过了新雇员的 111 美元边际成本，否则该人将不会被雇用。

雇主和潜在雇员可以在不向所有 30 名现有雇员提高工资的情况下，寻求安排就业的途径。一种途径是通过津贴的方式实现。

差异化津贴

假设潜在的新员工有一个学龄前子女。雇主可以提供育儿服务，费用由雇主支付 10 美元作为福利。如果新员工的工资是 90 美元，现有员工可能会反对这种工资上的不平等，而他们更容易容忍 80 美元的工资加上公司提供的价值 10 美元的育儿服务。

同样，如果有些员工开车上班，可以免费停车，而其他人步行或乘坐公共汽车，似乎没有什么不和谐。有些人会大量地喝雇主提供的咖啡，而另一些人则不会。即使是那些能喝咖啡的人，也有一些人喜欢喝黑咖啡，而另一些人则喜欢加奶油和糖。

这些真正的歧视形式，似乎总被认为是合理的而非邪恶的。也许它之所以不被认为邪恶，乃是因为它与民族、种族或宗教无关（尽管它可能与性别和年龄有关，比如棒球比赛或当地酒馆的老年人折扣或女士优待日）。

为什么歧视性的员工福利是可以接受的，而且经常受到表扬？高尔夫球场或剧院会制定年长者享受折扣的政策——而当有人同样准确地称它是"向年轻人收取溢价"时，则这可能会引发抱怨——为什么通常这类政策会被视为无可非议的呢？

向所有员工支付的 81 美元和新进员工带来的 111 美元的边际工资之间的这种差异，类似于我们的觅价者/卖家所面临的情况，即边际收益小于所销售商品的价格。觅价者/卖家的边际收益低于价格，因为每一个单位出售的价格必须都下降，这样才能多卖出一个来。比较的是下面这两个边际量——新增（边际）投入的边际成本和边际产量价值。

总结三个特征

1. 觅价者的利润最大化价格不是由某一市场价格给出的。对该价格的搜寻，必须通过试错过程来实现。

2. 最佳价格是什么，以及它是否能够盈利，取决于对该产品的需求和生产它所需要的成本。

3. 在分析某一定价结构或产出决策时，我们要考虑边际收益和边际成本，而不只是价格或平均成本。

练习与思考

1. "假设某些生产 X 的公司有着未售出的产出潜力，只要市场需求足够大，它们就希望在当前的销售价格上用这些潜力生产更多的 X。在这种情况下，商品 X 是在一个觅价者市场上出售。"请解释为什么可以得出这个结论。

   答：

   当觅价者改变产出速率时，这一改变将影响销售价格。为了使财富最大化，觅价者以边际收益（低于价格）等于边际成本时的产出速率进行生产。当觅价者有未出售的产出潜力并生产更多产出时，更大的产出会导致价格下降，从而使所增加的成本超过所增加的收入。利润会降低。相比之下，在受价者市场中，生产者可以以现有价格出售生产者想要出售的所有产量。这个价格刚刚能涵盖生产成本。

2. （对于定价和产出行为）受价者市场和觅价者市场之间的差异，可以用每个卖家面对的需求曲线的差异来概括。请描述这一差异。

   答：

   受价者的需求曲线是水平的，该水平线位于卖家可以售出其任何产品的最高价格上；而在觅价者市场中，需求曲线是负斜率的，因此必须降低价格，卖方才能作出额外的销售。

3. 市场的封闭性不一定带来觅价者市场，特别是如果在现有的卖家数量非常大的情况下。你能判断或给出市场进入受到限制，然而受价者市场又同时存在的情形吗？（提示：农业的情况如何——小麦、烟草、牛奶生产商？教师这个行业呢？）

   答：

   如果政府限制现有小麦种植户的种植面积，禁止新的小麦种植者进入，那么对于个体小麦种植户来说，这仍然是一个受价者市场。其他一些市场也是如此，只要这些市场拥有大量的现有生产者，而每个生产者的产量都是有限的，且不允许新的进入者进入。在欧洲，农业共同市场的政策对许多产品都造成了这样的结果。

4. 为了美化你的新家，你购买了一些树木。以下需求表（表 20.3）概括了你作为买家的行为：

所报价格是 6 美元。因此，你买了 5 棵树。然后，在你买了 5 棵树之后，卖家提出再以仅仅 5 美元的价格多卖给你一棵。

表 20.3 你对树木的需求

价格（美元）	需求量（棵）
10	1
9	2
8	3
7	4
6	5
5	6
4	7
3	8
2	9
1	10

(1) 你要吗？

(2) 假设他在之后又给你一个机会，让你以 3 美元的价格购买更多棵树（在你已经同意以 6 美元一棵的价格购买 5 棵，以 5 美元一棵的价格再购买 1 棵之后）。当然，这个假设看起来是有些奇怪，这就是一个假想的情况。在这种假想的情况下，你还要买多少？

(3) 如果最初的价格是 3 美元，你会买 8 棵以上的树吗？

(4) 假设你必须支付 5 美元的会员费才能在这个苗圃购买，获得会员资格之后，你可以以 3 美元的价格购买所有你想要的树木。你会买多少棵？（假设其他苗圃定价为 4 美元，不收取会员费。）

(5) 如果你可以在其他商店以每棵 3 美元的价格购买树木而不被收取会员费——这样你就可以省下 5 美元用于你所有的消费活动了，你还会只购买 8 棵树吗？

(6) 根据需求表，你以每棵 3 美元的价格购买 8 棵树，总成本为 24 美元。而你在之前的一系列报价中也购买了 8 棵树，在这一系列报价中，你总共支付了41 美元（5 棵 6 美元，1 棵 5 美元，2 棵 3 美元）。现在请你解释一下，这两者为什么不矛盾。（在本例中，我们假设我们可以沿着未经修正的需求曲线滑动，因为财富变化所需的修正很小。)

答：

(1) 要。

(2) 再买 2 棵，一共购买 8 棵树。

(3) 不会，第 8 棵树最多值 3 美元。你为"早先购买"的树木付出的金额，与你买多少棵树无关，但它会影响到你的剩余收入，从而影响到你对其他所有商品的需求。但这种影响是分散在你所有的购买决策上的。我们假设，与你的总收入相比，那是一个微不足道的量。

(4) 8 棵。

(5) 是的。

(6) 每种情况下的边际价格是相同的，而且我们是根据新增单位的价格进行调整。不同之处在于，是谁获得了多少消费者剩余。当你以每棵 3 美元的价格购买 8 棵树时，还是当生产者以前后相继的一系列定价的方式卖给你时，生产商获得了更多的消费者剩余？（在后者这种情况下，生产商获得了更多的消费者剩余。）

5. 在两个市场之间的价格歧视，是指在一个市场以低于另一个市场的价格销售商品。这也被称为是"倾销"到低价市场——这是一个非常具有误导性的术语。这种做法真正的目的，只是为了使边际收益相等。但也有人声称，那是卖家试图将"B 级"市场上的其他竞争对手赶出市场，以便日后提价。我们并不需要引入这类目的，就可以对此进行解释。最后，还有人认为，卖家在 B 级市场销售时，售价必定是低于成本的，否则，他如何能以更低的价格销售，并仍然支付运输成本呢？

(1) 请表明他如何能够做到这种价格歧视。

(2) 请表明，即使从工厂——位于所有 A 级顾客所处的地区——装运一单位商品到 B 级顾客那里需要 25 美分，即使对 B 级顾客的售价比对 A 级顾客低 2 美元，生产商的利润也还是可能会增加。

(3) 他会以低于成本——边际成本——的价格出售吗？

答：

(1) 他只需要用边际收益来弥补边际成本，但边际收益并不等于价格。

(2) 只要边际收益的初始差额（在同等价格下）超过了运输成本，将商品运送到价格较低的市场就是划算的。

(3) 不会。

6. 有些大学学费很高，但同时它们也提供大量的学费奖学金，从全额学费到几乎分文不收，不一而足。你能表明，学费补助是一种歧视性的教育定价吗？这会让教育不受欢迎吗？

答：

是的，这就是一种歧视性的教育定价。学费奖学金降低了有些学生（否则他们将无法上大学）的学费，却没有降低所有学生的学费。我们可以称之为边际收益均等化，而不是价格歧视——因为学院收到的额外收益，不是觅价者（大学）的价格（全额学费），而是边际收益。

7. 试图给竞争对手造成损失，以便在随后获得垄断地位，享受"高于竞争性"的价格这是一种掠夺性行为。在 19 世纪，洛克菲勒的标准石油公司（Standard Oil），经常被指控犯有掠夺性行为。当时标准石油在选定的地方市场低价销售其石油产品，结果这被解读成使小型炼油厂破产的手段。即使没有法律禁止，这是否是一种明智的策略——也就是使财富最大化的策略？

答：

掠夺者和被掠夺者都会损失财富，而较大的公司将承担更大的绝对损失。较小的公司可能会停止生产，等待价格回升。如果一家公司要通过迫使竞争对手破产而获利，那么，被掠夺者的生产性资产就必须退出生产。破产不会破坏生产性资源；这些资源会流向其他人那里去，这些人很可能可以在足够低的成本上获得这些资源，从而使得继续使用它们有利可图。挑衅者甘冒遭受损失之厄，也要给竞争对手造成损失，那么，只要挑衅者还需要消耗或吸收这些其他资源，它就将不得继续采取掠夺性策略，这就意味着更大的损失。有确凿的证据表明，标准石油公司以不菲的价格收购了竞争对手，并使其生产能力退出了生产领域。

8. 假设你是卖家，有6个单位的某种商品可以出售。无论你向买家 A 要求什么价格，你必须让 A 买走他想要的一切；而且你还必须得允许买家 B 以你向 B 要求的价格得到他想要的一切。但是 A 和 B 的价格却可以彼此不同（A、B 的需求见表 20.4）。

表 20.4 A 和 B 的需求

价格 （美元）	需求的单位数		边际收益（美元）	
	A	B	A	B
10	1	0	10	0
9	2	0	8	0
8	3	0	6	0
7	4	0	4	0
6	5	1	2	6
5	6	2	0	4
4	7	3	−2	2
3	8	4	−4	0
2	9	5	−6	−2
1	10	6	−8	−4

(1) 如果你想最大化你的收益，你应该向 A 收取什么价格，向 B 又收取什么价格？

(2) 如果你向两个买家收取相同的价格，你的最佳价格和收益是多少？

(3) 假设你能以每单位 2 美元的生产成本生产这种商品。你应该生产多少？为了使你的净收益最大化，你又应该向 A 和 B 分别收取多少价格？A 会买多少？B 又会买多少？

(4) 你的净收益会是多少？

答：

(1) 要使边际收益均等化：4 单位给 A，价格为 7 美元；2 单位给 B，价格为 5 美元；总收入为 38 美元。

(2) 价格为 6 美元；总收益为 36 美元。

(3) 以 6 美元的价格卖出 5 单位给 A；以 4 美元的价格卖出 3 单位给 B。

(4) 净收益为 26 美元（＝42 美元 − 16 美元）。

第 21 章　定价与营销策略

有一些定价和营销策略的概念，和人们通常理解的大相径庭，其中包括：搭售（tie-ins）、基点定价（basing-point pricing）、掠夺性定价（predatory pricing）、具有市场影响力的主导型企业、价格领导者、寡头垄断定价、网络锁定（network lock-ins）、专利权，以及版权等。

搭售

在第 12 章研究房屋租金管制时，我们发现搭售可以规避那些管制政策。房主想收取超过法定限额的价格，所以，他就把非货币的要求或限制，同租客的行为联系起来。

成功的歧视性搭售举例

当购买一种商品时，顾客必须购买另一种特定商品，其价格要比在其他商店购买时更高，这就是一类歧视性的搭售。如果你想买一台打印机/复印机，你可能只能从复印机的销售商那里买到一种特定类型的纸，而且比它在别处购买的价格更高。搭售的目的是为了进行价格歧视，根据该商品对不同顾客的不同估值而收取不同的价格。如果卖家可以根据不同顾客对复印机的不同估价来收取不同价格的话，他将会从出售复印机上收到更多的收入。困难在于，怎样才能发现谁会愿意支付更高的价格，以及如何找到一种办法，来从同一台复印机的不同顾客那里收取不同的金额。

试想，假如你是复印机唯一的生产商和卖家。你提高价格不会失去所有的客户，而在较低的价格上，你则会拥有更多的客户。你拥有两个客户（两个就足够解释清楚了），他们的需求不同。假设复印机能用一年。表 21.1 列出了你的两个客户（大客户和小客户）的相关数据，大客户是对复印机估值较高的买家。

表 21.1　与复印机相关的估值和成本

状　　况	大客户	小客户
对复印的估值	430 美元	250 美元
劳动力成本	100 美元	90 美元
纸的成本	30 美元 = 3 000 张 × 0.01 美元/张	10 美元 = 1 000 张 × 0.01 美元/张
对复印机的估值	300 美元	150 美元

大客户对复印的估值为 430 美元。操作复印机的劳动力成本是 100 美元。纸的价格是每张 1 美分，3 000 张要 30 美元。从 430 美元中减去 100 美元的劳动力成本和 30 美元的纸张成本，这台复印机留给大客户的最大估值就是 300 美元。对于小客户来说，对复印机的估值至多是 150 美元（= 250 美元的复印价值－90 美元的劳动力成本－10 美元的纸张成本）。

你要价几何？

1. 向每一个客户收取最高的相同价格，卖给每一个客户一台复印机。

   当面对两个客户的不同需求时，你可以向每一个客户都收取一个最高价格，在这个价格上，每个客户都会买一台复印机。

   这个价格是 150 美元，因而总收益是 300 美元。你造复印机的成本是 30 美元。你的利润是 240 美元［= 300 美元－（2×30 美元）］。

2. 以尽可能高的价格卖给估价最高的客户一台复印机。

   或者，你可以收费 300 美元，只卖一台复印机给大客户。你的利润是 270 美元。虽然小客户的支付愿意高达 150 美元，比你的 30 美元成本多 120 美元，但放弃小客户反而得到了一个更大的利润。

3. 向每个客户收取不同的价格。

   一个更好的定价策略是，对大客户收取 300 美元，获得大客户的全部个人估值，对小客户收取 150 美元，把小客户整个 150 美元的复印机估值也尽数攫走。你的利润是 390 美元（ = 300 美元 + 150 美元 - 30 美元 - 30 美元）。这种定价方式攫取了复印机的所有消费者估值，无论大客户还是小客户，都没有给它们留下消费者剩余。然而，小客户可能会以低于你卖给大客户的复印机价格，从你这里购买复印机之后再转售给大客户，以便从中渔利。此外，收取不同的价格可能涉嫌非法歧视，而使你卷入诉讼。不过，搭售可以使你避开这些烦恼，以一种事实上向大客户比向小客户收取更高价格的方式，使你既可以攫取大客户对复印 430 美元估值中的更多部分，也可以攫取小客户对复印 250 美元估值中的更多部分。

我们刚才假设，你作为复印机制造商/卖家，知道大客户比小客户有更大的需求（对复印有更高的个人估值），而且你还知道这些估值具体是多少。但在实际生活当中，你并不了解这些信息。你只知道他们的估值不同。此时，有一种方法可以发现二者的估值差距，并向大客户收取更高的价格。你可以提出以 55 美元（你的成本是 30 美元）向每个客户出售一台复印机，但你坚持所有客户使用的纸张必须以每张 10 美分的价格从你那里购买，这个价格比其他纸张供应商每张高出 9 美分。

更高的纸张价格所带来的一个间接效果是，无论是大客户还是小客户都将会消耗更少的纸张。那会降低复印机的价值。

在表 21.2 中，复印机的价值略有下降，这反映的是纸张价格更高，从而复印的东西数量更少。对于大客户，在 10 美分上所需求的纸张数量下降到 2 500 张，纸的总成本为 250 美元。一台复印机的价值从 300 美元降到了 60 美元（ = 410 美元 - 100 美元的劳动力成本 - 250 美元的纸张成本）。对于小客户，复印机的价值降到 55 美元（ = 240 美元的服务价值 - 90 美元的劳动力成本 - 95 美元的纸张成本）。你出售两台复印机获得 110 美元，只赚了 50 美元（ = 110 美元 - 60 美元）。但看看在纸张上的利润吧。

表 21.2　与复印机相关的估值和成本

状　　况	大客户	小客户
对复印机产出的估值	410 美元	240 美元
劳动力成本	100 美元	90 美元
纸的成本	250 美元 = 2 500 张 × 0.10 美元/张	95 美元 = 950 张 × 0.10 美元/张
复印机成本	30 美元	30 美元
对该复印机的估值	60 美元	55 美元

你在纸张上的利润

从大客户那里，你将因供应纸张而收到 250 美元，你从源头的纸张供应商来买取这些纸张花费了你 25 美元（＝2 500 张纸，每张 1 美分），你得到了 225 美元的利润。从小客户那里，你将因供应 950 张纸收到 95 美元，为此你支付 9.50 美元，净收益为 85.50 美元（95 美元－9.50 美元）。你从小客户那里得到的利润是［85.50 美元（纸）＋25 美元（机器，55 美元－30 美元）］。你从大客户那里得到的利润是［225 美元（纸）＋30 美元（机器，60 美元－30 美元）］。在复印机和纸张上，你从大小客户那里得到的利润总额为 365.50 美元（＝225 美元＋30 美元＋85.50 美元＋25 美元）。

认为这是将垄断权力从复印机扩展到纸张的谬论

你使用这种搭售策略，并不是为了垄断，也不是为了从纸张的销售中获利——尽管这是针对这种搭售策略的诉讼普遍采用的理由。你的目的是获得更多由制造和销售复印机带来的消费者剩余——这由复印机需求曲线下方更大的面积来表示。这种搭售，有助于确保所有那些对复印机的估价超过生产复印机的边际成本的买家都能购买一台复印机。

如果你能对复印机的大小客户收取不同的价格，你就可以公开地做到这一点。在扣除两台复印机 60 美元的成本之后，你从 450 美元（＝300 美元＋150 美元）的估值中本可以得到 390 美元的利润。你并不真的想提高你的纸张价格，因为更高的纸张价格会降低对复印机的估值。而对复印机的估值，才是你利润的真正来源。

容易引起混淆之处

搭售可能有着不同的目的。便利搭售（convenience tie-in）是根据大多数客户的偏好，将两种商品组合成一个包装。在汽车里安装收音机或自动变速器，或两者兼有，都曾是可以选择的选项。但今天，它们通常再不是可以选择的选项；你可能需要额外付费才能买到一辆没有收音机的新车。当大多数人都喜欢这种组合时，把它们列作可选项就太昂贵了。鞋子和鞋带系在一起——如果你只买没有鞋带的鞋子，不会有折扣。

当汽油价格被控制在一个很低的水平时，卖家通常会采取一些其他的措施。有一些加油站只在你洗车服务的条件下才出售给你汽油，或者想买到汽油就得更换机油——这些机油通常价格会更高。有一些司机愿意购买特别的高价润滑油，以换取加满整箱"免费"汽油的机会。

当航空企业的票价被政府控制在高于市场出清价格时，航空企业通过提供额外的服务、搭售花式繁多的食品、提供旅行休息室，或提供免费交通工具进出机场，来争夺顾客。由于租金管制限制了合法价格，你只能以高价买公寓里的地毯才能租到公寓。这些搭售是便于规避价格管制的方法。如果管制价格太高，卖家将提供免费的赠品。如果价格太低，买家将提供额外形式的非货币补偿。

搭售反竞争吗？　一个错误的问题

在复印机制造商/卖家的例子中，搭售并不改变其他任何一个人报价的权利或能力，在这个意义上，搭售并不反竞争（anticompetitive）。这是卖家从所捆绑商品中攫取更多估值——在需求曲线下方的区域——的一种方法。"谁对需求曲线下方的区域拥有权利——是创造该估值的商品生产者，还是那样去估值的消费者呢？"这是一个很关键，却又无法回答的问题。

自动搭售举例

如果你想买一部手机，你可能会发现手机的价格很低，远远低于它的制造成本——甚至是免费的。为什么会是这样呢？规定的用户使用费，同购买手机的行为是捆绑在一起的——你必须签订合同，并为更多次使用它而支付更多的费用。在我们前面给出的例子里，复印机的价格甚至可能低于 30 美元的制造成本。它甚至是可以免费的，只要有购买纸张的附带条件，生产并赠送复印机的做法就仍可能有利可图。

搭售行为可能还有其他的原因。作为保证效果满意或进行维修的条件，卖家可指定（搭售）特定品牌的相关（正品）维修零件，或授权谁是修理商。这些安排可以是为了保护声誉，但它们也可以被构造成量表来测度你对产品的使用情况，从而可以从中判断需求上的差异。

看似不相关的搭售行为——实则相关

假设之前我们说的大小客户都是建筑企业。你可以把复印机卖给这两家建筑企业（按同等价格），前提条件是买家同意以高价从你那里购买该企业员工所用的全部安全头盔。这似乎是一个很荒唐的搭售行为。但假设你知道大客户拥有较多员工，并且需要使用更多复印出来的信息进行沟通，它比小客户对拥有复印机估值更高。因此，购买的安全头盔数量就会与一台复印机对大客户来说的更大估值相关。（所捆绑的物品不能有廉价的安全设备来充当替代品。）

或者，你可能会这样坚持：购买你复印机的客户要从你这里购买所有的咖啡，在企业的咖啡时间里"免费"提供给企业员工。例如，如果复印机的价值与员工数量有联系，那么以溢价出售其他东西实际上可以成为衡量复印机使用需求的一种方式。

根据买家的付款意愿，从客户那里收取不同的价格，是一种到处都在使用的办法。这与电影院对年轻人的收费高于对老年人的收费，或者大学对富有父母的收费高于对贫穷父母的收费（扣除奖学金），基本没有区别。这些手段当中，有一些用于差别（歧视性）定价的方法人们认为影响很坏，而对另外一些方法人们却又赞不绝口。

租用机器

还有其他方法可以将搭售用作测度需求和收集信息的手段。你不必卖复印机，你可以把复印机租给每个用户，每复印一张就收 9 美分，用户喜欢在哪里买纸就在哪里买纸。在把纸张作为搭售的情况下，你可以从每张纸的较高价格中获益；在收取使用费的情况下，你就可以在每次使用机器时收取费用。如果允许且技术上可行的话，收费制可能会更好，也就不需要拿复印纸来充当测度工具了。在机器上添加计数功能，用户就无法作弊；而使用纸张时，你还必须持续监控复印机所有者使用纸张的来源。

不使用纸张来搭售，复印机/打印机制造商发现，不同购买者的需求，也可以通过要求更换只从机器制造商那里购买的墨盒来计量。这可能也很有效，因为阻止通用的替代品进入墨盒市场是有可能的。

基点定价

基点定价是一种竞争性地报出市场价格的方法。胶合板的基点曾经是西雅图的价格，几乎所有的生产商都把胶合板从这里运往全美。无论客户位于何处，价格都是按两部分报价的：（1）西雅图胶合板的价格（基点价格）；再加上（2）从西雅图到该客户处的运输成本。（过去大多数汽车都是在底特律附近制造的，而汽车价格就是"底特律价格再加上运输成本"。）

在木材的基点定价体系中，运往其他地区的木材价格，与从西雅图运达该地的运输成本差异有关。由于一个城市胶合板需求的变化而导致的价格变化，将立即在所有其他城市中间进行匹配。同样，西雅图供给的增加将会降低美国各地的价格。

价格在哪里确定？到处都可以确定。

根据每个城市的需求和供给情况，决定了每个地方的价格。这一价格再减去运输成本，就是西雅图胶合板的基础投标价格。因此，西雅图的价格取决于整个美国的需求，而西雅图的几个胶合板生产商在供给侧相互竞争。西雅图价格就是当地城市的价格减去运输成本。或者是西雅图价格（反映了全国的需求和当地的供给）加上运输成本。

把西雅图价格加运费作为一条水平线，表示对一个城市的供给。因为西雅图价格必然反映了整个美国的需求，所以，在每个城市，这一价格下的供给量都和那个城市的需求量一样大。在每个城市，卖家和买家都是受价者。

在亚特兰大，有人发现了如何将当地木材转化成胶合板的生产方法。这将允许当地生产商在亚特兰大销售，从而避免了运输成本。但亚特兰大的价格仍然是西雅图的价格加上运输成本。没有涉及运输成本这一事实，并没有造成区别。亚特兰大

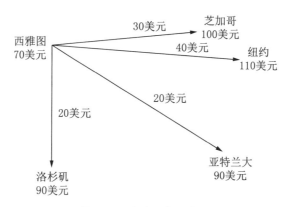

图 21.1　定价和营销策略

注：在几个地理市场区域，消费者面对的价格是不同的，但这些价格差异都同从生产地启运的运输成本差异紧密相关。如果从西雅图到纽约的运输成本是每单位木材 40 美元，那么纽约的价格将比西雅图的价格高出 40 美元。

的市场价格几乎没有受到影响，因为新生产商最初只提供了那里出售的胶合板供给的一小部分。亚特兰大生产商收取的是竞争性价格，这是由全国需求和全国供给——现在包括亚特兰大的少量生产——决定的。

　　亚特兰大的一些胶合板买家指责当地生产商要价太高，声称价格包括了生产商没有承担的运输成本。这个运输成本被贴上了个标签，称之为**虚幻运费**（phantom freight）。这类似于运输成本较低的当地鸡蛋生产商，相比较远的供给者，拿走了市场价格中的更大部分。这个更大的部分，不是虚幻运费，而是一个优越地段更高的租金。

虚幻运费和虚幻手术服务费

　　声称他人通过虚幻运费而过度收费，这种看法所犯的错误，等同于忽视了外科医生或汽车机修工在能力上并非人人相同的那种错误。越优秀的人做得越多，赚得也越多。加油站位置越是优越，收费就越高。

　　假设你是一名外科医生，像其他外科医生一样，你可以做切除阑尾的手术，但你可以在其他人的三分之一的时间内完成手术。如果手术的竞争性费用是 500 美元，你每天可以做 6 台手术，而其他人只能做 2 台，你每天的收入会更多，但每次的阑尾切除手术的收费不会增加。你的费用应该怎么表述呢？是说成每次阑尾切除手术收费 500 美元? 还是说成每天 3 000 美元?

病人注意到你做手术的时间更少,可能会抱怨你为虚幻时间收取了费用——即为其他医生需要的额外时间收取了费用。你会回答:"是的,我为同样一台手术收取了同样的价格,这样一台手术其他医生要花更多的时间去做。我没有提高阑尾切除手术的价格。我的收入反映的是我的卓越才能,而不是比竞争性价格更高的价格。无论这个账单是按天收费还是按每次手术收费,您的费用仍然是500 美元。"

这就是亚特兰大胶合板生产商应该说出来的真相,只要把胶合板代替阑尾切除手术,并用优越的土地区位——在更近的亚特兰大而不是更远的西雅图生产木材——代替卓越的才华,情况就并无二致。事实上,亚特兰大附近的生产用地价值猛增,而更高的地租体现了运输成本的差异。在亚特兰大生产的木材的全部成本上升到了与利润相匹配的程度。(回忆一下第 16 章对资源派生价值的分析:对利润应归功于其下的资源的竞争性价值重估,将利润转化为了成本)。

对新进入者有效率的竞争性定价反应,被误解为掠夺性定价

在第 15 章中我们看到,当一个低成本生产者(卡特)进入市场时,有一个净的社会收益。蛋糕供给总量增加,价格下降,资源被释放到其他商品的生产中。可是,贝克失去了把蛋糕销售给亚当的生意,可能为了寻求同情,他会声称卡特在搞"掠夺性定价",在把蛋糕出售给亚当时把价格定得低于贝克可以负担得起的程度。然而,那并不是"掠夺性定价"适用的标准。卡特的生产成本低于贝克;他向亚当销售的更低价格并不是掠夺性价格。不过,如果卡特提出要以低于他(卡特)自己生产成本的价格卖给亚当,从而给贝克造成损失,迫使他破产,那就将被认为是掠夺性定价,因而是非法的。同样,如果贝克预见到卡特进入市场将会导致销售上的潜在损失,于是他提出向亚当出售定价低于他(贝克)自己的生产成本的蛋糕,以阻止卡特进入市场,这也将被解释为掠夺性定价,因而也是非法的。

但这两种定价策略的可能性分别有多大? 为了把贝克赶出市场,卡特暂时以低

于其成本的价格把蛋糕卖给亚当，如果这是值得的，那么卡特将不得不预期，他随后得收取溢价，以弥补以前的损失。当然，只有贝克或其他潜在的生产商之后没有进入市场并把价格推低，这方才有其可能。

同样，对于贝克来说，如果以低于他（贝克）的生产成本向亚当出售蛋糕，从而阻止卡特进入市场，那么他也不得不预期将来得向亚当收取溢价，以弥补之前的损失——而且得不让卡特或其他潜在的生产者进入市场并压低价格。

最终，对掠夺性定价的指控，取决于生产者在不吸引来新竞争者的情况下收回损失的能力。若无市场进入壁垒——如政府强加的许可执照要求——低成本的生产商将总是有动机增加总供给，并压低价格。

在对长期结果的调整中，价格会暂时低于最终出现的新价格水平，因为总产出会暂时大于新的、经充分调整后的均衡产出。这些过渡性偏差不是错误的结果，它们之所以发生，是因为有些投入是特定于其当前任务的。它们不是立即可以移走的，或者不能在不发生转移和学习成本的条件下，转移到其他同等或次优的有利可图的任务上去。几乎所有的资源对它们所要完成的任务都有一定程度的特定性。葡萄树不能变成苹果树；制葡萄酒的压榨机，也不能变成养鸡用的笼子。

这些过渡性调整价格、产出和特定用途资源价值的例子比比皆是。喷气发动机进入市场，与现有的螺旋桨驱动的飞机竞争，导致这些飞机的价值大幅下降。微波传输系统增加了通信信道的供应，降低了有线系统的价值。一代又一代处理更快且容量更大的微处理器，降低了现有微处理器的价值。

在每一种情况下，源自新资源的暂时更大的供给，都会把价格压低到低于当旧的、不太经济的物品不再值得使用后将会维持的价格水平。但新进入者可能会宣称，暂时的价格下跌是由现有生产者的"掠夺性"或"恶性"定价所导致，虽然旨在影响竞争对手生存的行为事实上并不存在。

最后，区分经济学家和律师对这一问题的看法也颇有益处。现有的生产商/供应商，总是将进入竞争性市场的新进入者视为一个掠夺者——即使新进入者显然是更低成本的供应商。美国新墨西哥州有一项法令规定，除非进入某一市场领域的新进入者（譬如某品牌汽车的第二个经销商）能证明现有供应商不会失去业务，否则他们就不得进入。

具有市场影响力的主导型企业

所谓的主导型企业（dominant firm），或者具有市场影响力或垄断势力的企业，是供给了一个商品总供给中足够大的一部分，从而能够影响所有供应商面对的市场价格的企业。但这与"主导"（dominating）的字面意义还是很不一样的。

更为全面地说，一个主导型企业可以提高自己的价格以及所有其他供应商面对的可持续市场价格，也仍然有利可图。要做到这一点，它必须限制自己的产量，它也不能把竞争对手消于无形。相反，主导型企业通过让竞争对手们在那个更高的价格上卖出更多的产品来帮助它们生存，而主导型企业则限制它自己的生产速率。

主导型企业将其最有利可图的销售价格公之于众，然后其他企业自行选择供给量。至少在近期内，其他任何一家企业都不可能充分地扩大生产，以抵消主导型供应商减少产出所造成的影响。这并不需要与其他供应商达成协议。它们持续追求利润最大化的方法，就是按其边际成本与市场价格相匹配时的产量来生产，而市场价格则是由主导型企业受到限制的产出来决定的。

这么做又是如何提高主导型企业的利润的呢？在允许所有其他更小的企业出售可以增加它们利润的数量的同时，最大化主导型企业利润的市场价格又是多少呢？我们知道，在有许多小企业的受价者市场中，当前价格将会是加总的供给曲线与市场需求相等时的水平。让我们假设，大量的这类小企业合并成了一个大的主导型企业，或合作社。总供给曲线仍然相同，但价格会更高，实际供给量将会低于受价者市场。

在估算了每一个可能的替代性价格上所有其他企业会供给多少之后，这家现在占主导地位的企业，将会考虑在每一价格上它会卖出多少。主导型企业面对的剩余需求曲线，即是它面对的剩余需求。然后，主导型企业设定价格，（根据它所面临的剩余需求），在这个价格上，其边际收益（相对于剩余需求曲线）与主导型企业的边际成本（现已合并的那些企业的供给曲线之和）相等，将使其利润最大化。

图 21.2 给出了市场需求、其他企业的总供给曲线，以及主导型企业的剩余需求、边际收益和边际成本之间的相关关系。

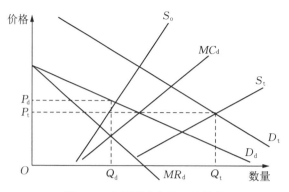

图 21.2 主导型企业情况的说明

注：假设这是一种普通商品的受价者市场，这种商品可能是原油、咖啡或小麦。正如我们之前看到的那样，在这样的市场中，价格是由总的市场需求 D_t 和总的市场供给 S_t 决定的。现在假设大量的企业合并成一个大的企业，或者形成一个营销"合作社"。这个组合企业或合作社中那些成员企业的供给曲线的总和，即是它的供给列表，或者边际成本 MC_d。这个占主导地位的大企业或合作社所看到的需求，来自市场需求减掉所有其他仍然是小企业的企业所供给的数量。从 D_t 中减去 S_o 将给出主导型企业所面临的派生需求 D_d。在 S_o 与 D_t 相交的价格下，其他小企业将供给所有市场需求，因此，主导型企业所看到的需求将会是零。然而，其他企业在更低价格上供给的总量要更少，因此，在更低的价格下，D_d 上的数量更大。主导型企业利润最大化的价格和数量，是其边际成本 MC_d 等于其边际收益 MR_d 时的价格和数量。

主导型企业的利润最大化价格 P_d 高于在受价者市场上通行的价格 P_t。其他小的企业仍然可以在这个更高的价格上出售它们想要生产的所有产品，但是所有的企业生产和销售的总数量，将比在主导型企业或合作社形成之前的受价者市场为少。

主导型企业的局限

有两个特点，限制了一家主导型企业（或合谋）的势力。

1. 从长期来看，更多的新供应商——或现有企业的投资和扩张——会被吸引过来，导致供给增加，这可以抵消由主导型企业最初所减少的产量还有余。

2. 顾客会发现替代或节约这种产品的方法，这样经过一段时间的间隔和最初带给生产者的更高利润之后，收入就会降到原来的水平以下。

根据需求第二定律，需求的长期弹性可能是如此之大，以至于价格的上升将被销售损失部分地抵消（或者可能还不只是抵消而已）。原苏东国家向资本主义经济的转变，向世界打开了通向里海巨大石油储备的通道。阿根廷和巴西从石油进口国变而为出口国，而墨西哥和加拿大也极大地扩大了它们的生产和出口。之后，沙特阿拉伯就基本失去了其主导型企业的地位。由于里海的储备分别掌握在几个独立的国家（阿塞拜疆、伊朗和哈萨克斯坦）手中，而其他地区新的石油和天然气资源已经得到开发（特别是美国），当今世界，在石油供应领域不存在主导型企业。

其他主导型企业？

可口可乐是一家主导型企业吗？它能否宣布提高可乐糖浆的价格并获得更多利润呢，尽管百事可乐和其他软饮料供应商会随之扩张？其他企业是否会大面积地取代可口可乐，不把价格提高到如此高的水平——从而销售更多——以至于可口可乐将失去太多的销售，蒙受损失或利润减少呢？我们并不知道。

要想成为一家主导型企业，其他企业的供给量必须足够小，并且对更高的有利可图的价格无回应之力，以免导致生产扩张而取代主导型企业。解释一个主导型企业是什么意思，这很容易，但即使有这样的企业，也很难判断哪一家是（除了专利和版权保护以外的原因，或者其他政府保护的、封闭市场的垄断情况，例如有些工会和航空公司，以及地方的电话和电视服务企业）。

价格领导者？

通常情况下，当市场条件发生变化时，最大的企业，或最大的企业之一，在行业中是第一个调整价格的——其他企业看上去只是在随大流。试想，一家铝生产商刚刚接到一系列较大的订单。这仅仅是暂时性的一大堆订单扎堆出现的偶然事件吗？还是铝的需求真的增加了？如果需求增加了，它会持续下去吗？价格会持续上涨吗？或者，如果这家企业的价格上涨了，其他生产商会立即抓住更多需求增长的机会吗？一家企业怎么能知道情况发生了变化，从而在更高的价格上才能出清市场呢？

更高的价格是否可持续，是所有企业都面临的问题。通常，一个更大的企业，既会因为更为可靠地及早发现这个新价格而获得更大的回报，又会因为慌慌张张对错误的信号进行调整而蒙受更大的损失。当一家更大的企业改变其价格时，这种变化给其他人提供了一些证据，证明市场条件确实发生了变化。这种被错误地认作是价格领导者在指挥所有其他的企业应该如何定价的现象——还被人添油加醋地加上默契合谋或共享垄断的情节——其实是不完全知情的人们彼此独立地作出的竞争行为而已，而事情一直就是这样的。

寡头垄断

寡头垄断是指在定价和产出决策上相互依赖的一小群觅价者企业。每家企业都知道或相信它的价格会影响竞争对手的需求，因此会影响它们所选择的价格，进而会影响每家企业选择的价格。美联航（United Airlines）知道，它收取的价格将影响达美航空（Delta Airlines）面临的需求，而达美航空将要收取的价格预期，又会影响到美联航一开始的选择。只要竞争对手决定以任何理由改变价格，每一家企业面临的需求就可能会改变。

这种相互依赖，可以促使人们对行为和反应的各种潜在的反馈链进行推测。但经济学家们一直无法为分析寡头的行为指定一个可靠、有效的模型。目前还不清楚，在这样一个行业中，如果企业不考虑竞争对手的策略，价格会趋向于更加具有波动性还是会更加僵化，或者产出和收益会波动得更加剧烈还是更不剧烈。

网络，垄断锁定?

所谓网络（network）的一个基本需求特征是，拥有的成员越多，每个参与者对网络的估值就越大。英国、北美大部分地区以及英国前殖民地的居民都使用英语。英语使用得越广泛，对每个操英语的人来说就越好。在电话出现的早期，随着更多的人使用电话服务，每个用户对电话服务的需求曲线就会向上移动。

在互联网、录音设备与兼容计算机软件的格式、统一标准的汽油、统一的货币、度量衡系统、礼仪规则，以及重量、速度和法律的每一个标准中，我们都可以看到这种网络性。

尽管一个新的系统一旦被广泛接受，就可能会让我们拥有更好的技术，成本也会降低，但如果没有其他人愿意使用它，它对用户的初始价值就很小。一个有抱负的新进入者能做什么呢? 这里头有两个问题需要克服：一是诱使潜在客户了解新项目；二是克服网络效应，网络效应使得某个事物对一个人的价值取决于有多少人在使用它。

尽管已经有了被广泛使用的替代软件 WordPerfect，但微软还是成功地进入了文字处理软件的业务领域。尽管学习一个新系统需要花费成本，而且当时市场上占主导地位的文字处理系统已经有广泛的用户基础，但微软的 Word 还是更好地适应了计算机技术能力的提高，并最终获得了成功。

多年来，微软的文字处理和电子表格应用软件，只与大多数计算机制造商在使用的、微软自家的 Windows 操作系统兼容。消费者购买苹果电脑的早期阻力，就是苹果专有的文字处理和电子表格应用软件与大多数 Windows 计算机用户不兼容。也就是说，在微软为苹果品牌提供兼容的应用软件之前，大量微软 Windows 用户的网络效应成为说服消费者购买苹果电脑的障碍。

强大的网络效应可能是潜在竞争者进入的障碍，但这不是自然垄断。其产品或服务能够成为计算机操作系统等领域的行业标准，这样的企业肯定具有优势。熟悉这种行业标准的员工，可以在不需要学习新系统的情况下在雇主之间流动。雇主会更喜欢其他人最常用的方法。可供雇主雇佣的员工数量，将会以更低的成本增加。这就是计算机上有标准键盘的原因。

学习成本和个人使用任何打字机（计算机出现之前）的便利性，是不同的生产者提供相同用户界面的诱因。这就是为什么顾客更喜欢竞争者们提供同样操作方式的产品之原因。替代品之间相同或非常相似的用户操控方式越多，它们彼此间的竞争就越高。这确实限制了一些进步，但是，生活本就充满着权衡取舍。

专利与版权：相互冲突的目标与模糊的发明人奖励政策

《美国宪法》第一条第八款规定，国会有权"在有限时间内确保作者和发明人对其各自作品和发明的专有权，以促进科学和实用技艺的进步"。这些专有权就是专利和版权。

这样的一种权力授予，与开放市场的一般性政策是存在冲突的。为了提高发现更好的产品和程序的激励，开放市场的一些好处需要放弃。专利持有者的行为常常受到挑战，因为其限制性太强，没有实现最大的消费者估值，而且也没有促进创新性的营销策略。对这些挑战的解决，取决于法院如何处置。

新药专利

新药（处方药）的成功研发者会受到这样的一些指控：（1）药品的价格定得远远高于制造药片的成本；（2）对外国人收取的价格低于对本国居民收取的价格。这些指控在什么意义上既切中要害又正确无误呢？哪些行为被宣布为不当，因而是非法的？

有些制药企业花费数百万美元寻找新药，希望获得专利权，这是宪法赋予的回报。在许多成功案例，也许是在大多数成功案例里，一旦发现了一种新药，制造和分销这种药品的平均成本就很低，比如每粒药1美元。（大型制药企业喜欢说："第一粒药片需要10亿美元，第二粒只要50美分。"）

假设一粒药片的价格定为20美元，即每单位利润19美元（20美元的价格，减去1美元的平均生产成本）。这种情况之所以会发生，是因为需求如此之大，而最初的生产速率又如此之低。随着生产速率的提高，价格可能会降到15美元，但每粒药的利润仍然很大。

然后，假设美国制药企业在诸如墨西哥这样的国家，每粒药只卖2美元。这一定价引起了两个抱怨：在国内市场上利润"过高"；以及这种做法"不公平"，因为这些药品在国外售价低很多。经济学中没有什么能告诉你这些抱怨是否"合理"，但它可以帮助解释为什么会出现这种定价。

第一个问题是，该药的成本到底意味着什么。也就是说，我们必须指明使这种药品供应无阻的相关行为。这个问题可能意味着，"发明这种药品的研究和测试成本是多少？"，也可能只是意味着，在这种药品被发现之后，"制造一粒药的成本是多少？"。

药物研究企业花费了数百万美元（或数十亿美元），在若干领域进行研究（其中有一些是失败的），最终发现了新药。在经济学中，这些成本是沉没了的，但这并不意味着这些行为不应该被标价。发明新药之后，制作药片的后续成本不包括这些研究所耗费的初始成本。然而，当我们看到20美元的销售价格时，被明码标价的又是哪些行为呢？既然所有这些行为——首先是研究和测试，然后是制造——的唯一回报，均来自药片所收取的价格，那么这个价格就应该反映所有行为的成本，而不仅仅是药片的成本。

仅仅关注造出药片这一项活动的成本，既无意义，又不全面。在药物的发现和开发上，制药企业是要花费巨资的。这些是专利政策旨在奖励的行为的成本，而不仅仅是一旦发明了新药生产药片的成本。

由于有多家企业在竞争，而且大多数的研究都会无功而返，所以赢家的预期利润必须足够大，才能诱发对研发的尝试。和所有有多名参赛者的比赛一样，丰厚的利润是对优胜者的奖励，而失败者则一无所得。专利制度所给予的奖励，其大小与专利的价值有关，这一价值由消费者的估值来判断。获胜者将被批准占有多少消费者的估值呢？这个问题的答案，通常由法院或政府监管机构来裁决。

再探价格歧视

对外国消费者的收费往往较低，这取决于那些国家需求的相对弹性（和边际收益）。此种情境，颇类于电影票价的定价方式，电影院会给老年人打折（或对非老年人收取高价）。这种定价上的差异，反映了顾客需求上的差异。

对于家境比较富裕的学生，名牌大学会对他们收取更高的学费。为什么反对向更为贫穷的外国人提供更低的价格呢？经济学无法回答这个问题。但经济学确实告诉我们，在某些情况下，价格歧视（对不同消费者收取不同价格）会增加总的消费者估值，而在其他情况下，这一估值则会下降。

我们来考虑一个没有专利的情况。在大规模的初始投资之后，涵盖生产成本并且收回投资成本的价格，是（比如）每单位 10 美元——其中 8 美元用于收回初始（现在沉没的）投资。该企业的生产价格可能低至 2 美元（＝10 美元 - 8 美元），至少在耐用设备耗尽之前，仍能支付其随后的生产成本。如果没有专利保护，竞争对手可以很容易地复制产品，价格很可能会降低到 2 美元的制造成本。然而，如果准入成本高昂（涉及秘密配方或特殊的设备？），或竞争对手没办法在短暂的高需求降温前推出新产品，那么价格就可能会超过 10 美元。

由于存在国际条约，有些专利在本国以外的国家也会受到保护。然而，在不同的国家，专利权的强制执行不但可能成本高昂，而且效力差别也很大。一个制造商也许在某个国家拥有有效的专利保护，但在另外一个国家可能就不是这样。同一产品在不同国家的差别定价，可以反映出顾客需求的差异，以及保护专利权利的诉讼成本和其他成本的差异。

如果这些资源中的主要部分是耐用且不可快速调节的，那么，随着需求的波动，产品的销售价格可能会畸高或畸低，因为产品的供给曲线像土地一样缺乏弹性。但是，如果企业更多地依赖劳动力等可调整投入，那么，价格波动会更小，生产波动会更大。生产如果主要依赖一种固定的、耐用的、不可廉价调整的资源，那么生产会持续下去，而价格将会随着需求而发生变化。资源价值的改变会更大。相反，如果所有的资源都是可转移的，可以用于其他类型的产出（就像大多数劳动力一样），那么供给将是富有弹性的，价格也不会发生改变，但整个产业的产出将会发生变化。

练习与思考

1. 微软的浏览器（Internet Explorer，现在是 Edge）与其操作系统一起售卖是不是搭售？显然欧盟认为是搭售。这种做法的目的和效果是什么？

   答：

   一个包含应用程序包的计算机操作系统，可以被认为是用到了搭售。例如，尽管有些苹果用户可能会选择安装其他浏览器，如 Firefox，但苹果在其操作系统中安装了其专有浏览器 Safari。可以推测，生产商认为，与所有应用程序单独出售相比，这样做对操作系统的需求将会更大，而且收入和盈利能力也会更高。

2. 有一天夜里，你很晚才到达酒店。酒店的房价是 100 美元。你对酒店经理说："天晚了，你们酒店还有几个空房间。你知道今天晚上它们不会全都租得出去。你租给我的唯一成本是清扫和打理房间，这大概是 20 美元。我给你 50 美元。"你能拿到酒店房间的机会很小。为什么酒店经营者愿意放弃这 30 美元的收益呢？

   答：

   这家旅馆是在放弃这一特殊的收益。但价格的可预测性对顾客来说是有价值的信息。广告和标示价格降低了搜索和信息成本，减少了对潜在买家来说不愉快的意外情况，从而促进了长期而广泛的需求。试想，如果餐馆的菜单没有显示价格，在结账的时候，你的账单是由一个上面有很多不同的数字的大轮盘旋转确定，那将会是一种什么样的场面。

3. 就汽油价格在合格品、中等品和优质品三个档次之间的价差而言，全套服务的价差要比自助服务更大。对于自助服务，价差可能在大概 15—20 美分之间；对于全套服务，这一价差会在大概 20—30 美分之间。无论是自助服务还是全套服务，你得到的都是同样的汽油。让加油站的加油员给汽车油箱加优质汽油，而不是合格汽油，为什么成本更高呢？

答：

这并不会带来更高的成本；加油站认为对全套服务的需求更缺乏弹性。

4. 包含每英里行驶费用的汽车租赁费，是否与不含每英里行驶费用但收取高价汽油费一样？如果你租了一台复印机，并按使用单位支付费用，会有什么不同吗？

答：

按行驶的英里数和复印的份数收取费用，是测量不同客户需求的方法。对于租车跑长途、还车时总是几乎空着油箱的客户来说，高价汽油使他们付出得比仅开短途、还车时几乎满箱汽油的客户更多。也就是说，每行驶一英里的租赁价格对每个客户来说都会不同。

5. 为什么要提供折扣，而不是直接降价？

答：

折扣降低了那些收到折扣的客户的价格，但没有降低其他那些没有时间兑现折扣的客户的价格。提供的折扣是一个卖点——但不是所有的买家都会兑现。

6. 下面这段话引自一本科学杂志："最近，西欧和苏联的一些炼钢集团通过改进一种称为连铸的技术，消除了锻钢的几个所费不菲的步骤。占全球产量约三分之一的美国钢铁企业，在很大程度上满足于对这些发展袖手旁观。他们被产业优势（industrial supremacy）悖论给拴住了手脚：既然已对现有的方法投入了巨额资金，那么再对新技术进行研发似乎就不切实际了。而那些规模较小的生产商，

其竞争地位本可以通过连铸技术而增强，却是最拿不出钱来盖试点工厂的
企业。"

假设第一句话陈述的事实是正确的。第二句描述了美国大型钢铁企业对这些事
实的所谓回应。你认为最后两句话对第二句话中的情形作出了经济学上可以接
受的解释吗？

答：

产业优势与现在不愿意购买新设备并无干系。继续使用现有设备，一度是更经
济的。当新技术出现时，旧技术的价值就会降低。如果使用旧技术的企业，未
能在设备贬值或其市场价值因技术过时而下降时减记此类设备的价值，管理者
会高估其成本，超出了在经济学上正确的水平。当出现盈利前景时，小生产商
可以像大生产商一样多花钱，因为投资者会乐于提供资金，因而小生产商也就
会变成大生产商。

7. 为什么体育赛事的门票通常不能在赛事现场被以更高的价格合法转让（即不允
   许"黄牛倒卖"）？然而，买卖双方都希望能够这样做。如果有人会有所损失，
   又会是谁呢？

   答：

   有时，门票被故意压低价格——比如大学提供给大学生的门票——管理者不希
   望学生仅仅为了转售给非学生而购买便宜的门票。在其他体育赛事中，主办方
   可能会担心，大量的门票将被潜在的黄牛党买走用于倒卖（令人尴尬的是，这
   正好说明主办方的产品价定得太低）。而如果门票不能成功转售，就将会出现很
   多空位。

8. 药物研究企业投入巨资，寻找提高健康状况的药物或设备。一旦成功，商品本
   身（我们称为"药片"）可以以非常低的成本生产，比如1美分。任何一个普通
   的药剂师，都可以1美分的成本生产这种药片。然而，如果谁都能生产这种药
   片，那么，研发的动力就会被抑制。这就是授予专利权的一般性理由——"封
   闭式垄断"的权利。获得专利权之后，药片的价格看起来会高于其表面上的成
   本。假设10家制药企业各投资一个互不相同的研究项目。其中一个项目大获成
   功。所有其他的研究企业都无功而返。成功的企业会获得巨大的收入，这个收

入将远远超过其成本。你认为衡量这一成功企业所面对的成本的正确标准是什么呢？把那些失败了的研究所具有的风险和成本纳入考虑之后，成功企业的利润是否过高呢？如果是的话，相对于什么，以及对什么行为而言，是过高的呢？

答：

长期的医学研究项目存在着很大的风险。投资者可能要等上好几年才能知道，他们是已经失去了一切，还是可以大赚一笔。任何风险投资事业也需要大量的前期资金投入，如果项目不成功，这些资金可能会付诸东流。竞争和不受限制的市场准入，意味着利润不会"过高"。

第 22 章　团队工作和企业

　　从最原始和最古老的时代起，狩猎者——猎人或狼群——结成团队（teams）去捕猎，所获要比单独行猎为多。两个人合抬梁木，或者两名研究人员分享想法，比各自独立工作能取得更多的成果。以团队方式工作的外科医生和护士，能够完成他们单独无法完成的手术。

　　几乎所有东西的设计和生产，都是由团队工作（teamwork）完成的。成功的团队工作需要协调。一个人做什么取决于其他人做什么，即使相隔甚远。

　　我们将集中关注商业企业中的团队成员或伙伴的组织、引导与控制。

　　什么是企业（firm）？企业不是俱乐部（club）。除一人制企业（one-person enterprise）外，企业拥有一个或多个所有者，以及一些专门从事生产所销售产品和服务的人员。与每天和不同客户进行的市场交易不同，企业的成员（员工和所有者）每天都是同样一群人，作为一个团队而工作。

　　团队工作有助于解释商业企业的独特特征，譬如：（1）如何分享共同生产的产品价值；（2）谁雇佣谁；（3）如何确定团队的规模和成员资格；（4）谁管理或指导团队工作；（5）如果企业无法收回成本，谁承担损失；（6）参与者的产权；（7）企业的所有者指的是什么意思；（8）所有者拥有企业的哪一部分。

对每个团队成员而言，不存在可界定的、可分离的、单独的产品贡献

　　团队工作意味着，产品不可分割成为分属于每个工人的组成部分。每个人的行为都可以得到辨识，却无法辨识每个人的行为生产出了团队最终产品的哪一部分。

在橄榄球队中，有些队员从不触地得分，但每个人都对得分作出了贡献。法律企业处理一个案子会有一个律师团队，但是团队中很多人甚至从来没有出过庭。当不可能把生产出来的产品总价值归功到团队中的每个成员身上，那么团队的总产品价值又是如何在成员之间分配的呢？因而，当你在一个团队中工作时，根据你所生产的产品的市场价值来支付报酬，这种说法到底是什么意思？

在第 15 章中，亚当、贝克和卡特在他们各自的单人企业里，都没有通过团队工作提高生产率。在只有一个工人的团队中，不存在指导、协调、合作和控制的任务。生产是通过增加电力和原材料等同质投入的单位来得到扩大的。但是，为了在几个人之间保持持续有效的团队工作，合同关系、非正式协议、习俗和对成员的控制，似乎必不可少。

团队内部的依赖关系

成功的团队工作需要协调。每个成员都知道其他成员的特质。正是这些独有的特点，让成员们日复一日地保持着相同的面貌。试想，如果每天都有不同的文员负责归档或总有新员工与他一起工作，或者每天在餐厅与不同的厨师和服务员一起工作，或者外科医生在每次手术中与不同的护士和麻醉师一起工作，或者在一门大学课程中每天都是不同的上课老师，又会是一番什么景象。每天寻找和组建新的、合作愉快的工作组，费用必定高得惊人。长期的成员身份和成员之间彼此相依的关系，是成功企业的标志。

几个世纪前，在实行生产的外包工制（putting-out system）时，确定服务报酬要更简单。一个企业家提供原材料供工人拿回家加工处理。然后，他再把成品交付给另一个企业家投资者。随着蒸汽动力的发展，以及对工人来说制造设备太大且过于昂贵，以致很难拥有，工人们开始走出家门，在机器所在的地点工作。一个企业由若干人组成，与昂贵设备的所有者共同努力工作。

在企业内会产生哪些不见于单人独立企业的目标、约束、合作行为和冲突呢？在我们对受价者企业的探究中，它们尽管在技术上可能是相互依赖的，但在经济上却是相互独立的。在觅价者企业的情况下，它们在经济上依赖于其他卖家的生产和供给行为。虽然亚当、贝克和卡特在经济上是相互依赖的，他们中一人之所为会影响其他卖家的决策，但是，这三个人的生产决策在技术上是相互独立的。

而在团队工作中，团队成员在技术和经济上都是相互依赖的。每一个人都会影响其他成员的产出和回报。

企业的团队工作是由一位主管或协调人来管理的，通常称为老板。老板给出总的指示，指定谁做什么，并对绩效进行监督。稍后我们会发现，是否认定为老板，取决于企业活动所牵涉的资源中哪些由该人所拥有。在这里，我们要问的问题是，团队的产品价值是如何在团队成员之间进行分配的。

你的工资是你为总价值带来的增加额吗？ 一个没有意义的问题

下面这样的说法很有诱惑力：当你加入团队时，你将得到一笔高达团队价值增加额的报酬——这是你为团队的产品总价值带来的增加额。这一增加额通常被称为是你的边际产出。但这真的是你的边际产出吗？团队的其他成员可以说，他们对这一增加也作出了贡献。

你贡献了多少，他们贡献了多少，都不能确定。此外，没有任何依据可以表明，每一个人应该得到多少补偿。相反，由于你原本可以加入的其他团队也希望你能加入他们的团队，所以，必须至少支付给你能诱使你加入这个团队的最佳替代薪酬才行。杰克和吉尔两人各自单独工作，以及作为一个团队工作时的情况，见表 22.1。

表 22.1　杰克与吉尔的生产

杰克，单独工作	5 美元
吉尔，单独工作	<u>7 美元</u>
总额	12 美元
杰克与吉尔，一起工作	= 15 美元

在一个团队中工作时，每个人的边际产出
杰克的边际产出 = 15 美元 − 7 美元 = 8 美元（超出杰克单独工作时的产出）
吉尔的边际产出 = 15 美元 − 5 美元 = 10 美元（超出吉尔单独工作时的产出）
总额　　　　　　　　　　　　　18 美元
杰克和吉尔边际产出的总额 18 美元，超过了 15 美元的总产品价值。

一个人的时候，杰克的产出价值是 5 美元，吉尔的是 7 美元。当杰克和吉尔作为一个团队工作时，他们的收入比分开干时的 12 美元高出 3 美元，达到了 15 美元。这总的 15 美元如何分配给他们两个人呢？如果每个人都声称个人边际产出是与另一个人合作时的增加额，对于杰克，那将会是 15 美元－7 美元＝8 美元，而对于吉尔，则是 15 美元－5 美元＝10 美元。二人总的索要金额是 18 美元，但这是不可能的，因为要分的总额只有 15 美元。

如果双方都认为自己增添了 3 美元的价值，而没有人把作为一个团队进行工作的价值算到另一方头上，这场冲突就无法得到解决。团队成员不能声称是他们单独带来了团队工作价值的增加。

在私产经济中，团队中的每个成员获得的数额，取决于该人到竞争对手那里工作本可以获得的收入。竞争将收入推向在别处可以获得的最佳机会的价值——也即在这里工作的成本。如果团队的总收入低于成员在其他地方可以挣取的收入总额，那么团队就不会得到组建，或者即便得到了组建，也无法存续。

对有效运转团队的危害：依赖性、道德风险、团队价值不确定，以及风险承担者

我们所考虑的团队，是一个有组织的团体，打算在一段重要的时期与同样一批成员一起共事。但是，协调活动并不总是能自动地使所有人都全力以赴。团队的成功受以下因素影响：

1. 每个成员的技能与其任务以及成员彼此之间的匹配程度有多高。
2. 除非搭便车行为很容易被察知，否则成员就会想着偷懒，这就有了道德风险（moral hazard）。有效的团队工作，包含对其他成员行为的可靠依赖。
3. 团队的价值是不确定的；对于谁将承担不确定的结果，必须达成某种共识。

这些困难又当如何克服？通常，有人愿意来做个风险承担者——他来保证支付给其他成员的数额。这个人也不仅想要，而且也获得了允许，以老板的身份，通过分配职责和监督成员来承起责任。

在前文中亚当、贝克和卡特的单人企业故事中，并没有牵涉到团队工作。新增的投入是无生命投入的完全同质的单位，而不是人。在那里，收益递减法则占主导

地位，而在团队工作中，人们是相互依赖的。在探讨了一个假想经济体——鳕鱼国（Codlandia）之后，我们将来阐释一下，团队工作对人们相互依赖性的影响，以及个人收入的决定因素。

鳕鱼国的故事

鳕鱼国生活着 1 000 个成年人，他们都在岸边以捕捞鳕鱼为生。每人每天捕获 8 条鳕鱼，社会总捕获量为 8 000 条鳕鱼，这就是他们的国民收入。有一天，有人发现了一艘渔船。这位发现者遂控制了这艘渔船，开始每天在渔船上捕获 12 条鳕鱼，这比他在岸上能捕到的多 4 条。相关数据见表 22.2。

需要予以解释的主要特征有：（1）边际产量的含义；（2）产品数量对团队规模的依赖性；（3）产品价值如何在团队成员之间分配；（4）渔船上团队规模的决定因素；（5）社会的收入数量。

表 22.2　鳕鱼国渔获数据

渔船上的人数	渔船的总产量	渔船的边际产量	平均产量（渔船上平均每人）	社会总产量：岸上加上渔船（岸上捕鱼总是每人 8 条）	社会边际产量
0	0	0	0	8 000 + 0 = 8 000	0
1	12	12	12.0	7 992 + 12 = 8 004	+ 4
2	30	18	15.0	7 984 + 30 = 8 014	+ 10
3	46	16	15.3	7 976 + 46 = 8 022	+ 8
4	58	12	14.5	7 968 + 58 = 8 026	+ 4
5	66	8	13.2	7 960 + 66 = 8 026	+ 0
6	70	4	11.7	7 952 + 70 = 8 022	− 4
7	72	2	10.3	7 944 + 72 = 8 016	− 6
8	64	− 8	8.0	7 936 + 64 = 8 000	− 16
9	52	− 12	5.8	7 928 + 52 = 7 980	− 20
10	30	− 18	3.0	7 920 + 30 = 7 950	− 30

一项投入的边际报酬

就我们的边际量集合——边际个人估值、边际收益和边际成本——而言，我们现在又有了一个新成员，即一种投入的边际产量，这个边际量列在第三栏"渔船的边际产量"中。当连续增添一种给定资源的单位时，所产生的边际产量就形成了边际产量表。就所有这些单位对渔船运作的有效性而言，假设它们彼此相同且可以互换。

这艘渔船的发现者很快就认识到，如果渔船上有第 2 个人，捕获的鳕鱼数量将增加一倍以上，从 12 条增加到 30 条。这并不意味着另外这 18 条鳕鱼都是第 2 个人抓到的。是这个群体加上他们拥有的资源，一起抓到了这些鱼。增加一人所带来的边际产量，是由于渔船上多了一人而增加的渔获量。那个人干的活计，可能是寻找成群结队的鳕鱼、帮助投下和拉起沉重的渔网，或者是操纵渔船的引擎。边际产量是指以下两种投入组合之间，在总产量上的差额：（1）先前的投入组合；以及（2）多一单位某种特定类型的生产性投入（这里是人）。

多增加一个人，边际产量增加到 18 条鳕鱼，这可以被认为是团队工作的结果。然而，随着团队规模的扩大，按照边际报酬递减规律，边际产量将开始下降。在鳕鱼国的渔船上，这种下降趋势是从第 3 个人开始的。

是否符合边际报酬递减规律？

团队工作的神奇力量，并不违反边际报酬递减规律，尽管这一规律必须予以谨慎地使用。首先，边际报酬递减规律并不否认在一种投入初始的低占比情况下其边际报酬可以递增，在这样的初始比率下，固定的资源的占比是如此之大，以至于尚未被充分利用。

第二，在所增加的单位是人的时候，边际报酬递减规律并不一定适用，因为人们在气质、推理、包容性、判断力、经验、个性、领导力、年龄、活力或风险态度等方面并不完全相同。此外，增加一个人会改变现有成员的行为。随着人数的增加，报酬的变化模式，并无规律可循，除了一点："这取决于新增的人是谁，以及新增了多少人。"

社会边际产量

在鳕鱼国，渔船上有 1 个人时，渔船上的边际产量是 12 条鳕鱼。但在岸上所能捕获的鳕鱼是 8 条，这只增加了 4 条鳕鱼（＝渔船上 12 条－岸上 8 条）。社会边际产量为 4 条鳕鱼（＝8 004 条－8 000 条），这是整个经济中鳕鱼数量的增加量。

渔船上有第 2 个人时，渔船上劳动力的边际产量是 18 条鳕鱼，渔船上共有 30 条鳕鱼（30 条＝12 条＋18 条）。这 2 个人在岸上会捕获 16 条鳕鱼，因此社会边际总量是 14 条（渔船上捕获 30 条，放弃了原本可以从岸上捕获的 16 条）。社会国民总产量增加了 14 条鳕鱼，达到 8 014 条（＝8 000 条＋14 条）。渔船上的边际产量，从渔船上的第 3 个人开始减少。

有 7 人在渔船上时，边际产量只有 2 条鳕鱼——比所放弃的在岸上的渔获量 8 条要少 6 条，即社会损失是 6 条鳕鱼。在渔船上的第 8 个人处，边际渔获量变为负数，－8 条，此时的边际社会渔获量是－16 条鳕鱼。

当渔船上有 6 个人或 6 个人以上时，整个鳕鱼国的社会总渔获量将会减少。所放弃的从岸上捕捞中获得的鳕鱼数量，开始超过渔船上的边际渔获量。

第一集：经济民主：平均分配

这艘渔船的发现者和拥有者最初认为，每一个被允许登上渔船的人，都应该平等地分享总渔获量。他允许由渔船上的人来决定是否要接纳更多的人。两个人时，总渔获量是 30 条鳕鱼，每人分 15 条，比从岸上捕获的 8 条鳕鱼多 7 条。

渔船上有 3 人时，边际渔获量是 16 条鳕鱼，把渔船上的总量提到了 46 条，或每人 15.3 条。现在 3 个人的收入接近岸上的 2 倍。然而，却没有人变得更穷。你可以说，这个社会变得更加富裕了。

补偿性入会费：3 个在位成员不同意船上有第 4 个人。那样的话，对于渔船上的每个人来说，新的 58 条鳕鱼的总量中，他们分享到的渔获量将从 15.3 条降到 14.5 条（＝58 条/4），虽然每天的社会总产量将会增加 4 条鳕鱼，从 8 022 条增加到 8 026 条。

那些已经在渔船上的人，拒绝接受比最大化每个现有成员平均产量的人数更多的人。这种最大化每个人在团体中的平均量的积极性，存在于这样的一些组织内：每个人（1）都可以平等地分享总产品价值；并且（2）以投票的方式决定成员规模的大小。码头工人、电工和音乐家的兄弟会、联谊会和工会，就是通过这样的过程来确定会员人数的。在多数表决和平等共享的情况下，每个现有成员的平均产量举足轻重——这一结果有时候被称为"效率低下"，因为社会总产量没有得到最大化。社会比它本可以达到的状态要较为逊色，尽管有些人会生活得更好。

为了获得成为船员的资格，被拒绝的申请人可以通过每天向现有的 3 名成员每人提供 1 条鱼来恳请他们接纳自己，这样船上的现有成员每人就有 15.5 条鳕鱼了（＝14.5 条＋1 条）。申请人如果接受这种方案，并支付给现有 3 名船员每人 1 条鳕鱼，那么，他还剩下 11.5 条鳕鱼（＝14.5 条－3 条），这仍然比在岸上捕获的 8 条多出 3.5 条。

这样既可以防止稀释现有成员的利益，同时现有成员又可以在接纳新成员上获得利益。这种附加费的形式非常常见，在乡村俱乐部，这被称为是预付费或会员费。有些工会要求数额不菲的入会费。如果申请人带来的总收益，超过了对在位成员总的负面影响，那么，任何意欲加入某个团体的申请人，都可以通过对在位成员利益的稀释提供补偿，来获得加入的资格。

第二集：私有财产：所有者和雇员

渔船的发现者决定自己大权独揽。在雇佣员工的过程中，他知道员工必须每天至少要得到 8 条鳕鱼才行，因为他们可以在岸上捕获这么多的鳕鱼。那些争取到渔船上工作的人之间的竞争，会将工资压低到 8 条鳕鱼的水平。（我们假定在渔船上工作并不比在岸上工作差。如果在渔船上工作更糟，那就必须得支付更高的工资，即补偿性工资差额。）

渔船主试图最大化他的收入和财富，他雇佣的员工人数会一直到边际产量等于 8 条鳕鱼的工资水平为止。其结果是，渔船上有 5 个人，其中 4 个是雇员。渔船上 5 个人的总捕捞量是 66 条鳕鱼。渔船主在向每位员工支付 8 条鳕鱼后，保有了 66 条中超过总工资的 34 条（34 条＝66 条－32 条），总工资为 32 条。由于这位渔船主原本可以在岸上捕获 8 条鳕鱼，所以，这位渔船主的每日净收入为 26 条鳕鱼（34 条鳕鱼减掉渔船主的机会成本 8 条鳕鱼）。

其他的渔船人数都不能比这个人数给渔船主带来更大的每日收入。如果渔船上有 6 个人，那么，渔船的总捕捞量虽然是 70 条鳕鱼，但这却会使渔船主每天减少 4 条鳕鱼。

对社会总产量的影响：当渔船主的利润最大化时，社会总产量在 8 026 条鳕鱼处实现了最大化。但是，最大化社会总收入并不是渔船主的本意。在这个例子中，这种巧合并不是由产出与投入之间任何特殊的、不寻常的关系所引起。这种情况的发生，是因为其他人想登上渔船的竞争，促使他们的渔船收入要与在别处能挣到的最好的收入水平——这里就是在岸上能捕获的 8 条鳕鱼——相匹配。渔船主获得的收入，可以称为利润。

工资为 3 条鳕鱼：如果竞争性的工资水平是 3 条鳕鱼——假如在岸上每天只能捕捞到 3 条鳕鱼——那么，渔船主会雇佣多少人呢？渔船主最多会雇佣 5 个人，这样，加上渔船主，渔船上总共有 6 个人，边际产量为 4 条鳕鱼。雇佣 6 个人，会将边际产量减少到低于工资水平的程度。总工资为 15 条鳕鱼（＝5×3 条），而 70 条鳕鱼的总捕捞量将会留给渔船主 55 条鳕鱼（＝70 条－15 条）。当来自岸上的收入减少，更多的人从岸上转移到渔船上时，渔船主从渔船上取得的收入就会增加。

工资为 15 条鳕鱼：如果每个人都能在岸上捕获 15 条鳕鱼，那么渔船上的工资水平至少要 15 条。渔船上 3 个人——老板加 2 个雇员——将会捕获 46 条鳕鱼。渔船上有 3 人时，其边际产量为 16 条鳕鱼（＝46 条－30 条），接近但不少于 15 条鳕鱼的工资。在支付给这两名雇员每人 15 条鳕鱼（＝2×15 条），总共 30 条鳕鱼之后，这剩下的 16 条鳕鱼就是对渔船主的奖励，这比渔船主在岸上抓到的 15 条只多出 1 条。

对生产性投入的需求之一般原理是：

1. 一项资源（生产性投入）的需求量将会使得：在这一数量上，其边际产值与该资源的市场价格相等。或者，只要一项资源的使用价格，不超过其服务所带给买家的边际产值，这项资源就会得到利用。

2. 一项资源成本越高，得到雇佣的单位就越少；成本越低，得到雇佣的单位就越多。

几乎没有人怀着对这些概念自觉的意识和认知来思考和做决定。当你学会走路、跑步和骑自行车时，你不必知道重力定律和落体定律。尽管如此，你还是有可能理解、使之理论化并发现其背后的原理。关于对经济环境变化所作出的有效反应的一些可靠的命题，是经济学可以去发现的。

第三集：把渔船租出去

渔船主决定回到岸上工作，把渔船租给一个由五个人组成的小组。"五人组"将付给他 26 条鱼的日租金，这相当于他以前在渔船上的净收入。租船者渔获 66 条鳕鱼；在支付 26 条鳕鱼的租金后，他们还有 40 条（或每人 8 条），这相当于他们在岸上原本可以获得的收入。就船员工资、渔船主利润和社会收入而言，渔船是由渔船主雇佣雇员经营，还是租给一个团队打理，是无关紧要的。

第四集：依赖性投资

一个来访的水手来到鳕鱼国。他发明了帆船，这会提高渔船向更远的渔区航行的速度。渔船主同意向这位水手租赁一艘帆船，并按月付款，因为渔船主在安装特殊桅杆和船帆时无法支付全部成本。船帆和桅杆与这艘渔船的尺寸和结构是完全匹配的。一如预期的那样，现在渔船的捕获量是增加了，但机会主义行为也随之增加。

专用性依赖（specific dependency）：老谋深算的渔船主推测，如果拒绝支付所有已承诺的租金，或不按时支付这笔租金，水手不能奈何，他没法威胁要把船帆和桅杆从渔船上取下来，因为它们在其他地方不值钱。水手的财富已然受制于渔船主。桅杆和船帆的残值很低。它们是专门用于特定渔船的，因为移除和转移它们的成本，要高于它们的最佳替代用途。

事后看来，水手意识到，在制作和安装只有在渔船上才有价值的船帆和桅杆之前，他本应从渔船主那里获得可靠的承诺，从而避免渔船主不付款的威胁。或者，水手和渔船主本可以建立一种合伙关系，在安装新桅杆和新船帆的渔船的价值中占有特定份额。这就排除了单方面拆除桅杆和船帆的权利。

私有产权的一个关键特征是，对几件物品的权利，可以按照他们认为可以相互接受的任何方式，在若干人之间分散或整合。将桅杆、船帆和渔船的权利组合成一套权利，是对若干项资源所有权的整合。这一整套权利的所有权可以像企业普通股一样进行分享。一股普通股，就是对一个资源集合享有的一份产权。

如果所有权得到了整合，使得其中每一个所有者在所有权中所涉的每一个项目

(item) 中都有一些份额，那么，以牺牲其他项目为代价而使其中一个项目更有价值的机会主义行为就会变得毫无意义。影响这些项目相对价值的机会主义行为，只会把财富从一个项目转移到另一个项目上，而所有这些项目都是由同一个人所拥有。但是，在该团体的成员之间，仍会有一些投机取巧的机会。

机会主义行为风险举例：匹兹堡一家钢厂的所有者，信赖当地唯一的天然气供应商给出的、在某一价格上供应天然气的承诺。有了这个供应，就可以建造一座燃气炼钢炉，把铁炼成钢。而一等到燃气炉建成并投入使用，这家燃气公司就提高了燃气价格。钢厂所有者本应该预见到这种可能性，并获得一个关于价格和天然气交付的可执行的承诺。或者，如前文所述，燃气公司的所有者也本可以投资炼钢炉。又或者，它们本可以合并成一家企业，这样的话，相互依赖的资源将会被共同拥有。

试想，你建造了一家炼油厂，计划通过唯一的、别家拥有的原油管道购买原油。在你投资建成炼油厂之后，管道所有者可能会提高管道服务的价格。你将不得不另建一条管道，要么就得关闭炼油厂，或者重新为炼油厂选址——这是一项代价高昂的行动。现有管道的所有者可以威胁从你这里攫走多少财富呢？这个数额将相当于建造一条新管道的成本，或者相当于这间炼油厂的价值超出其次佳用途之上的部分。

但作为炼油商的你，可能会威胁不付这个钱，而如果管道所有者手上并没有其他客户，那么，他也会陷入类似的僵局。因为双方在建造炼油厂或输油管道之前都了解这些可能性，所以，他们可以组建一家一体化企业来建造炼油厂和运营输油管道——一家合资企业。

一位雇员可能会发展专用于当前雇主的能力或知识。而如果这名雇员被解雇，那么，他的这种技能就一文不值了。因此，这位雇主是否可以通过威胁解雇员工来削减工资？资历和终身职位权（tenure rights）有助于保护特别具有依赖性的雇员免受雇主的剥削。

互惠专用性依赖：专用性依赖可以双向地发生在相互依赖的实体之间，这就是互惠性依赖，两个人或两个企业相互依赖。婚姻可能是互惠性依赖最常见和最有力的例子。相比之下，儿童最初是完全和专门地依赖于父母。

确保拟议投资中依赖关系可靠性的一种方法，是提高创建相互依赖关系所需的初始沉没成本。如果相互依赖关系失败，那么，这种成本将会损失一尽。初始投资那种更高的、更容易功亏一篑的成本，会诱使人们在创造和进入依赖状态时更加谨慎。稍后，我们将会探讨降低这种机会主义行为风险的方法。

　　相反的极端，通用的可移动资源：在鳕鱼国，人们和他们的捕鱼设备可以完美地在岸上和渔船之间进行移动。但有些物品，譬如绳索和渔网，几乎只用于从渔船上捕鱼。这些专用于渔船的资源，将由拥有渔船的人所拥有。相反，可以几乎相同价值的其他地方使用的资源，更可能存在独立于渔船的所有权。一般性的资源可以更加便宜地进行转移。它们的价值，不那么依赖于现在的雇主。

第五集：卖掉渔船

　　渔船的主人要退休了，他要把渔船卖掉。使用分期付款，购买这艘渔船所有权的最高出价是 5 年内每天 8 条鳕鱼。卖家同意，新渔船主雇佣 3 名船员开始捕鱼，每人每天获得 8 条鳕鱼的支付。在第一天，渔获量是令人失望的 16 条鳕鱼，而不是表 22.2 的数据中所预期的 58 条，表 22.2 中的数据是在购买前向这位新买家展示的数据。老船主安慰新买家，新买家继续付钱给老船主，并继续捕鱼。而接下来几周的平均捕获量，仍然低于预期。

　　老船主是否通过夸大捕获的鳕鱼量而欺骗了他呢？但新买家一直很谨慎，他曾核实过老船主的渔获情况，老船主没有撒谎。

　　老船主第二天陪同新船主视察渔船，发现问题出在管理不力上。最好的捕捞点被错过了。而且，船员们也没有受到像老船主那样的细致监督。船员们在甲板下面装病，没有认真、迅速地重新布下钓饵，致使太多鳕鱼逃走。

　　老船主解释说，每天拿着固定工资的人有动机过度放松，不太上心工作。有效的团队领导力，需要管理、引导，并拥有适当的奖惩结构作为激励。当人们依赖他人时，道德风险就会出现。新船主要么学会如何管理船员，要么就把渔船卖给更有能力的人。

第六集：对公共的共有财产进行国有化

　　社会不安情绪正在酝酿，因为所有增加的财富都流进了渔船主的口袋中。有人参与政治竞选，打出了"渔业改革"的旗号，要把渔船国有化。政府官员认为，对于他们自身的利益而言，这样做值得期待。

　　谁上渔船工作以及谁消费这些渔获，又由什么因素决定呢？任何一个政府官员都有与私有者一样强烈的动机，希望避免管理上的机会主义或者卸责与疏忽吗？如果渔船由集体——也即由政府——拥有和管理，并且更多地受到政治过程的影响，那么，对它的使用必定会更少地受市场价值的指导，与市场价值的联系也会更弱。

有一种办法，可以将渔船视为由公共所有——如公园、河流、湖泊、海滩和公路一样——并允许任何人登上渔船工作。只要渔船上所有人共同分享总捕获量，并且所分享的平均回报超过 8 条鳕鱼，最多将有 8 人登上渔船工作。

然而，由于渔船上有 8 个人，总捕获量从私人拥有时的 72 条鳕鱼下降到 64 条鳕鱼——每人 8 条鳕鱼——这个数量与他们在岸上捕获的数量一样多。一艘开放进入的、平等分享的共用渔船将会变得拥挤不堪，以至于每个人的报酬都会减少，没人愿意再待在渔船上。社会利益消失殆尽。想想看，当公共海滩、公路和城市街道开放进入时，与需要收费以获得进入许可的海滩或公路相比，其交通拥堵现象会更加严重。

之所以出现过度拥挤现象，是因为没有人有激励去关注对总产出造成的影响。在私有产权之下，这种激励（奖励）的存在则是确凿无疑的。当私有产权缺失或被认为太贵而无法建立和执行时，政府机构通常会受命来管理资源，这些资源的例子包括：空气、河水、州际高速公路、野生鲑鱼、野鹿、野鸭、无线电频谱，以及在某些机场的着陆权，等等。这种过度利用无主资源的现象——在无主的湖中过度捕捞鱼类，或者将公园里无主的苹果树上的苹果在长熟前就摘走——就是所谓的公地悲剧（Tragedy of the Commons）。

人们并不是消极的旁观者，不会对有价值的公地上出现的过度拥挤的浪费现象一忍再忍。他们通常会就公地的使用达成规则，形成惯例。在瑞士，奶牛在晚春时会被驱赶到高山牧场，以便夏季在一片公地——这是所有的牛群共享的一片区域——上放牧和喂养牛群。这比每个牛群拥有一片限定的围栏区域来得容易。这些牧场是一个由所在社区控制的公共区域，该社区会执行自己的习俗和传统。每个人都分配有放牧一定数量奶牛的权利，分配的基础乃是冬季期间可以维持的奶牛数量——这往往就是避免夏季期间过度拥挤的限制性约束。

同样，在美国西部，水的使用通常是公共控制，并根据毗邻土地的英亩数来分配的。在任何正式的法律意义上，缅因州沿海的龙虾捕捞区不属于任何人，但每一个区域都标有线路和浮标，并由反偷猎团队来执行这些分界规则。在当前的团队所认可的占有者中间，这些区域可以自愿继承或转让。新来的偷猎者不会被带上法庭，因为龙虾捕捞区没有正式的法律。然而，新来的偷猎者会发现，他们的生活突然变得很不舒适，难以忍受。这些例子说明了习俗存在的价值，以及人们是如何努力地创造和执行关于宝贵资源，尤其是那些能产生收入的资源的习俗和权益（privileges）。

第七集：政府控制

为了公共利益，当局可能会指派一名政府代理人来控制进入渔船工作的权利。这名代理人会怎么做呢？他管控这艘渔船，是为了最大化公共使用、最大化捕获鳕鱼总量、最大的利润，还是为了个人政治上的好处？即使有人告诉他要最大化利润，这位代理人看起来似乎也不大可能会最大化利润，因为这笔利润他又得不到。由于缺乏有效的关于政府代理机构行为的理论或模型，我们姑且提出一些猜想吧。

如果代理人得到的指示是最大化公共福利或公共利益，代理人应该会（或将会）做什么呢？他会不会因为不去收取能使政府收益最大化的费用，而有所损失（或得益）呢？政治上的当权者比私人所有者承受着更少的潜在财富损失（或得到更少的潜在财富收益）。

这名代理人可能会允许更多人登上渔船——使得对这项资源的需求看起来更大。然后，代理人会请求控制更多这样的资源，扩大该代理机构和管理人的薪资水平或政治地位。或者，这位代理人可能只允许在周末使用这艘渔船，从而减轻他的任务（在每一个小型假期都选择歇业）。代理人是否真的会这样做，我们并不知道。但这就是重点所在。虽然他们的个人目标与任何其他人无异，但是，在政府雇员管控政府资源时起到引导和控制作用的约束、限制与后果，与指导这些人使用私人有资源的约束、限制与后果，是迥然不同的。

第八集：不平等加剧：是好还是坏？　何时以及如何让每个人受益？　新竞争者的到来

鳕鱼国的财富模式变得非常不平等。在这艘渔船被发现之前，最初每个人 8 条鳕鱼的数量，现如今已然变为渔船主 26 条鳕鱼，但其他人仍然只有 8 条的局面。不平等的加剧，可能意味着有些人获得了更大的收益，而其他人并没有损失。更常见的情况是，贫富不均的加剧与几乎所有人都变得更加富有同时并存，而有些人的财富增长超过了其他人。

有人想出了办法，另造了一艘渔船。随着两艘或两艘以上的渔船争夺船员，以及渔获了更多鳕鱼，鳕鱼（以其他商品标价）的价格将会下降。

假设鳕鱼国还能收获椰子。随着渔获的鳕鱼增多，换取椰子所需的鳕鱼数量就会增加——也就是说，用鳕鱼标价的椰子价格将会上升（当然，用椰子标价的鳕鱼价格将会下降）。鳕鱼国社会变得更加富庶——椰子的数量未变，但鳕鱼更多了。然而，渔船主的一部分收益，通过更低的鳕鱼（以椰子计）价格，消散到了这个社会其他人手中。一方面，更多渔船主之间的竞争，把这些收益分配给了广大的公众；另一方面，他们争夺船员人数的竞争，推高了船员的工资水平，人们纷纷放弃在岸上捕鱼。通过竞争，所增加的财富和收入得到了重新分配。

涓涓细流，润物无声：在亚当、贝克和卡特的例子中，我们看到，卡特（低成本和低收入的进入者）在被允许进入经济体时获得了财富。随着故事的继续，卡特获得的收益流将通过后来进入者的竞争性进入，扩散为社会中其他人的收益。

在鳕鱼国，第一艘渔船的获得者变得富有起来。这个社会中的其他人都有受益吗？我们看到，由于卡特的加入，亚当以更低的成本获得了更多的被称为 Y 的商品，由此受益。在鳕鱼国，第一艘渔船获得者的财富，在没有给任何其他人造成损失的情况下而有所增加。但当其他人投资渔船并增加了鳕鱼的供应量时，鳕鱼价格的下跌使所有人都从中得益——除了第一艘渔船的获得者之外。更多渔船主的加入，也会推高渔船上员工的工资。渔船主们互相争夺劳动力，提高了他们的成本，把利润分散给了社会中的其他人。随着越来越多的人被吸引，放弃在岸上捕鱼，工资率将开始上升，这些雇员——人口中的其他人——也将开始分享更大产量带来的利益。

利润再分配：假设一个投资者开始以每单位 10 美元的成本生产一个产品，而以每单位 12 美元的价格销售，从而产生每单位 2 美元的利润。你复制这项技术，以同样每单位 10 美元的成本开始生产。你可以把价格降到 12 美元以下，而且还能盈利。最初的投资者/生产者的反应是跟上你的价格，而不是失去一切。你再一次回应，价格在竞争中不断下降，直到你 10 美元的成本，让你没有利润可赚。同时，初始生产者的利润流也枯竭了。当新的竞争者的产出增加了总供给时，这一利润流通过更低的价格不断竞争，转给了消费者。我们应该对以下两者作出区分：（1）新进入者在社会产出上的收益；以及（2）由于竞争者进入，这一增加（社会收益）向消费者的转移。

国家发展

这个讨论中有的地方，表明了一个国家发展过程的基本要素，它假设国家拥有可靠的私有产权，以及值得信赖的、不会腐败的政府管理。如果有任何类似于建造渔船的投资可以盈利，那么，最初的投资者在一段时间之内将会获得一个巨大的收益——新增的全部产出。当其他人——无论是外国人还是本国人——也进行储蓄（或借贷）和投资时，在生产和销售该产品方面的竞争，将会增加供给，并降低该产品的价格，从而容许每个人在不变的货币收入上拥有更多的产品。而在这种更具价值的工作岗位上雇佣员工的竞争，将会把工资水平拉高。

这是社会发展的两种基本方式：（1）最初的储蓄者/投资者获得第一波投资收益；（2）随后的彼此竞争的进入者，一方面生产更多产品并降低了生活成本，另一方面还推动了工资水平上涨。正是来自新进入者的竞争，至为根本。若是只允许一个投资者来增加总产出，那么，所有的产出都会流向那个投资者。在没有进入壁垒的情况下，初始投资者的利润会吸引并激励各种力量，通过涟漪效应，把收益散播到全体人群中去。

无论投资者是外国人还是本地居民，都没有区别。人们常常抱怨，外国人投资并攫走了所有的利润。但如果只允许一名投资者，那么，这一收益在普通公众中的散播就会受到阻止。（通过把竞争对手排除在外）那个投资者可能会变得非常富有，并支付大额税款，然后作为捐助者再将部分财富施予给公众。但是，竞争者——外国的或本国的——本可以更早地创造出更多的利益来。（注意这一分析与第4章难民营问题的相似性，在那里，与第二个中间商的竞争降低了成本，使难民们比仅仅只有一个中间商时更为受益。）

值得重申的是，一个国家要发展成为一个更富裕的社会，需要有利可图的投资。通过提高收入和降低产品价格，投资中的竞争把收益在社会中进行分配。自然资源虽是人们求之不得的，但没有劳动和投资，它们就不能产生收入。如果没有竞争性的投资，收益的分配就不会那么迅速和广泛。更大的利益往往归功于更高程度的国际化，而更高程度的国际化，正是这种扩大了的竞争推进到其他国家所带来的结果。以外国投资者在"剥削"低教育程度的受益雇员以及在低工资水平上工作的穷人为由提出反对意见，就是在迫使这些人继续忍受贫穷。

练习与思考

1. 我们的法律和习俗反映了对风险分担的考虑。你是否主张人们不论什么原因（除了对侵犯财产权者的法律追索之外）都要自行承担其私有财产的财富损失？你想让房主承担陨石落在房顶上的后果吗？因为在家里不小心使用汽油引起的火灾呢？洪水对河流附近房屋的破坏呢？癌症造成的收入损失呢？

如果个人不承担这样的损失，那应该由谁来承担？

答：

我们不能宣布风险不合法。谨慎的行为可以将不良事件的痛苦和代价降到最低。但不幸的事情还是会发生，不管怎么样，其后果终将不可避免地由某个人来承担。在一个重视且普遍依赖高度个人独立和自由决策的社会里，生活中许多不愉快的后果往往是由受害者承担的。然而，个人可以在保险计划中集中资源并分担成本，以防独自承担那些多少可以预见的事故所带来的不幸后果。社会和政府的一些努力，可以给予社会中的弱势群体以援助和安慰，使其免受无常命运的捉弄和折磨。通常情况下，人们会在疏忽带来的不幸与"老天爷"造成的不幸之间加以区分。

2. 买卖权与盈亏分配有何关系？

答：

买卖权促进或允许按消费者个人偏好进行盈亏分配。

3. "私有财产允许选择性的、自由决定的风险承担。"请对这句话给出你的评论。

答：

这句话是正确的。通过有选择地购买作为个人财富的资产，人们可以改变他们的财产组合，以适应他们风险承担的偏好。

4. 一个富有的实业家拥有一座赛马场和一座养马场。虽然是作为企业来经营，但赛马场和养马场每年给他带来的损失超过 5 万美元。然而，他年复一年地持续经营如故，因为比起花同样的钱去旅行或进行惯常的消费活动，他更喜欢这项活动。

(1) 如果说他在这项业务中最大化了他的财富，你认为这是正确的吗？

(2) 如果说他最大化了他的个人估值，你认为这是正确的吗？

(3) 你认为损失的增加会导致这类活动的增加吗？经济理论对此有何解释？

答：

(1) 很可能不是。

(2) 很可能是的。

(3) 不会。这项活动的价格越高，他就会越少地从事这项活动。

5. 在教科书中的例子里，如果渔船主以承诺的每天 4 条鱼的工资雇佣渔民，那么，渔船主将会承担当日渔获量的风险。但是，假设渔民从渔船主那里租借了渔船，每天固定缴费 14 条鱼。如果当日渔船渔获量不足以支付租金，而且仍然要付给每个渔民至少 4 条鱼，那么，租船人就会蒙受损失。这一风险是由租船人而不是由渔船主承担，租船人已经答应给渔船主 14 条鱼，不管渔获量如何。这样说正确吗？

答：

假设这些渔民遵守当天的租船合同，那他们就将承担当天的损失。但渔船未来的租借价值可能会受到影响。

6. 一个大湖里有很多上等的鱼，但是没有人占有这些鱼或这片湖。只有抓到鱼，你才能获得鱼的所有权。

(1) 你认为与私人拥有的湖里的鱼相比，被捕捞的鱼的平均生长期会怎么样？

(2) 哪一种制度——私人拥有还是"对公众开放"——会导致过度捕捞用于捕鱼的资源会超过额外捕获的鱼的价值？为什么？

答：

(1) 在一片无人拥有或捕鱼不受限制的湖泊里，鱼会变得越来越小，生长期会越来越短，其道理与公园里的苹果不等到成熟就会被摘走是一样的。没有人拥有这些鱼（或公园里的树木），唯一能体现这些鱼的价值之方法，就是抓到它们（或砍树取柴）。没有人会有财富激励——或法律权力——从那些过早捕捞并带走渔获物的人那里来拯救或保护这些鱼（或者从那些为了木材而现在来砍树的人手中保存这些树）。

(2) 当没有人拥有湖里的鱼时，额外捕获的鱼的价值，将由每个渔夫根据自己的渔获量，而不是由湖中鱼的总量，来判断。这片湖域产权的缺失，导致了对这些鱼的产权之争夺。

7. 关于拥堵：

(1) 为什么零拥堵可能是浪费？

(2) 哪些社会制度会防止过分拥堵并趋近最优拥堵水平？

(3) 什么是"最优"拥堵水平？

答：

(1) 因为一项活动的边际产品价值虽然下降，但仍可能超过边际成本。

(2) 可强制执行和可转让的私有产权，以及当私有产权不能得到强制执行的情况下的政治控制。

(3) 在边际产品价值等于边际成本处的拥堵水平。

第 23 章　企业的控制和报酬结构

回顾与前瞻

事实上，我们所获得的一切都会引致某种成本，都需要付出某种代价。我们已经看到，贸易是一项合作与协调并存的活动，与此同时，贸易中也会有冲突与竞争。双方都能从交换中获益，但在交易中，双方都试图获得可能的最大好处。

生产的社会复杂程度和交换不相上下。与他人相互联系时，人们的工作效率更高。所以，我们在家庭和社区里生活，我们在团队中工作，同时，我们也在本地和全球的层面上进行贸易。但是，相互联系、网络和依赖性，必然伴随着效率提高带来成本、不便和挫折。因此，我们尽力保护自己，尽量减少生活在一起所造成的种种负担，以及令人沮丧的那些方面。

第 22 章讨论了团队在各种环境和挑战下运行所具有的效率上的优势。但并非所有的团队都如此高效或成功。第 23 章讨论的是，团队在控制和引导方面会遇到的那些更深一层的曲折与艰难。具体而言，第 24 章探讨了生产和商业中的相互依赖问题。第 25 章主要讲的是，针对这种依赖所带来的不可避免的危险，那些至少可以提供部分保护的模式。

在一家企业里，依靠着来自其他成员的、可预见的行动和可靠的信息，你日复一日地与同一群人一起工作。当这种成员身份发生变化时，这种对可预见行动和可靠信息的沟通可能就会中断。如果没有老板（经理/主管），每个人都必须不断地与其他成员协商该做什么、谁可以成为成员，以及如何分享报酬。有了老板，团队成员可以更有效地得到挑选、组织、引导和奖励。

然而，即使是在最好的团队中，关于团队价值的分享以及一些成员的行为，也常常存在一些意见上的分歧。其中一个原因是，虽然团队的总产出通常可以客观地加以衡量，但每个成员对团队最终产出的贡献，即使并非不可能，也是很难衡量的。我们将探讨一些由此所导致的冲突，以及诱导和保持企业成员的可靠绩效的办法。

团队作业中的协调，并非总是自发出现的；每个人都"竭尽全力"，也是永远无法得到保证。团队协调的成功取决于：

1. 每个成员的技能同其任务以及成员彼此之间的良好匹配。
2. 有效地解决"道德风险"问题：如果其他人不容易察觉，每个成员都会受到诱惑放松工作或推卸责任。
3. 实现和保持对其他成员行为的可靠依赖，认识到团队的价值是不确定的。
4. 就谁将承担这种不确定性达成某种协议。

尽管存在巨大的障碍，但许多企业还是取得了成功并坚持了下去。这些困难又是如何得到克服的呢？

老板

谁对团队的良好监督最感兴趣？谁会为拥有这些权利付出最大的代价？那些最依赖企业成功的资源所有者，将会有最大的动力去监督企业的成员。因此，这类资源（其价值随团队的表现而变化最大的资源）的所有者，将会获得指导团队的权利。在制造汽车时，拥有设计的人会发现，如果团队不能使汽车项目盈利，这项设计就毫无价值。那些用来冲压专用于这家企业所生产的汽车的模具，也将失去价值。这家企业品牌的价值也会丧失。我们将这类资源称为"专用于企业"的资源。这些专用于企业的资产的所有者，往往是老板。

"拥有一家企业"是什么意思？

从字面上讲，企业——由所有资源和人组成——是不可拥有的。"企业所有者"是指拥有可出售资源的人，其价值主要取决于企业的成功。所有者有权：

1. 决定谁是团队成员;

2. 指导团队努力工作;

3. 监督团队成员的表现;

4. 承担团队专用资源和所售产品的市场价值的变化;而凡此种种均为履行下述义务而换得的权利:

5. 有义务为那些向该企业出售服务的供应商支付所承诺的金额。

这项义务,让老板/所有者有积极性去雇佣一名优秀的管理者,来作为自己的代理人。

所有权可以归属于几个人作为共同拥有者,比如一家合伙企业(partnership)或一家公司(corporation)。所有权和控制权将责任与权力联系了起来,也即所有者有责任承担个人行为的后果,这是私产经济的一个关键条件。

目前为福特汽车服务的资源,若是转移走就将会造成严重的价值损失,这就是说,这些资源是特定地依赖于福特的。其价值严重依赖于该企业的活动而又不容易被取代的资源,企业就会拥有它们,而不是租用它们,以免外人威胁称,要么比谈好的支付更多,要么就收回这些资源。作为针对征用行为或者单一供应商供应不力等情况的保护手段,福特会自己制造其中的一些零部件,或者依赖几个供应商,这被称为多重外包(multiple outsourcing)。

如果企业利润下降,生产量减少,经济上可以移动的资源的所有者和可以流动的员工——看门人、秘书或装配线工人——就会转移到其他地方去,以获取几乎相同的收入。因为不那么具有可移动性的资源的所有者所拥有的替代性用途更少或不那么值得想望,所以他们对企业内发生的事情和维持盈利的能力有着更大的兴趣。

在过去的一个世纪里,所有权和管理上的不断专业化,并不意味着管理者不再受所有者的控制。之所以会出现这样的看法,乃是由"所有权与控制权分离"这一表述造成的。更准确的表述应该是,"所有权和管理上的专业化"。

管理层的报酬

为了鼓励雇员管理者更有效地维持或增加企业的价值,所有者往往赋予他们在向其他成员支付规定款项后,分享"剩余"收益——利润——的权利。这样一来,管理者也成了风险承担者，需要适应不可预测的未来环境。另一种强制因素是现任或潜在管理者之间的竞争。在一家企业里，员工们会争先恐后地取代那些对雇主利益而言表现不佳的人。

作为道德风险的卸责行为或机会主义性质的敲竹杠行为

自利往往会阻挠群体目标的充分实现。每个人，不管他对别人有多大帮助，都有自己的利益。无论是懒惰、粗心、口是心非还是道德风险，自利是所有群体活动中都存在的一个问题，有时这被称为是"委托—代理"（principal-agent）问题。"代理人"同意为他人的收益（利益）行事，"委托人"从这个协议中起到控制和监督代理人表现的作用。委托—代理问题可能存在于人与人之间的每一种关系中。每一个具有共同目标的团体，都必须控制每个成员的懒惰和对特权的滥用。

雇主（委托人）通常认为，雇员（代理人）的某些个人利益行为是可以接受的，因为这在预料之中，不值得去回避。这是可以容忍的道德风险。但是，道德风险就越大，付给员工的工资越低。只有员工未被发现的超出可接受水平的那部分，才是雇主的损失和员工的收益。故意试图得到比雇主预计更多的东西，这样的做法可以被描述为是一种偷窃行为。卸责（shirking）是指降低雇主期望的绩效水平。雇主会惩罚过度的卸责行为。

监督和阻止卸责

团队成员必须受到监督，从而确保实现所承诺的绩效。我们将研究由雇主（老板）直接进行的监督。然后，我们将研究由非所有者带来的间接监督。之后，我们再来研究如何保护雇员免受雇主在管理中的机会主义性质的过度卸责或管理低下的影响。

忠诚与卸责

雇员有法律责任和道德义务为雇主而不是其他企业的利益工作。商业秘密或技术不得泄露给其他企业。雇主经常要求某些雇员同意不得为竞争对手工作，直到离开现有雇主数年之后方可加入竞争对手的企业。

在许多情况下，过度的卸责会被自我执行的激励——譬如个人道德规范——所减低。在另一些情况下，监督和随后会被惩罚的可能性阻止了它。还有一些更微妙和更有效的方法，这些方法有的是由老板"直接"实施，有的是由客户和竞争对手来"间接"实施。

顾客，而不是雇主，可以监督和约束员工卸责："小费"

为预期服务付费

你就餐的那个餐馆的老板可以仔细监督服务员，看看你是否得到了应得的服务。但让顾客来监督服务生，然后付给服务生一笔与其服务质量相适应的金额，成本要更低。

正如我们所见，小费并不完全是为额外的优质服务支付的额外费用。顾客比餐馆老板更善于监督提供给顾客的服务。在员工直接为顾客提供服务以及服务质量可以相差很大的情况下，让顾客来实施监督行为更经济。小费是一种监督方法，它可以避免过度卸责。

抑制员工卸责的溢价工资

另一种抑制过度卸责的方法，是支付超过竞争性工资水平的工资，并告知雇员如果被发现作弊，他将会被解雇，从而面临未来大量的预期溢价收入流的损失。为了使这种办法有效运行，溢价支出流的预期资本现值，就必须得超过卸责所能取得的预期当前收益。预期的工作年限越长，卸责雇员损失的资本现值就越大。

临时雇员所待的时间，不会长到受未来溢价收入流损失所影响的地步。他们的工资往往低于那些预期会成为长期雇员的工人。

提高服务的效率工资

还有一种类似的补偿方式，就是效率工资率，它可以诱导出更为优质的服务。"每小时付给我更多的钱，你就会从我这里得到更高质量的服务。"哪些员工拿薪水，哪些员工按小时付费，反映出的常常是卸责的动机和监督绩效的成本。

雇员为什么要承诺长期受雇于雇主？ 往往被误解的原因，以及这种承诺的影响

有些就业岗位包括技能方面的在职培训，这些技能对于与其他雇主一起工作也是有用的——即所谓"一般性"工作培训。培训员工按时上班，不打扰其他员工，如何为顾客服务，如何使用电脑，如何打字，如何操作机床，或如何做一名服务员——所有这些都会有助于员工在别处获得更高的工资。如果雇员在短时间内辞职，那么由雇主投资的这些培训对这位雇主的价值就会丧失。

为了保护雇主进行这样的投资，雇员要么（1）一开始就接受较低的工资以补偿"具有普遍价值"的培训，要么（2）同意在某一特定的时间内以低于可以在其他地方所能赚取的工资水平与该雇主一起工作。

军方在征兵时把长期雇佣合同、"服役期限"与培训承诺结合了起来，这也正是军方所如实宣传的情况。这些承诺在影视合同和体育合同中司空见惯。该承诺或者在合同中有明确规定，或者由雇主同行之间的惯例来执行。

雇主依赖与罢工

剥削对雇员有所依赖的雇主，有一个极端例子，那就是农场工会在收获季节罢工，要求增加工资。在较短的收获季节中对工人机会主义行为的恐惧，是农场主强烈反对工会的主要原因，尤其是反对那些从未放弃过机会主义策略的工会。

约束雇主的机会主义："依赖于企业"的雇员投资

还有相反的风险存在：雇主会机会主义地没收雇员的"专用于雇主"（专用于企

业）的投资。

作为一名雇员，你可能会用自己的钱投资在学习和技能发展上，其价值主要取决于你在当前企业持续的成员身份。或者你可能已经花费了很大一笔成本，才搬到如今这份工作所在的地方。专用于企业的投资，有助于你在这家企业获得比其他地方更多的收入。

你在这里而不是其他地方所能挣到的更多的钱，或者如果你要搬家的话会失去的更多的钱，如今取决于你当前的雇主。有关的保护措施有：员工签订长期合同；以及不随业务变化频繁改变工资或价格的惯例等。

"非升即走"——在指定年限内晋升或解雇

大学教授的终身教职，或律师、会计师和投资银行家的合伙身份，是保护专用于企业雇员的方法。"非升即走"（up-or-out）协议，保护有抱负的员工不受雇主潜在的机会主义欺骗行为的影响。在法律企业，在指定的从业年限之后，雇员律师必须要么被提拔为合伙人，要么终止雇佣合同。通常在入职几年后，大学教师要么被解雇，要么被晋升为终身教职。如果没有这种非升即走决策的时间期限，雇主可能会故意拖延，希望在最终终止雇佣关系或延迟授予终身职位雇佣关系之前，让没有得到相宜工资的雇员再多干几年工作。

对早前未付足薪水的绩效的延迟测度与补偿

大学教授的能力，特别是在研究上的能力，只能在历经数年之后才能得到验证。研究、发表和对工作成果进行评价，都需要时间。对先前优异的表现所做的补偿，将会是在数年后更高的工资水平。相对于后来表现的价值，这似乎是作出了超额的支付，而后来的高工资，不过是在补偿届时已得到证明的早前生产能力的高价值而已。

工作完成后才对工作支付报酬，这种做法司空见惯：你在饭馆是吃完饭后才付账的；在接受了医疗和法律服务之后，你才付款；房子建成之后，你才付钱收房。购买之前，所购买的服务无法可靠地予以辨别和评价时，在这些服务提供之后再付款更为常见。

在服务得到评价之后才支付全款的办法，也会产生相反的风险，那就是，大学可能会拒绝对早前的优异表现进行补偿而支付更高的工资。这位教授又不能从其他大学获得同样高的工资，因为那些大学只愿意支付反映当前生产能力的工资水平。获得终身教职的教授不得解雇，这种办法可以为教师提供保护。

企业的边界：谁是成员？ 谁是顾客？

一个企业的"边界"，是指该企业所涉及的所有契约关系。你买了一辆车，对它的估值取决于制造商所规定的后续责任。保修承诺一般会规定，在没有产生额外收费的情况下，厂家提供什么样的维护和修理服务。（这辆汽车的初始价格，必然包括保修期内预期维修的费用。）保修承诺，也指明了顾客的一般性维护责任。因此，车主与生产商会达成合同或谅解。这样一来，维护服务就是汽车所有权的一部分。

非完全私有产权的企业

非营利、非私有"企业"

有些"企业"（firms）或"事业单位"（enterprises）——就像大多数大学——并不为谁所有。无论是由国家运营还是由基金会运营，它们都没有私人企业意义上的"所有者"——而只有管理者。管理者在这类企业中不拥有私有财产权，因此，他们既不会因企业的价值结果而有所得益，也不因之而有所损失。虽然非营利企业在出售时它们所使用的资源将有一定价值，但这些价值并不能很容易地予以确定。因此，管理者对他们所管理资源的市场价值的变化，相对而言缺乏反应（比如，在第 22 章我们关于鳕鱼国的故事里，其中有关国有化和政府控制的第六集和第七集就描述了这样的情况）。历史事件——如苏联的"社会所有制"企业向私有制的转变——所表明的所有者相较于先前管理者的激励变化，为我们这里的结论提供了明确的证据。

劳动力所有企业：矛盾的说法？ 并不矛盾

同样的原则也适用于人力资本和非人力的物质资源。通常，这类企业是自愿形成的，其中劳动力是主要的团队依赖的资源。比如医生、建筑师和律师的群体，他们就是自己企业的所有者。虽然在这样的企业工作的个人是雇员，但这并不是一般的雇员所拥有的含义。

更准确地说，这类企业是劳动者所有。在法律企业，新的年轻成员作为雇员进入到这个公司，并有规定的薪水可以领取。他们的人力资本不是"专用于企业的"，也就是说，他们可以在其他律师事务所做得一样好。但在许多年中，他们将积累对这家企业的客户的专门知识，这些知识使他们能够比其他律师更好地为这些客户服务。最终，其中的一些人将成为这家企业的合伙人（拥有企业所有权的一个份额），从而防止他们离开并带走客户。

"工会所有"还是"雇员所有"：矛盾的说法？　是的

有些所谓为雇员所有的企业，是从企业面临的绝境中发展出来的一种调整成本的手段——通常是通过修改雇员和雇主之间的合同来实现。双方同意降低他们的直接报酬（工资和薪金），以此作为继续在该企业工作的条件。其间的权衡通常表现在，如果该企业恢复盈利，员工即获得所有权股份，从而有权获得未来的某些股息。

为了摆脱破产或避免企业关门，已然存在着许多这类削减成本的重组方式。这样的经验表明，员工持股可能是一种从即将来临的灾难中把企业拯救出来的方式，而不是取得长期成功的手段。

在这些权利重组中，没有雇员拥有该企业可以出售的普通股股份。相反，是雇员工会代表他们持有股份。如果一名雇员辞职，这个人将不会再保有任何的所有权份额。他们与工会同进退。工会代理人决定把企业收入的多少，分配给工资以及新设备的再投资上。

不可避免的是，当雇员不太可能在企业中长久待下去时，他们就会希望企业把更多的收入以更高工资的形式支付给他们，而不是为了未来的收入而把这些收入投资于资本设备。这种让企业在当前支出更多而投资更少的压力，并不会帮助该企业在同作出了长期投资决策的投资者所有企业的竞争中走得更远。

互助社和俱乐部：由"客户"持有的整合所有权

当多方依赖于一项单一资产时，其解决方案往往是，由所有人共同拥有，而不是由一方整个拥有这项资产。如果两家或更多家的企业希望分享一项资源的使用，并且它们都依赖于这项资源，就存在着企业合并的激励。

两家化工企业被一条河隔开，它们决定修建一条管道，将化学品从一家企业供应到另一家企业，这对双方都有利。然而，双方都不希望这条输油管道受到对方的控制。他们最终同意成立一家合资企业，建立并拥有每家企业都将依赖的这条管道。

如果两家原本独立的公司希望通过法律安排来保护自己的权利，并将另一家公司绑定在预先确定的绩效标准上，合资企业就会是很常见的现象。

在瑞士的阿尔卑斯山区，奶农把牛奶带到加工厂，这是唯一的一家处理他们的牛奶的加工厂。这个地区的奶农并没有变得依赖于一家独立拥有的加工厂，相反，他们自己建造了一家加工厂，并把它作为他们的共同财产来运营。这是一家互助企业。同样，一个地区的渔民通常组成一间共同拥有的合作社，负责将鱼包装好并运送给顾客。

互助企业是一种由一个独立的供应商提供必要服务，来保护整个群体免遭机会主义行为盘剥的办法。小型零售杂货商可以组成一个互助组织，目的在于拥有他们的批发分销网络。还有一些由国家或地方政府特许，但不是由成员拥有的相互持有的储蓄银行。信用合作社也是一种互助企业，它为其成员提供金融服务，但这些成员并不是信用合作社的所有者。

大多数社交俱乐部和高尔夫乡村俱乐部都具有互助性质。对其他会员的依赖，解释了为什么像基瓦尼俱乐部（Kiwanis）、扶轮社（Rotary）*或当地乡村俱乐部这样的社交俱乐部被说成是由所有会员拥有。如果一个社会团体的成员资格由一个独立的所有者决定，那么成员彼此之间社交匹配的价值，就可能以高额会费的形式被这个所有者获得，而不是由这些成员所留存。

新近的一个发展，是通过"特许学校"（charter schools）来提供教育服务，这些学校与"公立学校"（通常由地方政府拥有和经营）和"私立学校"（由投资者拥有和经营）争夺学生。这些特许学校一般是作为非营利公司而组织起来的，没有股东或其他投资者。加入特许学校的学生家长，对特许学校的经营有较大的影响，但他们仍然不是特许学校的所有者。如果学校停止运营，任何人都不能保有残余价值，

---

* 基瓦尼俱乐部是美国工商业人士的一个俱乐部。扶轮社是一个世界性的由职业人士组成的互助组织。这两家俱乐部都是非营利组织，提供慈善服务。——译者注

也不能将经营权卖给其他个人。

练习与思考

1. "雇主之所以被称为老板，是因为他能告诉人们要做什么。" 请你对这句话作出评价。

   答：

   老板能告诉人们要做什么，因为他给他们付了钱。反过来，这位员工也在告诉老板要做什么，那就是，给这位员工付钱。但最终，两个人都没有告诉对方要做什么。每个人都同意，如果对方做某事，自己就会做某事。如果说"雇主可以解雇雇员"，雇员也可以通过跳槽来解雇老板。

2. 团队联合工作中对每个人贡献的测度问题，在每个人自己生产然后将其产出中的一部分与其他独立生产者进行交易的那类专业化中并不存在。团队工作中的测度问题是一个什么样的问题？

   答：

   对团队中每个成员的表现作出评估更为困难。不止一个人对一项结果作出了贡献，而且通常不可能将总体结果按比例归到个体贡献者头上，他们是彼此交融地共同努力、相互依靠，方才实现了这一结果。

3. 在一家商业企业中——本质上是一个雇员和雇主的团队——所有成员都有对企业忠诚的法律义务，以免这个团队的绩效被破坏。雇员不能将他们的工作或企业相关信息出售给某个愿意支付适当价格的人——这与一些未经房主事先批准就可以把房间转租给新房客的租客不同。只有老板，才可以通过雇佣和解雇的方式，授权更换或增加团队成员。与之对照，有限责任公司的股东却可以出售他们的所有权。这是为什么呢？

答：

股东们不会组成这样一个团队，在这个团队中，成员的变动会改变其他股东的义务或权利。如果这种改变有其可能，那么，这家企业将不会被组织成一个拥有可自由转让的企业普通股股份（所有权）的公司。

4. 大家熟悉的那些团体运动——曲棍球、篮球、橄榄球、棒球——的运动员，所有人都有指定的职责。球队的成功取决于每个队员的表现。但是球队的教练和管理者从来没有参与过比赛，那么他们对球队的表现有什么独特的贡献呢？

答：

团队活动需要监督团队每个成员的绩效。在赛场上，没有哪个球员既处在监督其他球员表现的良好位置上，同时又能在自己分派的职责上恪尽职守。人们期待一个球队的教练或管理者能通过对个人表现作出判断——以及适当地替换球员来提高球队整体成绩——从而最大化球队的绩效。同样，管弦乐队的指挥没有乐器需要演奏，也不曾发出声音，而是他通过监督和评估管弦乐队每个成员的演奏，来提高音乐的质量。

5. 在苏联的最后几年里，政府高层官员决定，他们必须引入他们在更为成功的市场经济体中普遍看到的"私有产权"。仅仅过了一年，他们就夸耀道："莫斯科的房屋拥有率是世界上最高的。"然而，买卖房屋的行为仍然受到禁止。苏联领导人对房屋所有权的理解有什么不到位的地方呢？

答：

对某物的排他性使用——无论是住在一座屋子家里，还是使用你的雇主提供的桌子和电脑——并不是所有权。产权既包括排他性的使用权，也包括将排他性的使用权转让给他人的权利。在开放市场得不到允许的情况下，拥有一份"所有权证书"毫无意义可言。

6. 在过去二十年中，美国许多州允许开办特许学校，作为传统公立学校的替代，而为儿童提供教育服务。这些特许学校大部分是由州立法机构——纳税人的资金——拨款设立，它们不是"私立学校"。既然这些新类型的学校不是由投资者所"拥有"，且不以利润为导向，为什么所提供的教育服务的质量会有所不同？

答：

传统的公立学校不会为了赢取顾客——学生和他们的家长——而互相竞争。孩子们被分配到一所学校，就不能跑到城另一头，去选择可能会取得更好成绩的另一所学校。由此带来的后果是，公立学校主要是"生产者驱动"的——教师和行政管理者不必担心顾客（学生们）若是不满意，就到别的地方接受教育。这就仿佛是在一座孤零零的城市，只有一家餐厅，而且你还被要求一周得出去吃五次饭。这家餐厅的厨师可不会在意你喜欢不喜欢这里的食物。相比之下，特许学校没有学生分配给它们——它们必须通过提供更高质量的教育服务来吸引学生们。这类学校的顾客导向，使得教师和行政管理者对需求的变化相当敏感——学生和他们的家长总是可以在他们相信其他学校提供了更好服务的时候，去到另一所学校。

7. B-17 是第二次世界大战时的轰炸机，它有一个高度协调的专业人员团队，包括一名飞行员、一名副驾驶、一名投弹手、一名导航员、一名机械师/炮手、一名无线电技师、两名机身中部炮手、一名炮塔炮手和一名尾部炮手。这十名专业人员当中哪一个最重要？

答：

这个问题问错了方向：他们中的任何一个人，都可能在某一次特定任务中作出最关键的贡献。没有飞行员的工作，飞机将离开不了地面；如果没有导航员，飞机可能无法找到目标，或者无法返回基地；如果没有投弹手的投入，炸弹就不可能投中目标；如果炮手未能防御住敌方战斗机，飞机及其机队就可能无法在这次飞行中生存下来，甚至都无法到达目标地。团队中的所有人都必须在环境需要时作出贡献，但试图度量个体对团队产出的贡献，指出一个人的贡献比另一个人的贡献更重要，是空洞的——机上人员一起战斗，同生共死，在敌方领土上方 20 000 英尺的地方，几乎不会有什么卸责的念头出现。

8. 在南斯拉夫，据说大多数企业都是"雇员所有"。这些企业的高层管理人员，往往是那些最资深的员工——在那里工作时间最长，一步步熬到最高管理层。政府发现，这些企业很少花钱作维护，常常遇到设备发生故障的事情，而且不愿意购买和安装新设备。由此带来的后果是，政府出面规定了新设备维护和投资的最低支出额。为什么说对新设备的维护和采购掉以轻心是预料中事?

答:

员工不能出售其所持的股份——既不能出售给企业内的其他人,也不能出售给企业以外的其他人。资深管理人员不能把他们的职位传给另一个人——甚至不能传给他们自己的孩子。现在的雇员退休后即无法再取得企业未来收入的价值。真正的所有权,包括对得自新投资——以及对当前设备维护——的未来收益流的"剩余索取权"(residual claim)。在设备及时升级上投资不足,在设备维护上缺斤短两,反映的是决策者面临的激励只注重短期业绩,而忽视了长期结果。

第 24 章　在依赖关系中保护你自己

在两车道的道路上，左边有些车一下子靠你很近，你就突然会对它们的司机产生极大的依赖性，希望他们待在另一边别靠你太近。有什么办法能保证其他司机表现可靠呢？一种办法叫"质押品"依赖性：如果那个司机没有按预期行事，你和那个司机会两败俱伤。许多你将要依赖的人，都不会那么可靠。

篮球队的队员可能想力争成为明星，但这对球队却是不利的。商业伙伴可能以对你不利、对他有利的方式行事。你在第一次约会时对对方没有太多的依赖，但你未必总能躲开爱神的箭——在多次约会后，你可能会对那个特定的人产生特定的依赖。

为了避免失望，你可以提前采取预防措施。我们来看看一些提高他人行为的可预测性和可靠性的技巧。在你购买商品之前，你要对它进行检查，特别是那些在购买前可以容易且廉价地检查的商品，以及那些没有奢望卖家将来会提供维修或相关服务的商品。

你可以很容易地检查一棵莴苣，而且即便购买后意外地发现它有问题，损失也不大。但是，当你购买一台电脑或一项所得税服务时，你就不能便宜而可靠地评估这一产品或服务了。你常常必须依靠关于其未来表现的承诺。你依靠卖方的可靠信誉来得到预期的服务。

一旦你购买完毕或业务完成，你就变得依赖于那个特定的卖家了。你怎么能保证，你会得到他承诺给你的东西呢？你可以事后采取法律行动，但这很昂贵，而且你也可能会输。通常的选择是，在你依赖某个特定之人/卖主之前就先取得保护。每一个相互竞争的供应商——你将选择其中一个来依赖——都想向你保证他们未来的可靠性。这样的保证，可以通过合同和声誉来得到强化。

依赖性投资

你无法通过拒绝依赖于人来保护自己。你只需开车去商店在一个特定的价格上购买商品，就已经让自己依赖于某人了。你用掉了汽油，花费了你的时间，而且你还冒了发生车祸的危险。到了这家商店，你发现他们广告上的价格不对，实际价格要更高。在怒不可遏地责骂了卖家之后，你满心失望，思忖着自己的选择。要么你空手而归，要么支付这个更高的价格。购买结束之后，还存在风险——交付可能会延迟；产品可能有缺陷；维修和保养可能会出乎意料地昂贵。这些风险无处不在。

一名学生之所以选择某所大学，可能是因为它有一位杰出的生物学教授或足球教练，而该学生选定了这所大学之后，他所心仪的这个人却转去了另外一所大学。你为你的计算机购买软件，而当它不能像广告上说的那样工作时，软件开发商和计算机制造商却互相指责，各自推卸责任。

在卖家这一方，有些顾客的行为根本无法预计，让人头疼不已。他们谎称产品有缺陷，要求退款。无论是由于要了手段或是出于疏忽，还是由于无法控制的因素（地震、飓风、战争、罢工、暴乱等），价格和表现总是有着某种不确定性。

所有权整合

我们来看一些特定依赖关系的假想案例。西航（Airline-West）是旧金山和芝加哥之间唯一的客运航空公司。东航（Airline-East）是芝加哥和纽约之间唯一的航空公司。假设从旧金山到纽约（中间中转芝加哥）的全程票价是 500 美元。这两家航空公司将如何分这个机票收入呢？如果西航收取 400 美元，那么，东航能收的票价就只剩 100 美元了。相反，如果东航收取 300 美元，那么，西航能收的票价就只剩下 200 美元。

如果由一家公司拥有这两个航段，这两家相互依存的企业之间相互伤害的冲突就可以避免。这就是铁路、航线以及电话和电缆的干线（起点到终点的线路），往往作为一个系统而被拥有的原因所在。

为了向顾客提供可靠的可预测票价，两家独立的航空公司可能会同意共同安排或共同设定两个航段的票价，但这并不意味着它们同意串通起来，以取得更多的收入。然而，该协议却可能给人留下邪恶的阴谋行径的印象。

有一个类似的例子是，一个酒店老板和一家在该酒店内独立经营的餐厅。酒店老板希望餐厅（对于既定质量的饭菜）的价格低一些，这样可以帮助招徕顾客入住这家酒店。然而，餐馆老板却有着相反的愿望——酒店的价格低一些，餐厅为酒店顾客提供的服务价格相应地高一些才好。这些依赖于某个特定的他人的情况，极易导致严重的纠纷和分裂。

互惠性依赖关系

两家相互依赖的企业可以拥有互惠性依赖关系，每家企业都依赖于对方行为可靠的可预测性。如果一方威胁另一方，另一方可以反过来同样威胁对方，这将会遏制最开始实施威胁的动机。

为了降低汽油从炼油厂到零售加油站的运输成本，休斯敦的壳牌炼油厂可以向竞争对手的加油站——比如埃克森美孚公司在南部和西部地区的加油站——以及西南部自己的壳牌加油站供应汽油。与此同时，埃克森美孚在新泽西的炼油厂将向纽约地区的壳牌加油站供应汽油。

互惠服务协议有助于确保每一家的炼油厂都向另一家的加油站提供可靠的服务。这种互惠，可以看作是质押品交换。"我有你想要的，你也有我想要的。如果你夺走或摧毁我的，我也会这样对待你的。"这种互惠看起来似乎是埃克森美孚和壳牌合谋控制汽油价格的一种方法，而实际上这是一种降低消费者成本的方法。

排他性服务合同：保护在个人身上投资的可靠性

排他性服务合同是为了带来预期服务可靠性，而设计的一种制度安排。想想那些有抱负的年轻演员吧，他们相信如果有机会，他们会一飞冲天，名利双收。

只有少数人会取得巨大的成功。电视演艺公司和制片人在投资一部新电视剧试拍的几集（试播的部分）时，冒着很大的风险。罕见的成功会带来巨大的收益，而一般来说，这样的希望预期将会被多个不可避免的失败投资所抵消。演艺公司的投资者对演员的培训以及艺术探索进行投资，他将会拥有分享所发现的明星未来收入的排他性权利。或者，这位有抱负的年轻演员可能说服了某人来投资，把未来收益的一部分作为他的投资回报。只有少数的成功引起了公众的注意。多不胜数的失败悄然而去，给投资者留下的，只是这项投资所造成的损失。

当在演员培训和艺术探索上的投资取得成功时，投资者还有另一个未来的风险。这位冉冉升起的明星现在的市场需求极为旺盛，有着获得更高薪资的美好前景。获得巨额薪资的潜力——源自对该明星主演的节目的需求——过去曾激发了在这位雄心勃勃的演员身上的投资意愿。但现在，这位明星可以从竞争对手那里获得高额薪资，他可能会拿着全部高额薪资离开你。或者，这位新晋的名角儿可能会威胁着拒绝出演该电视剧的未来几季，除非给予他比当初同意的更大的收入份额才行。这对于最初的投资者来说，成功可能就像是"硬币掷出反面是我输，掷出正面是你赢"，最后落得两手空空。面对这种风险，投资者会在一开始就拒绝进行投资，而这些潜在的明星也只能一直怀才不遇。这就是为什么投资者不会投资于试拍或试播的电视剧系列，除非他们能够获得那位被发掘出来的明星在若干年内出演该电视剧的排他性权利。这些极少数的成功明星，沮丧地看着他们新工资中的很大一部分留给了投资者（或者如果制片人是最初的投资者，则由制片人截留）。这些明星有时声称，他们是被早前与最初的投资者签订的不合理合约给骗了。但是，这一排他性的服务合同，实际上对投资者和有抱负的新人都有利。

举例：有争议的棒球保留条款

当一个年轻的棒球运动员签下一份初始合同时，他必须同意以后不得与其他球队协商相关事宜。这被称为保留条款（reserve clause）。实际上，只有十分之一的人在大联盟中打满了一个赛季的比赛，而每一百人中才有一人在大联盟待足两年，这几乎无法让球队老板的投资物有所值。

如果福特和通用汽车试图对他们的新员工施加保留条款，这将被宣布为非法行为。我们又该如何为棒球的保留条款辩解？为之辩解的依据是，运动员在早期职业生涯中存在进行代价高昂的训练和测试的必要性。球队老板要在许多新手中进行寻觅，以找到适合的具有发展潜力的投资对象，期待着能有几个球员最终值回这份付出。保留条款的限制，保护了球队老板的投资。如果没有这位球队老板的初始投资，那些有抱负的球员在他们早年的职业生涯中，就不得不自行承担更多的投资成本，可能只能在小联盟里不拿薪水打球，或者根本就不会去尝试。

自愿的最高零售价

大多数商品都是通过一系列的商业企业，从制造商到批发商再到零售商来生产和分销的。它们彼此之间相互依赖——这是一种互惠性依赖关系。一个脏乱不堪、服务又差的加油站，会降低炼油厂的销售量。汽车分销商在展示和证明汽车良好性能方面表现不佳，不能提供良好的保修服务，就会伤害到制造商。

报纸或杂志出版商依靠分销商（零售商）来帮助销售出版物。分销零售商收取的零售价格，将会影响销售，因此，制造商可能希望零售价格设定在低于零售商喜欢的水平。（后面我们将会来研究，制造商防止零售价格下降的情况。）

关于零售价格，出版商与分销商的冲突

报纸或杂志出版商的主要收入来源于广告商，而不是来自销售所得。同样，广告是网络电视台的收入基础。广告商将会给那些拥有更多读者的报纸，或拥有更多观众的电视节目，支付更多的广告费。

报纸或杂志出版商希望零售价或订阅价尽可能地低，以便增加销售数量，从而增加广告收入。这个价格有时会是零，就像小区里"阅后即弃"的报纸一样。这种（广告收入与销售收入）策略上的差异，造成了出版商和独立分销商之间的利益冲突——后者希望价格更高，因为他们得到的只是销售收入。

有一种解决办法，那就是对出版物发行商收取的零售价设定上限。这个价格可以印在出版物上，这就使得独立分销零售商很难提高售价。由于分销商仅获得销售收入而没有广告收入，所以，分销商希望收取比出版商所偏好的低价格更高的价格。

曾有一段时间，给分销商设定最高售价的行为，被某些联邦法官宣布为非法操纵价格。后来，其他的联邦法官宣布它合法，因为它是服务于消费者利益的。最后，在1997年，美国最高法院逆转了其先前禁止限定价格的判决，裁定制造商可以合法地设定零售商的价格上限。

只要价格操纵倾向于垄断和制造垄断，它就会被宣布为非法。但我们已经看到（第19章），垄断和价格操纵在法院当中并没有统一的可接受的涵义。

一体化?

解决价格操纵难题的最终办法，是一体化（integration）。出版商可以自己拥有发行系统，并使用它自己的雇员发行其报纸或杂志。然后，它来设定价格，既从销售又从广告中获得全部收入。当法律考虑这种现象时，在这种情况下是不存在价格操纵这回事的了。

对零售分销商施加价格上限的更多例子

在个人移动电话制造商和服务运营商之间，也存在类似于出版商及其分销商之间的冲突。电话制造商想让电话服务的价格定得比服务运营商希望的低，这样就有更多人买电话来使用更多的服务。而服务运营商提供低价格的便携式电话，如果客户会签订多年服务合同，有时还会白送给他。

同类的定价行为很久以前就已经出现了。一次性刀片发明出来的时候，剃须刀刀架（类似于移动电话）是免费赠送的，但刀片（类似于打电话或发短信）不是。同样，照相机一度也是赠送的，这可以提高从销售和处理胶卷上取得的收入。

零售维持价（RPM）：为避免折扣店搭便车，设定可允许的最低零售价格

除了最高零售限价之外，还可以有最低零售价格这样的设置。为什么制造商要

阻止零售商降低零售价，以便销售更多的产品呢？这个零售商仍然会向制造商支付同样的批发价。你可能会认为，批发商会很高兴有更多单位的产品出售，即使零售商只能满足于更小的利润。

然而，他们之间存在着相互依赖的关系。制造商依靠独立经营的零售商告知潜在顾客其商品的优点，来帮助带动销售。零售商为顾客提供展示、演示、装配和完成这一商品的个人服务。

化妆品在零售柜台得到演示，费用由零售商承担。零售商在与潜在顾客打交道时，通常能够更有效地提供此类信息和特定的客户服务。当你提出购买衣服、鞋子、电器或汽车时，通常你会和零售商而不是制造商交谈。零售商展列商品，持有库存以备随时调用，并把笨重商品配送到顾客的家里。

反过来，零售商依赖于制造商提供可靠和具有所承诺质量的商品。为了提高这种相互依赖的可靠性，制造商和零售商经常就零售商收取顾客的最低价格达成一致，确信其他零售商不能低于该价格销售。我们来看一个如果不这样会发生什么情况的例子。

购买助听器的顾客，需要演示和了解关于设备的装配以及声学特性的信息。零售商自掏腰包，提供这些售前服务，这就为其他与之竞争的零售商提供了一个机会，它们可以通过降低价格来销售助听器（无需演示或安装）而获利。顾客可以从提供全方位服务并承担相关费用的零售商那里获得信息，然后再从不提供全方位服务的减价者那里购买合适的型号。

制造商和提供全方位服务的零售商，都想叫停减价零售商的搭便车行为。通过提高潜在顾客获得合适、可靠的助听器的成本，零售商那些削减服务的行为，就会减低对他供应的助听器的需求。

如果制造商拒绝出售给减价的零售商，未经授权的减价出售的卖家们又从哪里取得该制造商产品的供给呢？一个来源是某个经过授权的分销商，它会偷偷摸摸地以稍高于批发价的价格，卖给减价出售者，减价出售者再以低于所授权的价格水平卖出去。如果这家流氓零售商将会受到严厉的惩罚，并遭受巨大的财务损失，这种非法供应就是可以防止的。制造商必须确保，这家作弊的零售商的损失，要大于这个作弊的潜在收益。

设定最低零售价格的零售价格协议，是一种契约安排，它保证按约定的批发价格给零售商供货，让零售商可以得到预定的利润率。所设定的零售价格和约定的批发价格之间的差额，必须足以补偿提供全方位服务的零售商在销售产品上所涉及的服务，再加上投资回报。

于是，如果一个作弊的零售商被发现，这种包含更大利润的异常大的利润率将会告终，给这家零售商造成巨大损失。这一损失，等于通过商定的利润率实现的溢价流中所包含的未来利润的现值。在未来利润流中这一损失的当前资本价值，必须大于短期作弊之所得。

取决于绩效的自我执行质押品的价值

如果被发现作弊，零售商还有另一种可能会蒙受损失的方式。在这项活动中，零售商可能需要进行大量的初始投资。如果零售商被发现作弊，就失去了销售该产品的权利，同时也失去了投资的价值。

然而，这会产生相反的危险。一旦零售商进行了使其依赖于该供应商的投资，供应商可能就会威胁终止关系，除非零售商接受低于最初承诺水平的回报。这一零售维持价协议，可以保护这家零售商。

只要每一方的损失超过了他们通过欺骗所能获得的预期收益，他们就有激励提供可靠的表现。这种安排是自我执行（self-enforcing）合约的一个例子。对每一方来说，执行（维持）合同，以避免因欺骗而造成的大于收益的损失，是值得的。（下一章，我们将探讨品牌名称和声誉，这方面的损失将会减少该制造商未来的业务前景。）

康胜啤酒的案例：制造商如何提高分销商的可靠性

几十年前，康胜啤酒公司（Coors Brewing Company）推出了一种未经巴氏杀菌的啤酒，因此必须在啤酒厂交付给最终顾客这一过程中对啤酒进行冷藏，以保持它的高品质。起初，康胜向其出售啤酒的那些分销商，不得不可靠、恰当地储存和冷藏啤酒，并将其用冷藏卡车运送给零售商，零售商也必须将啤酒储存在冷藏箱中。若是在从啤酒厂到消费者的这个过程中制冷达不到标准，啤酒就不能在离啤酒厂较远的州进行销售。但即使冷藏，啤酒在大约三个月后就会品质不佳，因此分销商被禁止销售出厂超过 90 天的啤酒。

显然，比起传统巴氏杀菌啤酒，康胜啤酒面对的是更为昂贵的分销成本，而消费者对康胜啤酒的这种狂热偏好，至为关键地取决于其品牌声誉的维持。这意味着，康胜啤酒依赖分销商和零售商来保证其产品的质量。

康胜面临的一个潜在问题是，分销商和零售商可以通过制冷不足（或出售过期啤酒）来降低成本，攫取利润——尽管这种利润光景不会长——直到消费者发现这种行为，并拒绝再购买康胜啤酒为止。顾客会把质量下降归咎于康胜啤酒公司，他们并不知道为什么啤酒不好。康胜啤酒公司和所有可靠地出售康胜产品的零售商，都会因声誉上的损失而遭受啤酒销量下降之厄。

为了说服分销商和零售商履行质量保证服务，康胜既出面设定卖给分销商的批发价格，又出面设定卖给消费者的零售价格，由此确保比出售其他啤酒更高的利润率。只要分销商和零售商履行其义务，就可以获得比正常情况更大的竞争性利润。

这一较大的利润空间就变成了质押品，如果欺诈者在为维持产品质量所必需的服务上作弊，就会失去这些质押品。康胜还坚持不降低零售价格，以免降低利润率，破坏潜在的更大利润——对这种损失的考量有助于防止零售商作弊。

受转售维持价保护的专属区域

康胜的批发分销商被授予在一个特定区域，而且只在那个区域（也就是所谓的专属区域），向所有零售商供货的独家权利。有时候，在整个国家，只有一个分销商。这给了分销商一种激励，激励它在该地区培养对康胜啤酒的需求，而不必担心搭便车的分销商盗取果实。这种专属区域限制，也使该分销商成为这个地区的封闭型垄断商。为了防止在该专属区域出现更高的（垄断）价格，康胜还为受保护的批发分销商可以出售给零售商的价格，设置了最高限额。

康胜并不是唯一对啤酒质量负责的一方。库尔斯对分销商和零售商直接付出的特殊服务有依赖性。凭借这些服务，分销商和零售商可以获得更大的销售利润流，这是对其可靠表现的报偿。通过这种方式，康胜往往可以避免被分销商和零售商敲竹杠。否则，它们就可以通过欺骗，或者客气点说，通过不履行服务合约，来赚取一时的利益。

康胜主导地位的终结——新技术

后来，当无菌酿造过程被开发出来之后，几乎同样质量的啤酒都可以被酿造和分销，而且不需要继续冷藏。当康胜和竞争对手采用这种生产技术时，制冷的价值就消失不见了，而具有溢价流的转售维持价以及为保证制冷所作的监督，也都将被弃之不顾。由于其他更大的啤酒商采用了新工艺，康胜的市场份额也下降了。

为保护封闭型垄断供应商具有依赖性的客户，而实施的政府规制

对公用事业服务进行规制的作用，通常被理解为仅仅是为了制定不会过高的价格。而其根本目的，乃是为了防止依赖公用事业的消费者受到剥削。

公用事业与自然垄断

有些产品——煤气、电力、水、固定电话——通常由公用事业提供。这些市场通常被称为自然垄断（natural monopolies），因为这种标准化服务是由一家公司而不是由多个重复性的系统提供。这种说法解释了，为什么地方政府要在一个给定的地理区域内，赋予给一家公司出售这一服务的专有权利，从而创造出一家公用事业垄断企业——封闭市场里的垄断企业。

然后，政府也会控制价格，但不仅仅是为了防止出现高昂的垄断价格。一个更为有力的理由是，这可以保证按承诺的价格交货。消费者依赖于自然垄断供应商在可预测的价格上供应可靠的服务。政府监管机构限制公用事业公司在未经事先批准的情况下，擅自更改服务或价格。这保证了垄断供应商不会剥夺家庭和企业所做的大量投资的价值。

拥有一家公司的股票，还是买它的债券

普通股持有人与债券持有人，存在利益冲突。债券持有人对公司价值的一个特定数额，拥有优先要求权，而股东对剩余的部分拥有要求权。股东比债券持有人更偏好风险较大的投资，而债券持有人选择的是高概率的正常收益和低概率的投资损失。

一般来说，对企业成员的监督成本越高或越低效，投资者接受债券而不是股票的可能性也就越小。普通股价值大幅上涨的可能性越大，股东就愿意接受越高的没有收益的可能性。

一家研究型企业的投资者很少是债券持有人，因为研究人员的智力活动必须受到监督，从而确保他们不是在胡乱空想。对有形行为和日常行为的监督，在发电的公用事业企业中可能要比在创新型的商业公司中更常见。这种监督提高了购买债券，而不是作为所有者投资的动机。

因此，大多数互联网和计算机设计公司，都是通过普通股而不是债券来融资的。同样，一个监督人们智力活动非常困难的法律公司，将会通过股票——所有权份额——而不是借自债券持有人的钱来融资。

在依赖于某个特定的人之前，如何采取一些明确的契约性预防保护措施，我们业已进行了研究。下一章，我们来研究对潜在客户所作的一些微妙和隐含的保证。

练习与思考

1. 为什么与医生、律师、工程师和建筑师比起来，演员、超级明星运动员和流行音乐歌手更倾向于诉诸"机会主义的重新谈判"？这里有一个合理的理由。通过思考一下资本价值的原则，以及这些价值如何取决于这些职业受欢迎的时间长

度，你就可以探察到这个理由。（提示：明星们突然走红，改变了谈判优势，这就产生了趁着走红"快点捞钱"的激励。）

答：

演员、超级明星运动员和流行音乐歌手，通常只能在相对短的几年内获得高额的收入；而医生、律师、工程师和建筑师的收入可能不那么惊人，但在几十年的工作中会逐步得到回报。即使这两类工作群体的终身消费相同，前者是靠少数几年的高收入期间所作投资的收益，来支付许多年中的消费的；而后者则会更均匀地把当前的收入和当前的消费匹配起来。

2. 购物是需要付出成本的，即使逛商场和商店有消遣的价值，购物仍然需要付出成本。当顾客告诉店员他们只是"看看"的时候，这经常可能是真实的。这也可能意味着，他们正在获取关于产品、款式、特色、性能特征以及价格的有价值的信息。为购物者提供地板款式的存货，供其细细察看，对零售商来说也是需要付出成本的。

   (1) 有些零售商为你展示商品，让你可以检查商品品质，但要支付比网上购物更多的费用。作为一个消费者，你赞成这样的做法吗？

   (2) 大型零售商如何与不用承担展示地板款式成本的网上零售商进行竞争呢？

   (3) 你能说出一些曾经很常见，却因为电子商务而变得稀少或消失的零售模式吗？

   答：

   (1) 在商店里购买电器和家具，比起在网上可以买到的同样商品可能要付出更高的价格，但这反映的或许不是购物者赞成商店的做法，而是为了购物的方便、必要时退货或服务的便捷，以及保修的可靠。

   (2) 有些零售商要求，若要取得购物特权，须先具有"会员身份"。2013年初，有一家电子产品零售商决定，对进店购物的人加收5美元的费用——如果购物了，这个钱就退回。

   (3) 二十年前，音乐制品和书籍只有在商店才有出售。其中的一些零售商曾是庞然大物般的全国性公司——甚至是国际公司。随着网上购物的便利性变得越发的普遍，这类零售商如今几乎已经全然消失不见了。当然，那些喜欢通过逛书店来打发时光之人，必然是找到了另一些方式来打发掉他们的闲暇时光。

3. "即使像丹尼尔·布恩（Daniel Boone）* 这样独立的人，亦不能避免对他人的依赖。但是，过去表现的历史，可以说明未来表现的可靠性。对于防止相关主体的较差表现而言，声誉可以提供一定程度的保护。"声誉会降低还是提高对可靠性的信心呢？不可靠的声誉总能让服务提供者卷铺盖走人吗？美国邮政（Postal Service）和机动车辆管理局，是如何持续运营的呢？

   答：

   我们中很少有人生活在遗世独立的状态。为了培养优良的声誉，需要付出艰辛的努力——不管是产品生产，还是宣传推广。业绩不佳的声誉，可能会毁掉一家在市场竞争中还比较活跃的公司。美国邮政已经失掉了不少业务和利润，这些都流向了私人竞争者，但它在某些类型的服务上拥有合法的垄断地位。机动车辆管理局（DMV）在为那些好歹都要买车的人提供服务方面，遇不到竞争。

4. 有一个人，他拥有一支棒球队和一座体育场；另有一人，他拥有毗邻的停车场。这两个独立的所有者，在定价策略上——准许进去打球和停车——会不会存在冲突呢？难道他们每个人都不能追求自己的利润最大化价格吗？

   答：

   每个人都可能在寻找他的利润最大化价格，但也许他们两个人都找不到。每个人都希望，给定对方选择的价格，把自己的价格定成最优。但双方都希望对方能把价格降下来，最好降到零。而另一方价格的任何变动，无论是涨是跌，都会影响到自己的价格得以确定的环境。

5. 许多产品是由不同的公司，在不同但又相互依存的活动中，生产并分销给消费者的。每家公司都在寻求利润。但是，它们在定价和分销政策以及绩效表现上，却存在着很大的分歧。为什么呢？

   答：

   在不同的活动阶段，企业可能在主要收入来源上有所差异，对其在整个行业中

---

* 丹尼尔·布恩是美国历史上最著名的拓荒者之一，他的名声源于在肯塔基州勘探殖民期间的业绩。1767 年，布恩首次抵达这个尚无归属的地方，并把此后三十年中最好的一部分时光贡献给了肯塔基的探索与殖民事业。拜伦曾在《唐·璜》中提到过此人。如果没有布恩，肯塔基的历史将会是另外一副模样。——译者注

的相关各方的可靠性和有效性的关心程度也不尽相同。回想正文中的解释。报纸出版商的大部分收入来自广告商，所以，他喜欢把报纸的价格保持在较低水平（甚至为零），发行量越大就越能吸引广告；报纸供应商的全部收入来自销售，所以，他希望产品价格适当偏高一些。电话制造商希望电话服务的价格定得很低，为的是让电话机销售量更大；而电话服务运营商寻求利润最大化的服务价格——希望制造商尽可能便宜地制造和销售电话。值得注意的是，新款智能手机在没有服务合同时的购买价格，与有合同时远为更低（或"免费"）的购买价格之间，存在着差异。那些无能、低效的零售商会疏远潜在顾客，批发商对这类零售商难有好感；那些因无法维持产品质量而疏远了潜在顾客的供应商，零售商也难有好感。

6. "每个人都知道，垄断者不但低效，而且还剥削顾客，通常还是由贪婪和残酷的强盗资本家之类的人管理。政府普遍明确宣称的职能之一，就是保护社会免受反竞争活动的影响。"然而，政府也在建立一些显而易见的垄断。这样的政府行为必然会引错方向吗？

答：

在选择和树立垄断者方面，无论政府是否一如继往地老练和高效，它的目的总可以得到辩解。专利和版权是垄断的手段，它们肯定会鼓励很多发明和创造。"公用事业"——天然气、水、污水处理、公共交通——可以排除浪费性的重复服务。而消防、公安和国防，都是公认合宜的政府垄断。然而，今天很少有人会对中小学教育或太空探索说同样的话。

第 25 章　由声誉提供的依赖担保，以及可预测的价格

你的声誉是公众对你未来的预期行为的信念。为免失去未来的收益，一个企业的良好声誉，可以成为它言而有信、言出必行的推动力。卖家的良好声誉对潜在客户也是有价值的，因为它降低了购物者识别可靠卖家的成本。本章探讨品牌名称和声誉，以及可靠的价格可预测性，在提高依赖关系的可靠性方面的作用。

品牌名称：降低预购信息成本和购物成本

对于打算购买的商品来说，（1）在购买前越难评估，以及（2）在购买后出现意外缺陷对买家造成的损害越严重，一个好品牌的价值就越大。能够降低购物者对各类供应商的预测成本，这正是何以一个有声誉的品牌对卖家来说是有价值的原因。这种价值，通常被称为商誉（goodwill）。

与没有品牌名称的企业相比，提供带品牌产品的企业，更有可能确保人们所预期的产品质量。这并不意味着他们的产品或服务就更好。可是，一如预期的质量和价格，恰恰就是你会得到的——无论是预期如比弗利山庄酒店（Beverly Hills Hotel）那样昂贵高端的，还是如戴斯酒店（Days Inn）那样平价亲民的。试想一下在苏联购物会遇到的问题和成本，那里不允许使用品牌名称。相反，没有品牌名称，生产者和零售商采取可靠行动的激励，就要弱得多。

品牌价值的维持成本

维持高可靠性的成本，从而维持较高的声誉和品牌价值的成本，并不为零。尽心尽力，而非得过且过，是很不容易的。卖家必须更仔细地为顾客服务。即使存有疑问，投诉也必定更有可能以有利于顾客的方式得到解决。更高可靠性的更高成本，可能会以更高的价格收回。这更高的价格中，包含着顾客为得到自己所预期的东西的更可靠保证，而支付的溢价。东西越好，通常就要花钱更多。在预期的价格上得到预期的东西的更高概率，对于买家而言是很有价值的。

声誉是一种自我执行的可靠性

如果实际的服务比预期的差，对顾客来说，品牌名称的估值就会下降。当顾客撤回他们未来的生意时，对卖家来说，品牌价值也会下降。任何一个考虑短期销售收益的卖家，无论是销售低于预期质量的产品，还是出人意料地提高价格，都必须考虑未来销售利润现值的预期损失。卖家如果诚实经营，就可以保持诚实交易的名声。但是，要让好名声发挥作用，卖家从一时作弊中获得的预期收益，就必须被商誉在之后所蒙受的价值损失所抵消而有余。

依赖于品牌声誉的特许经营权

极度依赖品牌名称和质量可预测性的一个例子，就是特许经营系统的加盟商（franchisee，或译"受许人"），比如达美乐比萨、麦当劳、肯德基、Wendy's 快餐、凯富酒店（Comfort Inn）、假日酒店、芭斯罗缤冰淇淋（Baskin-Robbins）、H&R Block 报税公司和可口可乐等。加盟商（通常是面对消费者的零售商）只销售一个品牌的产品。起识别作用的品牌为可预测的产品提供了购前保障，因此购买者可以自信地在不同的经销店购物，买到的产品是一样的。有些加盟商还生产所经销的产品或其主要的成分，母公司只提供配方和标准，通常还包括统一定价。

通过支付特许费或特许权使用费，加盟商在特许经营授权人（franchiser，或译"特许人"）的品牌下，投资、拥有、并运营门店；而特许经营授权人的品牌，是驰名产品的质量和特征的标示和识别工具。加盟商依靠特许经营授权人维持产品质量，保护品牌名称。但每个加盟商都有潜在的可能，以母公司和其他加盟商的利益为代价，通过降低产品质量而赚取利润，在品牌名称上搭便车。如果母公司未能阻止搭便车行为，特许经营系统就会崩溃，这将减少该产品的生产者、其他加盟商以及购买者彼此交易所带来的收益。

向特许经营授权人提供质押品，以确保加盟商的可靠表现

与其他涉及控制的情况一样，在合同中可以设定关于可靠表现的保障条款。加盟商得按要求进行初始特定投资。给特许经营授权人的产品名称做宣传的昂贵招牌，通常是由加盟商付费的。当加盟商支付这笔费用时，这块招牌的价值就取决于作为加盟商的持续经营，并成为了特许经营授权人所持有的质押品。如果这位加盟商行为不端，这块招牌也就不在了。

法院经常判定这样的安排不公平。因此，凭借着由加盟商支付给特许经营授权人的不同形式的质押品支出，加盟商和特许经营商完成了同样的事情。加盟商起初为获得成为受许人的权利而付了费。此后，只要加盟商履行承诺，并维持特许经营品牌的价值，特许经营授权人就会支付超常的收入。这笔超常的报酬，是支付给加盟商的其初始特许权费的利息，加盟商凭借这笔初始费用获得了在该品牌下经营业务之权利。实际上，加盟商是先付了一笔钱，然后再在这笔初始投资上取得利息。而如果因滥用消费者对品牌名称的估值而被终止特许权经营，他就会失去所有。

广告——降低搜索成本

对于觅价者/卖家和他们的潜在顾客而言，广告都有其价值。它降低了顾客搜索有关卖家及其产品信息的成本。人们可能认为广告铺天盖地，有点太多了。当地报

纸上关于汽车轮胎的广告，大多数时候对你来说都毫无用处。但在那些不太经常的情况下，当你想买轮胎的时候，广告就变得极有价值。

对于寻找雇员的雇主，或者寻找工作的个人来说，搜索成本可能非常大。对那些寻求信息的人而言，获取信息并不"免费"；对那些提供信息的人来说，这当然也不免费。信息成本和搜索成本的经济学，对于我们理解失业和通货膨胀成本发挥着重要的作用，这些我们在后面的章节中讨论。

好撒玛利亚人：我是我同胞手足的守护者吗？

合乎道德的行为提高了社会群体的福利，但也增加了个人的成本。你对我来说是个陌生人，如果你摔倒了，受了伤，我问："我背你去看医生，你愿意付我多少钱？"面对这样一个问题，你会感到很惊讶，社会会嗤之以鼻。我自己的同情心和责任感会抑制这种冷漠无情的行为。所以，我主动提供帮助，即便这会耽误我的时间，让我错过我要教的那节课。课上的学生们（照理说）吃亏了。

如果这位受伤者的利益被其他人认为低于我和错过讲座的那些学生的成本，那么，这在经济上看是明智之举吗？道德行为由此会减少整体福利吗？

如果机会主义、不道德的行为司空见惯，我们来看看后果会怎么样。人们会更犹豫要不要去做本来值得去做的事情，因为现在这些活动会让他们暴露在陷入紧急状态的风险之中。他们会采取更昂贵的安全预防措施。防范措施的成本和由于风险而被放弃的活动的价值，将会超过见义勇为的成本。相信陌生人会在危难之际施以援手是有益的，这意味着它的收益比成本要高。如果没有合乎道德的行为，社会——我们所有人——的境况要变得更糟。

羞愧之心

就对好撒玛利亚人行为的全面理解而言，纯粹的经济分析所提供的解释过于狭隘。在大多数时候，对我们中的大多数人来说，不对一个处于危难中的人施以援手，会受到惩罚——内心的羞愧；而关爱他人和合乎道德的行为，会得到报答——情感上的满足。尽管对羞愧的分析超出了经济学的范畴，但即使在没有其他有效的报复行为相威胁的情况下，羞愧也的确抑制了背信弃义的行为。我们倾向于信守承诺，乃是因为若不如此，我们会心中羞愧，即使没有人知道我们不光彩的行为。

价格可预测性的价值

一项潜在的投资或交易，可能取决于尚未商定的价格。对要支付的价格的错误估计，会导致对财富和行动的配置不够有效。如果你思量着要建造一所房子，各个组成部分的预期价格，会影响你所计划的整体结构。其中一个组成部分的价格后来发生的意想不到的变化，将会影响各个组成部分的彼此替换，并可能影响整个结构。同样，在一个期待已久的假期中发生的意外成本，也将会影响你的兴致和记忆。在价格的事情上，意外往往不受欢迎。

未来价格的可预测性和保证

通常，价格的可预测性表现为稳定的、近乎不变的过往价格，尽管需求和供给会出现短暂的变动。这表明，本书前文对市场价格的分析是不完整的。这种分析使价格迅速推至市场出清价格，既没有买家排起的长队，也没有多余的库存。在现实中，为什么非浮动的价格如此普遍？倘使需求或供给发生了变化，价格的稳定性又如何能有益于买卖双方呢？

我们先前阐释了对需求曲线和供给曲线的思考，在理解市场交换和价格方面的重要性。我们重点关注交换参与方的利益，以及导致价格变化、从而容许相互偏好的交换发生的那些竞争性力量。我们已经能够理解，为什么各种定价策略如此常见。现在，我们考虑的是，为所谋划的未来交易作准备的成本，以及在后续的依赖关系中自我保护的成本。

当你上了出租车，你就开始依赖那个司机了。在打车之前，你不大可能知道车费几何。即使你同意所收的车费，你也不能肯定，司机会不会在之后的路程里要求你加钱才载你到你要去的地方。这个司机有多可靠呢？司机缺少与你再做生意的机会，这会削弱他为你提供可靠服务的动力。

为了保护你，出租车广泛受到规制。但这种规制手段也可以转变为对出租车车主的保护。在纽约市，最初对出租车进行规制时，每位出租车车主都会获得一块徽章，作为获得授权提供可靠服务的标志。随着需求的增长，出租车经营权（拥有徽章）的价值也随之提高。但如果允许更多出租车上路，那么在位出租车的价值将会下降。为了维护徽章的价值，再得到授权的出租车越来越少。与以往一样，规制政策可能会变成双刃剑——通过确保安全可靠的服务来保护消费者，同时在需求增加时又通过排除新进入者保护了现有供应商。

还有其他一些方法，也可以提高提供可靠服务的可能性。许多出租车司机把他们自己组织成一个大公司，通过提供良好的服务，他们建立了一个可靠的具有识别意义的品牌。如果发现一个成员作弊，整个团体的未来业务前景都将会走低，这位犯了错的成员就会被驱逐出去。

在另一个例子中，假设你计划要建造一所房子。当你选择一个地点时，你可以看看附近的设施、交通条件、商业企业、学校和购物中心等情况。你房子的价值，将取决于附近企业和环境所提供的商品和服务的价格和质量。这些企业未来价格和服务质量的模式越可预测（并不一定就是变化越小），你的投资价值就越有保障。

在当地发生天灾（洪水、飓风、地震）的情况下，这些商店会不会提高价格来出清即刻的市场——同时设法从你身上榨取一些价值，因为急需的应急设备的价值突然提高了？如果这种投机取巧的行为在意料之中，那么生活在这一地区的人就会更少，而那些仍然选择住在那里的人会提前进行更多的自我保护。考虑到将来的销售以及身为一个好邻居的名声，本地的五金商店可能会看到维持价格的价值所在，而不会抬高便携式发电机的价格。

如果你不得不在价格每时每刻都在波动的地方购物，或者每次购物都要讨价还价，那么你将会很容易看出，在非紧急情况下的日常购物，都是多么的不便和代价高昂。价格可预测性可以让购物和讨价还价变得不那么代价高昂，并且它也避免了紧急情况诱发的剥削行径。所公布的固定价格，可能会低于讨价还价得来的平均价格——这反映了交易成本的下降。

价格可预测性所带来的好处，可以在看似深奥的金融和商品期货市场中找到。你可以通过付钱给某人来为将来的价格提供保证，从而得到一个确定的未来价格（future price）[不要和某种期货价格（futures price）混淆起来]。在期货合约、金融衍生品和期权市场上，都是如此而为。有些人可能会用它们来赌博，但如果仅仅是为了赌博，那么这些市场是无法存续下来的，这一点在第 37 章将会作出解释。

公布可靠价格

卖家可以公布在不确定的未来时刻的售价。当需求或供给状况发生重大变化，而这些重大的变化预期会持续存在时，卖方往往会发出通知，说明他们打算在不久的将来提价。销售价格在有限的一段时间内公布出来——这是价格将要上涨时的一种广告方式。一般来说，在库存耗尽的情况下，通过提供改期凭证（rain checks）*，可以确保价格不变。所有这些实现价格可预测性的方式，对顾客来说都是很有价值的——因此会影响需求。

自愿容忍的排队行为：库存和配给

为了获得可预测的价格，卖家往往自愿保持价格不变，自愿容忍短缺或过剩，而不是每时每刻都出清市场。这样，即使市场定价过程可能看上去失灵，但交易的全部成本却得到了降低，交易的规模也得到了提高。

如果卖家总是保有足够的库存和员工来即刻满足格外高的需求，这些成本将会非常之大。如果将库存成本降到最低，成本高昂的竞争形式就将会出现，以增加目前不足的供给。闲置的职员和存货，都能发挥一定的经济功能。

在维持可预测的价格方面，卖家面临两个问题：（1）在一个很少处于完全均衡的市场中，价格是否应该保持在一个通常（但不总是）可预测和稳定的水平上？（2）如果价格保持不变，面对周期性的失衡，当该价格上的需求量过大时，应该采取什么样的办法来对顾客作出区分呢？

---

* “rain check”（直译“雨票”）是美国流行口语，出现于 19 世纪 80 年代，典故出自露天举行的棒球比赛。最初指“棒球赛因下雨延期举行时观众得到的‘未来’入场券”。棒球是极受美国人欢迎的运动之一。如果球赛进行时天公不作美，骤然倾盆大雨，不得不暂停，观众可领“雨票”，或用原票存根作为“雨票”，球赛改期举行时可凭之入场。——译者注

占主导地位的选择似乎是：（1）相对固定和可预测的价格；（2）根据谁是未来的预期顾客，而在顾客之间实行配给。那些被卖家知道严重依赖其供给的人，更有可能是重复购买的长期顾客。

不同需求量和需求速率下的首选顾客

正如顾客对不同的卖家有偏爱，卖家对顾客也有偏爱。虽然今天可能有两个顾客以相同的速率在购买，但其中一个可能是稳定的客户，这表示随着时间的推移，需求量会不断提高。一个卖家预期一名顾客的需求，着眼的是预期未来购买序列的整体量，而不仅仅是今天的购买速率。在暂时的高峰需求速率期间，或在供给暂时下降期间，比如在地震或飓风之后的当地紧急情况下，所预期的大量供求缺口的影响便会尤其明显。

在应急物资需求暂时变动的情况下，本地的长期客户所面对的价格不会提高；而为了对那些熟客和依赖性客户进行供给，这些物资将会被拒绝销售给外面的陌生人。与其冒着失去忠实客户未来业务的风险，倒不如：（1）在当前需求速率超过供给时，有时让价格维持在一个低于能暂时出清市场的恒定水平；以及（2）在这段自我施加的短缺期间，让忠实客户在供给量配给过程中比其他客户受到更多关照。

无意外，不还价：向所有顾客公布相同的价格

公之于众的价格，往往对所有顾客一视同仁。这些价格不会再为了随机地匹配不断变化的不同服务量而进行调整。在服装店里，一名购物者花了店员大量的时间来寻找合适的衣服，或者不买任何东西。另一名购物者挑选商品干净利落。无论占用店员的时间多寡，他们两个人付出的是相同的价格。对店主来说，这比为每一桩服务和每一单位时间分别进行定价，要更加便宜。

在汽车修理店，虽然价格可能会按照每小时的劳动量进行正式报价，但顾客往往会得到一个预先告知的维修的固定价格——而把实际成本面临的或高或低的不确定性留给汽车修理店。这种模式限制了汽车修理店声称修理时间比预期时间

更长，从而提高价格的能力。价格面前人人平等，是多个卖家间的竞争所具有的一个特质。

如果一家企业在一年内去几家银行，以获得新的贷款来满足季节性需求，那么它在每家银行都要付出大量的提供信息和获取信息的成本。与其在不同银行为每笔贷款一遍遍重复借贷程序，还不如跟一家银行达成贷款安排更能保护到借款人。银行及其客户都会同意，贷款利率将会与这家银行的优惠利率（prime rate）挂钩，而这一利率是为其所有客户提供的利率——它会根据借款人那笔贷款的风险作出调整。

这种安排让借款人放心：所有之后出现的新贷款利率或更新之后的贷款利率，都是基于可观察到的由市场决定的利率来计算的——这一由市场决定的利率可不会去管谁是借款人或贷款人。这种（与优惠利率挂钩的）贷款定价，在贷款存续期允许必要的灵活性，也向信任银行的买家保证：这一利率的变化反映的是市场利率的变化，并与向其他借款人收取的利率相匹配。

省去反复检查和分拣成本的不透明包装

商品的单位在质量或尺寸上并不总是整齐划一。当水果以固定的每磅价格在一个打开的箱子里出售时，早来的顾客会挑选质量更高的那一些；每一位后到的顾客都只能拿到更低质量的水果。当质量低到某个点时，除非余下的所有水果价格都降低，否则顾客就会拒绝再购买这些水果。

另一个办法是，食品杂货商承受相对较高的成本，将水果分成更细碎的等级，并为每个等级单独定价。如果允许每个客户随机选择，而价格是根据平均质量而定，那么买家在分拣上花的功夫越少，整体价格就将会越低。

可以向买家提供从最初的供给中随机挑选好的一袋袋（或一捆捆、一块块）商品。每一袋商品的价格都一样。这是防止过度（总体上看是浪费性的）分拣和检查，并避免经常进行价格调整的一种方法。袋中商品的质量往往呈平均水平。如此就可以避免每个买家产生分拣成本，同时每个买家所得到的质量基本相同。

然而，如果每袋商品之间的差异很大，买家就会开始检查每一袋商品，寻找那些平均质量相对较高的成袋商品。防止在每袋商品之间进行搜寻的一个常见办法，是使这些包装商品的口袋不透明，从而让买家在购买时处于盲买状态。但这种使人处于盲买状态的包装，会带来我们所不愿看到的影响，那就是它会提高卖家通过变相降低质量来敲买家竹杠的可能性。优质名牌商品的销售者，由于会失去品牌的价值，这般作为将使它蒙受更大的损失。

你可能已经去过店家已经将商品挑选好的杂货店购物，杂货店主会告诉你："请不要碰触水果！"在露天的中心市场，你可能会发现，卖主坚持要来为你挑选所需商品的数量，然而熟悉的回头客可能就会被授予自己来挑选的特权。这是一种相当普遍的价格歧视。

戴比尔斯钻石

我们来看一个极端的情况——在这种情况下，分拣成本很高，每一批货都是为一个特定的买主准备的——拒绝购买卖家为之准备的这批货的买家，此后再也不会得到这个卖家的供给。

戴比尔斯联合销售组织（De Beers Consolidated Selling Organization）是世界上未切割钻石的主要销售商。未切割的钻石品质各异：它们的形状、质量、颜色和重量各不相同。戴比尔斯非常细致地将钻石分成了 2 000 种，或是更多的品类。但是，一颗未切割钻石的确切质量是很难判断的，并且很可能只有在切割和抛光完成之后才会完全显现出来。因此，在每个品类中，未切割钻石的质量仍然有很大的差异。

为了避免进行大量的售前检查，将钻石分拣为越来越精细的品类，每年戴比尔斯只把钻石卖给精挑细选出来的几百名钻石经销商和切割商。这些买家根据这2 000 种品类，向戴比尔斯告知他们想要的钻石数量和类型。戴比尔斯会配出一盒子——一批货（a sight）——接近经销商要求的钻石。每一批货都包含多个信封，里面装着从每一个品类中要求取得的钻石。买家可以检查单个钻石，但买家必须买下整个一盒子的钻石。如果拒绝了这一盒，戴比尔斯就将不再与该买家做生意。

而且，像一袋袋的水果一样，有些批次的货，其中的钻石质量会低于平均水平，因此定价过高，而有些批次的货又会被证明定价过低。但这种销售方法降低了交易成本，并向客户保证了某种质量控制。只要低价购入带来的利润现值，超过了拒绝过高定价批次所带来的一次性利润收益，买家就会继续保持与戴比尔斯的生意往来关系。

职业道德规范

高信任（high-trust）职业，在很大程度上依赖于道德行为规范。对于某些服务而言，顾客势必要将其财富或福利的相当大一部分，建立在对那个供应商的信任之上。在供应商提供服务时，顾客无法察知服务质量，而且等到真正知道时已经木已成舟。

在风险较高的情况下，服务供应商有动机为服务的可靠性提供一定的保证。医生、工程师、牙医、建筑师和律师等，都被认为是高信任职业。提高信任度和可靠性的一种办法，就是让行业中彼此竞争的成员充当可靠服务的监督者和执行者。某一职业的成员们，将会对那些已知违反道德规范的人进行严厉的惩罚，或者是拒绝对这些人的行为承担责任。

虽然他们对消灭（无论是否有缺陷的）竞争对手怀有浓厚的兴趣，但向公众保证他们自己会信守承诺，也是符合他们的利益的。政府不仅批准而且帮助执行职业规范，例如强制性的从业证书或执业许可制度，尽管这些规范有可能被用于形成勾结、从而控制竞争和价格的目的。如果道德、诚实和对他人适当的尊重在一个社会中不能居于主导地位，这个社会就不可能良好地持续运转下去。

本章和前两章所解释的所有营销和定价策略，都是合法的行为。它们是竞争性的，但并未对得到准许的可行行动进行限制，或者说，它们不会限制其他人进入市场，来销售或购买商品和服务。

练习与思考

1. "品牌名称只是广告宣传中的一个表面因素。把一个品牌的名字连续冲击到你的意识中去，并不意味着你由此就获得了有用的信息。"这句话对吗？

答:

这句话表达的并不完整。品牌名称本身可能被认为是一个不具信息性的词语，但它是一种识别手段，因此也是一种沟通手段，可以将这一款的商品与相竞争的其他款的商品区分开来。这种对该特定商品的识别，可能会警告购物者避免购买它，因为购物者已经了解到它的质量很差或价格太贵——或者，购物者也可能会被吸引过来，因为他已经认识到与这件商品相关联的良好声誉。品牌名称给潜在的买家提供了一个评估价格合宜性的基础，接受一个相对较高的价格标签，就是在预期这件产品的质量相对较高。

2. 有些产品和服务——包括快餐店和旅客住宿——都是由特许连锁店所提供。母公司（特性经营授权人）向零售分销商（加盟商）出售以该公司名义进行经营的权利。仅仅是为了能够使用那家公司的名称，这家在努力工作的零售商就要向那家非生产性的总部支付使用费，这是一种单向的付出。这种说法对吗？

答:

特许经营安排有多种形式。但在所有情况下，特许经营授权人和其加盟商都是相互依存的。一些特许经营授权人也参与产品或服务的生产；他们为产品打广告，做宣传；他们有动力保持良好的专业可靠性和产品质量声誉，这对加盟商的福祉至关重要。在大多数情况下，产品或服务的可预测性，对特许经营业务都是非常重要的。无论在什么地方，顾客都会对这样的企业"不感到意外"。无论是特许经营授权人还是加盟商，都可能因为表现不佳，或者以其他代价高昂的方式让另外一方受损——这是真正的相互依赖。

3. 某电视大亨看到了一名很有魅力，但还年轻、缺乏经验、尚不为人所知的演员的潜力。这名尚且青涩的演员，签下了一份为期五年的合同，并得到了代价不菲的培训，通过电视大亨的运作而成为一部新电视剧的主角。成功两三年之后，这名年轻的明星，开始对初看起来很有吸引力、但现在已与其明星地位不相宜的薪水感到不满。合同就是合同，但是自由企业和开放市场的支持者是否会认为，这位演员正在受到剥削呢？

答:

许多投资前景，并不会得到理想的回报。演员是签了约，但不会都能变成魅力四射、成绩斐然的大明星；本想打一口水井，却打出一口干井来；巨大的研究经费投入进去，却没有研制出来什么令人称奇的药物；许多书籍虽然得到了出版和宣传，却只卖出了十本而已；棒球运动员在小联盟里培养多年，却还是进不了大联盟打球。

为了避免最终的失望，潜在投资者会寻求某种程度的保护，以免摸索性的投资打了水漂。本题中的这位年轻演员，曾一度获得超额的薪水，但之后的薪水却低于此时表现应得的水平。这后来的相对为低的薪水，是对当初一项大概率会失败的不菲投资的抵偿。

4. 简单的供求分析表明，随着需求或供给的波动，价格波动非常频繁，几乎是在连续地发生。但是，我们通常会观察到的是，预期价格高度稳定，或价格在一个非常窄的范围内波动——这对买卖双方可能都是有利的。在一般情况下，价格稳定是件好事，但在其他情况下，应对市场压力的价格灵活性又有其作用，这怎么可能呢？

答：

持续的价格变动可能会分散买家的注意力，让他们不安。如果每天离家时，你都不能很好地预测你将要支付的公共汽车票价、一杯咖啡、一份报纸、在熟食店吃的午餐或是晚上要带回家的食品杂货的价格，那么你就很难系统地、有信心地采取行动。卖家不希望和精神紧张、懊恼沮丧和锱铢必较的客户打交道，所以他们只会宣传能够维持一段时间的价格，管理好库存并广而告之，从而让价格比不断变化的供需所暗含的出清价格更稳定，并建立和维持在可预测性和可靠性方面的声誉。

尽管如此，面对不断变化、有时甚至是动荡的市场，价格不可能永远不变。如果价格在均衡水平的突然大幅度波动面前顽固地被维持了下来（也许是通过政府法令），那么要素和商品的分配就必须通过非市场手段来实现。这种手段虽然被冠以公平的名义，但却不乏武断，并会招来怨恨。如果飓风突然抹去了大部分地区可以取得的汽油供给，而为了阻止"哄抬价格行为"，最高价格又被压制在新的、更高的市场出清水平以下，那么：（1）在"短期"供给的分配上会出现不少麻烦的问题；（2）人为的低价将会阻止外部资源进入受飓风破坏的地区。

5. "如果没有合乎道德的行为，那么，社会——我们所有人——的境况都会更糟。""就对好撒玛利亚人行为的全面理解而言，纯粹的经济分析所提供的解释过于狭隘。""如果道德、诚实和对他人的适当尊重在一个社会中不能居于主导地位，这个社会就不可能良好地持续运转下去。"这类观察结果预计也可能会出现在哲学、社会学、心理学和诗歌之中，但它们属于经济分析吗？

答：

经济学关注的是，在一个竞争激烈的稀缺世界中，个人和社会行为的那些普遍和基本的方面。经济分析远远不只是一种冷静的"逻辑机器"。一个社会的基本性质，在很大程度上是由其经济性质决定和表现的——经济体的运作方式和功能在很大程度上是由社会的特性所塑造。

我们已经广泛地讨论了以下这些方面所存在的必要性和危险性：对各种经济变量的估计、对未来行动和反应的预期、相互依赖性，以及对他人履行义务的可靠性所需的信心。几千年有文字记载的历史，展现的不过是一个关于贫穷和压迫的持续不断的故事，间或点缀以富有成效的在个人自由和机会上的实验。如果我们要培育一个良善的社会，及其反应灵敏、富有效率的经济，那么智识上的能力必须与高贵的品质相结合。否则，我们只会生产出越来越高效的牢笼，来打败我们自己。

第 26 章　被禁止的营销策略

美国宪法的制定者寻求的是一个强制执行私有产权的政府。除了"国家征用权"（eminent domain）的情况外，他们没有考虑对私有产权施加限制。任何干涉他人私有财产的行为，都将是对他人私有产权的征用和侵犯。

但一个世纪后，国会却通过立法，对私人财产可接受的用途和使用合同作出了限制。人们自私自利，在不侵犯私有产权的情况下，找到了使自己受益，同时给其他公众造成更大损失的办法。我们如何看待商家对竞争对手的产品进行恶意贬损的行为？或者，怎么看待它们与竞争对手相互勾结来限制产量，从而获得更高的价格和利润呢？两家各自被独立拥有的企业，会不会约定不把它们互相竞争的零售商店开得太近？生产商是否会坚持让其产品的零售商不得销售其他生产商的类似产品？卖家可以为相同的商品向不同的顾客收取不同的价格吗？制造商可以设定零售商必须向顾客收取的零售价吗？

在私有产权的严格解释下，某些行为是合法的，但我们却看到，它们对其他人产生了足够大的危害，从而招致立法对其加以禁止或限制。本章将探讨法律是依据什么基础，来宣告在营销和竞争过程中哪些行为是合法的。但首先，我们要问：为什么这些法律法规被叫做反托拉斯法（antitrust legislation）？

什么是反托拉斯？

国会曾通过一项立法对一些行为作出限制，而"反托拉斯"（antitrust）这个词指的就是第一批这类行为中的一个。"托拉斯"即信托（trust），它是这样一种安排，即某人（委托人）将资产控制权授予受托人，受托人将为受益人（可能是委托人本人）直接使用资产。智障人士可以成为为他设立的信托的受益人。

在 19 世纪的最后 20 年里，石油、钢铁、铁路、糖和棉花等企业的股东，将他们的股票交给了信托，并获得了享有信托管理的企业的一个利润份额的权利。几家信托从事后来被称为垄断（monopolization）的业务。约翰·D. 洛克菲勒（John D. Rockefeller）创立的标准石油公司就是一个例子。作为对托拉斯策略的回应，国会针对州际商业中的营销和组织行动，于 1890 年颁布了《谢尔曼法案》（Sherman Act）——这是最早的反托拉斯法案。从那时起，有关企业间竞争和营销的立法和行动，通常被称为"反托拉斯法"。这其实不是反对信托，而是反对任何被认为具有不好的，而非良性的市场效应的协议。之后的反垄断行动和政策，大多是基于谢尔曼反托拉斯法及支撑法律而作出的。

该法案第 1 条规定："任何限制州际间或与外国之间的贸易或商业的契约，以托拉斯形式或其他形式的联合或共谋，都是非法的。任何人签订上述契约或从事上述联合或共谋，将构成重罪。"这样的罪责面临的惩罚将是重罚和监禁。第 2 条规定："任何人垄断或企图垄断，或与他人联合、共谋垄断州际间或与外国之间的商业和贸易，将构成重罪。"

第 1 条规定，限制贸易构成犯罪，第 2 条规定，垄断州际贸易是犯罪行为。不幸的是，"限制贸易"和"垄断"在该法中并未得到定义，迄今仍未得到定义。正如前几章所述，这些词语涵盖了各种行动和情况，并不一定都被认为不可取，而有些确实可能会被认为是可取的。

为了明确到底哪些行为在其涵盖之列，已经引发了无数的争论、讨论、分析和诉讼。如果两个或两个以上的律师组成一个合伙企业，从而限制了在他们之间的竞争，这是贸易限制吗？按照这项法律实际上所做的解释，这不是贸易限制。事实上，他们现在更有能力与其他律师竞争了。从反垄断法律法规一般化的实施情况来看，这项法律反对的不是对贸易的限制，而是对消费公众（consuming publiz）利益的限制。

1914 年克莱顿反托拉斯法

《克莱顿法案》（Clayton Act）在《谢尔曼法案》颁布 24 年后推出，该法案去除了一些模棱两可的地方，确定了在《谢尔曼法案》意义下绝对违法的行为。随后的修正案禁止：（1）价格歧视；（2）排他性交易合同和搭售安排；（3）某些类型的合并；（4）企业董事相互关联。然而，这些行为只有在大大减少竞争或助长垄断的情况下才会被禁止——这再次给辩论和解释再度留下了很大的空间。

1914 年《联邦贸易委员会法案》

1914 年的《联邦贸易委员会法案》（Federal Trade Commission Act）设立了联邦贸易委员会（FTC），该委员会负责追究违法行为，并负责发布停止令（cease and desist order）。联邦贸易委员会是政府的一个管理机构，有权解释和执行这部法律。这项法案规定，"商业中的不公平竞争方法由此宣布为非法"。1938 年的一项修正案扩大了这一范围，该修正案禁止"商业中的不公平或欺骗性行为"，而不论会带来何种竞争效果。同样，界定具体情况下诸如"欺骗性"和"不公平"等术语的含义，仍然存在着困难。

补救措施和执行机构

除了在法院提起的私人诉讼外，任何人如果因他所声称的非竞争性商业行为而感到受到伤害，都可以起诉违法者要求赔偿损失；如果胜诉，违法者可以被处以 3 倍于损失的罚款赔偿受害者。受害人可以向美国司法部反托拉斯局提起诉讼，该局对《谢尔曼法案》的执行具有管辖权。或者，受害人也可以直接向联邦贸易委员会提出上诉。联邦贸易委员会和司法部各自有其专门负责监管的行业。这两个机构都可以执行《克莱顿法案》。违反这些法律法规，可能会锒铛入狱、被处以巨额罚款（如 3 倍赔偿金），或者受到法院强制执行的禁令救济（injunctive relief）。

专业化和依赖性

造成混淆的一个主要原因，是一些法院没有认识到企业之间为了生产和分销而产生的必要的依赖关系。大多数反垄断法律法规似乎都是基于这样一种观点，即生产只能是技术上独立的企业才会从事的专业化活动。因此，无论出于何种原因，企业之间签订的任何合同或协议都会受到极大的怀疑，似乎它们除了试图通过限制性协议来控制竞争和价格之外，没有别的目的。但这种不完整的理解忽略了技术上的相互依赖性，以及确保技术上相互依赖的企业和团队成员在其生产活动中的可靠性的问题。

为了稳妥地履行承诺，原本相互独立的各方会达成协议。与所有合同一样，协议（agreements）也是限制性的。根据特定的其他人所承诺的表现进行的投资，会更安全。没有这种限制性的合同，这种投资是否就不太可能进行？这正是之前我们在鳕鱼国的渔船、船帆和桅杆的故事中所强调的理念之一（第 22 章）。幸运的是，有一些法院很早就认识到，企业之间的有些合同和协议，其目的不但合法，而且是可取的。

良性效应与恶性效应的含义？

判定协议的某些影响到底有益的，还是有害、因而是违法的，其标准是什么？反托拉斯法的最终目的是什么？当有些行销策略影响贸易总收益的分享时，这是好是坏？如果一家企业降低了自己的产出速率，提高了价格，然后发现自己获得了更大的利润，那么在什么意义上，这会被视为不好呢？

如果两家企业自愿同意减少联合产出以提高共同利润，为什么这会被认为是不良之举？如果两个年轻的律师成立一间律师事务所，从而比各自单独工作挣更多的钱，得到更高的律师费，那么这种联合不好吗？显然不是，因为事实上大多数律师都在律师事务所工作，所以这是合法的。然而，如果两家大律师事务所合并，就可能会被视为过于集中，因此是不好的和非法的。为什么？根本的问题应该是，就所允许的行为而言，其基本标准到底是什么？

基本标准：消费者估值最大化

在过去通过法律和法院诉讼解决竞争与集中问题的一个世纪里，经济学家提出了一个标准。经济学家的标准是：国民总产出的总个人估值。对于每一种特定的商品，所有需求该商品的人，其加总个人需求曲线以下的面积，就代表总个人估值。当泰德和雷（在第 6 章中）一直把交易进行到所交易商品的边际估值相等，同时等于市场价格时，这就被解释为两个消费者的总个人估值最大化。

即使没有人有意识地将此作为明确的标准，法院和监管机构采取的行动可能都会与这一结论相一致。这可能部分是因为人们自觉地认识到了这一标准，同时，它也是司法部反托拉斯局和联邦贸易委员会的指导方针和执法行动中最常见的隐含标准。人们尚未发现有其他明确的目标与他们的执法行动如此吻合的。

然而，还是有些国会议员主张要实现其他目标。他们声称，希望通过限制那些对顾客颇富吸引力、价格和成本都更低、规模也更大的商店的增长，来保护像"夫妻店"这样的家庭企业。尽管其成本更高，对其他公众来说消费者估值更低，但他们仍提倡对小企业提供这样的保护。

是追求消费者总的福利，还是让夫妻店得以存活，哪一个才是更好的目标？这取决于你想生活在一个什么样的世界里；这不是一个经济标准。无论如何，大型连锁店体系的总体效益是如此之大，以至于那些规模较小、独立经营的零售商往往会失去公众的光顾。

几乎每一次技术或生产方面的社会改良，都会伤害到某些人。电力的发展损害了捕鲸业，它曾为灯提供灯油。电报伤害了马车快递的老板和快递员，但对公众利益的估值远远超过了这些成本。超级市场迫使大多数小零售商转行到大卖场当经理或店员，而公众则从更低的价格和更多的便利中得到了实惠。电冰箱取代了送冰工。拉链伤害了纽扣生产商。汽车、收音机、电视和计算机都取代了其他商品和服务的生产商，但公众普遍受益。如果两个或多个具有竞争力的企业之间的协议，能够为广大公众带来这样的净收益，那么它应当被我们称作联盟（coalition），而不是反竞争的勾结（collusion）或阴谋（conspiracy）。

当然，任何人——政治家、企业家或学术界人士——都可以断言，除了消费者估值之外，其他目标也应该受到重视，比如保护小企业或家庭农场。但是，这些目标似乎不是国家政策的一部分，尽管它们是通过在特殊利益立法中的政治竞争，被追求和部分实现的。与几乎所有相互竞争的目标和目的一样，我们也要在公共目标和私人目标之间进行权衡。事实上，通过最基本的经济学原理——我们偏好的目标（商品）在边际上相互替代——就可以认识到这一点。

对竞争对手的影响

对合法性的补充性检验标准将会是："这一协议是否限制了任何其他人提供服务或从他人那里购买商品的权利？"如果是，它就不合法，这通常被称为"反竞争"。如果其他人进入市场销售或购买的权利不受限制，那么该协议就通常被认为合法。

写作这本书，并为了销售而把它送到公众手中，就是一项协议（合谋？）所带来的结果。当读者转过来买这本教材时，作为竞争对手的那些作者和出版商可能会受到损害，不过，撰写和出版本书的这项协议并没有限制他人编撰和出售他们所写教材的权利。但如果这部教材如此成功，以致其他教材下架，之后这本书的价格还上涨了，那么，当受到损害的竞争对手抗议这种行为时，反垄断当局该当如何处之？

得到允许的行为的替代标准：合理原则

法院裁决案件的一个基础，是合理原则（the rule of reason）。这是指对一项受到挑战的行为之效果的分析和评估。它是几个世纪前在英国逐渐得到采纳的。现在，它是反垄断诉讼中司法裁决的普遍流行标准。合理原则并不容易应用，应用起来代价也不低。有一个障碍，就是难以可靠地确定受到挑战的行为的实际后果。即使这些后果似乎已经被很好地理解，但法院在这些后果是否可取以及是否因此而合法方面，也存在分歧。

本身违法原则

要是充分透彻的分析成本太过高昂，或某些行为的结果被认为对消费者估值具有确凿无疑的破坏性，那么法院就会宣布该行为本身（per se）违法。无论该行动因何发生，这一行为本身都被视为非法。没有进一步的证据或从轻发落的考虑，会被接纳为可能的辩护，因为它们肯定不会改变可预见的那些影响。根据本身违法原则，有些做法普遍就会被认为是违法行为，这些做法就包括在采购合同或建筑合同投标时的所谓价格操纵（price-fixing）和合谋。

在应用本身违法原则时，存在一个困难，那就是用于识别实际行为的名称的模糊性。"价格操纵"这个术语很快就被发现，其范围如此广泛，涵盖了许多在社会和经济上有利于消费者的定价行为。在某些情况下，法院认为，那些特定的受到挑战的定价行为是可取的，或者至少在通行的特定情况下对竞争对手不会造成压制。法院然后只是宣布，该定价行为实际上不是价格操纵，是合法行为。"价格操纵"可能听起来不好，但它对于本身违法行为的指控，真不是一个有用的标签。

其他常用的标签，在术语上具有暗示性，但非常含混，对事实造成了混淆。例如，"通过搭售来撬动垄断力和市场影响力"（leveraging monopoly and market power by tie-ins），这个短语只有两个明确的词语——"通过"与"和"。其他词语均过于模糊，无法准确地理解、交流或彼此认同。尽管是这样，它们还是被律师广泛地使用，为他们赚取诉讼和律师费。

纵向协议还是横向协议

判断一种商业行为是否违法，还有一种快速、但间接且不可靠的方法，那就是通过区分纵向协议和横向协议来作判断。如果该协议是在生产序列中的相同阶段相互竞争的类似产品的生产商和分销商之间达成的，则为横向协议。然而，如果一个协议是在参与直到最终消费者的生产序列中的几个阶段的企业之间达成的，那么它就是一个纵向协议。

例如，福特汽车公司与其汽车零售经销商之间的协议，可以称为纵向协议，即合作者而非竞争对手之间的一组垂直合约。但是，当福特汽车与每一家特许零售经销商签订协议时，除了每一家都与供应商福特汽车——纵向——达成协议以外，相互竞争的经销商之间也达成了协议（通过所有经销商都与福特汽车企业达成协议，而达成横向协议）。很明显，纵向与横向并非截然可分。

几种纵向协议（生产商和经销商之间的转售价格维持协议）、搭售协议、对零售商辖区的限制以及排他交易协议，都被宣布为本身违法。

横向协议更有可能在法庭上受到质疑，尽管在某些情况下，它们已被宣布为合法。原本相互竞争的计算机企业和相互竞争的汽车企业之间的横向协议，旨在分享研究成果，并就性能标准达成一致——这些标准最终将降低成本，并且为消费者创新出更好产品——这样的协议已被宣布为合法。

集中度

正如前文所述（"1914 年克莱顿反托拉斯法"一节），联邦法律宣布，那些可能会大大减少竞争或助长垄断的行为是非法的。这尤其适用于两个企业的合并，或一家企业对另一家企业的接管。其中的推测是，企业合并将会导致价格上涨或质量下降。

两家企业合并之后的新企业，甚至是一家企业的成长，都有可能导致垄断或限制竞争。作为对这种可能性的一个潜在的预测指标，一种叫做集中度（concentration ratio）的方法流行了起来。这是行业内最大的四家（有时是三家）企业的总销售额与行业内所有企业的销售额或总资产的比率，或领先企业某一特定产品的销售额与行业总额的比率。这种方法产生了一些疑问。

1. 许多企业生产各种各样的产品，因此它们所属的行业并不是泾渭分明的。而且，由于有些产品用途广泛，它们可以被纳入多个行业。如此一来，这个问题就变成了：到底什么才是那个相关产品？服装制造商生产的是什么？医院生产的是什么？药物研究企业生产的又是什么呢？

2. 行业内有哪些企业？在美国只有两家裁制衣服的企业经常做灯笼裤（打高尔夫球的人曾经穿的长至膝盖的短裤）。如果这两家企业合并，并提高了价格，会不会吸引新的进入者呢？

3. 到底多少家企业必须相互签订协议，才算构成非法联合行动呢？一种解决方案认为，如果有意识地采取共同行动的企业群体，能够在至少一年内维持5％的价格上涨，那么该群体行动就会受到质疑。在对拟议的合并进行评估时，无论目前的集中程度如何，都还必须得假定新的企业和资源（或其他行业的现有企业）不可能在短时间内进入以防止价格上涨。正如司法部和联邦贸易委员会所承认的那样，不考虑新竞争对手的潜在进入，仅看现有企业的数量，是不够的。

　　撇开分类问题不论，看看集中度这个数值的意义，我们要问的是：什么是高集中度，它又意味着什么？如果度量出的这个指标较大，那既不意味着行业控制，也不意味着缺乏竞争。目前在集中性行业中存在的最大的企业，并没有拥有潜在的新企业能够生产这些产品的所有资源，甚至都谈不上拥有大部分这样的资源。

　　所得税报税服务领域的一个特许经营系统——H&R Block 公司，曾占商业报税业务的 40% 左右。然而，在能够提供所得税报税服务的资源中，它所占的比例微乎其微。这家企业更大的收益，并非来自对特殊资源的独家获取，也不是来自限制进入，也不是来自与其他报税企业的勾结。拥有当前行业销售额中的很大一部分，并不等于拥有相关资源能力的很大一部分。

　　通用汽车、福特和克莱斯勒，这些汽车业巨头从未"控制"过可用于制造汽车或可转换为制造汽车的大部分资源。它们也没有串谋保持高昂的价格——除了在不同但重要的意义上，请求国会通过这样一些法律，比如阻止消费者购买外国汽车（稍后讨论），或设置排放或油耗的行车标准（fleet standards）。显然，在立法授权的情况下，串通行为乃是合法之举。

　　此外，规模与盈利能力之间，到底孰因孰果，也是一个问题。更高的生产率意味着更高的利润，以及更快速地变为更大的企业，并导致更高的集中度。这与总销售额中占有更大份额，会导致价格和利润上升的说法正好相反。苹果之所以能盈利，之所以能做大，乃是因为它生产出了卓越的产品，而不是因为它的规模大而盈利。通用汽车、克莱斯勒和福特都是大企业，但这并不是它们盈利的原因。它们每一家企业近几十年来日子都不好过，因为它们的国际竞争对手更能令公众感到满意。规模并不意味着更大的利润，也与成功无关。

　　有些价格昂贵的产品的生产，在大企业中可能最经济，例如汽车、钢铁、发电涡轮机、飞机和电话服务。如果我们比较不同国家的同一产业，就会发现它们具有相似的结构。这直观地表明，这些产业的结构是由成本和生产考虑所决定的。

　　证据推翻了这样一种推测，即认为更大的集中度会导致消费者所面对的价格上升或产出下降。不过，司法部的反垄断指导方针明确规定了集中度，因此仍被广泛用于评估拟议的企业合并案的适当性。不过，司法部在官方指导方针中还规定了一项对冲措施，这就削弱了集中度的作用。这项对冲措施是，不管所衡量的集中度如何，如果在价格上涨 5% 后的两年内，预期会有足够的新资源进入并恢复到初始价格，那么，所拟议的合并案将不会受到质疑。

联盟 vs.合谋

联盟（coalition）是个人或企业之间的协议，不会对社会造成净伤害。两名律师组成一个合伙关系，可以说是加入了一个联盟。这可能会损害竞争，因为他们之间消弭了竞争，但他们为消费者提供了更好、更有价值的服务。这是对社会的一个净收益。

一组企业之间的协议，如果有利于这个群体中的成员，但会降低消费者取得的估值额，这种情况通常就被称为合谋（collusion），或如果由政府推行则被称为是卡特尔（cartel）。在这里，我们来考察一些合谋和卡特尔，看看其中一些众所周知的使其有效的条件。

合谋的目的

一群竞争者——譬如奶农或电脑芯片制造商——会希望限制彼此的市场行为，目的是增加收入和利润。他们可能希望提高价格，因为该群体面临的总需求弹性，比要小于为了销售同其他卖家展开竞争的、每个卖家所看到的需求弹性。

竞争者只需提高价格，就能从中获利。一个有效的合谋将会要求每个人遵守一项限制产出的协议。否则，当客户因合谋者涨价而另寻卖家时，作弊者就会获益。但产出的减少会降低消费者获得的总估值。即使这在法律上是允许的，形成有效的合谋来约束足够多的总供给量，也非易事，因为对一个降价者来说，作弊带来的利润非常可观。

有效合谋的障碍

越是充分满足以下条件，合谋成功的机会就越大。第一，每一个现有的和潜在的生产者都必须得到辨别，并参与进来。第二，必须说服所有现有的生产者同意提高价格，而潜在的生产商则被劝阻不进入该市场。第三，各个合谋者不得通过提高产品质量或相关配套服务来抵消价格的上涨。在所有为顾客带来有吸引力的特征上进行的竞争，都必须受到抑制。卖家必须受到监督，避免他们通过秘密削减合谋的价格进行欺诈。第四，作弊者必须受到比潜在收益更多的惩罚。这些未必是全部条件，但它们似乎是主要的条件。

1. 谁是重要的实际或潜在的供应商？其他商品或服务是否如此相似，以至于买家可以轻易地替代？如果你想组织起医生来设定价格，那么，对于实习医生、脊椎按摩师、注册护士、助产士、护理人员、技术设备、药剂师和药物企业，你将会怎么做？

如果你是一家主要的钢铁生产商，并试图与其他大型生产商合谋，以限制产量，那么，对于数以百计的小型钢铁铸造厂，你会做些什么呢？更糟糕的是，塑料、铝和混凝土，它们在某种程度上不都是替代品吗？此外，为自己生产钢材的企业，也可以扩大产量。不在协议签署者之列的钢铁生产商，在合谋企业的产量限制下，受到更高价格的荫庇，将会获益良多。

实际和潜在的供应商，无论是否在合谋，都有私人的动机，来扩张自己，破坏那个压低产量或抬高价格的协议。即便是石油输出国组织（OPEC）——常常被称为是一个高效的卡特尔组织——也存在这些问题。

2. 对于每家企业的产量限制，或者议定的价格是否适当，并非所有的参与者都毫无异议。这些因素将取决于每家企业的成本状况和设备，以及相对于其他企业的未来增长前景。指明产品和相关服务的所有特征，并非易事。合谋只要有效，就会改变竞争的性质，将其转移到价格竞争以外的其他方面。

如果企业生产的产品略有不同，那么共同的价格或质量控制协议就几乎不可能得到实施。当一个产品有许多细节需要合谋者监督时，作弊要想成功就不那么困难了。钢的等级、诸如预制为特定尺寸等特殊服务、储存设施、交货日期、付款和信用条件，以及退货特权等等，都仅仅是必须控制的差异化和作弊手段中的冰山一角。

当政府控制航空票价时，竞争的形式有：更好的飞机、航班频率、航班服务，以及与机票、航班等相关的特定酒店住宿等。这些都是取代降低货币价格而吸引顾客的手段。利润将被耗散到附加竞争性服务的更高成本中去。此外，生产这些竞争性服务的成本，将超过顾客对它们的估值，要不然这些服务早就已经得到了提供。

实际上，反竞争协议只会限制某些形式的竞争——比如价格——而与此同时，这类协议也会诱发合谋者之间其他形式的竞争。

3. 对集体协议的违反行为，必须予以查明。一种有助于减少作弊的技巧是，对于相对标准化的产品的所有供应商而言，通过一个中央销售机构销售全部产出，这个中央销售机构通常被称为"销售池"（sales pool），由它负责掌控销售量。葡萄干、杏仁、柠檬、花生和牛奶就是通过中央销售池进行销售，由中央销售池决定出售多少。每一个成员于是就在总的销售许可量中竞争更大的份额。

4. 处罚必须足够严厉，足以威慑。美国大学生体育协会（National Collegiate Athletics Association，简称 NCAA）* 对被发现作弊的大学施加的是什么样的惩罚呢？大学愿意支付巨额罚款，为的就是保住合谋成员的身份。门票和电视转播的分享至关重要，足以抵补罚款额。

内在的利益冲突和有效合谋面对的艰难之处，解释了为什么很少有人能成功地进行合谋。但有一些东西可以促进有效的合谋：由政府来促进和帮助卡特尔的实施，比如地方的公共交通工具、劳动力，以及葡萄干、杏仁、柠檬、花生、牛奶和大学教育等市场（仅举部分例子）。

政府机构作为不谨慎买家的脆弱性

政府不仅有助于实施一些卡特尔协议，而且政府采购机构还容易成为合谋者的"替罪羊"。在水泥、面粉、水、钢铁和混凝土管道、家具、牛奶、沥青和肉类——这些产品出售给政府机构（包括小学和大学），或出售给利润受到管制的公用事业——的销售商中，我们都发现了事实上的合谋现象。买家在计划采购的项目上收到标书；不过，他们受制于不能要求卖家再次竞标，也不能在合同中谋求降价打折（因为害怕被指控靠向卖家通报最低竞标价格来关照自己人）。

政府机构的管理者们所面对的激励很弱，而且他们的权力受到的限制也更多，在购买货物和取得最佳价格方面，不会竭力争取。在企业里，对采购机构进行有效

---

* 美国大学生体育协会是一个非营利性协会，成员有美国和加拿大的 1 281 个机构、会议、组织和个人，负责组织其成员学院和大学的体育项目。成立于 1910 年，总部位于美国印第安纳州印第安纳波利斯。——译者注

控制的激励要更强，因为企业为了生存下来，比政府机构更加依赖于所赚取的利润，而政府机构依赖的是税收。"我花我的钱，总是比我花你的钱，要更小心谨慎。"这句话解释了私人所有者和公共部门管理者之间的这一区别。

政府强制的卡特尔：为了谁的利益?

尽管所有政府都反对自愿合谋、贸易限制、企业垄断，但有些卡特尔则是通过明确的政府立法产生和实施的。

通常，这些限制的合法性和得到的支持，取决于一个团体能够集合多少政治力量，而不是取决于对其影响所作的经济分析。在某些国家的某些行业，政府容忍、鼓励甚至坚持让企业合谋。

在美国，企业在向外国出售产品时，合谋是合法的，这可能只会伤害外国客户。然而，当其他国家的企业被允许针对向美国的销售商品如法炮制时，我们的政客们又经常抱怨不止。虽然如此，咖啡、可可和糖的生产国会受到鼓励而联合起来，对包括向美国在内的世界其他地区的供给进行限制。这是一种隐蔽的对外援助形式——消费者为了生产国的利益而支付了更高的价格。

农场支持计划

几乎每个国家的农民在政治上都特别强大。长期以来，日本一直限制大米进口，以维持稻农的高收入——以及向消费者收取的高价格。欧盟的共同农业政策（Common Agricultural Policy）臭名昭著，导致食品价格远高于公开竞争下的通行价格。在美国，对糖、花生、葡萄干、无花果、肉类、西红柿以及更多产品的国外生产商施以进口限制，乃是支持国内生产者更高价格的一种途径。这意味着，美国消费者面对的供给量更小，支付的价格更高。

政府对奶制品的定价要高于市场出清价格。农民不得低于这个价格出售其产品。由于价格更高，所以需求量更少，这就产生了过剩。自然，在如此高的价格下，农民们会想饲养更多的奶牛。但这将会创造更大的过剩。政府要么得限制牛群的数量，要么得购买这一剩余的数量。历史上，两者都曾发生过。

如果政府购买多余的牛奶和奶酪，那么会发生什么呢？有些可以捐给慈善机构或用于学校的午餐计划，有些则一直保存到变质，有些则在外援计划中分发。然而，当给予外国时，受援国的一些领导人抱怨说，这构成了与本国生产商的不公平竞争。

要是美国奶农自己同意降低产量，并阻止其他农民转向奶牛养殖，那么，他们就可以垄断这一产业，并获得更高的垄断租金。（这是垄断租金，而不是垄断利润——要区分由限制生产而得到的收益与所赚取的利润。）

政府对农业的这一类参与，是一个世界性现象。有时，为了保持一国粮食生产的独立性，我们是可以认定它是必要之举，尽管它会令这个国家更加贫穷。不管最初的理由是什么，经过几十年的农业补贴和价格支持计划，这类以牺牲消费者/纳税人利益为代价的政策，基本上就是靠既得利益者向政治竞选中当选的官员输送的政治献金来维持的。

除了农业，政府经常对其他行业的实际竞争者和潜在竞争者施加限制——比如在有些州，政府对酒类零售分销就做了类似的限制。有时，理发或编织头发之类的服务需要昂贵的许可证，这也是限制竞争的一种方式。在一些地方，甚至在没有适当许可证的情况下，就家居装饰提供建议也是违法的。我们可以得到一个主要的观点是：当政府是合谋的成员时，防止潜在竞争者增加产量和降低价格就是合法的；否则，就是非法的。

工会

本书后面有一章节的主题就是工会。工会很值得关注，因为它们涉及明显的合谋行为，但它们是合法的。几十年前，美国联邦政府认定〔1934 年的《瓦格纳法案》(Wagner Act)〕，只有让工会能够遏制来自非工会劳动者的竞争，工会才能发挥效力。《瓦格纳法案》赋予工会罢工的合法权利，并在这一过程中限制非工会劳动者取代罢工者。

几年后，国会颁布了另外一项法律，授予工会代表企业所有员工的排他性权力，即使那些不是工会成员的员工也是如此。这项权力包括，向所有雇员收取会费，不论他们是否希望由工会代表。限制来自非工会劳动者的竞争权利，其一般理由是，如若不然，则原来的雇员在谈判雇佣条件时会处于不利地位。

这样一种由政府支持的权力——由简单多数来决定少数人就业时提供服务的条件——几十年来一直备受争议。还有一个争议点是，使用联合征收的会费来支持那些个体工会成员可能并不认可的政治家，这种做法是否得当。这些争论的结果是，现在美国有一半以上的州立法机关通过了自己的法律——所谓的工作权（right to work）法——这一法律禁止雇主和工会达成强迫个体雇员加入工会或向工会缴纳会费的协议。

政治家：在人们争相寻找政府援助的局面下的公众代理人

政府对现代文明至关重要。有时候，不妨把政府看作是抽象事物（it）——界定权利、权力和边界的文件，比如宪法，以及法人组织的章程；而有时候，又不妨把政府看作是一群人（they）——在经选举或委任产生的政府机构中任职的官员。这些人往往是经济舞台上的竞争者，因为他们控制着生产资源——如土地的使用——而且他们的许可往往是经营某一企业之所需。

类似于围绕私人生产的经济产品和服务展开的市场竞争，人们也会互相竞争政府提供的商品和优惠。当选的政治家是与其他政客竞争的中介人，他们代表各自的支持者来工作。政治企业家（political entrepreneur）往往寻求控制和指导资源的使用——有时与私人企业家竞争使用相同的资源。

政坛也是一个市场（marketplace），一如露天果蔬摊位，或者商品交易所。对于所提供服务没有协商得出的货币价格，但这并不意味着稀缺资源竞争的经济学原理就不适用。激励在政治上的重要性，不亚于其在商业上的表现。

有时人们会听说，有些东西是"反竞争的"（anticompetitive）——意思是坏的，或者有些东西"促进竞争的"（procompetitive）——意思是好的。这些都不是有用的表达。因为稀缺性存在，所以竞争不可避免，某种分配势在必行。如果价格竞争受到限制或压制，就会发生某种形式的政治竞争。当价格是通过生产者和消费者的自由互动来确定的时候，就可以确切知道消费者的估值是多少；当稀缺商品和服务的分配是以非价格的政治标准来实现时，消费者的估值就会始终不为人知。

彼此论争的经济学家

当职业经济学家作为反垄断诉讼中的专家证人彼此面对时，他们之间不应就针对具体情况适用的经济分析产生任何争议。他们使用的是同样有效的经济分析原理。相反，这种争议是关于事实或环境的。两位优秀的经济学家，可能很容易地就哪一组观察到的事实可以证明一种推论，而哪一组又可以证明另一种推论达成一致。或者，他们会认同现有的经济分析不足以解决这个问题。不幸的是，许多律师和诉讼人认为经济学理论相互矛盾。事实并非如此，实际上，是在事实条件、衡量标准和适当的市场程序等问题上，存在许多有争议的问题。

成功合谋的问题

如果只有一个卖家提高了价格，有些顾客就会转向其他卖家。一个卖家面临的需求弹性很高，这意味着价格上涨将导致销售量大幅度下降。卖家的总收入将会下降。但如果所有人一起提高价格，买家就不会有任何卖家可以转换。他们会买得更少，但如果市场需求弹性小于1，他们所买的东西的总市值会更高，这被称为缺乏弹性。只要市场需求的弹性小于1，价格的任意上涨就会导致总收入增加，成本降低，利润更大。

为了提高价格并维持住价格，竞争对手必须同意不低于所宣布的更高价格。而每个卖家平均而言都要少生产、少销售，否则就不能把所有的产出都卖掉。但每个卖家都希望其他生产商减少产量。接下来的问题是，必须达成削减产量和确定上市供给量的协议，否则就无法维持提高了的价格。于是，把所有卖家都组织起来提价的积极性就形成了。而与此同时，一个卖家此时若不提价，便可尽享需求量大增之盛宴，这也就提高了该卖家独树一帜拒绝提价的积极性。为了有效地合谋，全部或大部分供给量的卖家必须一起提高价格，但正如石油输出国的领导人所知道的那样，要使这一协议得到遵守极其困难。作为消费者，我们努力阻止供应商合谋，但作为消费者，我们也有积极性串通起来对抗卖家——就像政府的房租管制，既是针对卖家，又要针对任何一个想暗地里提高出价的消费者一样。

练习与思考

1. 在某个社区，有 10 家混凝土砌块企业被市检察官指控合谋起来限制产量、操纵了混凝土砌块价格。该指控称，这 10 家生产商生产了占社区混凝土砌块产量的 85%。请问什么叫"合谋"？

   答：

   天知道什么叫"合谋"呢？为了达成一个邪恶的协议，他们会一起开会或努力进行交流吗？实际上达成了协议吗？这是一种认识上的自发同步现象吗，在这种现象中，所有人都同时得出结论，认为在产量和价格上弄虚作假乃是精明之举？又或者，那也许是对当前市场状况的共同重新评估？

2. 假设所有生产商品的现有企业都成功和有效地合谋，从而对产量进行了限制，并提高了价格。在开放市场中，有什么样的力量会妨碍合谋的有效性呢？

   答：

   在更高的价格上，新的潜在生产商可能会参与进来，并降低合谋的价格。使用价格更低的替代品，将变得更有吸引力。有些合谋者有动机通过降价来作弊，因为它们有着不同的成本—产出关系。（对于更具增长前景的低成本企业来说，价格越低对它越有利。）合谋必须有办法侦查作弊者的降价行为，并对违规者进行足够严的惩罚，从而阻止出现进一步的作弊行为。其他形式的非价格竞争也必须在成员之间加以控制，例如质量变化、交付费用、保修和维修服务、信贷，以及试用和退款政策。

3. 根据联邦法律起诉的第一起针对合谋涨价的案件，所牵涉的是出售给美国政府的钢管。许多被起诉的案件都涉及针对政府的合谋。针对这一事实，你可以给出哪些解释呢？

   答：

   可以预见，执行反合谋法律的政府机构，会集中关注针对政府的合谋。政府通常会恰当地采用公开招标的密封投标制度。这是为了防止秘密降价，并对合谋进行探查，而作出的制度设计。

4. 合谋、合作、竞争有什么区别？可取的联盟与卡特尔之间有何区别？

答：

合谋是指卖家们假扮成身份独立的竞争者来谈生意时所存在的欺诈成分。买家受到了误导，他们以为卖家是独立行动的。公开的合谋，比如合并，不存在所谓"卖方之间"竞争的假象，这就像同一家企业的两名销售人员一样，买家不会上当受骗。开放的合伙关系，并不具有欺骗性。

竞争意味着人与人之间为谁将获得现有资源而努力，而合作意味着联合行动，从而增加待分配的财富总量。有些行为同时在做这两件事。专业化分工条件下的交换，在增加财富和分配财富方面，既有竞争性又有合作性。有时，演讲者或作家会使用"合作"一词，来表示相关各方相互了解，并达成某种共同协议的情形。他们的目的是想把这种情形，与许多独立各方联合生产诸如铅笔这样的情形区分开来。然而，在一个竞争激烈的市场上，即使生产商完全是陌生人，生产和销售一个产品的各个组成部分也需要大量的合作。

5. 欧洲煤炭生产商曾经通过一个中央机构集中销售煤炭。

（1）为什么这对有效监管生产者之间的合谋协议来说至关重要？

（2）为什么没有煤炭生产商拒绝遵守协议，并利用这个机会，以所谓的"卡特尔"维持价去销售更多的煤炭？

答：

（1）要对销售同质产品的秘密违规行为进行管控。

（2）法律会迫使他们加入。

6. 在美国职业棒球大联盟的两个联盟中，几乎每支球队都得到过市政府的补贴，市政府为他们提供体育场等设施。如果不能保证新的联赛可以使用这些设施，这会对现有球队的收入产生影响吗？

答：

会。会有垄断租金提高的可能。

7. 商业上的"默契协议"（tacit agreement）和合同是一样的吗？

答：

在法律诉讼中，"默契协议"通常指的是，企业之间的各种互相依赖或关联的行为，都是产生于某种起码像合同一样的心照不宣的共识。例如，当我意识到如果我降低我的企业的价格，你就会相应地降低你的价格，这有时就被称为默契合约。然而，这种现象可能是出于人们对竞争压力下彼此会作何反应的不言自明的理解，而这种理解对买卖各方都没有强制规定任何义务性的约束或行动上的响应，而合同——顾名思义——则强制规定了义务性的约束和行动上的响应。

第 27 章　公司制企业

企业所采用的公司形式，是我们的祖先发展起来的，是过去至少五个世纪里的伟大发明之一。它是组织人力和资源进行持久的团队作业、并为之筹措资金的举足轻重的方法，其目的就是提高可进行市场贸易的商品的生产——从而提高实际收入和增加财富。没有它，国民总收入将会少得多。它还为人们提供了一种将家庭储蓄投资于长期生产性资源的方法——这个方法涉及的是所有权，而不仅仅是借出和贷入。

企业所有权形式

企业通常采用三种法律形式之一：个人独资企业、合伙企业或公司。独资企业（proprietorship）由一个人所有，他对该企业的所有债务负责。其所有人对全部合同债务负有无限责任。所有者的全部财富，无论是否在企业之内，都可以用来偿还债务。合伙企业（partnership）由两人或两人以上共同所有。每一方都对整个公司负有无限责任，每一方都可以订立合同约束其他方。公司（corporation）是一种共享的、可转让的所有权形式，承担有限责任——即仅限于企业内的财富。任何所有者外在于公司的财富，都不能用于该公司未来的债务。

企业的公司形式

成立公司，需获得政府批准。虽然公司通常被称为国家的产物，但它其实是通过资源所有者之间的自愿契约，来联系和控制的一组资源。在美国，任何州政府，而不是联邦政府，都是批准公司成立与否的政府。这种批准通常是走个形式。公司不由政府创建。它被州政府确认和授权为一项法律上可执行的合约安排。特拉华州一直是大多数公司注册在案的州，这是因为，在特拉华州，公司得到允许的行事范围受到的限制最少。

所有权份额

所有权以公司普通股的股份来体现。每一份股票都赋予股东一票表决权。普通股的所有者被称为股权所有者（equity owners）。与股权所有者不同，债券持有人将财富借给公司，而不是作为所有者进行投资。

管理结构

通常情况下，总裁或 CEO 是聘来的职业经理人，或者本身就是大股东之一。最初得到任命的是公司董事会，它代表股东所有权高于企业管理层的权威。大股东通常是董事会的成员。董事会控制着公司，乃是常见的说法。我们将会看到，对于控制权的含义和谁控制公司的既有观点过于狭隘了。

公司的所有权特征——分担大规模的投资

通常情况下，投资于公司的金额，大于任何一个人或少数人能够或愿意投资的数额。最初的投资者或新公司的发起人向个人提供股份，这些个人将成为共同所有者。最终，董事会将利用一家投资银行公司，安排向新投资者出售新增股票，这种出售被称为首次公开募股（IPO）。该投资银行公司会估计一个价格，它认为在这个价格上所有股票都可以出售，并保证以这个价格出售。对于其担保和销售服务，投资银行将收取承销费（underwriting fee）。如果这家投资银行未按规定价格出售全部股份，它仍应当按照承诺的金额支付，并承担损失。

非歧视性地出售所有权股份

最初和后来的股东，不关心谁是新的投资者和共同所有人。这些新股卖给了任何愿意支付这个价格的人。销售的匿名性使得企业的公司形式非常有效。要想知道原因，就看看它是如何发展的。公司所有权形式在苏格兰和英格兰的历史，已经广为人知。

公司股权结构的演变

为大规模、共同分担的长期投资而发起的公司

在 15 世纪和 16 世纪，英格兰和苏格兰的投资者共同投资于昂贵的船舶和设备，以便到国外的土地上进行勘探和贸易。每一个投资者为一项冒险事业投资于一家联合出资的公司，其所持有的普通股股份与其投资额成比例。每一份股票在决定和选举管理人员时即拥有一票表决权。

远洋冒险可能需要几年的时间才能获得回报——而如果遭到海盗的成功劫掠，或这艘船在暴风雨中沉没的话，它就血本无归。这些冒险事业时间之长，超过了一些投资者希望他们的可投资金被占用的时间。如果人们认为他们之后可能想拿出其中一部分利润或撤回投资而用于消费，或者在航行结束之前他们想选择其他投资机会，那么，如何才能说服人们去投资一项长期存在的企业？第一步是允许最初的股东出售他们的股份。有了股份的可出售性，公司可以继续经营，但（部分）所有者已经发生了改变。

有限责任相较于扩展责任，以促进股权转让

光有可出售性还不够。在无限责任下，每个所有者股东的最终责任，将极大地

依赖于其他股东，特别是取决于其他股东到底有多富有。如果一些股东不能支付他们在未来债务中的份额，其他股东就必须支付更多。股东不允许将股份转售给未经其他股东批准的人。

为了保证其他股东的可靠性，股东很难出售股票。结果证明，将每个股东的责任限制在已投资的数额上，是解决这一问题的一种途径。个人投资者只是把他们为股票支付的钱置于风险之中，不管他们是最初的投资者，还是后来的股票购买者。有限责任使得向任何人出售股票都很容易，这是一种具有匿名可出售性的非歧视性政策。

在法国，这种公司是匿名的。在大不列颠，公司名称的后缀"Ltd."，表示这是一家有限责任公司，譬如 Harrods, Ltd.。

这种有限责任（对股东的其他财富没有追索权）确实降低了公司的信誉，并增加了做生意和借贷的成本。但是，这提高了人们对公司进行大规模长期投资的意愿。放贷者变得不那么渴望放贷，但投资者变得更愿意投资。投资吸引力的增强压过了信贷风险。这种以匿名出售的有限责任，是一种从（1）若干共同分担的投资者中，获得（2）大量投资的有效方式，而这些投资（3）维系的时间超过了任何投资者个体想要参股其中的时长。几乎每一家现代公司，都是有限责任公司。

股票市场

一个运行良好的股票市场对于企业的公司形式至关重要，因为它为普通股股份提供了快速、低成本的可出售性。它主要不是一个进行新投资的地方。在其他地方，投资于新企业可以成本更低、效率更高地完成——由被称为承销商（underwriters）的投资银行或一组证券经纪公司来完成（如前所述）。股票市场主要作为公司普通股现有份额的转售市场而运行。股票经纪人通常主要是作为普通股已发行股票交易的专家来提供服务。

在所有发达国家的股票市场上，有数千家公司的普通股在进行交易。当你通过股票市场向某个不知名的人出售或购买股票时，你的股票经纪人起着保证售出的作用。如果另一方没有向你的股票经纪人提供要交付给你的股票，股票经纪人有责任并且必须予以提供。如果另一方是买方而没有付款，股票经纪人必须对你进行支付。

如果没有股票市场和构成该市场的股票经纪人，股票的销售将会过于代价高昂，几乎高得令人望而却步。

有人认为股市是人们赌博的地方。这种批评意见忽视了股市不会造成赌博本身具有的不确定性这一事实。每一项投资都是一场赌博——投资的结果是不确定的。股市使得承受这种不确定性的成本降低了。如果投注者可以操纵竞争，我们倒可以抱怨，但不是抱怨赌博，而是抱怨作弊。在诚信方面，很难找到比有组织的股票市场更具诚信的群体活动了。

公司实体产生影响的历史证据

与过去1 000年西欧公司的崛起相反，在伊斯兰国家，群体内部人们之间的合伙关系，随任何一个成员的死亡而结束。因此，长期投资（和大型投资）风险更高，频率更低。

在西欧，没有人可以向公司所有者索取比他们投资于公司股份的金额更多的东西。在伊斯兰国家，责任不限于指定的资源；借款人的全部个人财富都会处于危险之中。这些似乎是伊斯兰国家曾一度比西欧更先进，但在随后的经济增长中却受到阻碍的主要原因。正是公司，帮助西欧实现了更迅速、更广泛的经济增长。

限制公司组织形式的立法

公司制企业到17世纪所取得的成功，迅速催生了大量的合资企业。不可避免的是，许多都失败了，其原因不是因为公司这种形式不合适，而是因为所追求的活动没有盈利。这些失败竟然促使英国禁止公司形式的立法。但最终还是发现了不妥，后来的法律解除了这一禁令。人们认识到，公司组织形式富有弹性和生产性，并且可以通过税收来为政府服务提供资金。这样一来，人们对公司这种组织形式的反对声音就逐渐减弱了。

大企业与小企业的区别

公司这种结构，有助于为大企业的创建和运营提供资金。什么是大企业？一家企业之所以很大，可以表现在销售额的美元价值上，也可以表现在工资总额、雇员数量、资产规模或所有普通股的市场价值上。说一家企业是大企业，并没有共同的标准。成千上万家小企业，生产由几家超大企业组装和分销的零部件。在波音飞机制造和组装零部件的合同和分包合同网络中，有 1 000 多家企业。一些大型零售分销商，例如 Sears、Safeway 和沃尔玛，与其他生产企业签订合同，生产零售商品牌的产品，并由零售商销售。*

所有衡量企业规模的指标相互之间都高度关联，以致几乎其中任何一个都可以用作衡量企业规模的指标。我们主要考虑员工数量和公司拥有的资本设备这两项指标。

1. 一般来说，资本（非人）与劳动（人力资本）的比率，在较大（更多的雇员）的企业中会更大，这可能是因为监督实体资本比监督人要更容易的缘故。

2. 在大型企业中，资本设备的使用更为密集（更少空闲时间）。这可能是因为大企业的资本与劳动的比率较大，使得资本的停工时间更加浪费不起，因此员工换岗更为频繁。

3. 大企业比小企业购买的新设备更多，这可能是因为对于大企业来说停工时间代价更高。

4. 更大的公司拥有正式教育水平更高的雇员，从事监督工作的雇员比例更高，而且兼职工人相对更少。

5. 在大企业中，雇员的小时收入和年收入平均来说更高，这可能是因为雇员的平均技能较高。

6. 较大的企业生产更加标准化的产品，而较小的企业更倾向于生产为顾客量身定制的商品种类。

---

* Sears 曾是美国乃至全世界最大的私人零售企业，2018 年正式向美国破产法院申请破产保护。Safeway 是北美最大的食品和药品零售商之一。沃尔玛是一家美国的世界性连锁企业，营业额全球最大。——译者注

我们听说，越大的企业利润越高，寿命越长。这其实是倒转了因果关系。利润更高的企业之所以规模更大，寿命更长，就是因为它们的利润更高。这和说健康的人往往比不健康的人活得长没什么不同。但是一个更大的企业，尤其是从事多种产品生产或经营活动（研究、制造、分销、零售）的公司，在这些活动的某些当中，也会有损失。由于所有活动都合计为一个整体，所以，虽然有些部分在给定的时间内并不在盈利，但整家企业可能仍处于盈利当中。如果每一项活动都由不同的企业实施，那些不能盈利的公司就会倒闭。

为什么会出现大企业？

解决利益冲突

在制造复杂的商品时，大量的资源需要深度的协调、管理和信息交流。较之于独立拥有的企业之间存在的部分利益冲突，在企业内部的人之间上述活动能够得到更可靠地开展。

大规模生产需要大量的初期投资

产品在多大程度上需要满足消费者的口味差异，影响着标准化的可能性，以及通过大规模生产来降低产品单位成本的可能性。对于为相对富裕的人量身定做服装的企业，其规模要小于大批量生产低成本服装的企业。小餐馆提供的美食，更专门地针对更富有的顾客；而汉堡包和比萨饼通常是由大批量生产的大企业提供。特殊的汽车（法拉利、赛车、加长轿车），需求量很小，一般都是较小的企业制造的。

对有些专业服务项目（法务代表、美容院、报税服务）的需求差异越大，供应商就可能越小。生产过程越依赖于员工不可任意支配的、标准化的、重复性的生产决策，就越可能受益于大批量生产所带来的效率。例如，大规模、持续流动的啤酒酿造是如此有效，以致现在为大多数啤酒饮用者提供服务的啤酒厂数目越来越少，但规模越来越大；而微型啤酒厂生产的产量要更小——而成本更高。在汽车生产中，一些非常大的国际供应商与定制汽车的制造商，以及成千上万的定制汽车的小工场，彼此共存。

生产技术只是这整个故事的一部分。分销、管理和融资技能，同样可以适用于在大公司里同时生产的多种产品。肥皂、谷类、花生、蛋糕预拌粉、糖果和罐头食品，在批发和零售分销中使用相同的分销设施和专业技能，即使每种产品都是由许多小的生产单位制造的。

一家大型银行可以有许多小分支机构，它们提供共同的标准化银行业务和金融服务，而分行经理则专门研究当地借款人的信息。大型的、集中控制的快餐店特许连锁店，与小型、独立的美食餐厅相比，也有类似的情况，这些小餐馆的餐食不可能通过众多厨师之手廉价地被标准化。麦当劳在标准化产品方面规模很大，但每个麦当劳连锁店的规模都很小。

市场更大

运输成本的降低，对于通信和知识服务（例如银行业、保险业和广告业）而言，影响尤为强烈。管理、设计和会计的行政服务，是高度知识化的，在低旅行成本和低通信成本的时代，这些服务更为便宜，也可以得到更加有效地传递。这就是银行和保险公司能成为跨国企业的原因所在。

直到最近，美国国内法律还在限制美国银行的扩张，使其不能超越国界，也不能提供金融投资和管理服务。外资银行则不受此限制，可以提供这些服务，因此它们迅速占有市场份额，直到国内公司获得相同的授权为止。

规模较大的公司越少，竞争者越多，消费者的选择也越多

在更广大的地区上更低的运输和通信成本，使得更少的大型生产商可以获得更多潜在的、大规模生产的效率，它们每一家企业都可以服务更多的社区，为每一个买家提供更多的替代品。尽管企业的数量更少，但为客户提供了更多的选择和机会。在 20 世纪，尤其是在过去的几十年里，交通和通信成本下降的速度是惊人的。外国商品在每个国家的经济中所占的比重，都变得比以前要大得多。

既然一家公司可以让更多人获取信息和享受服务，那么规模效应就可以得到更

充分的利用。这为消费者带来了更多的选择。由于国际贸易成本的降低，较小的本国企业正在与其他国家的企业合并。尽管全球独立经营的供应商数量更少了，但消费者在供应商中的选择范围却更广。

继续限制国际贸易，代价已经变得更高昂，破坏性更大，因为当运输和通信成本降低之后，贸易限制会让更多的贸易机会受到阻碍。在过去 20 年中，通过加入贸易协定来消除壁垒的政治压力增加了。

对现有公司征收新税

当对现有公司征收新税时，公司中已有的许多资源几乎没有机会迁移而逃脱税负。公司形式也不能轻易地转变为非公司的形式。公司的雇员和资源所有者由于无法在零成本下移动或转移，将会遭受财富的损失。普通股的价值就会下跌。对现有公司征收的新税，影响了那些在宣布纳税时已经是股东的人的财富。后来购买股票的人不承担这一税收负担，因为他们支付的价格，是税后预期会减少的未来净收入的现值。

征税后对公司的新投资

后来成立一家新公司的人，知道必须纳税，就把税收当作其他可预见的成本来对待。投资者要求的回报率要足以支付所有预期成本，其超额部分至少等于其他可行的投资项目的超额部分。由于对投资资金的竞争，所有投资的预期回报率都会趋于相等。因此，不论是对新公司还是老公司的新投资者——在这项税负已经广为人知以后——是不会比其他未被征税项目的投资者更吃亏的。

由于对公司形式的企业征税，公司业务的成本会更高。这往往会让投资转向效率更低（但税率也更低）的非公司形式的企业。因为新投资的预期回报率必须足够高，高到足以支付企业更高税收的程度，所以对公司的投资就更少，公司产品的供给量将会更小，消费者面对的价格也会更高。这意味着，公司税降低了国家的生产力和国民收入。

这一分析并不意味着公司税必然带来不良后果。认识到政府活动的必要性，问题就变为："征哪些税，以及征多少税才恰当?"——而不是："对公司行为征税是否适当?"

练习与思考

1. "几十年前，生产商有几十家。现在只有几家大企业，所以现在消费者的供给来源减少了。这是大企业的缺点之一。"请对此作出你的评价。

   答:

   越来越少、越来越大的全国性或跨国公司，生产了在美销售的产品中的一个很大份额，因此消费者的购买选择范围越来越小，这种说法恐怕不是事实。如今的消费者有了更多的替代供应商。例如，如果有 1 000 座小市镇，每一座都有 5 个卖家，而每个人，像每个买家一样，只在一座市镇上做生意，就会有 5 000 家不同的商业企业，但每个买家也是只有 5 个卖家可供选择。廉价、快速的交通和通信，使得覆盖更大的区域成为可能，从而容许每家企业和每个买家在更多的市镇上开展业务。商业企业的数量可以减少到比如说 40 家，如果每家企业和消费者现在能够在一半的市场上交易，每个买家平均会面临 20 个可能的卖家。运输和通信已经得到改善，所以今天的普通消费者就有了更多的供应商可供选择。

2. "一人所有的公司与一家独资企业 (proprietorship) 无异。"你同意吗?

   答:

   公司所有者和独资企业在不同的规则和程序下行事。尤其是，公司所有者以有限责任持有公司；而独资企业的财富不受这种保护。

3. "公司的续存性（continuity）是指，如果公司任何或所有现任所有者死亡，公司仍将作为一个所有权单位而继续存在。"这话对吗？

答：

对。股票可以转让给继承人和受益人，而一般来说，所有权（普通股）在未经其他所有者同意的情况下是可以出售的。

4. 为什么公司是聚集起大量财富的主要所有权形式？

答：

这是一种方便的资本聚集方式。任何一个所有者都不必为了把公司做大，就把所有的财富都放在一家公司里。易于出售的所有权，也提高了投资吸引力。换言之，它是一种有效的财产风险分担形式。

5. "商业企业的存在，是因为许多人没有足够的财富来拥有可以使他们更有效地工作的资本设备和机器。"请你对这句话给出自己的评价。

答：

在企业中生产而不是单独生产，其优点在于，企业降低了为每一笔相互关联的交易都不得不进行协商、给予支付并提供服务的交易成本。企业也有助于发现更好的组织、监控和管理员工积极性的方法。商业企业得以组织的形式——比如公司、合伙企业或独资企业——影响到企业积累财富以获取设备和机器的能力。

附录：理解财务报表

商业企业定期（通常每3个月或6个月以及每年）报告其财务活动及企业现状。表27.1是2018年6月30日"联合矿业公司"（United Mining Corporation）资产负债表的简化示例。"资产负债表"是公司资产、负债和所有权结构的列示和成本估价。资产是公司股东拥有的资源。其他人对这些资源所拥有的索取权就是负债。资产净值——减去负债后的价值——即为权益或股东权益净值。

表 27.1　联合矿业公司资产负债表，2018 年 6 月 30 日（千美元）

资　　产		负　　债	
流　　动		流　　动	
现金	1 929	应付账款	11 923
应收账款	4 669	应付票据	2 358
坏账准备	− 600	未来生产的应计负债	10 200
未计费的成本	13 335	流动负债	24 481
存货	7 515		
预付费用	756	长　　期	
有价证券	5 577	长期债务	48 623
流动资产	33 181	少数股权	3 974
		长期负债	52 597
长　　期			
投资	9 334	权　　益	
政府合约	18 244	可转换优先股 10 000 股（票面价值 100 美元，股息 5%）	1 000
工厂和设备	69 877	普通股（票面价值 0.20 美元）发行 5 175 000 股	1 035
减去折旧准备	− 7 000	资本盈余	26 623
其他资产	538	留存收益	18 538
商誉	100		47 196
长期资产	91 093		
总资产	124 274	负债 + 权益	124 274

资产负债表

基本定义是：资产 − 负债 = 权益

资产负债表列示的项目分为左侧的资产和右侧的负债及权益。

资产：分为流动资产和长期资产。

流动资产

- 现金：持有的资金，包括支票账户和现金等价物。

- 应收账款：这些是客户尚未支付的过去销售额；向客户收取账款或信贷，通常宽限他们 30 天支付。

- 坏账准备：可能有些客户会无法偿还债务。为了估计应收账款的"坏账"，需减去所谓的"坏账准备"或"呆账"。这表示对应收账款价值的"保留"或"限定"。在簿记中，"准备"（reserve）一词，几乎从不表示现金的预留或资产的实际预留。它几乎总是用来表示对某些资产或负债的规定价值的保留或调整。

- 未计费的成本：公司正在生产一些定制订单的产品。随着这些订单的逐步完成，公司将所发生的费用记录为对客户的索取权。在完成和交付给客户后，将向客户提交一份账单。

- 存货：这可能是从其矿山中运出但尚未出售的矿石的价值，加上任何其他未售出的产品。一般来说，这一科目记录的是产品或原材料的价值。

- 预付费用：公司已预付、但尚未获得的商品和服务——比如你预付杂志订阅时，你将在个人资产负债表中，作为资产记录预付费用的未使用部分。

- 有价证券：通常是美国政府债券或票据。

长期资产

- 投资：这家公司拥有的一些另一家公司的股票。通常，特定的投资在资产负债表的附注中予以说明。

- 合约：这些可能是未来服务的预订单。

- 工厂和设备：这通常是为该公司的有形财产——矿山、工厂、冶炼厂等——所支付的原始金额。有时，特别是在购买之后设备成本发生了巨大变化的情况下，这是更换它的成本。

- 折旧准备：与坏账准备一样，折旧准备表示的是更新可折旧资源估值的方法。财产、厂房和设备已被使用，部分程度上会造成磨损。对于工厂受到损耗那一部分的估计，以及将其从原始成本（账面价值）中减去，这被记录为"折旧准备"。它不是为了支付折旧而预留的某种财富准备金。通常情况下，它是被算作生产成本的折旧总额。

- 其他资产：这些资产几乎可以是任何类型的资产——矿山、土地、建筑物、对他人的索取权，等等。通常，资产负债表上的附注会提供有关此科目的线索。

● 商誉：专利和商标通常被给予某种金额不大或象征性的价值估计，并把它叫做"商誉"，作为对产品可靠的供货商的声誉之估价。此外，当两家公司合并，而一家公司"支付"的金额超过另一家公司的账面价值时，商誉也可能会出现。

债务

通常归类为流动负债和长期负债，前者通常代表一年内必须支付的索取权。

● 应付账款：公司购买了必须支付的货物和设备。

● 应付票据：公司已借款票据，且票据上有显示应付金额。该项目还可能包括一年内到期的任何长期债务。

● 应计负债：本期（月底）公司已经产生的纳税或支付工资的应尽义务。如果工资在当月的 15 号支付，那么在月底，该公司将欠大约半个月的工资。

● 长期债务：公司发行债券借钱。在本例中，这些债务最终将在未来十年内到期。债券是企业对债券持有人的债务。

● 少数股权：这是一种相对罕见的记账方式。这家公司是一家子公司的主要但非独有的所有者，该子公司的全部价值均已被记录在资产中。因为这家公司不是唯一的所有者，所以它必须容许存在属于其他所有者的股份。本报告的附注将会告诉我们，"所拥有"的这家子公司的标明价值约为 14 700 000 美元。所有这些价值都包含在该公司（联合矿业公司）的资产栏报告的财产、工厂和设备（69 877 000 美元）中。然而，其中 3 974 000 美元属于其他人——子公司其他的所有者。这是少数股权，要从公司的资产中减去，在负债方录入。联合矿业公司没有在资产栏将子公司所有权份额的价值报告为 65 903 000 美元（＝69 877 000 美元－3 974 000 美元），而是报告了总价值 69 877 000 美元，然后再在负债栏减去了 3 974 000 美元。

权益或所有权

许多不同的项目都被记录为对权益拥有索取权。

可转换优先股

在破产的情况下，优先股持有者优先于普通股股东对股息和权益拥有索取权。若有收益，在向普通股股东支付股息前，优先股持有者的股息优先得到考虑。有时，优先股是累积的：如果未付股息的任何拖欠都累积起来，普通股东就不能取得任何股息。而且，优先股可能可以转换，可以按规定的比例将其转换为普通股。在本例中，优先股与普通股的兑换率是 1：10。可转换优先股的票面价值为 100 美元，股息为 5％；这一优先股每年可得到 5 美元股息（如果确有股息的话），可转换为普通股的 10 股。

购买 100 美元的可转换优先股的人，怀有这样一种希望：普通股将会超过每股 10 美元；转换为 10 股普通股将使持有者获得超过 100 美元的收益。当普通股的市场价格接近 10 美元时，可转换优先股股票的价格将会上升到 100 美元以上，这既反映了到期股息的当前价值，也反映了未来普通股价格可能上涨的当前价值。可转换优先股的购买者，实际上在一定程度上是普通股股东或所有者；而可转换优先股的购买者，仅仅是公司的债权人。

最后，有一些优先股（和债券）是可赎回的；也就是说，公司有权在到期日之前支付它们。一股 100 美元的可赎回优先股，通常可以在某个略高于 100 美元的价格下赎回，但溢价随着到期日的临近而减少。可赎回、可转换、可累积的优先股（100 美元面值，股息为 5％，可转换为普通股 10 股，5 年内可赎回 105 美元）的股东，将会获得每股 5 美元的股息（如果确有股息的话）。这一股票可以要价 105 美元，其持有者必须要么持有它，要么把它转换为普通股（10 股，因为在每股 10 美元的水平上，它们将相当于可转换优先股的 100 美元面值）。

股权的最终剩余索取权

根据定义，权益是资产和负债之间的差额。在本例中，如果我们从资产 124 274 000 美元中减去负债（流动负债加长期负债）77 078 000 美元，我们就可得到会计权益的账面价值 47 196 000 美元。这是基于会计记账中记录的价值。它是如何实现的呢？最初，当发行股票时，有 28 658 000 美元支付给了公司。出于法律和税收目的而计入会计账目的数额是初始票面价值 1 035 000 美元，另外再加上一开始为普通股支付的金额 26 623 000 美元，和为优先股支付的 1 000 000 美元。

　　这 28 658 000 美元，是用于财产、工资、设备等项目上的投资和花费（连同贷款的收益），而现在，这些购置一方面看是资产，而从另一方面看则是产生了义务。所谓票面价值或账面价值的指标，并不反映任何相关的经济价值；它只是记录过去在获取各种项目时存在过的价值。公众看重公司的，是未来的前景，而不是沉没成本。

留存收益

　　该公司投入了 18 538 000 美元，用于购买设备和设施。它也可能向普通股股东支付了一些红利，但我们无法从资产负债表数据中看出来。如果公司有损失，那就从计入的收益（如果有的话）中减去。这只是具有历史价值的会计数据——记录的是公司成立以来管理人员和所有者所做的部分工作。

　　如果我们将所有权的账面价值 47 196 000 美元（= 28 658 000 美元 + 18 538 000 美元）除以已发行的 5 175 000 股，大约等于每股 9.12 美元。我们很容易会得出这样的结论：一股普通股价值约 9 美元。但是，资产负债表中的资产数字是（折旧调整后）过去的设备费用，它不会告诉我们公司将来会做什么。我们怎么知道，这座耗资比方说 100 万美元寻找和开发的矿山，一年的收益不会达到比方说 100 万美元，或者可能一无所获呢？除非公司董事决定对未来的收益流作出预测，将其折现为一个现值，并记录在商誉或利润下，否则资产负债表的资产记录不会显示出这一点。但他们没有这么做，因为他们知道那是不可靠的。

　　所记录的这些账面价值——度量的是经过正式折旧法进行了调整的累积资产的过往成本——并不是当资产被零散地处置时的资产价值指标。这也不是对公司未来业务的现值的衡量指标。股价超过账面价值，并不意味着是在欺骗股东。股票价格低于账面价值，也不能说明这项投资还能保底——假如局面每况愈下，不能指望公司还可以出售其资产，并筹集到足够的资金来支付每位股东的账面价值。账面价值与未来的盈利前景几乎没有关系。

损益表

　　公司还会出具一份损益表，说明截至资产负债表日期的年度内的收入和支出。

表 27.2　联合矿山公司损益表，截至 2018 年 6 月 30 日的财务年度（美元）

销售额		83 261 000
成本与支出		
所售商品的成本（劳动、物资和动力）	67 929 000	
设备折旧和矿石耗减	4 599 000	
销售和管理	6 079 000	
债息	4 105 000	
		82 712 000
业务净收入		549 000
属于少数股东权益的股份		111 000
联邦所得税		25
净收益		437 975
每股收益		0.08

该表报告，截至 2018 年 6 月 30 日的一年中，普通股每股净收益为每股 0.8 美元（表 27.2）。损益表和资产负债表都不报告普通股、优先股或其债券的市场价值。这些信息可以在报纸或互联网上查到。

　　公司股票的市场价值反映了公众的期望。今年收益为负、但在未来却有着极好的前景获得很高正收益的公司，可能比今年收益为正、但未来盈利增长似乎没什么前景的公司，有着更高的估值。用股票市场价值与当前每股收益的比率（称为市盈率），来作为比较两只股票的基础，是具有高度误导性的。当前的收益如何无关紧要，对未来收益的估计才是重要的。

第 28 章　对公司控制权的竞争

与其他私有财产一样，公司的所有权和控制权也受到竞争的影响。所有权和控制权可以通过向现有所有者支付足够高的价格来购买。你可以通过买入足够的普通股（所有权股份）来购买公司的控制权。其他股份的所有者将失去事实上的控制权，但他们仍然拥有公司价值和收入的一部分。许多股东可能是被动的、不活跃的所有者。但所有股东都面临着争夺这些股权的竞争。

普通股股份的可出售性（可让与性）使公司的控制权面临竞争。如果外部人认为利润可以提高，他们会提出比目前的股东所认为的所有权估值更高的出价。如果他们作为控股股东更为成功，他们将通过股价上涨而获利——或者，如果他们高估自己所能做的，他们就会蒙受损失。人们围绕公司控制权的激烈竞争，通过校正所能察觉的缺陷，可以提高利润。

谁拥有公司?

在美国，大多数人直接或通过共同基金、保险基金或退休基金而成为公司股东。无论是受雇于私人公司还是政府，如果你参加了养老金计划，那么你可能就是公司的股东。如果你为 401K 计划 * 或个人退休账户（IRA）缴了费，你就可能间接地拥有了股票。

---

* 401K 计划也称 401K 条款，始于 20 世纪 80 年代初，是一种由雇员、雇主共同缴费建立起来的完全基金式的养老保险制度。——译者注

公司的股东拥有或共同拥有企业的专用资源和公司产品的销售收入。公司的其他的资源也从这笔销售收入中获得报酬。在所有其他索取权人都得到满足之后，股东们排在最后一位分享这笔收入。虽然在众多的公司所有者对于利润最大化这一目标并不存在分歧，但在成员之间却在下述两个问题上存在冲突，即如何才能尽可能达到目标，以及如何在所有成员之间分配总收益。

股东们选出一个董事会来监督公司的管理。向公司提供大额贷款的债券持有人，也可以任命一些董事。董事们有权任命或罢免作出日常行政决定的人员。有些董事之所以被任命，是因为他们在评估管理层方面更有经验，而不是因为他们长于作出行政决策。有些董事可能是其他公司的CEO（这些公司与本公司不构成竞争）。

所有权和控制权分离是一种专业化分工的方式

在一家拥有数千名股东的公司里，大部分股东既没有能力，也没有动力去控制董事会或高级管理层。这种广泛分散的普通股所有权，据说导致了控制权（或所有权）与管理权的分离。但公司之所以富有价值，乃是因为它们允许许多小储户投资于由别人经营和管理的企业。

我们都依赖雇佣而来的专业人员，比如医生、律师、会计师、电工和汽车修理工等。在这些情况下，控制和管理也是分开的。同样，依靠雇佣而来的或独立的专家来管理一个庞大的企业，在经济上也是明智的，只要他们的决策和行动充分地与其委托人（股东）的利益相一致就可以了。这是所有专业化过程中都存在的一个问题，但缺乏直接的控制并不一定会减少收益。

关于所有权与控制权分离的抱怨，充其量只是在说：只要能对替我们工作的人实施更完美的控制，世界就会变得更好。真正的问题，并不在于一些现有安排的不完善，而是：这种安排在利弊相抵后是不是对各方都有好处？还有没有更好的方法？如果有更好的方法，又是什么阻止了这种改良的实现？广泛分散的公司所有权已经取得了巨大成功。它贡献了巨大的利益，还没有谁创造出了哪种更优越的方法来实现它之所为。

所有者对经营者行为的控制：普遍的道德风险现象

虽然代理人和委托人之间存在道德风险，但是有哪些方法可以使管理者承担足够的责任呢？有效的控制并不要求每个股东都密切监视公司的一举一动。由少数人或组织持有足够多的股份，使该群体拥有有效的表决权力，这已经足矣。公司主要股东的共同利益会引发各种结盟现象，往往无须掌握过半的股份就可以主导投票。

在美国的大公司中，公司中的前五大股东（通常是机构投资者，如养老基金或保险公司）平均拥有股票总数的 25%。在 15% 的公司中，前五大股东拥有近乎一半的普通股。将前五大股东之外的更多股东纳入联盟，也是司空见惯的。就股票的价值而言，所有股东的利益都紧密相连。

如果公司的管理者为了捞取个人利益而牺牲公司的财富，或者不能有效地为股东的利益进行管理，那么股东的利益就会受到损害。这样的管理者很可能会发现他们的薪酬在不断下降，这反映了他们的所作所为。股东的问题是：这一公司制结构的好处，及其可预见的内部依赖和冲突，总体上是否还是一种利大于弊的安排？而历史经验表明，与其他所有制形式相比，公司制结构是组织生产资源所有权的一种有利方式。

通过控制权争夺可实现的收益

有两类竞争，均倾向于保护公司及其所有者/股东免受管理者低效和误导行为的影响。首先，外部人士可以购买股票，换掉管理层。这是一种与现有股东竞争的形式，以便控制或改变现有管理者的行为。第二，在不同层级上的现有管理者之间存在内部竞争，每个竞争者都试图通过作出更好的工作，来得到晋升和获得更大的回报。

其他的方法很少得到公众的关注，尽管当一家大公司的 CEO 应董事会的要求辞职时，这是头版新闻。更常见的情况是，董事会持续地、悄悄地改变管理层和公司的政策。对大多数公司来说，辞职根本不公开；对大公司来说，只会宣布一些高管已经离开公司，或者即将进行重大重组。这是为了宣示公司有力量改变得不偿失的策略或管理层。

股东控制管理的障碍：立法

有一些立法，阻碍了为行使控制权而取得所有权的能力。从 20 世纪 30 年代开始，国会取消了一种对管理者进行强有力监督的形式。商业银行和保险公司，过去可以通过购买大量股票或债券来对股份公司进行投资，但后来就被禁止继续这样操作了。

对银行家和承保人而言，对其所投资的公司的管理进行监督，自然是符合他们的利益的。然而，被撤换或受到威胁的管理者辩称，投资公司只关心短期利润。他们当然只关心短期利润。股票价值的即时变化，反映了未来发生变化的前景的资本化。对当前股票价格感兴趣，就是对当前管理行为的长期效果感兴趣。立即得到资本化的短期收益与长期效应之间，存在着非常紧密的联系。

根深蒂固的管理层抵抗行为

然而，一些政治势力使得法律禁止了银行持有普通股的做法，而这些政治势力所体现的是捏造出来的华尔街和主街 * 之间的冲突。一种重要的监督和控制手段就受到了限制。接下来的几十年里，受到庇护的管理层的力量提高到了这样一个程度，其他监督手段尽管成本更高，但也变得具有吸引力了。最终，国会再次修改法律，允许银行持有债券和股票作为其投资组合的一部分。这种变化提高了对管理者行为的有效控制，将管理者行为导向最大化公司的净经济生产率。

---

* 这是美国经济界人士经常提到的两个术语：一个是包括各个行业的美国实体经济的 "主街"（Main Street），另一个是范围较小的集中了金融业务的 "华尔街"（Wall Street）。——译者注

通过购买完全所有权，让新所有者和管理者来置换现所有者和管理者

接管（takeover）、要约收购（tender offers）和杠杆收购（leveraged buyouts），是对先前的所有者或管理者进行彻底大换血的手段。有时，一个小团体——有时组织成一家私募股权企业（private equity firm）——出价从当前分散的股东手中购买全部或很大一部分的普通股，所出之价远高于当前的市价。这种高报价，反映了通过改变公司管理或活动来实现的潜在收益。

要约收购有时是通过向私人投资银行家借款，并承诺把受到修正的公司未来收益作为担保，从而取得融资的。被替换掉的管理者轻蔑地把这些债务标示为垃圾债券（junk bonds）。事实上，所谓"垃圾债券"的表现，已经和银行自己直接发放的贷款一样好了，甚至比它们还要更好。更值得注意的是，批评家们似乎没有注意到，这些债券的表现往往好于或优于优先股和其他许多已经发行的次级债券（subordinated bonds）。（"次级"是指排在其他债券持有人之后得到偿还。）

新来的投资者（这些人来做要约报价），常常被认为是公司洗劫者（corporate raiders）和破坏能手（break-up artists），他们只对"快速利润"感兴趣。实际上，任何快速利润，都反映了公众对洗劫者行动所带来的预期改进的迅速认可。股票价格的迅速上涨，并不意味着短期利益正在取代长期效应中的利益。如果长期效应受到损害，那么当前价格就会应声下跌（或放缓上升）。把 CEO 及其不良策略都撤掉，取而代之的是新的管理层和更有助于提高未来收入的策略，这些做法，平均来说，都会使股价上升。

新的所有者是不会想让自己刚买到手的股票跌价的。他们正在替换的，是那些在控制企业方面效率较低的前股东的影响和控制。

管理层收购（managerial buyouts），是寻求提高管理层业绩的另一种手段。那些找到了某种提高利润的方法的管理者们，其中大部分都将会成为该公司的股东，他们将试图把自己从雇员转变为所有者。管理者们形成一个团体，从投资银行借钱，以高于当前股价的溢价向股东发出收购要约。这个更高的价格反映出来的管理者的信心，即如果他们拥有了这家公司，他们将会使公司盈利增加。管理者提高业绩的动机，是通过支付给他们（作为补偿的一部分）普通股市场价值随后的增加额的一

部分来提供的。这是通过"股票期权"来实现的,它让管理者有权以现在设定的价格从公司购买日后的股票。只要管理者行使了按早前较低的价格购买向他承诺的数量的股票的权利,那么股价未来的任何上涨都将成为他的收益。

被收购或被洗劫企业的其他股东获得了收益,而收购方作为一个整体并没有从接管中获得特别的收益。为什么平均而言进行革新的买家没有获得收益呢?与石油钻井上的投资,或者与研发更好的产品一样,对盈利前景的竞争将推高为得到这家企业而付出的价格,直到把预期利润也包含在内为止。所有受让人的平均回报率,就是一个正常回报率而已。

既然接管和要约收购为被收购企业的股东提供了切实的收益,为什么有些股东会反对能带给他们如此可观收益的出价呢?现在反对要约报价的股东,是想靠回绝当前的报价来获得一个好上加好的报价。但这还不是答案的全部。

通过转移公司其他成员的财富使股东受益的收购

以牺牲现有债券持有人为代价进行风险投资

有些接管可能对股东有利,却是以债券持有人或其他公司债权人的利益为代价的。当新的管理层将业务性质改为具有更高风险的时候,这种情况就会发生。表 28.1 以一个例子作出了概括。

表 28.1　企业业务风险提高之后债权人和股东的期望价值（美元）

投资者	初始价值	投资失败时的价值	投资成功时的价值	当前新期望价值	当前价值上的收益或损失
股东	1.00	0	11.00	5.50	+ 4.50 = 5.50 − 1.00
贷款人/债权人	9.00	0	9.00	− 4.50	− 4.50 = 4.50 − 9.00

假设一家企业的资金来源是股东每出资 1 美元,就借入 9 美元。当该企业必须偿还债务时,所借来的钱是用公司的任一资产进行担保的。(我们把利息忽略不计,假设这一投资是非常短暂的。)公司现在从事的活动只有 50% 的成功可能性,而不是以前更安全的业务。

失败：如果该企业新的活动失败，那么，债券持有人将损失 9 美元，股东将损失 1 美元。这家企业自此一文不值，所以债券持有人没什么可以索偿。

成功：如果该企业新的活动成功，那么，这家企业将会估值为 20 美元，其中 9 美元将偿还给贷款人/债券持有人，他们无得亦无失。而投资 1 美元的股东则可获得 11 美元的利润（＝20 美元－9 美元）。

债券持有人的未来命运：成功的机会只有五成。如果这个风险更大的风险投资成功，债券持有人仍将只能得到 9 美元的回报；如果失败，债券持有人将得不到回报，也即 0 美元。他们的预期回报是 4.50 美元（＝以 0.5 的概率获得 9 美元）。4.50 美元的期望收益是他们 9 美元贷款的新期望价值，期望损失为 4.50 美元（＝9 美元－4.50 美元）——这是由企业活动转向更大风险时所造成的损失。

股东的预期命运：如果新投资活动成功，股东将偿还债券持有人 9 美元，并保有该企业 20 美元总价值中的 11 美元。获得 11 美元的 50％ 的机会，使其期望价值为 5.50 美元（＝11 美元×0.5），在股东最初的 1 美元投资的期望利润为 4.50 美元（＝5.50 美元－1 美元）。

通过使业务更具风险，股东们从债券持有人那里获得了 4.5 美元的财富。切中要害的并不是最初的风险，而是贷款发放后风险的非预期变化。由于意识到这种可能的活动转变，债券持有人（贷款人）在最初贷款时会采取预防措施，以避免或抵消风险的转变。贷款的利率，就包含着与预期风险程度相适宜的风险溢价。贷款协议包含许多约束、条件，以及关于债务人可以做什么的规定。

如果债券持有人很难监督公司将承担的风险类型的选择，借款将更加昂贵。研究活动有风险，而且很难监督。有些预计很可能大获成功，有些则不太可能成功——但如果成功的话，可能就会有很大的回报，比如一家药企或计算机开发公司，又或者是电影或电视剧，一旦成功，必将大放异彩。这些企业不太可能由贷款人提供资金，而更多是直接由承担所有风险的股东/所有者作为投资者提供资金。在另一个极端，铁路和公用事业亏损风险更低，取得正常收益的概率更高，所以更能吸引贷款人。

这种不同所有者类别之间的利益冲突表明，除了股东控制其最高管理者的任务外，不同所有者之间以及所有者和贷款人之间也存在冲突。这些冲突不是公司制所有权结构的结果，而是具有依赖关系的各方之间普遍存在的利益冲突——这种冲突遍及现代社会的每一个角落。

间接收购

有一种获得管理层决策控制权的收购形式，通常不被视为字面意义上的收购企图（an attempted takeover），因为它是在不购买股票的情况下进行的。当"企业社会责任"（corporate social responsibility）的倡导者敦促公司的所有者（股东）和管理者，要企业经营从追求最大化收入的方向，转向其他社会利益目标时，就会出现这种情况。

当建议别人要以增加成本、降低利润、放慢增长和伤害发展前景的方式来经营企业的时候，提建议的人并不需要付出任何代价。但是，要是追求那些"社会目标"，企业就会损失财富（遭受亏损或减少收入）。

慈善好过胁迫

如果某一特定目标得到民众和政治上的支持，那么要求股东为这些社会目标捐出部分财富，能更好地实现这一目标。一个在竞争中脱颖而出的商业公司乃是一家具有进取精神的企业，它利用资源生产出的产品和服务的价值，大于生产中使用的产品和服务的价值。社会正在变得更加富裕，能够更好地满足对这类政治优先事项的渴望。把公司从追求利润的目标中转移出去，可能是对社会不负责任的行为。

股东还是利益相关者？ 承诺还是协议？

另一个普遍的误解，来自对表面上相关、但却根本不同的两个概念的混淆——股东（shareholder）和利益相关者（stakeholder）。利益相关者是指任何拥有与公司行为具有依赖关系的某种财富或利益的人。利益相关者可以是一个相邻的食品杂货店，或加油站，或独立拥有并为公司员工提供食宿的公寓。这间食品杂货店老板的投资，必然依赖于这家公司的成功和行为。虽然杂货店老板在这个意义上是利益相关者，但他不是股东。

股东利益是通过与这家公司所有者事前的契约性协议来获得的，而利益相关者则是在没有得到公司股东或向公司股东作出任何许诺或承诺——无论是明示还是暗示——的情况下，单方面地进行投资的。公司管理层不可能在不违反合同关系的前提下，将食品杂货店老板的利益置于股东利益之上。

有法律关系的利益相关者，包括获得了所承诺未来回报的雇员，这些未来回报包括如享受退休金的权利、健康保险或递延补偿等。这些都是合同义务，相当于投资者的权利。银行家和债券持有人借钱给公司，根据协议对股东在该公司中的财富享有索取权，因此是契约性利益相关者。

如果员工在递延的加薪承诺得到执行的前夕或在退休前几天（因此失去了享有养老金的权利）终止雇佣关系，或者如果所承诺的养老基金没有累积起来，那么，这类雇员——经股东同意成为利益相关者——在法律上和道德上都有约束力的索取权。

公司组织的生存

18 世纪的著名经济学家亚当·斯密认为，以公司的形式组织起来的企业将会无法生存，因为内部的利益冲突会造成太大的破坏性。[①]但是，尽管冲突很严重，但大规模的长期投资所具有的更高生产率，仍占主导地位。尽管对这种组织形式课以重税，但公司依然发展成为生产活动的有力组织者。

管理者和消费者

在讨论了公司、股东和管理者之后，请读者记住，消费者是所有公司的根本控制者，无论是大公司还是小公司，概莫能外。管理者和所有者，都是为了满足顾客而竞争。如果消费者不购买产品，除非老板可能得到政府补贴或法律禁止消费者购买竞争对手的产品，否则公司将无法生存。消费者控制管理者，管理者必须对消费者提供的信号和奖励作出反应。最终，消费者的需求会揭示出哪种反应最合适。

练习与思考

1. 你有一位朋友，他是一位出色的工程师和管理者，正在经营一家企业。你打算把赌注押在他的成功上，给他一些钱令其扩张业务。你们成立了一家公司，这家公司给你和他分别分配 40％ 和 60％ 的普通股。你投资 3 万美元。这通常被描述为所有权与控制权的分离，因为他现在拥有多数控制权。你是否愿意将财富投资于这样一种方式——即放弃控制权，同时将所有权保留到占这家企业价值的 40％？为什么？

答：

是的，我愿意。因为我在投资他和他的管理才能。很少有公司股票持有人拥有很大的公司控制权。

2. 不是每个股东都能作出控制决策，这是不是对公司不利？若是控制权分散的情况呢？若是一些拥有公司不到一半股份的人能作出有控制力的决策呢？

答：

劳动分工和责任划分无处不在。我也许对一家公司抱有很高的期望，但我对指导公司如何作为却几乎一无所知，而且我还要从事其他活动。通常情况下，拥有一家公司远远少于一半的股份，就足以有效地控制其运营。

3. 对现代公司的一种批评的说法认为，管理者或董事由于其中心地位，能够从其他股东那里获取代理权（股东投票权），因此管理层不容易被驱逐出公司。有人说："典型的小股东在改变管理上无能为力，在一般情况下，管理人员可望留任；而代理权之战通常乃是为了确定哪一个少数群体将会控制公司。"姑且认为这些主张是正确的。

(1)"一般情况下"管理层的稳定性，是否与股东的重大损失有关？

(2)这是否意味着，一个典型的小股东"应该"能够成为管理层的一员？

(3)如果一个少数团体成功地获得了大多数的股票投票权，这是否意味着少数人控制了公司，还是说，多数人通过一个少数团体的媒介而达成了对公司的控制？这是不是可以用与政治选举相同的方式来解释，即一群有组织的政治家组成的政党来进行选举，看看哪一个少数团体将会控制政府？

答：

(1) 没有关系。一般情况下，我们会期望，管理层的稳定性与可接受的当前以及预期表现相关。

(2) 一般的选民或少数团体是否能够成为他们所在州的州长？之所以采用投票制度，正是为了防止每一个人把自己的意志变得很重要。

(3) 这意味着多数票控制——通过少数股东的媒介，多数股东投票给这群少数股东——正如美国国会只是美国公众的一小部分，仅仅数百人即代表了超过 3 亿 2 500 万美国人。

4. "极少有公司赔钱，破产的就更少了。"你认同这句话吗？你能举出什么证据？

答：

这取决于说话者的"赔钱"和"极少"的含义。即使当一个公司有正的、但低于预期的收益时，所有者所持有的股票的市值也会下降——即招致损失。许多公司表明，其普通股价值的下降，有时乃是因为所报告的亏损而致。在有些年份中，30%—40% 的上市公司都报告出现亏损，尽管报告亏损的公司并不总是相同的公司。一个世纪以来，这个比例一直在 20% 以上，并且在几年内已经超过 50%。还有一些公司也报告亏损，而股价却出现了上涨——这是因为这一亏损低于预期。对于所有参与报告的公司来说，总收益（税后）通常是亏损的 5 倍左右。

5. 关于受监管的公司：

(1) 在分析公司管理层和董事的行为时，为什么一定要在以下两者之间做出区分：非营利性或公共监管、营利受限的公司，以及私有财产的营利性商业公司？

(2) 你认为哪一种公司更能体现得过且过的管理层和心不在焉的股东这类现象？为什么？

(3) 你认为在就业实践中，哪一种公司里会出现更多针对种族和宗教的歧视现象？为什么？

答：

(1) 在这两种情况下，财富约束是不同的。私有财产的营利性企业寻求在一段较长时间内最大化收益流的价值，其时间之长，甚至超出当前管理者和所有者的寿命。

(2) 非营利且利润受限的组织，这是因为在这类组织中，个人获得管理改进的资本化价值的可能性更低——而在私有财产公司中，部分地通过购买和出售普通股股票，就可以使这种资本化价值得以实现。

(3) 如果传统的个人奖励和经营业绩受到限制，那么管理者就会按个人标准来进行歧视，以此来满足自己，哪怕这样做会降低组织的生产效率。

6. 几年前，通用电气和施乐公司都将自家亏损的计算机子公司出售给另一家公司，因为它们的计算机子公司无法规避亏损。为什么有人会为亏损的企业付账呢？它应该是一个负值。有人会认为，通用电气或施乐公司为了使得有人接下正在赔钱的公司业务，不得不对接盘者作出支付。请解释这些公司的行为，包括购买亏损子公司的那家企业的行为。你能找到一些不让买主感到自己很蠢的解释吗？如果你的解释让买主显得很明智，那通用电气和施乐公司又为什么要出售其个人电脑子公司，而不是继续经营它们呢？

答：

没有人愿意为一家预期将继续亏损的企业付出任何代价。然而，以下的可能性是存在的：(1) 购买者对他们如何管理这项业务更加乐观；或者 (2) 这项业务并不是一项"亏损的业务"，而是相反，根据随后的回报来看，只是曾作出的投资超过了本来的价值。因此，一个新的买家的出价只要足够低，就能从未来回报中收回这些成本。在这种情况下，出售这项业务没有意义，因为先前不适当的投资损失是原始投资者的沉没成本，即使出售这项业务也无法避免。

7. "联邦储蓄和贷款存款担保，通过保护存款人的资产，促进了社会的金融安全和保障。"这是全部实情吗？

答：

这项担保降低了存款人提防管理者作出风险性投资——从而导致存款人的资金损失——的戒心，因为政府确保了存款人不受损失。损失发生后，纳税人会为他们付账。政府担保——以及某些其他形式的保险，如果结构不合理的话——会引起"道德风险"问题。在这种情况下，一些能够攫取潜在收益的决策者，用不着承担招致损失的风险。

8. 两家公司之间的合并常常导致至少一家公司的许多雇员失业。一般来说，合并的目的就是为了减少雇员，如果不是为了这样做的话，那就会产生浪费的结果。那样做是浪费吗？

答：

这不是浪费。这对失业者而言代价高昂——他们得去另找一份工作。但成本并不等于浪费。合并的成本由被解雇的人承担，而合并的好处则分散到了整个社会，乃至不被看到。如果一个社会拒绝接受这种成本集中、而收益非常分散却更大的做法的话，那这个社会就会发现，拒绝这种创造财富的方法会使自己的处境变得更加糟糕。

注释

① Adam Smith, *An Inquiry Into the Nature and Causes of the Wealth of Nations* (1776) (New York: The Modern Library, 1937), pp.699—716.

第 29 章 对生产性资源的需求

如果你的父母告诉你，你是一项生产性资源，你或许会感到莫名其妙。但他们说的没错，你的确是一项生产性资源。至少，你未来的雇主会这样看你。本章讨论的是对服务的需求，这些服务是为赚取收入而提供的。

生产性资源的单位：同质而规格一致的单位 vs.规格不一致的单位

对于有些生产性投入而言——煤、水、汽油、电——每一种类型的资源的每个单位都足够相似，以致重要的只是数量，而究竟是这种资源的具体哪一个单位则无关紧要。但对于其他许多商品，尤其是就劳动力而言，要了解每个个体的特征，就很不容易了。

医生是医生，教师是教师，但你不能只根据收取的价格来选择由谁为你提供服务。尽管如此，即使每种生产性投入的每一个单位并不真正一致和相同，它们在目标用途上也足够相似，以致在就业问题上，其主要的指标还是多少人（how many），而不是哪些人（which ones）。

装配线工人、售货员和木匠当然各不相同，但差异往往微不足道，因为需求者不至于有挑三拣四的偏好。所需要确定的，只有需求量。对这种需求状况的解释，取决于边际报酬递减定律。在亚当、贝克和卡特经济中，我们讨论过这一定律（第15 章的例子）。我们将用它来解释规格一致的劳动服务的需求量，或生产最终产品或服务的任何其他投入。

对规格一致投入的生产性服务的需求

　　边际报酬递减定律对于生产资源规格一致或同质的单位的需求量明显成立。边际报酬递减定律的这一普遍法则说的是："如果一项同质的资源越来越多的单位被添加到一个其他资源固定的组合中去，那么只要该资源超过某个数量，其边际产量就会随着该资源的增加而减少。"消费者对一种商品的需求量，与该需求量带来的边际个人使用价值之间的关系，就恰如生产者对一种投入要素的需求量，与该投入要素带来的边际产量价值之间的关系。

　　根据这一定律，边际产量递减对应的正是消费品对消费者来说的边际估值递减。投入要素的需求曲线，无论是用于消费还是企业的生产，相对于价格都是负斜率的。价格越高，需求量越小；价格越低，需求量越大。投入要素——譬如劳动——的利润最大化量，是边际产量价值与工资率相匹配时的投入量，前提是雇佣任何数量的劳动力都有利润可言。

　　图 29.1 表示的是，劳动这种可变投入要素的平均产量和边际产量之间的一般关系。它表明，在其他投入（土地）数量固定时，可变投入（劳动）的增加，一般来

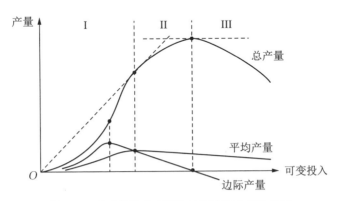

图 29.1　劳动的平均产量和边际产量之间的关系

　　注：当总产量 TP 随可变投入的增加而上升时，边际产量 MP 为正。MP 上升到拐点，在这个拐点处，TP 达到最大上升速率，然后它会是正值，但不断递减，直到 TP 达到最大值（斜率为零），其中 MP 为零。在任何给定的可变投入水平上，平均产量 AP（TP 除以投入量）在从原点出发的直线与 TP 曲线相切处达到最大值。在该投入水平上，MP = AP，此时 AP 处在其最大值上。报酬递减定律适用于所有产出指标，在将可变要素的数量添加到某一给定数量的其他投入时，MP 首先达到最大值，然后是 AP，最后是 TP。

说首先会在一个递增的速率上提高产出，然后在一个递减的速率上达到最大点，再继续增加，最终将会减少总产量（TP）。这就给出了一个钟形的 TP 曲线。当 TP 上升时，边际产量（MP）必定为正，而当 TP 逐渐升高，变得越来越陡峭时，MP 也在上升。在"拐点"处，TP 开始平坦起来，并以递减的速率上升，MP 处于最大值。当 TP 达到最大值——既不上升也不下降——时，其斜率和 MP 均为零，MP 曲线与水平轴相交。进一步增大可变投入，将会导致 TP 下降（太多工人挤在船上，工作起来会彼此妨碍），因此 MP 为负。由于平均产量（AP）= TP/N（N 是可变投入），所以，在给定的可变投入量的情况下，AP 从图形上即由从原点到 TP 曲线上点的连线，与水平轴所形成的夹角来表示。当这条自原点的连线与 TP 曲线相切时，AP 角处于最大值。而且此时 MP = AP，其中 AP 处于最大值。

在图 29.1 中可以看出，可变投入（V）的边际产量在第 III 阶段是负的，而在这幅图中不那么明显的是，固定投入要素（F）的边际产量在第 I 阶段是负的：

$$如果 1V + 1F = 1P（产品），那么$$
$$2V + 2F = 2P（如果规模报酬不变的话）$$

但由于 $2V + 1F > 2P$（AP_V 递增），而伴有 2V 的 2F 将会将产量降回 2P，因而 MP_f 是负值。

在（I 或 III）任何一个阶段上，我们都不会理性地经营下去，在这两个阶段两种投入要素（F 或 V）中的一种的边际产量是负值。在第 III 阶段，相对于固定投入，这个阶段上可变投入要素太多了，所以 MP_V 为负。在第 I 阶段，相对于可变投入要素而言，固定投入又太多了，所以 MP_F 为负。只有在第 II 阶段，两种投入要素的边际产量才都是正的。

表 29.1 将鳕鱼国的说明性数据（参见第 22 章）复制了过来。

如果工资率（根据工人可以在岸上捕到的鱼的数量计算）是 8 条鱼，则雇佣 4 名工人与船主一起打鱼，总共有 5 人在船上，此时工资等于边际产值。这 4 个雇员将得到 32 条（= 4×8 条）鱼的报酬，总产量将为 66 条鱼，剩下 34 条鱼归船主所有。如果工资率是 12 条鱼，船上最终将会只有 4 个人（3 名雇员加上船主），总产值为 58 条鱼。此时三名雇员的工资总额为 36 条鱼，剩下 22 条鱼归船主。

假设在岸上捕鱼变得更有效率，可以捕到 16 条鱼——那么这就将成为雇佣员工在船上工作所必须支付的工资率。然而，如果船主雇佣了 2 名工人，在 46 条鱼的总

表 29.1　不同工作人数时的产品价值（扣除了所有非劳动力成本的净值：在本例中假设为零）

在船上工作的人数	总产品净值	边际产量净值	单位劳动平均净值
0	0	0	0
1	12	12	12.0
2	30	18*	15.0
3	46	16	15.3*
4	58	12	14.5
5	66	8	13.4
6	70	4	11.6
7	72*	2	9.4
8	64	− 8	8.0
9	52	− 12	5.8
10	30	− 18	3.0

渔获量中，支付给他们每个人 16 条鱼作为报酬之后，船主只剩下 14 条鱼。这样的话，留在岸上捕鱼会更好——到船上捕鱼这个选项就被放弃。这里的关键是，在工资足够高的情况下，就不会再雇佣工人了，因为这一成本将会导致亏损。

如果还有其他项目的成本（除了劳动力之外），那么，船主会在计算利润之前支付掉这些成本。如果在付给雇员每人 8 条鱼之后，再支付非人工成本，船主只剩下不到 8 条鱼，那他就会弃船而去，转而为别人工作，赚取 8 条鱼的工资。在任何低于 8 条鱼的工资水平上，由此产生的总产量超过所增加的那种投入的总成本的部分，都可以用来支付其他投入的成本。如果总产量的增加足以支付工资和其他投入的成本，并留下一个净超额，那么，这一数额就是该艘渔船的租金价值。

一项投入品的需求曲线，是其边际产量低于最高平均净产值（第 II 阶段）的那部分。如果劳动力的边际产量（在这个边际产量上该平均产量是最大值）支付给了每一个工人，那样就会耗尽总产量，而不为其他投入留下任何东西。利润最大化的那个劳动量，就是边际净产值等于工资的那个劳动量。（本章的附录更为充分地考虑了企业在受价者和觅价者市场购买投入和产出的投入要素分析，以及确定利润最大化运营速率的投入和产出规则的相互一致性。）

这与之前已经备述的消费品需求的分析是相互平行的，消费品需求的情况中是边际个人估值递减。同样，由于消费者对一种商品的需求取决于其价格以及其他消费品的价格和数量，因此投入品的需求也依赖于其他投入的数量。

任何一种投入品的需求量都取决于所有其他资源被使用的数量之大小。但是，互补性资源和替代性资源的存在，只影响一项投入品的需求弹性，而不影响其斜率的负向性——价格越低需求量越大，价格越高需求量越小。而在一些足够高的价格上，没有人会对它们有需求。

生产性投入的长期需求弹性大于短期弹性

在我们对一种资源的需求的推导中，最初只有一种投入——劳动力——在增加。我们从一个极端的例子开始，除了劳动力之外没有其他成本。这是一种短期调整，我们最初只考虑其价格发生变化的那种资源的调整。然后，我们允许其他资源按最优的时间节奏进行调整，此之谓更长时期的调整。这两个阶段的调整让我们认识到，倘若不那么仓促地进行一些调整，则会更加经济。从更长时期来看，所有资源都会有所调整。

与消费品一样，一种要素投入的需求量，在长期将会得到更充分的调整。调整其他一些关联使用的设备的使用量，也是值得的。价格更高的资源，需求量会减少。如果汽油价格上涨，那么，一家卡车公司将会使用更少的汽油（行驶更少的里程），在公司安装了每加仑汽油可以跑更多路程的设备或购买更省油的卡车之后，汽油的需求量将会更少。要素投入的调整如果不是那么仓促，其成本就比较低，所以对生产性资源的需求弹性，在长期来看就比较大。这就是需求第二定律，它是对所有商品都成立的法则。

回顾一下：

1. 对于要使用的一项投入品，

   （1）其价格必定不会高到把利润都抵消殆尽的水平；

   （2）这种投入品的利润最大化数量，即是其边际产量等于其价格时的数量。

2. 价格越低，需求量越大；价格越高，需求量越小。

3. 其他资源数量固定、增加某种投入的同质单位时的边际报酬递减律，是该投入的需求表的基础。

还有哪些其他资源（及其成本）能够影响劳动力需求？如果产生了其他资源的

成本，比如当船帆被安装到那艘渔船上时，就会对船上的生产力造成影响。但是，如果劳动力的工资率在 8 条鱼不变，那么，其唯一的影响是渔船雇佣的人数和总产出，而不是那 8 条鱼的工资。如果这艘船更大或更有力，或者船上的操作员更善于捕鱼或更善于组织和管理团队合作，又或者如果有一个船坞来帮助它更迅速地卸船，而不会损耗那么多鱼，抑或船上的人更认真、更聪明，而且如果人们不会偷懒或者偷窃对方的诱饵或鱼钩，那么，船上人员的生产力就会更高，会有更多的人被雇佣。

所支付的工资水平取决于其他雇主的竞争。所有可能的用途上的劳动边际产量曲线，必须进行加总，才能得出整个经济体的劳动需求曲线（即整个经济的生产机会）。

这一需求概念是这样一种概念：它把整个经济范围内的劳动力供给联合起来，来确定整个经济体中的竞争性工资率。在鳕鱼国，整个经济的需求是由这艘渔船与海岸上的边际生产力相结合而产生出来的。

生产性资源需求的交叉价格弹性

一种生产资源的价格变化，会影响其他种类资源的需求表，这与消费品之间的交叉弹性相似。如果工资率上升了，那么与增加人手相联系的一整套要素投入也会受到影响，结果会使设备增加，工人的生产率提升，工人人数减少。在木材价格较高的情况下，就会需要更多的钢材、石膏和塑料作为替代品。电力和天然气、木材和钢材、年轻人和老年人、皮革和塑料、供暖油类与毛衣和隔热材料，它们彼此之间存在着（边际上的）替代关系。边际上的替代关系无处不在。所有这些调整都没有推翻这样一个命题：工资越高，受到雇佣的工人就会越少。事实上，导向更多附属设备的替代，强化了这样一条原则，即在更高的工资水平下，受到雇佣的劳动力会更少。

消费品替代引起的生产投入替代

如果一个经济体的木材供给减少，木材价格更高，就会促使木材产品的消费者转向更多的金属或塑料家具。如果木匠在没有提高生产率的情况下，提高了他们相对于其他工人的工资水平，那么消费者在家中使用的木质内饰就会减少。当汽油价格上涨时，消费者就会需求那些更节油的汽车——即使没有政府规定的汽车燃料消费限制，情况也会是这样。

替代和互补

替代品是这样一对商品，其中一种产品增加，就会降低另一种产品的边际生产率——从而降低对另一种产品的需求。建房用的木头和砖块，是互相替代的。汽车降低了马匹（以及用铁锹清扫街道的人）的边际生产率。电影减少了对现场舞台表演的需求。超市的建立，减少了对小杂货店的消费需求。

互补这个名称指的是这样一对资源：其中一种资源的增加，会提高另外一种资源的边际生产率。在某些工作中，妇女和男子相互替代，而在另一些工作中则彼此互补。

与消费品需求的相似性以及对它的一般化

（1）对生产性资源的负向需求，与（2）对消费者商品的负向需求，是相同的一般性原理的两种形式。一个是边际产量递减，另一个是边际估值递减。由于生产者商品的数量之间存在相互替代，所以，消费品之间也存在相互替代。

总结：对一种生产性资源数量的需求原理

1. 生产性资源的边际产值，是对它的需求的主要依据。一种特定种类资源的边际产值，反映了消费者对该产品的估值（减去生产成本后的净值）。在雇佣人员上，我们起初所忽略的其个人的特征，是一个次要的因素。

2. 对一项资源的需求，相对于其价格呈负斜率。投入品的价格越低，需求量越大，或者说，在该投入品的足够高的价格上，价格越高，需求量越少。

3. 在长期，对投入要素的需求更具弹性。

4. 投入品的替代是边际上的替代——而非"要么全有，要么全无"。

5. 边际报酬递减定律可用于推断出投入要素需求曲线的负斜率，如果这种连续的投入要素在生产能力上是相同的话。

滞后的替代往往被中间的事件所掩盖

投入要素之间相互替代的原因，之所以经常不被注意到，乃是因为这样的替代在初始事件之后被延迟了很长时间。立即进行调整，成本更高；要辨别适当的变化，需要时间。这会愚弄观察者，使他们认为并没有什么响应。

我们来看看一人运营的公共汽车的普及情况。多年前，都是两个人运营和管理一辆公共汽车，一个人是司机，另一个是售票员和乘务员。作为对工资上升的响应，半自动的收费装置出现，导致车上只剩下了司机，但少了不少安全感和愉悦感。人们很容易认为这些变化是自动化所导致，认为是自动化带来了工资的上升，而不是相反（工资上升，使自动化更加划算）。

一个意外政策所引起的调整的例子，就是对石油供给的限制和由此引起的 20 世纪 70 年代石油及汽油价格的上涨。那些已经在生产尺寸更小、每加仑英里数更高的汽车的制造商发现，他们的产品需求量变得很大。日本的汽车和一些欧洲的汽车一样，体型很小，其中的部分原因是，这些国家长期以来对汽油征收很高的税收。公众的需求转向小型车，使美国汽车生产商处于竞争的劣势。日本和欧洲的生产商通过更快地满足消费者需求而获得了优势。

能效的谬误——其他投入并不免费

要素投入也可能存在过度替代的情况。国会规定了冷却和加热设备的能源使用标准，以及汽车使用汽油的最低能耗标准。然而，随意压缩一种要素投入——能源——那么别的作为替代品的要素投入就得增加。能效（energy efficiency），即任何一种资源的效率，与总成本最小化是两码事。将其中一种投入要素最小化，会增加总成本，因为为了替代那种投入要素，需要更多其他更昂贵的投入要素。

更多的资本可以提高生产率，但谁受益呢?

更好的生产设备，使一定数量的劳动力能够生产更多的产品。因此，对于同样的总产出，更少的劳动力就足够了。这意味着对劳动力的一般性需求以及有些人的工资将会趋于下降，尽管那些不仅保住了工作，而且现在正在使用更优设备的工人获得了更高的工资。然而，如果对产品的需求非常有弹性，那么，该产品的更低价格就可以让需求量提得足够高，从而提高劳动力需求和就业量，并提高工资率。

当然，劳动力也被用于新的、更有生产力的设备的设计、建造、编程、安装和维护。一般来说，较之于那些被设备取代的劳动力，这些劳动力得到了更好的补偿。

企业利用更高效设备的净结果取决于：（1）所增加的资本取代劳动力的程度；以及（2）最终产品的需求弹性。在一些行业，如农业，直接雇佣的总人数由于对设备更多的使用而减少（操作农业设备的雇员不被算作农业工人）。在其他行业，如汽车制造业，在自动化发生之后，就业人数在持续增长，因为汽车需求随着经济的增长而增加。

劳动收入在国民收入中的比重可能上升，也可能下降，而对资本收入的影响正好相反。在任何情况下，更多的资本会增加可供分配的国民总收入，所以，即使劳动的相对份额下降，它的总收入也会增加。

劳动和资本：真的有区别吗? 是不是当前的劳动和早先的劳动之别?

对于我们的目的来说，仅从生产资源的两大类来分析生产已经足够。传统上，这两大类就是资本和劳动。劳动就是人。资本是指非人类的耐用资源，如建筑物、土地和机器，无论它是被生产出来的，还是自然存在的。

人力资本

资本，正如现在所使用的这个词义，它意味着人们将来可以从中得到服务的、任何已经存在的东西（甚至是想法）。由于人们自身也持久耐用，并且还提供未来的服务，所以在宽泛的意义上，他们是可以被归入资本名下的。投资，顾名思义，是指创造资本的行为，如投资于建筑物的建设，或投资于教育以创造人力资本。人虽然是一个活生生的实体，但并不能改变一个人是一项资本资源的事实——它是未来有价值的服务的持续来源，而这一服务决定了工资、薪酬和收入。

音乐家、医生或工程师，在早年投资更多（在校时间更长），并会取得更大的后续收入作为劳动的结果，这些后续收入称为工资——虽然有些是先前投资于创造人力资本所得来的利润和利息。你本可以不上大学，直接工作，并把你的收入投资在一些机器上，从中得到的回报被称为利息和利润。无论是哪种情况，你都会是一个广义上的资本家。

那么，为什么要区分资本和劳动呢？人通常不会被买卖，这与对建筑物、土地和企业的所有权形成对照。我们之所以说通常，乃是因为职业运动员的未来服务就是根据多年期的合同来买卖的。这个人本身是投资对象，而不是购买对象。但你未来的预期收益，有一个资本现值。这一资本价值可以被出售，就像你所拥有的一些公司股票的价值可以被出售一样。人和资本，在经济上没有区别。

作为生产性投入的社会和文化资源

生产率反映了你的能力和技能，这取决于遗传的天赋、教育、在职学习、职业道德和个人品性等。其价值将部分取决于：（1）有多少人提供类似的服务；（2）技术，以及你将要使用的资源供给；（3）在估计对各种产品的消费者需求，以及管理和选择一个与之匹配的团队方面，雇主所拥有的技能。

一个人的生产率，也会取决于"社会资本"（social capital）。美国被认为是一个发达国家，因为它拥有更多的社会资本——更多受过教育的人、发电设施、铺设过的街道、交通系统、银行和金融服务、建筑、平地、良好的气候、健康的环境、人口的文明程度和亲和度、法律的可靠性和公正的执行度、强大的私有产权、可靠的会计和审计规范，以及政府的稳定性。社会资本是经济基础设施。

如果资源不为人所有，其市场价值就会更少受到关注

较之于不作为私有财产持有的资源所有者，把生产性资源作为私有财产持有的所有者如果不对市场价格作出反应，将会受到更多的惩罚。如果资源不为人所有（无论是为一个人所有，还是为一家公司的股东所拥有），那么管理者就没有利润最大化的动机。那是因为，股息或其他形式的收入不能作为个人财富而被拥有。

不听命于所有者或股东的管理者或决策者，会（比所有者）更多地受到非营利性目标和偏好的影响——他们会把资源花费在无助于改善给客户提供的商品和服务的地方。从市场销售中获得的潜在利润，作为一项生存因素，对任何一个政府或非营利企业来说，都不如对私营企业那么重要。因为其管理者的报酬与利润并无太大的干系，亏损时也无关太多自己利害，所以，他会更加关注可实现的非货币、非市场评估的目标和标准，比如员工的个人特征，或到颇具异国情调的地方去公费旅游。

劳动力市场还是人的市场

劳动力市场并不意味着，存在人口的买卖或租赁。在世界大部分地区，奴隶制早已废除。相反，劳动力市场指的是，一个人自愿出售其特定类型的服务。劳务可以买卖，就像你去拜访医生、律师或音乐老师一样。劳务贸易中的经济力量，与其他商品基本相同。价格越低需求量越大，价格越高需求量越少，即便没有一个中心集市供人们聚集来买卖劳力也是如此——也许当地家得宝＊的拐角处除外。

但是劳动力市场是存在的，意味着有关人们要价和出价的信息可以进行交流和交换。如果我们考虑到工作的类型和这个人是谁，以及一个人作为团队成员与其他人合作的可靠程度，我们就会对劳动力市场上许多看似神秘莫测的付款方式和合同限制恍然大悟。

＊　家得宝（The Home Depot）是美国一家家庭装饰品与建材的零售商，分店遍及美国、加拿大和墨西哥。到过这类建材市场的人们可能都了解，在这些建材市场周围，会有大量等待雇佣的劳动者，帮你把你所需要的建材和家庭装饰品运送回家，就仿佛这里是进行劳动力买卖的市场。——译者注

当人们在物理距离紧密的环境中工作，要在群体内部进行合作和信息交换的时候，还有当亲和力和响应速度对团队的效率有影响的时候，个人特征的多样化就变得更加重要。雇主、雇员以及其他相关雇员的个性、外貌、年龄、责任感、可靠性、品行、整洁、举止、穿着、宗教、性别和种族特征，都会影响该群体的生产力。所有这些，都包含在劳动服务之中。

在团队工作中，就业可能就是与同一群人保持着相对长久的联系。而且在团队工作中，一起工作的人是谁，以及他们有多少人，才是重中之重。劳动力市场仍然存在，但它是搜寻方法和合同之间的一种特定的混合。双方都要求彼此提供更多信息。正是这种独一无二的特性，创造了长期关系，以及随之而来的特定依赖关系。特定的依赖关系是危险的，即便它很高效。正如我们所注意到的那样，被依赖的人可能会见利忘义地威胁着要离开，除非给予他们更多的价值。在确定具体的依赖关系之前，应该牢固地确立合同安排。

对于这种联合工作中的个人，并没有市场披露的价格可以依循。对于每个人来说，一个单独的市场就是人们可以从相互竞争的需求者那里获得的报价。职业运动员的谈判和合同条款就说明了这一点。那些运动员的个性特征，以及人际关系上的张力和依赖性，是一般公众关注的话题，这与传统商业企业内部的协商形成对比。在体质上同样有天赋的球员，个性特征是不同的，这种差异影响了整个球队的表现。在企业内部，收益来自团队工作，而不仅仅是专业化。

当个体的个人特征在团体表现上产生实质性差异时，边际报酬递减原理就不再适用，因为这一原理只适用于增加同类投入单位。在增补或取代（additions and replacements）的单位有所不同的地方，没有任何定律告诉我们，新来者将会导致边际产量递减。新来者的价值为他所独有。

企业不只是一个许多人在一起生产和组装零部件的地方。内部关系和依赖关系，在一个极端可能具有破坏性，在另一个极端可能异常高效。

个体劳动供给

一般来说，时薪高时比时薪低时所提供的劳务要更多。但是，在足够高的工资的情况下，一个人可能会减少工作时间，因为此时收入和财富可能是如此之大，以

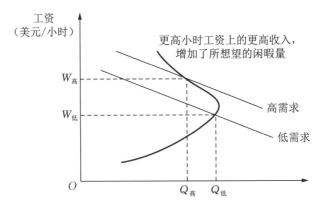

图 29.2 个体劳动供给：每周小时数

至于更多的闲暇被认为比更高的收入更具价值。在足够高的工资和收入的情况下，劳动收入增加的总效应中，替代效应（闲暇对收入的替代）可能会占据主导地位。这反映在向后弯曲的供给曲线中（图 29.2）。

　　家庭中配偶的收入越高，一个人进入劳动力行列的可能性就会下降。但除非有强有力的证据，否则我们还是假设，更高的工资率会吸引更多的人进入到劳动力市场中来。

劳务单位是什么？ 劳务的价值至关重要

　　劳动价值理论认为，劳动时间决定商品的成本和价格，以及个人的收入。也就是说，这种观点认为同质劳动单位的投入创造了商品的价值。但并非所有人的劳动都具有同等价值。一个更根本的缺陷在于，该说法没有认识到，价值和成本乃是源自消费者所判断的商品价值。人与人之间，劳务价值各不相同，因此他们的收入也各种各样。劳务价值之不同，乃是因为它们反映的是最终商品对消费者的个人估值之不同。更简单地说就是，劳动价值乃是从商品的价值中派生出来的。

练习与思考

1. 几十年前，在几家铁路公司若干激烈举措的合法性正等待终审法院裁决的前夕，一位联邦法官阻止了对数千名铁路工人的解雇。这位法官说，他认为"一项既影响到就业、也影响到资本的临时决定，必须以有利于工作岗位和人的方式得到解决"。为什么说，这个问题可以被认为是工作岗位和工作岗位之间的问题，而不是工作岗位和资本之间的问题？

   答：

   有铁路机车上工人的工作岗位，也有被取代的工人在其他地方接受的、生产其他产品和服务的工作岗位，其中也包括制造铁路设备的工人的工作岗位。

2. 当一家企业使用计算机控制的机器人而不是雇员执行一些重复性的制造任务时，到底是谁在替代谁？这通常被称为"资本替代劳动"，为什么会产生这样的误导呢？

   答：

   用来制造计算机、软件和机器人的劳动力，取代了制造商的那些雇员们。"资本替代劳动"这一说法可能会产生误导性，因为它忽略了用来制造资本的那些劳动。

3. "一人运营的公共汽车的出现，牵涉到更多的资本设备：一个自动投币箱和一个门控装置——这里仅仅提及两种取代了售票员的资本品。"

   (1) 这是资本替代劳动的情况吗？在何处有所体现？

   (2) 这是劳动替代劳动的情况吗？在何处有所体现？

   (3) 这是不是根本不涉及劳动替代，而是能提升总产出的工作岗位调整？在何处有所体现？

   答：

   (1) 是的。公共汽车上的设备，取代了公共汽车上的工人（售票员）。

   (2) 是的。在公共汽车之外用于制造这些机器（投币箱和门控装置）的劳动，取代了在公共汽车上工作的劳动（售票员）。

(3) 是的。总体劳动在其任务中得到了重新分配。并没有劳动从劳动力大军中被释放出来，因为那些劳动被用来生产更多的其他商品——除了有些工人现在选择了更多的休闲。

4. "随着发明创造的普及和电力价格的下降，资本设备已经取代了居家的佣人。要是没有这些机器，就得有更多的人在家里从事佣人的工作。但是，资本对家务人员的取代，并没有导致对劳动力的取代。"为什么没有导致这种替代呢？

答：

这其实创造了新的劳动机会，其中包括制造家用电器的工作岗位。工人们并没有消失不见。他们是从家庭角色中解脱了出来，然后被用在了其他地方。

5. 电冰箱用资本取代了运冰人。在淘汰掉运冰人（他们提供冰块来使"冰箱"保持在冷冻状态）的工作岗位之后，总的工作岗位数减少了吗？

答：

没有。在这个稀缺的世界上，工作机会是无限的；在现有的知识和资源条件下，只有价值最高的工作岗位才会得到填补。新的发明促使劳动力寻找并转移到其他未完成的工作中去。社会总财富由此增加。被取代了工作岗位的人，并不能得到保证说，一定能从取代了他之前工作的那种特定的创新中获得一个净的收益；但他的确会从并未取代其工作岗位的其他大部分创新中获取利益。

6. "自动化并不意味着，人将会比工作岗位多。它也不意味着，低技能劳动者的工作岗位就更少了——事实上，如果一个人只需要按下按钮、拉动扳机、转动方向盘，而不是驾驭一队马匹、弯弓射箭或舞凿刻石，那么对人们的技能要求是降低了的。"你认同这句话吗？

答：

认同。当人们从某些工作中释放出来时，他们就可以转而去做一些其他的生产性工作——只要稀缺存在，就总是有一些这样的工作。被取代的工人会在无限且未被满足的其他职务空缺中寻找最好的（估值最高的）工作。

7. 假设由于园丁供给减少，需求不变，园丁的工资率将翻一番。

    (1) 哪些替代将会发生？

    (2) 你可以从哪里或从谁那里得知可用的替代技术？

    答：

    (1) 电动割草机和其他设备、更小的花园、用石头和树皮而不是绿草来铺设地面、不需要修剪的植物等，以此来取代有些园丁。

    (2) 从其竞争对手那里，在这种情况下，是从动力设备、水泥地面、人造花卉等商品的卖家那里得知。

8. 报酬递减定律是一个在边际上的报酬递减定律。总报酬递减和边际报酬递减有什么区别？

    答：

    在总报酬递减时，总报酬是在下降的（负向变化）；而边际报酬，即总报酬的变化量，即便在总报酬递增时也可能会下降。也就是说，总报酬的更小增量就是递减的边际报酬。

9. 你经营一家工厂，发现所使用的有些资源边际收益递增。

    (1) 你会怎么做？

    (2) 这是否表明，我们将永远找不到这样的企业，它的某种资源的使用量，是这种资源的边际收益仍然处于上升阶段的数量？

    答：

    (1) 提高这种资源相对于其他资源的使用量。最终，使用该种资源的边际报酬将开始下降。

    (2) 是的。在把一种可变投入添加到一种固定要素上去时，如果 MP 在上升，那么，它就比 AP 更大。（在生产的第 I 阶段，该固定要素的 MP 是负向的。）如果该可变要素得到的报酬是其边际产量，那么，它的总报酬将会大于总产量。

10. "如果 A 资源与 B 资源价格之比超过 A 与 B 的边际产值之比，那么，相对于 B，减少使用 A 将会是有效率的做法。"对此请给出你的解释。

答：

为了最大限度地降低成本，应该增加对 B 的使用，这是每美元投入产出更高的资源。

11. "如果一家企业对资源的使用是有效的，那么资源价格的变化，就会导致它所使用的资源相对数量的变化。"什么将会导致这种变化——来自中央计划机构的某个指令、雇主的社会影响，还是其他什么？

   答：

   对更多财富的渴望，以及实际雇主和潜在雇主围绕带来更多而非更少财富的资源的竞争。这是通过投入和产品替代来实现的。更多使用现在来看价格更低的投入，就能生产更多的商品，那些消费品也就会变得没那么昂贵。

12. "即使生产某种商品的生产性投入只存在一种组合，生产性资源之间也仍然会出现替代现象，以便应对生产性资源所发生的价格变动。"请解释这种替代现象是什么，它是如何引发的。

   答：

   消费者购买的最终产品的比价将发生变化，而这会促使要素投入被转移到在新的价格上变得比较便宜的产品上去。举个例子来说明：铲子是用一个手柄和一个刀片制造而成的。然而，如果用于制造手柄的木材价格急剧上升，那么就要少做铲子，因为木材在制造其他东西方面有更大的价值。

13. 根据本章给出的分析，在开放市场中，资源所能被利用的数量，正是边际产值不低于价格的数量。这也决定了资源的收入（价格乘以所利用的单位数）。

   (1) 是什么确保了总收益（生产要素的报酬）不会超过总产值？

   (2) 如果生产要素的报酬超过了总产值，那么差额由谁来弥补？

   (3) 如果生产要素的报酬低于总产值，那么又是谁得到这一差额（净收入）？

   (4) 在每一种情况下，是什么力量使生产要素的报酬与产值相等的呢？

   答：

   (1) 那将会产生亏损。生产商最终将不得不减产或停产。

   (2) 所有者—雇主——风险的承担者。

（3）所有者。

（4）市场竞争环境下产出和要素投入的替代。

14. 假设你经营的是一家不能保有利润的公共所有工厂。

　　（1）你在生产中使用资源的标准是什么？

　　（2）你是否有积极性调整资源的使用，以保持价格和边际生产率的比率相等，从而使产出成本最小化呢？请给出你的解释。

　　答：

　　（1）和以前一样：最大化个人估值。但是，由于管理者不能保有或取出利润或产出净值，因此会较少关注能够产生价值的收益。取而代之的是，地毯会更好，办公室会欣赏到漂亮的艺术品，员工也可以免费喝到咖啡。

　　（2）可能有些激励，但不像私有企业那么强大。非营利性企业的管理者更可能让资源使用偏离最有效的比率。更多的个人估值来自其他资源的使用，而不是为了利润或更高的货币交换价值。

15. 在计划经济中——大多数生产者的商品（你可以赖以为生的商品）是归政府所有的——生产的目标是根据总产值（而非利润）来设定并摊派给各个工厂的。工厂管理者被告知，要尽可能完成和超额完成目标。价格则由法律规定。

　　（1）超额完成这些目标是否值得期待？

　　（2）根据总产值为每一种特定的商品规定目标，较之于按照利润最大化，是否更值得期待呢？由此引起的绩效差异是什么？

　　（3）哪个标准更有可能为管理者提供更有效的激励？

　　答：

　　（1）不值得期待，如果要避免浪费，就不值得期待。

　　（2）并不更值得期待，只关注产值目标，会忽略生产产品的成本（或放弃的东西），也无法确定一种产出的 1 美元是否比另一种产出的 1 美元价值更高。而利润标准回答了这个问题（它比较了生产出来的产品的价值和所放弃的产品的价值）。

　　（3）在规定的价格上努力生产出最多的实物产品，要比解决利润最大化所涉及的更复杂的问题简单得多。

16. 在艾奥瓦州，小麦的产量是每英亩 30 蒲式耳；在华盛顿州，小麦的产量是每英亩 50 蒲式耳。哪个更好？

    答：

    在其他条件相同的情况下，多总比少好。但在这两个州种植小麦的成本可能并不相等。

17. 喷气式发动机根据每磅发动机重量产生的推力进行效率等级评定。请解释为什么这是一个不充分的效率衡量指标。

    答：

    之所以说不充分，是因为它没有清楚地区分总推力值和获得它的成本之间的差异。为了能就效率说些什么，我们需要知道使用了多少燃料，以及燃料的成本又是多少。

18. 人们可以培育出品质优良的肉牛，这种优质牛肉的每磅售价比标准肉牛高出 50% 左右。农民应该养哪种类型的肉牛呢？请你从技术效率和经济效率的差异的角度给出你的答案。

    答：

    我们不知道。这里面没有告诉我们成本是多少。我们假定新方法在技术上是有效率的，因为给定特定要素的投入量，无法获得更多的产出。但这并不能告诉我们，产出就值得这些要素投入。

19. 就修建蓄水池事宜，征询工程师的意见，他们提议修建大坝，并论证了其有效性。

    (1) 如果他们证明了它的技术效率，那它的经济效率问题仍然要予以解决吗？例如，如果所储存的水之价值低于蓄水和配水的成本，那么这座大坝虽然在技术上是有效率的，但在经济上也是有效率的吗？

    (2) 这个问题扩展了经济效率的概念，把它扩展到了选择最廉价的行事方式以外。经济效率得到扩展之后，还包括哪些内容呢？

    答：

    (1) 技术效率意味着，所提议修建的大坝使用了最低成本的资源组合和生产方法。由于储存的水之价值可能小于建造和维持水库的成本，所以大坝可能不是经济上有效率的。

(2) 还要包括交换效率。产出的价值需要根据人们在一个交换系统中付出的东西来加以判断。因此，效率需要扩展，纳入生产什么的问题，而不仅仅是生产任一产出采用哪种方式最廉价的问题。

20. 美国联邦通信委员会称，无线电频谱使用权的分配，应"允许最大化的使用"。

(1) 请你解释一下，为什么现在的这一说法毫无意义，而且毫无用处。

(2) 若说应该分配权利以实现有效使用，这种说法有意义吗？效率的标准是什么呢？

答：

(1) 假设你有一张纸，并被告知要最大限度地使用你的这张纸。你会怎么做？这个表达毫无意义——或者它的意思是你想表达的任何意思。"使用"（usage）不是你可以最大化的东西，因为使用在单一维度意义上是无法衡量的。这就好比你的父母告诉你，要在大学里最大化你的时间一样。

(2) 经济效率：相对于成本，最大化生产出来的产值。

21. 有几个州的立法机构开始制定电器的能源标准，要求它们每千瓦小时至少要产生一定量的产出。有一个联邦能源机构表示，汽车必须每加仑至少行驶多少英里（所有售出的汽车之平均值）云云。为什么说这几乎肯定会浪费我们国家的生产性资源呢？

答：

用于减少汽油消耗的其他资源的成本，将会超过省下来的那些汽油的使用价值，因为若是值得，人们自然会偏好耗油少的汽车。政府的能源政策忽视了这样一个事实，即汽油只值得我们所愿意支付的价值而已，而用于节约汽油的其他生产资源，若是用来生产其他商品，将会更有价值。

22. 横穿美国，喷气式飞机可以比螺旋桨飞机快上 3 个小时。哪种飞机更有效率呢？

答：

从这些信息是不可能分辨出来哪种飞机更有效率的。因为成本未知。

23. 为什么经济效率比技术效率更具有一般意义？

答：

做某件事情，有很多可供选择的方法，所有这些方法在技术上都是有效的。但是，在这些方法当中，只有一个能使被放弃的机会的价值最小化，这就是经济上有效率的方法。从图形上看，生产可能性边界上的每一个点都是有效率的——但哪一点在经济上更为人们所偏好呢？

24. 有两类经济效率——成本最小化和利润最大化。为什么说利润最大化是一个更普遍的效率标准？

答：

利润最大化所要比较的，是产品的价值及其成本，而不是单纯地追求成本的最小化，因为哪怕成本达到了最小化，生产出来的东西可能连这个成本也不值。

附录：企业的产出和投入均衡

我们已经讨论过一家企业的利润最大化（或亏损最小化）产出水平的确定。最优运营水平的确定，也可以从可变要素投入水平的角度来考虑。

产出是由要素投入生产出来的。由于产出存在最优水平（产出速率），所以，也就存在相应的最优要素投入。利润最大化的产出，位于收入和成本在边际上的相等之处：$MR = MC$。根据同样的逻辑，通过把边际收益和边际成本两个度量指标均等化，我们可以找到相应的最优要素投入：边际收益产品（MRP）和边际支出（ME），其中 $MRP = \Delta TR/dN$，$ME = \Delta TC/dN$，而增量 ΔTR 和 ΔTC 是总收入和总成本的变化量，而 dN 是要素投入的变化量。

这些要素投入可以在受价者（竞争性）市场或觅价者（垄断性）市场中购买；而产品可以在受价者（竞争性）市场或觅价者（垄断性）市场中销售。因此，有四种可能的买卖组合情况。

定义

AE：平均支出	N：要素投入
AR：平均收益	TC：总成本

MC：边际成本　　　　TP：总产量

ME：边际支出　　　　TR：总收益

MP：边际产量　　　　VMP：边际产量价值

MRP：边际收益产品

表 29.2 适用于投入品的受价者型买家，其平均支出（每单位可变投入品的价格）不变，因此等于边际支出：

表 29.2　要素投入的受价者型买者

要素投入	AE（美元）	TC（美元）	ME（美元）
1	5	5	5
2	5	10	5
3	5	15	5
4	5	20	5

接下来的表 29.3 描述的是觅价者型（垄断性）买家，要素投入的单位价格随着购买数量的增加而上升：

表 29.3　要素投入的觅价者型买家

要素投入	AE（美元）	TC（美元）	ME（美元）
1	5	5	5
2	10	20	15
3	15	45	25
4	20	80	35

表 29.4 表明的是产品的受价者型卖家，要注意：$VMP = MP \times AR$（数量乘以价格），以及 $MRP = \Delta TR/\Delta N = \Delta TR/\Delta TP \times \Delta TP/\Delta N = MR \times MP$。

表 29.4　产出的受价者型卖家

要素投入	TP（美元）	MP（美元）	AR（美元）	TR（美元）	MR（美元）	VMP（美元）	MRP（美元）
1	3	3	3	9	3	9	9
2	10	7	3	30	3	21	21
3	16	6	3	48	3	18	18
4	21	5	3	63	3	15	15

表 29.5 产出的觅价者型卖家

要素投入	TP（美元）	MP（美元）	AR（美元）	TR（美元）	MR（美元）	VMP（美元）	MRP（美元）
1	3	3	5	15	5	15	15
2	10	7	4	40	3.57	28	25
3	16	6	3	48	1.33	18	8
4	21	5	2	42	−1.2	10	−6

最后，我们有产品的觅价者型卖家（表 29.5）。

图 29.3 解释了收益与支出的四种可能的市场组合：

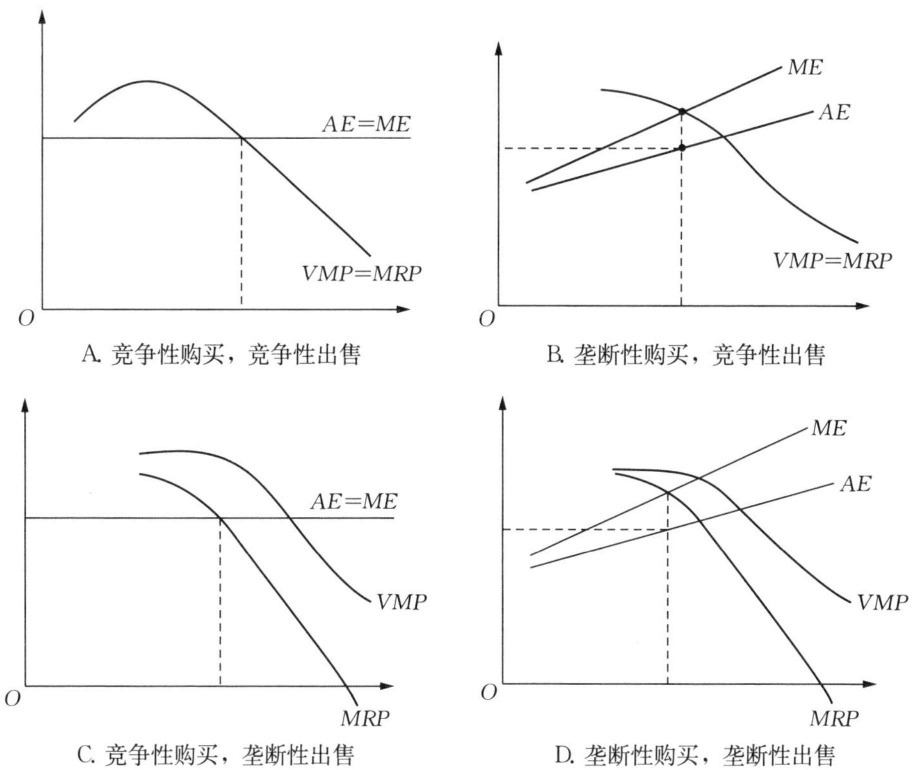
AE=ME
VMP=MRP
O
A. 竞争性购买，竞争性出售
ME
AE
VMP=MRP
O
B. 垄断性购买，竞争性出售
AE=ME
VMP
O
MRP
C. 竞争性购买，垄断性出售
ME
AE
VMP
O
MRP
D. 垄断性购买，垄断性出售

图 29.3 收益与支出的四种可能的组合

这些“产出”和“要素投入”的规则必然彼此一致。

如果 $MC=MR$，那么 $ME/MP=MRP/MP$，$ME=MRP$：

$$MC=\Delta TC/\Delta TP=\Delta TC/\Delta N\times\Delta N/\Delta TP=ME\times 1/MP=ME/MP$$

$$MR=\Delta TR/\Delta TP=\Delta TR/\Delta N\times\Delta N/\Delta TP=MRP\times 1/MP=MRP/MP$$

财富、回报率和风险
Wealth,
Rates of Return, and Risk

第 30 章　资本价值的算术

人们会因为你浪费自己的东西而惩罚你。如果在别人看来，你对你的资源作出了一个"浪费"的决定，那么它的市场价值就会下降。人们通过他们愿意为你的资源支付的市场价值，来表达他们的意见。

你会比较工作机会的薪资水平，或者比较不同的储蓄计划，以及是租房子还是买房子，是买汽车还是租汽车，你会考虑各种类型的保险。如果你为一家公司工作，那么，你会被问到，你愿意把你的薪水中的多少留在手中，多少投资于退休计划里。如果你是自雇人士，你就得考虑留出一部分当前的收入投到一个自主的养老金计划中。讨论这些问题，会涉及"资本价值"的使用。

关于你的未来的一些基本概念

现在少一点，以后再多一点

对糖果、鸡蛋和牛奶等短期商品的需求，是基于现在产生的服务的个人估值。然而，许多商品是耐用品，会在未来产生大量的服务。如果一台电视机能持续用上10年，并且每年提供 100 美元的服务，那么，我们就认为电视机未来服务的价值是1 000 美元，即未来所有年度服务的总和，这种计算方法很诱人，但却是错误的。我们对它们在今天的估值要低于这个总额。

或者，如果你赢了 100 万美元的彩票，20 年分期付款每年 5 万美元给你，那这样的话，你其实并没有赢得 100 万美元那么多。以分期付款的方式所赢得的这笔钱，要大大小于今天的 100 万美元。我们指的还不是那种税收作用下的减少额。你将来拥有的东西，要比你现在拥有的同样的东西价值更低。

耐用资源的当前和未来服务

鞋子、房子、汽车、电脑和网球拍，这些都是耐用物品。它们也是"资本品"（capital goods）。你对资本品的需求，反映了该物品未来所有预期服务的价值。但是，一件耐用商品的价值小于其未来服务的未来价值之和。耐用商品的当前市场价值是其"资本价值"。资本价值适用于比债券、公司普通股或房贷远为广泛的物品范围。资本价值适用于所有耐用品。

资本品能提供服务流，或"收益"流。这些服务，也即收益的时间模式，可以用不同的方式来描述。一棵苹果树可以在每年的某一月结出所有的苹果，比如说，在 10 月份可以结出 300 个苹果。我们不说苹果树的产量在 11 个月为零，在 1 个月为 300 个，而是习惯上用每年的流量来衡量这个序列。在这里，它可以表示为每年 300 个苹果，或每月 25 个苹果。对于许多资源和消费品而言，这些收益是以货币形式出售和计量的。

收益率的表达

假设一棵装饰性盆栽树以 6 000 美元的价格出售，或者可以每月出租，租金为 50 美元。每年的租金 600 美元，这一年租金额可以表示为树 6 000 美元的"资本现值"（"市场价值"）每年 10％的百分比收益率（＝600 美元/6 000 美元）。当收益以百分比表示时，通常称为"自有利率"（own interest rate）或"自有收益率"（own rate of yield）或"租金率"（rental rate）。

"整体"收益中的三种收益形式

资源所有者的"整体收益"（full yield），包括：（1）服务；（2）物品的物质增长；（3）物品单位价值的增长。对所有者来说，服务通常被解释为"收入"，预期的增长是"利息",而任何超出预期高于利息的价值增长,都是"利润"。

1. 服务——有些收益是直接消费服务,比如衣物和鞋子所提供的温暖和舒适,树木提供的繁荫,消防灭火器提供的安全性,或橡皮擦提供的修改错误的服务。想一想一张 50 美元的画像吧。当你原本可以通过投资或把你的钱借出去得到每年 10% 的利率,而如果你选择购买它,那么这张画像每年提供给你的服务,必须估值超过每年 5 美元(= 0.10×50 美元)。否则你为什么买它?

这是这些资源的"租金"价值。租用它,就要花费那么多,这是对租金支付风险和支付租金的时间进行调整后的结果。无论是买还是租,两种情况下你都能现在得到这幅画像。其差别在于,何时支付,以及谁承担市场价值变化所带来的风险。如果你现在购买,你可以现在支付,买到它的服务;或者,如果你以后支付,你还要支付延迟支付的利息。利息之所以必须支付,乃是因为在这中间的一年里,卖家将失去如果在供货之时即进行支付,本可以获得的服务。

租金最常见的含义是以货币支付的某些款项——例如为使用房屋或土地而收到(或支付)的货币。然而,为借钱支付的租金通常被称为"利息",尽管准确地说,它是为货币的服务所支付的租金。这和为房屋的服务而支付的租金意义相同。储蓄账户、债券和其他金融工具的收益,也被称为"利息",而不是"租金"。这种区别是基于服务和支付时间上的差异。对货币的服务的支付,并不是在借入的钱被用掉之前用货币支付的,这与预付房租形成了鲜明对比,后者是提前得到支付的。

2. 物品的物质增长(physical growth)——比如在树木、麦田或葡萄酒成熟过程中——是在时间流逝中进行"收益"积累的另一种形式。如果价格水平在下降,货币也会出现这种情况,因此每一货币单位都可以购买更多商品。

3. 资源市场价值的增长——所有者获得"收益"的另一种形式,是资源市场价值的累积性增长。假设你在某家公司有一股普通股,而这股票最初的价值是每股 80 美元。你在一年内收到 5 美元的股息(公司支付给你的收入),与此同时股票的价值上升 3 美元,达到 83 美元。总回报是 8 美元——相对于 80 美元的初始股票价值,回报率是 10%。这一回报是表现为现金收入的形式,还是表现为股票市场价值提高的方式,对你的财富而言并无差别(除了考虑所得税外)。

同样,假如你拥有一块空置的土地,现在价值 1 000 美元,土地空置使你无租可收。如果这块土地的价值在这一年内上涨 100 美元,达到 1 100 美元,你将会获得 100 美元的回报。这是初始值的 10%。而且,如前所述,价格水平下降会导致你钱包中每一单位货币的价值（购买力）增长。

在这样的背景下，对于未来商品的价值何以不如现在得到它的价值这个问题，我们可以集中讨论两个原因。这两个原因是："生产力"以及"时间偏好和死亡概率"。

1. 生产力：成功的投资可以把当前消费所进行的生产，转化成为未来消费而进行的更大或更有价值的生产。利率的这一原因，就是投资的"生产力"。

2. 时间偏好和死亡概率：第二个原因是，我们通常喜欢更早而不是更晚得到东西，而且，在我们可以享受预期的未来消费之前，我们面临着可能会死亡的概率问题。因此，我们为未来的"享受"出价更低，这种享受到来得越迟，我们的出价就越低。我们之所以会对更为遥远的潜在体验赋予一个在现在更低的价值，是因为我们的"时间偏好"将该价值进行了贴现的缘故。所谓时间偏好，是指现在拥有比将来再拥有更为人所偏好。

但这不仅是更偏好现在而不是以后；它还是对确定能实现它的偏好，无论是现在还是将来实现。现值和未来价值之间的关系，我们将在下面的"资本估价原理"一节中进行总结。

资本估价原理

我们可以运用"现值"和预期"未来价值"的概念，来解释"收入"和"财富"的含义，并帮助解决财务上的问题。

1. 现值乘以（1＋利率），等于一年期的预期未来价值。

下面这个表达式，总结了当前价值和未来价值之间的关系——随着利息的积累，你现在在银行投入多少与你在一年终结时将得到多少之间的联系：

$$P_0 \,(1+r) = F_1$$

其中，P_0 指的是，在时期 0，现在支付或投资的市场现值（价格）；r 表示年市场利率，或未来价值相对于当前价值的增长率；F_1 表示未来价值，下标 1 表示未来年数。

当 P_0 为 1 美元，且 r 为 10％时，F_1 为 1.10 美元：

$$1.00 \text{ 美元}（1+10\%）= 1.10 \text{ 美元} = F_1$$

以每年 10% 的增长率计算，到一年年底，今天的 1 美元将增长 0.10 美元（＝1 美元×0.10），达到 1.10 美元。当利率为 10% 时，1 美元的现值和 1.10 美元的一年期未来价值，并没有经济上的区别。它们是等价的价格。现在获得 1 美元的"价格"，与一年后获得 1.10 美元的价格，并无二致。

2. 进一步向未来扩展。

在 10% 的年利率上，今天的 100 美元在两年后的未来价值是多少呢？换言之，以每年 10% 的固定利率计算，100 美元在两年内将会增长到什么水平？100 美元的现值将在一年内增长至 110 美元，然后在第二年再增长 10% 至 121 美元：

$$P_0 \, (1 + r) \, (1 + r) = P_0 \, (1 + r)^2 = 100 \text{ 美元 } (1.10) \, (1.10) = 121 \text{ 美元} = F_2$$

每年的利率可能不同，比如第一年的利率是 8%，第二年的是 10%。在这种情况下，8% 和 10% 这两个利率将代替每年恒定的 10%：

$$P_0 \, (1 + 0.08) \, (1 + 0.10) = 118.80 \text{ 美元} = F_2$$

未来三年 100 美元以每年 10% 的速度增长将会得到：

$$P_0 \, (1 + r) \, (1 + r) \, (1 + r) = 100 \text{ 美元 } (1.10) \, (1.10) \, (1.10) = 133 \text{ 美元} = F_3$$

或者用更紧凑的符号表达为：

$$P_0 \, (1 + r)^3 = 100 \text{ 美元 } (1.10)^3 = 133 \text{ 美元} = F_3$$

现在金额的未来价值表

表 30.1 列出了 1 美元（称之为现值）在不同利率、不同年份下将会增长为的未来金额或未来价值，免去了我们冗长的计算。以每年 3% 的利率计算，25 年后 1 美元的现值将翻倍至 2 美元，或者更准确地说，略高于 2 倍（2.09 美元）。"价值翻倍时间"是如何取决于利率的呢？答案可以通过查找表 30.1 那几列数值中最接近 2 的格子即可得到。我们发现，利率 4% 需要 18 年，利率 5% 需要 14 年，利率 8% 需要 9 年，利率 10% 需要 7 年，而利率 12% 需要大约 6 年时间就可以翻倍。

表 30.1 现值 1 美元的复合未来价值（美元）

年份	利 率									
	3%	4%	5%	6%	7%	8%	10%	12%	15%	20%
1	1.03	1.04	1.05	1.06	1.07	1.08	1.10	1.12	1.15	1.20
2	1.06	1.08	1.10	1.12	1.15	1.17	1.21	1.25	1.32	1.44
3	1.09	1.13	1.16	1.19	1.23	1.26	1.33	1.41	1.52	1.73
4	1.13	1.17	1.22	1.26	1.31	1.36	1.46	1.57	1.75	2.07
5	1.16	1.22	1.28	1.34	1.40	1.47	1.61	1.76	2.01	2.49
6	1.19	1.27	1.34	1.42	1.50	1.59	1.77	1.97	2.31	2.99
7	1.23	1.32	1.41	1.50	1.61	1.71	1.95	2.21	2.66	3.58
8	1.27	1.37	1.48	1.59	1.72	1.85	2.14	2.48	3.06	4.30
9	1.31	1.42	1.55	1.69	1.84	2.00	2.36	2.77	3.52	5.16
10	1.34	1.48	1.63	1.79	1.97	2.16	2.59	3.11	4.05	6.19
11	1.38	1.54	1.71	1.90	2.11	2.33	2.85	3.48	4.65	7.43
12	1.43	1.60	1.80	2.01	2.25	2.52	3.14	3.90	5.35	8.92
13	1.47	1.67	1.89	2.13	2.41	2.72	3.45	4.36	6.15	10.70
14	1.51	1.73	1.98	2.26	2.58	2.94	3.80	4.89	7.08	12.84
15	1.56	1.80	2.08	2.40	2.76	3.17	4.18	5.47	8.14	15.41
16	1.61	1.87	2.18	2.54	2.95	3.43	4.60	6.13	9.36	18.49
17	1.65	1.95	2.29	2.69	3.16	3.70	5.05	6.87	10.76	22.19
18	1.70	2.03	2.41	2.85	3.38	4.00	5.56	7.69	12.38	26.62
19	1.75	2.11	2.53	3.03	3.62	4.32	6.12	8.61	14.23	31.95
20	1.81	2.19	2.65	3.21	3.87	4.66	6.73	9.65	16.37	38.34
25	2.09	2.67	3.39	4.29	5.43	6.85	10.8	17.0	32.92	95.40
30	2.43	3.24	4.32	5.74	7.61	10.0	17.4	30.0	66.21	237.4
40	3.26	4.80	7.04	10.3	15.0	21.7	45.3	93.0	267.9	1 469.8
50	4.38	7.11	11.5	18.4	29.5	46.9	117.4	289.0	1 083.7	9 100.0

从图形上看，不同增长率上的未来价值如图 30.1 所示。

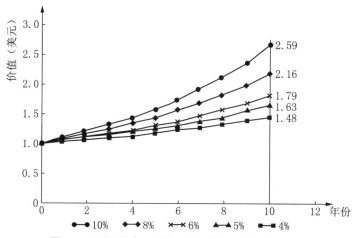

图 30.1 不同利率下现值 1 美元的 10 年期未来价值

举例：过去的好日子，那时候一美元真是一美元

假设物价水平在几年内以每年大约 3％ 的速度增长。今天，一瓶可乐在自动售货机上卖 1 美元。如果美元价格以每年 3％ 的速度上涨，在 24 年多一点的时间内，它的价格将接近 2 美元，是原来的两倍。

举例：拿走，还是留下？

在几家企业工作几年之后，你决定转到另一家企业去。你的雇主提醒你，在过去的十年里，你原来所在的这家企业为你提供了一笔退休基金——这是除了从你的实得工资中扣除一定数额之外，由企业提供给你的同等数额的退休基金。这笔钱全部已投资于每年付息 4％ 的证券上。现在，它的总价值为 24 000 美元。你现在有两个选择：（1）把这笔钱留给原来的企业，每年赚取 4％，直到 30 年后退休再取出；或者（2）只拿走从你自己的薪水中扣除的 12 000 美元，放弃另一半。你会选哪一个？

答案在一定程度上取决于你在提取这 12 000 美元时的预期利率。如果你每年能获得高达 10％ 的收益，那么这 12 000 美元的初始基金将会在 30 年内增长到 20.8 万美元以上。（见表 30.1 中 30 年 10％ 利率的未来价值，该收益 = 17.4 × 12 000 美元）如果你把这笔退休基金中的 24 000 美元全部保留在该企业，每年增长 4％，那么这笔基金只会增长到 77 000 美元以上。（见表 30.1 中 30 年 4％ 利率的未来价值，该收益 = 3.24 × 24 000 美元）。只有当你没有至少赚到 6.7％ 的时候，你自己的基金才会比留在原企业的基金价值更低。大多数退休投资基金的收益率都低于在股市中随意投资的回报率。如果你离退休只剩下 20 年的话，那么，为使你在 20 年内达到在 4％ 的利率上整个基金所取得的价值，你那一半的钱需要有大约 7.5％ 的年利率才行。

未来金额的"现值""本金"还是"到期价值"

现在，我们反转一下我们的角度，从预期 10 000 美元的未来金额，回到其等价的现值。假如一年后的今天你将收到 110 美元，它的现值又是多少？也就是说，未来 110 美元今天值多少钱，在收到这笔未来金额的一年之前？

这笔未来金额今天值的钱，是它的"资本现值"，或者简单地说，就是"现值"。当你把 100 美元存入一个每年支付 6％利息的储蓄账户时，你就购买了一年后支付给你 106 美元的权利。"现值"为 100 美元，相当于未来一年将获得的"未来价值"为 106 美元。这是下面这句话的另一种说法：年利率是 6％。这也可以表示为，以 100 美元的"经过贴现"的现值购买未来的 106 美元。同样，这与物价水平的上涨无关。

我们从 $P_0(1+r) = F_1$ 开始。通过重新整理，我们可以得到 P_0，由未来值 F_1 和利率 r 得到：

$$P_0 = F_1 / (1+r)$$

$$P_0 = 110 \text{ 美元}/1.10 = 100 \text{ 美元（现值）}$$

将 110 美元除以 1.10，等于用它乘以 0.909（＝1/1.10）。110 美元的一年期未来金额，"经过贴现"，现值为 100 美元（＝0.909×110 美元），"贴现系数"［1/（1＋r）］为 0.909。利率 r 越大，贴现系数 $1/(1+r)$ 就越小，任何未来金额 F_1 的当前价格（现值）P_0 也就越低。贴现系数 $1/(1+r)$ 只是现值 P_0 与一年后的未来金额 F_1 的比值。更高的利率 r，可以使更小的现值 P_0 增长到指定的未来金额 F_1，并且指定的未来值会被贴现为更小的现值。

虽然未来金额的当前价格（现值）在数值上小于未来金额，但在下述意义上，这两个值是具有等价的估值：如果市场利率每年为 10％，那么在未来拥有 1.10 美元和现在拥有 1 美元之间，这两种请求权市场上的买家感到无差异。

表 30.2 中的条目，给出了在不同的未来日期（到期年份）到期的 1 美元的现值。这些数据是表 30.1 中数据的倒数，那张表给出了 1 美元在不同利率下增长所带来的未来金额。在 3％的利率栏中，第 10 年的数值是 0.74。即以 3％的增长率计算，现在的 0.74 美元将在 10 年后增长到 1 美元。在利率更高的情况下，更低的现值将可在 10 年后增长到 1 美元。

表 30.2　未来 1 美元的现值（在一个未来年份结束时所得到的 1 美元，在今天的价值；美元）

年份	利　率										
	3%	4%	5%	6%	7%	8%	9%	10%	12%	15%	20%
1	0.97	0.96	0.95	0.94	0.94	0.93	0.92	0.91	0.89	0.87	0.83
2	0.94	0.93	0.91	0.89	0.87	0.86	0.84	0.83	0.80	0.76	0.69
3	0.92	0.89	0.86	0.84	0.82	0.79	0.77	0.75	0.71	0.66	0.58
4	0.89	0.86	0.82	0.79	0.76	0.74	0.71	0.68	0.64	0.57	0.48
5	0.86	0.82	0.78	0.75	0.71	0.68	0.65	0.62	0.57	0.50	0.40
6	0.84	0.79	0.75	0.71	0.67	0.63	0.60	0.56	0.51	0.43	0.34
7	0.81	0.76	0.71	0.67	0.62	0.58	0.55	0.51	0.45	0.38	0.28
8	0.79	0.73	0.68	0.63	0.58	0.54	0.50	0.47	0.40	0.33	0.23
9	0.77	0.70	0.65	0.59	0.54	0.50	0.46	0.42	0.36	0.28	0.19
10	0.74	0.68	0.61	0.56	0.51	0.46	0.42	0.39	0.32	0.25	0.16
11	0.72	0.65	0.59	0.53	0.48	0.43	0.39	0.35	0.29	0.22	0.14
12	0.70	0.63	0.56	0.50	0.44	0.40	0.36	0.32	0.26	0.19	0.11
13	0.68	0.60	0.53	0.47	0.42	0.37	0.33	0.29	0.23	0.16	0.09
14	0.66	0.58	0.51	0.44	0.39	0.34	0.30	0.26	0.21	0.14	0.08
15	0.64	0.56	0.48	0.42	0.36	0.32	0.28	0.24	0.18	0.12	0.07
16	0.62	0.53	0.46	0.39	0.34	0.29	0.25	0.22	0.16	0.11	0.05
17	0.61	0.51	0.44	0.37	0.32	0.27	0.23	0.20	0.15	0.09	0.05
18	0.59	0.49	0.42	0.35	0.30	0.25	0.21	0.18	0.13	0.08	0.04
19	0.57	0.48	0.40	0.33	0.28	0.23	0.19	0.16	0.12	0.07	0.03
20	0.55	0.46	0.38	0.31	0.26	0.22	0.18	0.15	0.10	0.06	0.03
25	0.48	0.38	0.30	0.23	0.18	0.15	0.12	0.09	0.06	0.03	0.01
30	0.41	0.31	0.23	0.17	0.13	0.10	0.08	0.06	0.03	0.02	0.00
40	0.31	0.21	0.14	0.10	0.07	0.05	0.03	0.02	0.01	0.00	0.00
50	0.23	0.14	0.09	0.05	0.03	0.02	0.01	0.01	0.00	0.00	0.00

　　注：表 30.2 列出了未来得到的 1 美元的现值。这些现值取决于利率和在未来得到 1 美元的年份。我们将会获得这个指定金额的那个未来的年份，就是"到期"日。从现在起 10 年后付给你的金额，即被说成是 10 年后"到期"。

举例：将来支付给你的奖励

　　四年后，你毕业时将获得 10 000 美元的奖金。如果你把四年后的 10 000 美元奖金"出售"出去，那么，今天有人会提出付给你 7 000 美元。如果投资或储蓄账户的利率是每年 6%，那么，这是否会让你更富有呢？你可以投资 7 000 美元，四年后，它将增长到 1.26 倍（= 1.06×1.06×1.06×1.06），达到 8 827 美元（1.26×7 000 美元）。7 000 美元的报价之所以不可接受，乃是因为它未来将增长到的数额低于 10 000 美元。我们可以确定：如果利率高达 10%，那么，这个报价就可以接受。

举例：一种美国财政部储蓄债券(所谓 EE 系列债券)的价值和利息的增长

你被告知，你可以用 75 美元从美国财政部购买一张债券，10 年后你将收到 100 美元的付款。在此期间没有利息支付给你，债券也没有规定任何利率。

在什么样的利率上，每年 75 美元的债券现付金额将在 10 年内增长到 100 美元的未来价值呢？我们使用表 30.2，查看"未来 1 美元的现值"。在 10 年那一行里，我们寻找 0.75，因为现值（75 美元）是未来 100 美元的 0.75 倍。最接近 0.75 的数值在 3% 那一列。因此，EE 系列债券的隐含利率（或回报率）约为每年 3%。

假设这一债券最初只发行时仅为 50 美元，而不是 75 美元，而且 10 年后仍然承诺支付 100 美元。那么，其隐含利率就是略高于 7%。

72 法则是一种方便快捷的方法

用利息率（以整数表示）去除数字 72，就可以得到接近于初始金额翻倍所需的年数。若想以 10% 的利率翻倍，只需要 7.2 年，即 72 除以 10。

表 30.1 显示，在 7 年上是 1.95，所以要翻倍还需要再长一点时间，大约需要 7.2 年才能翻倍。在利率大幅上调的情况下，这一规则会变得不那么准确。

如果你指定一个数值翻倍所需要的年数，你可以解出那个大概的利率，即用 72 除以你指定的年数。若 6 年内翻番，即为 12（= 72/6），也就是每年 12% 的利息。要在 4 年内翻番，你需要 18% 的利息（= 72/4）。用 72 除以利率，你可以得到翻倍所需要的年数。用 72 除以年数，你可以得到翻倍所需要的利率。

练习与思考

1. 你今天投资 350 美元。一年后你会得到 385 美元。隐含利率或实际利率是多少？

   答：

   （385 美元 – 350 美元）/350 美元 = 0.10；所以是 10％。

2. 以每年 7％ 的复利计算，三年内 250 美元将会增长到多少？翻倍要多长时间？

   答：

   使用表 30.1 可知，三年内 250 美元将会增长到 307.50 美元。［使用公式 $(1 + 0.07)^3$，由于表中的舍入，这个值会稍微少一点。］

   它将在大约 10 年内翻倍（72/7 = 10.3），或者从表 30.1 可以看出，10 年内 7％ 的因子是 1.97。

3. 一年结束时，你将得到 220 美元。以 10％ 的利率计算，现在的多少金额会增加到这个数？换言之，以 10％ 的利率计算，一年后的 220 美元的现值是多少？

   答：

   见表 30.2 中 1 美元的现值。在 10％ 的利率上，一年后的 1 美元的现值是 0.91 美元。因此，一年后的 220 美元的现值是 220 美元 × 0.91 = 200.20 美元。

4. 你有机会购买一幅稀有的油画。艺术品交易商说，只要你愿意持有它，你就可以放心，这幅画的价值将会以每年 5％ 的速度增长。你打电话给你的银行家，并且了解到你可以得到的长期投资利率为 6％。如果这幅画今天的价格是 10 000 美元，那么，在你（或你的遗产管理者）卖掉这幅画之前，拥有和欣赏这幅画 20 年，将会花费你多少钱呢？

   答：

   使用表 30.1。如果艺术品交易商对这幅画的价值的估价是正确的，那么 20 年后，这幅画可以以 26 500 美元的价格出售。如果你不买这幅画，而是把 10 000 美元按 6％ 的年利率投资 20 年，你就会有 32 000 美元。所以，这 5 500 美元的差价，就是你欣赏这幅画的成本。

5. 如果你能以5％的利率从你的大学借款1 000美元，6年后再还，又如果你能以10％的回报率进行投资，那么，对你来说，这种安排的现值是多少？如果不是你必须偿还的贷款，而是直接给你提供了一份价值300美元的礼物。你更喜欢哪一种安排，是直接给你礼物，还是贷款给你？

答：

按5％的利率计算，你必须在6年后还清1 340美元。如果你能将1 000美元按10％利率投资6年，你将拥有1 770美元。差额430美元，这是补贴贷款所隐含的赠与价值。作为6年利率5％的1 000美元贷款的替代方案，如果你可以得到作为礼物的300美元，那么在8％或更高的利率上，你投资这300美元，6年后你之所得将会超过432美元。所以，你会接受这份礼物。（使用表30.1，你将得到：1 771.56美元 - 1 340.10美元 = 431.46美元。）

6. 我们来看看一个给定未来价值的两个备选现值，两种情况的差异是因时间段长短不同造成的。

(1) 5年后到期的2 500美元的现值是多少，年利率为4％？

(2) 10年后到期的2 500美元的现值是多少，年利率为4％？

(3) 在这两种情况下，我们有相同的未来价值和相同的贴现率。为什么时间段的差异决定了不同的现值？

答：

(1) 2 500美元/（1.04）^{5} = 2 500美元/1.216 653 = 2 054.82美元。稍微不那么精确地，我们可以使用表30.2，从而得到：2 500美元×0.82 = 2 050美元。

(2) 2 500美元/（1.04）^{10} = 1 686美元。我们可以看一看这一答案和使用表30.2得出的答案的接近程度。

(3) 把详细的公式和表格放在一边，我们来看看在两个时期以给定的利率投资给定金额背后的常识。初始投资金额在10年后将比5年后增长更多——投资期越长，初始金额和最终金额之间的差额越大。这里，我们遇到的是一个反向问题：从最终金额开始，来计算初始投资（现值）。时期越长，这个初始金额越小。

7. 我们来看看一个给定未来价值的两个备选现值，两种情况的差异是因贴现率不同造成的。

   (1) 5 年内到期的 2 500 美元的现值是多少，年利率是 8%？

   (2) 将本题第 (1) 问中的答案与上一题第 (1) 问的答案进行比较。我们有相同的未来价值和相同长度的贴现时期。为什么贴现率的差异决定了不同的现值？

   答:

   (1) 2 500 美元×0.68＝1 700 美元。

   (2) 在给定的时期上，要得到给定未来价值的初始价值越小，回报率（贴现率）就要越大。

8. 有人种下了一粒树种。他租用一块地用来种树，租金是每年 50 美分。除此之外，在这些年里，还有其他费用——喷药、浇水、消防、纳税——都要一一支付。表 30.3 第 4 栏列出了所有这些费用的现值。如果在所给出的那个年限上砍伐这棵树，并把它转换成木材，那么这棵树将会产生与第 2 栏所示金额价值相当的木材。第 3 栏给出了在 10% 的利率上，未来潜在木材的现值。有些方格中的内容没有给出。

   表 30.3　不同树龄的木材价值

树龄（年）（1）	木材价值（美元）（2）	木材资本现值（美元）（3）	成本现值（美元）（4）	在该树龄上砍伐的利润现值（美元）（5）
0	0	0	5.00	− 5.00
5	1	0.62	5.70	− 5.08
10	4	1.54	6.20	− 4.66
15	11	2.63	6.50	− 3.87
20	25	—	6.60	—
25	60	5.54	6.80	− 1.26
30	140	—	6.82	—
35	260	9.25	6.95	+ 2.30
40	450	—	6.96	—
45	650	8.91	6.97	+ 1.94
50	800	6.80	6.98	− 0.18

（1）计算缺失值（使用表 30.2，精确到小数点后两位）。

（2）找出树应该被砍伐的树龄，以提供这棵树的最大现值。

（3）最大现值是多少？

（4）假设这棵树的价值相对于当前的木材价格出现了上涨。那么，这对利率意味着什么？

（5）如果没有人拥有这棵树，任何想用它的人都可以把它砍掉，那么它什么时候可能会被砍掉呢？

答：

（1）第 3 栏：3.75 美元，8.40 美元，9.00 美元；第 5 栏：−2.85 美元，＋1.58 美元，＋2.04 美元。

（2）35 年。

（3）2.30 美元。

（4）更低的利率。

（5）一旦木材价值为正就会被砍掉。

9. 据路易叔叔说，有些威士忌随着年头的增长品质会提高。表 30.4 列出了一桶威士忌在不同年份的消费价值。例如，如果现在把威士忌从陈年的酒桶里拿出来，卖给消费者用于当前消费，那么它可以卖到 100 美元；而如果 10 年后再售出，那么它的彼时消费将会卖到 250 美元。

表 30.4　不同年份威士忌的消费价值

消费日期	消费价值（美元）	消费日期	消费价值（美元）
现在	100	6	205
1 年后	120	7	220
2	140	8	230
3	160	9	240
4	175	10	250
5	190		

（1）如果这桶威士忌保存到第 2 年年底才装瓶出售，那么现在（利率为 10%）它值多少钱？

(2) 要获取最大的现值，我们希望威士忌在桶中保存的时间是多长？（提示：如果威士忌要保存 5 年，现在值得为之支付多少钱？10 年呢？）

(3) 如果没有人拥有这桶威士忌，那它能保持多久不被消费呢？

(4) 假设它被某人拥有，但不能出售，在消费前它会被保存多久？

答：

(1) 116.20 美元（使用表 30.2，小数点后保留两位）。

(2) 3 年。

(3) 不会很久。

(4) 无法确定，这取决于所有者或其继承人的偏好。

10. 在某个国家，唯一盛产的产品就是兔子。这些兔子要么被吃掉，要么以每年 20％ 的速度增长。

    (1) 如果这一年开始时全国有 100 万只兔子，那么这个国家今年的收入是多少（以兔子为单位计算）？

    (2) 该国的利率是多少？

    (3) 最大可能的增长是多少？

    答：

    (1) 大约 20 万只兔子。

    (2) "利率"是指兔子数量的增长率。

    (3) 理论上，这一增长率为 20％。然而，表 30.1 告诉我们，在 50 年内若以 20％ 的速度增长，兔子数量会增加到 9 100 倍，因此，如果这些兔子不会被饿死的话，这个国家将会被超过 90 亿只兔子所占领。这就是复利的力量。

11. 乔 30 年前以 5 000 美元的价格买下了某块土地，如今它的市场价值为 85 000 美元。贝蒂在同一时间向股市投入了 5 000 美元。在过去的 30 年里，贝蒂的投资组合必须以多大的年率增长，才能与乔的结果相匹配？

    答：

    以 10％ 的股价年升值率计算，贝蒂现在持有的股票价值将是 5 000 美元×17.4＝87 000 美元，略好于乔的收益。

12. 如果利率为 6%，那么你是希望 10 年后有 30 000 美元的贷款，还是 15 年后有 40 000 美元的贷款？或者，假设利率是 4%，情况又会如何？

答：

使用表 30.2（精确到小数点后两位），按照 6% 的利率计算，10 年后的 30 000 美元的现值：30 000 美元 × 0.56 = 16 800 美元；15 年后的 40 000 美元的现值：40 000 美元 × 0.42 = 16 680 美元。

按 4% 的利率计算，10 年后的 30 000 美元的现值：30 000 美元 × 0.68 = 20 400 美元；15 年后的 40 000 美元的现值：40 000 美元 × 0.56 = 22 400 美元。

第 31 章　未来价值和年金序列

耐用资源可以产生服务流（或服务序列）。一棵苹果树在许多年中都可以结出果实。土地可以提供长期的服务。一栋房屋在几十年里一直可供居住。一幅画可以给人带来几个世纪的观赏乐趣。而你，会赚取一笔未来收入流。那么，这许多连续的未来服务的价值，又是如何转换为一个现值的呢?

年金：一系列未来价值的现值

一系列未来的年度金额称为年金。四张价值 1 美元、在四年中的每一年末各兑现一张的票据，其现值是多少？这是一份每年 1 美元的“四年期年金”，其中第一笔一年后收到。如果利率是每年 10%，则四个 1 美元的价值中的每一个都可以折回现值。

我们使用公式 $P(1+r)=F$，重新排列各项可以得到：

$$\frac{F}{1+r}=P$$

1 美元/（1.10）= 0.909 美元，当第 1 年结束时，当时估值为 1 美元的服务之现值

1 美元/（1.10）^{2} = 0.826 美元，第 2 年的服务之现值

1 美元/（1.10）^{3} = 0.751 美元，第 3 年的服务之现值

1 美元/（1.10）^{4} = 0.683 美元，第 4 年的服务之现值

加在一起，总和为 3.169 美元，这就是这份四年期年金的资本现值。

显然，年金序列越长，现值越大，但距离现在越遥远的金额，现值越小。如果一台机器的耐用度是原来的两倍，那么它的价值不会是原来的两倍。如果一份年金在八年的服务期内每年提供 1 美元，那么新加的四年期的现值如下：

$$1 美元/ (1.10)^5 = 0.621 美元，第 5 年的服务之现值$$

$$1 美元/ (1.10)^6 = 0.564 美元，第 6 年的服务之现值$$

$$1 美元/ (1.10)^7 = 0.513 美元，第 7 年的服务之现值$$

$$1 美元/ (1.10)^8 = 0.467 美元，第 8 年的服务之现值$$

加在一起，总和为 2.165 美元，这就是第二个四年期的服务的资本现值。

这份八年期年金的后半期增加了 2.165 美元的现值，而前半期的资本现值是 3.169 美元。加在一起，这八年的服务之现值为 5.334 美元。

可以应用这样一个年金公式：$P = A_1/ (1+r) + A_2/ (1+r)^2 + A_3/ (1+r)^3 + A_4/ (1+r)^4 + \cdots + A_N/ (1+r)^N$，其中 A_1，A_2，A_3，A_4，$\cdots$，A_N 代表了该年年末的未来金额。

年金现值表

表 31.1 按照不同利率、不同年份，给出了每一年 1 美元年金的现值——第一笔金额是在第一年年末取得的，以此类推。每年 1 美元的年金，按 10％的利率连续 10 年，其现值为 6.15 美元。换一种说法，如果你知道利率是 10％，你就必须现在支付 6.15 美元，才能在未来 10 年内获得每年 1 美元的收入，而第一次获得收入是在一年后。每年收入 1 美元的 12 年年金，从现在起一年后第一次支付，在 8％的利率上，现值为 7.54 美元。

如果年金是从现在而不是一年后收到的第一笔金额开始，则其现值是将现在收到的金额，再加上少了一年期的年金现值。在一份分为 10 期的年金中，第 1 期现在收到，还有 9 期是未来的年金。查找 9 年期年金现值，再加上初始分期付款的那 1 美元。在 10％这一列中，9 年对应的值是 5.76 美元。再加上第 1 期的 1 美元，10 年期年金的现值为 6.76 美元。

表 31.1　每年年末获得 1 美元之现值（美元）

年份	利　率									
	3%	4%	5%	6%	7%	8%	10%	12%	15%	20%
1	0.97	0.96	0.95	0.94	0.94	0.93	0.91	0.89	0.87	0.83
2	1.91	1.89	1.86	1.83	1.81	1.78	1.74	1.69	1.63	1.53
3	2.83	2.78	2.72	2.67	2.62	2.58	2.49	2.40	2.28	2.11
4	3.72	3.63	3.55	3.47	3.39	3.31	3.17	3.04	2.86	2.59
5	4.58	4.45	4.33	4.21	4.10	3.99	3.79	3.61	3.35	2.99
6	5.42	5.24	5.08	4.92	4.77	4.62	4.36	4.11	3.78	3.33
7	6.23	6.00	5.79	5.58	5.39	5.21	4.87	4.56	4.16	3.61
8	7.02	6.73	6.46	6.21	5.97	5.75	5.34	4.97	4.49	3.84
9	7.79	7.44	7.11	6.80	6.52	6.25	5.76	5.33	4.77	4.03
10	8.53	8.11	7.72	7.36	7.02	6.71	6.15	5.65	5.02	4.19
11	9.25	8.76	8.31	7.89	7.50	7.14	6.50	5.94	5.23	4.33
12	9.95	9.39	8.86	8.38	7.94	7.54	6.81	6.19	5.42	4.44
13	10.64	9.99	9.39	8.85	8.36	7.90	7.10	6.42	5.58	4.53
14	11.30	10.56	9.90	9.30	8.75	8.24	7.37	6.63	5.72	4.61
15	11.94	11.12	10.38	9.71	9.11	8.56	7.61	6.81	5.85	4.68
16	12.56	11.65	10.84	10.11	9.45	8.85	7.82	6.97	5.95	4.73
17	13.17	12.17	11.27	10.48	9.76	9.12	8.02	7.12	6.05	4.78
18	13.75	12.66	11.69	10.83	10.06	9.37	8.20	7.25	6.13	4.81
19	14.32	13.13	12.09	11.16	10.34	9.60	8.37	7.37	6.20	4.84
20	14.88	13.59	12.46	11.47	10.59	9.82	8.51	7.47	6.26	4.87
25	17.41	15.62	14.09	12.78	11.65	10.68	9.08	7.84	6.46	4.95
30	19.60	17.29	15.37	13.77	12.41	11.26	9.43	8.06	6.57	4.98
40	23.12	19.79	17.16	15.05	13.33	11.93	9.78	8.24	6.64	5.00
50	25.73	21.48	18.26	15.76	13.80	12.23	9.92	8.30	6.66	5.00

寻找隐含利率

如果你知道 8.38 美元是每一年支付 1 美元的 12 年期年金的当前价格，那么，你就可以找到隐含利率。在表 31.1 的 12 年那一行中，你可以找到最接近 8.38 美元的那个方格：利率为 6%。

低利率偏向

如果我想卖给你一台机器，它在未来 30 年内每年年终带来 100 美元，我会用高利率还是低利率来估计它的当前价值呢？按 10% 的利率计算，它是 943 美元；按 3% 的利率计算，它是 1 960 美元。所使用的利率越低，所得到的现值就越大。

大项目（像新高铁）的倡导者，倾向于使用低利率。在为受伤或被杀害的人估计收入价值损失时，也会涉及这种低利率偏向。他们潜在的未来收入，被贴现（资本化）为现值。所应用的利率越低，资本现值就越高。原告寻求巨额报偿，有动机使用低于被告所偏好的利率。

永续年金——一种特殊的永久年金

假设你有一项投资，在未来的每一年里，你可以得到一个固定的年收益 1 美元，你想它有多久就有多久，可以持续 100 年，甚至 1 000 年。以 5% 的利率计算，这种永续年金（perpetuity）现在值多少钱？越远的价值会被贴现为越小的现值。事实上，按 5% 的利息计算，1 000 年内每年 1 美元的年金，现值只值 20 美元。

如果这看起来非常小，请注意，你所要做的就是现在以 5% 的利率投资 20 美元。在第一年结束时，所赚取的利息将是 1 美元（＝20×0.05）。把利息的 1 元拿出来花，剩下的还是 20 元。明年再来重复，明年复明年，直到你想让它持续多久就是多久。永续年金的现值只是年金额（A）除以利率：$P = A/r$，重新整理就是：$P \times r = A$。在这个例子中，该现值是（1 美元/0.05），也就是 20 美元，这就是每年 1 美元、利率为 5% 的永续年金的现值。

遥远未来的服务对当前资本价值的贡献

为了更好地理解年金期限和不同利率的影响的比重，可以来看表 31.2。

表 31.2　不同利率下永续年金的现值分摊

不同利率	前 50 年的现值（美元）	第 51 年到永久的现值（美元）	永续年金的全部现值（美元）	50 年后剩余年金现值的百分比
3％	25.70	7.30	33	22％
5％	18.30	1.70	20	8.5％
10％	9.91	0.09	10	<1％

以 5％的利率，每年 1 美元的永续年金，其前 50 年的现值为 18.30 美元。这相当于该永续年金 20 美元现值中的 91.5％。过了前 50 年，余下部分的现值仅为 1.70 美元（＝20 美元－18.30 美元），约为该永续年金总现值的 8.5％。以每年 10％的利率计算，过了 50 年之后，剩余所有价值的现值仅为 10 美元现值中的 0.09 美元（＝10 美元－9.91 美元），低于该现值的 1％。

按 3％的利息计算，该永续年金的现值为 33.33 美元，前 50 年占 77％，50 年后占 23％。

礼物有多大？

你那有钱的叔叔要给你买一份 15 年期的年金，从现在开始，每年支付 50 000 美元。按 10％的市场利率计算，1 美元年金，现在将要花费 7.61 美元。乘以 50 000 美元，可以得到 380 500 美元（＝7.61×50 000 美元）。虽然总共得到 15 笔 50 000 美元的收款，总金额为 750 000 美元，但你得到的礼物现在相当于 380 500 美元。

可变未来年度金额的年金现值

年金通常不是一系列不变的未来金额。为了了解事情的逻辑本质，我们来做一点单调乏味的算术。我们来看表 31.3 中所示的特定 6 年期年金。

表 31.3　在 8% 利率下 6 年期年金的现值计算

收益年份	未来年份的美元金额	贴现因子为每年 8%	美元现值
1	1 000	0.926（= 1/1.08）	926
2	2 000	0.857（= 1/1.08^2）	1 714
3	3 000	0.794（= 1/1.08^3）	2 382
4	3 000	0.735（= 1/1.08^4）	2 205
5	2 000	0.681（= 1/1.08^5）	1 362
6	1 000	0.630（= 1/1.08^6）	630
		该六年期年金的现值 = 9 219	

我们使用表 31.3，来获得等价于年金中每个未来时期的现值。一年内到期的第一笔未来金额是 1 000 美元。以 8% 的利率计算，其现值为 926 美元（= 1 000 美元 × 0.926）。下一笔两年后到期的金额是 2 000 美元，其现值为 1 714 美元（= 2 000 美元 × 0.926 × 0.926 或 = 2 000 美元 × 0.857）。对连续的年份中每一笔新增付款进行贴现，并将所有付款的现值相加，可使年金总现值达到 9 219 美元。

孝敬父母

你的父母已经到了 70 岁，有 500 000 美元财富，他们预期还能再活 15 年，想在 15 年内以不变的速度，消费完这笔财富。若在那之后，父母仍然健在，那么，你将要担负起你的养老义务。15 年中，他们每年能花多少钱？换言之：在 10% 的利率上，哪种 15 年期年金的现值为 500 000 美元？在表 31.1 中，在 10% 的利率上 15 年期那一格的值为 7.61。由于基金中有 500 000 美元，所以在未来 15 年内，每年的金额为 500 000 美元/7.61 = 65 700 美元。（这是一个近似值，因为 65 700 美元是 15 年里每年年末可以花费的金额，而不是在每年的期间可以花费的金额，但两者相差不大。）如果他们选择在 10 年内花完这笔资金，那么他们可以在每年年底获得 81 300 美元（= 500 000 美元/6.15）。如果他们计划 15 年花完，但利率为 8%，那么，这笔金额将为 500 000 美元/8.56 = 58 410 美元。

当前行动、长期影响和价格的即时变化

一项资源的当前价格，在人们对该项资源服务的未来价值的预期发生变化的那一刻，会发生变化——而不是在后来的事件发生时才发生变化。在表 31.3 中，假设当前的一些行动改变了人们对第 5 年和第 6 年将收到的未来款项的看法——这些款项各自翻了一番，分别为 4 000 美元和 2 000 美元。现值马上就会从 9 219 美元跃升至 11 211 美元，这中间增加了 1 992 美元。

股票市场的价格变动，是否使得企业管理层过度关注当前股价的即时波动，而不是当前行为的长期效应呢？当前价格的变化，不仅反映了眼前的影响，而且也反映了所预期的未来影响。当前价格的即时变化，迫使人们强烈关注当前行动的未来长期影响。

金融市场上的语言：贷出是"买"，借入是"卖"

在金融市场术语中，传统的做法是把贷出解释为购买债券。如果我借钱给你，交换你的借条（IOU），我可以说我是在买你的借条。我可能会把借条卖给其他人，等你偿还债务时付给他们。"债券"（bond），是一份详细说明债务和偿还条件的文件。因此，当我向你借出 95 美元的时候，我是在购买你的承诺：将来——比如说一年后——付我 100 美元，利息是 5 美元。

但"买卖"而非"借贷"这一术语出现的基本原因，反映的是所有权实际发生变化的事实。当你借一本书、一辆车或一个网球拍时，你应该原物返还。你没有合法的权利出售借来的物品。但是当你"借钱"时，你不可能原物返还你借来的货币单位。你可以借 100 美元硬币，并用不同的硬币或纸币构成的 100 美元归还，因为你实际上没有"借走"这些货币。相反，你买下了这些货币的全部所有权。如果你是从银行借款的企业主，这种情况就会发生。这里使用的语言是，"把你的本票卖给了银行"。

每个星期，美国财政部都会出售价值数十亿美元的美国国债，承诺在（比如）

90 天后支付一定数额的货币。

在金融市场中，贷方通常会将票据或债券转售给其他人。如果你用分期付款计划"赊购"汽车，你签的本票很可能会被零售商转售给另一个人——一个投资者，由他来收取你的付款。在你还清全部债务之前，你得不到这辆车的所有权。一般来说，作为"贷方"，我们并不是在出借货币；我们是在出售货币，以换取所承诺数额的其他款项，作为以后对我们的回报。

货币"贷款"，有时被称为"购买—回购"（purchase-repurchase）协议。你现在以 1 000 美元的价格购入一份债券。与此同时，它的卖方就进入了这样一份协议中：承诺一周后从你处把这份债券买回去，支付给你 1 050 美元。这 1 050 美元，包括了50 美元的利息，尽管当时并没有提到"利息"这样的字眼。

作为成本的利息的重要性——即使没有债务

人们很容易认为，如果你不借款，就不涉及"利息成本"。但利息是衡量早早拥有某样东西的好处的一个尺度。如果一项资源直到明年才可用，那么这种延迟便意味着你失去了提前拥有它所带来的好处。在未来得到的东西，比早早得到的东西价值更低。若是早早得到，你本可以得到"利息"收益。而如果你得到东西的时间是晚而不是早，你就会失去这段时期的利息收益。更早而不是更晚拥有一件商品，会给你带来这一时期的收益，这一收益就是为什么未来金额的价值要低于同等的当前金额的原因所在。

有一个常见的错误，就是因为未能把利息视为成本而产生的。它是这样一个断言：在接下来的 10 年里，每年支付给你一笔彩票奖金 10 万美元，这就是一项 100万美元的奖金。那一笔笔的 10 万美元的付款，不是现在同时进账的。现在有了这笔钱，你会更早得到好处。你越早投资或得到某件商品，在任一未来的时间上，你都能拥有越多的财富。许多商品会产生净服务流。任何拖延都会减少未来所有时间上所能积累的财富额或净增长额。你在等待未来的商品时，要承受成本。

因此，无论生产商是否借钱，利率都会影响生产决策的盈利能力。要避免把虚幻的利润误判为真实的利润；虚幻的利润是把未来金额与当前金额相加，而没有根据时间先后作出调整——即没有把各个数值资本化到同一时点——所导致的结果。

企业经理投资于厂房、设备、原材料、工资和成品库存。这些投资几乎很少是在客户下单后进行的。成本先产生，然后再寻求收入。即使最初的投资支出是从所有者自身的财富中开销，在最初的支出之后，收入的滞后性意味着，在不同的时点上比较总的支出和总的收入，来看是否赚到了利润的做法，并不正确。由于时间先后而产生的差异，必须通过将支出和收入"资本化"到同一时点来抵消。对现金流进行调整的统一时点选在哪里，并无关紧要。只要把它们按利率调整到同一时点，所得的成本和收入的资本价值度量就是可比的。

假设费用是在第 1 年开始时支付的，而收入在 2 年后获得。第 1 年年初，设备、用品和劳动力的初始费用为 1 000 美元。全部 1 300 美元的产品销售收入，将在第 2 年年底获得。最后没有留下任何资产。这些支出和收入会有利可图吗？在回答这个问题时，我们不能直接比较 1 000 美元和 1 300 美元，因为这两个数字相隔了 2 年。它们必须首先被资本化到同一时点，如表 31.4 所示。利率（即使没有借款或利息支付）影响着盈利能力。

表 31.4 利率对资本价值和盈利性的影响：利率为 7%

	第 1 年开始时的 1 000 美元支出	第 2 年结束时的 1 300 美元收入	第 1 年开始时的资本价值	第 2 年结束时的资本价值
以 7% 的利率，资本化至第 1 年开始时的价值				
资本化至第 1 年开始时的价值	1 000 美元	1 300 美元/ (1.07×1.07) =1 136 美元	1 136 美元（收入） −1 000 美元（成本） =136 美元（利润）	
以 7% 的利率，资本化至第 2 年结束时的价值				
资本化至第 2 年结束时的价值	1 000 美元× 1.07×1.07 =1 145 美元	1 300 美元		1 300 美元（收入） −1 145 美元（成本） =155 美元（利润）

如果利率是 7%

起始日资本价值

创业初期的支出是 1 000 美元。这 1 000 美元将与最后收到的 1 300 美元在第

1年初的资本价值进行比较，这个值是 1 136 美元 ［＝1 300 美元/（1.07×1.07）］。收入的资本价值大于同一初始日期的成本价值。因此，两者的资本价值表明，利润为 136 美元（＝1 136 美元－1 000 美元）。

结束日资本价值

表 31.4 的最右边，给出了在结束日度量的资本价值。这些收入的资本价值为 1 300 美元，均在该结束日收到。这些成本在相应时间的资本价值为 1 145 美元（＝1 000 美元×1.07×1.07）。两者在结束日的资本价值也表明，利润为 155 美元（＝1 300 美元－1 145 美元）。如果利率是每年 7％，那么，在开始时 136 美元资本价值的利润，相当于在结束时所度量到的资本价值 155 美元。它们之所以不同，完全只是因为利率因素而已：136 美元×1.07×1.07＝155 美元。

一些值得怀疑的隐含假设

人们普遍认为，所有人和所有商品的利息率都不一样。事实上，它们是相等的。我们将会看到，这种错误的认识正是另外两种混淆所带来的结果，即混淆了"利息"和"租金"，以及两种利率的概念——"名义"利率和"纯"利率。在解释这些混淆之前，我们应该理解"收入"相较于"财富"的含义，以及"利息"和"租金"之间的区别，所有这些都将在下一章中给出解释。

如果利率是 15%

我们以 15％而不是 7％为利率，来重复表 31.4 中的计算，见表 31.5。这次创业就出现了亏损。1 000 美元的成本，要与 1 300 美元的最终收款在第 1 年年初的资本价值——983 美元 ［＝1 300 美元/（1.15×1.15）］——进行比较。这 1 300 美元的资本价值低于 1 000 美元的成本，如果都在同样的初始日期上度量的话。两者的资本价值表明，亏损额为 17 美元（＝1 000 美元－983 美元）。

表 31.5　利率对资本价值和盈利性的影响：利率为 15%

	第 1 年开始时的 1 000 美元支出	第 2 年结束时的 1 300 美元收入	第 1 年开始时的 资本价值	第 2 年结束时的 资本价值
以 15% 的利率，资本化至第 1 年开始时的价值				
资本化至第 1 年 开始时的价值	1 000 美元	1 300 美元/ (1.15×1.15) ＝983 美元	983 美元（收入） －1 000 美元（成本） ＝－17 美元（利润）	
以 15% 的利率，资本化至第 2 年结束时的价值				
资本化至第 2 年 结束时的价值	1 000 美元× 1.15×1.15 ＝1 322 美元	1 300 美元		1 300 美元（收入） －1 322 美元（成本） ＝－22 美元（利润）

在第 2 年的结束日，1 000 美元支出的资本价值等于 1 000 美元×1.15×1.15，即 1 322 美元。这些支出在结束日的资本价值，比 1 300 美元的收入多出 22 美元（＝1 322 美元－1 300 美元），这是亏损额。

利率越高，未来收益的现值就越小。成本若是发生得更早，而如果我们又忽略利息，那我们将会忽略一部分成本，这部分成本就是所放弃的服务原本可以在这项事业的 2 年时间里带来的收益。但是，如果把放弃掉的原本可以获得的收益，正确地视之为成本，那么，通过将所有数额都资本化到同一时点，可比较的成本和收入的资本价值表明，在 15% 或更高的利率上会出现亏损。

练习与思考

1. 在 8% 的年利率上，接下来三年的每一年结束时支付一笔 1 000 美元的年金，其现值等于多少？也就是说，以 8% 的利息计算，一份 1 000 美元的三年期年金的现值是多少？

    答：

    2 580 美元。使用表 31.1 可以查得。

2. 有两台冰箱可供购买。一台购买成本高，但运营成本低，另一台则相反，见
表31.6：

表 31.6　不同成本结构的两台冰箱

	购买价格（美元）	10 年中每年的运营成本（美元）
A	400	100
B	340	110

在 10 年的时间里，哪一台冰箱更便宜？

答：

这取决于利率。按 10% 的利率计算，10 年里每年增加 10 美元的运营成本，其现
值为 61.50 美元。因此，A 冰箱虽然可以避免 61.50 美元的额外成本，但买到它
需要多花 60 美元，这几乎不便宜什么。若以 12% 的利率（或以高于 11% 的利
率），B 冰箱则会更便宜。在更低的利率上，A 冰箱更便宜。节约运营成本是否
划算，取决于利率以及设备采购价格的差额。

3. 你的祖父母说他们正在考虑卖掉房子。一名房地产经纪人告诉他们，如果他们
现在卖掉房子，他们可以得到大约 125 000 美元。他们需要租个地方住。另一种
选择是，你愿意买下他们的房子，让他们在里面住上 20 年。你提出，在 20 年内
每年年底支付给你的祖父母 10 000 美元（总共 200 000 美元），然后就请他们将
房子的契据给你。你的祖父母想知道，这 20 年间每年 10 000 美元的报价，意味
着利率是多少。

答：

从本质上讲，你给祖父母的报价，是按照一个定期支付计划来购买他们的房子。
这与简单的"反向抵押贷款"的运作方式类似。在表 31.1 中，你可以向他们表
明，在 5% 这一栏下 20 年期的值是 12.46。乘以这个 10 000 美元，可以得到
124 600 美元——这大约就是这座房屋的当前市值。

4. 你的业务需要长期使用仓库。有一个仓库所有者告诉你说，你可以要么现在买
下这座仓库，要么租用它 50 年，50 年后它预期也就没有价值了。忽略土地价值
和 50 年内拆除该建筑物的成本，请问：什么样的利率可以使 250 000 美元的当

前购买价格，约略等于 50 年内每年 20 000 美元的租赁付款呢？

答：

在表 31.1 中，8％这一栏下 50 年期的值为 12.23。这个数值再乘以 20 000 美元，就是 244 600 美元。因此，在利率略低于 8％的情况下，50 年每年 20 000 美元的付款流，在今天价值 250 000 美元。

5. 在第 4 题中决定是购买还是租赁时，你的银行告诉你，他们会借给你 250 000 美元购买这座仓库，向你收取的利率为 8％。你预期会使用这座建筑 50 年，50 年后它将一无所值。你对每年支付 20 000 美元的租金，还是支付银行 20 000 美元的利息，是否感到无差异？在作出决定时，你还会考虑其他什么？

答：

在美国，租赁支付和利息支付对企业都免税，因此税后成本是相同的。不过，如果税法还允许从普通收入中扣除仓库等不动产的折旧，那么对税收的考虑将会使你的决定偏向于以相同的隐含利率贷款和购买，而不是租赁。如果贷款购买的利率足够高，则租赁会更便宜。

6. 您可以选择两种年金。其中一种每年支付你 1 000 美元，为期 20 年，共计 20 000 美元。另一种每年支付你 1 500 美元，为期 15 年，第一笔 1 500 美元将在第 5 年末收到。第二种情况下的总支付将会更多——22 500 美元——但你必须等上 5 年，才能开始收到这笔钱。你会选择哪一种年金？

答：

你的答案应该取决于利率。从表 31.1 可以看出，在未来 20 年的每一年结束时收到的 1 000 美元，其现值在更高的利率上是下降的。20 000 美元在 4％的利率上价值 13 590 美元，在 5％的利率上价值 12 460 美元，在 6％的利率上价值 11 470 美元。为了与为期 15 年、从 5 年后开始每年获得 1 500 美元这一年金相比，你要首先从表 31.1 中找出 5 年后这份年金的价值，然后使用表 30.2 来找到延迟但却更大的支付额其今天的价值。这 22 500 美元，在 4％的利率上现在价值 14 345 美元，在 5％的利率上现在价值 12 140 美元，在 6％的利率上现在价值 10 923.75 美元。显然，在更高的利率下，较大、但延期支付的年金价值，要低于在更低的利率下该年金的价值。

7. 这里给你提供了购买一些商品的不同方法。你可以每年支付 75 美元，为期 10 年，第一次付款是 1 年后。或者，你可以现在一次性支付 500 美元。如果利率是每年 10％，哪种支付方式更便宜呢？

    答：

    在 10％的利率上，分 10 年支付更便宜。表 31.1 给出的因子是 6.15。因此，10 年里每年年底的 75 美元现在只有 461 美元，这是一种更便宜的购买方式。不过，要是在 8％的利率下，现在支付 500 美元会稍微便宜一点。

附录：资本估价原理的应用

对资本估价原理的应用，可以在实际事务中加以说明。

分期付款

你决定借 10 000 美元来支付你第一年的大学费用。如果你同意在 10 年内分 10 期偿还，一年后第一次还款，那么你可以以 5％的年利率拿到借款。表 31.7 表明，在不同利率下，为了偿还 1 美元债务，每年的分期付款金额取决于分几期付款。10 年内分 10 期，5％那一列的值为 0.130。把 0.130 乘以 10 000 美元，可以得到 1 300 美元，这就是每年的分期付款金额。

表 31.8 表明，每年付款中有多少用于减少所欠的本金。第一年年底，归还的本金超过了利息，达 800 美元（＝1 300 美元－500 美元），将债务本金从 10 000 美元减少到 9 200 美元。第二年支付的 1 300 美元中，作为剩余 9 200 美元债务的利息，约为 460 美元（＝9 200 美元×0.05）。这使得债务从 9 200 美元中减少了 840 美元（＝1 300 美元－460 美元），减少到 8 360 美元（＝9 200 美元－840 美元）。

随着债务的减少，1 300 美元的年度付款中用于支付利息的部分逐渐减少，剩下分期付款金额中越来越大的一部分用于减少债务。

你可能想推迟所有利息和本金的支付，这样直到你毕业时才开始支付任何费用，比如从你借款的时候起五年之后再开始归还这笔债务。要把每笔付款延迟五年，这意味着每笔付款将以五年内的复利或 1.28（＝1.05^5）的因子变得更大。如果利率是

表 31.7 为偿还 1 美元债务每年年底的统一支付额

年份	利 率							
	1%	2%	3%	4%	5%	10%	15%	20%
1	1.010	1.020	1.030	1.040	1.050	1.100	1.150	1.200
2	0.508	0.515	0.523	0.530	0.538	0.576	0.615	0.655
3	0.340	0.347	0.354	0.360	0.367	0.402	0.438	0.475
4	0.256	0.263	0.269	0.275	0.282	0.315	0.350	0.386
5	0.206	0.212	0.218	0.225	0.231	0.264	0.298	0.334
6	0.173	0.179	0.185	0.191	0.197	0.230	0.264	0.301
7	0.149	0.155	0.161	0.167	0.173	0.205	0.240	0.277
8	0.131	0.137	0.142	0.149	0.155	0.187	0.223	0.261
9	0.117	0.123	0.128	0.134	0.141	0.174	0.210	0.248
10	0.106	0.111	0.117	0.123	0.130	0.163	0.199	0.239
11	0.096	0.102	0.108	0.114	0.120	0.154	0.191	0.231
12	0.089	0.095	0.100	0.107	0.113	0.147	0.184	0.225
13	0.082	0.088	0.094	0.100	0.106	0.141	0.179	0.221
14	0.077	0.083	0.089	0.095	0.101	0.136	0.175	0.217
15	0.072	0.078	0.084	0.090	0.096	0.131	0.171	0.214
16	0.068	0.074	0.080	0.086	0.092	0.128	0.168	0.211
17	0.064	0.070	0.076	0.082	0.089	0.125	0.165	0.209
18	0.061	0.067	0.073	0.079	0.086	0.122	0.163	0.208
19	0.058	0.064	0.070	0.076	0.083	0.120	0.161	0.206
20	0.055	0.061	0.067	0.074	0.080	0.117	0.160	0.205
25	0.045	0.051	0.057	0.064	0.071	0.110	0.155	0.202
30	0.039	0.045	0.051	0.058	0.065	0.106	0.152	0.201
40	0.030	0.037	0.043	0.051	0.058	0.102	0.151	0.200
50	0.026	0.032	0.039	0.047	0.055	0.101	0.150	0.200

表 31.8 分十次分期付款，每年付款额 1 300 美元，在 5% 的利率上
归还 10 000 美元债务（四舍五入到 10 美元）

债务年份	本金（美元）	利息支付（美元）	本金还款额（美元）
1	10 000	500	800 （= 1 300 − 500）
2	9 200	460	840
3	8 360	420	880
4	7 500	380	920
5	6 580	330	970
6	5 610	280	1 020
7	4 590	230	1 070
8	3 520	180	1 120
9	2 400	120	1 180
10	1 220	80	1 220

5％的话，从你毕业后一年开始的十年分期付款每年的金额是 1 664 美元（＝1 300 美元×1.28），而不再是 1 300 美元。

抑制了发明?

生产一个灯泡的成本是 40 美分，然后以 50 美分的价格出售，这个灯泡能用一年。现在，你发明了一种灯泡，它可以使用两年，而且在其他方面都一样好，你可以用 60 美分的成本把它生产出来。考虑到你可能只能卖出原来一半数量的灯泡，你是否应该放弃引入这项新的发明呢? 详情见表 31.9。

表 31.9　寿命更长的资源的价值（美元）

使用寿命为一年的灯泡每年卖出一只		
年　　份	第 1 年	第 2 年
服务价值	0.50	0.50
价格	0.50	0.50
成本	0.40	0.40
每年利润	0.10	0.10
两只使用寿命为一年的灯泡的利润现值为 0.195 美元	0.10	＋0.095

使用寿命为两年的灯泡隔一年卖出一只,成本为每只 0.60 美元		
年　　份	第 1 年	第 2 年
服务对消费者的价值	0.50	0.50
每年服务估值的现值	0.50	0.45
灯泡使用寿命内服务的现值	0.95 = 0.50 + 0.45	
使用寿命为两年的灯泡的价格	0.95	
成本	0.60	0
从使用寿命为两年的灯泡中得到的利润是 0.35 美元		

新灯泡的当前销售价格，是第一年服务的 50 美分，再加上第二年服务的现值。在第二年，该服务价值 50 美分。第二年价值 50 美分的灯泡服务的现值，按 10％的年利率计算，是 50 美分/1.10 = 45.45 美分。这为那只新灯泡提供了一个潜在的约 95 美分的当前价格。利润之所以更大，乃是因为灯泡的成本（60 美分）仅比 40 美分高 20 美分，但却带来了 45 美分的收入。以前，你每年在每个灯泡上赚到的利润是

10 美分。现在，你每年卖出的灯泡数量是往年的一半，一个可用两年的灯泡的总利润现值是 35 美分，而不是两个较差灯泡 19.5 美分的总利润现值。生产这种更耐用的灯泡是值得的。生产者关心的是利润，而不是商品的销售量。

虽然售出的商品数量只有以前的一半，但价格可能高出近两倍，而成本却没有高那么多。如果卖家愿意的话，这只使用寿命为两年的灯泡的价格，可以被降至约 80 美分，比使用寿命为一年的灯泡 50 美分的价格仅仅多了 30 美分。当一项发明所增加的价值超过其成本时，这项发明就会被付诸使用。在生产者和消费者之间净收益如何分划，是我们稍后要研究的问题。

信用卡借款利息

有些信用卡会给予一个"宽限期"（grace period），通常是在你购物的那个月结束后的 25 天。如果你在宽限期到期前支付了应还款金额，则不收取利息。如果你在宽限期之后支付，哪怕只超了一天，你就要支付从购买日起到现在整个这段时间的贷款利息。

18％的年利率如果转换成月利率，就是每月未偿还余额的 1.5％。假设宽限期是结算期结束后的 25 天。假设我在宽限期结束一天后付款。如果我在新结算期的第一天只购买了一次 100 美元的东西，那么银行给我的信用展期是 55 天，我将支付 1.50 美元的利息。或者，如果我在结算期的最后一天购买了 100 美元的东西，那么银行只向我提供了 25 天的信用展期。因此，即使在 100 美元的未偿还余额下利息仍是 1.50 美元，实际利率也是极为不同的。

个人股票投资：股息还是资本利得？

你投资证券是主要为了资本利得，还是为了股息形式的收入？一家公司今年每股收益 1 美元，股票售价 10 美元。你有 10 000 股，总财富 100 000 美元。我们来比较两个极端的情况：

1. 不分红：如果管理层决定留存公司的所有收益，股票价格将上升到约 11 美元（＝10 美元＋1 美元）。你拥有 110 000 美元，全部以更有价值的股票的形式持有。

2. 派发股息：如果年底派发每股 1 美元的现金股息，你将拥有 10 000 美元的现金，股票价格将保持在 10 美元，总财富为 110 000 美元（10 000 美元现金 + 100 000 美元股票）。

在这两种情况下，你都会得到同样的财富。如果你想消费，但没有得到现金分红，你可以按照 11 美元每股的价格卖出 909 股，得到 9 999 美元。你现在拥有大约 10 000 美元的现金（就好像支付了股息一样），和差不多 100 000 美元的股票价值（9 091 股，每股 11 美元）。但在不同的情况下，交易成本可能有所不同。资本利得——股票价格的上涨——可能会按照不同于支付股息的税率征税。

联合需求和互补需求

有些产品与其他产品高度依赖，除非联合使用，否则几乎不起作用。这种联合产品的例子有：无线电接收机和无线电发射机、DVD 播放机和 DVD、计算机和计算机软件等等。通常，这些成对的产品并不是由同一公司生产的，但人们常常认为独立的生产者不会提供相互依赖的产品。这种担忧忽略了资本价值的力量、对利润的追求，以及专业化在生产中的优势！

相互依赖的商品不必由同一生产商生产，因为任何一种产品的生产都为他人创造利润机会，从而带来互补的好处。汽车和广播电视信号的生产，并没有等着加油站的建设，或收音机或电视接收机的生产。调频无线电发射机也没有产生出接收机来。然而，所有这些相互依存的产品都是独立开发的。就调频而言，尽管有法律限制调频广播，但这些产品还是得到了开发。迪士尼乐园不必在所在地区建造旅馆来接待游客，而如果没有游客，迪士尼乐园就会倒闭。但独立于迪士尼乐园的旅馆和汽车旅馆还是建造了起来。

立体声唱片和播放器、压缩光碟和播放器、视频播放器和录像带、冷冻食品和家庭冰柜、汽车和加油站，等等，都是其例。它们彼此独立开发，但不是孤立的存在——它们是在这样的预期下发展起来的，即认为他人将会来抓住提供互补设施、赚取利润的机会。经验表明，彼此依赖的产品不需要一起生产。未来的可能性能够通过资本化转换成眼前的价值，再加上专业化，就能形成一股强大的力量，在私有产权和市场主导的经济体中协调人们的行动。这种力量即便不是从不失手，也是非常有效的。

开发商、投机者：未来消费者的代表

　　土地和住房的投机开发商是一个特别有启发性的例子，这个例子可以说明什么是预期、相互依赖和未来的需求。未来的消费者很少会提前很久为他们将来的房屋或商品订购。相反，开发商和生产商会预期这些人未来的需求。有人指责郊区的开发商只关心快钱——说得没错。但是，为了现在赚到那笔快钱，他们必须预测未来的需求，并及时作出反应，当对这类住房的需求出现的时候，让住房供给做好准备。然而，尽管没有人能提前知道谁会是未来的需求者，但对于这种需求将会出现的预测，激发了前瞻性、投机性的行为。

　　在即将到来的季节里，服装设计师和制造商会在风险性、投机性的基础上提前很长时间生产服装，而不是强迫消费者提前订购和付款。同样，土地开发商是未来需求者的代理人。现有的这些预期者兼投机者兼开发商之间对所有商品的竞争，使得现有土地和其他资源的价格，反映了未来预期需求的当前资本化价值。投机者不会增加土地价值。更确切地说，预计未来会出现的、对土地使用的高需求，会抬高土地现在的价格。投机者是揭示出了那个高现值，但他们并没有造成高现值。如果投机者的预期是错误的，需求增加的现象并没有出现，那么投机者就会亏钱。

买车?

　　也许，购买汽车是非财务专家最常应用资本价值的情况。表 31.10 说明，只有在明确界定某一行为时，才能界定该行为的成本。假设所适用的利率为 10%，这一假设是为了计算方便，可能也符合现实。

购置成本或投资成本

　　在 16 000 美元的价格上，你购买了一辆新车。如果立即转售，则该车将只能收回 14 800 美元，损失掉 1 200 美元。这 1 200 美元，是获得这辆汽车所有权的成本，是购置成本或投资成本。

表 31.10 支出与收入（美元）

	现在	第 1 年结束时	第 2 年结束时	现值
购买价	16 000			
未曾使用过的汽车转售价			10 000	8 260
跑了 2 万英里的汽车转售价			8 800	7 268
税收和保险费	800	800		1 528
汽油、轮胎和修理费		2 000	2 800	4 132

行　　动	成　　本	
1a. 购置所有权	16 000	
立即转售价值	− 14 800	
购置所有权的成本	1 200	1 200
1b. 拥有 2 年但未曾使用过		
现在转售	14 800	
2 年后转售	8 260	
未曾使用的汽车的折旧	6 540	
税收和保险费	1 528	
拥有 2 年而未使用	8 068	8 068
购置＋拥有（＝1a＋1b）		9 268
2. 运营：2 年内 2 万英里		
未曾使用的汽车转售	8 260	
如果跑了 2 万英里	7 268	
使用过的汽车的折旧	992	
燃料、修理、轮胎等费用	4 132	
运营	5 124	5 124（@0.26 美元/英里）
购置、拥有和使用		14 392（@0.70 美元/英里）

如果你拥有这辆汽车两年，却没有使用它，那么，它的转售价格可能是 10 000 美元。虽然不使用这辆汽车的假设不够现实，但这个问题是有用的。看起来这辆车的价值减少了 4 800 美元（＝14 800 美元 − 10 000 美元）。然而，14 800 美元和 10 000 美元这两个值出现在不同的日期。14 800 美元是现值，而 10 000 美元是两年后未来的价值。以 10% 的利率作为适当的贴现率把它贴现，我们得到的是 8 260 美元（＝10 000 美元/1.10^2）。因此，拥有汽车两年，现值减少额为 6 540 美元（＝14 800 美

元 – 8 260 美元）。

我们还必须把税款包括进来，比如说税收是 100 美元，还要包括每年年初支付的保险费，大概是 700 美元。这两项支付款转换为当前的资本价值，即是 1 528 美元（ = 800 美元 + 800 美元/1.1），该值再加上 6 540 美元，可以得到 8 068 美元，这就是两年所有权的成本。获得所有权的成本为 1 200 美元，再加上为了延续所有权所支付的保险费和税收，即便从来没开过这辆汽车，在两年的时间跨度上，拥有这辆汽车的所有权，其成本也要达到 9 268 美元（ = 8 068 美元 + 1 200 美元）。

作为使用者成本一部分的折旧

如果这辆汽车每年行驶 10 000 英里，那么在两年结束时，其转售价值将为 8 800 美元（如果不使用，则为 10 000 美元）。这 1 200 美元（ = 10 000 美元 – 8 800 美元）的减少额，在这个为期两年的周期开始之时的资本价值为 992 美元（ = 1 200 美元/1.1^2）。由于使用而增加的折旧，通常被认为是其使用者成本（user cost）。对于 20 000 英里的行程，每英里的使用者成本是 5 美分（ = 992 美元/20 000 英里）。

除"使用者折旧成本"外，还必须得包括汽油、维护和维修成本。我们假设每年年底都要对它们进行支付。这些支出的金额及其支付时间，如表 31.10 所示。它们的现值（即两年周期开始时的价值）为 4 132 美元。因此，使用者成本为 5 124 美元（ = 992 美元 + 4 132 美元）。

购买和使用这辆汽车两年，跑到 20 000 英里的路程，所估计的总现值为 14 392 美元（ = 1 200 美元 + 8 068 美元 + 5 124 美元）。由于没有人能完全准确地估计，所以，我们且把它算成是 14 000 美元，或每英里 70 美分（ = 14 000 美元/20 000 英里）。如果我们认识到成本估计在正负 10％ 的范围内已然相当不错，那么总成本可能在每英里 63 美分和每英里 77 美分之间。

一旦你购买了这辆车，开车的成本每英里只有 26 美分（ = 5 124 美元/20 000 英里），其中包括运营成本和折旧（见表 31.10 中的最后一行）。如果你认为无论你是否使用该车，至少在你的驾驶行程上，都会发生所示金额的折旧，那么，在你购买该车之后，其使用者成本将会每英里降低 5 美分（ = 992 美元/20 000 英里），从而降至每英里 21 美分。

十年更换周期

现在我们来看使用 10 年后更换，而不是只使用两年的成本。假设这辆车在 10 年后就一文不值了。因此，10 年内的折旧为 16 000 美元，这是全部的购车成本。在 100 000 英里（10 年中按每年 10 000 英里计算）上的折旧为每英里 16 美分（＝16 000 美元/100 000 英里）。

相比之下，20 000 英里上两年为周期的折旧为 8 732 美元①，摊在每英里上是 44 美分（＝8 732 美元/20 000 英里），每英里大概要多出 28 美分（＝0.44 美元－0.16 美元）。摊到每年，这个数额是多出 2 800 美元（＝0.28×10 000 美元）。这个两年的更新换代周期是否值得，取决于你对它的判断。（为了避免因太多的细节造成扰乱，我们忽略这样一个事实：随着汽车的老化，保险费和年费会下降。但在某种程度上，维修成本的增加，会抵消保险费和年费的下降。）无论如何，这个例子表明，我们到底需要哪些数据，以及为什么必须使用现值。

练习与思考

1. 你今天借 1 000 美元，同意以 5 次等量的分期付款来偿还贷款，利息为 10％。利用表 31.7，确定每笔付款的金额，第一次支付是在一年之后。

    答：

    264 美元。

2. 你以总价 80 000 美元的价格购买了一所房屋。你每年偿还贷款的分期付款额是 6 400 美元/年，为期 20 年，利率为 5％。（你同意吗？请查看表 31.7。）

    （1）第 1 年结束时，这所房屋的价值中有多少是属于你的；也就是说，你的资产净值是多少？（就 80 000 美元而论，第一年 5％ 的利息是 4 000 美元。）

(2) 第 2 年结束时，你的资产净值是多少？

(3) 20 年后，假设这所房屋仍然值 80 000 美元，那么，你的资产净值是多少？

答：

(1) 用 6 400 美元作为你该年的总付款，资产净值为 2 400 美元。（注意：本题和答案均假设利息每年只计复利一次。）

(2) 4 920 美元。在这 20 年里，你的支付额将持续为每年 6 400 美元，但利息部分将会减少，本金部分将会增加。因此，在第 2 年，利息占所余余额的 5%（77 600 美元），或为 3 880 美元，因此，你在你的资本净值中增加了 2 520 美元。

(3) 大约为 80 000 美元。

3. 如果你所拥有的楼房或普通股的价值在下降，那么，你如何判断到底是利率上升了，还是所预期的未来净收入出现了下降呢？（提示：可以查看一下债券市场。）

答：

如果债券利息收益上升，这就意味着，这类债券的价格是下跌了的。你从你的楼房中得到的租金，以及你从普通股中得到的分红，都将只具有更低的现值——其价格下跌了。然而，如果债券的收益没有上升，那么，楼房或普通股价格的下跌表明，未来的租金或股息预计将会下降。

4. 你认为哪一项对调整你的年消费速率有更大的影响：是意外地收到 4 000 美元的礼物，还是意外地每月加薪 20 美元呢？（提示：在每年 5% 的利率上，每一项的现值是多少？）为什么这个问题要说"意外"地收到礼物和增加薪水呢？

答：

这取决于利率。意外加薪所带来的收益，是 240 美元/年（＝12×20 美元）。4 000 美元的礼物是一次性收入。按 5% 的利率计算，240 美元的资本现值（假设持续 40 年）为 4 118 美元（使用表 31.1 可知）。因此，在 5% 的利率上，加薪将会对财富产生更大的影响。但如果利率是 6%，那么，加薪的资本现值就是 3 612 美元，所以此时接受一次性礼物收益更大。

用另一种方法来解这道题，我们可以这么看：在 5% 的利率上投资 4 000 美元，你每年的收入只有 200 美元，低于所加的薪资额。不过，在任何 6% 以上的利率水平上把这笔赠与的钱拿来投资，会让你每年得到更大的消费能力。

5. 把你的收入计划到 65 岁。然后以 6% 的利率得到这个计划的现值。你现在身价超过 500 000 美元吗？

答：

对大学生来说，这个答案很可能是"是的"。假设一个 22 岁的孩子在 67 岁之前每年挣 50 000 美元，那么，其现值就是 772 791.60 美元。这需要假设薪资不会有提高。这一结果是通过计算 45 个时段上每年 50 000 美元年金的现值来得到。

6. 通货膨胀既影响收入，又影响资产价格：

(1) 一个年收入 80 000 美元的家庭，花 200 000 美元买了一所房子。假设购买时没有通胀预期，而且家庭可以以 4% 的利率借款。此外，该家庭预计未来 30 年的收入将以每年 3% 的速度增长。这个家庭借入了一所房子的全部价格，并同意每年支付抵押贷款，这些抵押贷款将会在 30 年内抵偿债务。使用表 31.7，我们可以查知，这个家庭将要支付的房款是多少？

(2) 在购买时，房子的价格是家庭收入的 2.5 倍。如果收入确实会以 3% 的速度增长，而且 30 年后房子仍然值那个购买价，那么，房价与收入的比率将会是多少？

(3) 相反，假设通胀一如预期，达到每年 6%。这家人以 10% 的利率借了 200 000 美元购买这所房子。按这么高的利率，这家人还房贷要还多少钱？

(4) 如果这所房子的市场价值上升得与通货膨胀率一样快（6%），那么，待到抵押贷款还清时，它的价值是多少？

(5) 这个家庭发现，30 年后，他们的收入以 8% 的平均年增长率增长到 800 000 美元，这比以前快得多。现在，房价与收入的比率是多少？

答：

(1) 这所房子每年付款额为 11 600 美元，即 966.67 美元/月。

(2) 收入将会增加到 194 400 美元，所以房价与收入比略高于 1。

(3) 从表 31.7 中可以看出，30 年 10% 的利率情况下，贴现因子为 0.106，所以现在每年为这所房子支付的付款额为 21 200 美元，即 1 766.67 美元/月。

(4) 从表 30.1 看，30 年 6％的利率情况下，给我们的贴现因子是 5.74，所以这所房子将会估值为 1 148 000 美元。

(5) 现在这所房子的市场价格是家庭收入的 1.435 倍。这反映了这样一个事实：在没有通货膨胀的情况下，家庭收入增长 3％是实际收入的增长；当通货膨胀率为 6％时，家庭收入以 8％的速度增长，但实际家庭收入仅以 2％的速度增长。经济学家称之为货币幻觉（money illusion）——在通货膨胀率为 6％的情况下，收入以 8％的速度增长，效果不如没有通货膨胀的情况下 3％的收入增长。

7. 七月，国会通过了一项降低所得税的法律，它将于 6 个月后的次年一月生效。为支持减税立法，有人论证说，由于税后的剩余收入增加了，所以人们从一月起就会开始增加支出，从而提升对消费品的需求。而别的人则论证说，法律一旦通过，就在七月，纳税人就会马上增加支出。后者的预测为什么是对的？

答：

未来事件的预期变化会影响消费者的行为。由于预期到未来的税收支出会下降（实际收入会增加），所以，消费者可能会在过渡期购买更多的房产，并在一月或之后偿还。他们可能会以增加信用卡债务、分期付款贷款或定金预购（buy on layaway）等形式进行购买。

8. 为什么资本价值会被用作成本的衡量标准？

答：

成本是指所失去或放弃的、在其他地方使用该资源所带来的价值——也即被放弃掉的机会。在衡量成本时，我们可以通过降低对未来服务和商品的索取权的价值，来衡量所失去或放弃的当前和未来机会。这可以通过将所放弃机会的价值贴现为当前的资本价值变化来实现。

9. 200 000 美元就可以买到一所房子。一年下来，如果你还花了 10 000 美元买了新篱笆，3 000 美元买了景观，8 000 美元买了空调，12 000 美元买了地毯，那么房子若是转售就可以卖到 210 000 美元；否则，房子若是转售只能卖到 190 000 美元。不过，无论怎样都得交 3 000 美元的税。假设除了年底要交的税，所有这些支出都是在你购买房子的那一刻支付的。利率为 10%。

(1) 如果你不安装篱笆、美化景观、安装空调和铺上地毯,那么,拥有这所房子一年所需要的成本是多少?

(2) 如果你真的作出了这些改善措施,那么,拥有这所房子的成本又是多少?

(3) 如果没有这里所提到的改善措施,那么,这所房子一年的折旧是多少?

(4) 将拥有一所经过改善的房子一年所有权的成本,用一个两年期的固定年金来表示。

(5) 用一个五年期的年金来表示。

(6) 这里的哪一个是表示这一成本的正确方法?

答:

(1) 30 017 美元(精确到小数点后三位) = 200 000 美元 − 0.909 × (190 000 − 3 000 美元)。

(2) 44 820 美元。

(3) 200 000 美元 − 190 000 美元 = 10 000 美元。然后除以在 10% 利率下的 1 年期利息,我们可以得到 10 000 美元/1.10 = 9 090.91 美元的折旧。

(4) 二年期年金的现值是 44 820 元,年金为 25 910 元/年。

(5) 每年 11 830 美元。

(6) 全部都正确。

10. 你经营着一家清洁机构。一台新的清洗机的价格是 5 000 美元。你估计它在第一年年末的转售值是 3 000 美元,在第二年年末的转售价值是 1 500 美元。利率为 10%。

(1) 购买和拥有这台机器一年,将会花多少钱?

(2) 两年呢?

(3) 这台机器第一年折旧的现值是多少?

(4) 第二年呢?

(5) 如果你使用这台机器,则你将在第一年产生 6 000 美元的人工、电力和维修费用;而且,这台机器在第一年年底仍将有 3 000 美元的转售价值。这些费用第二年一样会有,第二年的转售价值将会是 1 500 美元。假设所有支出在它们产生的那一年年底支付。那么,拥有和使用这台机器一年,所需要的费用是多少?

(6) 两年呢?

(7) 拥有和运营这台机器的第二年,所需要的费用是多少?

(8) 如果你在买了这台机器后,立即重新考虑并决定卖掉它,那么,转售价值将是 4 000 美元。购买这台机器让你花了多少"固定"成本?这被称为"固定成本""沉没成本"或"无法收回成本"。

答:

(1) 5 000 美元 −(3 000 美元×0.909)=2 273 美元。

(2) 5 000 美元 −(1 500 美元×0.826)=3 761 美元。

(3) 2 273 美元。参阅第(1)问的答案。

(4) 3 761 美元,因为它在两年后的售价为 1 500 美元,折合现值为 1 239 美元。所以,从 5 000 美元减去 1 239 美元,剩下的价值是 3 761 美元。

(5)(6 000 美元×0.909)+2 273 美元=7 727 美元。

(6)(6 000 美元×0.909)+(6 000 美元×0.909 2)+3 761 美元=14 171 美元。

(7)(14 171 美元−7 727 美元)=6 444 美元。

(8) 1 000 美元。

11. "不要买商务车。从 A&A 租赁公司租车吧。你可以以每月 600 美元的价格租一辆雪佛兰汽车。这样不但可以避免折旧损失,而且还可以避免在购买资本项目时占用资本金。"这是一个租赁广告的大体意思。它包含了哪些分析上的错误呢?

答:

把汽车租赁出去的人支付了折旧费,并把它算到汽车的租金收费里了。说租客避免了占用资本金,只是因为该租赁公司把车借给他,并向他收取了车子的租金而已;不然的话,他本来也可以借钱买车,然后把现在用来支付汽车租金的钱用来支付借款的租金(即支付利息)。租赁服务的兴起,主要是复杂的营业税法所带来的结果。租用,或借钱购买,或动用积蓄来购买,对成本都不会造成任何改变——除了商业税法的那些具体规定上的差异。

12. 有新闻报道称:"South Bend Lathe 车床公司的员工以 1 000 万美元的现金购买了该公司的全部普通股(以及所有权)。其雇主推行了一种联邦政府计划,称为员工持股计划（Employee Stock Ownership Plan，简称 ESOP）。通过员工持股计划，雇员群体能够借足 1 000 万美元的全部购买价格，其中 500 万美元由美国政府以 3％的年利率一共分 25 年借给这项员工持股计划，另外 500 万美元从印第安纳银行取得，利率高于基准利率 4 个百分点（基准利率当时大约为 9％）。"实际上，在 3％的利率上，联邦纳税人提供了 500 万美元的贷款，为期 25 年，这份礼物的现值是多少？（用 10％作为相关的利息成本，即使雇员实际上必须支付高于基准利率 4 个百分点的利率，而基准利率在那个时候的范围大约在 7％—8％之间。）

答：

在 3％的年利率上借款 500 万美元，而如果市场利率是 10％，则这就相当于每年补贴 500 万美元的 7％，即 350 000 美元。这项补贴 25 年的现值为 4 077 500 美元，这意味着纳税人为 1 000 名雇员每人提供了大约 4 077 美元的礼物（注：使用表 31.1）。

注释

① 获取所有权的成本（1 200 美元），加上第 1 年的折旧（6 540 美元），再加上第 2 年的折旧（992 美元）。

第 32 章　财富、收入与利息

　　财富，有若干种含义。它的意思可以是：（1）某人拥有的商品和资源；（2）一套实物商品的市场价值，我们有时把它称为资产；（3）所有为我们拥有的资源的市场价值减去负债所得到的那个超出部分，就是净资产、净估值或权益；（4）由个人服务所带来的未来劳动所得之资本现值来衡量的人力财富，这通常被称为人力资本（human capital）。

劳动所得：个人服务的收益

　　你的个人劳动所得（earnings），可以通过作为雇员提供服务来获得，或者你可以经营自己的生意，赚取工资和利润。当你作为雇员工作时，你就是在向雇主获取要求付款的索取权（claims）。这些索取权一直累积到发薪日。然而，你所收到的钱，并不是你的劳动所得。这些钱只是改变了你所拥有的财富形式——把你对雇主的索取权，转化为你现在拥有的货币。在经济学中，你的财富从你挣得你的报酬的那一刻就已经开始增加，而不是等到你实际得到支付的那个时候才开始。

消费

　　消费（consumption）是从个人财富到服务流的有意转化。它可以包括：饮用他人供应的水、穿鞋，或开自己的车等。如果对资源的使用有助于保持一个人的健康、生产力和快乐水平，那这种使用通常就会被称之为消费，尽管部分消费可以被看作是投资，即为了增强健康和提高生产力而进行的生产性消费。或者，消费可能是无意间发生的（unintentional）——那就是不幸破财了。本书我们将集中讨论有意的消费（intended consumption）。

不会有人把当前消费仅仅和当前的收入挂钩。大多数人的收入模式，总是低开高走，逐步上升，直至退休。我们都倾向于在我们的劳动所得或收入的波动上熨平我们的消费。我们借钱，我们减少手上的存货，当我们一开始收入比较低时，我们会进行赊购。我们预期以后收入高时再来偿还。通常，我们在年轻时借钱投资，开始职业生涯——买房子买车，并延期支付，因为在我们人生中的黄金时期，我们的收入水平会超过我们的消费水平。退休后，我们的消费速率再次超过了收入。我们的消费速率与预期财富，而非当前收入的波动相关。我们的财富，或者更确切地说，我们的人力财富（human wealth），是我们所预期的未来收入流的现值。尽管劳动所得可能会出现大幅波动，但财富几乎没有变化，因为它将未来所有的预期收入都压缩成了资本现值。

利润、亏损和不确定性

利润是财富增长超出当前储蓄与预计的财富利息之和的部分。利润是意外之事，因为人们不会期望财富的增长会超过利率与收入储蓄之和。因此，财富的加速增长必定是个意外，它是不能通过市场（遍及全世界范围）所给出的估值来推测的。

如果一个人的初始财富是 1 000 美元，利率是 4%，那么标准的收入，或者说从财富中获得的利息，是每年 40 美元。如果所有这些收入都被节省下来（即不发生消费），那么，财富将在一年内增长到 1 040 美元。然而，资产价值和投资回报可能会以意想不到的方式发生变化。假设在一年结束时，一个人的财富大于初始财富加上利息。所增加的这部分，就是利润。（如果财富的增长低于初始财富所带来的利息回报，那么这就发生了亏损——这里再次忽略消费。）

假设你的初始财富是 1 000 美元，并且关于你未来的财富收益或对你所提供的服务之需求，出现了一些意想不到的好消息。你所拥有的资源之市场价值，跃升到 1 200 美元。在市价变动之时，你获得了 200 美元的利润。这可以用这样一句话来表达："市场所预期不到的任何增加额，都是利润。"

　　盈亏之变，乃是因为人们对未来的预测并不完美所致。任何人，不管他是鸿运当头，还是能掐会算，抑或是洞悉了如何投资以获取高于利息率的回报之人，当该项资源的市场价值上升超过利息率所蕴含的上升空间时（当市场价值上升低于利息率时，则会导致亏损），都会获得利润。

储蓄

　　储蓄（saving），意味着不把一个人的所有劳动所得或收入都用于消费。如果你得到了一份馈赠，或是挣得了一份薪水，却又没有全部消费或花费掉，那么，剩下来的就是储蓄。

收入

　　财富可以作为界定资源收入（income）的基础。"标准收入"（standard income）或"可持续收入"，是一项资源的服务价值或收入的可长久持续的流量。对于市场价值为 100 万美元的资源，假定每年利率为 4％，则其长期可维持收入为每年 4 万美元。这意味着，在不减少财富的情况下，消费额可以达到每年 4 万美元。在每一年当中，去除掉折旧资源重置成本之后，这些资源会多产生 4％的财富或服务。这一净收益，就是可维持的收入，在不将财富减少到 100 万美元以下的情况下，可以全部用来消费或花费掉。

"收入"的更多含义

隐性收入

　　如果你拥有一块价值 100 万美元的空置土地，你并没有收到用户支付的租金。也许是受到你一个不怀好意的亲戚的要求，法院按照目前通行的 4％的年利率，认定你每年的隐性收入（implicit income）为 4 万美元（＝100 万美元×0.04）。也许，这笔收入正在被储蓄起来，并在这块空地日益增长的市场价值中得到证实。这不算是应税收入，因为并没有某项市场价值交易来彰显其金额。会计们会说，你得到了一项尚未实现的收益。

应税收入

联邦个人所得税征税机构，对收入赋予了一种特定的含义。只有劳动所得（以对他人的索取权为形式的财富累积）以货币的形式支付或获得时，所得税法才会认为你拥有收入——或税法中的应税收入（taxable income）。这些机构之所以集中关注货币形式的收入，其原因乃是这类收入的现金流可以很容易地得到计量和追踪。这就是收入的现金收益（cash accrual）概念。根据所得税法，对于他人的信用累积（accumulation of credits）[我们称为劳动所得（earnings）]，一般不被视为应税收入。

总收入和净收入

我们要区分：（1）总收入（gross income）和（2）净收入（net income）。如果现有收入中的一部分被用来代替产生总收入的那些生产资源的损耗（折旧），那么剩余的就是净收入。当然，如果收入中没有任何部分被用来代替折旧，那么，经过一段时间之后，也就不再会有资源来产生收入。因此，我们可以认为，净收入是在用总收入中的一部分来修复、更换和维护资源，以使其继续提供可带来收益的服务之后，能够永远持续的服务流的度量指标

如果你有价值 10 万美元的财务资源（你的总财富），如果你每年收到 1 万美元的利息，那就是你的净收入。每一年，你（和你的继承人）可以以每年 1 万美元的速度进行消费，这并不会减少那 10 万美元的财富。那些可能不打算给继承人留下任何财富的退休人员，可以消费掉他们的部分财富，来使其消费超过他们的净收入——直到所有的财富都被消费掉为止。

收入在商业企业中的含义

商业企业对收入（income）、所得（earnings）和利润（profits）等词语，有着它

们自己的解释。总收入是它们给销售价值通常所设立的名称。净收入是总收入在扣除折旧、商品损耗，以及产生当前总销售收入的投入成本之后余下的部分。有些企业，以不同的方式使用"总收入"和"净收入"。从它们的总销售收入中，扣除掉劳动力和原材料的成本，可以得到它们所谓的"总收入"。然后，再减去耐用消费品的折旧，有时还减掉所支付的贷款利息，可以得到"净收入"。有些人称此为利润，另一些人称之为净所得。

投资

投资（investment），是指当前收入中未被消费（储蓄起来），用于创造更多未来收入的部分。把现在的一些收入转化为将来的更多收入，这种奇迹就是投资的净生产力。但有时，所选中的商业冒险事业也会带来亏损而不是收益，这叫做不良投资（mal-investment）。也就是说，看似前景无限的项目，但结果却给投资者带来了金钱损失。

把当前收入储蓄起来——而不是消费——用它来创造商品，或者产生更多未来收入的能力，这通常都被叫做投资，无论它是由同一个人还是由另一个人完成。这个过程，存在两个阶段：首先，有些当前收入一定不能消费掉；第二，储蓄必须用于（投资于）创造资源、知识或技能，这些资源、知识或技能会使我们以后能够产生更多的收入。你可以把你的一部分储蓄放在银行，但如果银行不把你的储蓄借给某人以增加收入，那就不会带来投资。

个人层面和整体经济层面的储蓄与投资

我可以通过购买你的房子或你的企业来投资。但是，那只是把资源从你那里转移到我这里而已。这个社会的总投资并无变化。或者，我可以存钱并贷款给你，为你那超出你收入的消费提供资金。这样的结果也不会带来社会储蓄。个人储蓄的净总额，加上个人逆储蓄（dis-saving，消费超过其收入的部分）的总额，即社会总储蓄。只有当私人投资总额超过私人逆投资（disinvestments，消费超过收入的部分）总额时，整个经济的投资才大于零。对社会而言，如果没有投资，就不会有储蓄。

个人可以通过三种途径来储蓄和投资：（1）创造新的生产资源；（2）从他人那里购买现有资源；（3）积累资金。只有第一种是社会总投资。另外两种只是把资源从一个人转移到另一个人那里而已。

利息

利息（interest），是未来增加的收入（或财富）超过当前收入（或财富）中投资额的部分。只有当收益超过市场利率时，这才是一个富有成效的盈利性投资。否则，这项投资就是效率低下的投资，因为在某些其他投资中，所投资的收入原本会产生更多的收益。

利息从何而来？

一笔我们可以现在花光的钱，又是怎么能够创造出比这个钱数更多的钱呢？与其今天吃掉 100 蒲式耳的小麦，不如把它们播种下去，等到来年丰收了，足够支付所有投入要素的成本，之后，还比最初的 100 蒲式耳来得多，比如 105 蒲式耳，此时的净生产率为每年 5%。超过投资额的收益，就是利息。现在就喝掉葡萄酒——还是把它储存起来明年得到更值钱的葡萄酒，所增加的价值足够支付所有相关费用还要多？这些收益，就是利息。

但是，在资源耗尽的情况下，又当如何维持稳定的收入速率呢？如何能够做到从给定的资源存量中维持年复一年的收入流呢？当然，这些资源必须更换。减去折旧和其他成本之后，产生一个固定的收入流，这看似与拥有一台永动机无异。物理学定律否定了以恒定速度持续生产和消费的能力，更不用说还要以不断增长的速度来生产和消费了。

来自外太空的能量正在轰击地球。在阳光明媚的日子里，它会晒黑你的皮肤，也会温暖你。植物是生命的一种形式，也会以木材的形式储存能量，并以火的形式把它释放出来。云蒸霞蔚，雨落高原，百川奔流向海之际，可以产生电力，可以滋养树木。此外，还有一些使用能源的改良之法。我们学习如何避免浪费，这些方法通常乃是通过用当前收入投资来发现的。收入的增加，是发现如何更有效地（成本更低地）夺取和控制新能源，并将其转换为可控制的生产动力的结果。

亘古以来，人们一直都在寻找浪费现象。在发现如何发电以前，人们浪费了水力。所有的发明或许原本可以更早被发现。美洲土著没有发现轮子。没有轮子，水能就不能被用来研磨谷物，因此，作为一种能量来源，水力是被浪费了的。

创建第一家超市的商业革新者，揭示了许多较小的市场上的浪费现象。超市为其他用途节省了资源。那是一项发明。它不可能获得专利，但它节省了资源的使用，降低了成本。即使是设计一个办公空间，让人们在一起工作可以获得更多的成果，这也是一项"发明"，它增加了总消费量，就像发现了一种更好的玉米一样。

改良的形式数不胜数，其中很多几乎没有谁留意。晶体管和计算机芯片，极大地提高了生产率。对研究投资会带来新设计或新发明，如拉链、尼龙、碳纤维，或仅仅是对生产设备的重新安置——这一清单可以无穷无尽。在某种程度上，以前的行为或以前的做事方式，都是浪费的。

互联网使用的是已经以其他形式存在着的材料。通过把目前创造收入的力量转移到研究工作中去，就会发现新的可能性。这不需要新的能源或来自外太空的补充。大量琐碎的改良，都曾十分有效。尼龙搭扣（velcro）＊ 减少了穿衣的时间和纽扣的费用。

卡里尔先生（Mr. Carrier）发明了空调机，改变了世界。在带来进步的程度上，空调的地位肯定接近于电灯。创造力和生产力的提高，在很大程度上是一个学习如何避免浪费的问题，或者更准确地说，发现某些当前的做法，与新构想的做法相比乃是浪费之举。投资，就是在试图发现如何使一些现有的工作变得过时！"创造新的就业机会"，仅仅是我们最后才考虑的事情。稀缺性比比皆是，我们有大量的工作要做。创造更具生产力的生产方式，或生产更好的消费品，是众望所归，而且可以通过成功的投资来实现。

历史上，有两大事实：（1）投资具有实现未来产出增长的能力，即投资的生产力；（2）除非相信将来会得到更大的回报，否则人们是不会愿意拿现在一定数量的收入去进行交换的。这第二个事实，长期以来被称之为是时间偏好（time preference）所带来的结果。这并不一定意味着，人们只喜欢现在而不是以后拥有某样东西；它意味着，人们不愿意用现在 1 美元的收入，来换取只享受 1 美元未来收入的机会、可能性或前景。

这可以用为了换取未来收入（供给）而放弃的当前消费力（收入）的数量来表示。对当前消费力的舍弃，与对于当前资源的需求相互作用。人们之所以需要当前

＊　尼龙搭扣，又名粘扣带或魔术贴，是衣服上常用的一种连接辅料。分子母两面，一面是细小柔软的纤维，一面是较硬带钩的刺毛。常用于服装、鞋子、手套、皮包、睡袋等等用具上。——译者注

资源，是为了将它用于投资，以获得更大的未来收入。投资者将原本用于满足当前消费的资源，转移到满足未来消费需求的产出流中。现在，1 美元的消费将会用来换取明年的收入前景，而明年的收入前景大致要高于利率（这既反映了公众对当前消费力的需求，也反映了相对于明年的预期消费力，公众对当前消费力的供给）。

这种基本的增长关系可以表述为：

$$P\,(1+r)\,=F$$

其中 P 代表当前投资额，r 代表未来收入的年增长率。如果利率是 5％，那么每 100 美元财富的标准收入就是 5 美元。因此，我们有 100 美元×1.05 = 105 美元，其中 5 美元可以在年内和此后每年消费，而不会减少价值为 100 美元的现有财富。

有时利息或收入没有被消费掉，而是被留存下来（再投资），以利率的收益水平再增长一年或更长时间。如果一棵树能够以每年 5％的规模生长数年，那么它的木材价值将在一年内增长 5％，到第二年年底，如果没有木材从这棵树上砍下来，那么它将增长到 110.25 美元，比 105 美元高出 5％。这可以表达为：

$$100\ \text{美元}\times\,(1+0.05)\,(1+0.05)\,=110.25\ \text{美元}$$

或者，用一般的表达式就是：

$$P\,(1+r)\,(1+r)\,=P\,(1+r)^2=F_2$$

这里给出了 P 将会增长到未来金额（F）的一般公式是：$P\,(1+r)^t=F_t$，其中 t 是未来的年数。

表 30.1（第 30 章）表明的是，1.00 美元在不同年数、按照不同利率增长的未来价值 F。

因此，利息是可预见的和可实现的财富增长。这种增长可以被消费掉，同时又不会使一个人的财富存量低于最初的数额。稳定的消费力流，就是收入或标准收入。

所以，今天 100 美元的财富可以换成明年的 105 美元。你可以进行投资，或者你可以把它借给其他人进行投资，一年后返还你 105 美元。一个能归还超过 105 美元的借款者，是赚到了利润的借款人。

谁在乎遥远的未来?

投资于森林，一个世纪后，森林长成，这与投资一个月后成熟的莴苣一样有利可图。但是，如果这项投资的寿命比投资者的寿命还要长，那么，一个人又是如何从不断增长的价值中获利的呢？如果这棵树被归为私有财产，那么，它可以出售给另一名投资者，获得现金，而且，这棵树也将会继续生长到其最优的寿命。那个最佳年龄又是多少呢？它是这样一个年龄：在这个年龄之后，这棵树价值的增长率将会低于利率，也就是说，低于其他投资所带来的增长率。此后，再护理这棵树就是一种浪费，因为将这笔金额（这棵树的价值）在其他更有利可图的投资项目上进行再投资的机会被放弃掉了。

私有财产的资本主义制度，是否会对后代的价值视而不顾呢？事实上，它关心遥远的未来价值，就像它关心短期的预期价值一样。这棵树的价值，乃是以递减的速度在增长。在任何未来的时间点上，根据指定的利率，可以计算当前的贴现值。当这棵树的增长率下降到与市场贴现率相等时，其现值即处于最大值上。贴现率越小，这棵树应予容许的成熟时间就越长，因为这样它的现值就会越大。

图 32.1 表明，一棵活着的树，其价值逐渐增加的路径是怎样的，这棵树将会在未来生产出木材来。这一木材的未来美元价值由纵轴来衡量。纵轴的刻度是对数形

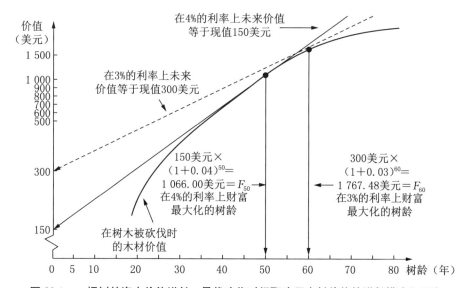

图 32.1 一棵树的资本价值增长：最优砍伐时间取决于木材价值的增长模式和利率

注：其中的美元价值是以对数比例给出的。正如与木材价值曲线相切的两条利息线所显示的那样，按照 3% 的利率水平，这棵树应在第 60 年砍伐，而按照 4% 的利率水平，这棵树则应在第 50 年砍伐。两者都是财富最大化的寿命跨度。在之后的任何时间上砍伐树木，所带来的价值要比这些最优的时间上砍伐这些树木并再投资于新树所带来的木材价值为低，这些新树木的生长速度会高于利率。

式的：一单位纵轴距离代表美元价值变化的一个百分点，而不是相等的美元数量。两条直线表示每年以固定百分比递增的木材价值。这条曲线表示的是，在每一个可能被砍伐的树龄上这一木材的未来价值。

根据给定利率，砍伐木材的财富最大化树龄，位于由那条利率直线和逐渐变得平坦的实际增长曲线的相切处。该利率等于那个正在下降的增长率。

如果一棵树的现值超过了种植成本，以及护养树木直到砍伐之时的成本，那么，种树就是有利可图的。当这棵存活中的树，其价值增长得开始慢于利率时，这棵树就会被砍成木材。仅仅为了多一点木材而保存这棵树，乃是浪费之举，因为相比于继续让这棵树成长所带来的收益，出售木材所得的收益可以用于更有具生产力的投资，或者用在更有价值的消费上。

当一项投资的增长低于可以取得的替代性投资的增长时，终止投资的"无浪费"原则，就是"取而代之的决策"。它适用于所有涉及耐用品的投资。

无论你是投资于一项新资源还是一项旧资源，你都会预期得到相同的回报率——这就是利率。不管你是买很多小树苗，还是买一棵即将被砍伐的老树，你都可以得到同样的回报率。它们同样有利可图。又是什么确保了这种平等性呢？那就是耐用品买卖市场！人们不会放弃获得超过利率的回报的任何机会。如果一件商品的价格定得很低，以至于人们预期在未来可以获得比利率更高的回报，那么每个人都会想要买它。它的价格就会上涨，这将会拉低更高价格上的回报百分率，使其与市场利率相持平，这个市场利率也就是任何其他投资上所能得到的利率水平。按这个价格，没有利润，只有正常的利率。

或者，较高的当前价格会下跌，从而提高未来的预期回报率，使其与市场利率持平。每一件耐用品，无论新旧，都将以相同的回报利率预期来进行定价。

争夺木材私有产权的竞赛

在美国早期历史上，有一种过早砍伐森林的倾向。在威斯康星州和明尼苏达州，森林并无主人。获得木材产权的方法，就是先于别人去砍伐树木。但是如果有人对这些正在生长的树木拥有得到保障的权利，那么，通过砍伐树木来获得权利这种毁灭性的竞赛，就可以得到避免。

在政治不稳定的国家，土地的产权是有风险的。人们会主要投资于速生作物，而不是像树木这样的长期经济作物，而且他们也不会对维持土地的质量进行长期投资。这些例子可以解释，为什么一些第三世界国家会发展乏力，因为这些国家产权没有保障，而且政治秩序异常脆弱。

人们普遍认为私有财产制度低估了未来商品和服务的价值，恰恰相反，如果一棵常青树的所有者在其作为木材的价值仍高于利率（这是衡量资源其他用途的最高净生产率的指标）时就砍掉它，那么，他将会造成财富的损失。许多资源，特别是自然资源，诸如树木、水牛、鲸鱼、湖泊、空气，是无主的资源，没有人像私有财产一样拥有它们。正如讨论财产权的第13章所解释的那样，所有者可以通过防止过度消费来获得财富的增益。

练习与思考

1. 有人用100 000美元投资股票，由于利率约为5％，所以预计年收入约为5 000美元。如果你建议他购买没有股息收入的股票，那么，他会抱怨说他将没有收入进账。你会怎么向他解释他每年实际上完全可以拿到收入的5％呢？

   答：

   所持股票价值上的增加额，就是收入。不支付股息的股票，将会增值5％，因为这所有的收益都被用来重新投资到这家公司上去。如果购买无股息的股票，那么，把其中一些增值了的股票在年底卖出，所得就相当于再投资所带来的收益，而最终，这个人还是会拥有100 000美元的财富。如果是所有收益都付清而没有进行再投资的股票，那么，这个人会收获股息，但股票却没有增值。不管是哪种情况，这个人都会有5 000美元可以拿来花费，而且最后还是会有100 000美元握在手中。

   从投资中得到的收益（或收入），是所支付的股息与股票市值增加额的总和。除了税收待遇的差异外，收入以何种形式增长，并无关紧要。

2. 你花 100 美元买了一些股票。一个月后，它涨到了 150 美元的高位。又过了一个月，它又降到了 125 美元。你有盈利或亏损吗？

答：

你既有盈利又有亏损——你起先有 50 美元的盈利；然后，由于继续持有这笔财富，在第二个月里你遭受了 25 美元的亏损。无论你是否把你的财富转换成现金，这都与你财富变化——即盈利或亏损——的事实无关。只有在缴纳所得税时，人们才会使用转换为货币的原则来计算所得税。假设你在第二个月底没有卖出股票，那么，你的净收益就是 25 美元——可能还有一笔递延税款负债，只有当你卖出股票时，这笔债务才会得到支付。

3. 假设富人完全是从利润中致富的。我们再进一步假设，那些获得利润的人既不更加聪明，也不更富于远见，既不更善良，工作也不是更为努力，较之于其他人，无论是体力还是智力，都不更胜一筹。这是否意味着，他们的利润"不是应得的"？这是不是意味着，富人没有提供什么服务呢？

答：

不是这样。他们的利润来自余下的那个根源，也就是风险承担——他们承担了其他人不愿去承担的那些风险。不管他们知道与否，他们都是在有选择性地承担风险。在石油勘探中，有些项目会一无所获，有些项目则可能会赚得盆满钵满。如果我们想要更多的石油，那些承担了风险的"幸运"投资者，就让我们这些风险规避的人免去了石油勘探的工作。他们之所以愿意承担风险，是因为在私有产权下，他们可以获取利润。至于是否把这些利润征税征掉，取决于你想让人们通过自愿的方式来承担风险的意愿，取决于你捍卫让幸运儿保有财富的公共契约的决心，还取决于人们对社会财富差距的态度。

4. 如果你得自非商业财富的收入是每年 5 000 美元，那么，在 10% 的利率上，你的非商业财富是多少？

答：

50 000 美元。

5. 如果现在你有 10 000 美元，利率是 5％，你想在两年内将收入全部消费掉，那么在两年结束时你的财富会是多少？

答：

10 000 美元，它将仍然保持在这个价值上。

6. 请在特定资源的保护和财富的增长之间作出区分。保护特定资源是增加社会生产性财富的一个有效途径吗？

答：

财富的增长，是在市场利率上的财富增值。如果你最初的财富是 10 000 美元，市场利率是 6％，那么你的财富每年可以增长 600 美元。如果你很幸运，产生了利润，那么它可以以更高的速度增长，而如果你持续亏损，你的财富增长速度会减慢，甚至下降。

对特定资源的保护，通常意味着限制对森林、木材、水或铁矿石等资源的使用。保护通常意味着限制，甚至禁止资源用于制造有价值的东西。通过禁止砍伐树木建造房子来"保护森林"，就意味着人们更少地选择以住房的形式拥有财富——但更多地享受美丽的森林所带来的"精神收入"（psychic income）。

在可转让的私有产权下，个人通过购买和出售资源，可以选择享有或蒙受该项资源所产生的利润或损失的机会，或者通过不去拥有这项资源来规避风险。当这项资源所有者的财富价值发生变化时，其盈亏通常由所有者来承担。因此，资源可能被用于其市场价值最高的地方。相比之下，当特定资源的使用受到限制时，资源往往由一个类似于计划、经济资源配置制度的委员会监督或管理。在这种情况下，一个人影响受限资源的价值的能力（以及产生或逃避盈亏风险的能力），取决于他影响（委员会成员的）政治决策的能力。在这种情况下，市场价值在确定资源使用方面将不是那么有用，个人也不能专门去承担各种风险。在限制使用的情况下，资源使用通常由"少数人"决定，譬如委员会，在谁来承担多少价值变化的风险这件事情上，并没有多少个人选择的空间。在可转让的私有产权情况下，所有者可以有选择地承担哪些风险，而资源的使用是由价值变化决定的。这两种方式，你更喜欢哪一种？

附录：资产负债表和预算

个人财富和收入的经济概念，通常用资产负债表和预算的会计概念来表示。你的个人资产负债表，列出了你的资产和负债。你的资产超过负债的部分，就是你的净值（net worth）。我们假设你钱包里有现金，银行支票账户里有钱，你还拥有电脑、电视、衣服和家具等。你有一张信用卡，你曾用它买衣服和家具，借了几千美元来付学费，所以你还欠了一些债。你的财富是多少呢？从实物意义上说，你的财富就是你所拥有的东西。我们会把它们列出来，并给它们附上货币价值。那些价值，就是你卖了这些东西能得到的钱，而不是你为它们花了多少钱。

你的资产被列在表 32.1 的资产负债表中。

表 32.1　你的资产负债表（美元）

仅显示资产——第一步	
资产	
现金	75
支票账户	350
电脑	1 500
电视	600
衣服	100
家具	+ 500
资产总值	3 125

你的资产的市场价值是 3 125 美元，而不论你为它们付了多少钱。你还有一些债务。表 32.2 列出了你的负债。

表 32.2　你的资产负债表

仅显示负债而不包括权益	
负债	
信用卡债务	90
学费贷款	2 000
停车罚款	+ 100
债务总额	2 190

如果我们把你的权益或净资产包括进来，那么两边就会达成平衡。你的权益或净财富被定义为资产超过负债的部分。在这里，是 935 美元 = 3 125 美元 − 2 190 美元。

你的资产负债表如表 32.3 所示。

表 32.3　你的资产负债表（美元）

资　　产		负债与权益	
现金	75	信用卡债务	90
支票账户	350	学费贷款	2 000
电脑	1 500	停车罚款	+ 100
电视	600	总负债	2 190
衣服	100	权益	+ 935
家具	+ 500		
	3 125		3 125

当资产价值超过负债价值时，超额部分就是你的财富，或权益，或净财富，或净资产。在这里，你的资产超过了你的负债；你的可售财富是 935 美元。破产的人或企业，其净财富为负值。

你的完整资产负债表——人力财富

想一想，你的资产负债表是否遗漏了什么大事项。如果你未婚妻的父母要求你出示你的资产负债表，你会如何让你的资产负债表显得更真实呢？你一定会在资产项下加上"我"，用来代表你。你会以你未来全部预期收益的现值来评估这个"我"。如果你拥有一栋楼，它的市场价值将是它未来净租金流的现值。就像一栋楼一样，你也是一项耐用的资源，拥有预期未来 40 年或 50 年的收入流（为你的服务所支付的租金）。你可以合理地记上 2 000 000 美元，用它作为你未来收入的现值。那么，你的资产负债表就如表 32.4 所示。

这种表示法的问题在于，"我"的价值并不能立即转换成货币。但它确实会影响到你现在决定借多少钱，或者毕业后会买什么样的房子或汽车。对于这样的决策，这个资产负债表是切实相关的。（大多数商业企业经常计算它们的资产负债表，作为它们财富状况的运行概览。）

表 32.4　你完整的资产负债表（美元）

资　产		负债与权益	
现金	75	信用卡债务	90
支票账户	350	学费贷款	2 000
电脑	1 500	停车罚款	+ 100
电视	600	总负债	2 190
衣服	100	权益	+ 2 000 935
家具	+ 500		
我	+ 2 000 000		
	2 003 125		2 003 125

预算：收入与支出

预算（budget）不同于资产负债表，资产负债表是资产和负债的一张列示表。预算则是在我们计划的某个时间间隔内，所预期或预计的收入与支出的一张清单。通常，预算是为某个人或某个企业编制的，落入预算之内的支出和收入，对它们的控制是可行的。把时间延长到预算所涵盖的控制时间以外，并没有意义。那只会是一张愿望清单罢了。表 32.5 中所示的简单预算，仅涵盖发生了几笔交易的一天中的情况。

在这一天，你预计总开支为 139 美元，这将超过你 75 美元的收入。因此，在你的预算中，你将会有 64 美元的赤字（deficit）（= 139 美元 - 75 美元）。赤字并不意味着有什么不对劲或不合心意，有盈余也不意味着一切都好。预算并不能就你的收入

表 32.5　你一天中的预算：今天（美元）

收　入		支　出	
乔归还的债务收入	50	网球拍	100
两张 DVD 的销售收入	+ 25	中饭和晚饭	30
		一双袜子	+ 9
	75		139
赤字 =（75 - 139）= - 64			

说明什么，不能说明你的消费是否超过了你的收入，也不能说明你的财富是增加了还是减少了。它只是在某个特定的时间间隔内，对货币流入和流出所做的比较和列示。在这个例子中，购买网球拍可以称作是做了 100 美元的投资，但是，对消费性购买还是投资性购买之间进行区别并没有什么干系，也不会在一般的预算中进行列示。

在某个较短的时间间隔内，生活除了资金的流入和流出，还有更多的方面。财富是增加还是减少，是由资产负债表和损益表所列示出来的，这在第 27 章附录中已经给出了解释。

美国联邦政府的预算是这样一张清单，它列示并比较了在执政者预计继续执政的任何时段上，各种目的下的预期支出数额。它涵盖的支出和收入的类型与目的如此之多，厚达 1 000 多页。

第 33 章　利率包

同样一笔贷款，学生需要支付的利息，要高于声誉卓著的教授。储蓄与贷款协会、信用合作社和银行提供的利率各不相同。不过，实际上每个人支付的是相同的利息。利率之所以不同，原因在于通常所说的利率，乃是由若干部分组成的一个利率包（package），这其中包括纯利率。为了避免出现利率与利率包之间的混淆，经济学家通常使用名义利息（nominal interest）来表示利率包，而使用纯利息（pure interest）来表示这个利率包中的利率。

名义利率和纯利率

纯利率，大体上指的是无风险投资的利率，所谓无风险投资，是说所承诺的未来金额将以绝对确定性得到支付或取得。我们可以把贷款的约定利率，看作是一个包含纯利率加上附加费（add-ons）的利率包，既包括贷款安排的费用，还包括补偿贷款人到期时无法收回利息和本金的违约风险。利率加上附加费的这个利率包，通常被称为利息，但我们称为名义利率。

被称为名义利率的利率包中的额外费用

非利息的额外费用（premiums，或译"溢价"）或附加费，本可以列为特别费用（special fees），而不是将其合并之后放到一个称为利率的利率包中。有些附加费取决于谁是借贷者，因此在不同的人之间是不一样的。其他有些附加费取决于债券的类型，比如到期时间的长短，或提前还清贷款的权利。还有些附加费与贷出款项时的总体市场状况有关，并会影响所有的债券。通常，我们使用利率这个标签，几乎总是指名义利率包，其中包括纯利率再加上所有为其他因素所作的调整和附加费。

虽然一项贷款可以被称为是无风险的，但在贷款期限内，没有哪笔贷款的价值能确定地加以预测的，从这个意义上说，没有哪笔贷款是完全安全的。贷款期限内的不确定性，对贷款人来说是非所想望的，因此他们会得到一笔不确定性补偿费，包含在需要支付的所谓利息之中。

表 33.1 "纯利率"和"名义利率"

	借款人 A （银行贷款）	借款人 B （信用卡和更高风险）
纯利率	5％	5％
附加费用：		
交易和记录	1％	2％
突发事件应对	1％	2％
支付违约风险	1％	3％
通胀预期	5％	5％
名义利率"包"	13％	17％

特定于个人的附加费

贷款协商成本

交易和协商成本在借款人和贷款人之间是不同的。对他们过去的借款人，当地的银行经理们已然掌握了很多信息。从同一出借人那里获得另一笔贷款，并不像对年轻的新借款人那样，需要进行昂贵的调查和信息评估。信用卡利率包括了对不及时付款的实际风险和收款成本所附加的额外费用。更极端的是，典当行每年利率40％的小额贷款，其中纯利率占5％，剩下的35％都归于所有其他成本和风险。

违约风险

风险更高的借款人支付额外的费用，为的是说服出借人承担更高的贷款风险。更不安全的债券，支付的名义利率更高，其中包括违约风险产生的额外费用。

有几家金融服务公司会就大型企业和政府的债券给出风险评级。其中最受欢迎的，是穆迪（Moody's）、惠誉（Fitch）和标普（Standard & Poor's，S&P）的评级。这些金融服务公司的评级，彼此非常一致。这些评级从 AAA（三 A）级的最高质量开始，一直到 B 级、C 级以及 D 级。历史上，美国政府债券的质量排名最高，其支付利率要低大约 0.5 个百分点，这一差额被称为 50 个基点（basis points）。（每 1% 的利率有 100 个基点。）表 33.2 列出了各种金融工具的利率示例。有些市场特征使所有债券都具有一定程度的风险性。

表 33.2　不同金融工具的利率

	1996	2002	2012
联邦贴现率	5.25%	1.25%	0.15%
3 月期国库券	5.20%	1.74%	0.07%
6 月期国库券	5.25%	1.85%	0.12%
1 年期国库券	5.39%	4.52%	0.17%
10 年期国库券	5.60%	5.20%	1.47%
20 年期国库券	6.03%	5.86%	2.13%
6 月期存款利率	5.28%	1.85%	0.48%
Aaa 公司债券	6.81%	6.55%	3.64%
Baa 公司债券	7.47%	7.87%	5.02%
银行基准贷款利率	8.25%	4.25%	3.25%
30 年期抵押利率	7.03%	7.00%	3.68%

市场风险：对所有人和所有金融证券均有影响的整体经济因素

通货膨胀

每一项承诺在未来支付若干美元的债券或资源，在通货膨胀侵蚀美元市场价值时，都会遭受损失。如果预计明年会出现通货膨胀，而纯利率为 3％，那么出借方必须得到足够的美元还款，才能在更高的价格水平上买到额外的 3％ 的商品。

现在，如果通货膨胀率为 20％，糖果售价为 1 美元，则一年后将卖 1.20 美元。为了购买更多的糖果，出借人必须得到 1.236 美元（＝ 1.03 × 1.20）。1.03 反映的是 3％ 的纯利率，1.20 反映的是对价格水平上涨 20％ 而作的调整。名义年利率为 23.6％。出借人在得到还款后，即使价格水平上升，也能再多买 3％ 的糖果。借款人将支付相当于 3％ 的糖果的金额。

如果对未来通胀的预期是正确的，则出借人和借款人都不能以牺牲另一方为代价而获得收益。但通常，通胀并没有被充分地预期到。二战后几十年间——当预期的未来通货膨胀率被低估时——通过借款来购买房屋的买房者，从随后意外的通货膨胀中大获其益。由于通货膨胀率未被预期到，所以，借款人没有支付足够的额外费用来抵消实际发生的通货膨胀。

市场利率变动

当市场利率变化时，现有的更长期债券的市场价值变化，会大于更短期债券的市场价值。

表 33.3 中的数据说明了这一点，该表给出了对于不同的市场利率，支付 5％ 的利息时，1 年期、5 年期、10 年期和 20 年期 1 000 美元债券的价格各为多少。

债券的票面利率是 5％。1 年期债券发行时，如果市场利率为 5％，与票面利率相同，那么，债券的市场转售价值为 1 000 美元。但如果市场利率与债券的承诺利率不一致，那么，债券的市场价值将调整为与市场利率相同的收益率。因此，如果市

表 33.3　固定票面利率的 1 000 美元本金债券在不同市场利率、不同到期日的现值（美元）

债券时限	票面利率	市场利率			
		3％	5％	7％	10％
1 年	5％	1 020	1 000	982	954
5 年	5％	1 092	1 000	918	810
10 年	5％	1 170	1 000	859	692
20 年	5％	1 299	1 000	788	573

场利率为 10％，则一年期债券的市场价值将降至 954 美元左右。50 美元的利息（本金 1 000 美元的 5％），加上随后在 1 000 美元本金偿还时债券的市场价值上升到 1 000 美元，意味着在当前债券价值 954 美元上的利率乃是 10％。债券市场的竞争，将推动债券价格达到一个保证收益率不低于其他同等风险的资源的价值。债券的市场价格会调整到，无论它们明确承诺的利率是多少，它们都将支付与债券新的市场价值相匹配的利率水平。

如果在发行了承诺一年后支付 1 000 美元、年利率为 5％的债券后，市场利率降至 3％，那么，这一债券的市场价值将升至 1 020 美元。当市场利率和债券的承诺利率（这里是 5％）相同时，债券的价值就是 1 000 美元。按 7％的市场利率计算，1 年期按规定支付 5％的债券的市场价值将降至 982 美元（＝1 050 美元/1.07），从最初的 1 000 美元直接损失 18 美元。

按规定的 5％利率，我们来比较一下 1 年期债券与 20 年期债券。后者的市场价值从 1 300 美元跌至 573 美元不等，比短期债券的范围大得多。

长期债券比短期债券面临更大的市场风险。在你持有债券期间，你可能想把它卖了，换成现金来支付一些意想不到需要购买的东西。这导致人们倾向于购买短期债券。为了说服出借人承担不受想往、不可预测的财富波动所带来的"市场风险"，债券的名义利率"包"中就需要增加附加费（根据债券的到期年份而定）。

流动性：名义货币利率包中的减法

除了向债券持有人（出借人）支付货币利息外，有些债券还向债券持有人提供流动性服务（liquidity service）。非货币收益会导致利率包中的货币收益下降。流动性反映了两个特征：（1）在准备、安排和完成购买或销售时，交换行为更低的交易成本，（2）价值更大的稳定性。

1. 商业企业拥有的收入，与其付款义务并不完全一致。企业可以积累大量资金来应付支付高峰。然而，这些企业本可以购买美国国库券（支付一定利息的短期美国国库券），而不是持有无息资金。然后，当必须付款时，这些国库券可以可靠、快速、低成本地出售给债券交易商，以换取付款所需要的资金。

国库券是货币的替代品，经常被描述为具有很强的流动性。一张 3 月期的美国国库券，货币年息约 1%；而安全程度相等的 5 年期债券，货币年息则为 4%。这中间 3% 的差异被理解为流动性服务收益的大小。

2. 流动性的另一个要素，是价值贮藏（store of value）的服务。在短期内，货币是最好的价值贮藏手段。把你所有的财富都换成一种非货币的商品，比如一篮子鸡蛋，就像把你所有的鸡蛋放在一个篮子一样……所以你懂的。持有一些货币，可以分散特定商品价值变动的风险。交换价值上更大的确定性，是商品流动性的一部分。出于节约交易成本和作为防止相对价值变动的安全财富形式这两个原因，短期国库券给付的利率非常低，但高于现金。

与更长期债券相比，较短期债券的流动性更强，市场风险更小

短期债券（bill）是一年或一年以下贷款的常用名称；中期债券（note）是 1 年至 10 年之间的贷款；债券（bond）是更长期的贷款。美国国债收益曲线给出了根据向美国政府提供的贷款（"债券"）时长计算的货币利息收益。较短期贷款几乎没有违约风险，再加上其较高的流动性，人们对其所支付的货币利率更低，从而使这些票据能够（1）作为价值贮藏的手段，另外（2）在购买和出售时具有更低的交易成本。银行间隔夜贷款时间更短，市场风险更小。它们非常接近于货币，其货币利率几乎为零。

"实际"利率 vs. 所实现的实际利率

实际利率（real rate）是经购买力（purchasing-power）调整过的利率：实际利率＝名义利率－通货膨胀。如果名义利率为 10%，通货膨胀率预计为 3%，预期实际回报率约为 7%。如果后来发生的实际通货膨胀率是每年 6%，那么所实现的实际利率只有 4% 左右（＝10%－6%）。实际通货膨胀率高于名义利率时，实际利率可能是负的。

在战争和世界范围的灾难期间，实际利率曾出现过暂时性的下降。在 20 世纪，两次世界大战和 20 世纪 70 年代石油供给减少所导致的生产力下降，足以降低这些时期的实际利率。

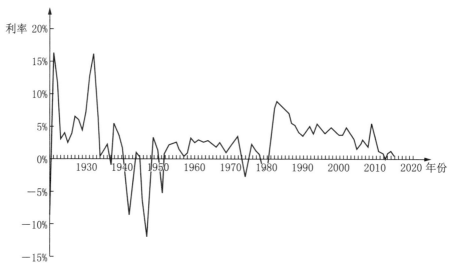

图 33.1　实际实现的利率：1920—2015 年

短期和长期资源相对价格的变化，会改变对当前和未来收入的要求模式

　　借贷并不是改变你对当前和未来收入的要求模式的唯一方法。你可以在使用寿命更短和更长的资源中进行选择。对当前收入需求（消费）的增加，将导致人们试图购买在不久的将来产生更多收入的资源。人们会主动出售寿命更长的资源。表 33.4 给出了一个有三种资源的例子———一座临时房屋、一座标准类型的木制房屋和一座砖制房屋。假设（为计算简便）每座房子的年租金都是相同的。表 33.3 中债券价格例子中的分析逻辑，也同样适用于此处。

表 33.4　不同使用寿命资源的利率及其相关市场价值（美元）

资源	年份	年回报	当前成本	在每一利率上的市场现值				
				3%	5%	7%	10%	15%
砖制房屋	200	50	1 500	1 662	1 000	714	500	333
木制房屋	50	50	900	1 286	915	690	496	333
临时房屋	10	50	275	427	386	351	307	251

　　注：5% 的市场利率将会仅与 5% 那一列列示的价格一致：砖制房屋 1 000 美元；木制房屋 915 美元；临时房屋 386 美元。参见表 31.1，那里给出了不同年份和利率下 1 美元年金的现值。这里，我们给出了三种不同时间段的 50 美元年回报流的现值。

表 33.4 中列出的不同利率下的价格表明，只有当利率低于 10%时，临时房屋才值得拥有或建造，此时其价值（307 美元）将高于 275 美元的生产成本。只有当利率低于 5%时，木制房屋才值得拥有或建造；如果利率更低，那么它的价值会超过 900 美元的成本。只有当利率低至 3%左右时，这座砖制房屋才值得拥有或建造，因为此时它的价值（1 662 美元）将超过成本（1 500 美元）。

资源的相对价格无法可靠地衡量利率

表 33.4 中资源的价格和利率，反映了对未来回报的信心。但这些信心不得而知。因此，当价格发生变化时，我们不知道这是反映了信心的变化，还是将未来预期资本化为现值的利率发生了变化。尽管如此，无论其他因素是否可能会影响到资源的价格，这个例子还是给出了利率的变化如何以及在什么方向上影响资源的相对价格。

由资源价格的变动，而非借款成本的变动，所带来的投资效应

表 33.4 中的数据还表明，下述看法为什么是错误的：利率下降对投资盈利能力的影响，主要是通过减少为投资提供资金的贷款利息支付额来实现的。相反，它是通过（1）资源市场价值相对于（2）其生产成本的变化所产生的估值效应而发生的。如果你认为像建筑物和汽车这样的资源使用寿命很长，而食品和当前的劳务是使用寿命较短的资源，那么利率的变化意味着更长寿命资源相对于较短寿命商品的价格变化。这既会改变劳动就业量，也会改变总产量。这就是为什么，市场利率的变化在整个经济中对所有资源都非常重要——而不仅仅对债券很重要。

所有债券和资源的纯利率竞争性均等化

不同的债券之间，不同的资源之间，不同人之间，不同国家之间，所支付的名

义上的显性利率都是不一样的。对这里的每个具体的债券、资源、个人和国家来说，都有一个适宜的经过风险调整（risk-adjusted）的总利率包，被称之为名义利率。这个名义利率包，包括纯利率，以及对形成债券、贷款和投资的风险、流动性和成本所作出的调整。

这意味着，人们不可能指望找到可预测的、有利可图的证券价格模式。下一章将会说明，由于竞争，市场价格会受到调整，从而使所有债券和证券的经风险调整后回报率相等。市场价格出清了市场，此时，不会有短缺或过剩，也不会有通过排队或配给的方式去买卖金融证券这样的情况。

练习与思考

1. "我以每股 70 美元的价格买了一些股票。它已经跌到了 55 美元，但我打算一直持有它，直到它升回到 70 美元，这样我就可以避免损失。"这种推理有什么不对吗，哪怕我们可以假设股价随后很快会升至 75 美元？

   答：

   你的财富是你目前资产的市场价值。无论是股票的价格还是你房子的市值，如果比以前少，那么你就已经蒙受损失了。究竟是以较低的价格出售股票，还是继续持有股票，取决于其他投资机会。如果其他资产能让你比这只股票更快地达到 70 美元，那就在 55 美元的价格上卖掉它，去买那个更好的选择。

2. 你从大学毕业，到当地银行申请贷款，为的是成立一家新企业。银行给你的贷款利率是 15%。你向银行经理抱怨，认为他们因为你年轻而对你存在年龄上的歧视，因为你叔叔从同一家银行为他的企业贷款，利率只有 12%。除了年龄以外，银行收取的利率差异还可能是什么原因造成的？

   答：

   贷款的风险溢价可能是不同的，因为你叔叔有着更长和更好的信贷表现史。一

般来说，如果你有良好的记录，按时付款，你为新贷款支付的风险溢价就会
更低。

3. 通过发行债券，你开办了自己的企业，这些债券在 10 年内给投资者的回报率是
7％。10 年后，这些债券已经还清，你的生意很成功，你想发行新的债券扩大企
业规模。你被告知，新债券必须向新投资者保证 9％以上的回报率。这是否意味
着你现在的信用风险更大？还有什么其他因素可以解释发行新债券所需的更高
利率？

答：

如果你的信用风险没有恶化，那么看看通货膨胀发生了什么。最有可能的是，
未来的通胀率预计将比你之前发行债券时高出 2％左右。

4. 你想拥有一项安全的投资，而你认为美国国债是未来 10 年最安全的投资。在美
国财政部的网站上，你可以看到，一张 10 年期的国库券在目前售价上的收益率
为 5％。然而，你还看到一种通货膨胀指数国债，它的票面利率只有 2％（这些
债券将过去 12 个月的实际通货膨胀率加上票面利率，以确定你每年将获得多少
报酬）。你认为谁会购买后一种债券，而不是收益率为 5％的国库券？

答：

如果有人预计通胀率在 10 年内平均每年超过 3％，那么他会更喜欢通胀指数债
券。他将获得确定的 2％再加上实际通货膨胀率的收益率。

5. 你的投资顾问告诉你，如果你以 800 美元的价格购买一个 10 年到期的债券（面
值为 1 000 美元），即使债券每年只支付 70 美元，你也将获得超过 12％的收益
率。这位投资顾问的意见是否正确？

答：

正确。当你支付低于本金——即该债券到期时将会支付给你的"面值"——的
当前价格时，你的到期收益将会始终高于"票面"收益（每 1 000 美元本金每年
收益 70 美元）。在这种情况下，为期 10 年每年底支付 70 美元，它们的现值加上
10 年结束时付还给你的 1 000 美元的现值，按 12％的利率计算，超过 800 美元。

6. 您可以选择投资收益率为 4％ 的新一期 20 年期美国国债，也可以选择收益率为 7％ 的新一期风险投资公司债券。若是选择收益率较低的国债，会有哪些理由？

答：

美国国债没有违约风险，而如果风险投资公司在债券到期前破产，你可能会血本无归。另一个考虑因素是流动性。如果你决定在 20 年到期之前出售这些国债债券，那么你几乎肯定能得到一个比风险投资公司债券更高的价格——假如你真能找到愿意购买风投公司债券的人的话。

7. 5 年前，你的公司在投资一台能使用 20 年的机器和一台只用 5 年即需更换的机器之间作出了选择。那个时候，你选择了那台 5 年使用寿命的机器。现在你需要更换它。你正在考虑是否购买这台能用 20 年的机器。你发现这些机器和以前一样，没有什么技术上的变化。但是，现在那台能维持 20 年的机器的价格要昂贵得多。这是怎么回事？

答：

假设其他情况不变，使用寿命更长的资产与使用寿命更短的资产相比，其价格相对更高，这表明利率下降了。相反，在利率上升的时期，使用寿命更长的资产，其价格下降幅度要大于使用寿命较短的资产价格下降的幅度。

8. 在投资上产权安全性的提高，将会提高对现有待投资资源而非待消耗资源的需求。需求曲线将会向右移动，市场利率会上升。其结果会是更高的纯利率，还是更低的名义利率和更小的风险溢价呢？

答：

利率不会改变。相反，我们关注的是更低风险类别的投资和贷款的名义利率——其中名义利率包中的风险溢价更小。产权安全性和保障程度的提高，可以诱使更多的对当期收入的需求投资于未来更安全的收入。同时，对那个时候的收入和财产的权利，一旦在将来变得更加有保障，就会诱使人们现在放弃更多的每一美元的当前收入，以换取更多他们将来持有的更可靠的未来收入。需求和供给都变得更大——向右平移。但基本上，纯利率没有改变。相反，这里会出现一个更低的名义利率——这是一个适用于更低风险的投资和贷款的利率，而且包含在这个名义利率内的风险溢价更低。

第 34 章 风险与保险

生活充满了不确定和惊奇。火灾、疾病和撞车事故是不确定的，在某种程度上也是偶然的。但这些风险可以予以减少——通常来说更少并且更谨慎地开车就可以降低撞车的风险。然而，谁会为了把这个风险降到零而放弃开车呢？为了取得某些值得想望的结果，甘冒招致灾难性损失的风险，并不总是愚不可及的。你甚至会从飞机上跳下去，只要预期降落伞会打开。有些食物很受欢迎，尽管由此引发疾病或缩短寿命的概率会增加。

在安全、财富和其他乐趣之间的取舍，是挥之不去的、各人自主的、可以调节的。虽然我们不能避免一切风险，但我们可以把后果改变成更可接受的形式。人们为此已经发展出来了许多方法。其中两个就是保险（insurance）和期货（futures）市场。期货市场和套期保值，我们推迟到后面的章节来讨论。在本章里，我们来看看保险是如何以及为什么能够服务于你的利益的。

保险的出发点，是要抵消掉巨大损失的可能性。保险几乎总是只保护市场上经济价值的损失，而不是保护友谊、名誉、婚姻幸福，或感情创伤。父母很少给孩子投保，因为孩子的死亡虽然心理损失惨重，但却仅意味着相对较小的经济损失。

把损失分散掉，从而减少私人损失

保险的主要目的，不是降低灾难发生的风险。相反，保险是把灾害造成的经济损失在大规模的人群上进行分解、扩散和多样化，从而减少了每个人遭受重大损失的风险。偶然灾害的全部损失，是由投保人彼此分担，而不是予以消除。

　　如果 1 000 人中的每一人，每年都有千分之一的机会遭受 50 000 美元的房屋火灾损失，那么，这个预期损失就是每人 50 美元（＝0.001×50 000 美元）。对每个人的后果，就从一个巨大损失（50 000 美元）的小概率风险变成了一个确定的、每年50 美元的保费支付。来自所有投保人的年度保险费，预计在灾害发生时是足以偿付所保险的损失的。（实际支付的保险费要高一点，以便支付管理费用和保证保险安排得以实行的费用。）

　　保险公司积累足够的财富，就能够可靠地承诺赔偿保险损失。保险公司必须已经积累起一笔财富（资本），利用创立这家保险公司的初始投资，以及随之而来的投保人的净保费流入。投保事件的概率和损失的大小，必须充分预测，从而使保费的流入和损害赔偿的流出（大体）匹配，保险公司要有充足的资本作为储备来缓冲大规模支付的压力。关于投保事件发生概率的信息，是智力资本（intellectual capital）的一种形式，与实物资本或货币一样真实，而且具有价值。

　　一旦发生惨重的灾害，如果保险公司缺乏以金钱或可售资产的形式保有的足够多的财富，基于这样的智力资本，它可能也能够借到所需的金额来支付被保险人，然后偿还未来业务中的债务。

　　降低死亡的风险，价值几何？这个问题经常被错误地描述为："救一条命值多少钱？"有些估计表明，使用昂贵的通风式燃气热水器在所拯救的每条生命上花费了 10万美元。据估计，汽车里的安全带拯救一条生命的代价是 30 万美元。曾有人估计，石棉管制条例为每条免于过早死亡的生命花费了 1 亿美元。另据估计，储粮筒仓的安全条例每把平均死亡人数减少一个，所花去的费用大约为 500 万美元。这些平均值并不能说明，是更谨慎一点才好，还是更放松一点才好。只有边际成本——多拯救一条生命的新增成本——才是用来判断是否应该付出努力来多避免一例死亡的相关概念。

什么样的灾难可以投保？

　　对于商业损失、离婚或你班里的成绩，是无险可保的。我们所研究的保险，你可以选择是否投保，而保险公司可以反过来选择是否为你设保。

　　对于死亡风险低于老年人的年轻人，人寿保险的保费就会更低一些。一个 20 岁的年轻人在第 2 年的死亡风险，白人男性和女性分别约为 1.5‰和 0.67‰；而对于 20 岁的非白人男性和女性，这一比例分别上升到 2.2‰和 0.8‰。65 岁时，白人男性和女性的年度风险分别高达 28‰和 14‰；非白人为 35‰和 10‰。男性在同等年龄下死亡的概率更高。（大自然可不关心任何有关歧视的立法。）

人寿保险有两种基本形式，一种是定期人寿（term life），另一种是直接人寿（straight life），两者之间有许多组合。定期保险通常在每一期结束时可更新，但在年老时保费较高。风险的可预测性，使得一种称为直接人寿保险的固定年保费保险得以实施。在更为年轻的年龄段上，你为直接人寿保险支付的费用要比定期保险支付的费用多，保险公司把它较早的保费收入投资于一个基金，该基金弥补了固定保费相对于较年长时较高风险的不足。这是一种在人生的早年进行储蓄，晚年利用所积累的财富继续保险的方法。

自愿保险的若干必要条件

对于保险公司提供的切实可行的自愿保险，其中的一些必要条件是：（1）保险费必须能够支付保险安排的运营成本以及损失的风险；（2）相继的风险事件发生的时机和规模具有独立性；（3）对每一位参保者经济损失概率和规模的可靠衡量；（4）避免逆向选择；（5）控制道德风险。

公平赌博和全额回报

保险公司所收取的保费（保险公司的收入），必须超过保险赔付额。每个被保险人，似乎都在进行一场不公平的赌博，付出的代价注定会超过预期的回报。假设掷硬币赌 1 美元，正面赢 2 美元，反面赢 0 美元。期望收益（expected payoff）是所有可能结果的概率加权平均值。正面或反面的概率各为 0.5。所有可能的结果是 2 美元和 0 美元。期望收益就是 1 美元（＝2 美元×0.5＋0 美元×0.5）。公平赌博（fair bet）是赌注金额（在掷硬币中它是 1 美元）等于所有可能结果（回报）期望值的一种交易。任何人如果支付的比期望值多，那就是在从事不公平赌博。如果赌博的价格低于期望值，那么这对你来说就是一个更公平的赌博，而对对方来说则是一个不公平的赌博。

保险公司的所有者，并不承担保险所针对的风险事件的发生而造成的损失。与预期损失相等的金额，是以年度保险费的形式分摊给所有被保险人的。保险公司——保险人——的所有者承担不同的风险。他们必须赔偿超过预期损失的任何损失。他们事先会将财富投资于保险公司，作为资本储备，以弥补超出预期的损失。如果所发生的损失比所预期的损失大得多，公司可能就会破产。但反过来，保险公司通常会从另一家保险公司——称之为再保险人——购买保险，来抵御这种风险。

被保险人风险事件的独立性

只有当像火灾这样的事故发生，但不是同时发生在每个人身上时，在许多人中分摊风险才有其可能。如果如地震或飓风这样的灾难，其影响如此广泛，以至于许多人都会受到同一灾难的影响，那么，保险或许就不可能存在。每个人都必须支付等于自己预期损失的保费。我们可以不用保险这个说法，这不过是一种预付储蓄，为的是能够与将来的预期损失相匹配。被保险人中同时蒙受损失的人数所占比例越大，保险的可行性就越小。

预期损失额

对每个被保险人来说，事件发生的概率和损失必须是客观可测量的。如果对事件发生的概率，以及由此产生的经济损失一无所知，那么，我们就无法预测能够弥补预期损失的保费。自愿的保险就不再可行。防止被小行星撞击这样的保险，我们是买不到的。

逆向选择与灾害概率

在获得保险之前，逆向选择是需要面对的一个要素。有些申请人具有较高的风险，有些信息他们没有向保险公司透露。这是一种不对称信息（asymmetric information），它会带来逆向选择（adverse selection），这将削弱维护保险所需要的能力。

如果无法根据人或事件的风险进行分类，从而收取适宜的保费，如果对所有人收取的保费全部相同，那么，就只有具有最高风险的人才会购买保险，缴付这些保费，而具有更低风险的人就不会这样做。保险公司必须想方设法识别出那些质量较差的申请人。否则，购买保险的客户所支付的保险费，将无法偿付更高风险人群所造成的更高风险和更大的损失。这种信息不对称和逆向选择问题，在所有交换、贷款、投资，以及所有的社会事务中都存在，甚至（或特别是?）在爱情和婚姻中也不例外。

对于那些寻求购买驾驶险的高风险人群，有这样一些间接指标：过去的驾驶记录、年龄和驾驶人的性别。老年人缴纳的人寿保险费，要高于中年人；木制结构建筑的保险费要高于钢制结构的防火建筑。

如果你是一个男人，当你发现女人为同样的人寿保险付的钱更少时，你会抱怨。在有些州，成绩好的学生可以买到更便宜的汽车保险；不吸烟的学生也一样。然而，有些吸烟者甚至在相同的年龄、性别和地区条件下，也比不吸烟者更擅长开车。根据不完美的标准，把人分到不同的风险等级上去，常常被批评为不公平或有偏见。不要把不完美和偏见混为一谈。

你班上的考试可能不够完美，而它们是偏向于女人还是男人，年轻人还是老年人，高个子还是矮个子呢? 只要年轻男性确实比年轻女性有更高的车祸概率，那么男性的保险费就必定更高。否则，逆向选择将会有损于保险。然而，立法机构却通过法律，宣布使用诸如性别、学业成绩和年龄这些无偏见的风险和逆向选择指标乃是违法行为。

加利福尼亚州大多数选民通过立法，降低了汽车保险所允许的保费额。其结果是，选民随后就买不到司机和汽车保险了，或者这类保险的条件更加严苛了——即除非寻求这种汽车保险的人还从同一家保险公司购买了住房保险。车险与房险的搭售政策，避免了对车险所施加的限制。（还记得租金管制对租房安排的影响吗?）

道德风险——取得保险后风险提高

道德风险（moral hazard），是指如果更多的成本将由其他人承担，则个人有采取更多对他有利的行动的倾向。与逆向选择相反，道德风险是保险购买之后要面对的一个问题。如果你开的是没有保险的车，你可能会比开有保险的车更谨慎，开车速度也更慢。如此一来，保险公司就会施加一些明确的限制。如果你没有买火灾险，那么，你会更小心行事，以避免家里发生火灾。但是，在没有保险的情况下开车或住在房子里的全部成本（包括更为谨慎和焦虑），要比有保险的情况下高。

通过纳入免赔额和分担费用等限制条件，道德风险通常可以得到充分控制，以避免对较小事项提出索赔的情况出现，并确立对保险服务或保险费用的诚信索赔。若是对感冒、韧带拉伤或汽车挡泥板凹痕进行索赔，会要求被保险人支付任一索赔保险账户中最高 500 美元的金额，即免赔额（deductible）。这就限制了相对轻率的索赔要求。免赔额和特殊损失的例外情况很常见，特别是对风险受被保险人行为影响的那些灾害来说，更是如此。另一种安排是被保险人承担一小部分损失，比如说20％。这就是共同保险（coinsurance）。否则的话，保险费会更高。

有些制造商或零售商，为他们所销售的商品提供一种称为保证书（warranty，或译"保修单"）的保险形式。对于那些同顾客使用该商品的方式相对无关的问题，他们会采用这种保险形式。汽车保修单（保险）主要适用于不太可能由正常驾驶引起的故障。由于未能更换或补充机油而造成的损失则不在保险范围之内，但发电机的故障对所有买家一样，所以也就包括在内。这些保证书（保险）的费用，包含在汽车的价格之内。

雇员的道德风险行为

一般来说，雇员可以接受的道德风险行为，是完全可以预料到的行为。如果雇主探查、监督和限制预期行为的成本，超过道德风险行为的价值，雇主就会对这些行为听之任之。大学管理者发现要完美地监督教授成本太高，所以，他们容忍教授为了个人目的而使用大学的铅笔、纸张、电话和办公室。于是，整体工资中由金钱组成的部分变少，而雇员的非货币福利部分变多。

你购买保险时还能得到别的什么？

保险不仅仅是把经济损失分摊到被保险人身上。保险可以缓解我们的焦虑和忧虑情绪。它能让你安心，让你更好地去规划未来。考虑到整体收益之后，人们愿意支付比发生保险事故时的货币收益更多的钱。

保险人会要求被保险人服从低风险、高安全的安排。那些更善于寻找降低风险方法的保险公司，更有可能盈利。保险公司会提供可靠的预防措施，而且要求严格执行。事实上，大型上市公司购买保险的主要目的，就是为了获取那些降低风险的服务的，而不仅仅是为了为巨大的灾难性经济损失投保而已。

灾难发生之后，保险公司提供法律服务，来安排当事人之间的和解。在决定在哪里购买保险时，保险公司理赔的速度，以及保险公司为被保险客户辩护的程度，是应该考虑的一部分。整体价格（full price）的概念，用来更全面地理解价格非常合宜，因此，整体产品（full-product）的概念用于分析保险产品同样非常合宜。

不是保险的保险

有些过去被认定为保险的重要项目，基本上都失败了。在 20 世纪 30 年代的大萧条时期——彼时，有许多家银行倒闭——国会建立了两种存款"保险"系统：一个是联邦存款保险公司（Federal Deposit Insurance Corporation，FDIC），它为商业银行的活期存款和定期存款提供保险；另一个是联邦储蓄贷款保险公司（Federal Savings and Loan Insurance Corporation，FSLIC），它为联邦储蓄与贷款协会持有的消费者余额创建了一套保险体系。[①]

根据评估，银行按存款的百分比向联邦存款保险公司支付一笔小额费用，作为损失准备金，但是，这笔准备金并不足以弥补银行的重大损失。此外，这种政府担保存款的意外后果是带来了道德风险的提高——鼓励了银行产生更大的风险。

在联邦立法建立银行存款保险之前，储户有强烈的动机将他们的资金存放到已经建立并保持良好声誉的银行，这些银行为减少损失风险，向来谨慎地从事借贷和投资的业务，并建立和保持着良好的声誉。由于联邦政府为储户提供了损失担保，所以银行客户对银行管理人员所采取的风险行为就不那么关心。相反，为了吸引存款，银行可以提供更高的利率，目的是向风险更大的企业贷款或投资。

多年来，储蓄与贷款协会的一项高利润业务，就是吸引消费者的短期储蓄存款，这些存款由政府"保险基金"保证不受损失，然后借给那些需要长期、固定利率抵押贷款的借款人。在 20 世纪 60 年代和 70 年代通货膨胀开始加速时，这些公司出现了一个问题，因为储户要求对储蓄给付更高的利息，以弥补购买力上的损失。然而，由于他们的存款被以固定利率借给了房主长达三十年，不久，付给存款人的利息就超过了抵押贷款的利息，这给储蓄和贷款公司造成了巨大的损失，甚至到了破产的地步。最终，纳税人不得不担负起这一巨大的损失。

保护银行客户免受损失的良好意愿，导致了这样一个体系：针对在贷款和投资决策中采取过度风险举措的公司所作的救市行动（bailout），使纳税人遭受损失的风险极大地提高了。对于银行管理者来说，它已经变成了一个"正面我赢、反面纳税人输"的体系。如果风险投资回报率高，那么，银行高管的薪水和奖金将会非常丰厚。如果造成损失，则首先是联邦存款保险公司，然后是纳税人遭受损失。

保险向损害赔偿的转变

有一些州通过了限制汽车保险费率的法律。结果，有些保险公司已经退出了汽车保险市场。为了向具有更高风险的司机提供保险——这些司机在较低的法定利率下是无法获得保险的，州政府制定了强制性的国家保险安排，这意味着纳税人或行车更安全的司机正在为高风险司机所造成的一些损害买单。那不是保险。那是用税收资助的救济和损害赔偿。

另一个把保险部分转化为税收支持的补偿的案例，是联邦失业保险体系。雇员每月向联邦政府支付失业保险费。失业期间，失业者在规定的时间内领取救济金。所收取的保险费，并不完全与各行业的失业风险等级相符。因此，在那些失业率长期居高不下的行业，行业员工支付的失业保险费过低。

风险与保费的不匹配，把所谓的失业保险变成了失业救济。国会通常会把赔偿范围扩大到最初所承诺的时间范围以外。然而，我们将看到，这并不意味着失业救济在经济上是浪费的或不可取的。

救济损失不是保险的唯一目的

有些损失是不会被保险的。由税收或慈善捐款来支持的救济，常常分发给遭受巨大损失的人。诸如飓风、洪水、龙卷风和地震造成的损失，都是不便于进行保险的风险。那么，为什么要对那些选择生活在无法获得保险的危险地区的人给予救济呢？

　　那些在加利福尼亚南部购买海滨地区或地震频发地区地产的人们，确实知道或应该知道，他们购买的土地之所以价格较低，乃是为了补偿大家对该地区土地的被毁损或破坏的预期。众所周知，山坡地产易受滑坡、排水侵蚀，以及火灾或地震的影响，其售价低于没有这些风险的情况。更低的土地价格，是在补偿买方，他们承担了这些损失发生的风险。然而，如果损失确实发生了，有一些房屋遭遇滑坡或被烧毁，纳税人将以紧急救济的形式给予补偿，尽管这块土地在较低的初始购买价格中已经获得了提前救济。（如果只有一两所房屋受损，政府就不会提供救济。只有受害者众，才会引发政府的救济。为什么受害的人数会产生这样的影响呢，这个答案就留给政治学家去回答吧。）

　　仔细想想，那些得到补偿的人真的得到了一份馈赠吗？还是他们早就付了钱？如果买方预期未来的损失将由救济金来补偿，那么，他们提供的购买价格将更高，提高额会达到预期的补偿额的现值的程度。买方在以后得到补偿时得不到净收益，因为有了潜在救济的预期，他就支付了更多。受益的一方，是土地之前的所有者，他在救济的可能性首次确立时拥有这块土地，而这一可能性随后提高了这块土地的价格。

彩票——所提高的风险

　　虽然人们会购买寿险、汽车险和火灾险，但是，在显示风险偏好时，他们的表现并不前后一致——他们还是会参加非对等赌博（unfair bets）。当他们在购买各州的彩票和参加赌博时，他们偏好风险——他们参加了非对等赌博，因为一张彩票的价格远远超出了奖金的期望值。但当他们购买股票和债券时，他们却表现出了风险厌恶。证券的价格必须低于更低风险的债券的价格，从而促使人们去购买更高风险的债券。

　　穷人通过购买彩票而提高了他们的风险，对这一显然不一致的行为有一个解释，这一解释就藏在彩票的整体收益（full payoff）这个概念里。对于一个贫穷之人，他所购买的乃是生活方式可能会发生巨大变化的梦想。对于许多穷人来说，除了彩票之外，没有别的什么办法能够使他获得这样的可能性。虽然中奖者寥寥，但一旦中了彩票，他们就会通过把赢来的钱投资出去，降低风险，从而改变他们的行为。

保险、保证和赌博：一场文字游戏？

赌博

收益有两个方面——实际收益的期望值和范围（方差）——它们构成了选择的两个要素。赌博（gambling），意味着选择了未来可能的财富的更大的波动范围，而无论期望值是否大于所支付的金额。与往常一样，这里期望值是指可能结果的概率加权值之和的一般平均值。因此，1 美元押注一枚匀质硬币（正面朝上赢取 3 美元，反面朝上不输不赢，正反面出现的概率均为 0.5）的预期价值是 1.50 美元〔＝（3 美元×0.5）＋（0 美元×0.5）〕，这个值超过了投入额。但是，接受这一行为，仍是在进行赌博，因为这笔将来可能获取的财富与之前相比更为分散，即从（1）现在肯定拿在手里的 1.00 美元，变为（2）分别以 0.5 的概率获得 0 美元或 3 美元，后者的方差显然更大。

顺便说一句，在体育赛事上赌博时，投注机构的所有者既不与投注者同样下注，也不与投注者反向下注。相反，机构所有者通过让人们互相投注来赚取收入。机构所有者拿走总赌注的一定百分比，以此作为他们的收入。

赌徒提供的保证

最可行的保险安排，譬如人寿保险、火灾保险或汽车事故保险，都是针对那些似乎是随机发生、彼此独立的事件而作出的。但是，当有人说是要为一名音乐家的手或嗓音投保，或者当一名运动员针对受伤而投保时，他们通常得到的基本上是某个信得过的赌徒的补偿承诺。但这不是保险，保险的保费是投资在一个基金中，并从这个基金里为它所提供保险的那些损失作出支付的。

某类事件的可保险性，要求其随机、独立发生的损失具有可预测的概率。否则，所谓的保险（insurance）就是纯粹的赌博或保证（assurance）——这正是著名的伦

敦劳埃德保险公司 * 中的成员所提供的那类保证。更确切地说，伦敦劳埃德保险公司的成员提供的是赔偿损失的保证，而不是保险。这些款项来自伦敦劳埃德保险公司成员的财富，而不是真正的保险基金。

练习与思考

1. 保险在什么意义上是单边对冲（one-sided hedge）？

   答：

   它通常在不放弃获得巨额收益的权利的情况下，防止了巨额损失。

2. 哪些事件在不同所有制下有着同样的风险分布？

   答：

   看看离婚、癌症、秃顶、相貌平平、只生男孩子、左撇子这些事件的概率分布是怎样的？

3. 我们的法律和习俗反映了对风险承担的分配。一个人，若是拥有作为私有财产的土地，他就得承担土地价值变化的后果，比如人们搬走或不再如此看重这个地方。同样，如果一个人感冒了，或者摔断了腿，或者听力变差，再也挣不到之前那么大的收入，他也必须承担其后果。请思考以下问题：

   （1）你愿意住在这样一个国家吗？在这个国家里，无论什么原因，人们都要为自己的私人财产承担财富损失（除了对侵犯财产权者的法律追索权之外）？

   （2）你想让房屋主人承担陨石落在房子上的后果吗？在这栋房里使用汽油引起的火灾呢？房屋靠近河流而导致的地板损坏呢？癌症造成的收入损失呢？失明呢？

---

* 伦敦劳埃德保险公司（Lloyd's of London），是位于英国伦敦的保险和再保险市场。与这个行业中它的大部分竞争者不同，它其实不是一家保险公司，而是一家由 1871 年《劳埃德法案》（Lloyd's Act）以及随后的议会法案管辖的公司实体，是作为一个部分互助（partially-mutualised）的市场而运行的。在这个市场中，由多个金融从业者组成的集团联合起来，共同承担和分散风险。——译者注

(3) 如果个人不承担损失，你认为谁应该来承担呢？

(4) 为什么在不同的情况下，你会把那条线划在不同的地方？你的标准是什么？

(5) 在每一种情况下，你认为人们的行为会根据所涉及的风险承担而受到影响吗？

(6) 如果两个人可以对这些风险进行合理的划分和交换，你是否允许人们同意承担某些风险，来换取不承担其他的风险呢？这与私有产权制度有何不同？

答：

思考一下你对上述问题所给出的最初答案所具有的含义。这类涉及风险的事件，能否给它们赋予客观概率呢？如果可以，那么风险就可以量化，就存在针对损失进行保险的潜在可能。潜在风险承担者的规模是否足够大，是否足够多样化，从而足以让保费支付预期损失呢？个体的个人选择会影响事件发生的概率吗？如果这些选择造成的损害得到赔偿，这将如何影响可能的赔偿水平？如果让纳税人承担他人的私人决策所造成的损害成本，你能想出社会可以由此得到什么样的收益，或者，这种损害可以更有效地被法律上的民事损害赔偿所覆盖吗？如果社会承担了成本，并从税收收入中拿出钱来为灾难性损失付账，纳税人的总成本会不会超过那些通过个人决策故意将自己置于危险境地之人的总回报？这样的纳税人赔偿，是如何影响个体们的风险防范和决策意图的呢？这最终又会如何影响纳税人的总赔偿成本？纳税人的赔偿，有没有可能提高或降低该社会所作决策的整体风险呢？这些种类的风险是否有可能提高或降低该社会的总体福利呢？

关于应该作出什么样的正确决策，经济学不会为个人或他们选出的代表提供答案。但是，经济学可以告诉他们，由所作出的特定选择预期会出现的一些后果。

4. "有时候有些飞机会在半空中相撞，这一事实表明，空中交通管制太少了。"请你对此给出评价。

答：

仅仅对事实进行的陈述，并不能证明结论正确。认为交通管制太少，这种判断可能合理，也可能不合理。但要消除所有事故的风险，其代价要大于它的价值——也就是说，消除所有此类事故风险的唯一办法，就是禁止飞行。

5. 在银行存款的个人和企业，乃是在贷款给这家银行。作为回报，个人和企业赚取利息，并得到诸如通过转账而清算支票和作出偿付的服务。自 20 世纪 30 年代以来，在美国——也在一定限度内的大部分国家里——政府为那些向银行贷款的人所蒙受的损失提供某种保险或担保。政府为什么要这么做，储户的行为又会如何受到影响？

答：

存款保险（对每一个账户中持有的某一最大金额提供担保）出现之前，在 20 世纪 30 年代，对银行倒闭的担忧可能导致对银行的"挤兑"。如果所有或大多数储户都想在短时间内取款，银行（即使有偿付能力）将不能迅速清算资产，从而提供客户所需的现金。存款保险或担保的目的，是尽量减少小储户的"恐慌性"挤兑。其结果是，小储户几乎再也没有理由去操心银行管理层在贷款和投资决策中所产生的风险。银行经理们知道，保险基金会保护储户，因此，较之于所有储户以及股票和债券投资者都会遭受损失时的谨慎程度，他们采取的行动风险更大。在经济学中，这被称为道德风险——即从事冒险行为的潜在损失，并不完全由作出决定的人承担。

6. 为了刺激对太阳能电池板、风力发电等"绿色能源"项目的更多投资，北美和欧洲各国政府为那些将贷款给到此类企业的投资者提供了损失担保。经济分析表明，这类由纳税人提供的担保会产生什么后果？

答：

这种受担保贷款的风险溢价，要比不受担保时低得多，因此，借款人的利息支出被人为地大大降低。太阳能和风能行业的决策者，借的钱会比其他行业多得多，他们批准投产的项目，其盈利的可能性会比较低。对需要纳税人补贴的发电项目过度投资（在经济学上，通常被称为不当投资），会导致纳税人的生活水平降低。而这些项目造成的损失，却要由纳税人承担。此外，亏损项目所使用的资源，原本是可以按照更有成效的方式来加以利用的。经济学并没有说这样的选择不好或不值得期许，它只是说，人们会因此而变得更穷。

7. 世界上欠发达国家的政治领导人，有时候会这样判定，认为吸引更大投资、从而实现更快增长的一个好办法，是政府采取为外国投资者提供贷款担保的政策。

亚洲国家——例如泰国、韩国、印度尼西亚和菲律宾——的政府，曾经为外国贷款提供100％的担保，用于建设新城市、办公楼、购物中心和酒店。企业家们发现，他们可以在日本以1％的利率借款，在泰国以15％的利率贷款给投资项目——而且这一贷款受全额担保。经济学会认为这些政策的后果怎么样？

答：

以1％的利率借款和15％的利率放贷，虽然不会因为政府担保而产生损失风险，但这意味着放贷者没有动机关心所投资的项目具有什么经济上的可行性。大规模的新建项目开创了经济活动的一个小高潮，但随着项目的竣工，人们会发现购房者和租房者均寥寥无几，许多项目进入破产状态。这些政府发现，他们提供的担保远远超出了税收体系的支付能力。随之而来的"亚洲债务危机"，就发生在借款国的政府和央行拖欠担保贷款之时。

8. 如果你拥有并在驾驶一辆汽车，那么，法律会要求你具备某一最低限度的保险金额，以免发生意外。假设你所在州的法律得到了修改，修改后的法律要求所有的最低汽车保险政策还应包括季度换油和轮胎轮换。请问，那真的是"保险"吗？

答：

不是，要求"保险单"包括这种例行的预付维护费，这不是保险的特征。对你来说，这份保险单的成本将会反映这些服务的成本。同样，当政府要求"健康保险"政策包括定期体检、乳房X光检查、节育等服务时，这也不是保险。即使你不向医生支付这些服务的费用，他们也不是在免费提供服务。在支付包括这些服务的保险单时，你已经以更高的价格对他们的服务作出了支付。

附录：可行的保险

　　表34.1阐明了何谓道德风险，以及为什么被保险人和保险人可以相互接受道德风险行为。它表明了保险是如何降低承担不确定性的全部成本的。

　　第一组数据给出了没有保险时的成本。这里这些行动的价值是1 250美元。在第二组数据中，如果有险可保，而且对行为进行监督毫无代价，那么这50美元的保险费将会减少焦虑，并降低采取私人预防行动和谨慎行为的程度。

表 34.1　虽然存在道德风险，但仍可以通过保险降低全部成本

没有保险成本时		
火灾防护设备	1 000	
谨慎小心	200	
焦虑：风险厌恶	50	
全部成本	1 250	
有保险时：如果监督是无成本的		
火灾防护设备	900	
谨慎小心	100	
保险费	50	
焦虑：风险厌恶	10	
全部成本	1 060	
有监督成本时		
火灾防护设备	950	
谨慎小心	70	（例如，所降低的谨慎程度估值仅为 70 美元）
保险费	100	（多加 50 美元从而更好地进行监督）
焦虑	10	
全部成本	1 130	
保险费用超出预期损失保费的部分，不得超过以下数额：		
减少的焦虑	（50 − 10）　=　40	
减少的谨慎程度	（200 − 70）= 130	
更大的火灾防护成本	（1 000 − 950）=　50	
总额	220	

有了保险，一个人的预防措施就减少了，采取的预防措施只相当于花费 100 美元，而不再是没有保险时的 200 美元。但是，如果你开的车没有保险，你可能会比有保险的时候更谨慎。如果没有购买火险，你可能会更小心避免灾难性的损失。所增加的谨慎行为并不是免费的。因此，可以合理地认为，如果没有保险，则谨慎行为的全部成本会更高。

第三组数据表明了实际存在监督成本时的可能性。只要对被保险人进行监督的成本，没有把保险费提高到在焦虑和个人预防措施方面的成本节约以上，自愿保险就是可行的。

注释

① 联邦储蓄贷款保险公司后来并入了联邦存款保险公司。

第 35 章　全面均衡: 中间商的均等化回报率

"竞争促使所有资源按风险程度调整后的回报率趋于相等。"

这一强有力的断言，也包含对金融工具的判断，这些金融工具往往是对真实的生产性资源带来的回报的索取权。这一定律有几个重要的含义。

1. 证券价格与资源价格之间的套利，穷尽了稳赚（sure-profit）的可能性。

2. 所观测到的价格是对未来价格的无偏估计，因为：

3. 关于事件的新闻是随机出现的，但事件的发生却不是随机的。

4. 证券价格的更大变动范围或方差（variance）——在这个范围以内其价格上下浮动——降低了为之支付的价格，由此提高了"按风险程度调整后的"（risk-adjusted）百分比回报率。

5. 在（1）风险更高、平均回报率更高的可能性和（2）平均回报率更低、更安全的可能性之间，这些调整带来了有效率的均值—方差间权衡（mean-variance trade-off）。

6. 证券价格连续波动的路径，被恰当地描述为犹如"漫步华尔街"。[①]

7. 对于选定的预期均值，风险最低的证券组合，是证券交易所中每种证券的统一百分比份额，并有适当数量的货币借入或贷出。

8. 最后，因应于新的经济形势，会有各种不同的新证券和新企业得以创生。

稳赚的套利机会的消散

这一竞争定律所列示的第一条含义意味着，通过设计不同的证券组合，作为一个组合包，其估值胜过单个证券，从而进行套利的机会就不复存在了。每种证券的价值，都已经把套利后的价值包含在了其价格之中。由于有价证券的相对价格每天都在变化，因此有一种持续的逐利价格调整。新闻可以给那些首先进行套利调整的人带来利润。争当第一以夺取利润的赛跑如此神速，以致在求胜的过程中不会留下任何利润。那些真正参加这场赛跑的人，不可能指望挣到比他们在其他地方能挣到的更多的工资。

没有人有完美的先见之明。尽管如此，我们知道，证券连续价格的变化是均值为零的随机值，除了在非常之短的时间内所取得的一点微不足道的利息。换言之，对于运行良好的证券交易所中的金融证券而言，当前价格乃是对下一价格的无偏估计量（unbiased estimator）。

无偏估计量

"无偏"意味着：虽然这些估计值在大部分乃至全部时间上都可能是错误的，但总的来说，误差的平均值趋于零——既不太高也不太低。如果当前价格是 3 美元，那么，下一个价格可能是 2 美元或 4 美元，而绝不是 3 美元。但期望值仍然是 3 美元。我们称当前价格是下一个价格的无偏估计量，意味着连续价格变化的平均值为零。

对未来价格的无偏估计值，之所以可以基于当前价格，乃是因为投资者并没有显示出会将未来新闻估计为比最近新闻更准确或更偏颇的偏差。价格的连续百分比变化，就像是从一个平均值随利率增加的分布中随机抽取的值。这两种效应，即无偏估计量和随机变化，都被许多投资者和股票市场"专家"们所怀疑或忽略，尽管这两个命题在很多年前就已经被正式承认了。

随机而总是出人意表的，是新闻而不是事件

在均衡中，证券价格在时间和数量上随机地发生变化——但不是因为事件在随机发生。虽然事件可能在时机和效果上是可以预测的，但是，当获得了关于这些事

件的新闻时，价格就会改变。新闻是新的信息，否则它就不是新闻。

在加利福尼亚，今天下雨会是一个很好的预兆，预示着第二天也会下雨。暴风雨通常会持续多天，所以第二天的雨并不完全让人感到意外。如果第二天真的下雨了，受降雨影响的农作物价格并不会改变，因为随后的那场雨不是完全出乎意料的。所有可预见的、可预测的未来事件和力量，现在都会被考量进去，并被资本化为当前的市场价格。

可预测的价格变化，并不是利润的来源。价格的可预测变化反映的是基于成本的差异，而不是利润。西红柿或莴苣价格的季节性变化，并未带来在价格较低时买进，在价格较高时卖出，从而获取利润的可能性，这是因为这些差异是基于成本的差异。季节的周期循环可不是新闻！全世界成千上万的金融机构中人，争先恐后地去发现未来将会改变价格的事件，目的就是通过在当前价格和下一个即将到来的价格之间进行套利，从而获取利益。任何人，只要落后几秒，就为时已晚。

风险

价格的风险是由价格的波动范围大小来衡量的，在这个范围之内，未来价格预期会以某一概率（比如 0.9）在彼时出现。这个范围越大，或者方差越大，风险就越大。

我们来比较两项投资。第一项投资一年后确定会收获 1.05 美元。另一项投资我们只知道其收益值处在 0.80 美元到 1.20 美元之间，因此这项投资的风险更大。所谓期望（expectation）或期望值（expected value），并不意味着心理上的预期。这是一个统计度量概念，它是可能的未来值之分布的数学平均值，这些可能值中有一个在未来将会实现。

如果有人宣称，在某项投资上，你将得到更高的平均或预期回报率，那么也请你一定要考虑到这些可能回报的方差大小。对于更高的平均值或期望值来说，方差肯定会更大。一般来说，更小的风险（方差）总是比更大的风险受到青睐。在竞争性的证券市场中，为风险更高（更大的方差）提供更低的价格，这会提高它在该美元价格上的预期回报率。

均值与方差之间的权衡

你愿意为一项资源支付多少，现在取决于：（1）你预期将来能从其中得到多少；以及（2）所实现的结果可能与预期额存在多大的差异。你喜欢期望值更高且方差更小。但市场上的竞争消除了既有更小方差又有更高均值的选项。

面对风险更高（更大方差）但预期回报率也更高的投资，和风险更小（更小方差）但预期回报率也更小的投资，你可以作出抉择。你不能期盼着找到这样一项投资，其期望值更高，但围绕该期望值可能取值的范围反而更小。所有这些机会，如果它们真的存在，都将很快通过竞争而重新定价，使得替代性投资的预期回报率根据预期方差进行调整。

人们更偏爱一个能带来更高平均潜在收益的可能性，但同时，他们也更偏爱在预期平均值附近的潜在收益具有更窄的分散范围或更小的方差。可能结果的方差越小，要价就越高，因此，对于更为安全的投资，其预期的平均投资回报率也就更低。

我们来看两种证券 A 和 B 的均值—方差间权衡，它们的方差和预期收益率不同。假设它们最初的价格是相同的，因为风险更高的 B 有足够高的预期回报，从而与更为安全的 A 一样好。你选择哪一个？

证券 B 比证券 A 风险更大，因为围绕 B 的期望值的潜在偏差更大。然而，无论给定的是哪一天，就两种证券而言，它们明天的价值都和今天的价值一样（也就是说，对于两种证券而言，从今天到明天的预期价格变化都是 0%）。然而，如果有新的信息导致明天的值偏离了今天的值，那么风险更大的证券 B 的百分比偏差可能会大于证券 A 的百分比偏差。如果这个新消息是负面的，那么 B 的价格下降幅度将大于 A 的价格下降幅度，这就是所谓的证券 B 比证券 A "更具风险"的意思所在。

在调整预期年回报率，从而反映任何两种证券之间风险的相对差异之前，证券 A 和 B 的资本估值将会发生变化。证券 B 具有比证券 A 更大的预期变异性，使得它在这方面不那么具有吸引力。因此，B 的预期年回报率，比如说 15%，将高于 A 的预期年回报率，比如说 10%，这刚好足以补偿证券所有者的风险差。更小的方差和风险因子被更小的均值或平均收益所抵消，而更高的平均回报被更大的方差和风险因子所抵消。年轻人倾向于选择证券 B，而老年人倾向于选择证券 A。这是为什么呢？

多元化降低方差不降低平均值

如果你进行多元化投资，那么，你可以减少投资的方差。你可以在几家不同的公司和行业上购买股票，你可以通过持有不同借款人的债券来实现多元化。多元化公司股票投资组合的价值变动，程度上往往低于具有相同预期平均价值增长率的单一股票的价值变动。从这个意义上说，多元化降低了风险。

有些投资策略，会故意选择持有那些受到某些事件相反方向影响的公司的股票。虽然明天的油价不确定，但油价上涨或下跌对某一公司或行业的影响却不是那么具有不确定性。在生产过程中，能源密集型企业会受益于油价下跌，而受损于油价的上涨。石油勘探开发公司受益于价格上涨，但受损于价格的下跌。通过持有两家公司的股票，投资者可以选择投资策略来实现多元化，因为他们知道对一家公司有利的影响对另一家公司会是不利的。综合持有的投资组合，其预期平均收益要小于对任何一项投资本身的预期平均收益，但回报的预期方差也更小。

在市场的全行业上进行多元化投资

现在，我们把投资的两个原则结合起来了，这两个原则是：（1）多元化降低了风险（方差）；（2）股票价格随机变动，预期涨幅等于利率。在一个竞争性均衡市场中，你不可能总是比整个市场的全行业（cross-section）做得更好。"更好"意味着给定方差时平均值更高，或给定均值时方差更小。

你不必选择和购买股票来创造你的最佳投资组合。投资公司创造了许多投资组合，称为市场指数基金（market-indexed funds），它们是股票和债券市场上交易的整个股票和债券集合的代表性样本。有些投资基金持有全行业所有公司——在主要股票市场上进行交易的公司——的股票，从而在不同的经营范围、行业和地区之间形成了相当高的多样性。

随机游走：连续价格的路径——鞅

我们来看一种证券随时间推移的一系列市场均衡价格。我们来掷一枚硬币。正面朝上，就在一个假想基金中加入 1 美元，初始金额从 50 美元开始；反面朝上，该基金的价值就减少 1 美元。连续掷 50 次。把该基金累积的价值序列记录下来。这类序列的例子如图 35.1 所示。这每一个序列中的连续变化都是随机产生的，与之前的变化无关。每一个序列都在上下波动。经过 50 次投掷，你可能什么都没有得到（连续 50 次反面朝上），或者，你得到了最多，获得了 100 美元（连续 50 次正面朝上），但这些结果的可能性都极小。序列的长度越长，它的波动范围就可能越大。这个过程产生的值，就是一个鞅（Martingale）序列，这个名称几个世纪前用来指赌徒通往财富之路。

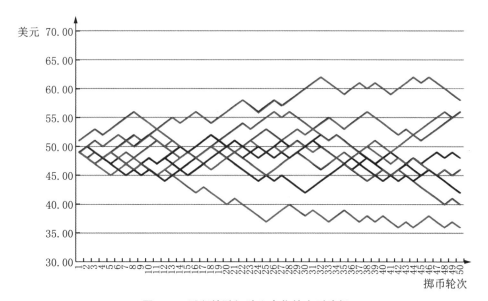

图 35.1　累积的随机独立变化的序列路径

注：每个序列都从 50 美元开始。纯粹靠运气，有些路径有更多的起伏，并向上移动，而另一些运气较差的路径则向下移动。最大赢家和最大输家之间在任何时点的差异，都不是导致赢家更有可能升高而输家更容易下移的某一持续因素的结果。如果我们要求 50 个人每人画一个随机变化的累积之和的序列，那么在未来某个特定时刻碰巧达到最高值的人，并不会表现出比最差的人更多的天赋或才能。

无论这样一个序列的连续值碰巧游走到哪里，它都没有任何回归其初始值的趋势。这些连续的变化是不相关的。上升之后，不一定更可能下降；下降之后，也不一定更可能上升。期望收益或期望损失为零；当前值是在任何未来时点上的取值的无偏估计量。这种随机的、波动的累积价值序列，模拟出了一家公司随时间变化的普通股票价格，除了以下这些例外情况：

1. 股票价格可能会被公司的留存收益所提高，使可能路径的扇面稍微向上倾斜，而并不是没有向上或向下的偏向。

2. 这些数值的可能路径之扩展范围，取决于股票价格的风险性。对于风险更高的股票来说，扩展范围更大，但哪只股票的变动更大是无法预测的。

3. 股票价格的变化，虽然通常很小，但有时可能却是如此巨大，如此令人意外，以致惊动了人们来探寻是否发生了什么重大事件，毕竟通常情况下导致变化的因素之间的作用力是相互抵消的，而各种因素共同作用来促成这么大变化的情况却是很不寻常的。另外一种可能性是羊群（herd）行为。人们把他人的行为作为自己行为的指导，从而作出反应，这种行为就是羊群行为，它可以是明智之举。然而，股票价格的主要变化或波动，或许更可能是整体经济体从衰退中复苏或开始衰退的反应。

有效的市场组合

除非发生了一个决定你的财富价值的特定未来事件（通货膨胀、悬而未决的立法、战争、汇率波动等），通行和明智的做法似乎是持有一个这样的投资组合：（1）整体市场的一个随机样本，加上（2）一些安全债券或你的一些借债，再加上（3）一些货币。如果你寻求更高的预期平均回报率，那么你必须增加方差。你在股票、货币、债券和债务中持有的财富，其比例之大小，将取决于你在下述两者之间的偏好：（1）更高的预期平均回报率，还是（2）更小的方差。作这类投资的一种有效的方法，是购买投资基金的股票，这种投资基金投资的是股票市场上的全行业——它们通常被称为市场指数基金。当基金经理们承诺不会为了徒劳无功地去挑选更好的股票而浪费金钱时，这些市场指数投资基金甚至会更具吸引力。

过去的价格模式不具有盈利性

达到均衡的金融市场（equilibrated financial market）拒绝接受一种被广泛持有的信念，即认为过去的那些价格图表可以揭示出能够用来谋求利润的模式。这就好比试图通过观察过去的数据序列，找出一个规则，来提高硬币正面朝上和反面朝上的可预测性。任何规则，都无法预测一个独立的随机变化序列。少数异常稳定的赢家（以及少数这样的输家），只是踏对了与随机价格变化的序列相同的节奏而已。

如果 1 000 个人每人掷 10 枚硬币，那么大约会有一个人会将 10 枚硬币都掷成正面，有一个人将都掷成反面。你不能说，每一千个幸运儿中，有一个人表现出了高超的技巧，而不仅仅是各自使尽浑身解数的众多投掷者中最幸运的那一个。所有人的浑身解数都一样——都没用。你也可以向列有所有股票和债券的表格投掷飞镖，用它来随机选择一只股票，效果与此相同。

成长股也不例外

成长股（growth stock）通常是与这样的股票相联系的一个名称，即该股票的价格趋向于年复一年地上升，并且被认为还会继续上升，因为它的产品将会被更加广泛地使用。这类股票的价格，预计有大于 50% 的可能性，其上涨会超过利率和通货膨胀率。但是，尽管这种成长股获得收益的概率大于 50%，但是，它的价格变化的平均值却仍然为零。虽然在某一次下降之后该股票上涨的概率是（比如）90%，但是，那次下降的力度可能很猛，一次下跌就要九次小幅上涨才能赶上。

市场风险、行业风险与企业风险

仅影响特定公司股票价值的事件，是企业特有的风险（firm-specific risks）。企业所有者或主要管理者的健康状况，是该企业特有的风险。与同一行业中所有企业的产品相关的风险，是行业特有的风险（industry-specific risk）。影响所有企业的事件（例如，通货膨胀或通货紧缩、利率变化、衰退、新征税负、战争），是市场风险（market risks）。

通过投资债券或股票——或以货币形式持有财富（这会把你暴露在通胀的市场风险之下）——可以减小对你的财富的影响范围。美国政府发行的几种债券，可以保护你免于承受通货膨胀所导致的购买力下降的风险。债券的本金按通货膨胀率定期向上调整，但在通货紧缩时却不会向下调整。不幸的是，对通货膨胀率的衡量，却是模棱两可的，因为就"根据通货膨胀进行调整"的确切含义而言，有关其适宜概念的争论尚未得到解决。

资本市场的专业化与中间商

一个均衡的市场，是由各种专业化中间商促成的。购买债券的放款人可能稍后会判定，他们需要资金用于一些突然发生的支出项目。在这种情况下，他们可以出售债券。债券的可出售性（salability），有时被称为"可协商性"（negotiability）。在相对可预测的价格上快速、便宜地出售资源的能力，就是流动性（liquidity）。握着知名公司债券和政府债券存量的债券经纪人，促进了流动性。这些交易商，主要依靠电子网络来沟通和记录交易，这种网络通常被称为场外交易（over the counter）。

大多数债券市场交易是转售交易，而不是新（原始）发行债券的交易。债券和股票转售市场的重要性，一如二手车经销商对新车销售商和购买者的重要性，或者就像房屋和建筑的房地产经纪人的重要性一样。如果汽车不能通过二手车销售商转售，就只有更少的人能买到二手车。如果没有房地产经纪人的服务，房屋买卖双方的搜索和交易成本会大得多。如果没有中间商转售债券和证券，储蓄流向投资者的规模将会更小，效率更低，成本却更高。

股票经纪人

股票公司［比如富达（Fidelity）、美林（Merrill Lynch）和嘉信理财（Charles Schwab）］可以促进股票和债券的买卖。为了确保所有权和付款额得到正确的转让，交易的细节必须予以明确规定、安排和记录。经纪人会告诉你普通股、优先股、分红优先股、债券和国库券的情况，其中每一种的权利和义务，这些市场的所在，以及如何下单进行买卖。他们可以让你更快、更便宜、更可靠地进入到股票和债券市场，为你收取股息、安全地持有股票，并维护你的交易记录。

投资组合顾问

投资组合顾问（investment portfolio advisors）可以帮助你有效地使投资组合多元化（diversify），并把证券看成是针对你可能会有的某些潜在财务义务的有效对冲，公司员工的养老金投资基金就是这种潜在义务的例子。投资组合经理们并不知道，哪些股票可能比其他股票表现更好。相反，他们依赖于对不同种类证券的了解，以及这些证券的价格变动如何相互关联的知识。他们知道哪些股票倾向于同向变动或反向变动。他们也知道某只股票对哪些未来事件更加敏感。这有助于他们选择一个投资组合，从而减少你因某种特定风险（战争、干旱、衰退、拟议中的法律、货币政策变化，以及利率变化）而遭受的损失。

内幕交易与内幕消息

内幕消息，是应该只有特定群体才会知道的秘密。通常，在别人认识到它之前，有一个很短暂的时刻，它处于内部状态（inside）。作为外部人的代理人的内部人，利用内幕消息，以外部人的利益为代价而进行的内幕交易，或者在该信息向外部人公开之前由某一个内部人进行的内幕交易，都是不可取的（undesirable）。

商业银行的职员，经常会在商业借款人到银行寻求资金时成为内幕人士。向银行经理转让私人信息，会为这位银行经理创造一个出售或购买借款人企业的股票的诱人机会。这通常被认为是内幕信息交易（trading on inside information），并被认为是非法的，而且被认为是不道德的。为了避免这种不正当的利己主义影响，法律通常禁止银行职员持有在该银行进行贷款的企业之股份。

金融中间商

证券交易所促进了公司股票和债券的交易。其他金融中间商（储蓄和商业银行）促进了储蓄和新的生产性投资——这是经济增长的关键——的产生。这些金融中间商协调储蓄者（出借人）和投资者（借款人）彼此的意愿。如果储蓄者希望出借短期贷款，而借款人却喜欢长期贷款，那么，商业银行就从向银行提供资金的储蓄者那里借入短期借款。然后，这家银行把它以长期借款的形式借给借款人。

为了实现这一点，商业银行以及其他储蓄和贷款银行，必须拥有一个可靠的短期出借人或维持其存款的出借人的流动。银行给借款人的长期贷款利率，会高于给存款人的短期存款利率。从借款人支付的更高利率与向出借人支付的利率之间的差额中，银行的中介成本得到了补偿。与储蓄者和借款者自己安排交易相比，这一利差要小得多，而且对双方都有利。

金融中介广泛存在。它出现在汽车制造和消费者最终购买之间。汽车生产商的雇员和供应商，必须在他们提供服务的时候得到支付，而不是等到汽车最终卖给消费者才作结算。为了做到这一点，汽车制造商借入资金来支付早先的工资和物资成本，并使他们度过季节性的销售低迷时期。此外，汽车零售商通过向商业银行、融资公司和商业信用公司借款，从而为它们的存货进行融资——所有这些机构都是收集和引导储蓄从许多来源流向商业企业的机构。

当你购买了一辆车并进行分期付款时，你就从一个与汽车零售商有联系的出借人那里借了钱。那通常是一家银行或一家融资公司。你借的钱直接付给了汽车经销商，而汽车经销商则把大部分钱付给了汽车制造商。最终的供应商，那个为你分期付款购买汽车的计划提供资金的人，就是那些普通的储蓄者，他们的储蓄由金融中间商引导到你的手中。

练习与思考

1. 你决定玩一个掷硬币游戏；每次硬币正面朝上时，你将得到 1 美元，每次反面朝上时，你会损失 1 美元。你先从 100 美元开始，然后把硬币掷 100 次。如果你连续得到 100 个正面朝上，那么，你的钱就会翻倍。如果你连续得到 100 次反面朝上，那么，你就失去 100 美元。

（1）在你开始之前，对于你掷硬币 100 次之后能得到多少财富，最好的预测是
　　什么？

（2）经过 50 次掷硬币之后，你得到的正面比反面多，所以你现在有了 110 美元。
　　那么，在接下来你再掷硬币 50 次之后能得到多少财富，最好的预测是什么？

答：

（1）100 美元。你应该预计有相同数目的正面和反面。不管你连续掷了多少个正
　　面或反面，下一次投出正面或反面的概率还是一半对一半。

（2）110 美元。在最后 50 次投掷中，无论前 50 次投掷的结果如何，都没有理由
　　预计接下来你会得益或是损失。

2. 你一直在跟踪一家你喜欢的公司的股票价格，并尝试着决定是否购买该公司的
　　股票。你决定打电话给不同的股票经纪人和投资顾问，询问他们对当前价格的
　　看法。有一半的人认为价格太高了，另一半的人则认为价格太低了，没有人说
　　现在的价格是刚好适合买入。这场询问有用吗？

答：

有用。一个通行的市场价格，并不意味着地球上的每一个人都认为这个价格绝
对"正确"。这个当前的价格总是意味着，市场参与者中的一半（按投资额加
权）认为它太高，一半的人认为它太低。新的信息会使一些人改变他们的看法，
使价格或涨或跌。

3. 你正在考虑是否购买两家公司中某一家的股票。你看过在过去的一年里它们各
　　自的价格，发现：其中有一家公司的股票价格上涨了 10%，所以现在的价格比
　　一年前贵了一点；而另一个下跌了 10%，所以现在购买比一年前要便宜。这有
　　助于你决定买哪只股票吗？

答：

股票价格的过去历史并不是有用的信息，每种股票的当前价格反映了市场参与
者对公司未来的总体判断。因为"这只股票现在更便宜了"而买它，或者因为
"那只股票去年上涨了很多"而买它，都不是在两者之间作出选择的合理理由。
只有新的信息，才会导致股价从今天的价格开始上涨或下跌。

4. 你的叔叔去世了，你的婶婶领取了他的人寿保险，并向你征求投资建议。她想买一家能给她带来很高回报的公司的股票，但她又不想冒任何风险。你会给她什么样的建议呢？

答：

耐心而温和地向她解释，风险和预期回报之间存在着不可避免的相互权衡。要找到一项投资，既向她承诺一个高于平均水平的回报，又向她保证一个低于平均水平的风险，是不可能的。她最好的选择是，购买投资于许多不同公司的多元化共同基金。

5. 在美国证券交易委员会的批准下，证券交易所偶尔会禁止某一只普通股的交易（停牌），尤其是当听到一些关于该公司的骇人听闻的坏消息时更是如此。例如，如果一家公司的总裁被某个政府机构以欺诈行为起诉，随后普通股股东争相抛售其股票，那么，交易所就会暂停这只股票的交易，从而留出整个新闻被消化的时间，以防止股票价格出现剧烈波动。为停牌辩护的理由是，它保护了一些股东，使他们不会在正在发展、但尚未得到证实和合理加权的新闻中惊慌失措地抛售股票。这些卖家可能后来会发现价格已然得到恢复——而他们则是在极低的暂时价格上卖出股票的。

这种推理——作为对停止该只股票交易的辩护理由——是不是使你相信，在一个能让你持有的股票停止交易的交易所交易，会具有风险呢？那些新闻可能是真的，而这种振荡也可能不是暂时的，这样的风险是我们要考虑到的。我们还要考虑到，对那些被限制购买的潜在买家所产生的影响。

答：

每个人都要判断什么对自己是最好的。至于我们，我们更希望正规的交易所不要关闭某些特定证券的交易，以致减少交易机会。在一种可能出现停牌的制度下，人们会树立这样一种假定：证券交易所的官员能够很好地判断哪些价格变动是合理的，或者哪些新闻不应该影响个人投资者的决定。这个假定，即使是证券交易所的官员也不会为它进行辩护。进行交易限制的根本理由乃是，由于不完全或夸大的消息而导致的价格波动，通常会被归咎于股票市场，这就会让人觉得股票市场官员对此负有责任，或者认为他们本应该阻止这种不合理的行为（以后见之明来看）。事实上，这些重要的、突然的价格下跌，是不完全信息所带来的结果，在当时是无人能够改善这种状况的。在这些时期停止交易，让现有的股票所有者不得不继续拥有所有权，尽管他们更希望通过出售给更愿意接盘的人来摆脱不确定性。坏消息对现有股票持有者造成了更大的损害，因为他们不能在预计情况会恶化时尽早把股票出售。

6. 本章讨论了平均收益率与价格方差之间不可避免的权衡：不要期望能找到既具有高收益又只有低风险的投资。在这个问题上我们的无能为力，主要是一个金融领域的难题，还是一个在生活中的其他方面普遍存在的评价和选择问题呢？

答：

环境复杂多变，各种各样。在其中，我们必须在相互竞争的优点和标准之间进行比较，并判定何者更加可取。甜点是会吃死人的——大量的卡路里摄入会导致一个人早亡。她美如天仙，但她会成为我希望生养的孩子们的好妈妈吗？他体格强壮，但只想躺在沙滩上，而我却更喜欢爬山。这辆车可以在 5 秒内从每小时 0 英里加速到 60 英里——但每加仑只能行驶 8 英里。中世纪的诗歌给了你许多灵感——但是有多少雇主会对这个领域的专业毕业生感兴趣呢？你是一个棒球队的总经理，你是要找一个能击出 35 次本垒打，但会 200 次三振出局的重炮手——还是一个只能击出 0.260 次本垒打，但在一个赛季中能盗垒 40 次的、非肌肉型的球员呢？

注释

① Burton Malkiel，*A Random Walk Down Wall Street*. Norton，1995.

第 36 章　利率的决定因素

利率的变化可能会以令人惊讶和不受欢迎的方式，来改变人们所积累的财富。本章意在解释，利率为什么是用未来收入换取当前收入的价格。我们将会戳穿货币供求决定利率的流行神话。

相对于未来收入，对更多当前收入的需求

你想现在买东西，以后再付钱。你将借入对当前收入的权利，并用对未来收入的要求权（claims）作支付。我们之所以说它是权利（rights），乃是因为货币被认为是获得（要求）商品和服务的可靠途径。借款，意味着现在就获得对收入的权利；作为回报，则要承诺支付给卖家（出借人）未来收入的权利。

当前收入的价格：利率

一笔贷款和一笔非货币性商品的正常租金之间，有一个区别，那就是价格的表示、计量和支付的方式。在贷款的问题上，价格以百分比表示，例如每月 10%；而在非货币商品的问题上，价格以每月多少美元来表示。一年后支付的 1 美元当前收入的价格，表示为未来（一年）支付的收入金额超过当前获得的金额的百分比。但如果你借了（租了）一座房子，这笔租金不会以房屋价值的百分比来表示。相反，它表示为每月支付一定数量的美元。

这并不能解释，为什么未来付出的价格要大于现在付出的价格。为什么借入当前收入，到将来的付款要大于现在的借款金额呢？常被引用的原因有两个：（1）把当前收入用于投资所具有的生产力；（2）对出借人或投资人推迟消费的补偿。

当前收入用于投资的生产力

我们那富有创新精神的祖先，发现了如何储蓄和把收入用于投资，以获得之后更多的收入。储蓄本身只会被推迟使用。但把储蓄投资出去，却可以得到比储蓄更多的金额。建造一条管道，是为了避免用桶装水。这条管道输送的水，会比在为了修建管道而花掉的时间里用桶来运送的水多得多。

造一座钢筋混凝土大楼需要一笔初始投资，这意味着有人要转移一些当前的收入（现在不消费），以便投资于这座建筑。该大楼未来的服务预计将超过先前的储蓄，即所放弃的消费。虽然未来的投资收益可以视作与现在的投资相同的一类服务而得到衡量，但是，它很可能是一个不同而且更为理想的收入形式。

人们学会了如何把谷物变成啤酒，如何把葡萄变成葡萄干和葡萄酒，如何把牛奶变成奶酪，如何把橄榄变成橄榄油。这些生产性投资所产生的未来产品价值，超过了被放弃的产品的价值。资源质量或条件的改善，也是一种产出，尽管其物理形式不同。人们将愿意支付溢价（利息），以获得更多的现有资源，为未来增加的收入进行投资。如果未来增加的产量超过了当前投资的利率，那便是有利可图的。

父母是重要的投资者。他们和你一起，都在投资教育。你期望创造更多的未来收入，从而超过当前的储蓄。这种创造人力资本（human capital）的投资，与建造大楼、机器或企业一样，并没有什么分别。

虽然你可能不知道未来的有利可图的投资是什么，但有人会竞相来借你的收入进行投资。或者，如果你知道（或者你相信你知道）未来有利可图的投资是什么，而且如果其他人和你一样有信心，他们就会竞相借钱给你，让你去投资。你的知识将可以出售。一开始我们先假定投资是一件确定的事情。稍后，我们再来考虑不确定性（uncertainty）。

就所有商品而言，对更多当前收入的需求，相对于所要支付的价格，是向右下方倾斜的。利息率越低，对当前收入的需求量就越大，原因有二。其一，在更低的利率下，债务的利息支出会更小。因此，用未来收入来换取当前借款，就会更有吸引力。还有一个更重要的原因，它对所有的资源都有广泛的影响。这些资源的盈利能力之提高，是由资本定价（capital pricing）的基本过程引起的。我们回忆一下，一棵树的价值和砍伐它的最优时间，为什么是以下两者的函数：这棵树的生长速率，以及对未来价值进行贴现的利率。

时间偏好

愿意给出借人支付溢价，哪怕借入的收入只是用于增加当前的消费，这种做法的第二个原因，就是一向被称为时间偏好（time preference）的因素。但这并不仅仅是"偏好早些拥有而不是晚些拥有"所带来的结果。它还是这样一种偏好：偏好现在就确定某件事，而不是期之于将来，彼时可能这件事都不会再发生了。与其称之为时间偏好、短视（shortsightedness）或不耐（impatience），不如称之为确定性偏好（certainty preference）。未来的收入，是并不确定的事情。即使将来所承诺的款项得到了偿付，也有可能你没活到那个时候，这种可能性总是在的。现在就拥有它，而不是期待以后才拥有它，其区别是泾渭分明的。

消费还是投资，无关紧要

由于净生产力和对未来的不确定性，人们在贷出时要求得到一个溢价，而在借入时也会提供一个溢价。当前所需的收入，到底是用于有利可图的投资，还是用于当前的消费狂欢，在确定利率方面是无关紧要的。事实上，消费和投资往往很难区分。

难道我们不是把用在医疗费用和医疗保健上的支出，当作对我们身体的投资吗？大学教育到底是投资还是消费？假期是维持或恢复个人未来生产力的投资，还是增加珍贵回忆的消费？如果一个社会把钱花在道路、学校和研究上，这应该被称为投资还是消费？美国政府的投资指标不包括此类支出，把它们称为"消费"；在日本，教育则被算作"投资"。

相对于未来收入的当前收入供给

为换取未来收入而供给的当前收入，有多种方式提供：（1）一人可以通过向他人借款，来获得更多的当前收入；（2）第二种方法是拥有使用寿命较短的资源，这类资源能立即支付更多的收入而不是以后再来支付，例如一年生植物而不是多年生植物，铺设柏油马路而不是混凝土车道，用木材代替水泥篱笆；（3）第三种方法是通过更快速地消耗现有资源，来更早而不是更晚地获得更多的服务。

为了获得更多当前收入的前两种安排，是通过从一个人的当前和未来收入到另一个人的当前和未来收入的市场交换来完成的。它们不会改变总的当前收入。但第三种方法提高了现在的消费，减少了未来的消费。在这些安排中，最容易衡量的是第一种，即当前收入的新贷款市场和现有债券市场。然而，这三种安排都是通过影响对当前收入能力相对于未来收入的需求，进而来确定利率的。

借入是在出售未来的收入，贷出是在购买未来的收入

在金融市场中，被交易或交换的东西乃是对当前和未来收入的权利。借款人向贷款人出售一项债券。债券供给的增加，是相对于未来收入对当前收入需求的增加。对当前收入的需求者——借款人——供给了一项债券，这项债券是一个承诺，承诺在未来还本付息。

相对于未来收入的当前收入市场

借与贷

贷款（loan）（债券）市场的竞争，在图 36.1 中以大家所熟悉的需求和供给曲线来表示。需求曲线代表现在对更多美元的需求，通过借钱满足这一需求，用于购买

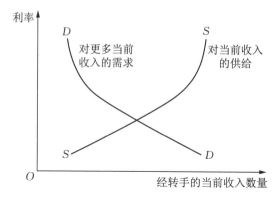

图 36.1　（在"可贷资金"市场上）可贷当前收入的收入转手量

注：横轴的刻度衡量的是以美元计算的当前收入（对消费的要求权）。纵轴的刻度衡量是下一年的收入，即下一年的可得收入超过当前收入的百分比。6％意味着，下一年收入的1.06美元换成当前收入就是1美元。当前收入相对于未来收入（对消费的要求权）的供求竞争，决定了均衡利率。

商品。供给曲线代表现在美元的供给。

横轴衡量的是经转手的当前消费权利的美元价值。纵轴刻度上的价格是利率，即为现在获得的每一美元的当前收入，所支付的未来收入的超额百分比。6％的利率意味着，一年后收入的1.06美元是下一年为当前收入的1美元支付的价格。利率取决于当前收入相对于未来收入的供求关系，即为换取未来消费的权利而对当前消费的供给与需求。

在更高利率下，相对于未来消费，当前消费的需求量要更小。从未来消费的角度来看，为了换取当前的1美元所提供的未来消费量越大，利率就越高。市场出清利率指的是，借款人之间的竞争和贷款人之间的竞争使得供给量和需求量相等时的利率。与其他商品一样，价格（市场利率）的变化可以实现更多相互期许的、从未来要求权到当前消费权的转移。

短期债券相对于长期债券价格的调整

在相对于未来收入的当前收入市场上的另一项活动，是购入和卖出债券，这些债券在过去的某个时候发行，而且仍未清偿，也就是说，还处于债券到期支付和收回之前。利率的变化被看作是长期债券相对于短期债券价格的变化。相对于未来收入而言，获得更高流动性的一种方法是持有期限较短的债券，而不是期限较长的债券。你会更早得到你的回报。对短期债券需求的增加，提高了它们相对于长期债券的价格。

表 36.1 中，债券的到期时间分别为 1 年、5 年、10 年和 20 年。每人每年支付 50 美元的利息，显性利率是债券到期本金 1 000 美元的 5%。该表的每列表明的是在该列的市场利率下将会呈现的债券价格。当利率变化时，长期债券的价格变化比短期债券的价格变化更大。这可以通过比较给定利率的任何一列中的价格来看到。

表 36.1　本金 1 000 美元的固定票面利息债券在不同市场利率、不同到期日的现值（美元）

债券年限	票面利息	市场利率			
		3%	5%	7%	10%
1 年	5%	1 019	1 000	987	956
5 年	5%	1 089	1 000	915	810
10 年	5%	1 167	1 000	861	698
20 年	5%	1 294	1 000	790	576

利率从 5% 调整到 10%，与一年期债券的价格从 1 000 美元下调到 956 美元是一回事。20 年票面利率 5% 的 20 年期债券，其价格下调得更多，从 1 000 美元降到 576 美元。在当前价格上取得更高收益债券的竞争，将会推高该债券的价格，使其收益率不会高于其他的债券。

对当前收入相对于未来收入的需求增加，将意味着价格结构更像最后一列中的价格（10%），对短期债券相对于长期债券的定价，要高于在更低市场利率上的定价。对当前收入相对于未来收入的需求减少，将降低短期债券相对于长期债券的价格。这一价格模式应该是 3% 那一列中的情况。

这整张表格说明了这样一个命题：利率是由使用寿命较长和使用寿命较短的资源的相对价格决定的，而这一相对价格则是由人们对当前收入与对未来收入的相对需求决定的。说长期债券价格相对于短期债券价格下跌是因为利率上升，乃是一种误导。对投资者来说，价格和收益率都是对当前收入相对于未来收入的需求的同一个变化所引起的反应。（参见后文"债券收益率和价格"专栏，以解释表 36.1 中的数据。）

资源价格调整

分析，而不是预测

我们还没有问，为什么对当前收入相对于未来收入的需求会发生变化。我们只解释了这种变动将会如何改变利率，以及资源的相对价格将会如何改变。无论需求的变化是由期待现在消费更多的意愿所致，还是人们预期会死得更早所致，还是人们认为他们已经找到了把当前收入投资出去的更加有利可图的方式所致，这一分析都是适用的。但是，正如前文所告诫的那样，这里面有两个影响：一个是初始事件（经济学家通常称之为外生事件）；另一个是响应性的价格变化及其影响（内生效应）。

在无法辨别之前的初始（外生）事件是什么的情况下，试图推断价格或市场利率变化的影响（内生影响），并非明智之举。这种利率变化是结果，是因应相对于未来收入对当前收入的新一组供求关系进行调整的结果。利率的变化，究竟是被称为名义利率的、利率包中某些附加费的变化，还是纯利率的变化，这个问题一直都在。这个问题的答案，我们并不常知道。

货币供给与利率

"如果货币数量增加，那么利率就会降低。"这是新闻媒体乃至银行界和政界高层中普遍存在的一个错误。这个错误，乃是基于这样一种误解而产生的，即利息是"货币的价格"，这意味着利率是你为获得更多货币而付出的价格。然而，你可以通过两种方式得到更多的货币，情况一如任何其他商品一样；你可以（1）购买这些货币，或（2）借入这些货币。在下面的讨论中，请注意购买价格和借款价格之间的区别，后者通常在借入其他非货币的东西时被称为是租赁价格。

不说借入和贷出收入，换一种说法是买入和卖出货币

我们看到，你可以说是通过卖出网球拍、旧衣服来买入货币，或是通过工作出卖劳动来挣取用货币表示的工资。但我们通常不会认为，卖出一件商品等于买入了一笔钱。当一个杂货商卖了一瓶 0.50 美元的可乐时，那个杂货商买入一美元的价格是 2 瓶可乐。我们的日常语言里，是用"买"和"卖"来说商品的，却不这么来说钱。但其实，在交换商品的时候，钱也是在被买入和卖出的。

贷出、借入，还是租进?

无论是租进（renting）、借入（borrowing），还是贷出（lending），都有类似的传统用语。在大多数的社会习惯中，借入通常是指并不指望借入者支付租金的借贷。当你用了邻居的手推车后，你会把它还给他并说声谢谢。（而且，对于租来或借来的物品，也不会因延迟归还而要求支付利息。）但在商业世界中，借入意味着预期的报酬或补偿。如果借入的是某种商品，这种报酬就被称为租金；如果借入的是钱，这就被称为利息。然而，更准确地说，租金是借来的商品所提供的服务费用。当你租车或租公寓时，你很少说你"借"了车或"借"了公寓，尽管你真的是在借。而如果你拿到了一笔钱并答应偿还，你也永远不会说你"租"了一笔钱，尽管你确实是在租。

借款人出售本票或债券。当你借给我 100 美元，我给你一个书面承诺，偿还你 100 美元（加上利息），这被说成是你购买了我的本票，这个本票是我卖给你的。因此出借人被称为是债券或本票的买家，而借款人则是它们的卖家。

债券收益率和价格

与银行存款利率不同，市场利率不是由任何人设定的。你在银行的存单上赚取的利息是由银行宣布的，你可以接受，也可以不接受。如果你的账户上有 10 000 美元，银行宣布提高你能挣取的利率，你的账户上仍然会有 10 000 美元。

在证券市场交易的债券的市场收益率，却与此不一样。一个典型债券的初始发行人，将会设定定期向债券持有人支付的"票面利息"金额。债券持有人所赚取的实际收益，将取决于为购买该债券支付的实际价格。这个价格是由此类债券的二级市场的供求决定的。

债券持有人所赚取的实际利率，有两个组成部分：债券存续期间收到的票面利息支付流的现值，加上债券到期时债券面值的现值。在表36.1中，所有债券都有5％的票面利息，这意味着本金或"面值"为1 000美元的债券，将在债券存续期内每年向持有人支付50美元。

如果债券是10年期债券，在市场上交易可以卖得861美元，那么，我们利用前面章节中的表格，即可确认债券持有人的收益率为7％。从表30.2可以看出，10年后收到的1 000美元，其现值是510美元。从表31.1中我们可以看出，10年来每年年底收到的50美元的现金流，其现值是351美元。债券的买家取得的是票面利息支付流的合计现值和本金的最终回报，这两者都是固定的。由于债券的价格在市场上会上下波动，所以，债券购买者的收益必须与所支付的价格呈反向变动。也就是说，债券价格下跌意味着新买家的收益率更高，而债券价格的上涨意味着新买家的收益率将会下降。

房租什么时候付?

如果你在月底租了房子并付了房租，你要为三件事掏钱：（1）房子的损耗；（2）房子在这个月提供的服务；以及（3）这个月延迟付款的利息。如果你在月底付房租，而不是月初，那么，你面对的会是更高的房租。1 000美元月租，名义利率为12％，其一个月的利息大约为5美元（1个月按30天算的话，平均延迟15天）。

改变货币供给以影响利率

我们来看，改变货币供给量的方法如何能够影响利率。在经济体中增加货币数量，意味着一美元的购买力将会降低。更多的美元在追逐同样数量的商品，物价水平将会更高。每一美元都会贬值，但利率却不会下降。更多的货币和更高的物价水平，不会改变当前收入相对于未来收入的供给，也不会改变当前收入相对于未来收入的价值。后来为现在借入的美元借款所支付的溢价百分比（利率），并不取决于经济体中的货币数量。但增加公众持有货币数量的方法（method）会对利率造成影响。

随机增加货币供给

作为增加货币供给的一种方法，我们可以从直升机上撒下来新的货币。货币的社会供给，现在超过了人们所期望的、货币相对于财富和收入的比例。公众不一定马上花掉这些多出来的货币。最初，他们把钱借给银行（存款）或购买现有的短期有息票据和债券。因为新的货币被拿来购买那些证券，所以市场显示短期贷款利率会下降。但是，当人们决定要用额外的钱买东西时，他们就会开始卖出那些票据。短期证券需求的减少和价格的下跌，使利率会上升到原来的水平。在最初增加的短期债券需求逆转后，尽管现在公众持有的资金量增加了，但短期债券的利率还是回到了原来的水平。那种持续的影响是更高的价格水平，而不是利率的变化。

通过购买债券增加货币供给

还有一种情况，就是用另外一种方法来改变货币数量，这是可以改变纯利率的。这种效果来自央行用新增的货币所购买的那些物品，也就是说央行最初不是随机地发放新创造的货币。中央银行可以通过首先使用这些货币购买债券，主要是政府债券、票据等，从而发行更多的货币。对债券需求的上升，提高了债券的价格；而这些债券约定的利息在上升了的债券价格中所占的百分比就下降了，这就降低了这些债券的市场利率。

这种市场利率的下降，并不是源于新增的货币，而是源于央行把新增的货币一开始花出去的地方。物价水平会随着后来用于购买所有商品的货币的增加而上升。物价水平的上升将导致人们预期它会进一步地上涨，因此在市场利率之外的附加费中，货币的出借人将要求（货币的借款人也将支付）一个通货膨胀溢价。这一现象将在第42章进一步讨论。

练习与思考

1. 把葡萄晒干变成葡萄干是一种投资行为。既然它只是把消费品从一种形式变为另外一种形式，为什么是一种投资行为呢？

   答：

   它以更少的当前消费为代价，带来了更多的未来消费。但是要仔细思考"更多"和"更少"的含义。一颗葡萄只能做一粒葡萄干，而把葡萄晒干除去水分，100粒葡萄干的重量小于100颗葡萄。但在经济学中，这个"更多"是指对消费者的价值或估值而言，而不是某种物质的实际数量。

2. 一个人不玩电脑游戏，而是在房子周围粉刷和重修墙壁。请解释一下，为什么这是一种投资形式？

   答：

   放弃了目前的消费（休闲、看电视），或其他一些价值较低的投资活动（阅读经济学教科书、挑选待购的股票），而从所维护的房子上取得未来的收入。

3. 一个人放弃100美元的当前收入，换取105美元的一年后可获得的消费权，这个人得到的利率是多少？

   答：

   5%。

4. "迂回的、更加资本主义的生产方法，总是比直接使用较少资本设备的方法更有效率。因此，任何一个想要发展的国家都应该开始去增加资本品的数量。"请给出你对这句话的评价。

答：

并非所有迂回的、资本主义的生产方法都更有效率。但的确有许多生产形式更有效率。如果与其他投入品一起以适宜的数量使用，资本品积累的恰当形式就将会在将来增加财富。

5. 商品提供的消费服务量彼此不同，或者其"耐用性"相互之间是不一样的。松木自然比红木更快朽烂。如果对未来消费权的需求相对于现在的消费权上升，那么，是松木还是红木的当前价格会有更大的上升呢？请说明，为什么这可以表现为利率的下降？（提示：利率是当前消费权和未来消费权之间的交换比率。）

答：

红木。利率下降，意味着使用寿命长的商品相对于使用寿命短的商品价值上升。在更低的利率（或贴现率）下，遥远的未来某物的现值要大于更高利率时的现值。

6. 利率变动可以从各类商品的相对价格结构变动中看出来。

(1) 要是葡萄干（相对于葡萄）、梅干（相对于梅子）、威士忌（相对于玉米）、苹果酒（相对于苹果）的价格上涨，这是否意味着利率会发生变化？会往哪个方向变化呢？

(2) 这对生产葡萄干、梅干、威士忌等的利润率有什么影响？

(3) 最终，修正后的生产将会对这些相对价值（例如葡萄干相较于葡萄）有什么影响？又会对利率产生什么影响？

答：

(1) 是的。意味着利率会下降。

(2) 提高盈利能力。

(3) 葡萄干与葡萄的价格比率会下降。利率将提高。

7. 正如我们所看到的，投资需求曲线相对于利率呈负斜率，也就是说，利率越高，投资就越不那么有利可图。为什么先前关于成本行为的命题蕴含了这一点？

答：

更高的投资速率意味着有些商品的生产速率更高，这涉及更密集地使用现有资源或生产的时间更长，并雇用更多较不具生产性的（更高的边际成本）资源。这意味着这些商品的单位成本更高。

8. "如果把储蓄定义为财富的增加，把投资也定义为财富的增加，那么储蓄的定义就总是等同于投资，因为它仅仅是从两个不同的人群的角度来看的。"既然这个表述是正确的，那怎样又说投资率和储蓄率趋于均衡呢？

   答：

   投资的定义是将当前收入转化为可以盈利的财富之比率。这个比率与投资需求函数中的利率有关。储蓄被定义为当前收入转化为社会想要利用的财富之比率。社会愿意将收入从当前收入转移到财富积累的比率，是利率（以及其他变量）的函数。储蓄率和利率之间的这种关系，就是储蓄供给函数。

   不过，请注意，有投资的意图并不意味着一个项目会取得成功。只有积极的正增值投资活动，才会带来财富的增加。经济学家使用"不良投资"（malinvestment）一词来指负增值投资活动。也就是说，如果项目遭受损失，最终必须放弃和注销，那它就是消费活动（财富的毁灭），尽管当初怀有最美好的期望和意图。

9. "关于储蓄和投资，最重要的事实是，它们是由不同的人基于不同的原因来完成的"。

   （1）这就是为什么必须通过投资需求函数和储蓄供给函数，才能使投资和储蓄达到均衡的原因吗？

   （2）假设每个投资的人都必须自己储蓄，不能从别人那里借贷或购买资本品。这会不会破坏财富增长的供求分析原理？

   答：

   （1）储蓄和投资之间的区别，并不是它们是由不同的人作出。有些人既储蓄也投资，但大部分确实是由不同的人来完成的。这就是为什么我们需要市场来协调储蓄和投资的原因。储蓄是指，人们愿意将当前收入的一部分从当前消费转移到未来财富或资本积累的比率。投资是指，人们认为他们可以在不同净收益率下将当前收入转化为财富积累的最大比率。协调这两者的正是利率——在更高的利率上储蓄会更多，而在更高的利率上投资的需求量会更少。在储蓄和投资相等的情况下，利率达到均衡。

（2）不，这些原理是不变的。不同的是，来自交易的潜在收益将会不同。

10. "利率有助于使投资和储蓄、借贷需求和储蓄供给趋于均衡；它是当前消费权相对于未来消费权的相对价格；它是货币的价格；它使对资产的需求和供给相等。"请解释一下这一切是如何同时发生的。

    答：

    "利率"与几个不同的概念是联系在一起的。首先是从多增加 1 美元中所得到的财富的净增长率，或投资的净生产率。第二个是对当前消费权的个人主观评价，以被视为相当于现在 1 美元消费的未来收入数额来衡量。第三个是信贷的市场回报率，它也被称为信贷利率，即债券或本票的回报率。如果这第三个比率大于第二个，那么人们将会减少当前的消费（储蓄更多）。如果第二个比第一个小，投资就会增加。第四个是隐含在资本品当前价格与其未来收入流之间的关系中的利率。所有这些比率——（1）投资的净生产率；（2）个人对未来收入相对于当前消费的估值；（3）债券或贷款的回报；（4）资本品相对价格中隐含的利率——通过在各种市场和商品之间的转换活动而趋于相等。当所有这些比率都相等时，这个共同的取值就是利率。如果不相等，那么套利行为（同一人同时购买和出售同一事物）将会引起不同市场利润前景的调整，促使它们趋于相等。由于最容易感知和衡量的利率是安全债券市场的利率，所以我们通常会使用那个市场的利率来作为衡量利率的指标。这就解释了为什么利率会被称为"当前消费"的价格、"信贷"的价格、"储蓄"的价格、"贷款"的价格、"时间偏好率"、"净投资生产率"和"货币价格"。正确的解释是，它是所有这些在均衡状态下的度量指标。

11. 假设你只能从当前财富中消费，你的当前财富是 100 000 美元（消费发生在年末，没有其他收入来源）。

    （1）如果利率为零，那么在接下来的两年里，每一年中你可以取得的收入（你消费掉的数额）是多少？

    （2）如果利率是 10%，而你必须在无限长的时期内只从财富中消费，那么每年最大的可以维持的消费速率是多少？

答:

(1) 每年 50 000 美元。

(2) 10 000 美元。

12. 你访问了一个欠发达国家, 在这个国家, 所有借贷都被有效地予以禁止。

(1) 这个国家会存在利率吗?

(2) 如果存在的话, 你在哪里可以得到数据来计算出它来呢?

(3) 你怎么知道利率在什么时候发生了变化?

答:

(1) 存在利率。

(2) 资本品和劳动所得的相对价格。

(3) 相对于当前消费品而言, 资本品价格的变化; 相对于劳动所得, 资本品价格的变化。

13. "大公司拥有大量的自有资金, 他们不必在资本市场上借钱来进行新的投资。因此, 它们不受资本市场利率的影响。"请解释这一分析错在什么地方。

答:

公司管理层不必把所有的资金都投到自己的公司里。他们可以投资其他公司; 他们也可以把钱借给别人。每当考虑替代性投资的可能性时, 他们也只有在公司内使用资金看起来更加有利可图的情况下, 他们才会在公司内使用它, 这与这笔资金从市场上借过来的情况是一样的。

14. 在没有特别授权提高利率的情况下, 合同可以签订的最高利率, 长期以来在许多州都受到限制。在高通胀 (因此市场利率高) 的情况下, 这种国家规定的利率上限低于市场决定的利率水平。给公司的贷款通常是免税的。如果这些法律有效, 谁得到了好处, 谁又受到了伤害?

答:

那些受到伤害的人, 其信用较差, 无法以低利率借到资金。那些得到好处的, 是信用状况较好的借款人, 因为有些本应流向高风险借款人的资金, 现在被转移到更安全的借款人手中, 从而降低了他们的利率。公司也会从中受益。

15. 利率上限有时限制了退伍军人获得住房抵押贷款。有这么一个绕过利率上限的办法。假如你打算花 20 万美元买一套房子。你现在有 3 万美元的现金，所以你想以 5％的利率向出借人借 17 万美元。（只要出借人所得不超过 5％，法律将保障你的贷款。）不幸的是，在这样的利率下，没有人会借给你钱，因为出借人在其他地方可以得到 6％的收益率。但你很聪明，在你提出以下建议之后，你找到了一个出借人：如果他以 5％的利率借给你 17 万美元（比他在其他地方能得到的 6％利率低 1％，从而使他每年损失 1 700 美元的利息，也就是说，17 万美元的 1％是每年 1 700 美元），你就将从他那里购买你的房屋保险、车险和寿险。你或许会、也或许不会意识到，你本可以在别处以更低的价格购买同样的保险。

(1) 你为什么要和他达成协议？

(2) 他是不是不公平、昧良心或者缺乏职业道德？而你呢？

(3) 如果禁止这样的搭售协议，那么谁会受益，谁又会受损？

(4) 你认为法律可以有效地彻底禁止捆绑销售、从而规避价格上限的做法吗？为什么？

答：

(1) 为了获得贷款保障，去规避 5％的利息限制。

(2) 这是在作经济分析，还是在进行污名化？

(3) 退伍军人受到禁止，得不到贷款。

(4) 不会，捆绑销售是根本不可能被禁止掉的。（很久以前，曾有一个人在房租管制下，按照法律允许的最高租金租了他人的一所房屋，而这个人愿意以 1 000 美元的价格买下房东的那只生了病的猫。）

第 37 章　期货市场

如果你听到一位志向高远的政治家或金融监管者说，"期货合约是在像小麦、燕麦、玉米、棉花、牛肉和猪肉这类商品价格上进行赌博的投机合约。投机者使这些价格变得不稳定，时而推高、时而抑制这些价格，导致生产者承担了更高的风险。这最终会抬高消费者的成本。"你不要感到惊讶。不要相信这样的话。实际上，在期货市场上，风险是被降低了的。在这一章里，我们将首先确定期货（futures）合约能为之提供保护的那些当前风险的种类。

现在一个拥有大量小麦的人，希望避免在把小麦加工成消费品这个期间上所面临的价格不确定性。同样，现在也会有人购买小麦以备日后交割，以降低在此期间小麦价格上涨的风险。再比如说，一个德国人，愿意把一部美国电影明年在德国展映所取得的收益之一部分，付给美国电影制片人，到了那个时候，这名德国人必须用欧元换成美元来支付。为了避免用欧元换美元时美元升值的风险，这名德国人现在可以购入一份美元期货合约，在需要美元进行支付时可以获得美元。

期货市场提供了一种社会服务。并没有一个中央计划机构来决定，在下一次收获季节到来之前，每月有多少小麦或其他商品用于消费。农作物和商品供给总是以这样的速度被消耗：在这个速度上，它确保了从一个收获季到另一个收获季之间的平滑消费。期货市场（1）提供了一种分配和承担市场价格随时间推移的不可保险的风险的方法，并且还（2）实现了收获季之间商品的平滑消费，减少了可得的供给的价格时刻大起大落的风险。

收获季之间消费的控制与熨平

农民把收获的小麦卖给那些小麦仓储专家。粮仓的运营商通过提供高效的存储服务来赚取收入——而不是靠在未来小麦价格上投机而赚取收入。他们希望在小麦储藏期间，避免价格变动的风险。所以，他们可以立即把小麦卖给磨坊主，以便将来交付给后者，到时候磨坊主再把小麦磨成面粉卖给面包师。但如果小麦价格在卖给面包师之前出现下跌，这将会使磨坊主面临风险。不管谁拥有小麦，它的价值都有可能发生变化。

假设磨坊主拥有小麦。他们支付的是什么价格？那就是预期不会由于未来的价格变化（平均而言）而带来任何利润或损失的价格。如果当前价格低于未来的期望价格，则预期会有利润；如果高于未来的期望价格，则预期会有亏损。利润的竞争，将会推动价格朝向零利润期望价格变化——这个价格是一个预计会在将来通行的价格。对未来价格的预期，控制着当前的价格。

小麦的当前价格，必然取决于预期的未来价格，而预期的未来价格又取决于：（1）当前小麦库存的消耗速度；以及（2）在下一次收获季到来之前还有多少可供消费。对利润的竞争，推动价格趋于稳定；否则，利润或亏损就是可以预见的。但是，只要价格是相对稳定的，那么这个价格所确定的消费速率，就是能使得储备在下次收获季节到来时耗尽的消费速率。

如果从收获季到烘焙面包期间小麦的价格升高，消费量就会减少，并且会有很多小麦被储藏起来。如果其间价格降低，小麦的消费就会过多、过快，在下一次收获季节到来之前供给就会枯竭。从两个收获季节之间小麦价格的变动中竞争性地寻求利润，推动了价格朝这样一个价格水平变化：在该价格上，消费速率正好在新收获季节到来之时耗尽库存。

首先，决定小麦使用速率的这一过程，是由期货市场的合约来辅助完成的。期货市场合约之所以能做到这一点，是因为小麦期货市场的合约价格反映了对未来价格的预测结果。其次，通过使用期货合约，避免了因小麦价格不可预测的变化而带来的不为人们所喜的后果。对于农场主、粮仓运营商、磨坊主和面包师来说，期货市场上的合约是对冲（hedge）这些价格变化后果的有效方法。本章主要讨论期货合约如何提供对期货价格的预测，以及又是如何对冲市场价格的变化的。

对冲

对冲是一种安排，在这种安排下，未来不可预测和不幸的事件，会自动产生有利的抵消效果。这就好比，在一个人下注硬币正面朝上的同时，另外一个人打赌它反面朝上。

什么是期货合约?

期货合约指的是这样一种协议，在这个协议里，合约的买方为取得在约定的未来时间交割某种商品（比如小麦）的约定数量，同意在该未来时间向合约的卖方支付约定的价款。一个面包师傅现在就可以知道，他要为明年的小麦收成中的某一数量支付多少钱了。

小麦价格变动套期保值实例

合约的买方：面粉磨坊主

米勒先生是把小麦磨成面粉的磨坊主。他在一月承诺在 6 个月后以预先约定的价格向面包师运送面粉，约定价格是每袋 12 美元。这个价格部分是基于每蒲式耳小麦 10 美元的原材料成本（假设每蒲式耳小麦能产出一袋面粉），加上碾磨、运输等成本之后得出来的。如果米勒等到七月才去购买小麦，小麦价格可能会涨到 10 美元以上，这将导致他亏损。如果小麦价格下跌，则米勒先生将会以更低的成本而获得利润。由于米勒的业务是通过高效的碾磨来赚取收入，而不是依靠小麦价格的有利变化，因此他使用期货合约来规避小麦价格变化的风险。

米勒目前手里没有小麦，他可以在一月从芝加哥期货交易所购买七月的小麦期货合约。他购买了一种期权（option），在七月支付约定价格（比如每蒲式耳 10 美元，或为 1 万蒲式耳小麦共支付 10 万美元），就可以在七月获得小麦。这是一个期权，因为米勒不一定购买小麦。他可以让期货合约期满失效。购买期货合约是预先约定小麦价格的协议，不要求一定购买，但要求卖家在期权买方要求时进行交付。如果市场价格低于指定价格，按指定价格购买的期权将会失去价值，可能不值得再行使期权。

如果小麦的市场价格上涨

假设到七月小麦的市场价格上涨到 11 美元。米勒先生将会在他与面包师签订的最初的面粉合约上蒙受损失，该合约要求以 12 美元的预先指定的面粉价格（以 10 美元的小麦价格为基础）运送面粉。小麦价格从 10 美元涨到 11 美元，将会使米勒先生在这 1 万蒲式耳小麦上损失掉 1 万美元。然而，期货合约救了他。他将从期货合约中获益，该合约仍将以 10 美元的价格为他供应小麦。

如果小麦的市场价格下跌

若是小麦价格从 10 美元下跌到 9 美元，米勒将会获得 1 万美元的收益。在期货合约上，约定的价格是 10 美元，如果他行使合约，将会有 1 万美元的损失。所以他选择退出合约，让它到期失效。

期货合约的目的，是保护米勒先生在七月之前不受小麦价格上涨的影响。期货合约的成本是保险的一种形式；就像房屋火灾保险的成本一样，这是一种商业成本，他不会因为房子没有烧掉就后悔花了这些钱。

期货合约的卖方

储存小麦之人——粮仓运营商——也在承担所储存的小麦出现价格变化所带来的风险。当市场价格上涨时，小麦库存的持有者收益会增加，但下跌时则会经受损失。他将会出售七月的小麦期货合约，因此有义务在七月以预先指定的价格向七月的小麦期货合约的买方交付小麦。

这位运营商签订合约，承诺在将来按现在规定的价格供应小麦，这使这位运营商无法从库存价格上涨中获益。但合约价格也保护他不受小麦价格下跌的影响。

期货合约的目的，是对冲市场价格变化的风险。从农场主到面包师，为了避免其他波动带来的潜在损失，放弃一些价格波动带来收益的机会是值得的。对他们来说，期货合约降低了风险，并让他们专注他们的主要业务以赚取收入。

期货合约的结构和中间商

一个大量小麦的持有者，将不得不向许多磨坊主出售小麦期货合约，这就要涉及合约安排和执行的许多细节问题。同样，磨坊主也不得不与许多面包师签订合约。期货交易所是安排和执行合约的中间商。在期货合约的每一笔购买或出售当中，都有三方参与其中——卖家、买家，以及处理买家和卖家双方事宜的中间商。

一份期货合约只是完整合约的一半：一半是期货交易所与买家之间的合约；另一半是期货交易所与卖家之间的合约。这个中间商（期货交易所）负责全面履行期货合约。

期货合约市场的赌徒?

农场主、粮仓运营商、磨坊主和面包师，他们不是为了通过预测未来的价格进行投机而签订期货合约的赌徒。他们之所以买卖期货合约，不是因为他们希望获利，而是因为他们想避免损失。期货合约的买方和卖方，都在寻求降低他们不愿承担的商业风险。在期货市场上，一个风险敞口 * 之所以产生，乃是为了抵消另一个相反方向的风险，从而形成对冲。

---

* 风险敞口（risk exposure）是指未加保护的风险，即因债务人违约行为导致的可能承受风险的信贷余额，指实际所承担的风险，一般与特定风险相连。——译者注

外汇期货合约范例

我们且以外汇期货市场为例。一个从日本购买汽车的美国买家必须支付日元，我们假设，他将在 3 个月后进行支付。在订购汽车时，如果 1 美元可兑换 100 日元（每 1 日元兑换 1 美分），那么一辆售价为 1 000 000 日元的汽车，其美元等价价格为 10 000 美元（＝1 000 000/100）。但在未来的 3 个月后，当汽车交付时，假设汇率已经变为每 1 美元兑换 90 日元，等于每 1 日元兑换 1.111……美分。于是，美国进口商要花费 11 111 美元（＝1 000 000/90）向日本制造商付款。美元的外汇价值下降（每 1 美元兑换的日元数下降，或每 1 日元兑换的美元数上升），增加了美国买家的成本。

另一方面，日元对美元的汇率可能会上升到 110 日元/美元。购买这辆车，将需要更少的美元，只需要 9 091 美元（＝1 000 000/110）就可以兑换 100 万日元。

这个美国汽车买家可以通过向外汇期货市场运营商购买一份为期 3 个月的日元期货合约，避免为同样数量的日元支付更多美元的风险。该期货合约给予这位美国买家以后仍以每 1 美元 100 日元的预定价格获得日元的权利。

谁会利用芝加哥商品交易所卖出日元期货合约呢？可能是某个美国苹果种植园主，根据协议要把苹果运往日本，3 个月后将收到 300 万日元。在此期间，以美元计算的日元价值可能会变为每 1 日元价值不到 1 美分，或者可能会升值，从而改变苹果出口商在 3 个月后实际获得的 300 万日元的美元数量。美国苹果园主希望避免这种风险。

无论是这个美国的苹果出口商，还是那个美国的汽车进口商，都可以免受日元兑美元汇率变动的影响。美国进口商购买一份期货合约（以预先指定的价格获得购买日元的权利），而苹果出口商出售一份日元期货合约（以预先指定的美元数量获得交付日元的权利）。美国汽车进口商和美国苹果出口商已经相互达成协议，通过期货市场相互交换美元和日元——尽管他们彼此并不认识对方！

在所购买的期货合约中，美国汽车进口商从日元市值下跌（每 1 日元兑换的美元数减少）中原本可得的收益，不再可得。美国苹果出口商因日元贬值而蒙受的损失，通过卖出的期货合约可以得到弥补。双方都对外汇汇率的变动进行了对冲。双方都是美国人，都用期货合约来降低风险，这不是在赌博。在日本，汽车销售商和苹果进口商可能会在日本外汇市场作出类似的安排。

什么决定了期货合约的价格?

期货交易所买卖一对期货合约的价格，就是期货价格。和其他市场一样，这个价格也是由买卖双方竞争决定的。如果小麦的期货报价高于对到期时市场（现金或现货）价格的预期，那么将有更多的人寻求出售这类期货合约。这会降低合约价格。如果报价偏低，情况就会相反。通过低买高卖来寻找和竞争利润的行为，会导致期货合约价格朝着合约最终交割日的预期价格趋近。对预期利润的竞争使得利润的期望降至零。

未来价格预测

期货合约中的价格，就是对货物在交割日价格的预测值——否则就仍然会存在某一方赚取利润的可能。如果期货合约的价格持续低于未来实现的价格，那么以这个过低的价格买进期货合约中的小麦就可以获利。但是，当然可以想见，如果大家都知道了这一点，价格就将会被推高，买卖期货合约就不会有预期利润或损失。它们只能用于对冲。

每一次观察到的期货价格，可能都是错误的，但平均来说却是正确的，因为这些期货合约中的价格的平均值，将会接近于未来实现的价格的平均值。正负误差的平均值为零。期货合约中的价格，是对未来市场价格的最佳估计或预测。这使得投机者无法从买卖期货合约中获得确定的利润。

期货市场品类

金融工具

商品和货币的种类多种多样，由此也存在多个期货市场。债券和股票等金融工具的期货合约，在表现形式上略有不同。在一种被称为看跌期权（put）的合约形式中，买家购买的是将来要求卖家按最初商定的价格——期权行使价（strike price）——购买指定证券的选择权。也有看涨期权（call），通过它，买方获得了在某一特定的未来期间，以预先指定的价格——即期权行使价——从另一方购买某一特定公司普通股的权利。持有这些股票或债券并希望对冲这些股票或债券价值大涨或大跌风险的投资者，可以通过看跌期权和看涨期权进行对冲。

看跌期权：你拥有 XYZ 公司的一些股票，你以 10 美元的价格为每股股票购买了一份为期一个月的期权，而期权行使价定在 110 美元，恰好是一股股票的当前价格。看跌期权使你有权强迫期权卖方以 110 美元的价格从你手中购买 XYZ 的股票，无论其在看跌期权有效期内的价格有多低。如果价格降到 100 美元，那么你就可以收回购买看跌期权的 10 美元成本。如果每股减少超过 10 美元，你将得到比保险费更多的赔偿。对超过你股票当前价值的 10% 的那部分损失，你会得到保险，而那 10% 的股票价值就像你的车损险的免赔额一样。

另一方面，如果 XYZ 的价格升至 115 美元，你当然不会强迫买家以 110 美元的预购价格购买你的股票。如果 XYZ 的价格从未跌破 110 美元，那么看跌期权似乎毫无价值。但看跌期权是针对你所持股票价格下跌所开出的保险。如果价格不下跌，则你就不会从看跌期权中获利，但是，就像所有的损失保险一样，没有损失并不意味着保险就是浪费。

看涨期权：你可以用 8 美元买一股 XYZ 股票的看涨期权，现在的股价是 100 美元。看涨期权是指在下个月的任何时候以预购价 110 美元的价格购买 XYZ 股份的权利。你以 110 美元的预购价格支付 8 美元，这意味着股票价格必须涨到 118 美元以上才能赚钱。当然，看跌期权和看涨期权可以用来赌博。但看跌期权和看涨期权的市场之所以能够生存下来，只是因为它们是为损失提供保护性的保险的途径。

期货市场的一些社会和经济效应：以咖啡为例

为了看到其他更广泛的影响，例如期货市场如何有助于确定两个收获季节之间所储藏的作物之消费速率，我们从咖啡期货中可以找出个中端倪。

假设有谣言说，反常的寒冷天气破坏了哥伦比亚盛产的咖啡作物。现有咖啡豆的所有者可以通过持有更多的咖啡豆，一直到明年预期更高的价格出现为止，而获得利润。随着现有咖啡豆的减少——尽管咖啡豆在谣言传出前后一样多,当前的消费者所面对的咖啡价格将会上涨,这导致有些立法者和消费者要求调查为什么"贪婪的投机者"抬高了当前的价格。

如果你是一个运用咖啡期货市场的咖啡加工商,或者如果你只是一个投机者,你的防御措施可能会是这样:

寒冷天气的消息表明,明年供给减少,价格上涨。没有人会以低于预期的价格(纳入存储成本和利息成本)出售现有存货。许多其他的加工商或投机者那样的行为——通过留存部分今年作物用于以后消费,——无意间扩大了咖啡的未来供给,否则到时价格可能会更高。因此,消费者明年在所面对的价格上会有更多的咖啡可以消费,而且这些价格还低于如果我们没有储藏更多的咖啡那种情况。

我们没有造成霜冻。不管怎样,明年的咖啡会减少。我们所面临的选择是:我们今天是否应该像是对明年咖啡减产一无所知时的那样继续喝咖啡?如果是这样的话,我们所有人明年都不得不减少消费,减少的量就是该收获季节的整个歉收的量。不然的话,我们是不是今年应该就开始减少消费,储存一部分咖啡,以使明年减少的数量不会那么大?消费量的下降将会在什么时候出现——是今年下降一些,还是明年下降更多?

我们这些投机者是在帮助人们生活得更好。由于明年的价格预计将高于今年,所以,我们认为人们宁愿现在放弃一英镑,为的是明年多出一英镑。如果我们对人们偏好的信念和对咖啡减产的预测是正确的,我们就会盈利;如果我们错了,我们就会蒙受损失。

我们一直在预测未来作物的歉收,并帮助人们按照他们喜欢的方式、以成本更低的方式来作出相应的调节。这比起隐匿即将来临的歉收消息、使得现在消费了更多作物来说,他们的日子会更好过一些。

但是,如果我们的预测是错误的呢?假设只有几个芽孢遭到了破坏,或者寒流没有造成任何影响,又或者这个消息根本就是假的,那该怎么办?我们这些今年购买和储存了更多咖啡的人,就会损失财富,这些财富会流到其他的公众手中。我们会为咖啡付出比它将来所值的更高的价钱。我们错误的预测给其他人造成的损失——包括现在的价格上涨和将来的价格下跌——部分会由我们的损失来向他人弥补。尽管如此，我们不正确的预测对社会其他人还是造成了一些损害，因为如果我们的预测更准确，他们每个人都可以在消费模式上实现更理想的调整。

显然，更准确的预测对我们和其他所有人都会更好。然而，问题不在于预测是否正确或错误，而在于它们是否比没有期货市场的情况时更加准确（或更少错误）。

期货市场价格预测误差与风险

期货市场合约是否比其他可能的方案能更准确地预测未来价格呢？我们来比较一下有期货市场和没有期货市场时的价格表现，历史记录清楚地表明：在组织化的期货市场下，收获季之间的价格变化要更小。期货价格能够更准确地预测未来价格，使低成本的调整能够更早、更全面地展开。

冻结或固定价格，并不能消除市场价值变动的风险。那样做将会抑制随时间推移在消费上所作的合意的调整，并导致短缺或过剩。任何社会都逃不掉因不可预见的物资供给和需求变化而带来的盈亏之变。所能改变的，只是分配风险和承担损益的方法。在资本主义私有财产制度下，普通人可以相互协商，提出用损失或收益的这种风险来交换那种风险。尽管绝不承担风险的极端选项是不存在的，但人们将所承担的风险放在市场上，可以根据自己选择拥有哪些商品——或选择种植哪些作物——来进行协商。

美国政府债券期货市场是未来利率的预测指标，大宗商品期货价格是未来大宗商品价格的预测指标。目前，尚且没有其他预测指标能够超越它们。

练习与思考

1. 最近，芝加哥期货交易所公布了接下来几个月小麦期货合约的价格（每蒲式耳小麦的美元数）：

   五月　7.25 美元

   七月　7.20 美元

   九月　7.24 美元

   十二月　7.34 美元

   新作物看起来是在哪个月份收获的？请解释你所给答案的依据。

   答：

   这些合约的价格表明，七月供给量（相对于需求量）将会增加，从而导致价格下降。十二月的价格上涨表明，市场是在新的供给相对于需求出现下降时进行定价的。

2. 从一个收获季到下一个收获季，之所以会出现对作物的储藏行为，是因为人们富有远见，会考虑到自己未来的需求，还是因为人们认为有利可图而如此作为的呢？

   答：

   主要是为了利润。在拓荒时期，家庭在收获季节制作罐装水果和蔬菜，以供日后食用。大宗商品交易所对整个经济产生了类似的结果，尽管"投机者"的动机仅仅是为了赚取利润。

3. 哪种商品的价格会随着收成的增加而有更大幅度的下降：是更容易储存的商品，还是更容易腐烂的商品？为什么？

   答：

   容易腐烂的那一种。高储存成本（高易腐性）意味着更大的当前消费供给和更小的未来供给。相对于可以延后消费的产品而言，易腐品新增供给的提高，将会导致更高的消费速率和更低的价格。

4. "期货"（futures）价格和"未来"（future）价格有什么区别？

答:

期货价格是指以期货合约的形式，在当下谈妥的、对未来商品的要求权的价格。未来价格是未来形成的价格。

5. 在五月，九月的期货价格衡量的是什么？

答:

这是我们在五月愿意为九月收获后的交货支付的价格。

6. "是投机者推高了商品的价格，其证据就在于这样一个事实，即在消费速率和现存供给都没有发生变化的情况下，商品的价格也经常会上升。"你同意这种观点吗？

答:

不同意。在一个私有产权得到保障和市场开放的体制下，当预期未来事件会对资源变化会产生影响之时——而不是在事件实际发生之时——价格就会有起伏。这并不是投机者在"推高价格"，而是那些导致预期发生变化的事件导致了价格的上升。

7. "如果预测正确，预计商品价格会上涨的投机者将获得利润。同时，他们也会推高当前价格，这将减少当前的消费，并把更多储存的商品带到下一个收获季，因此未来的价格将会低于没有这种预期时的价格。但目前的价格要高于预测不那么准确时的情况。"在什么意义上，我们可以说，这"比以后的价格高而现在的价格低更可取"？

答:

大多数人都会同意，价格的大幅波动会给人们造成困惑和不便。通过力挺当前价格和抑制未来更高的价格，价格随时间波动的程度会得到修正——可支配消费量的季节性变化会受到抑制。

8. 我拥有 1 000 美元，明天我将拥有 2 000 美元或者什么都没有，这取决于我正在钻探的油井是否能够出油。你拥有 1 000 美元的财富，而且都是现金。谁在接下来的 24 小时内承担更大的风险？

答：

我承担的风险更大——而获得更高收益的可能性也更大。

9. 人们可以互相打赌的市场可能会导致：（1）风险交换；（2）风险降低；或（3）风险增加。如果这样一个市场中的一个参与者提高了自己的风险，那就是不好的吗？

答：

我们可以把风险看成是物理学家所说的物质——它既不能被创造，也不能被毁灭。风险可以量化，可以在各方之间交易；风险可以相互转换（将一种风险变换为另一种风险）；个人可以对冲已知的风险。不要把风险和不确定性混为一谈。后者不能量化，也不能交易或对冲。有人喜欢说，风险是"已知的未知"，而不确定性是"未知的未知"。

10. 洛杉矶道奇队和纽约大都会队并列全美棒球联盟冠军。它们将在一座中立的体育场举行一场附加赛。获胜的队伍随后将主办世界大赛的部分赛事，这会让该队附近的停车场业主得到一笔收入。我在道奇体育场附近有一个停车场，而你在大都会体育场附近有一个。如果大都会队赢了，你就赢了；如果道奇队赢了，我就赢了。

(1) 我们可以签订哪一类合同来降低我们每个人所承担的风险？

(2) 我们是否已经交换或降低了风险？你能构造一种能起到同样作用的"期货合约"吗？

答：

(1) 我赌大都会队赢，你赌道奇队赢。

(2) 我们分担了一些风险，缩小了我们由之而来的财富变化范围，从这个意义上说，我们降低了我们各自的风险。我买（一半）在世界大赛期间你的停车场的停车权，你买（一半）在世界大赛期间我的停车场的停车权。我们两人都不用去帮助对方经营停车场。相反，无论哪支球队赢得季后赛，双方都可以取得一半的收入。

11. 有些国家没有投机性的期货市场。这是否意味着没有任何投机行为？请给出你的解释。

答：

无论何时何地，未来很大程度上都是未知的。人们以各种方式"投机""赌博"和"实验"，以图在不测的命运面前纾解自己的风险。但有些社会则拒绝有效、有组织和制度化的期货市场。

12. 美国参议院农业委员会曾建议，在正式的投机市场上禁止土豆期货交易。

(1) 这样的禁令能阻止土豆投机吗？

(2) 它会有什么影响？

(3) 你认为哪些人会鼓励（游说）参议员们去主张禁止土豆期货市场？

答：

(1) 不会。

(2) 更少的对冲，价格更难以预测且有更大的价格波动，对消费者的供给也更不稳定。

(3) 一些中间商会从中获利，因为他们关于作物状况和供给的私人信息不容易被外人获得。

13. "卖空"（short selling）是指在将来某一特定日期出售卖方现在不拥有的某些货物的承诺。报纸在提前收取订阅费以便将来投递报纸时是在卖空。买房人借钱时也是在卖空——他承诺将来偿还他现在还没有的那些钱。预收学费、食宿费的大学也是在从事卖空业务，它出售的是尚未生产出来的东西。如果我卖给你一个承诺，承诺明年按照目前我们都同意的价格交付 1 000 蒲式耳小麦，并在现在就收到你的付款，那么，我也是在卖空。为什么卖空通常被认为是不道德、不正当或不好的呢？

答：

去问问那些认为这样做不道德的人，看看他们怎么说。有人说："卖掉你还没有的东西是不道德的。"但是，一个承包商以固定价格投标建一座大楼，卖掉的是他现在还没有的东西。他卖出的是建造一座大楼的诺言或承诺。卖空者也在做同样的事情。

14. 对于股票和债券，存在与期货合约类似但又不完全相同的情况。这就是所谓的"看跌期权"和"看涨期权"。看涨期权是指在未来6个月内以预先指定的价格购买股票的权利（但不是义务），无论该股票在该期间的价格可能会上涨到多高。看涨期权由另一方担保或出售，该方实际上是在"卖空"（此人目前并不拥有该股票）。这第二个人打赌股票价格会在这一期间下跌。如果价格真的下跌了的话，那么这个人就不必再去履行他以更高的价格出售的承诺，因为买主可以在市场上买到更便宜的股票，而不会以更高的价格行使购买权。如果股价上升，那么看涨期权的保证人将不得不以更高的价格在市场上买入股票，并将其以更低的、期权合约中的价格，交付给看涨期权的持有者。

看跌期权的买方所购买的，是在一段时间内以预先规定的价格卖出股票的权利，无论在此期间价格跌到多低。该协议的另一方（看跌期权的卖方）同意以指定价格购买。因此，目前拥有某只普通股股票的人，可以通过购买看跌期权来保护自己免受股票价值大幅下跌的影响。如果股票价格下跌，该只股票的所有者（以及该看跌期权的所有者）就会行使以更高的合约价格向看跌期权出售人出售股票的权利。

在8月1日，你可以购买Omnicorp公司股票的看涨期权，这份期权可以给予你在接下来的6个月中的任何时间购买100股Omnicorp公司股票的权利，每股价格为50美元（即目前的市价）。那份看涨期权要花你600美元。对你来说，要想通过购买这个看涨期权来赚钱的话，Omnicorp公司的股票需要上涨多少才行？如果股价上涨1美元，你会行使你的选择权吗？或者，如果价格下跌1美元呢？

答：

这只股票的价格每股要涨6美元，我才能收支平衡——为这份看涨期权支付了600美元的买入价，再加上5 000美元的股票买入价，现在这些股票得价值5 600美元。如果股价下跌，那么我就损失了600美元，因为我可以在市场上买到更便宜的股票。

15. "支持开放的投机市场的理由，是建立在它能让人们对即将发生的事情更加了解、而不是更加懵懂的前提上的。但是，对于像即将到来的农作物歉收这样的事情来说，提前到来的消息只会让歉收的效果提前发生，因此也使之漫延到更长的时间间隔上，这样对谁都没有好处。人们或许更乐意在将来经历一个短暂而紧张的咖啡匮乏时期，而不是一个提前到来的、持续时间更长但没那么紧张的消费收缩期。"经济学理论对此有何评论？

答：

抬高当前的价格，可以减少当前的需求量，从而给将来保留更大的可消费量，其价格要比事前不改变价格时更低。投机者可以选择他希望承担的风险组合。投机者越是选择买进并持有以备将来之需，如果价格不上涨他就越有可能蒙受损失。

就业与通货膨胀
Employment and Inflation

第 38 章　失业：是什么以及为什么

　　我们生活在一个商品匮乏而不是工作机会匮乏的世界。生产商品需要有人工作。这意味着可以取得的工作任务无穷无尽。那为什么还会有人失业呢？到底什么是失业（unemployment）？虽然关于失业尚未有一个普遍采用的明确定义，但常被使用的失业概念，并不包含那些选择不去工作的退休人员或富人。这个概念既不包括那些在家料理家务因而不到市场上去工作的配偶，以及身体或精神能力严重残疾的人，也不包括对自己应得的报酬过分奢求的人。

　　区别就在没有工作和失业这两者之间。没有工作的人，也包括许多出于某种原因选择不找工作的人。我们在这里只谈失业的人，他们想就业，正在设法找到合适的工作。

　　如果不允许失业，也就是说，如果失业是非法的，那么世界会是什么样的呢？每个人都会全职工作，就像在一个被囚禁的劳动体系中一样。在苏联，失业是违法的，所以工人中间流传着这样一个笑话："我们假装在工作，他们假装给我们付钱。"但我们并不是被迫挣取薪水的。你也不会想随便找个工作做着就行。一般来说，你会想要一份你能干下来的最有价值的工作。人们会明智地选择在某些时候不去工作，而不是无论付多少薪水马上找一份能遇到的工作就行了。人们失业在家，是为了在选定可以找到的最佳工作之前，更有效地评估替代方案。

　　美国政府公布的失业率指数，通常在市场劳动力人口的 4%—6% 之间波动，此时即被断言处于充分就业（full employment）。在经济衰退期间，这一比率一般会上升到市场劳动力的 8%—11% 左右。在平常的非衰退时期发生的失业，被称为摩擦性失业（frictional unemployment）或自然失业率（natural rate of unemployment）。

在品味、需求和能力不断变化的世界中寻找最佳工作

人们渴望得到的商品和服务比现有的要多，人类的需要是永不满足的。这就是稀缺的涵义——需要做大量的工作来提供别人想要的东西！但是人们不会只因为别人想让他们做某些事情，他们就同意去做某些事情。他们在许多能做的事情中寻找最佳的来做。

在一个理想化的（假想的）世界里，每个人都有关于一切的全部信息，所以人们会立刻知道可以找到的最佳工作是什么。这就不会有失业存在，因为我们可以在不会出现明显失业的情况下换到新的更好的工作上去。实际上，关于目前最佳工作的可靠信息，非常昂贵，而且很难获得。失业就是收集和评估各种可能工作的信息的那一段时间。

如果市场对你工作所提供的服务的需求下降了，你要如何调整？你的身体和精神都和昨天一样好。你不会找到第一份工作就马上接受它，而不考虑其他有前途的选择。什么样的工作，以及在哪里工作，会是现在你的最佳工作呢？职业介绍所在对工作进行评估上会提供帮助。关于工作需要的广告可供查找工作信息。到各家公司去寻找机会，提交工作申请——这样的搜索和评估需要时间，而且可能花费不菲。一段短暂的失业期是理性反应的一部分，不管一开始的改变多么令人感到不幸。

通过寻找和评估各种选择来进行调整，这样的任务渗透到每个人生活中的各个领域。你花大量的时间——逛街或在网上——购物，如果你找到第一件物品就感到心满意足，而不论它与你想找到的那件东西相比到底有多差，那么你花大量的时间用于购物就是在浪费。对于寻找员工的雇主和寻找工作的工人来说，情况与购物行为完全相同。如果没有信息成本（意味着对未来没有不确定性），雇主就会雇佣第一个进门的人，因为他们知道不会有更好的人出现。工人在接受工作之前也就不会进行搜索和评估（不管该工作岗位看起来多么不吸引人），因为他们知道没有更好的选择。但那不是我们所生活的这个世界。

事实上，对于雇主和可能的雇员来说，信息都不是免费的，这是因为即使政府没有在劳动力市场上引入人为的摩擦，劳动力市场也总是存在某一合理的失业水平，以及同时存在的职位空缺。

一切购买行为中的寻寻觅觅，都是在专门花时间，以降低关于各种可能性的不确定性和信息不足。当然，你失业的那段时间，意味着你必须放弃立即接受第一份可以取得的工作所带来的收入。充分利用的失业期，可以认为是在对信息进行的一项投资。

你选择失业的时间有多长，反映了你对现有的工作机会之范围和多样性的看法。只要你预计在未来合理的搜索范围内可以找到更好的选择，你会拒绝任何已知的选择。花在搜索上的时间长度，也取决于你将会得到的福利援助和失业保险的数额。一旦你认为它们无法支撑你继续搜索下去（或者你的失业救济金用完了），你就会选定现有的最佳工作。但在搜索和评估工作机会期间，你被正式地归类为失业者，而不被认为是在对信息收集进行投资。一个有效的工作搜寻，可能是具有生产性的，而且在某种重要的意义上，你是在从事财富最大化的活动，但统计人员却把你视为失业者。

有必要区分导致失业的起始事件和适应不愉快环境的成本二者的区别。暂时失业不是造成财富损失的原因。是更早的事件或冲击，消除或降低了先前工作的价值。如果合理利用，一段时间的失业，有助于避免更为严重的损失。

在（1）失业期间的收入损失，以及（2）由一段时间的搜索所能获得的财富之间的区别上，我们通常更为关注前者。但是，搜索时间所带来的收益，是较之于不那么有效的搜索或如果失业以某种方式被予以禁止的情况，所高出的那部分收益的现值。失业期间的收入损失，与为了搜索和评估其他工作机会而忍受临时失业所带来的财富收益相比，可能是微不足道的。

在市场竞争、技术和消费者口味转换的正常过程里，有些企业如鱼得水，而另一些企业却会折戟沉沙。适应这些变化，会产生商业上的失败，以及工作价值的损失。新旧企业的交替率远远高于人们所普遍认为的情况。此外，在市场经济中，人们失去工作和找到工作的比率会很高。在美国，政府统计显示，每个月失去工作和找到工作的人，数以百万计。

那些为了寻找更好的工作机会而自愿辞职的人，期望当他们获得更高的薪水或享受更令人满意的工作时，薪水的暂时损失是值得的。对于那些非自愿地失去工作或为一家倒闭的企业工作的人来说，适应不断变化的就业机会需要付出成本，而失业保险承担了这些成本的一部分。

有时，当总产量和总就业下降，企业倒闭率更大时，经济会经历衰退。与此同时，许多企业的就业率都在下降，新企业开张的步伐也更加缓慢。在这样的时间里，由于其他的工作机会更为稀少，工人们为了寻找最佳的工作机会所花费的搜索时间也就会变得更长。

非人力资源失业保险

我们一直关注的是人的失业问题，而不是机械和建筑等这类非人力资源的"失业"问题。不过，导致这些其他资源失业的经济力量是相同的，这类失业的资源，通常被称为闲置资源或过剩产能。生产性资源的所有者，面临着与失业者一样的、搜索信息和评估最佳选择机会的任务。但是，由于失业的是机器、建筑物和物资——而不是他们的所有者——所以，没有人愿意计算非人力资源的失业率。对空置的购物中心的业主来说，也没有人会提议去给他们提供失业救济。

创造就业：创造就业以减少失业是胡说八道

创造就业机会（creating jobs）是一个模棱两可、颇具误导性的目标，因为已经有无限多种就业机会在等待着被履行。虽然有很多工作要做，但人们想要的是更有价值的工作。空缺的工作岗位，并不具有足够的价值。与人们所看到的替代性工作机会相比，它们并没有创造出足够的财富使得它们值得被选中。

在过去，当人们在修建一座土制的大坝时，成千上万的人使用铁锹等手工工具工作得热火朝天，这是创造了许多就业机会。但是，如果工人们用汤匙来干这个活计的话，还会创造出更多的就业机会来呢。

目标是修建大坝——创造财富，而不是为人们找到工作。所谓"失业率高得令人无法接受"的问题，是人力的生产能力不足所导致的，或是失业者的技能与空缺的工作岗位不相匹配所导致的。这种失业必须通过（1）增加培训和教育，或（2）增加工作所需的生产设备，或（3）降低搜索和评估替代性工作机会的成本，来使失业者更具生产能力。

创造性破坏

随着人们追求财富和提高产值的过程，一些现有工作岗位的价值会受到破坏或降低。新的、更有价值的工作岗位，从现在价值较低的被取代的工作中吸引走了人才和资源，破坏了这些价值较低的工作岗位。这被贴切地描述为破坏性的创造力（destructive creativity）。

制冷技术的发明摧毁了（意味着它降低了这些工作岗位的价值）数万个在隆冬季节里从北方湖泊切割、储存和运输冰块的工作岗位。但在制造、安装和修理冰箱方面创造了新的就业机会——还有后来在空调方面创造的更高价值的就业机会——同时也改善了有利于提高生产力的工作和生活条件。

钢铁的发明摧毁了石雕匠和泥瓦匠的工作岗位。汽车的发明毁了马夫和马车制造商的工作岗位。拉链和尼龙搭扣毁掉了一部分纽扣制造商的工作岗位。电影和电视的发明毁掉了许多巡回演员的工作岗位。合成纤维的发明破坏了剪羊毛的工作岗位。当飞机取代铁路供乘客旅行时，铁路部门的工作岗位被更有价值的飞行员和飞机维修工程师的工作岗位所取代。

提高生产力，是人们梦寐以求的事情。汽车比马车生产效率高。制造汽车的工作比制造轻便马车的工作更有价值。工作岗位破坏率越高的行业，创造更有价值工作的速率也越高。事实上，创造出更多有价值的就业机会，也就意味着对其他就业岗位的破坏（价值降低）。

新加入的劳动力

在进入劳动力大军的前五年里，工作尝试和岗位转换最为频繁。随着时间的推移，工作岗位和人们彼此之间的匹配也就越发让人感到满意。即使法定最低工资没有减少青少年的就业机会，青少年的失业率和工作转换率仍然是最高的。四十岁以后，大多数人在达到退休年龄之前，平均只有一次工作变动。

失业率计算方法的含义

有一个常用的失业测量指标，那就是失业指数（Unemployment Index，由美国劳工部劳工统计局每月公布）；从成年人总体中抽取一个样本，询问他们是否在劳动市场中找到了工作。如果没有，那么他们是否在积极寻找工作？

积极寻找意味着采取以下这样的活动：直接联系用人单位或进行面试；联系公共或私人职业介绍所、亲友，以及就业中心；投简历；在报纸或网上投放或回复就业广告；查看工会或职业登记册等。

如果他们在积极寻找工作，就会被算作失业。如果他们没有就业，但又没有积极寻找工作，他们就不被算在劳动力之内。如果还没接受一份工作，这种工作搜寻就停止了，那么失业者的数量和劳动大军的规模都会减少。如果这些人没有退休，这些人就会被说成是已经退出了劳动力市场，可能会被归类为灰心了的工人（discouraged workers）。

劳工统计局还会报告其他一些失业概念。它公布了基于六种不同失业类别的指标。这些指标是以下六类不在工作的人的连续加总，他们中只有一部分人被认为是失业。

1. 无工作，积极寻找工作持续 14 周以上的人员；

2. 最近 2 个月内的失业人员；

3. 在过去 1 个月内有工作机会并尝试寻找最佳工作的人员；

4. 灰心丧气，不相信在自己愿意接受的工资水平上有工作机会的人员；

5. 被认为灰心到甚至都不再愿意找工作的人员；

6. 在兼职工作，但更愿意全职工作的人员。

市场劳动力的进出，以及就业失业的转换

劳工统计局收集的数据显示，大约 10%—15% 的劳动力一年内会换一份工作。每个月的数据中，包括大量辞职或被解雇的员工以及新雇员。在大多数年份里，大约 20% 的劳动力在一年中的某个时候会经历一次失业，其中失去工作者（job-losers）

和离职者（job-leavers）大体上各占一半。在失去工作者中，大约 40% 的人在 2—3 个月内重返工作岗位，另外 60% 的人的平均失业时间在 4—6 个月之间。

失业率的个人差异和性别差异

单一的按全民范围统计的整体失业率，可能会产生误导，因为劳动力是由具有不同失业概率特征的不同群体组成的。最年轻、最新进入者的平均失业率总是最高的，并且在劳动力市场的头十年里迅速下降。美国大学毕业生的失业率通常在 1%—3% 之间波动，而高中毕业生的失业率大约在 5%—10% 之间。在过去的五十年中，美国女性失业率相对于男性（对于 19 岁以上的人而言）的比率，从高出 50% 稳步下降到二者相等的地步。

失业或就业减少的时期

有些职业的失业率是稳定可预测的，比如在坐等业务时的临时离岗的情况，在农业、建筑业、戏剧行业、汽车装配行业以及其他季节性或周期性强的工作岗位中都很常见。由于季节性原因、天气条件或某些特定工作项目的工作长度而裁员概率较高的工作岗位，通常会以更高的工资进行补偿。

每年离开教学岗位两三个月的学校教师不算失业。* 同样地，在房地产经纪等行业中的人们，可能经历漫长的生意疲软或久不发市的淡季，但他们也不会被认定为失业，即使他们并没有拿到薪水。政府有时会把仅仅从事兼职工作、但本来想找全职工作的人统计为就业不足人员。

与经济衰退无关的正常失业率的上升：结构变化与失业福利

在过去的几十年里，所谓的摩擦（frictional）或正常（normal）失业率在非衰退

---

* 美国的很多学校（包括大学），工作时间一般是一年 9 个月，所以其教师的薪水只发 9 个月。——译者注

时期有所上升。这是劳动力构成变化的结果。劳动力市场上增多的是妇女和移民的就业，她们一般从事的更多是短期试探性工作，就像年轻人（无论男女）所面对的那种典型情况一样。这就是为什么失业率的上升既不一定是经济不景气或经济增长不快的结果，也不一定是教育系统、工会组织、劳动节约型设备增加的结果，也不一定是商品和服务进口增加的结果。

提供长期失业福利，也会导致劳工统计局公布的失业率随着时间的推移而升高。我们来看一下维持在失业状态的成本，特别是低工资率的失业者所面临的成本。假设一个失业人员每小时挣 10 美元。一般而言，失业保险金约为之前工资率的 55%，若是这样，那么，他可以领取每小时 5.50 美元（＝0.55×10 美元）的失业保险金。扣除税款（假设税率为 15%）之后，收益约为 4.50 美元［每小时 5.50 美元减去（0.15×5.50 美元）的税款］。

我们来比较一下，如果工作的话，每小时收入按 10 美元算，则他需要缴纳 15% 的联邦所得税，7.5% 的社会保险和医疗保险税，还有 3% 的州所得税。每小时大约剩下 7.45 美元［＝10.00 美元－（0.15＋0.075＋0.03）×10.00 美元］。拿每小时 10 美元的工资去工作，与不工作只是领取失业救济金所获得的收益相比，这个差额仅为每小时 2.95 美元（＝7.45 美元－4.50 美元）。

失业福利对失业时长的影响，在那些工作不断存在间歇期的人群中更为明显，他们包括临时工、演员、音乐家、刚进入劳动力市场的青少年和年老的退休人员。年轻人和非熟练工人对这种得失更在意，因为失业救济金在他们收入中所占的比例更大。当失业救济金较高时，年轻人的失业率往往更高，失业的持续时间也更长。欧洲国家的失业保险金发放的时间更长，失业率也更高。

失业是一种有益的现象？

非自愿失业可能会让人甘愿接受一份薪水较低的工作。处于失业状态，有助于发现更高价值的其他工作机会，这样的工作机会如果不进行工作搜索本来可能是不会去找的。当前工作的价值下降——而不是为找到最好的可能工作机会而进行搜索的时间——才是造成个人终身收入减少的原因。假设你已经生病或受伤了，那么花时间住院或拄拐杖本身，是否会伤害你的安康呢？大衰退会导致异常广泛的失业和产出的下降。是经济衰退，造成了这样的损失。

练习与思考

1. 失业者通常的标准是"没有就业，但在积极找工作"。它没有提到失业者想找的
   工作范围或者工资要求。"在积极找工作"看起来暗示着什么？
   答：
   一个人应该用不着大费周章就能找到一份与他上一份工作薪水接近的、合适的
   工作。因为总有一些工作可以在足够低的工资水平上获得——这个工资水平是
   他认为低到不可思议，因此不能接受的工资水平。

2. "非因自身过错而失业的人，不应承担失业的损失。政府必须确保他们不会承担
   这样的损失。"这曾是一名加利福尼亚州州长候选人的主张。
   (1) 这名候选人是否相当于是在说，不应该有失业，或者任何目前没有工作的人
       都应该得到一份收入，其水平可能相当于他以前所得到的收入水平？
   (2) 怎么能实现这两个目标，又由谁来付账？
   答：
   (1) 二者都像田园牧歌一般，理想化而又脱离现实。
   (2) 保证就业的一种方法，是"征召"人们到工作岗位上去（即使用武力）。另一个
       办法是，政府雇佣足够多的人，来确保现有的就业岗位（这些钱由纳税人来补
       贴）。这些做法对激励人们寻求最有成效和最有回报的工作岗位有什么帮助呢？

3. 一个人丢掉了工作，不是他的错。那么，他此后保持失业的状态，是否也不是
   他的错呢？
   答：
   不是。他选择不接受迄今为止他发现的最好的替代性工作机会，这是在寻找其
   他的选项，这并不是说他懒惰、不理智，或者活该更穷。花在找工作上的时间
   可以增加财富。

4. "失业是一种极好的特权。没有它，我们都将成为暴君的奴隶。"
   (1) 你能把这句"荒谬"的话解释得不那么荒谬吗？

(2) 你愿意生活在一个禁止失业的社会中吗？（本书后文我们将分析在不禁止失业的情况下如何降低失业率。）

答：

(1) 当然，失业在经济和心理上都是令人感到痛苦的。但如果没有失业，那么，每个人在每一刻都必须被分配到一份工作上。这样的任务分配自然得靠社会（政府）的法令才能推行。这就意味着，在不断变动的经济中，谁也不能自由自在地辞职，然后通过收集成本高昂的信息，尝试各种可能的活动和报酬，以找到另外一份工作。夸张地说，连你辞去一份工作，只是失业 15 分钟，过个马路就去接受一份新工作都不允许。

(2) 如果你的回答是"愿意"，那是否意味着，你愿意在任何强迫你接受的工资水平和工作岗位上工作呢？

5. （针对失业的起因）你认为对失业的何种分类是有意义的呢？

答：

相对需求变化而导致的失业，与一般性货币需求变化而导致的失业是不同的，后者可能反映了不恰当的货币、财政与监管政策所造成的混乱和不确定性。或者说，失业也可以是由于人们所设置的特定的就业障碍而导致的，比如最低工资法，又如只允许加入了工会、对工资要求较高的工人参与竞争的建筑项目。

6. 美国钢铁工人联合会（United Steelworkers of America）前主席，在要求国会对私营职业介绍所的工作方法、收费和服务质量进行调查时说，"不论男女，都不应该为了获得一份工作的权利而付费——更何况那常常是一大笔钱。"他还宣称，社会和政府都有义务"让每个有意愿和有能力的人，以其最高技能或接近最高技能的状态开展工作。"请你对他的这些话给出评价。

答：

只要工资要求足够低，失业者就可以很快找到工作。然而，如果一开始就遇到的工作，其薪水低于他们的保留工资（即他们认为他们可以得到的工作水平），大多数工人是不会接受这份工作的。对于求职者来说，获得可靠的求职信息的费用并不便宜（雇主获取有关雇员的信息情况也是如此）。求职者付给职业介绍所的是昂贵的信息费用。在一个开放市场、自由企业的社会中，失业者根据自己的能力和成就，有机会在潜在的雇主中寻找他们所能获得的最佳机会。

7. 几乎每年都有人提议国会应当通过立法"创造更多的就业机会"。当然，国会并不创造就业机会：可做的工作已经很多，而且国会打算创造的那些工作岗位，已经作为需要去做的有用事情而存在。所提议的这项立法，实际在要求国会创造什么呢？

答：

提高这些岗位现在的工资。

8. 在周期性的能源"危机"中，人们被告知，除非节约更多的能源，或者找到更多的能源，否则工作岗位就无法留住。这种说法不对。事实上，能源供给的减少反而会增加某些工作机会，因为那样会给人们提供更多的活计！你认为，人们说无法留住工作，是什么意思，或者应该是什么意思？

答：

在能源成本提高的情况下，有些工作岗位的价值会降低。随着这些工作岗位的价值下降，对这些劳务的支付水平将会下降。随着公司因能源成本上升而裁员，有些人可能会被解雇。人们可以找到的工作不是更少，而是更多——只不过，其中大部分工作岗位拿到的工资更低罢了。这位演讲者或作者的意思是，在先前更低的能源成本下，工资更高的工作岗位将会减少。能源价格越高，社会就会越穷。

9. "自动化正在摧毁工作岗位。"从社会角度来看，摧毁工作岗位是好还是坏？请解释一下，为什么这并不意味着所有人都将面临失去工作的处境。

答：

先前制造资本设备的劳动力，现在替代了过去完成相同任务的工人。被取代的工人可以从事其他工作，这些工作岗位可能价值更低，工资也更低。那些设计、制造机器人以及为机器人编写程序的薪资较高的人，取代了那些以前手工制作冰曲奇的低工资人群。

第 39 章　你的收入：怎么挣的以及什么时候挣的

经济学很好地解释了在消费和投资决策中你是如何被推动、牵引和引导的。但我们忽略了两大重要的经济选择——婚姻和收入赚取。经济学可以帮助你在这两个问题上作出更明智的选择——但我们把婚姻这个问题留给你自己思考。

我们来思考另一个问题，我们假定你在新工作岗位上领取的第一份薪水是每周500美元，但你会发现你拿到手里的只有410美元——少了90美元！社会保障、工会会费、养老金、医疗保险和所得税，包括其他一些可能的扣除项，这些都被扣缴了。有些是你因工作而产生的债务的预付款。有些是把当前的收入留存下来的部分，为你以后的退休做打算以及给付保险。它们是对你当前收入的分配，并没有减少你的当前收入。

我们在这一章中，主要是看你的收入如何与你的绩效表现相关联，以及收入是如何支付给你的。然后我们会看到为什么收入的支付有时更早，有时则更晚。

整体收益 vs.货币收益

你的收入将不仅仅包括所支付的货币款项。其中还包括附加费用或福利，包括：带薪休假和病假，以及雇主的医疗费用、健康保险、午餐补贴、咖啡休息时间、停车位、养老金、产假、为投票以及陪审团义务花费的时间、由雇主提供的社会保障费、娱乐设施、儿童和老人照料、教育补助金、遣散费、工作场所津贴、再就业援助等等。

在竞争激烈的开放市场经济中，你的全部收入会被推向你所增加的社会产出的水平。先不管收入构成如何，我们来看雇主是如何评估员工的生产力的？

将收入与绩效挂钩：当工作估值确知后再付款

每小时直接工资

根据雇主对你边际生产率的估计，你获得工资。雇主如何衡量或评估你的工作估值呢？员工的工资是如何支付的？有时候，这一估值最容易通过计件工作来衡量，雇主为所生产的每一个产品单位或服务单位支付工资。在田里收割庄稼的工人，通常按他们装满的箱子的数量来支付报酬。

部分薪酬可以是基于收入百分比的佣金形式。有时候，雇主允许产品的最终顾客对产品进行判断，并通过小费支付至少一部分的员工工资。

小费

小费是诱导员工达到预期绩效的一种方法。当最适合监控员工绩效的人是顾客而不是雇主时，就会使用小费这种支付方法。如果服务符合预期，则由顾客完成工资支付。餐厅服务员的工资可能比正常服务质量的工资水平低 10%—15%。

如果服务达到了标准的质量，那么顾客的小费将会补足这部分差额。小费可以不被看作是对特别服务的报酬；相反，它是在竞争性的整体工资水平上完成了工资支付。餐厅服务员收到的小费，是与勤杂工（busboy）和其他协助服务顾客的人一起分享的，这一安排就反映了这一点。

因而，有两个理由可以将小费作为对所提供的服务进行支付的一种手段，而这些服务可以由顾客作出最佳判断：（1）小费是一种改进监督和完成标准服务整体货币工资支付的方法；（2）小费还允许为顾客提供不同等级服务的员工报酬有差异。也就是说，两个员工得到的基本工资相同，但是为顾客提供更好服务的人得到更高的整体工资。

服务费延后数年，直到服务的估值得到充分评估时再作支付

当前服务的部分工资可能会延迟很多年，直到当前服务的价值被更可靠地评估时再予以支付。一些年轻教授的服务，价值要高于他们开始教书时得到的工资。适宜的工资水平需要在很长一段时间后才能更可靠地予以确定。在那个未来的时间点上，他们的工资将包括为早前低估的服务所作的补偿性支付。但如果发现早期服务质量低于预期，雇主将会解雇这位教授。这种对评估予以延迟，然后要么超额支付要么终止合约的非升即走（up or out）制度，往往会让有作为的员工与雇主不离不弃，直到能够作出更准确的评估。

非升即走和终身雇佣

在大学和律师事务所中，非升即走制度是非常具有代表性的。向新雇员承诺在规定的年限内给他一个工作岗位。过了这个年限之后，雇主将决定是否终止雇佣或确保他有份永久的工作——终身雇佣。

非升即走制度保护资历较浅的员工，使其免于资历较深的员工在作决策时采取机会主义的拖延策略的影响。一种倾向于在所承诺的时间点确保兑现承诺的力量是，以不兑现承诺而出名的雇主雇佣新员工的成本将会上升。

溢价收入或效率工资

第 24 章提到了康胜啤酒的定价存在溢价的例子。这种溢价的目的，是向零售商支付超出竞争性水平的富余金额，以便确保零售商能实现预期的业绩。雇主可以为雇员按预期的表现支付奖金。如果员工被发现没有提供所承诺的服务，那么奖金会有损失，对此的预判将有助于维持所承诺的业绩表现。雇主会支付更多的工资，但也避免了用其他方法来监测雇员表现而产生更大的成本。这种形式的工资被称为效率工资（efficiency wage），这一名称容易让人产生误解的。

人是有能力控制其服务水平和可靠性的，这一点使得劳动力数量（quantity of labor）这个概念充其量只是一个很笼统的概念，并没有什么分析问题上的价值。劳动力（labor）通常意味着在特定的时间间隔内可以得到其劳务的人数，而不是服务的数量。我们可以谈论一小时的劳动力市场价值，但这不可能衡量在那一小时实际完成的劳务数量。

员工股票期权

与经理人的绩效表现相比，提箱子、缝衬衫或打字的绩效表现度量起来更容易，也更准确。把报酬与员工业绩挂钩的一种方法，是授予股票期权（stock option），特别是对公司高层管理人员。股票期权是在未来以现在所定价格购入公司发行的新股的权利——此价格被称为行权价格，通常被设定为等于授予该股票期权时的市场价格。期权的价值反映了股票市场价格未来上涨的可能性。

对于一个人们预期其个人行为对公司市场价值有影响的高层管理者来说，期权是一个很好的激励手段。它有助于保持管理者的利益与公司所有者、普通股股东的利益相一致。

公司股票价值的变化，并不仅仅是由经理的表现引起的。市场利率可能会下降，这将提高股票价值和期权的价值。通货膨胀可能会发生，并使股票价格和期权价格不成比例地上涨。为了区分管理者的业绩与其他事件的影响，一种办法是，将期权价值与公司股票价格相对于整个市场或公司竞争对手的变化程度挂钩。

养老金

养老金，是对早前收入的延迟支付，它可以构成一个人一生收入的很大一部分。通常，在同一雇主那里工作数年后，雇员就有资格获得雇主支付的养老金福利。到时候，雇员有资格在退休后领取定额收益养老金（defined-benefit pension）或定额供款养老金（defined-contribution pension）。

定额收益养老金规定（确定）了从退休到去世的福利金额，譬如每月 1 000 美元。定额收益养老金的数额通常取决于收入大小和就业时间的长短。而在定额供款养老金制度下，收益取决于雇员自己（也可能是雇主）在雇佣期间向退休基金所支付的供款金额。退休时，退休人员（和雇主）在其职业生涯中供款的累计价值，会按照预期寿命算出月度养老金福利的金额，以月度养老金序列的形式支付给雇员。

雇主可以自己创建和管理基金，也可以将这项活动外包出去。公司的雇员退休基金，可以是其他公司的普通股和债券以及政府债券的集合，其收益用来支付所承诺的雇员养老金。

直到几十年前，美国的雇主通常还很少或根本没有为员工退休预留投资基金。雇主的基金就是他们的一个承诺，即会从雇主未来的收入中拿出钱来，为雇员支付退休福利。如果这家企业未来的收入或财富不足，养老金就会无法支付。联邦和州的立法要求私人企业定期对投资计划提供资金，并定期报告这些计划名下的资产。相比之下，州、市、县、学区和其他政府雇员的养老金计划，通常主要取决于这样一种预期，即未来的工人/纳税人将来的税收收入将会是满足养老金承诺的资金的主要来源。

定额供款养老金计划与401K养老金计划有点相似，后者仅适用于自营企业主或公司高层管理人员。它允许自营职业者和管理人员通过投资于股票或债券，从他们的工资中每月为退休存钱，一直存到退休，对于这笔递延收入不需要支付当期所得税。所得税延期是401K养老金计划流行的主要原因。（401K是指所得税法中授权条款的编号）。退休后，退休福利可从个人基金以联邦法律规定的退款率提取，届时必须缴纳税款。

根据定额供款计划，所积累的退休财富的价值从就业开始到退休相对平稳地增长，与个人年度收入的逐步增加紧密一致。但对于定额收益计划，通常直到在同一雇主那里就业大约5—7年，雇员的养老金权利归属本人（也即养老金权利确立）之前，所积累的退休财富都是零。此后，未来养老金权利的现值就是雇员财富的增加额。

关于别人挣多少钱的观念陷阱

自尊（self-esteem），是一个强大的动机。你认定的相对收入和财富，会影响你的社会关系。对于自己与别人相比的、当前和潜在的收入和财富，人们所认知的度量标准存在缺陷。

那些反映"收入不平等"的数据，对个人收入不平等的程度造成了一种欺骗性的印象。第一，这些数据只度量短期内，即一年内的收益。第二，对收入者的年龄差异进行调整是必须的。随着年龄的增长，大多数人从低收入走向高收入。这就是为什么终身收入不会像年度收入的差距那么参差不齐。而且，从长期来看，终身消费水平要比年度收入更加稳定。年轻时，我们会通过借贷和投资来熨平我们的消费，年岁增长后，我们会从更高的收入中拿钱来偿还。我们还必须研究教育投资的终生模式，以帮助核算收入。

与年龄相关的年收入 vs.终身总收入

学只上到高中阶段的人，他们投资更少，挣钱更早，并且比那些更多地投资于人力资本以获得更高收入的大学生所获得的收入流时间更长，金额也更低。上大学时，你会产生两种形式的投资成本：（1）学费和大学收取的杂费；（2）放弃在这段时间内本可以赚取的收入。

在像医生这样的一些行业，在大量投资和长时间保持非常低的消费水平之后，收入的到来比高中和大学毕业生都晚得多。终身收入的资本价值使得我们可以对具有不同终身投资和消费模式的人的收入进行更全面的比较。

显然，在若干年中，收入存在着相当大的上升和下降趋势，这反映了与工作变动有关的暂时性变化，以及对各类服务和技能需求的逐年变化。同样重要的，还有对家庭规模以及家庭（family）或家户（household）中的收入者人数作出的调整。

供求关系的转变

收入不平等的一个原因是，决定当前工资的当前需求和供给在不断变化。一生平均收入在各人之间的平等，之所以从来没有实现过，部分原因是那些不可预测的变化造成的。这些变化提高了一些工作的价值，降低了另一些工作的价值。

计算机等发明，创造并提高了对技术专家的需求。新的治疗手段和人口中越来越多的老年人，改变了对医疗服务的需求。遗传知识使得对遗传生物学家和化学家的需求日益增加。这些工作的收入曾经有过飞跃式增长，但随着时间的推移，它们将会与其他职业经完全调整后的平均收入水平持平。

当电视进入我们的生活时，有些行业——像广播和电影这些行业——的收入开始下降。在经济衰退时期，人们退休或离开一些工作岗位，这部分人的数量会达到这样一个点：在经济复苏期间，这部分减少的供给导致该行业中现在更少的那些人的收入恢复到之前的水平。

那些已经在岗的人，当其所在的工作岗位近来需求增加时，他们会享受到偶然和短暂的收入增长。掌握适当技能、快速跳槽到另一份工作的高昂成本，是一个行当中异乎寻常的高收入并没有立即被新入职者所消除的原因。尽管如此，过高的收入还是会被想要进入高薪工作岗位的竞争所侵蚀，而过低的收入则会被从业者的退出和进入人数的下降所弥补。

李嘉图优越性

无论受教育程度和就业机会如何，遗传天赋的基因差异都会导致能力出现差异，这种差异会影响到收入。由于基因不同，人们的自然特征也不同。你一出生，就无法通过学习、投资或努力再来获得这些特征，尽管通过投资和实干你可以更有效地利用你所拥有的才能。经济学家将这种天生的、无法再生的优越性，称为李嘉图优越性，以纪念19世纪早期一位有影响力的经济学家大卫·李嘉图，他曾强调过这种优越性。李嘉图优越性在工作习惯、可靠性、责任感、洞察力和诚实度方面都很重要。在一些天分上的天然优势，导致人们在经济绩效和收入上存在差异。

收入对才能差异的敏感性

与外科医生、律师或音乐家相比，能力差异对木工、卡车司机或会计师的收入影响比较小。最好的看门人不会比一般看门人有更大的价值效应。

相比之下，最好的外科医生的服务价值要比一般外科医生高出很多。在创作音乐、管理大公司或处理复杂的法律案件时，才能的差异会产生巨大的影响。在职业体育运动中，最好的运动员的身体优势可能很小，但这对他们服务的价值却有很大的影响。然而，不同行业里才能的平均水平将会趋于相等——在扣除教育投资成本之后。

为什么大公司的 CEO 比小公司的 CEO 挣得多

上述原则意味着，大公司高管的薪酬高于小公司高管的薪酬。企业规模与高管薪酬之间的密切关系，并不适用于其他员工，因为高管的决策对企业价值有着更大范围的不可预测的影响。

在大公司中，管理能力的差异在其价值效应上会成倍增加。非管理人员对公司资源的个人影响更可预测，而且更小，所以，他们的工资将与公司的规模无关。更好的律师处理"大"案件，更好的建筑师设计更昂贵的项目。并不是因为大公司"财大气粗"，花起钱来随心所欲，大肆挥霍地向管理者支付更多的钱；而是反过来，管理技能的差异对大公司的影响更大。

管理者对公司价值的潜在影响范围的重要性，从受到高度监管的公司（如公用事业公司）的管理者工资更低这一点即可明显地看出。在这些公司中，管理者不像不受监管的公司的管理者那样，对价值具有深远的影响。公用事业更有可能以既定的常规活动来运作。

相比之下，在受到较少监管的企业里，以及在那些新项目的决策上具有高度自由裁量权，而且其潜在影响非常深远的地方，其 CEO 的薪酬会很高，其任期与由此产生的业绩也密切相关。他们的业绩以利润或公司股票价值的变化来衡量。与受监管的公用事业公司相比，更多的管理者将变得非常富有，但也有更多的管理者会被更快地解雇。在放松对航空公司的监管之后，航空公司 CEO 的决策对公司的财富产生了更深远的影响。因此，更多的航空公司 CEO 薪酬合同，开始把股价变化作为高管薪酬的决定因素。

服务的可复制性把奖励集中到了最佳的竞争者身上

录制和复制设备，如唱片、磁带、光碟、胶片、收音机和电视，使几乎所有人都能享受到卓越演奏者的服务。因此，对天赋不够的演员的需求相对就减少了。现在，奖励由那些少数表现最好的人获得，而不是由许多表现还可以的人分享，其中每个人分到少数顾客。小联盟棒球队曾经是大多数人观看职业棒球比赛的唯一来源。现在,几支由最好的球员组成的球队,通过电视几乎向全美观众提供了所有的棒球比赛。现在,极少数的顶级运动员挣取的收入大幅度增加。少数优秀的演员收入非常丰厚,这吸引了许多抱负远大之人,但他们每个人获得成功的几率是很小的。理想破灭后,他们会转到其他工作岗位去。

给最优秀者的奖励

在某些活动中,尤其是体育活动中,表演者的价值往往取决于他在所有参赛者中所处的等级。棒球世界大赛、橄榄球"超级碗"赛事或美国网球公开赛的胜利者,只是因为成为最后的赢家而受到奖励,而不管其表演绝对质量如何。无论参赛者成绩多么接近,或者表现有多好,给冠军的奖励都要比给第二名的奖励大得多。虽然参赛者在比赛质量上几乎没有多少差别,但是对获胜者与非获胜者的奖赏差别很大。

尤其是在体育运动中,青少年受到鼓励在很早的年龄段就开始集中地从事一项专门的活动。这样的专业化提高了这些孩子们将来收入低于总人口平均收入水平的概率。这种在专业化上的赌博,失败的可能性很大,偶尔也会有耀眼的成功。其他那些在学业上对学习进行范围更加宽广的投资的年轻人,拥有更高也更广泛的综合技能。

与性别有关的收入

从历史上看,一直存在着男性对女性的种种歧视。女性偏好留在家里工作,而不是到市场上就业。即使在今天,在有些社会中,与男性相比,女性几乎没有什么权利可言。

在私有财产权归于个人(即没有奴隶制或农奴制)以及个人有选择职业权利的社会,自由市场竞争往往会大幅度地减少性别收入差异。如果一个雇主拒绝雇佣那些能做男人所做的事,并且能以较低的工资来做的女人,那么他丢掉的就会是潜在的利润。(尽管有反歧视法,但这种工资差别仍然存在。)

一些非偏见的因素是否足以维持工资水平的性别差异？雇佣女性的成本是否高于雇佣男性的成本？育儿和产假是两项额外的成本。女性在市场上的就业机会，也受到一些行业中的人为限制。例如，可用于工作的时间对男性和女性并不总是相同的。

还有一些基于女性自我挑选的歧视或选择。与对女性的偏见无关，在某些类型的工作中，存在一些自愿群聚的原因。一名女性进入一个即便离开一阵子其所获得的技能和知识也不会贬值的职业，自然合情合理；而对于要不要专业化于一个研究和技术思想日新月异的职业，三思而行也未尝不是明智之举。

人力财富与非人力财富

接近三分之二的家庭拥有自己的住房，平均来说，住房几乎占了他们一半的财富。家庭拥有的生意是第二大财富形式，尽管平均而言这一财富形式只占户主财富的 10％左右，但方差很大。所报告的这些财富衡量指标并不包括人力资本。如果将人力财富——作为个人劳动未来收益的现值衡量——包括在这些正式的指标中，年轻人就会比老年人更富有，因为老人们的人力资本几乎已经耗失殆尽。

贫困

美国政府认定的贫困，与全世界数十亿人口所忍受的极度贫困并不一样。根据美国政府的贫困定义，美国大约有 15％的人口处于贫困状态。美国的贫困线现在被定义为每年家庭收入低于所指定食品篮子（food basket）年成本的 3 倍，这一指定的食品篮子要根据家庭大小进行调整。

美国政府的行政管理和预算局首次正式公布贫困水平时，有一些研究表明，低收入家庭通常将三分之一的现金收入用于购买食物，因此贫困收入水平的上限是食品成本的三倍。

贫困水平是以货币收入而不是以消费来定义的。这忽略了某些形式的收入或消费能力，比如实物补助，包括像住房补贴、食品券、对老年人先前储蓄的消费，以及慈善等。

　　贫穷在很大程度上可能是不工作的结果，而不是在低工资水平上工作的结果。不工作不一定是懒惰的问题。健康状况差、需要照顾孩子，以及家里另有能挣大钱的人，都是常见的不工作的理由。

非货币形式的收入和援助

　　使个人或家庭有资格获得政府特殊贫困援助的、正式的贫困衡量标准，不包括其他的政府非现金福利，如食品券、医疗补助、失业保险、保障性住房，以及无论收入水平如何都提供的公立学校午餐。也不包括个人未申报的现金收入。一项对官方定义的贫困家庭的研究表明，平均而言，家庭非官方衡量的收入占到相当于其贫困阈值的大约 40%。

　　私底下的工作和朋友的帮助，提供了消费增长中的非货币来源。如果把这些被略去的消费和援助形式包括在内，贫困家庭的平均整体消费能力估计会超过官方贫困线 40%—50%。因此根据这个消费水平的标准，美国贫困家庭的百分比约为 8%。

处于贫困状态多长时间？　贫困状况的进入与走出

　　对有些人来说，贫穷是长期存在的；而对另一些人来说，它只是一个短暂、随机的事件。从过去的行为来看，大约一半的贫困人口将在一年后升至贫困线以上，而五年内大约 80% 的贫困人口将会脱离贫困状态。待业的演员、季节性的工人以及合同工，在失业期间都被归类为贫困人员。有些处于贫困行列的人，是刚开始踏上工作挣钱的年轻人，或者是自筹资金上学的大学生。

　　按收入五分位数分组，再看 7 年的时间跨度，第 1 年贫困家庭中收入最低的五分位数（20%）中，约有 6% 在第 7 年升入最富有的五分位数。而在最富有的五分位数的家庭中，大约有一半的家庭向下迁移，约有 4% 的家庭一直迁移到最贫穷的五分位数中。

　　在中间五分位数的人中，约有三分之一的人是从较低的五分位数向上爬升上来的，而又有约三分之一的人是从较高的五分位数掉下来的。显然，收入分配中的变动和转移并非微不足道。但有许多靠积累的财富过活的退休人员，被记录为低收入者，而且很可能仍将保持这种身份。而那些在自然能力、教育和培训方面处于劣势的人往往深陷泥沼，无法自拔。

贫困的女性化？

在一个既定年份，美国大约三分之一以女性为户主的家庭，按照他们的收入指标，这些家庭是处于贫困之中的。未婚妈妈在这些家庭中占很大一部分。独立生活且参加工作的女性比例上升，造成了贫困的增加。女性通常是收入较低的临时劳动力，至少刚开始工作时是这样。从 1970 年起，已婚夫妇在贫困群体中所占比例变小，而单亲家庭和单身家庭的比例则有所增加。

这些事实都不意味着处于贫困状态只是暂时的困难。经济学原理和分析只能帮助我们澄清问题。失业保险会增加失业率吗？是的，它增加了失业的程度和时间。它是否有助于在选定的新工作岗位上实现更好的工作匹配？是的。对单亲家庭的援助是否会产生更多的单亲家庭？是的。食品券本质上等同于现金补助金吗？很大程度上是这样。政府福利的管理成本是否高于私人慈善机构？是的。政府对无家可归者的援助，是否增加了无家可归的人数？是的。这些回答是否意味着收入再分配福利计划应该减少或取消呢？不，这超出了经济学的范畴。

练习与思考

1. "不同的工人获得的工资各异，乃是因为工人彼此不一样，工作岗位也不一样，而且工人无法轻易地转到其他工作岗位上去。"另一方面："工人是不同，但在许多工作中却又挣取相同的报酬；许多不同的工作岗位支付的是相同的工资；

而跨国迁徙就像搬到隔壁去一般'容易'。"哪一句更接近事实呢？请写出有关这一思想的一个更好版本的表述。

答：

人们的生产能力不同，获取技能的成本也不同。获取技能的成本（限制一个人复制另一个人能力的成本要素）的大小，恰好使得工资差异有其存在的空间。这些工资差异通常会小于低薪工人为了能够从事高薪工作而须支付的获取技能的成本。除了在所有工作任务中需求和供给在相同工资水平上出现的偶然匹配之外，工资差异将会持续存在，但工资差异将会低于获得高薪工作技能的成本或工作变动成本。

2. 培训成本更高是有些工作收入更高的原因吗？

答：

培训成本影响有关服务的需求和供给。潜在买家（雇主）将会部分根据对雇员先前培训的了解，来评估其服务对他们的可能价值，而培训越多，对服务的需求也越大。更高的培训成本限制了服务供给，将供给曲线左移，在更高的工资水平上与需求曲线相交。这一工资是由供给量上的需求价格给出。

3. 美国 2017 年的国民收入估计超过 16 万亿美元，其中并不包括家庭中女性劳务的价值。这是不是一个重大疏漏呢？

答：

我们想想看，如果雇佣某人来完成一个家庭主妇和母亲的所有工作，那要支付多少工资，而且不要忘记，为了让他像家庭主妇一样有效且积极地工作，我们还得监督这个我们雇来的人。对于为什么这么多家庭都自己来打理自己的家，有一个可能是次要的原因，那就是家庭里的这些服务并不会被征收所得税，而如果雇人来干家务活，那就必须缴税。

4. 很久以前，很少有人会读或写。有些能读能写之人，干着"抄写员"的工作。他们的工资比大众高。这些技能曾经如此具有价值，以致现在几乎每个人都在投资获取这样的技能。如果专业化如此具有价值，为什么每个人还像一个这些技能的自给自足者那样，都要学习阅读和写作呢？我们并不都在广泛的医疗和法律知识上进行投资，而是让别人为我们提供这些服务。但是开车或者做饭呢？
是什么决定了哪些活动上我们会更倾向于少一点专业化，而在驾驶、烹饪、阅
读和书写上又是由自己来完成呢？

答：

一般化的技能可以相对快速和便宜地获得，可以应用于各种各样的消费和生产
活动，并且随着时间的推移而不失其价值或有用性。相反，专业化技能获得起
来更加昂贵，用途和应用面更窄，其价值还可能在不同的时间段之间发生更加
剧烈的波动。

5. "有些大公司的总裁一年的薪水超过 100 万美元。他们作出的决策在种类上与那
些成千上万的其他公司决策者作出的决策并无不同，但后者的报酬要低得多。
这些拿着低报酬的决策者一样很聪明，他们只是没有机会得到那些令人艳羡的
工作，而且他们也不那么出名。薪资主要乃是基于过去的经验、声誉和影响力
定出来的。因此，边际生产率是对虚构世界的一种不切实际的学术抽象：往轻
了说，这是一个误导性的概念；往重了说，这根本就是一个错误的概念。"请你
解释一下，为什么最后一句话并不能由前面的那些话所推出。

答：

一项资源的边际生产率会影响其报酬，而与该资源共同使用的资本量也会影响
其边际生产率。我们假设有两位经理，其中一位经理作出正确决定的概率，比
另一位多出大约 5％。对于一家价值 100 万美元的公司，这个差额大约为 5 万美
元，而对于一家价值 1 亿美元的公司，这一差额大约为 500 万美元。显然，更大
的公司将会找那位更优秀的经理，而不是不那么优秀的那一位。一般的工人不
会像高管那样需要作出影响公司财富的决定，所以他们的才能差异不会像高管
那样被放大。因此，无论在小公司还是大公司中，非管理人员的薪酬将会大体
相同，而高层管理人员的薪酬将与公司的规模相关。

6. 下列哪些是由于生产力优越而具有差异化报酬的职业，哪些是因为垄断而导致
的差异化报酬？

(1) 大型运动中的明星运动员；

(2) 电影明星；

（3）当红的电视演员；

（4）大型报业集团的专栏作家；

（5）势力强大的政治家；

（6）非常成功的金融家；

（7）流行歌手；

（8）发明了每个人都想要的东西的发明家；

（9）畅销连载小说的作者。

答：

可能所有这些职业，其报酬都是由社会所认为的很具价值的生产力所带来的，而不被认为是受垄断保护的收入。我们没有任何证据证明，有人有权通过与优异表现无关的方法排除竞争。

7. 针对年收入最高的那四分之一人群，你计算他们当年的平均收入，并将其与下一年这些相同个体的平均收入进行比较。你再计算一下收入最低的那四分之一人群的情况。哪一组平均收入会上升，哪一组平均收入会下降？

答：

收入最低的四分之一人群的平均收入在次年会上升，而收入最高的四分之一人群的平均收入会下降。这反映的是普遍存在的回归效应。

第 40 章　劳动力市场联盟

"美国工人的高工资是一场强有力的工会运动的结果。"如果这是真的，所有工人的高收入之路似乎是："为更高的工资而建立工会和罢工！"经济推理和证据都不支持这个处方。能解释工资的，是劳动生产率（productivity of labor）。

如果一个社会拥有相对丰富的现代资本设备、较高的教育水平、熟练工人，以及组织生产活动的有效体制，这个社会的劳动生产率就会相对较高。这些，而不是其他，才是高工资的基础。

工会所能做的是帮助推进申诉程序的顺利进行，提供更多的就业机会信息，帮助工人提高技能，监督保险、退休等福利的支付。这些职能并不是可有可无的。这些福利是如何获得的，又是以何种成本获得的？谁为提供给工会成员的福利付账？雇主中是否也有类似的组织？

历史与组织

工会是正式组织起来的雇员联盟，其目的是帮助雇员与雇主谈判。这个过程就是所谓集体谈判（collective bargaining）。工会官员/代理人就雇佣合同的条款进行协商、监督和执行。代表特定技能之人——比如音乐家、木匠、电工、水管工或画家——的工会，是手艺人联盟（craft union）。行业工会（industrial union）包含一个行业中所有企业的雇员，如纺织业、钢铁业、汽车业或化学行业等。

这两种类型的工会，现在都联合在一个大型的劳工保护组织当中，这就是美国劳工联合会—产业工会联合会（American Federation of Labor and Congress of

Industrial Organizations，简称 AFL-CIO）。领导该机构的是由许多主要工会领导人组成的执行理事会。

一个地方工会，由一个公司或一个地方的工会成员组成，其官员通常由成员选举出来管理工会事务，解决雇主与雇员之间的纠纷，管理养老基金等。工会在每家公司的办事人员（shop steward）帮助调解工作纪律申诉方面的纠纷，负责解读工会合同和安全规则。工会的经费由会员缴纳的会费提供。尽管在美国开设要求新雇员都必须加入工会的工会制企业（union shops）是违法的，但签订工会合同又是允许的，按照该合同，所有雇员都至少要把缴纳工会会费作为雇佣的条件，而无论他们是否选择加入工会。

在美国，有近 1 500 万人加入了工会（包括在政府部门工作的人员——现在这部分是增长最快的工会部门）。在 20 世纪 30 年代以前，加入工会的劳动力比例一直徘徊在 5％左右，但在 1935 年的《瓦格纳法案》（Wagner Act）* 之后，到 1950 年上升到 30％左右。从那时起，这一比例相对稳定地降到了 12％以下。显然，工会会员在快速增长的高科技行业中不太受欢迎。在受国外进口影响的行业，如纺织、服装、鞋类、电子和其他依赖于低技能工人的产品行业，下降得最为严重。

市政府、州政府和联邦政府的雇员，现在比私营部门的雇员更有可能成为工会成员。包括警察在内的地方政府工作人员，是最有可能成为工会成员的政府雇员。政府工作人员的工会化率接近 40％，而私营企业的工会化率不到 7％。在运输业和公用事业部门，私营部门的工会化程度相对较高，在 20％以上。私营部门工会化程度低的现象，发生在销售人员中间，以及农业、渔业和林业等职业中。在计算机和高科技领域，工会成员很少。

为什么政府雇员的工会会员人数增加了，而私营公司雇员的工会会员人数却没有增加呢？一个主要的原因是，强加的工资如果超过了竞争市场决定的工资水平，私营企业难以承受得起。私人雇主不同于政府机构管理者，他们必须从销售收入中拿出一部分来支付雇员工资及其他资源所有者的报酬，而销售收入反映了消费者愿意为其商品和服务支付的价值。私人雇主不能像政府机构的管理人员那样，要求用税收来弥补损失，因此，政府机构的管理者对工会的要求不太有抵抗力。

---

* 又称《国家劳动关系法案》，是美国在劳资关系调控法律制度上的重大调整，该法案承认了美国工会享有集体谈判等权利。——译者注

工会的兴起

在美国早期历史上，成立工会被认为是从事阴谋活动（conspicuous），彼时工会被认为是一个有着非法目的的联盟。后来，当工会合法时，雇主往往拒绝与工会代表打交道。然而，1935 年国会通过了《国家劳动关系法案》（National Labor Relations Act，即《瓦格纳法案》），如果一个适宜的谈判单位（可能是一个部门、一个行当，或整个工厂）中的大多数雇员，都投票加入或投票组建工会，该法案就会强迫雇主与工会谈判。就这样，国会确认雇员有权在不受雇主胁迫或干涉的情况下组建或加入工会。

由大多数雇员所选择的工会，将是所有雇员（除了监督或管理人员之外）的专属代表，不论他们是否工会成员，也不论他们是否愿意由该工会代表。这就是所谓的排他性强制性集体谈判：（1）由于雇员的唯一代表即指定的工会代理人，所以它是排他性的；（2）雇主必须按照要求与该工会协商达成协议（工会合同），所以它是强制性的；（3）由于谈判单位的所有雇员，不论是否工会成员，都受该合同约束，所以它是集体的。雇主不能合法地与工会中的不同雇员签订其他协议。

国家劳动关系委员会

国家劳动关系委员会（National Labor Relations Board，NLRB），创建于 1935 年的《国家劳动关系法案》通过之时，由它来监督选举，确定哪一个工会——如果有的话——是谈判单位中所有雇员的唯一授权工会。该委员会还可以发布命令，限制那些不公平的劳工做法（unfair labor practices）——即国家劳动关系委员会所称的雇主阻挠工会成立或拒绝与指定工会谈判和协商等活动。

针对《瓦格纳法案》的一边倒的影响，1947 年出台的《塔夫特—哈特利法案》（Taft-Hartley Act）规定并禁止了工会一些不公平的劳工做法。根据这项法案，工会不得干涉雇员不加入工会的自由；而某些传统的工会斗争武器也遭到了禁止，如间接联合抵制（secondary boycotts，反对第三方与正在和工会发生争议的雇主进行交易）。

《塔夫特—哈特利法案》禁止了要求所有员工必须加入工会的闭门企业（closed shop）。然而，它又允许工会合同的存在，根据该合同，持异议的雇员不再需要加入工会，但仍然需要支付工会会费。

某几类政治活动和对政治候选人的捐献也受到了禁止。《塔夫特—哈特利法案》还授权美国总统有权宣布罢工是在制造紧急状态，已经危及国家的健康运行或安全。这样的罢工必须延后 80 天作为冷却期。《塔夫特—哈特利法案》保留了各州通过工作权（right to work）法的权利，州宪法可以禁止工会合同将加入工会作为雇佣条件。目前，有 28 个州有工作权法。

成员遍布同一行业——诸如汽车、钢铁、卡车司机、体育联盟——的多家企业的行业工会，会代表那些企业的工会成员进行协商。由于这些协商是针对一个行业中所有企业的雇佣和工资条件而进行，所以雇主们就不可避免地会以集体的方式参与谈判。这导致了对雇主之间相互勾结的指控。而根据《瓦格纳法案》和相关立法的授权，雇员通过工会进行勾结则是合法的。

直到 1996 年底，最高法院才宣布雇主的联合行动是合法的（即不违反反托拉斯法）。最高法院还指出，只有国家劳动关系委员会才能决定雇主就就业条件采取何种联合行动是合法的。该委员会最开始是雇员加入工会的保护者，现在也必须充当雇主合谋的保护者。

通过垄断地位实现工会目标

让加入工会的雇员拥有限制非工会劳工竞争的合法权利，是国会的意图所在，但这种垄断的权利并不能保证会取得成功。其成功的程度要受到工人、产品和生产技术的相似性和可替代性的强烈限制。如果工会提高了一个地区的劳动力成本，那么在劳动力成本更低的地区，生产将会扩大，并向更多市场进行供给。由于工会化提高了美国北方各州的劳动力成本，南方各州可能会以低价来与北方的产品展开竞争，比如汽车生产就在更多地向南方转移。

如何确定工资和工作条件，工会领袖和官员们是根据什么来决定的呢？他们是想最大限度地提高全体成员的工资总额，还是提高那些保住工作的人的平均工资水平呢？工会代理人是不是像房地产中介机构在房屋交易中所做的那样，像一家中介机构一样来进行集体的协商呢？它们是否有助于雇佣合同的执行，从而使雇主和雇员任何一方都不能剥夺依赖于对方的价值呢？我们将在下面对这些问题进行讨论。

工会对工资的影响

在特定行业里，工会工人的货币工资中位数，通常会高于非工会工人，如零售业职员或汽车零部件制造厂商等。可以肯定的是，这种现象反映了许多工会以外的特征，比如技能、年龄、行业类型、所在地区和公司规模。加入工会的考虑，除了工资水平之外还有很多其他的因素。工作岗位安全程度、工作条件，以及雇主和雇员之间对合同履行情况所作的保证，都是其例。对个别雇员的好处，会部分地被工会会费和定期罢工或"停工"（lockouts）的时间损失所抵消。

免受雇主机会主义行为的盘剥

工会可以保护雇员，不让雇主在所承诺的未来奖励上食言，比如晋升、养老金、保险和休假等。在没有雇佣合同的情况下，一旦雇员在预期会有这些未来福利的情况下接受了一份工作，且积累了一些与为该雇主工作的时间相关的权利，解雇的威胁可能就足以说服雇员接受减薪以保留工作和承诺的未来福利。

在最开始雇佣的时候，雇主和雇员都预见到了这种可能性，并且每个人都希望降低这种可能性，这就促成了订立合同的动机。这份合同降低了雇主吸引雇员的成本，而且雇员也更愿意为一个更可靠的雇主工作。

工会的工人代表，起到的是雇员福利信息的中央监督人和清算机构的角色，他是确保雇主履行这些义务的代理人。工会可以动员雇员起来一致行动。它也有助于抑制雇员的不当行为。有时雇员行为不负责任，会间接损害其他员工的利益。与雇主相比，工会往往能更有效地约束那些捣乱的雇员。

有些雇主提倡内部的公司工会（company unions），鼓励雇员团体行动、形成信用合作社和实行雇员代表制，尽管在雇员尝试罢工时，他们是得不到外部的工会承认或支持的。最重要的是，他们缺乏对所有员工的排他性和强制性的谈判权。

公认的事业蒸蒸日上的雇主，想要在所承诺的福利上食言时，会更加犹豫不定。声誉的下降会增加将来雇人的成本（但这种顾虑对于在走下坡路的公司来说就不会那么要紧了）。在往后的时间里，如果经济增长的可能性下降，外界也预期公司不太会再雇佣新人了，那就只能靠雇主诚信可靠的名声，才能让人相信雇主会履行承诺。

工会如何实现其目标?

谈判与员工代表制

提供公正无偏的代表服务的中介机构，有助于就工作岗位进行私下协商，这就像代理人为购买房屋或设定离婚条款而提供的服务一样。代理人还可以监控后续的履行情况，从而消除或解决因书面合同不完整而产生的误解、混淆和争议。然而，一份涵盖许多员工的统一合同，在容纳个人偏好以及能力、绩效、品味和全额工资待遇的差异等方面，总是有其局限。这种追求平均主义最大公约数的做法，形成了对工会化的遏制——尤其是对一些受过良好教育的专业或技术雇员来说更是如此。

排他性的集体谈判

经常有人说，雇员个人缺乏足够的议价力（bargaining power），在没有集体谈判的情况下，他们必须接受比其他人更低的工资。然而，议价力反映的是替代性的工作机会。雇主必须打败竞争对手。如果雇员的那些替代性选择很好，其议价力就很强；如果替代性选择很差，其议价力就会降低。

雇主支付给雇员那样的工资，是因为他们必须把工资与雇员在别处的收入相匹配。雇主面临着来自其他雇主的竞争，雇员也面临着来自其他雇员的竞争。买家与买家竞争，卖家与卖家竞争，而不是买家和卖家进行竞争。这并不是在否认，工会经常利用罢工威胁，把工资提到高于市场水平之上。或明或暗地以罢工和业务停摆相威胁，可以诱使雇主屈服于工会的要求，这些要求原本是会遭到雇主拒绝的。然而，雇主一旦屈服，他在市场上进行有效竞争的能力就会被削弱。

罢工

罢工是指雇员集体拒绝工作，并阻止他人永久或暂时代替他们的位置。第三个要素是，在当前劳动关系法下，雇主可能无法解雇进行罢工的员工。然而，如果罢工是经济性质的（而不是抗议不公平的劳工做法的罢工），雇主可以用新雇佣的工人代替罢工者，并且可以（如果这样才能吸引他们的话）承诺永久性雇佣。取代罢工者的权利——如果必要的话，永久性地换掉罢工者——是雇主对罢工的还击，有时还伴随着暴力。

关厂（lockout）通常被称为是资方对罢工的对等反制，但除非有权更换关在厂外的雇员，否则这种做法并不十分有效。国家劳动关系委员会多年来一直试图保护罢工者的职位，并限制雇主更换罢工者的能力。罢工权、防止更换的权利，以及雇主不能解雇罢工者，这些都是工会行使集体谈判权的关键。

罢工期间，罢工工人劝阻其他工人上班，虽然表面上指向雇主，但基本上还是为了消除潜在的替补者进入工厂所产生的威胁。通常，罢工总是伴随着劝阻顾客不要从罢工的公司购买东西的行动，以及试图阻止物资运达正在罢工中的工厂的做法。罢工者有时会采取暴力行动，阻止其他人接受工作，防止雇主不顾罢工而试图继续经营。

为避免上述操作使罢工和排他性谈判看起来不道德，值得一提的是，国会已经批准了罢工权和工会垄断出售劳动服务的权利。还有其他一些由国家支持的垄断行为。没有明显的原因能够解释，为什么那些成功限制竞争对手的人，只能是烟草种植商、牛奶生产商、酒类零售商、纽约出租车司机、殡仪业者、医生和教师，而不能是卡车司机、木匠、汽车装配工、码头工人或屠夫。

选择性垄断：劳动与工资效应

工会还可以通过一种间接方式来获得垄断租金，那就是帮助受关照的雇主获得保护，使其免受其他雇主的竞争，或获得比其他雇主更大的优势，而该雇主所获得的这些好处，将与工会分享。如果提高了其他公司的成本，或者限制了它们接触顾客的机会，取得优势的雇主就可以与那些帮助自己对竞争对手施加不利影响的人，分享由此产生的垄断租金。或者，如果不同的公司以不同的劳动资本比率雇佣劳动力，那么劳动资本比率最高的公司会发现，工资的增加会增加其成本。一家建筑公司，如果拥有大量用来替代劳动力的资本设备，那么它在劳动力成本上的增加是不多的，所以即使整个市场的工资水平普遍上升，其总成本的上升也是不多的。一家只有几个店员、主要依靠顾客自助的百货公司，与一家拥有众多店员来为顾客提供全方位服务的零售商相比，其总成本增幅更小。这种受影响程度的差异，有助于解释为什么同一行业中的雇主之间，常常在工会的新合同条款上彼此难以达成一致意见。

对依赖性资源价值的机会主义掠夺

雇主可能最担心的另一个策略是，工会有可能会试图破坏属于雇主、却受制于工会行动的财富。农场主特别容易受到伤害，因为工会可能在收获前拒绝工作，除非把农场主的部分收获价值支付给他们。（回想一下鳕鱼国的渔船上安装船帆和桅杆的例子。）钢铁工人的罢工与农作物收割者的罢工相比，就不会产生有效的机会主义行为，因为与作物成熟不同，钢铁可以储存，生产可以推迟。

工会的影响力可服务于三个目标：（1）旨在提高生产率的谈判，和旨在稳定运行的安排；（2）取得垄断工资；（3）对属于雇主、却受制于雇员的价值进行盘剥。经济分析并不能告诉我们，这些行为都是不道德或非法的。如前所述，国会立法宣布（1）和（2）是可取的，因此是合法的。在以降低国民收入为代价是否值得这件事上，没有客观依据来判断其优劣短长。

为什么私营雇主抵制工会？

工资成本上升

如果最终是顾客支付更高的成本，为什么私营雇主要抵制工会把工资率提高到竞争水平以上呢？最终支付，与全部支付或即刻支付，并不是一个意思。成本的上升导致价格的上升，这并不发生在成本上升之时，而只发生在成本上升导致给市场的供给数量下降之时。在此期间，现有的拥有生产设施的业主/雇主遭受了财富的损失，而现在的雇员在工资上获得了暂时性的临时收益。更高的成本降低了利润率，降低了企业现有的和不可转移的资源的价值。

这一损失由雇主承担。这是永久性的财富损失。（财富损失之所以是永久性的，是因为当前财富是所有未来可预见事件的现值。因此，任何未来的价格上涨都已经在财富的市场衡量中得到了考虑。财富的减少反映了这样一个事实，即未来产品价格的上涨不会完全抵消当前成本的上涨。）

从长远来看，随着不可转移的资源消耗殆尽并准备更换，只有在看起来能够盈利的情况下，人们才会进行新的投资。此后，产品价格必须涵盖全部成本，包括更高的工资。上述永久性的财富损失，相当于收入暂时下降的当前价值的损失，这是雇主反对工会把工资率提高到竞争水平以上的一个原因。但这不是唯一的原因，也不一定是最重要的原因。

劳动力供给垄断与排他性谈判

排他性谈判（exclusive bargaining）是私营雇主抵制工会的一个原因（其他原因是罢工的成本和造成浪费的工作规则）。作为公司所有现有和潜在雇员的排他性谈判代理人，工会有潜力做到：（1）对工资率进行垄断定价；以及（2）机会主义地攫取雇主的一部分财富。

用哪种手段？　价格还是数量？

控制劳动力价格有两种方法：（1）一是减少劳动力供给，让雇主提高工资；（2）另一种方法是协商出一个更高的工资，在这个受到控制的价格上，让雇主尽其所需地进行雇佣。原则上，两种方法其结果应该是相同的，因为控制供给的数量就可以控制价格，而对价格的控制也就决定了需求量以及由此而来的生产量。

国际咖啡生产卡特尔的各成员国，曾经以为他们必须同时控制咖啡供给量和价格。无论如何，控制价格都是非常困难的，因为每一方都有动机违反卡特尔协议。同样，控制供给量也很困难，因为各方都有增加供给的动机。

维持人为垄断租金的困难：即使价格和供给得到有效控制，
垄断租金的价值也会被争相耗尽

整体工资中的非货币部分要经过竞争性调整

即使工会通过成功协商提高了货币工资，整体工资（full wage）也未必能够得到提高。

如果围绕更高货币工资的工作岗位的竞争没有受到控制，竞争者们将会乐于接受在较差的非货币条件下工作，例如，工作环境更不安全、更肮脏，工作标准更加严格，或者咖啡休息时间更短等等，直到包含上升了的货币工资——以及下降了的非货币工资——的整体工资，被竞争者们争相压低到出清市场的水平。

如果竞争没有压低整体工资，雇主在雇佣和解雇方面就会更加挑剔。员工的素质将会更高，这意味着他们也将更加符合雇主的口味。在更高的强制工资下，性别、种族、教育、个性和年龄等素质和特征，将会受到更多的重视，乃至歧视。

垄断租金不易维持。只有在劳动力供给数量以及服务与工作条件方面受到控制的情况下，任何商品或服务的有效整体价格才能保持在高于市场出清的水平之上。但人们总会试图获得这样的租金，而这只会造成转移财富而不是增加财富的浪费性活动。

通过产品和投入替代展开的竞争

即使工会成功地既控制了有效整体工资中的货币方面，也控制了其非货币的方面，封闭市场的垄断租金仍然可以随着时间的推移，通过产品和生产要素的替代，被竞争殆尽。如果篮球比赛的价格由于球员成本的增加而上涨太多，人们会倾向于观看其他体育运动。如果木匠能够创造有效的封闭市场垄断，他们也没有办法消除通过木材以外的替代材料而展开的产品竞争。医生提高收费的企图，将会受非处方药、朋友的建议、护士、药剂师与信仰治疗师的约束。

工会官员之间的竞争

封闭市场的垄断租金还以另一种方式被竞争殆尽，这种方式是由工会官员自己完成的。有一个臭名昭著的例子，来自工会官员对工会养老金、医疗和娱乐基金的管理。当官员们以低于竞争性水平的利率对这些资金进行投资时，受到关照的借款人会把差额的一部分，以优惠、佣金，或向与工会官员有关联的公司采购的形式，返回给工会官员。在工会养老基金的管理中，低利率贷款屡见不鲜。

争夺政府优惠

在政府大力监管的时期，商业航空公司获得的收入，远远超过了如果该行业开放进入的话它们将获得的收入。这种更大的收入，即垄断租金的来源，会按以下几种方式被争相瓜分掉：一部分用于政治竞选基金，为的是维持有利于己的政府法规；一部分用于为同国会议员有利益关系的那些小镇的地方航空服务提供补贴；还有一部分倒是还好些，用于提供更讲究的服务和更高档的机型，其质量要高于公众原本愿意支付的水平；另外一部分流向了航空公司的雇员——主要是飞行员，他们的工会很强大。

当航空业结束准入限制时，航空公司就无法维持这种高成本的服务了。由于新航空公司雇佣非工会的飞行员，飞行员的工资降低了，因此所有飞行员后来都不得不同意削减工资。飞机技师工会几乎没有分享到这种垄断租金，他们也拒绝因航空公司放松管制而削减工资。

劳动力买家的封闭市场买方垄断

雇主们也会串通起来实行买方垄断（monopsonizing）。如前文所述，与卖方垄断相对的，是买方垄断——买家串通起来，限制其他买家参与竞争。

征兵

最引人注目且取得成功的买方垄断是征兵。从第一次世界大战到 20 世纪 70 年代，美国军方在和平时期和战争期间都通过征兵获得应征士兵。应征者必须以国会规定的低于市场的工资水平参军，尽管没有法律要求人们得去担任当地警察、环卫人员或消防员。这是一种隐性税收，不包含在政府的任何预算案中。

在国会终结了征兵制之后，军方为志愿入伍者提供的工资，开始朝着更高的竞争性工资水平发展。这提高了官方预算支出，要求对其他民众征收显性的税收，使得政府支出的官方预算变得更大。不过，实际上总成本（即对国民收入的影响）是有所下降的。

那些在私营部门工作，其生产率高于在军队工作的人，不会被吸引到军队中去。在征兵制下，那些其替代性生产价值高于所得军饷的人遭受了损失——他们牺牲了那份更高的替代性收入。如果没有征兵制，那些应征者所遭受的损失，就会由社会中其他人以显性的方式对他们的支付来抵消。

对于内战中的联邦军来说，他们使用的是征兵制，但是应征者可以（而且很多人确实）雇佣一个人，向他提供竞争性的工资，从而代替自己去当兵。这种征兵制是分派纳税义务的一种手段，而不仅仅是规定谁将在军队服役的一种方式。

练习与思考

1. "严格来说，任何工会在有限的意义上都是一种垄断，它消除了工人之间对某一特定工厂或行业中的现有工作岗位上的竞争。毕竟，所有工会都是工人的联合体，通过协调一致的经济行动，提高他们的工资，也即雇主在购买他们劳动时付得起的价格。"［语出阿瑟·戈德堡（Arthur Goldberg），美国最高法院大法官、劳工部前部长兼美国钢铁工人联合会（United Steelworkers）顾问，引自 *AFL-CIO：Labor United*，New York，McGraw-Hill，1956，p.157］他为什么要说"严格来说"和"在有限的意义上"？有没有别的表达方式，有没有无限意义上的垄断？垄断（封闭还是开放？）能消除竞争吗？

   答：

   "严格来说"（technically）通常意味着"准确而不含糊地"。在某种意义上，所有垄断都局限于某一类商品。垄断并不能消除竞争。它消除了某些形式的竞争，提高了其他形式的竞争。在本例中，它缩小了工资竞争的范围，但增加了年龄、资历等非工资竞争的重要性。

2. 曾经有人说，钢铁工人的工会和美国钢铁公司（US Steel Corporation）都是垄断组织。就封闭市场垄断和开放市场垄断的区别而言，这种说法是正确的吗？

   答:

   是对的。但工会并不是一个开放市场的垄断组织，而美国钢铁公司是。（但从全球开放市场的角度看，由于移民法和进口关税，两者都是封闭市场垄断。）

3. 你在一家电视制造厂当焊工，两个工会争相认定它们是你作为焊工的唯一谈判单位。一个是"手艺人"工会，只由焊工组成；另一个是"行业"工会，接纳所有为电视制造厂工作的雇员。

   (1) 你认为在哪种类型的工会中，你能通过规定学徒条件和其他手段来限制与你竞争的求职者的数量，从而更有效地提高你的工资水平？

   (2) 你认为哪个工会更有能力强迫雇主加薪或增加福利，而无须事先限制工会的成员资格？

   答:

   (1) 焊工工会。

   (2) 我们不知道。这两种类型的工会都依赖于它们在与管理层谈判时限制成员资格的能力。

4. 关于劳动力竞争障碍：

   (1) 劳工团体是 19 世纪提高移民壁垒的有力倡导者。雇主是对此持反对态度的。为什么？

   (2) 劳工团体对关税（进口商品税）的支持热情较低，但也有一些人支持这种关税。为什么？

   答:

   (1) 移民壁垒可以减少劳工人数，提高工资。如今，许多工会仍然反对移民临时在美国工作的"客工计划"（guest-worker programs）。

(2) 通过进口可以更低成本获得的那些商品的国内生产者（雇主和雇员），会支持关税。关税将会提高进口产品相对于国产产品的价格。在有些行业，工会声称，其成员不得不与收入较低的外国工人竞争是"不公平的"。

5. 一位汽车工人工会的前主席声称，汽车生产商应该降低价格，以造福公众。

(1) 他为什么不提议取消当时对进口外国汽车征收的12%的关税，作为增加国内供给的一种手段呢？

(2) 为什么工会领袖希望降低工会成员生产的产品的价格？

答：

(1) 因为这将降低外国进口汽车相对于美国制造商生产的汽车的价格。如果价格降低，则外国制造商在美国的汽车销量就会增加。他的工会成员将不得不转行从事更低工资的工作。

(2) 因为这样消费者就会以相对较低的价格购买更多由工会成员生产的汽车。虽然提倡降价据说是为了消费者的利益，但实际上是为了让制造汽车的生产者（工人）受益。

6. 有些雇主对强势工会的发展持欢迎态度，这样的工会能够提高工资并控制加入工会的雇员人数。为什么？

答：

如果这样的工会能够限制来自低工资人群的工人参加工作，那么竞争对手——那些只能依靠雇佣低工资、低生产率的工人而生存的企业——就会在竞争中败给劳动力成本较高的企业。

7. "任何不得不诉诸罢工以获得更高工资的工会，都没有得到有效的运作。相反，它应该集中精力去控制学徒规则和招募成员的条件，以确保招进来的都是高质量、可靠、拥有技术的工会成员。顺便说一句，由此，它可以凭靠和平、民主的方式来获得更高的工资。"请你来解释一下，这位成功的工会领袖所说的大体意思是什么。

答：

劳动力供给的减少会提高工资，但这也意味着工会成员的减少。通过实施更高的技能标准来限制进入手艺人工会，确实可以提高工人的质量和可靠性，但同时也提高了工资，这正是这位工会领导人的意思。这位工会领袖的言论表明，他认为，即使在更高的工资水平下，生产效率更高（质量更高）的劳动力也会面临更大的需求量。

8. 当人们在讨论是维持征兵制还是改用志愿兵役制度时，美国国防部的一项官方研究报告称，通过提高士兵工资来取消征兵制，每年将会花费约 50 亿至 150 亿美元。因此，鉴于这一过高的成本，国防部建议继续推行征兵制。

(1) 请解释第一句话为什么不正确。

(2) 你是否愿意断言，提高工资来废除征兵制，将会降低成本？

答：

(1) 被征召入伍者将会被迫（蹲监狱是拒绝征召的潜在惩罚）离开工作岗位、接受教育的学校，或其他他们本来会从事的活动。这份声明只是在说，取消征兵制将会提高联邦政府在预算案中记录的支出。真正的成本是由被应征入伍者（以及被应征入伍者本应创造出的产品和服务的消费者）支付的。通过取消征兵制，军方的人事部门通过支付足够的工资来招募士兵，可以吸引那些在做其他事情方面其机会成本低于他们作为士兵对国家所带来的价值之人。

(2) 你应该这样下断言，因为事情就会这样。在这个国家，通过把人们更好地分派到工作岗位上去——军方人事部门通过更充足的工资即可实现——总生产效率和总产出就可以得到提高，我们所牺牲的产出量也会变得更小。征兵制通过强制服务的手段降低联邦支出，从而掩盖了成本，就好比如果警察被征召，也会让警察部门的成本看起来会降低一样。

9. "很久以前，我们就说明了成立劳工组织的理由。我们说：它们是根据形势的需要而组织起来的；单个的雇员在面对雇主时是柔弱无力的；他通常依靠着每天的工资来维持自己和家庭的生活；如果雇主拒绝支付单个雇员认为公平的工资，他也无论如何不能离开这个雇主，并对这种肆意的不公平待遇作出抵抗；而对于工人向雇主争取公平交易的机会而言，工会是必不可少的。"[语出查尔斯·埃文斯·休斯（Charles Evans Hughes），美国最高法院首席大法官，摘自 1937 年"美国诉 Jones & Laughlin 案"（*United States v. Jones and Laughlin*, 1937）的判词]请就上述论点所具有的含义给出你的评价——或者请评判一下，它们是错误的，或者是空洞无物的吗？

答：

所有这些陈述都是空洞的、错误的或者不相关。说许多这些关于工会的表述都是空洞的、错误的或者不相关，绝不意味着说工会是无用的、错误的或受到了误解。雇主必须支付足够高的工资来从其他雇主那里吸引工人过来。单独行动的工人个体（受价者），不能通过拒绝提供其服务来改变工资水平。但是，雇主必须向工人提供足够有吸引力的工资水平和工作条件，这样才能吸引工人放弃其他潜在的雇主和工作机会。

10. "罢工是试图拒绝一些人以开放市场上的价格水平来出售他们服务的能力。"请解释为什么这是一个正确的表述。

答：

只要政府支持罢工，雇主就不得雇佣相互竞争的潜在雇员来代替罢工工人。工会是一个封闭的垄断组织。

11. 在罢工或劳动争议谈判中，政府有时会委派一个由工会、雇主和消费公众代表组成的调查小组。哪些特别受影响的群体在这样的小组中没有得到代表？

答：

那些愿意在开放市场的工资水平上工作，且不属于工会的人。

12. 雇员的联盟称为工会，它允许其成员有一个代理人，来监督雇主对其所承诺的服务和员工工作条件的履行情况。雇主们经常欢迎这类中间人来缓和与雇员的关系。事实上，如果雇员没有组成自己的工会，雇主也会找一个人事代表来完成类似的服务。如果上述说法属实，雇主又为什么通常都会反对工会呢？

答：

雇主能够更好地监督那些也是本公司雇员的"员工代表"的行为。工会领袖的薪水，是由工会从成员缴付的会费收入中支付的，他们能够以公司无法控制的金额和方式给他们自己发放补贴——既可以以薪水的形式，也可以以"津贴"（perks）的形式。如果工会的组织方式不能使成员有效地监督和确定工会领导人的报酬，那就称不上有什么有效的控制。归根结底，问题在于谁付钱给那些自称代表工人的人，以及谁有能力让他们为自己的表现负责。

第 41 章　劳动力市场限制

劳动力市场受到立法的广泛限制，这些立法通常意在帮助雇员。但意图并不总是决定效果。本章我们对最低工资法、公平就业法、法定福利，以及作为工资制定基础的可比估值（comparable worth）来作一番审视。

最低法定工资或维生工资

国会制定了全国最低法定工资。几乎每一个州都有最低工资法，在覆盖的行业——适用最低工资法的行业——规定许可的最低货币工资。非覆盖行业通常是个人服务行业，包括酒店、农业、快餐店和托婴服务等。在 16—19 岁的男性劳动者中，约有 20％从事非覆盖行业的工作，每小时工资低于最低工资标准。在非覆盖行业中，年轻女性员工的比例约为 35％。

法定最低工资标准通常只适用于货币部分，因为外人很难衡量整体工资中的非货币部分。整体工资（full wages）包括雇主缴纳的社会保险费、医疗保险、带薪假期和节假日、咖啡休息时间、在职培训/学习的价值、小费，以及在工作时掌握到的行业技巧等。法定最低工资通常高于普通非熟练劳动力的当前工资水平。

最低工资法所宣称的目的，几乎总是帮助低工资雇员获得更好的生活水平，并有助于减少贫困人口。但由于法定最低工资标准只是略微高于当前工资标准，所以它往往只是使那些能力较弱的工人被取代而已。

为什么不把最低工资标准定在每小时 30 美元或 60 美元，从而使雇员都能挣到一份真正的维生工资（living wage，或译"维持生计的工资"）呢？和其他情况一样，工资越高，劳动力需求量就越小。然而，由于最低法定工资通常仅略高于非熟练劳动力的竞争性工资水平，所以，由此造成的就业率下降幅度并不足以引起全国的关注。关于提高最低法定工资的争论，很大程度上是关于那些从某种意义上获得更高工资的人的利益，是否能补偿那些失去工作或从未找到其第一份工作的人所失去的收入。

所谓维生工资的说法，纯粹就是为了加薪。强制推行的工资越高，能得以维持的工作就越少。即使没有人由于工资上涨而要被立即解雇，当人们辞职或退休后，补充的岗位也会减少。

为什么最低法定工资受到政府的反对比私人雇主的反对要少呢？因为提高工资的做法，只要超过了竞争性的市场所决定的工资水平，就不可能被私人企业的市场销售价值所维系。私人雇主必须从其销售收入（反映消费者对其服务所认定的价值）中支付雇员的工资和其他资源所有者的报酬。如果由消费者自愿决定的营业收入不能偿付这些成本，雇员就会失去其目前的工作。私人雇主不能像政府代理人那样要求用税收来弥补损失。这似乎就是为什么在过去几十年中，政府雇员的工会组织有所发展的原因所在。它们是由政府征收的税款支付，而不是由政府管理人员的个人财富来支付。

非货币生产力和整体工资中的非货币部分

法律只规定了货币工资部分。意想不到的后果是，在更高的工资水平下，要想获得或保住工作，求职者不得不忍受更加不愉快、也更为严苛的工作条件，此外还包括假期减少、保险不足、雇主提供的工作服装和工具减少、咖啡休息时间缩短、劳动强度更大、工作保障缩水等等，当需求暂时走低时，也会面临更大的临时待岗的压力。

雇员的个人特征——个性、性别、种族、宗教、年龄——在雇佣决策中对雇主会变得更加重要。非货币工资部分因竞争而下降，使其达到足以抵消更高的货币工资水平超出竞争性工资的那一部分——从而使整体工资再次接近竞争性工资水平。正如在租金管制下，随着租客的非货币个人特征和属性越来越多地被纳入房东的考量范围，加上出租房屋质量的日益下降，整体租金被竞相抬高到了市场出清的水平那样，在就业市场上，同样的调整也会发生。

尽管整体工资作了这些调整，但新的整体工资对雇主来说还是更贵，而对雇员来说也还是不那么理想。要是新的工作条款和条件同样好或更好，它们就早被市场采纳了。

劳务需求方的替代手段

雇主们会用一部分资本来代替现在越来越昂贵的劳动力。他们通过购买更多在别处制造的部件，以及在雇主的场地上使用非劳动力资源，来完成这种替代。节省劳动力的办法包括：动力设备、自动收银机和库存自动盘点方法等。在销售方面，公司更多地转向客户自助服务，减少销售人员和给食品杂货装袋人员的数量。经过这所有的调整之后所得到的最终情况，仍然不如人意，但它确实降低了需要支付工资的资源比例。

主张提高最低法定工资的其他动机

许多雇员的工资已经远远超过法定工资，而有些雇主甚至很少能够做到收支平衡，但他们都拥护提高法定最低工资标准。这是为什么呢？是利他主义以及对低收入工人利益比较关心吗？也许吧。但还有另一种力量，那就是自利。

假设你经营着一家卡车公司，拥有最新的节省劳动力的设备——又快又省油的大型卡车。你的竞争对手运营的是小型卡车，为客户提供每单位服务需要更多的员工。提高最低工资，会使竞争对手的成本上升得比你的快，你会比你劳动密集型的竞争对手占更大的便宜。或者，假设你开了一家零售商店，销售人员很少，顾客服务基本靠自助，但竞争对手雇佣的劳动力却相对较多。在这两种情况下，提高最低工资标准，都让你占了对手的便宜。

在密歇根州（该州的工资较之于南方各州相对为高），工会一直提倡提高国民最低工资（national minimum wages），而表面上却说是为了帮助"工资低"的南方各州工人。假设你是一家密歇根汽车工厂的雇员，要与在亚拉巴马州制造汽车但工资更低的雇员进行竞争。更高的法定工资会增加所有公司的成本，但你的工资提高得要少一些。这样，你就有了比劳动密集型企业更具竞争力的优势，而劳动密集型企业的总劳动成本相对于销售价值来说要更高。你可以主张提高最低工资，声称这是为了"帮助你的竞争对手的低工资雇员"——尽管事实上你的主张正在伤害他们，并在使你自己受益。

虽然雇主会与其他雇主竞争顾客，但在很大程度上，这种情况其实是一个公司的雇员与其他公司的雇员在竞争顾客，雇主不过是雇员们的代理人罢了。

在工会化程度比较高的服装行业，推行最低工资的压力尤为巨大。工会希望抵制新移民（主要是女性）缝制的服装所带来的竞争，工会把她们的工厂称为所谓"血汗工厂"（sweatshops）。如果把她们的工资提高到与那些更大的公司中的员工相匹配的水平，这些女性将会失去大部分的工作机会，她们可没有别人那么多称心如意的替代选择。据称，为了保护移民免受"剥削"，高工资的服装行业建议关闭血汗工厂，或强迫它们支付更高的工资。最低工资法对那些中年、高薪的白人雇员有利。同样的不对称冲击，发生在男女性别之间。由于女性的平均工资低于男性，所以女性将会受到最低工资法的更多影响。

同工同酬

补偿性工资差异反映了员工能力和吸引力的差异。接受更低的工资，使具有不那么吸引人的特征的员工，能够与具有受偏好的属性的人进行竞争。在某一职业中，男性可能优先于女性被雇佣，但女性的工资较低，这使她们能够与男性一起竞争工作岗位。

当然，如果没有生产率上的市场价值差异，雇主要满足这样的偏好必须支付更高的成本。同样的原则也适用于最低工资法。当工资差别受到立法限制时，那些幸运地拥有更多令人满意的非货币属性的人，将会得到更好的被人雇佣（或得到晋升）的机会。那些具有不太受欢迎的特征的人，将无法通过工资差异来轻易抵消这些特征的影响，因此他们更有可能受雇于价值更低的工作，或是自我雇佣，或从事犯罪活动。总而言之，通过开放市场的定价机制，员工非货币属性的差异，以及由市场价值表现的生产率的差异，是最容易被就业中的货币工资差异所抵消的。

公平就业法

公平就业法的目的是要：（1）阻止最低工资法和同工同酬法造成的非货币的、不公平的歧视行为的增加；以及（2）消除即使没有这些工资管制法规，也会出现的某些歧视行为。对移民、有色人种、女性、犹太人和摩门教徒等的偏见，在美国是存在的。在可能的情况下，通常他们会接受更低的工资水平，以此来抵补那些"缺点"。但是如果这些雇员遭到了解雇，他们很可能会控告雇主非法歧视，因此会削弱雇主一开始雇佣他们的动力。

对私人雇主来说，歧视的成本要高于政府部门的代理人。私人雇主看重个人偏好，就要支付更高的工资，而这些员工在市场收益上也并不更具生产力。而公共机构的管理者并不太依赖于雇员服务的市场价值，因此也不直接承担因个人对雇员非市场特征的个人偏好而支付的成本。

就业歧视最为流行的地方，是在政府机构和公用事业企业。公用事业企业在定价和利润方面都要受到政府的管控。公用事业企业管理者可以容忍其歧视行为带来的更高成本，这一成本可以通过随后的更高价格（公用事业法规所允许的最高价格）或税收来弥补。如果这样的管理者被要求按照一些与市场无关的标准进行雇佣，比如说雇员的男女比例要相等，他们更愿意这样做，因为他们机构的收入又不那么依赖于新规定的政策的市场价值效应，他们何乐而不为呢？

在雇员加入工会方面也有类似的效应。作为雇主，在答应工会的要求时，政府代理人承担的成本比私营雇主更少。政府可以借助征税来为工会更高的要求筹集资金。为什么公共部门的工会更有可能变得强大，并且还会得到政治当局的支持，人们不难猜出答案。

法律强制规定的福利

假设立法机关规定了一项福利，而它不是由雇主和雇员自愿达成的。那么就只有在短期内，在人们充分感受到竞争的压力以前，那些争取这项福利的雇员才可能享受到它。

如果产假或托儿中心是强制性的，那么一开始的时候，现在处于就业状态的母亲将会获得这样的福利，但将来的女性雇员就不会再能获得这样的机会了：（1）受到该项立法支持的那些雇员的收益，是以不可移动的资源为代价的，这些资源在其他地方是没有什么价值的；（2）随着时间的推移，求职者之间对那些具有更高福利的工作岗位所展开的竞争会越来越大，货币工资也会随之下降。

新的、可以出清竞争性市场的整体工资水平，将会囊括许多对处于工作中的母亲更有利的要素。在工资水平全面调整之后，其影响与对所有雇员征税、并把这些税收收入用于提供托儿中心将会没有什么分别。但一开始的时候，那些雇员将会获得一个短期上的收益，这个收益是以雇主的付出为代价的，是雇主在遭受资源价值上的损失。

关于上述推论的证据举例

有一项关于法定健康保险的研究表明，这项法规导致了货币工资下降，下降幅度为雇主所支付的法定健康保险费用的 85％。如果你的月薪是 2 000 美元，每月的保险费是 80 美元，那么，你的月薪将从 2 000 美元降低到 1 932 美元（＝2 000 美元－80 美元×0.85），也即减少 68 美元。法律规定的福利费为 80 美元，但员工只需减 68 美元的工资即可获得。

谁会从中受益呢？可能没人能够从中受益。对于那些这一保险对他们来说价值不足 68 美元的雇员，多支付了 68 美元，会使他们每个人都遭受损失。如果有任何雇员把这一保险的价值视为高于 68 美元，那他们就会受益。如果所有雇员保险费用的总和，低于对这些雇员来说的总估值，保险就不必强制执行。

当法定福利的成本超过雇员福利的估值时，现在的雇员可能会获得短期的收益。假设法律规定雇主每两周须免费给雇员理一次发，每次理发费用为 20 美元。也许很少有雇员会认为这次"免费"的理发值得减薪 20 美元。货币工资不会竞争到降低 20 美元的程度。面对更高的净成本，这位雇主将不得不减少产出和就业量，这样就会失去一些工作岗位。雇员也将不得不转移到其他地方，去生产价值更低的产品。

如果法定福利对雇员的成本高于其估值，则雇员得到的就是伤害，而不是好处。由此带来的成本高企和产出下降，以及其他地方不那么有价值的产出的提高，都将会损害消费者。

如果强制行动对雇员的估值大于成本，雇员将会由于别人也在竞争那些更好的工作岗位而支付全部的成本。他们会提出以更低的工资工作。如果法定福利的价值低于其成本，雇员将会获得暂时性收益，但在更高的全部劳动成本上，有些人将会失业。而且，这一收益还是暂时的：从长远来看，对工作岗位的竞争会确立竞争性工资水平。对具有更大福利的工作岗位的竞争，最终推低的是这一工资中的货币部分，它使整体工资仍然是那个竞争性的均衡工资，不过是由经比例修正后的货币和福利构成。

强制行动的所有成本，都可以被视为隐性税收。这些资金本来可以由政府筹集，然后花在那些强制行动上。但是，当规定为强制性支出时，雇主就得承担这一支出。为强制行动而支付的货币，就不是以政府税收的形式来筹集、然后再用于支付这些福利了。

为什么雇员或雇主会反对强制性福利？

为什么雇员会反对强制性福利？他们不是以雇主的支出为代价，至少得到了一个暂时的收益吗？而如果是雇员，而不是所在公司的所有者（股东），来支付强制性福利的话，那为什么雇主要反对由雇员支付的福利呢？规定给雇员的、强制性非货币福利的成本，难道不是被更低的货币工资所抵消，或者由向顾客收取的更高价格所弥补了吗？

更高的劳动力成本挤压了利润空间。生产会一直持续到资源枯竭的时候为止。然后，只有到了这些更高的成本得到弥补之后，再投资才会发生。等到那时，劳动力成本的上升就会抑制投资，最终导致产出减少，消费者面对的价格上涨。

将来的投资者不会抱怨早先的强制性员工福利。尽管劳动力成本更高，但后来的投资者只会在他们的投资预期盈利的情况下才会进行投资。在劳动力成本更高时，投资中的更大一部分将会用于引进节省劳动力的机器设备。消费者将为减少的产出支付更高的价格。有些雇员必须在现有工作中接受更低的工资，或者转移到其他地方从事低薪工作，或者失业，或者离开劳动力队伍。到那个时候，雇员在该雇主早前投资所损失的价值上的搭便车行为，就告结束了。

作为工资基础的可比估值?

几年前，人们普遍提倡按可比估值来确定工资。有人认为，有些雇员的工资低于其他从事同等价值工作的雇员。为了消除这些不平等，可根据工作的不同要求和特点（经验、资质或智力、体力投入、教育等）对工作进行评估。这些特征被赋予不同的权重，总的权重就可以来确定相对工资水平。

例如，垃圾收集工作的社会价值，在确定工资时会被赋予一个权重。如果护理工作具有相同的总权重，那么每个护士和每个垃圾收集者就应该得到相同的薪水。倡导者还建议，针对努力程度、培训成本，以及完成工作的难度，应当再作些调整。丝毫不难想象，这些调整将是多么的模棱两可和主观武断。

如果工资是根据所提议的这些可比估值指标制定，所造成的结果将会是一些雇员短缺，而另一些工人过剩。工资水平将不会是市场出清工资水平。

可比估值的提议，意味着经济和社会制度要发生根本性变化，要从私有财产、竞争性交换制度，转向政府对资源进行分配和奖励的行政管理体制。这样的建议会促使人们更多地依赖税收而不是销售收入。一旦推行下去，将会减少市场产出，也会减少收入上的不平等，但雇员将要由一个中央权威机构来分配工作岗位。

练习与思考

1. "法律规定的最低工资越高，非熟练工人的失业率就越高。"这样说正确吗?

答:

那些无法提供最低工资所要求的劳务价值的人，就会失去有人支付工资的工作，他们不得不自我雇佣，或者做一个按佣金制获取报酬的雇员。因此，在说提高最低工资会减少就业时，我们指的是有工资的那种就业——不是最低工资法不涵盖的行业和部门，也不是由"自我雇佣"的承包商提供服务的领域。

2. 作为一名初级律师，如果以下项目的收费标准由律师协会规定，你会受益吗——起草遗嘱、担任遗产执行人、离婚安排等？

答：

如果所有律师的收费都是统一的，那么经验不足、资历较低的律师就很难有生意。但是，如果将收费设定在一个可以使这类业务的总净收益最大化的水平——就像在合谋定价时那样——未来收入的现值就可能会更高。

3. 种族平等大会的代表主张提高最低法定工资，以帮助黑人获得更高的工资。

(1) 黑人会从更高的最低工资中受益吗？

(2) 它会减少还是增加歧视性招聘？

(3) 为什么他们不建议把最低工资增加三倍呢？

答：

(1) 有些会。但我们推测大多数人不会。

(2) 它将增加因肤色而表现出来的歧视，这降低了黑人通过拿低工资来竞争工作岗位的可能性。（你认为一项禁止用肤色或种族来挑选雇员的法律，是否能够有效地抵消歧视动机的增加？那些设计来禁止根据种族、宗教、性别、年龄和其他非货币性标准进行歧视的立法或管制条例，它们的监督和执行成本与允许货币工资在劳动力市场自由决定相比又如何？）

(3) 我们必须"合理有度"。

4. 如果在某个市镇上，出租车司机的最低工资提高到了每小时50美元，那么，由出租车主雇佣的司机驾驶出租车，和由出租车主自己驾驶出租车招揽生意，二者的比例会发生什么变化？

答：

会有更多车主自己驾驶出租车做生意。自谋职业是逃避工资管制的一种方式。

5. 你是一名移民。你更喜欢那些坚持同工同酬的法律、最低工资法，还是学徒法，这些法律可以有效地把工资提高到高于开放市场的水平？

答：

我们对所有这些法律都持怀疑态度，因为它们限制了移民与更受欢迎的本地居民一起竞争求职的机会。

6. 作为一个在暑期找份工作的大学生，如果你找到一份在避暑胜地的工作（或一份做保姆的工作，等等之类），而由此拿到的工资，是由一个当前全职雇员组成的工会强制执行的，那么，你获得一份工作的机会是会增加还是会减少呢？

答：

会减少。这个工会只想着为那些处在工作岗位上的全职雇员（即它的成员）提高工资，对于那些临时工、无经验的劳动者和季节性劳动人员，它并不那么关心。而更高的工资将会导致雇主避开那些生产率不太高的工人。

7. 作为一名大学年龄段的保姆，如果有人组织一个保姆协会，并强制推行每小时20美元的最低工资规定，你会从中受益吗？

答：

这在一定程度上取决于孩子的父母是更喜欢高中年龄段的人，还是更喜欢年龄更大一点的人做保姆。初高中学生将会遭受损失，因为他们通常被认为是这样一群人，即其提供的服务质量较差（年轻、经验不足、不那么负责任），而且会设法以接受更低的工资来参与工作岗位的竞争。

8. 有些劳动合同为劳动者提供下列假期或福利：陪审团义务假期、亲属葬礼假期、投票假期、病假、休假；免费停车位和工作服；退休福利；两周的遣散费；相对于新员工的工龄权利；不因工会活动而辞退；如果工作被新机器取代，也不得辞退。

(1) 假设你是在为某些没有提供这些条款的雇主工作，他们坚持在任何时候都有权以任一理由解雇你或辞退你。你会考虑以同样的实得工资（same take-home pay）为他工作吗？

(2) 如果没有前面列出的所有条款，雇主愿意为你就雇佣合同支付更高的实得工资吗？

(3) 根据你对上述问题的回答，你认为谁在为前面列出的那些福利付费？

答：

(1) 不会考虑。

(2) 他会提供更高的工资。

(3) 雇员。

9. 全国教师联合会曾倡导实行单一工资制：每一个教师，不论专业，在第一年的教学中都得到相同的工资；此后的工资严格与服务年限挂钩。如果这成为普遍现象，那么谁会受益，谁会受损：男人还是女人？好教师还是差教师？数学老师还是体育老师？

答：

受损者是那些在上级的判断中个人工作表现更加优秀的教师，他们的工资原本可以增长得更快一些。我们推测，那些工资原本可以增长得相对更快的人会是男性、好教师和数学教师。（你的猜测是什么？如果我们有不同之处，那么这种不同是出现在分析原理上，还是出现在对那些会导致更快工资增长的属性的估计上呢？）

10. 已有多项法律获得通过，旨在禁止雇主根据种族、宗教，有时还有年龄来歧视潜在雇员。为什么没有法律禁止雇员在他们选择为之工作的雇主之间进行类似的歧视？

答：

也许雇员一方的歧视大家觉得可以接受。但不管怎样，即使法律禁止这样的歧视，它可能也无法得到执行。

11. 假设你是某个国家的少数群体成员，并且你有理由怀疑自己的私有财产权是否会在这个社会得到行使和尊重。

(1) 你会以何种资本形式进行投资？

(2) 你会鼓励你的孩子学习什么样的技能（作为财富积累的形式）？

（3）对少数群体的这种实际行动，你能举出什么例子吗？

答：

（1）通过教育和提高技能来获得人力资本，因为人力资本不能像建筑物和机械等不动产那样容易被没收或征用。

（2）专业技能，譬如医生、律师、教师、会计师。

（3）犹太人、亚美尼亚人，以及其他族裔和宗教上的少数派。

12. 在有些大学里，学生寻求加入一些有资格决定教师任免的委员会。教师们通常主张，教职这件事最好是由像其他教师那样有资格的人来作判断。学生们则认为，所选的教师会影响到他们的生活，因此他们应该在这件事上有发言权。也许与教师相比，学生已经拥有了更多的权力。请你对此给出你的解释。

答：

学生作为一个群体（以及承担他们大部分支出费用的家长）比教师拥有更大的权力，因为他们可以选择上哪所大学，主修哪一个科目，择取哪一个班级（和教授）。学费、食宿、课本和其他费用支出，体现了这些决策。随着时间的推移，那些对学生和家长的需求不作反应的大学将会流失很多申请者和招生机会。这些学校的申请质量和入学率都将下降，这又会进一步影响学校的声誉和筹资能力。所有这些都将影响新教师的聘用和现有教师的晋升。随着学生从一个科目转向另一个科目，某些科目上的师资相对于其他科目将会得到扩展。在一个大家关注的科目内，学生口口相传，会知道哪个教师更为优秀，这样就会有更多的学生注册这些课程，并试图避开那些"不受欢迎"的教师，随着时间的推移，这最终会影响到哪些课程得到扩展，哪些课程会被削减。

13. 在英国封建时代，不存在失业问题——只有工作或休闲。为挣取工资而工作的情况很少见。但是，商业制度的兴起引入了劳务市场，诱使农民丢掉躺在封建主庄园上的那种稳定（在别人的土地上做农奴），冒险签下私人雇佣合同，承受着失业之虞。到16世纪，以挣取货币工资为目的的就业得以确立，但所允许存在的最高工资却由政府设定，而且政府还劝告潜在雇主不要支付更高的工资。如果一旦发现所支付的工资水平超过法定最高工资，这些雇主就会受到惩罚。

（1）你认为要想支付超过最高工资上限的工资，有什么样的办法可以办到呢？

（2）为什么政府会对工资施加最高工资限制？

答：

（1）雇员的工资可以以非货币方式支付，比如"免费"或"以低成本"向雇员提供服装、食物或住房等。

（2）封建领主希望把人们束缚在他们的庄园上，所以他们会努力阻止工业雇主引诱人们从事更有吸引力的工业活动。

14. 第二次世界大战期间，由于男子多被应征入伍，因此需要女性在工厂工作，特别是制造飞机和其他军事装备的工厂。然而，战争时期工资和物价的管制，阻碍了雇主向女性提供更高的收入，从而使她们加入劳动力大军。其中的一个后果是，雇主开始向妇女及其家庭提供免费的医疗福利。这种做法遗风犹在，如今称作"第三方付款人"形式的医疗保险，往往是工会劳动谈判的一个主要目标。这种工资管制导致雇主提供医疗保健的"历史的偶然"所带来的长期后果是什么？

答：

在二战结束后的几十年里，雇员越来越不关心医生和医院收取的费用，因为雇主提供的保险会负担医疗账单的大部分或全部开支。医生和医院在最低医疗价格的基础上缺乏提供最佳医疗服务的竞争动机。即使在新的医疗技术可能会导致价格下降的情况下，保险所覆盖的许多医疗服务的成本也在不断上升。相反，非保险覆盖的医疗服务，比如激光眼科手术或非急需的美容手术，随着新技术和医疗方法的发展，价格却在不断下降。

第42章　货币、物价与通胀

货币和物价

商品和资产的货币价格变化，传递着某种信息。如果一个经济体的货币单位被认为是一个稳定的价值标准，那么货币价格的变化就将会准确地反映商品和资产相对价值的变化。也就是说，价格波动意味着对商品和资产的需求和供给的变化；然后资源就被转移到更有价值的用途，而不是那些价值较低的用途上去。要使经济体实现最有经济效率的总产出，这一点至关重要。换言之，当所有价格变化都可以解释为相对价格变化时，生活标准将达到最高水平。同样，理想情况下，利率的所有变化都是实际利率的变化——它反映了人们对时间偏好的改变、创新步伐的变化，或者经济体生产性资源禀赋的变化。

当出现创新和新产品的发明时，社会的平均福利会得到改善，但不是因为货币的信息内容发生了变化。创新会产生创造性破坏（creative destruction）——旧产品的经济价值因为新产品或生产旧产品的更有效方式的出现而下降。相对价格变化了，市场体系将会把这种变化看成是资源从旧事物中转移到新事物从而得到更好利用的信号。

不幸的是，在把非实物定为法定货币（fiat money）的世界里，人们永远无法确定，所观察到的特定事物价格的变化或利率的变化，反映的到底是不是真实事件——例如作物歉收——所带来的影响结果，所以，人们会在生产性资源的分配上犯下错误。也因此，社会福利要低于最优水平。

当价值的标准——货币——在时间上并不相同时，我们说这是在商品和服务的定价中存在着噪音或干扰。这种干扰意味着，从所观察到的价格变化递送到决策者的信号，无法让我们根据这样的信号来判明，生产性资源的使用是否正在发生变化。

在货币价格变化受到正在改变的货币购买力影响的经济体中，虚假信号正在发送给企业和家庭。人们正在作出错误的决策，资源正在被错误地分配。生活水平——实际收入——未能以其潜在的速率提高。

由于名义利率（每天都会报出的那种利率）对未来购买力的预期变化会作出响应，所以实际利率的变化就会被遮蔽，因此资源就会被误配。储蓄和投资决策将受到影响；增长会受到抑制。

通货膨胀

人们很难就通货膨胀的定义达成一致，更难在可接受的通货膨胀衡量标准上达成一致。经济学家更善于描述在不存在通货膨胀或通货紧缩的情况下通行的状况。通货膨胀（inflation）这个词的常见用法是具有误导性的，因为它混淆了因果关系。人们常常认为通货膨胀是因为物价上涨。这种看法太简单了。这样的诊断通常会让那些天真的政治家认为，适当的处理办法要么是控制到位以阻止物价上涨，要么就是确保收入增长的速度至少快到使生活水平不受侵蚀的地步。这两个药方都是错的。

当然，膨胀肯定意味着变得更大，只不过这里指的是随着时间的推移，购买同一篮子商品所需的货币单位数量在增加。这样的诊断是在说，货币单位的创造速度，超过了人们想要增加其持有量的速度。太多的货币追逐太少的商品（too much money chasing too few goods），是人们耳熟能详的对通胀原因所下的定义。要使解决办法恰如其分，就要确保货币创造的速度，不快于人们想要增加他们的货币余额的速度。

在谈论通胀意味着物价和工资上涨时，明显存在的政治风险是，人们开始担心政策制定者是否会拒绝给予他们应得的工资增长，或阻止别人为他们的产品支付他们似乎乐意支付的高价。公共调查显示，人们对通货膨胀的看法是基于他们购买的东西的价格作出的。他们很少看到他们卖出的东西价格也提高了，而仅仅把这种价格提高视为对他们劳动的应有回报。

"价格稳定"或"稳定的价格"这两个词已不再有用。当前消费品和投资资产的价格都在不断变化。所有的创新都意味着以前的产品和技术的（相对）价格变低。所有新引入市场的商品的常见模式是，随着生产和分销方法的改进以及规模经济的出现，它们的价格会下降。

反过来，随着财富的增加，人们把其收入花在被认为是必需品上的份额在下降，花在被认为是奢侈品上的份额在扩大。这种消费模式的转变，可能与更受追捧的商品价格上涨有关。这是市场经济的自然表现。制定旨在保持物价稳定的政策，是非常不可取的。

人们知道有些东西的货币价格会上涨（汽车、音乐会门票、印象派绘画、高尔夫球场的果岭费、学费等等），尽管他们不能确定会上涨多少。其他东西的货币价格会下降（冰箱、电话、电脑、电视、DVD 播放机、地毯、微波炉等），尽管他们也不能确定会下降多少。对于大多数时间的大多数物品（食品、汽油、衣服、处方药等）而言，他们无法确定未来的货币价格会是升高还是降低。这样的不确定性，是无法从市场经济中消除掉的。因此，人们总是选择使用那些经验表明更可能在将来换取他们想要的已知数量的物品的实物，来充当货币（以政府刑事禁令所允许的有效范围为准）。

当前和未来事物相对价值的不确定性，恰是人们留有货币余额的原因所在。只要有替代的通货可以选择，他们就会选择那些他们认为能让未来货币价格具有最少不确定性的通货来作为货币。人们知道他们会受通货膨胀之苦，所以他们自然而然会寻求能够更好地维持实际价值的资产和替代性货币。然而，从 1933 年到 1974 年的 40 多年间，美国政府却规定，美国公民持有黄金以保护自己免受美元购买力下降的影响，是非法行为。

购物需要时间和其他资源——需要收集关于各种商品、服务和投资资产的相对价格的信息。人们自然倾向于使用在收集相对价格信息、进行交易时最节约时间和生产性资源的货币单位。

近几十年来，我们的世界有足够的机会观察到拉丁美洲、苏联和中欧地区的普通民众如何在选择使用美元，而不是本国政府提供的货币。显然，他们这样做是基于这样一种期望，即以美元计价而不是以比索、卢布、第纳尔或泰铢计价时，他们得到的关于物品相对价值的信息要更加可靠。

那些糟糕的经验让大多数人明白了，通货膨胀和通货紧缩都不会提高经济表现。

同样已发生、但不那么容易被人们观察到的是，那些不为人们所预期到的通货膨胀和通货紧缩，会带来财富的再分配——特别是在债务人和债权人之间——而这将使平均生活标准降低。根据美联储一位前理事（governor）的说法，"哪里容忍了通胀，哪里就没有真相。"他指的是，当货币的购买力不稳定时，从相对价格上是看不到事物相对价值的真正变化的。

然而，通货膨胀，就如同死亡和税收一样，似乎无可避免。我们知道，历史上没有哪个国家没有经历过它。通货膨胀是对货币征收的一种特殊的税种。征收起来很容易，而且通常还不被认为是在征税。

通货膨胀如何衡量？

通货膨胀是指商品和服务的货币价格水平的持续上涨。一般物价上涨的长期趋势，通常是由美国劳工部劳工统计局计算的 CPI 来衡量，CPI 就是消费者价格指数（Consumer Price Index）。它旨在衡量一个代表性的工薪家庭所购买的一篮子商品的物价情况。针对不同人群，譬如老年人和不同的地理区域，CPI 的计算会有几种不同的指标。

人们通常把消费者物价指标作为生活成本或生活成本指数来衡量。然而，这些统计指标的目的，并不要反映任何一个人或一个家庭的经济福利或生活成本的实际情况。

通常的消费者物价指数，报告的是中产阶层城市居民或普通工人购买日常生活所需的一个固定篮子的商品和服务的美元成本变化——这些商品和服务包括食品、服装、汽车、住房、家庭用品、燃料、药品、医疗保健、修理费和电影等。连续几个月这个不变的一篮子商品和服务的物价，被拿来计算总成本，这就构成了消费者价格指数序列。一个序列的第一个日期赋值为 100，该序列为每个后续月份计算同一篮子商品和服务的成本（见图 42.1）。

并不是所有的价格都以相同的速度增长，有些甚至在大多数商品价格上涨的时候还会下降。但在持续通货膨胀期间，这个篮子中所有商品和服务的价格的加权平均值是上升的。

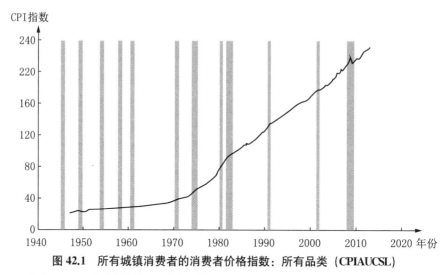

图 42.1　所有城镇消费者的消费者价格指数：所有品类（CPIAUCSL）

注：图中阴影部分表示美国处于经济衰退期。2013 年 Research. stlouisfed. org 数据。1982—1984 年指数 = 100。

资料来源：美国劳工部劳工统计局。

通货膨胀的原因

　　每一次持续存在的通货膨胀，其主要的原因是货币供给量相对于总产量的增加。不过，也有一些总体物价的上涨为期甚短。一次性增加货币供给量，而不相应地增加总产量，或者减少总产量，而不相应地减少货币供给量，都将提高物价的平均水平，并使之保持在新的水平上。

　　如果关键进口商品或资源的价格上涨，一个国家的物价水平可能也会上升。如果一个国家严重依赖进口能源，如石油或天然气，那么石油供给的减少和由此产生的高价格将导致该国物价水平的提高。因为能源是生产许多其他产品的投入要素，石油供给的减少也会减少许多最终产品的产出量，而这种产出量的减少进而又会反映在更高的价格上。但是，如果能源价格在新的更高水平上稳定下来，价格就不会持续上涨。在商品更少且货币数量不变的情况下，物价水平不会继续上涨，所谓的通货膨胀也不会持续下去。

　　对于这样一条规则，即持续的通货膨胀是货币数量增长快于实际商品和服务增长的结果，存在着例外情况。从历史上看，当价格上涨是由生产和消费的商品数量持续下降造成时，比如爱尔兰马铃薯饥荒、黑死病或欧洲鼠疫爆发之时，这种例外就出现过几次。这种灾难并不是货币过度创造的结果，把它们说成是财富损失时期，而不是通货膨胀时期，要更为妥当。

由货币供给量增加引起的物价上涨更为常见，它既影响一个经济体的产出，也影响财富的分配。由于通货膨胀会影响相对价格，一个经济体所能消费的财富也将受到通货膨胀过程的影响。人们没有很好地认识到的是，收入在经济体中的分配也会受到改变。

如上所述，如果市场经济中的所有参与者——既包括生产者也包括消费者——在作决策时根本不相信会有通货膨胀或通货紧缩，他们将会把所有切实发生的价格变动（资产和商品价格）都视为相对价格变化。回想一下，要么需求曲线，要么供给曲线，二者必有改变，才能有价格的变化。知道咖啡价格上涨的原因是咖啡生产国的收成不好，就会导致人们在咖啡和茶之间的偏好发生不同的——暂时性——调整。

此外，如果每个人都相信货币的购买力是稳定的，那么所有观察到的利率变化就都是实际利率的变化，而不是出借人在通货膨胀期间以附加费形式收取的通货膨胀溢价。这种信念告诉生产者，生产资源的最佳配置已经改变，它将影响消费者的是购买还是租赁决策以及其他的决策。

一旦货币购买力有了不确定性，关于相对价格和利率变化的含义的信号，就不再那么可靠。生产商和消费者都会犯错误，而如果货币稳定，那他们本可以避免这些错误。资源也将不会被分配到它们最有效和最优先的用途上，财富创造将会受到损害。最终，与具有稳定的货币时相比，通货膨胀将会降低经济体的富裕程度。

货币供给量增加的原因

虽然持续通货膨胀的原因是货币供给量的持续增加，但更根本的原因则在于是什么带来了货币供给量的增加。增加货币供给量是一项由政府征收的简单、模糊而又有效的税收，但这不是国会或议会所讨论的那种税收。中央银行是政府用来增加货币供给以制造通货膨胀的工具。当通货膨胀确实发生时，政治家和新闻评论员通常会断言，是外国援助、农产品价格支持、工会、公司，或联邦政府支出总额超过税收造成的赤字等，导致了通货膨胀。

　　然而，这些因素都不需要增加经济中的货币数量。政府增加支出，既不等于也不需要增加经济中的货币供给量。不过，政府确实倾向于通过增加货币供给来增加支出，这在政治上通常比通过明火执仗地征税更为可行。

货币供给量与物价水平通胀

　　假如我们今天醒来时，发现钱包和银行账户里的钱是昨天的两倍，其他商品的数量不变，就好像牙仙 * 新给了我们一笔钱。相对于我们其他形式的财富，我们的货币会太多。这并不意味着我们的财富也会更多。相反，相对于我们其他形式的财富，我们拥有的货币比我们想要拥有的货币为多。我们每个人都会试图通过购买其他商品或资产来减少所持有的货币，从而在我们的总财富组合中恢复到我们所想要的那种平衡。但那只是把这笔货币转给了卖给我们东西的另一个人，货币的总供给量并没有变化。物价会被拉高，几乎所有人的工资、收入和财富（都以美元计算），现在都会显得更高了。然而，除非增加商品和服务的生产，否则现实的情况是，社会不会因此更加富有。

　　所有商品、服务和资产的价格，都将上涨到公众希望持有更多货币的水平。以美元计算，我们是会更富有，但总购买力或商品和服务的数量却不会增加。虽然按实际价值计算，经济体的平均财富一开始可能是相同的，但有些人的状况会变差，而另一些人则会变得更好，正如我们在下文将看到的那样。

为什么通货膨胀具有破坏性和误导性？

　　我们知道，在市场经济中，有些价格正在上涨，有些则在下跌，而在没有通货膨胀的情况下，上涨价格的加权平均值将等于正在下降的价格的加权平均值。当上涨价格的加权平均值大于下跌价格的加权平均值时，就会出现通货膨胀。通货膨胀

---

* 　牙仙（tooth fairy）是一种西方传说中的仙子，据说如果儿童把脱落的牙齿放在枕下，牙仙会在他们睡着时把牙齿取走，留下硬币。——译者注

发生的程度永远无法确定，因此，将美元价格水平变化混淆为相对价格变化，就可能会造成混乱。在通货膨胀期间，当所有美元价格都在上涨时，察知相对价格的变化就会变得更加困难，判断会变得更不可靠。

即使对于一个给定的通货膨胀率——比如 5％——也不是所有的价格都会同时上升或达到同样的程度，因为各种商品的需求和供给受到其他因素影响的程度是不一样的。在持续通货膨胀期间，人们必须在许多价格之间进行比较，而这些价格乃是以不同的速度在变化。这就造成了困难，而且随着采购、生产和投资决策中出现了混乱和错误，信息也变得不那么可靠了。

通胀的另一个破坏性影响是，当利率无法预测通胀时，会发生意料之外的财富转移。而人们普遍认为通货膨胀有利于提高就业率和产出量。

对通货膨胀原因的错误认识

混淆了指标和原因

媒体有一种倾向，习惯把通货膨胀归咎于最近一段时间碰巧价格上涨的某种商品——可能是汽油或钢铁。这就混淆了因果。对通货紧缩（deflation）这个词也有类似的误解。在一般意义上，通货紧缩意味着平均价格水平持续下降；另一种解释是货币购买力的持续上升。当各国的货币以黄金和白银为本位时，在很长一段历史时期内，以这种铸币计算的所有价格的平均值都会下降。

当一个经济体使用法定货币（fiat）——没有铸币支持的纸币——也有可能出现持续的通缩，但这种情况并不多见。然而，在法定货币的情况下，重要的是不要把通货紧缩的原因，归因于价格下跌最为严重的那些商品。人们不太可能说，计算机价格下跌或手机价格下跌会导致通货紧缩，因为显然这是一种正在发展的技术。然而，如果农产品价格下降（可能是因为丰收），农民就会抱怨通货紧缩。

商品价格的短暂波动不会引起通货膨胀

短期的暂时性的商品供给波动，会导致这些商品价格出现短期的上涨或下跌。

大家都知道，应季水果和蔬菜的价格比非应季水果低。这样的价格波动与产生通货膨胀的过程无关。

在美国销售的法国葡萄酒价格上涨是否反映了通货膨胀，这个就不那么显而易见了。如果价格上涨反映了葡萄酒的潜在供给或消费者对葡萄酒的需求，我们就不应称为通货膨胀。然而，如果美国的经济政策对美元造成普遍的通货膨胀压力，那么美元的外汇价值与那些经历较少通胀的货币相比将会下降。这将导致法国葡萄酒等进口商品的美元价格走高，因此这是通胀的反映。

综上所述，我们区分了：（1）暂时性的、可逆的价格上涨，这是由于特定商品的供给变化所引起的；以及（2）由于货币供给量的增加而导致的物价持续上涨。

通货膨胀带来的财富转移

通货膨胀是在向公众征税——没有立法明确规定这项税收。我们来看其中的途径。

1. 货币税。

政府创造的新货币的创造者和最初的使用者，从公众那里获得了商品。随着收到更多的钱，公众对商品的需求上升，物价水平也跟着上升。随后物价水平的上涨，公众所有持有的美元的购买力下降。这种购买力上的下降，是政府从公众那里获得这笔新的货币所导致的。由于货币供给量的增加，物价水平以每年3％的速度膨胀，就变成了对公众持有的货币征收3％的税，也即失去3％的购买力。这种情况在很多国家发生过——通过印制更多新的货币来购买政府机构的商品和服务，而引发持续的通胀。

印制更多的货币来为政府筹措资金，并不必然是坏事，至少从政治家的角度来看是这样的。许多欠发达国家没有一套有效的显性税收制度。征收所得税和销售税，会要求政府具备可靠的核实收入和销售额的能力。如果他们做不到这一点，那就只能靠印制钞票来为其许多活动筹措资金。即使公众明白纸币的购买力在下降，他们也别无选择，只能接受它，因为这是他们支付所欠税款的唯一办法。

2. 资源财富的虚幻利得税。

除了对公众持有的货币征税以外，通货膨胀还通过制造收入和资源价值上的虚幻增加来扩大税收，这些增加额之后会被征税。这种情况发生在以下几个方面。

（1）累进所得税。

累进（逐步增加的）所得税意味着每一个连续的收入等级对边际收入都有更高的边际税率。假设每年收入 10 000 美元，须按 10％的税率纳税（即 1 000 美元）；而接下来的第二个 10 000 美元的收入即须按 15％的税率纳税（即 1 500 美元）。每年收入 20 000 美元的人须缴纳 2 500 美元的总税额，这相当于收入的 12.5％（＝2 500 美元/20 000 美元）。

现在，看看物价翻番带来的税收效应，20 000 美元的收入增加到 40 000 美元。假设超过 20 000 美元的那部分收入须按 20％征税，即 4 000 美元（＝0.20×20 000 美元）。现在的总税额是 6 500 美元（＝2 500 美元＋4 000 美元）。当通货膨胀提高了美元度量的收入时，税收也因为被推到了更高的名义美元收入等级而增加。整体有效税率从 12.5％提高到 16.25％（＝6 500 美元/40 000 美元），与此同时又没有任何税法的变化或实际收入的增加。政府之所以能够得逞，乃是因为它的税收收入的增长超过了物价水平的增长。

（2）资本利得税。

当出售资产时，任何一项资产的美元市场价值的增加部分都要征税。如果你以 1 000 美元的价格购买了一幅画或一些普通股股票，三年后以 2 000 美元的价格出售，在所有商品的平均价格都翻了一番的情况下，你实际所获得的财富并未变化。而且，你必须为那 1 000 美元的财富收益缴税，这被称为资本利得税。尽管以美元计算的 1 000 美元收益是虚幻的收益，但税收却不是虚幻的税收。

（3）更换折旧。

在美国营业税法下，重置折旧资产的美元成本不能上调以反映新价格水平下的重置成本。所报告的美元净收益之所以被夸大，是因为纳入考量的成本（资本设备的损耗）太低了。商业公司必须对凭空虚构出来的收益纳税，而它所反映的仅仅是物价水平的变化而已。这也被认为是当人们对通胀的担忧增加时，股价倾向于下跌的一个原因。

3. 对政府债券持有人征收通货膨胀税。

美国政府债券名义利率包中的通货膨胀溢价，可能大大低于通货膨胀率，由此债券持有人损失了数十亿美元的财富给政府。假设政府债券（或任何其他债券）的利率是 5％。如果价格水平在一年内上涨 4％，那么，债券持有人将损失 10 000 美元债券价值中的 4％，10 000 美元本金的购买力将损失 400 美元。一年 5％的利息是 500 美元（＝0.05×10 000 美元）。但这 500 美元的利息只能买到 96％那么多，也即 480 美元，其中 4％的损失由 4％的通货膨胀造成。债券持有人在那一年的总损失，是与 10 000 美元本金相关联的 400 美元购买力的损失，以及从 500 美元的利息中损失的 20 美元的购买力，总共损失了 420 美元。这 420 美元是通货膨胀给政府带来的收益，政府并没有把它正式记录为向债券持有人征收的税款。但最主要的一点是，这是一个未充分预期到的通胀，是它造成了对借款给政府之人所征收的税收。

在上面的分析中，你可以用任何私人借款人来代替政府。此时，我们所说的由政府所征的这笔税，就被称为是从出借人向借款人所作出的财富转移。

如果预期有通胀，为什么还要放贷?

这就提出了一个问题：如果可以准确预测到未来的通胀，为什么还有人愿意向其他人放贷呢，不管是不是借给政府？如果预期通货膨胀率为 4％，出借人可以要求借款人在一年期贷款中支付 5％的利息，并把这笔利息加到本金上对总的本金再偿还 4％，以针对更高的价格水平进行调整。借款人将要偿还 1 000 美元的本金，再加上本金 5％的 50 美元利息，然后再将 1 050 美元的总偿还额增加 4％，以针对物价水平的上涨进行调整。总偿还额可以表示为：还款额 = 1 000 美元×1.05×1.04 = 1 000 美元×1.092 = 1 092 美元。

1.092 这一项告诉我们，名义利率是每年 9.2％，其中包括 5％的纯利率和 4％的通货膨胀率（0.092 中额外的 0.2％是一年本金增长 5％的 4％利息。）。出借人收到的还款额为 1 092 美元，在物价水平提高 4％的情况下，其购买力比最初借给借款人的购买力高出 5％。这种通货膨胀不会导致财富转移，因为它被人们正确地预期到了。如果对通货膨胀的预测过高，那么借款人将会蒙受损失。

未正确预期到的通货膨胀导致的人际财富转移

如果政府债券或其他债券的名义利率反映了正确预测的通胀调整溢价（与所实

现的通胀率相匹配），则出借人和借款人均可免于非故意的人际财富转移。我们之所以强调，是因为无论通货膨胀是否被预测到，政府都会从货币税中获益。只要个人持有任何失去购买力的货币，他们就无法避免这一点。但是，向其他人的财富转移，却可以避免，只要既不是净货币债权人，也不是净货币债务人，从而保持中立，就好了。

如果别人欠你的钱（你作为货币债权人的一面）和你欠别人的钱（你作为货币债务人的一面）相等，你就是一个中立者。你在债务（你欠的钱）上的得与失，将会完全被你在债权（欠你的钱）上的失与得所抵消（本章附录 B 提供了一个如果你的货币债务不等于你的债权时将会发生什么的例子）。但这种中立性并不会使公众避免被征货币税的命运。

小结

1. 通货膨胀是指一组商品的货币价格持续上涨。

2. 几乎每一次显著的通货膨胀，都是由绝对货币量的增加引起的。例外情况是像中世纪黑死病这样的罕见事件，黑死病导致了人口减少和工资上涨。

3. 通货膨胀的影响取决于预期的准确程度。如果预期准确的话，财富不会从债权人转移到债务人手中，因为债务的利率将会得到充分的调整。然而，由于政府发行的货币没有利息，货币持有者在所有通货膨胀期间都会蒙受损失。

4. 工资和价格管制不能降低通货膨胀，也不能防止货币购买力的丧失。由于市场上供给货币的权利受到限制，所以货币的交换价值下降了。抑制物价之后通常紧跟着政治控制，比如政府对价格受管制的商品所做的分配——定量配给。

5. 通过将美元收入推入累进所得税税率表中更高的税率等级，通货膨胀造成了所得税自动的、未经立法的增长。资本利得税（对资产名义价值的利得的征税）也同样增加了。

练习与思考

1. 下列哪一种商品不会作为货币使用：烟草、糖、盐、牛、钉子、铜、谷物、珠子、茶、贝壳、鱼钩、巧克力、香烟、羽毛、银、金、印了东西的纸、石头、期票，以及债务？

答：

所有这些商品都曾一度在不同国家充当过货币。

2. "货币是一种交换媒介。它是一个公分母或价值尺度。它是一种价值贮藏手段。相对而言，前两个属性对于货币来说是独一无二的，而最后一个则不是。"请你解释一下这段话的含义。

答：

大多数交易都把货币作为商品之一，兑换比率是用货币来表示。使用货币价格可以更容易地比较不同物品的价值，比如比较一双鞋和一条面包的价值。但许多不易腐烂的商品，都拥有不以时间移易而改变的价值。

3. 如果一种商品作为货币来使用，那么它的一些理想的物理属性是什么？它作为货币的有用性，受到它的可识别性、便携性、可分割性、耐用性和防假冒性的影响。这是为什么？

答：

这些物理特征有助于降低作为货币使用的该种商品的交易成本，但并非都是必要的条件。太平洋的雅浦岛曾使用非常巨大的石头作为货币，它们不能运输，但所有权的变更可以作为交易结果而达成。

4. 什么是法定货币（legal tender）＊？一张 10 美元的联邦储备纸币上写着："这张纸币是所有公共和私人债务的法定货币，可以在美国财政部或任何联邦储备银行兑换成合法货币。"如果你要求财政部把那张纸币兑换成合法货币，那么你会得到什么回复？

＊ "legal tender"与"fiat money"都是法定货币的意思，但后者似乎特指纸币而言。——译者注

答：

如果一个国家的法院因判决或和解而要求以某种货币付款，那么这种货币就是法定货币。如果你赢了一个案子，在这个案子里，卖家拖欠了他交付黄金给你的协议，法院将会要求给你支付一笔美元数额来解决你的索赔要求。因此，法院没有把黄金视为货币——法定货币。财政部可能会给你另一张 10 美元的联邦储备纸币，或者两张 5 美元的纸币。

5. 货币的价值是取决于它由什么材料做成，还是取决于它的数量？

答：

货币的价值是你可以用一美元换到什么——你可能可以用一美元换来一夸脱冰淇淋、一杯咖啡或一条面包。货币的价值还取决于已存在的货币总量。如果货币存量翻番，经过调整后，价格也将差不多翻番。那个时候一美元只能换得以前一美元的一半。

6. 关于什么东西可以作为货币来使用：

(1) 你认为公共汽车和地铁代币应该计入货币供给量吗？为什么？

(2) 你认为定期存款或者储蓄账户是货币吗？为什么？

(3) 旅行支票呢？

答：

(1) 不应计入货币。它们只是用来交换特定物品的凭据。一般来说，这样的代币是不能用于一般性的商品购买的。这是一种为特殊服务所支付的预付款的收据。

(2) 我们不会那样认为，因为它们一般不会用于购买物品。相反，它们首先要转换成货币或支票账户，才能用于购买物品。但是，这些账户很容易被转换成货币，以至于就某些问题而言，把它们当成货币可能会更有用。

(3) 美国运通等公司发行的旅行支票可以视为货币，并算作货币存量的一部分。

7. 什么是"货币需求"？货币本身并没有被吃掉、磨损或以其他方式消耗掉，所以，除了光着脚在它上面跑过所带来的守财奴式的快乐之外，钱一到手而不彻底花光，留着还有什么好处呢？

答：

货币是用来节省交易成本的（所以你不必随身携带其他人可能想要的东西来换取你想要买的东西），它是一个价值贮藏手段，很容易辨认，携带方便（易于带往各处），且很耐用。有时候，当买家以"全是现金"的方式支付给卖家时，交易的条款是不同的。

8. 关于货币和财富：

   （1）为什么你醒来发现你的钱翻了一倍你会很开心，但如果别人也有这样的幸运经历你就不开心了呢？

   （2）如果你是唯一一个幸运者，一夜之间自己的钱翻了一倍，而其他所有人都没有这样的好运，那么你会有不同的表现吗？为什么？

   答：

   （1）如果你是唯一一个钱翻了一倍的人，你会更富有，你可以买两倍于过去的东西。但是，如果每个人的货币持有量都加倍，因为货币存量变大，价格就会上涨大约一倍，那么最终你会得到和货币存量翻倍之前相同的实物数量。

   （2）很可能会。你会比以前更富有，而且相对于其他每个人你都变得更富有了。

9. 20年前，你花了5 000美元买了一个科技产品。现在你必须用一个新的来更换它，今天它的价格是10 000美元。这件新商品明显比多年前买的时候贵一倍，对吗？

   答：

   货币价格翻了一番。但是，（1）可能存在质量上的变化——今天的这款科技产品比旧的那个要更好（或更差），而且（2）一般物价水平可能增加了一倍以上，所以，比起你当年购买这个科技产品时所放弃的其他商品来，现在你放弃的要更少一些。

10. 你在尝试着计算价格指数。有些商品的价格报为100美元，然而，商店里所能买到的数量少于需求数量，商店经常报称它们"卖完了"。我愿意卖给你一辆经典的1970年款福特野马，要价1 000美元，只要我有我就卖给你，但我现在没有，将来我也不可能有这么一辆车。公寓受到租金管制，而且，在目前的租金水平上，潜在租房者的队伍排得老长。这些价格在你制定你的价格指数时有多大的相关性？

答：

对于价格指数有意义的价格，是买家可以购买他们想要购买的数量，同时卖家可以卖出他们想要出售的数量的那个交易价格。在"挂出来"的价格上，若是无物可售，或者价格高到几乎没什么需求量，那么这个价格就是无意义的。

11. "这种历史上货币价值不断下降的现象，并非昙花一现，偶一为之。在其背后，隐含着两个巨大的推动力量——政府的贫困和债务人阶层强大的政治影响力……通过贬值货币来征税的权力一直为国家所固有……法定货币的创造，过去是、现在依然是政府的最后储备。只要这个工具还留在手中没有被使用，就没有哪个国家或政府会宣告自己破产或者覆亡。"（J. M. Keynes, *A Tract on Monetary Reform*, London: Macmillan and Co., Ltd., 1923, p.9）请你更详细地解释一下凯恩斯的意思。

答：

根据这段引文，从通货膨胀中受益并作为两大推动力量出现的，有两个群体——政府和其他债务人（净货币债务人）。通货膨胀是一种货币税。通货膨胀是由政府控制的货币（通货）供给增加引起的。如果货币存量翻番，且商品和服务的数量保持不变，那么价格最终也会翻番。在价格上涨之前用新增的货币购买物资的政府，会受益于这种通货膨胀税，因为实际资源会以更低的价格转移到政府那里。政府和所有其他债务人，都会从意料不到的通货膨胀中获益。如果在假设没有通货膨胀的情况下发放贷款和发行债券（这样就无法因为通货膨胀对利率进行调整），那么在发生 100% 的通货膨胀后，偿还给债权人的美元大约就会是其原始价值的一半——它们所能购买到的实际的商品和服务，只有通胀前的一半。实际资源从净货币债权人转移到了净货币债务人手中。

12. 假设所有大学都被迫向教授支付每年 30 万美元的最低工资。许多教授很快就会发现自己失业了。由于可以对政府发挥影响，教授们告诉那些政治家，这一失业的根本问题之所以产生，是因为需求不足。为了增加需求，政府可以增加对大学的支出，使大学能够以 30 万美元的价格聘用所有的教授。如果政府通过税收来筹集到了这笔资金，那么其他地方的需求将会下降，失业率将会上升，直到其他行业的工资和价格下降到得以留住它们所用的资源为止。其他地方的价格下跌，抵消了教授们工资的上涨。

另一方面，政府可以通过增加支出，减少税收，通过创造货币来弥补赤字，从而扩大一般需求。如果政府向大学教授们保证，他们会得到充分就业的需求条件而且不会减薪，也不会在其他地方造成失业，那么，通货膨胀还会是不可避免的结果吗？

答：

是的。通货膨胀是实现这一保证的唯一方法，但教授们货币工资的增长不会与他们实际工资（购买力）的增长相一致。

13. 尽管货币性资产（monetary asset）是以货币表示的对固定价值的债权，但它是一种其价格可以改变的资产。试举其例。

答：

债券就是一种货币性资产。它要求在债券的有效期内支付固定的利息流，并在到期时返还一定数量的美元。然而，债券的市场价格在任何时候都会随着市场利率的高低而波动。

14. 下列哪项是货币性的？它们是资产还是负债？

(1) 货币；支票账户。

(2) 百货公司的赊购账户。

(3) 对《华尔街日报》的预付订阅费。

(4) 土地长期租赁合约。

(5) 租金约定，承租人向业主支付每月销售额的 1‰ 作为租金。

(6) 美国债券。

答：

(1) 对债权人（存款人）来说是货币性资产；对债务人（银行）来说则是货币性负债。

(2) 对债权人来说是货币性资产；对债务人来说则是货币性负债。

(3) 对订阅者来说是真实的资产；对出版商来说则是真实的负债。

(4) 对承租人来说是真实的资产；对出租人来说则是真实的负债。

(5) 对承租人来说是货币性负债；对出租人来说则是货币性资产。

(6) 对债券持有人来说是货币性资产；对债券发行人来说则是货币性负债。

15. 如果在通货膨胀期间，你的所有财富都是以实物形式持有的，那么，相对于物价水平而言，你是获得还是损失了财富？

    答：

    你有货币性负债吗？回答这个问题需要你的负债信息。

16. 朱利安皇帝劝诫古安条克商人在他们的货物定价上要多行自律。* 在现代，政府领导人有时会劝告企业和劳工领导人要"像政治家一样自律"，为什么这种劝诫比不作劝诫还要糟糕？

    答：

    通过揭示包括劳务在内的一切商品和服务的相对供给和需求，市场价格便利了交换。这样的劝诫把注意力从通货膨胀的原因（政府增加货币存量）转到了后果上去。

17. 在20世纪70年代末美国的快速通货膨胀时期，贷款和债券的利率相应地调整到了15%—20%左右。20年后，通货膨胀率大幅下降到2%左右。在从高通胀向低通胀过渡的过程中，谁是赢家，谁又是输家？

    答：

    那些在通胀和票面利率高企时购买债券的人，在通胀下降导致利率下降的情况下，经历了可观的财富增长。那些在通胀和利率高企时发行债券的人遭受了财富损失。

18. 请解释银行所有者（股东）作为一个阶层是如何饱受通货膨胀之苦的。

    答：

    银行是净货币债权人。部分权益或净财富，是以这一净货币性资产的数量来表示的，而这一部分权益不会随着价格水平成比例地上升。

---

* 朱利安皇帝（Emperor Julian, 331—363），君士坦丁王朝的罗马皇帝，361—363年在位，是罗马帝国最后一位多神信仰的皇帝，曾努力推动多项行政改革，为改善国家经济状况，推行财税制度改革。安条克是罗马帝国最繁华的城市之一，鼎盛时期城市人口达到50万人之多。——译者注

附录 A：适应通货膨胀

数据不足：相对价格变化时商品之间的替代

CPI 没有按照人们对物价上涨的反应作出适当调整。消费者和企业通过替换那些相对于其他商品价格上涨的商品来节约开支。如果牛肉的价格相对于鸡肉的价格上涨了，人们就会更多地转向现在价格相对较低的鸡肉或更多地转向非肉类食品，而远离价格更高的牛肉，这样可以节省成本。这种使用更多低价商品、更少高价商品的替代，降低了一篮子商品的美元成本，使之低于如果顾客坚持牛肉的购买量不变时所花费的成本。

CPI 没有考虑到这种转变，而是相反，去衡量的是好像人们还在继续购买原来数量的商品时所花费的成本。当相对价格变化时，不管是否存在通胀，物价指数都是这样在衡量，所以这往往会夸大生活成本。

尽管质量改善，但价格没有提高，生活标准是否仍然是固定不变的?

另一个问题是，CPI 试图衡量相同的恒定生活标准的美元成本之上升，这个生活标准不会随着时间而变好或变坏。

每隔几年，这个商品篮子就会进行调整，为的是更好地与人们实际消费的商品种类保持一致。但到了那个时候，由于常规的技术发展和企业的创新行为，许多改进都得到了发展，其中的一部分反映在这样一个事实上：消费者没有支付更高的价格，但买到了更优质的产品。这样的例子比比皆是——计算机、互联网、电视、药品和医疗技术、尼龙搭扣、拉链、塑料、石墨材料等等。这些发明对创新者来说是代价昂贵，但对消费者来说，价格往往并不会高于那些现在已经过时的商品。供应商之间的竞争，会在不变的价格上把一些好处传递给消费者。

这些常规的、没有带来更高价格的改良，抵消了通货膨胀对美元的侵蚀。如果通货膨胀的衡量方法不能根据没反映在价格上的美元购买力增长作出调整，那么美元购买力的实际下降就不能得到充分衡量。也就是说，实际通胀率低于 CPI 所报告的通胀率指标。

会错误地提高通货膨胀指标的税收

有些商品的价格里隐藏着税。例如，提高进口商品关税，减少了进口商品的供给，提高了进口商品的价格。由此产生的更高的市场价格，是两样东西的价格——这件商品和这项税负。因为更高的价格被归因到了进口商品上，这夸大了通货膨胀。如果政府征收的是所得税，而不是对商品征税，那么所得税就不会提高任何商品的价格。对所有通胀指标进行调整，使其不至于混淆以下两种原因所造成的高价格，这是一项令人绝望的任务：（1）因高税收而导致的物价上涨；以及（2）因通胀而导致的物价上涨。

政府防止通货膨胀影响的徒劳尝试

尽管政府（选民的代表）制造了通货膨胀，但政府也试图防止通胀所带来的那些后果。这些尝试形式多样——往往只是造成了更多的负担而已。我们来看看其中的一些。

价格和资源配置管控

政治家、媒体专栏作家、企业经理、劳工——几乎每个人——异口同声认为，实行工资、价格和资源配置管控，是控制通货膨胀之法。这意味着，要取代市场价格发挥引导资源配置的作用。它被委婉地称为是所谓的"收入政策"，最初常常被描述成是自愿之举。之所以强加这些控制，可能源于这样一种错误的印象，即认为通货膨胀是贪婪、强大的企业和工会寻求提高价格和工资的结果。

价格管制非但保持不了货币的价值，反而会削弱货币的功能，使其与交换行为的相关度下降。把价格管制在低于开放市场上本应该出现的水平，会使货币在传递有关商品供给和需求变化的信息方面效率下降。短缺、中断和延迟交货最终不可避免地表明，货币在引导商品方面的能力下降。其他形式的竞争行为或对卖方的奖励，提高了政治权力或地位，增加了个人特征方面的吸引力，促成了排队等候现象，等等。对道德标准、行为规范和风俗习惯的影响，很快就会显现出来。

二战结束三年后，德国取消了价格管制。直接和可预测的反应是生产的增加，以及短缺、排队和任意配给现象的消失。同样的结果也发生在日本和意大利。价格管制的结束，并没有导致更高的通货膨胀。相反，由市场决定的价格使资源得到了更有效的利用。

关于是对价格进行管制还是让市场来定价，还有其他一些明显的教训，这方面可以参考世界各地政府插手能源价格的经验。例如，在 20 世纪动荡的 70 年代，美国对国内汽油价格的管制，带来的是短缺和定量配给制。曾经一度要根据车牌上的最后一个字母或号码，只有在奇数日或偶数日里为汽车购买汽油才是合法的。1981 年初，美国国内成品油的价格管制全部结束——随着产量的增加，油价应声下跌。短缺消失了，汽油配给制也结束了。

附录 B：对人际财富效应的概括

未预期到的通货膨胀所带来的再分配

只要通货膨胀不被充分预料到，社会上就有人会因此增加财富，也有人会招致财富损失。这一表述适用于个人、家庭、企业、政府，甚至慈善组织。说它"不被充分预料到"，我们的意思是，尽管经济中的许多人、甚至大多数人都预期到会出现一定的通货膨胀，但实际的通货膨胀率还是超过了市场利率中所体现出来的通货膨胀附加费。

谁受益，谁受损，可以通过查看一些简单的资产负债表来得到说明。未预期到的通货膨胀所带来的人际财富分配效应，可以通过货币性和非货币性的资产与负债的概念得到概括。

货币性和非货币性的资产与负债

前几章讨论的商品市场，是非货币性资产的市场——通常被称为实际资产（real assets）——因为它们的市场价值可以改变。它们不是固定货币额的债权。房屋、名画、鸡蛋和汽车的美元价格，平均来说会随通货膨胀率成比例地发生变化，尽管其中有些商品的价格会上涨，有些商品的价格会下降，就像没有通货膨胀的情况下一样。

货币性资产和货币性负债

货币性资产是指，无论是通货膨胀还是通货紧缩，其价值都固定在一定数量的美元上的资源。货币（通货和硬币）当然是一种货币性资产；不支付利息（或利息不随通货膨胀而变化）的支票账户也是一种货币性资产。债券——对一定数量利息以及本金的要求权——是一种货币性资产。固定美元支付额的本票和固定美元支付额的退休金是收款者的货币性资产。货币性负债则是这些要求权的另一面：支付这些固定数额货币的义务。

每个人的货币性资产，都是对其他人而言的货币性负债。如果你或你为之出资的养老金计划持有长期、固定利率的政府债券，那么这些对你来说是货币性资产，对发行它们的政府来说就是货币性负债。银行可以持有固定利率抵押贷款作为货币性资产，客户的支票存款就是货币性负债。作为一个房主，你的抵押贷款是一种货币性负债（除非利率随通货膨胀而变化）。

政府发行的所有通货，都是政府的货币性负债，也是货币持有者的货币性资产。以美国为例，世界各国的人们现在持有 1.5 万亿美元的纸币。

非货币性资产和非货币性负债

几乎每个人都有一些非货币性资产和非货币性负债——也被称为实际资产和实际负债——这些资产和负债是对商品和服务的要求权和交付义务，而这些商品和服务的美元价值不是固定的，可以随着通货膨胀而变化。实际资产的所有者，平均而言不会因通货膨胀而蒙受损失，因为实际资产价格会随着通货膨胀而上涨。一个实际负债的例子，是一个需要在未来很多年交付实物商品的长期合同——比如说，一架新制造的波音飞机的订单。

由于实际资产和实际负债的价值与通货膨胀成比例地在变化，所以，未能预期到的通货膨胀所带来的是财富上的得益还是损失，并不由实际资产和实际负债决定。货币性资产和货币性负债决定着财富再分配效应。

净货币债权人

这是一个净货币债权人（表 42.1），其所持有的 10 美元的货币性资产，比所持有的 6 美元的货币性债务多 4 美元。

表 42.1 净货币债权人：在未能预期到的通货膨胀发生之前（美元）

资 产		负 债	
现金	10	债务	6
存货	4	权益	8
总计	14		14

如果物价水平翻番，则其结果就变成了（表 42.2）：

表 42.2 净货币债权人：在未能预期到的通货膨胀发生之后（美元）

资 产		负 债	
现金	10	债务	6
存货	8	权益	12
总计	18		18

权益只上涨了 50%，而价格却翻了一番。这个人在购买力方面损失了财富。

中立货币地位

这是一个处于中立地位的人（表 42.3），货币性资产等于货币性负债（实际净资产等于实际权益）。

表 42.3 货币中立者：在未能预期到的通货膨胀发生之前（美元）

资 产		负 债	
现金	6	债务	6
存货	8	权益	8
总计	14		14

在价格翻了一番之后，我们有（表 42.4）：

表 42.4　货币中立者：在未能预期到的通货膨胀发生之后（美元）

资　产		负　债	
现金	6	债务	6
存货	16	权益	16
总计	22		22

当物价水平翻一番时，权益也翻了一番，达到 16 美元，因此权益在购买力上既没有获益也没有损失。只有当权益等于净实际资产时，它才能与一般物价水平成比例地增加，也就是说，此时处于零净货币状态。

净货币债务人

要想获益，也即权益增加的比例大于物价水平的上涨，就要成为一个净货币债务人（表 42.5）：

表 42.5　净货币债务人：在未能预期到的通货膨胀发生之前（美元）

资　产		负　债	
现金	4	债务	6
存货	8	权益	6
总计	12		12

如果价格翻一番，资产负债表就变成了（表 42.6）：

表 42.6　净货币债务人：在未能预期到的通货膨胀发生之后（美元）

资　产		负　债	
现金	4	债务	6
存货	16	权益	14
总计	20		20

权益比翻一番还要多，从 6 美元涨到 14 美元。只有成为净货币债务人，才能增加权益。仅仅拥有一些货币债务是不够的。持有更多存货（本身）也不会产生收益。

是货币性债务超过货币性债权的那部分，在通胀被低估时产生了收益。

成为净货币债务人的一个办法，是通过大量抵押贷款买一座房子——并且之后的通货膨胀率高于预期！

表 42.7 这张资产负债表表明相对于借款人的权益，有一个相当大的净货币性负债。这种净货币状态，就是拥有了 199 000 美元（200 000 美元－1 000 美元）的净货币性负债。

表 42.7　抵押贷款购房者：在未能预期到的通货膨胀发生之前（美元）

资　　产		负　　债	
现金	1 000	债务	200 000
房子	200 000	权益	1 000
总计	201 000		201 000

通货膨胀发生后（表 42.8），权益从 1 000 美元增加到了 201 000 美元，按物价水平调整后为 100 500 美元，当物价水平翻倍时，权益增加了 200 倍。

表 42.8　抵押贷款购房者：在未能预期到的通货膨胀发生之后（美元）

资　　产		负　　债	
现金	1 000	债务	200 000
房子	400 000	权益	201 000
总计	401 000		401 000

在美国和其他国家，当随之而来的通胀率高于之前的预期时，拥有大量固定利率抵押贷款的房主就会获得巨大的收益。更一般地说，在通货膨胀超过预期的情况下，通过发行长期固定利率债券对赤字进行融资的政府，是以牺牲公众的利益为代价做到这一点的。这是经济学家将通货膨胀视为非法定税收的一个主要原因。

回顾一下：

1. 权益（净财富）＝资产－负债

2. 权益 ＝（实际资产＋货币性资产）－（实际负债＋货币性负债）

3. 重新排列各项，我们得到：

权益＝（实际资产－实际负债）＋（货币性资产－货币性负债），即：

权益＝净实际资产＋净货币性资产

　　总结一下这些结果，实际资产和实际负债不影响由未能正确预期的通货膨胀所引起的人际财富分配。实际资产和实际负债之间的不一致，不会带来收益（也没有损失），因为两者都与物价水平保持同比例变化。

　　不过，物价水平的变化使货币性资产和货币性负债仍处在其以前的美元价值上——未经通货膨胀调整，而且货币性资产的名义利率中的任何附加费都没有提高其美元价值。

术语表

absolute advantage 绝对优势：对同一商品的两个生产者的产出—投入比（生产效率）的比较，作比较的生产者的范围，从个体的工人到整体的国家不等。见"比较优势"（comparative advantage）。

aggregate demand 总需求：所有个体需求曲线的加总。

aggregate supply 总供给：所有个体供给曲线的加总。

annuity 年金：规定期限内年收益或收入的一个序列。

average expenditure 平均支出：生产投入要素的单位价格。

average revenue 平均收益：一单位商品的货币价格。每单位销售收益（AR）等于总收益（TR）除以单位产品数目（TP）：$AR = TR/TP$。

bargaining power 议价力：对谈判各方（譬如工会和雇主）达成其目标之能力的一种衡量指标。

basing point pricing 基点定价：商品在某一特定市场的价格，是某一指定地理基地的价格，再加上从基地到该市场的运输成本的总和，即使供应商并不在基地所在地。

bond 债券：通常由商业公司或政府作出的、支付利息并在指定期限结束后偿还借入款项的承诺。

boycott 联合抵制：有组织地拒绝购买，并努力说服他人也不要购买某一特定企业的产品。

business firm 商业企业：共同生产商品和服务以出售给他人的一组生产资源或一个团队。

capital 资本：有助于产生未来产出流的耐用"生产要素"，通常被称为"资本品"，与机器和存货这样的非人力投入品相关，但也包括知识和技能所构成的"人力资本"。

capital gain 资本收益：一项资产的市场价值的增加额，指销售价格高于购买价格的部分。

capital goods 资本品：用于生产未来商品或劳务的耐用品，在投入生产过程时具有市场价值。

capitalism 资本主义：本质上就是价格主导、资产私有的市场经济制度。见"竞争"（competition）。

capitalist 资本家：为生产投入要素支付工资或地租的个人；一般是一名经理人、组织者和承担风险的人。

cartel 卡特尔：卖家所组成的联盟，有时这种联盟是合法的，这些卖家同意限制产出或降低产品质量，从而在限制潜在竞争者进入市场的同时提高价格。见"合谋"（collusion）。

closed shop 闭门企业：只能雇佣工会成员的企业。

collective bargaining 集体谈判：雇员们作为一个群体，对合同条款和工作条件进行协商，通常通过工会官员这样的代表来实施。

collusion 合谋：某种产品的生产者采取联合行动，使该团体的边际收益等于边际成本，提高价格并降低产出；不要与联盟（coalition）混淆起来，联盟可以降低价格，提高产出或减少成本。

command economy 指令经济：产品和劳务的生产与分配均由一个中央权威机构来组织和管理的经济体。

comparative advantage 比较优势：两种商品的两个生产者不同的产出—投入比（生产效率）的比较——其中一个生产者在两种商品上都占据绝对优势，但程度不同；虽然他在两种商品上都占有绝对优势，但他可以比较性地选择其中相对更具优势的一种商品进行生产。见"绝对优势"（absolute advantage）。

competition 竞争：产品和劳务的卖家彼此之间以及买家彼此之间的较量，这是在私有产权制度下的一种协调经济活动的方法，通过对生产性资源和最终产品与劳务之间的自由交换而实现。

competition market 竞争性市场：由许多企业构成的市场，其中每家企业提供的都是无差异的产品，且占的比例都很小，因此无法影响市场决定的价格；受价者市场，具有水平的平均收益曲线。

constrained maximum 约束下最大值：在一定约束下（比如给定另一种产品的产量），某一变量（比如一种产品的产量）的最大化；生产可能性边界代表的就是约束下最大值。

consumer price index（CPI） 消费者价格指数：特定商品和劳务组合的货币价格变化的衡量指标，这一商品和劳务组合构成了一般收入水平的人们的代表性市场篮子；该指数由美国劳工部劳工统计局编制。

consumer's（buyer's）surplus 消费者（买家）剩余：一种商品的个人估值（使用价值）超过为获得它必须支付的价格的部分；总使用价值超过市场价值（价格乘以数量）的部分；在供给—需求图中，需求曲线下方、单位价格水平线上方的面积。见"生产者剩余"（producer's surplus）。

contract curve 契约曲线：在埃奇沃斯盒形图中，把两个人相等的边际替代率连接起来的曲线；向该曲线移动，可以产生相互的交换收益；如果双方都处于该曲线之上，那么只有使一方的境况变差（向一条更低的无差异曲线移动），才能出现进一步的交换。见"埃奇沃斯盒形图"（Edgeworth box）。

copyright 版权：对于著作或出版物商业用途的专有权利的指定。

corporation 公司：由股东共同拥有的一家商业企业，股东的权益仅限于他们所拥有的股票；即便所有者去世或股票转售，该组织仍可以继续经营。

cost 成本：为取得或生产某物而必须放弃的、具有最高价值的机会；在一次选择中被放弃的、具有最高价值的选项。见"固定成本"（fixed cost）、"可变成本"（variable cost）、"边际成本"（marginal cost）。

craft union 手艺人联盟：其成员为某项特定技能从业者（如木匠或瓦匠）的工会，虽然他们可以在不同的行业内工作。

demand 需求：在不同的价格上需求量的列表；单位价格与被需求的单位数量之间的反向关系，具有向下的负斜率；需求变动指的是需求曲线的移动。

depreciation 贬值：一项资源由于投入使用或年深日久，而在价值上产生的可以预测的下降。

depression 萧条：比衰退（recession）更为严重的生产、收入和就业水平的下降，而且可能也会比萧条持续更久的时间。

derived demand 派生需求：对生产性资源的需求，而这种需求派生自对这些资源所能生产的产品的需求。

differential earnings　差异化报酬：由于更为优越的天资或更有效率的资源而获得的薪酬，它是李嘉图租金（Ricardian rent），而不是垄断租金（monopoly rent）。

division of labor　劳动分工：把某一产出的生产经过协调，分成许多不同的任务，人们在这些任务上进行专业化生产。

dominant firm　主导型企业：控制了足够大供给量的卖家，其行为就像一个觅价者，而竞争对手只能接受由这家主导型企业设定的价格，成为受价者。主导型企业不仅控制着当前供给，还控制着在不远的将来供给扩张的来源。

duopoly　双寡头：在一个界定明确的行业里，只有两个卖家；它们是觅价者，面对着向下倾斜的平均收益曲线。

earnings　收入所得：利润的会计概念，表示边际收益超过会计成本的部分；与经济利润相对，经济利润是指边际收益超过经济成本（包含"正常"利润）的部分。

economic efficiency　经济效率：对一个经济体状况的描述，表示该经济体在以生产效率运行（也即，在生产可能性边界上运行），并在最大化消费者福利，从而使资源或产出配置的任何变化，都不能在不令其他人境况变差的情况下，使某些人的境况变好。

economic good　经济物品：可得的数量少于人们想要的数量的稀缺物品；不"免费"（"免费"即不稀缺）的物品。

economic growth　经济增长：一个经济体产出实质性的持续增长。

economic rent　经济租金：对于某一物品的存在而言并非必需的价格；因此，它是超过资源成本的价格。不过，对于把物品配置到它们最高价值的用途上而言，经济租金可能是必要的。

Edgeworth box　埃奇沃斯盒形图：在二元坐标系中，由两个人的无差异曲线图构成的几何图形，其中一个人的无差异曲线图旋转180度，与另外一个人的无差异曲线图相重叠，因此而形成的这个四方形其宽和长分别衡量的是两人所拥有的两种商品的总量；互惠交换的各种可能性和局限，都可以被看成是该盒形图内的潜在变动。见"契约曲线"（contract curve）。

elastic　富有弹性；elasticity numerically greater than unity　数值大于1的弹性：因变量的反应程度，大于自变量（初始变量）的比例变化。

elasticity　弹性：相对于另一个变量的数值变化，度量与之有函数关系的某一变量的反应程度的指标。例如，给定某一商品价格变化的百分比，该商品需求量变化的百分比。

endowment effect　禀赋效应：当一个人的收入或财富部分来自一种商品时，该商品价格变化所造成的此人对该商品需求的变化。

equilibrium　均衡：当没有外在的净力量带来变化时，趋于持续下去的水平、比率或状况，例如均衡商品价格或均衡生产速率。

equilibrium price　均衡价格：当需求量等于供给量时的市场出清价格。见"均衡"（equilibrium）。

fair employment laws　公平就业法：对雇主的雇佣惯例进行管制的法律，其明确的指向是禁止歧视。

Federal Reserve System　联邦储备系统：美国政府创造的中央银行系统；货币政策的主要机构。

First Law of Demand　需求第一定律：在任一给定的价格上，价格越高，对商品的需求量越小，价格越低，对商品的需求量越大。

fiscal policy　财政政策：政府使用支出和税收，以影响总体经济活动。

fixed cost　固定成本：生产一单位产出不可避免要发生的成本，它不是产出速率或产出量的函数。例如，设施的租金，以及债券与其他借入物的利息，无论生产运营的水平如何，这些都是必须予以融资支付的。

free enterprise　自由企业经营：私有财产、市场交换制度的另一个名称。

free good　免费物品：即便在零价格上，一种物品（譬如空气）可以获得的数量也足以满足所有需要。有些物品对于它们的消费者来说是"免费"的，如公共教育，但对整个经济而言却不是免费的。见"经济物品"（economic good）。

frictional unemployment　摩擦性失业：劳动力市场中的供给和需求的正常移动所产生的失业。摩擦性失业期间，劳动者可以通过搜寻最佳的替代性就业机会，来适应不断变化的市场条件。

full employment　充分就业：除了那些暂时还在找工作的人之外，全部劳动力都在工作的状态。

full price　整体价格：一种商品或服务的货币价格再加上购买过程中产生的所有其他成本，如购物所消耗的时间、造成的不便等等。

gains from trade　贸易得益：对所贸易的商品的每一单位，卖家或买家的个人边际使用价值与该商品的价格之间的差额。

good 物品：有人想望的任何事物。

goodwill 商誉：企业的一项特殊资产，它能赚取一份租金，该租金等于企业价值减去它每一项生产性资源用于其他地方所能取得的价值的总和。

gross national income（GNI） 国民总收入：国民收入包括工资、租金、利润、利息，以及因折旧而耗尽的资本设备的价值。

import quotas 进口配额：对其他国家的供应商允许在实施配额的国家销售的商品数量进行限制。

income elasticity of demand 需求的收入弹性：商品需求量对商品购买者收入变化的反应程度；需求量变化百分比与收入变化百分比的比率。

income release effect 收入释放效应：价格下降的一种影响，它释放了以前在价格较高的商品上花费的部分收入。对该商品需求的影响通常可以忽略不计，因为释放的收入被分摊到所有购买的商品上。当商品价格上涨时，则出现相反的效果。

industrial union 行业工会：其成员均工作于某一特定行业的工会，比如工作于钢铁行业或汽车行业，即使其成员可能拥有许多不同的技能。

inelastic 缺乏弹性；**elasticity numerically smaller than unity** 数值小于 1 的弹性：反应程度小于第一个变量的变化程度

inferior good 劣等品：在所有其他影响某种商品需求的因素均保持不变的情况下，随着一个人收入的提高，如果这个人对这种商品的需求增加比例，小于收入增加的比例，那么该商品对这个人来说就是劣等品。

inflation 通货膨胀：所有商品的货币价格的平均水平（而非相对价格的变化），持续、均匀地上涨；一美元的购买力的降低——与之相对的是"通货紧缩"，即所有价格平均水平的下降。

interest 利息：当收入被再投资出去时，财富的预期增长率；在不把一个人的财富存量减少到其初始值以下的条件下，一个给定的年份中可以被消费的财富数量。因此，利息是借入货币的价格。

investment 投资：把储蓄起来的资源转化为未来可用的生产性资本。

joint output and common costs 联合产出和共同成本：拥有不同经营部门或客户类型的企业，整个企业可以有共同的（间接）成本，而那些不随各部门经营而变化的成本，将不能在不同的部门之间进行分配，也与产出决策无关。

labor market participation rate 劳动力市场参与率：在成年人口中，市场劳动力（不包括军队以及家庭配偶的非市场劳务）所占的比例。

labor union 工会：一个企业或多个企业的雇员联盟，旨在监督和影响工资、利益、劳资关系和工作条件。

long run 长期：（1）一个时间段，其间所有的生产性资源都可以被改变，以最优地适应给定的产出水平；或（2）一项历时长久的活动。

long-run period 长期时期：所有值得期许的、因应市场条件的调整都已经作出的时期，包括任何和所有的生产性资源以及价格和产出的变化。

marginal cost（MC） 边际成本：当产出（总产量）变化时，总成本的变化（等于可变成本的变化）：$MC = \Delta TC / \Delta TP$。见"边际支出"（marginal expenditure）。

marginal expenditure（ME） 边际支出：当投入量（N）变化时，总生产成本（支出）上产生的变化：$ME = \Delta TC / \Delta N$。见"边际成本"（marginal cost）。

marginal personal use value 边际个人使用价值：一个人为某一商品新增的一单位赋予的价值，由他为了得到该单位而愿意放弃的其他某种商品的数量来衡量。

marginal product（MP） 边际产量：在该商品生产中的其他所有投入品保持不变的条件下，某种投入品新增一单位（ΔN）所带来的总产出的增加量（ΔTP）。

marginal revenue（MR） 边际收益：当产品的销售量（TP）改变时，总收益（TR）的变化：$MR = \Delta TR / \Delta TP$。

marginal revenue product（MRP） 边际收益产品：可变投入变化条件下总收益的变化：$MRP = \Delta TR / \Delta N$；等价于 $\Delta TR / \Delta TP \times \Delta TP / \Delta N = MR \times MP$。见"边际产量价值"（value of the marginal product）。

market classifications 市场分类：关于觅价者市场，见"垄断"（monopoly）、"双寡头"（duopoly）、"寡头垄断"（oligopoly）、"垄断竞争"（monopolistic competition）；关于受价者市场，见"竞争"（competition）。

market-clearing price 市场出清价格：需求量等于供给量时的价格，此时既没有"过剩"也没有"短缺"存在。见"均衡"（equilibrium）、"过剩"（surplus）、"短缺"（shortage）。

market economy 市场经济：个人有权控制和使用私有财产，并在市场价格上交换这些财产的经济制度。

market period 市场时段：在这一时段，无论一种商品可以出售的价格如何变化，该商品的供给都保持不变。

market power 市场影响力（又译"市场势力"）：通过改变销售量而影响售价的权力；具有负斜率的平均收益曲线的觅价者市场。见"觅价者"（price-searcher）、"垄断"（monopoly）。

market value 市场价值：一定量的某种商品在其市场价格上的总价值，等于该商品的价格，乘以该市场价格下能够出售的数量。

mercantilist system 重商主义体系：在该体系中，政府把获取私有财产和进入市场的资格仅授予给某些个人；既包括政府对商业企业的限制措施，也包括歧视性的补贴政策。

merger 合并：两家企业合二为一，要么是一家企业购买另一家企业，要么两家企业在原初所有者的共同所有权下一体化，这些原初所有者拥有对合并后企业的新所有权。

minimum-wage law 最低工资法：根据法律规定，雇主支付给雇员的工资，不得低于某一指定工资水平，无论雇员是否愿意在更低的工资水平上工作。

monetary policy 货币政策：政府通过运用货币供给的扩张或收缩手段，影响经济活动的一般水平。

money 货币：一种可识别、可分割、可储存且可交换的商品，用于便利几乎每一次交易。货币通常充当交换媒介、记账单位和价值贮藏手段。

monopolistic competition 垄断竞争：由"许多"企业构成的一个产业，这些企业在产品以及销售的条件、环境和策略上彼此不尽相同；觅价者市场，具有向下倾斜的平均收益曲线。

monopoly 垄断：一种不具有相近替代品的商品的单一卖家；觅价者市场，具有向下倾斜的平均收益曲线。

monopoly distortion 垄断扭曲：一个垄断者不会生产对于买者来说的价值超过生产成本的商品，因为没有生产的那些商品单位，其边际收益低于边际成本。

monopoly rent 垄断租金：一个受到保护的卖家从较高的售价中所取得的较高收入，这一较高的售价高于当缺乏对其他卖家的法律限制时的售价；所有供应商通过限制产出和提高售价而获得收益；不同于把资源从低价值用途转移到高价值用途上所得到的利润。

monopsony 买方垄断：由一名买家而非卖家实施的垄断。

moral hazard　道德风险：不完全合约下的行动，造成一名代理人与其他人之间的冲突；以其他人为代价最大化自己的福利，而无需承担那些行动的全部后果，因此引发过度的粗心大意和风险承担。

multipart pricing　多部定价：随着生产数量的增加，以连续降低的价格销售更多单位的商品，但又不用降低早先那些单位的价格。

national income deflator　国民收入平减指数：一种通胀指标——通常比消费者价格指数（CPI）为低——根据国民收入中所有货币价格的上涨计算得出。通过把所有商品和服务包含在内，它提供了一个比 CPI 更可靠的通胀指标，CPI 使用的是一个固定的市场篮子，该市场篮子没有考虑那些相对价格发生变化之后商品之间的相互替代关系。

natural monopoly　自然垄断：一家企业，其成本随产出增加而下降，从而使得该行业内只有一家企业而非两家或更多企业运营，会更有效率。

net monetary debtor/creditor　净货币债务人/债权人：货币性资产是对固定数量美元的债权，包括货币和货币的固定数量；货币性负债是支付固定数量货币的义务；净货币债务人的权益因通货膨胀而增加，净货币债权人在通货膨胀期间损失财富。

net national income（NNI）　净国民收入：整个市场经济体中所增加的价值之总和；经济中工资、租金、利息和股息之总和。

net of tax　除税净额：卖方收到的商品的价格，该价格扣除了对该商品所征的税收。

net productivity of investment　投资的净生产力：通过今天的投资，将某种资源转化为价值更高的形式供日后使用，这种形式的价值高于投资资金的现值，从而增加未来收入。

nominal price　名义价格：为获得一定量的某种商品而必须付出的货币而非其他商品的数量。

nonprofit corporation　非营利公司：这是一家通常并非由政府创办的企业，它所持资产的回报不像在私有财产制度下那样分配给个人，而是被重新投入使用，以进一步促进企业目标的实现。

obsolescence　过时：由于一种新的、优越的竞争资源的开发而导致的生产资源价值的降低。

oligopoly　寡头垄断：一个由两个以上的"少数"主导型企业构成的行业；觅价

者市场，即有向下倾斜的平均收益曲线；每个卖家根据对其他卖家的反应的预期，作出定价和产量决定

open market　开放市场：所有个人都可以进入的市场，没有法律或人为障碍。所有个人都被允许以市场价格购买或销售商品或服务。

opportunity cost　机会成本：为采取某一行为而必须放弃的最有价值的选择；通常被称为"替代"成本。

Pareto-optimal allocation　帕累托最优配置：这是一种产出配置，在该配置下，若想使某个人境况更好，必须通过使其他人的境况变差才能做到。

parity price　平价价格：政府保证的农产品最低价格——基本上是农产品的价格下限。据说这为农产品的成本带来了"平价"。

partnership　合伙企业：一种涉及两个或两个以上所有者的所有权形式，每个所有者都应根据其财富范围承担责任。合伙企业在一个合伙人死亡后解散。

patent　专利：先前不为人所知的发明之商业使用专有权的转让。专利通常具有有限的使用期限，并且仅保护商品或服务的商业权利；私人的生产和消费不受限制。

poverty line　贫困线：美国社会保障局选定的收入水平，低于该水平的家庭被称为贫困家庭。这一收入水平线基于家庭规模而划定，不包括非实物收入，例如政府提供的医疗服务或食品券。

predatory pricing　掠夺性定价：所谓的不道德定价，是在"不公平"的竞争实践中所收取的"过低"的价格；该术语即便并非总是、也常常是不确定或模棱两可的，把它应用在相关成本或价格上会引起误解。

present value　现值：一项投资将产生的未来商品或服务流的当前价值；它是以适当的利率贴现该收益流的价值，而得出的。

price　价格：在一单位商品或其他资产的买卖中，买方所支付的以及卖方所收取的东西。见"平均收益"（average revenue）。

price discrimination　价格歧视：以不同的市场价格向不同的群体出售商品，这反映了群体之间的需求差异，而不是提供这些商品的成本差异。它旨在攫取一部分当统一定价时会流向消费者的消费者剩余。

price elasticity of demand　需求的价格弹性：一种商品的需求量对其价格变化的反应程度；可正式表达为，需求量变化百分比与价格变化百分比的比率。

price-searcher　觅价者：在"非竞争性"市场中的卖家或买家；面临向下倾斜的

平均收益（大于边际收益）曲线（需求曲线）的产出品卖家；具有向上倾斜的平均支出（低于边际支出）曲线的投入品买家；相对于市场而言，觅价者规模足够大，足以影响价格。见"平均收益"（average revenue）、"边际收益"（marginal revenue）、"平均支出"（average expenditure）、"边际支出"（marginal expenditure）。

price-taker　受价者："竞争性"市场中的卖家或买家；面对水平平均收益（与边际收益相同）曲线（需求曲线）的产出品卖家，能够以整个市场确定的价格出售任何愿意出售的数量；具有水平平均支出（与边际支出相同）曲线的投入品买家，能够以市场决定的价格购买任何愿意购买的数量；相对于市场而言受价者规模太小，无法影响价格。见"平均收益"（average revenue）、"平均支出"（average expenditure）。

private property　私有财产：经济物品可以由个人控制、使用和交换，而不受政治限制。

producer's（seller's）surplus　生产者（卖家）剩余：销售商品所获得的市场收入中超过边际生产成本的部分；在供给—需求图中，单位价格水平线下方、供给曲线上方的面积。见"消费者剩余"（consumer's surplus）。

production efficiency　生产效率：在给定的资源和技术水平下，生产的最大可能产量；用生产可能性边界上的点来描述。

production possibility boundary　生产可能性边界：这样一些点的轨迹，这些点描绘的是，在给定的资源和技术条件下，给定第二种商品的生产水平，所能生产的一种商品的最大数量。

profit　利润：财富增长中，超出标准收入中储蓄的投资所能带来的部分；市场未预期到的、经济体中财富存量的增加。

promissory note　本票：承诺在将来某个时候以规定的利率偿还债务的法律合同。"买入债务"即是购买本票。

proprietorship　独资企业：一个人拥有的企业，他或她的全部财产对公司的所有债务负有全部责任。企业老板过世，企业即终止。

public good　公共品：一种可以被任何一个人消费而不减少其他人消费的物品。因此，一个公共品的价值，就是所有消费该物品的个人，对每一单位所赋予的价值的总和。

quantity demanded　需求量：在特定价格下的需求数量，在较低价格下需求量较大，在较高价格下需求量较少；在同一条需求曲线上的位置变化只反映价格的变化。

quantity supplied　供给量：在不同的价格下可供出售的数量，通常在较高的价格下供给更多，在较低的价格下供给较少；一条给定供给曲线上的位置变化，只反映价格的变化，其供给不变，但供给量增加或减少（垂直供给曲线的情况除外）。

quasi-rent　准租金：价格中不影响当前商品供给量，但会影响未来商品供给量的部分；一种暂时的租金。

real asset　实际资产：其实际价值不因通货膨胀而改变的资产（如土地），尽管其货币价值会发生变化。

real liability　实际负债：其实际价值不会因通货膨胀而改变的债务，尽管其美元价值可能会改变。

real price　实际价格：与相对价格（relative price）相同。

real wages　实际工资：按生活成本衡量的工资，即可以用工资购买的实际商品和服务的数量。

recession　衰退：由于对经济的某些冲击，所造成的总体就业、收入和生产水平的暂时下降。见"萧条"（depression）。

relative price　相对价格：一种商品与所有其他商品的价格相比的价格。为了获得某种商品而必须放弃的其他商品的数量（除了钱以外，钱本身也是商品）。如果所有货币价格均按相同比例变化，则相对价格不变。

rents　租金：为非人力资源（例如土地）的服务而支付的报酬。见"垄断租金"（monopoly rent）、"准租金"（quasi-rent）、"李嘉图租金"（Ricardian rent）。

retail price maintenance　零售维持价：产品制造商和分销商之间的一项协议，即价格不能高于某个最大值或低于某个最小值。

revenue sharing　收入分享：向州和地方政府分配联邦税收。

Ricardian rent　李嘉图租金：因更高的生产率而带来的更高收入，例如，一个人的才能更高，一块土地更肥沃等；有别于通过故意排除竞争而获得的垄断收益。

saving　储蓄：标准收入中的未消费部分，因此增加了经济体的财富存量，并增加了该经济体的未来标准收入。

scarcity 稀缺性：当可用数量少于需求数量时，任何资产（商品或资源）都是稀缺的；不要与"短缺"相混淆。

secondary boycott　间接联合抵制：一种联合抵制，针对的是那些同被抵制企业进行交易的企业。

Second Law of Demand　需求第二定律：在长期，对任何给定商品而言，需求都更富有弹性，因为该商品的替代品变得更加显而易见和容易获得。

shortage　短缺：由于价格低于市场出清水平，所以需求数量超过供给数量，例如，由于租金控制，公寓出现短缺；任何短缺的东西都是稀缺的，但并非所有稀缺的东西都是短缺的。见"市场出清价格"（market-clearing price）、"稀缺性"（scarcity）。

short run/long run　短期/长期：短期是指某些生产设施无法在经济上进行调整的时期；它涵盖了当其他生产因素在当前固定时，各种可变要素可能的调整范围；在足够长的时间内，可以改变所有投入要素，从而可以根据环境作出完全的调整。

slope　斜率：曲线上某点的垂直变化与水平变化的比率（可为正、为负，或者为零）。见"弹性"（elasticity）——需求弹性 $= 1/$ 斜率 $\times P/Q$。

specialization　专业化：对一种商品的生产多于对它的消费，未被消费的部分用于交换其他商品。

speculation　投机：购买一种商品，以期未来从其销售中获利。

stable equilibrium　稳定均衡：一种均衡，如果它被打破，则倾向于自我校正或自我重建。

standard income　标准收入：类似于利率，指在不损害原有财富存量的情况下，一个经济体在一年内可以消费的财富增长量；市场预测的财富可持续增长率。

strike　罢工：雇员一致拒绝为某个工会对其不满的特定雇主工作，并试图阻止其他人在他们不在的时候为该雇主工作。

structural unemployment　结构性失业：由于某些行业劳动力需求的长期或永久变化而导致的失业，通常会迫使那些失业的人接受其他行业的较低工资或租金，因为他们的技能在这些衰落行业中不再那么有价值。

substitution effect　替代效应：商品价格变化对所需求商品数量的影响；当一种商品的价格上涨时，在影响该商品需求的所有其他因素均保持不变的条件下，其他商品将会替代它，从而降低对它的需求量。

superior good　优等品：在所有其他影响商品需求的因素保持不变的条件下，随着收入的增加，个人购买这种商品的增幅会超过收入增加的比例。

supply　供给：在不同的价格下市场提供的数量；单位价格与所供给的单位数量通常直接相关，形成一条向上倾斜的曲线；对于受价者（竞争性）卖家来说，供给曲线是边际成本曲线在平均可变成本曲线与其交点的上方的部分；供给变化是指供给曲线本身的移动。

surplus 过剩：由于价格高于市场出清水平，卖家希望供给的数量超过需求数量，例如，由于规定的食品价格高于均衡水平而导致农产品生产过剩。见"市场出清价格"（market-clearing price）。

tie-in sales 捆绑销售：卖出一种商品的条件是同时买入另一种特定商品，价格涵盖两种商品。

total personal use value 总个人使用价值：一个人愿意为获得某种商品而放弃的其他商品和服务的总量。

tragedy of the commons 公地悲剧：对非个人所有的资源的浪费；私人财产是通过私人利益的激励来得到节省地使用，但是在没有个人所有权和个人保护的情况下，公共所有的资源在短期内会被低效地使用，而且这一使用速度无法长期维持。

unemployment 失业：就工资和工作条件而言，缺乏失业人员能够接受的就业岗位。

union shop 工会制企业：一家其成员无需成为工会会员即可获得雇佣的企业，但必须支付工会会费。

unstable equilibrium 不稳定的均衡：不能自我校正的平衡，被打破后会进一步偏离其初始状态。

utility-maximization theory 效用最大化理论：一种理论，认为个人从其所消费的商品和服务以及他们从事的其他活动中，寻求最高的满意度。

value added 附加值：产品的价值超过公司为生产该产品而购买的、材料和服务的成本的部分。衡量国民收入的适当方法，是对每个生产步骤的附加值而不是销售价值的加总。

value of the marginal product 边际产量价值：边际产量的市场价值，等于价格（AR）乘以数量，即 $AR \times MP$。见"边际收益产品"（marginal revenue product）。

variable cost 可变成本：生产一单位商品的成本，它是生产速率或生产量的函数，如员工工资和原材料支出。

wages 工资：支付给劳务提供者的薪资。

译后记

受张五常先生思想影响的我们这一代经济学人，对于阿尔钦的名字都不陌生。2001 年，我在浙江大学玉泉校区读书的时候，五常先生的《经济解释》正在《21 世纪经济报道》连载，一时间洛阳纸贵，我们争相抢买最新一期的报纸如痴如醉地讨论和学习。后来，我们还经常在高小勇先生主办的《经济学消息报》上阅读到五常先生的文字。熟悉五常先生著作和文章的人都知道，五常先生在加州大学洛杉矶分校（UCLA）有两位伟大的老师，一位是赫舒拉发（又被译为"赫什莱佛"），另一位就是阿尔钦。当年，五常先生给阿尔钦教授起的中文名很好听，叫"艾智仁"。

后来，在周其仁老师于浙江大学开设的"新制度经济学"课上，我从周老师那里借到了阿尔钦教授那本著名的《大学经济学》（University Economics）。我和我的几位学术界的好友一样，经济学都是周其仁老师的这门课给我们启蒙的，是这门课带领我们走进了经济学的殿堂。光阴似箭，距离我第一次上周其仁老师的课，已经过去了 20 个年头，但当年课上的许多讨论和场景，依然历历在目。在这门课上，阿尔钦教授的《大学经济学》，自然是我们反复阅读的经典教材。它留给我的印象非常之深，给我的感觉就像是一位洞悉世情的老人，在一套极为简洁的分析招式的拆解下，把这个芸芸众生生活在其中的复杂世界高妙而又深刻地展示在我们的面前。

阿尔钦在精神上是属于亚当·斯密的，他坚信，以私有产权为特征的市场体系能够最大限度地为人类社会增进财富；同时，他使用的分析方法又是边际革命以来发展出来的价格理论方法，这种方法的应用在 20 世纪后半叶达到了顶峰。

2018 年，我偶然从自由基金会（Liberty Fund）的网站上获悉，阿门·阿尔钦和合作者的这部《经济学通义》（Universal Economics）终于出版，就迅疾推荐给了我在格致出版社的好友王萌编辑。这部书可以算得上是《大学经济学》的升级版，从书名中的"University"（大学）改为"Universal"（普适的），我们大概可以窥到作者的野心。正如另一位作者艾伦所说："本书是一部新作，尽管它也与前面两本书有着家族上的相似性。与《交换与生产》一样，本书本质上是对价格与分配现象的分析，还加上了对通货膨胀的思考，以及关于微观经济学对总体经济现象的适用性及其国际含义的各种讨论。最重要的是，基于之前各书的努力，本书继往开来，不遗余力地阐发经济分析，并始终强调经验上的有效性和意义。"最终，在王萌编辑的热情联系下，格致出版社获得了这本书的中文出版授权。本书的编者杰里·乔丹原本希望能由薛兆丰先生翻译此书，但薛兆丰先生有他务在身，无法担负起这样庞大的翻译工程。2019年夏，在王萌编辑的推荐和薛兆丰先生的首肯下，这部书交由我来翻译。面对曾启蒙我走向经济学之路的这部经济学巨著，我心怀虔敬，不敢有分毫懈怠。

2019年底，我到哈佛大学访学一年。在此期间，我除了开展学术交流与合作之外，还旁听了哈佛经济系的本科生经济学入门课程。在这个过程中，我更加认识到，由阿尔钦教授等人所承传的这个学术传统是多么的宝贵，也更希望价格理论能够薪火相传，后继有人。在繁忙的学习和研究之余，对这本书的翻译伴随着我度过了这一年中的闲暇时光。在马萨诸塞州剑桥市的许多个夜晚，我从哈佛校园回来，或从查尔斯河边散步归来，打开这本书，进入它的世界，就像进入了一座思维的高原，接受着它思想上的洗礼。整个翻译过程，我是非常享受的，这也是我在近年来的经济学著作阅读中最为享受的一次。但同时，这个过程也充满艰辛，有时候为了能够曲尽其妙，更好地把一句话或一段话的精髓转译为中文，我常常思考和推敲数日不止，遍翻诸本工具书，求教多位方家，待译定方能放心。我在翻译和校对的过程中，常常感叹：中文也无止境，英文也无止境，学问也无止境。我深知自己才疏学浅，唯有虚心求教，勤奋用功，才能有所弥补。对于译文，祈望海内外学人能够多多指正，不吝赐教。

本书卷帙浩繁，英文原书有700多页之巨，我用了整整一年半的时间，方才完成这部书的初译，在校对过后，于合同约定的2021年1月31日按时交稿。2021年春夏，中山大学资深的经济学教授王则柯先生与我正好都在浙江大学人文高等研究院访问，他老人家花费了两个月时间通读了译稿，对译者的工作给予了较高评价，同时也给出了若干严谨的、基于学术层面的修改意见。在我交稿之后到当年5月这段时间，薛兆丰先生对全书进行了校读，给出了审校意见。从2021年5月底到2022

年2月底，我利用工作闲暇时间对本书译稿逐句作了二次校对。薛兆丰先生因其杰出的经济学科普工作为世人所知，在传播阿尔钦的经济学方面颇有独到之处。本书初译稿中，一些由于疏忽造成的误译以及因时间关系尚未得到进一步打磨的地方，幸得他的指正，不胜感谢。二次校对过程中，我逐句对照原书，对于此前的疏漏，一一作了细致订正。此外，本书编辑王萌先生，不仅以其专业的编辑功底为本书增色极多，而且还在沟通协调译校事宜上极为用心，这是必须致以深切谢意的。

在翻译这本书的过程中，许多学术界的朋友都很关心这桩译事，不少听说我在翻译这本书的价格理论爱好者，也纷纷问询翻译进展情况，并期待着这本书早日出版。在这里，我就不一一致谢了。

最后，我要向我的家人表达一下我最深挚的感激之情。首先要感谢的当然是我的父母以及给我开蒙的伯父，还有对我疼爱有加的我的祖父和我的外祖母，没有他们的培养，我是断然做不出今天的这些学术成果的。我的祖父、外祖母和伯父已先后作古，我想，如果他们知道我翻译了这样一部书，是会感到高兴的。结婚之后，我的岳父对我常年收入微薄的理解，以及对我在做学问上的鞭策，也常令我感动不已。我还要特别感谢我母亲和我岳母，她们退休之后牺牲了大量自己的时间，从两个女儿出生到现在，一直对我们一家的生活多所照顾，为我和我太太争取了许多宝贵的时间。我的太太和两个女儿，是我生活的支柱，她们的理解和爱，是我生命永不停歇的动力源泉。

李井奎

2020年12月31日初稿写于美国马萨诸塞州剑桥市寓所

2022年3月1日改定于浙江工商大学经济学院

ljk@zjgsu.edu.cn

图书在版编目(CIP)数据

经济学通义 / (美)阿门·A.阿尔钦，(美)威廉·
R.艾伦著 ；(美)杰里·L.乔丹编 ；李井奎译. — 上海：
格致出版社 ：上海人民出版社，2024.6(2024.12重印)
ISBN 978－7－5432－3552－6

Ⅰ.①经… Ⅱ.①阿… ②威… ③杰… ④李… Ⅲ.
①经济学-教材 Ⅳ.①F0

中国国家版本馆 CIP 数据核字(2024)第 092338 号

责任编辑 王 萌
装帧设计 楚 风

经济学通义

[美]阿门·A.阿尔钦 威廉·R.艾伦 著
[美]杰里·L.乔丹 编

李井奎 译
薛兆丰 校

出 版 格致出版社
上海人民出版社
(201101 上海市闵行区号景路 159 弄 C 座)
发 行 上海人民出版社发行中心
印 刷 上海商务联西印刷有限公司
开 本 720×1000 1/16
印 张 47
插 页 2
字 数 806,000
版 次 2024 年 6 月第 1 版
印 次 2024 年 12 月第 2 次印刷
ISBN 978－7－5432－3552－6/F·1563
定 价 188.00 元

Universal Economics

by Armen A. Alchian，William R. Allen，and Jerry L. Jordan

©2018 by Pacific Academy for Advanced Studies (PASS).
Published by permission.
All rights reserved.

Chinese (simplified characters only) © 2024
by Truth & Wisdom Press

本书英文原版由 Pacific Academy for Advanced Studies 出版
2024 年简体中文版专有出版权属格致出版社
版权所有　翻版必究

上海市版权局著作权合同登记号：
09-2022-0257